대유행병의
시대

대유행병의 시대
—
2020년 7월 22일 초판 1쇄 인쇄
2020년 8월 19일 초판 1쇄 발행
—
지은이 마크 호닉스바움
옮긴이 제효영
펴낸이 이종주
—
총괄 김정수
책임편집 유형일
마케팅 배진경, 임혜솔, 송지유
—
펴낸곳 (주)로크미디어
출판등록 2003년 3월 24일
주소 서울시 마포구 성암로 330 DMC첨단산업센터 318호
전화 번호 02-3273-5135
팩스 번호 02-3273-5134
편집 070-7863-0333
홈페이지 http://rokmedia.com
이메일 rokmedia@empas.com
—
ISBN 979-11-354-8599-2 (03900)
책값은 표지 뒷면에 적혀 있습니다.

• 커넥팅은 로크미디어의 인문, 역사 도서 브랜드입니다.
• 잘못 만들어진 책은 구입하신 서점에서 교환해 드립니다.

스페인독감부터 코로나19까지,
전 세계 전염병의 역사

대유행병의 시대

마크 호닉스바움 지음

제효영 옮김

The Pandemic Century

Connecting

저자·역자 소개

저자 ──────────────────────────── 마크 호닉스바움^{Mark Honigsbaum}

마크 호닉스바움은 전염병을 연구하는 의학 역사가이자 5권의 책을 쓴 작가이다. 그는 현재 런던 시티대학교에서 강의하고 연구한다. 박사 학위를 받고 본격적으로 전염병 연구를 시작하기 전에 그는 영국의 가장 오래된 주간지 〈옵저버〉의 수석기자였으며 〈옵저버〉를 비롯한 〈이브닝 스탠더드〉 〈인디펜던트〉, 〈가디언〉 등 영국의 주요 언론에서 탐사 보도와 특집 기사를 쓴 베테랑 저널리스트였다. 오랜 학문적 연구 끝에 전염병 역사의 전문가가 된 그는 의학 및 환경인문학, 과학사회학을 통해 얻은 통찰력으로 전염병의 역사와 전염병에 의해 나타나는 현상을 연구한다. 특히 '백신에 대한 망설임'처럼 전염성 바이러스에 취약해질 수 있는 사회현상을 역사적, 과학적, 사회적으로 분석한다. 그는 2014년부터 2016년까지 지속된 서아프리카 에볼라 유행 당시 에볼라 바이러스에 대응했던 핵심 의료진과 에볼라 발병자에 대한 의료 및 인도적 대응과 의약품 사용에 관하여 40회 이상 인터뷰하여 전염병 역사를 남기는 구전 역사 프로젝트를 진행했으며 이 프로젝트는 현대 질병 생태학의 지적 기원을 연구하는 프로젝트와 함께 진행됐다. 마크 호닉스바움은 전염병 지식을 대중에게 널리 알리기 위해 다양한 매체를 활용하고 있다. 그가 제작한 애니메이션 '세계적인 유행병은 어떻게 퍼지는가'는 TED-ED에서 290만 이상 조회를 기록했으며 팟캐스트 '고잉 바이럴: 모든 전염병의 어머니'는 수만 회의 다운로드 횟수를 기록했다. 그는 게이츠 재단이 운영하는 식 히스토리^{Sick History}에서 대중에게 전염병에 관한 지식을 전달하고 있다. 주요 저서로는 《발열의 흔적: 말라리아 치료법을 찾아서》, 2009년 영국 왕립학회 올해의 과학책 후보에 오른 《인플루엔자와 함께: 영국의 잊힌 이야기와 1918년 인플루엔자 대유행》이 있다. 이번 신간 《대유행병의 시대》는 스페인독감부터 코로나19까지 한 세기 동안 발생한 전염병의 역사를 담고 있다. 이 책은 대유행병 시기에 인간이 보여준 모습을 통해 치명적인 바이러스가 전파되는 과정을 섬세하게 그려냈다. 그는 이 책을 통해 인간이 가진 한계를 깨닫게 하는 동시에 지난 전염병 역사로부터 교훈을 얻어 발전하는 진취적인 자세가 필요함을 알리고 있다.

역자 ──────────────────────────────────── **제효영**

성균관대학교 유전공학과를 졸업하였으며, 성균관대학교 번역대학원을 졸업하였다. 현재 번역 에이전시 엔터스코리아에서 출판 기획 및 전문 번역가로 활동하고 있다.
옮긴 책으로는 《피부는 인생이다》, 《메스를 잡다》, 《괴짜 과학자들의 별난 실험 100》, 《몸은 기억한다》, 《밥상의 미래》, 《세뇌: 무모한 신경과학의 매력적인 유혹》, 《100세 인생도 건강해야 축복이다》, 《신종 플루의 진실》, 《내 몸을 지키는 기술》, 《잔혹한 세계사》, 《아웃사이더》, 《잡동사니 정리의 기술》 등 다수가 있다.

메리 리를 위해

"

전염병은 세상에 다시 나타날 수 있음을 모두가 알고 있다.
그럼에도, 왜 그런지 우리는 파란 하늘에서
뭔가가 뚝 떨어질 수 있다고는 잘 믿으려고 하지 않는다.
지난 역사에서 전염병은 전쟁만큼이나 많이 일어났다.
하지만 전염병과 전쟁은 늘 사람들을 놀라게 한다.

"

알베르 카뮈, 《페스트》

상어와 포식자들

북대서양의 온대 수역에서는 해수욕을 즐기다가 상어의 공격을 받는 일이 절대 일어나지 않는다. 상어가 물속에서 수영하는 사람의 다리를 단번에 물어뜯는 것도 불가능하다. 1916년 여름, 뉴욕과 필라델피아에서 푹푹 찌는 무더위에 지친 사람들이 내륙을 벗어나 뉴저지 북부 해안가로 모여들 때까지만 해도 상어 전문가 대다수가 그렇게 생각했다. 그해 여름, 미국 동부 해안 지역에는 폴리오 바이러스가 유행해서 지역 당국이 운영하는 수영장마다 "소아마비" 위험성을 경고하는 게시물이 걸렸다. 하지만 뉴저지 해안에는 그런 포식자가 없다고들 생각했다.

"상어가 공격할 위험성은 번개에 맞을 위험성보다 분명히 더 낮다. (……) 미국 해안에서 상어의 공격을 받을 위험은 사실상 '없다'고 볼 수 있다." 미국 자연사박물관의 관장이던 프레데릭 루카스Frederic

Lucas는 1916년 7월에 이렇게 단언했다. 자신의 말을 뒷받침하는 근거로, 허만 올리히스Hermann Oelrichs라는 백만장자 은행가가 "[미국 노스캐롤라이나 해터러스 곶 북부의] 온대 수역에서 누구라도 상어에게 공격당한 것을 증명할 수 있으면" 500달러를 내놓겠다고 밝힌 사실을 언급했다. 올리히스는 1891년 <뉴욕 선New York Sun>을 통해 이와 같은 의사를 밝혔지만 루카스가 언급한 그날까지 돈을 받아간 사례는 한 건도 없었다.[1]

그러나 올리히스와 루카스의 전망은 틀렸다. 같은 해에 상어는 인간의 다리를 끊어 버릴 만한 힘이 없다고 한 필라델피아 자연과학회의 큐레이터 헨리 파울러Henry Fowler 박사와 헨리 스키너Henry Skinner 박사의 말도 마찬가지였다. '밝혀진' 사실인 줄 알았던 이런 인식을 벗어난 최초의 사건은 1916년 7월 1일 저녁, 찰스 엡팅 반산트Charles Epting Vansant에게 일어났다. 젊고 부유한 중개인이던 반산트는 아내를 비롯한 가족들과 뉴저지에서 휴가를 보내던 중이었고 이날 저녁을 먹기 전에 묵고 있던 호텔 근처의 비치 헤이븐에서 잠시 물에 들어갔다 나오기로 마음먹었다. 친구들이 "밴"이라고 불렀던 반산트는 1914년에 펜실베이니아 대학교를 졸업했다. 1647년에 미국으로 건너와 정착한 후 가장 유서 깊은 가문 중 하나로 꼽히던 네덜란드 이민자 집안의 자손인 그는 운동신경이 워낙 좋기로도 소문이 자자했다. 저녁 시간에 차가워진 대서양 바닷물에 들어가는 것도 전혀 주저하지 않았다. 딱 하나 걱정되는 일이 있었는데, 해변에서 늘 보던 미국 올림픽 수영 대표팀 선수인 알렉산더 오트Alexander Ott가 그날도 안전요원으로 나와 있어서 혹시나 수영을 저지당할 수도 있었다.

대유행병의 시대

반산트가 얼른 파도에 몸을 맡기자 늘 곁을 따라다니던 붙임성 좋은 체서피크 베이 리트리버 종 개가 얼른 뒤쫓아 달려왔다. 자기만족을 위해 살던 젊은이답게 곧장 안전선 너머까지 헤엄쳐 간 반산트는 잠시 멈추고 바닷가에 서 있던 개를 불렀다. 부친인 반산트 박사와 여동생 루이스도 막 해안에 도착해 안전요원 초소 쪽에서 지켜보면서 그의 수영 솜씨에 감탄하고 있었다. 그런데 반산트가 들어오라고 불러도 개가 꿈쩍도 하지 않아 신기하던 찰나, 그 이유가 눈앞에 나타났다. 까만색 지느러미 하나가 물속에서 솟아나와, 동쪽에서 반산트를 향해 다가오고 있었다. 기겁한 아버지는 물에서 얼른 나오라고 아들을 향해 미친 듯 손짓했지만 그는 너무 늦게 상황을 깨달았다. 전속력으로 헤엄치던 반산트는 뭍까지 아직 45미터 정도 남았을 때 갑자기 몸이 끌어당겨지는 느낌과 함께 극심한 통증을 느꼈다. 주변의 물을 온통 시뻘겋게 물들이며 겨우 뭍에 다다랐을 때 반산트의 왼쪽 다리는 사라지고 없었다. 허벅지부터 말끔하게 잘려나간 상태였다.

그때 현장에 도착한 오트는 물에서 그를 끌고 나와 엔젤사이드 호텔로 옮겼다. 반산트의 아버지는 지혈을 해 보려고 안간힘을 썼지만 소용없었다. 상처가 너무 깊었다. 결국 반산트는 오래 버티지 못하고 숨을 거두었고, 아버지와 반산트의 아내는 큰 충격을 받았다. 그렇게 반산트는 북대서양에서 상어에게 공격당한 첫 번째 희생자가 되었다. 그날 이후 뉴저지의 바다는 수면 아래에 상어가 숨어 있을 것 같은 곳이 되고 말았다.

하지만 해변 한 곳으로 끝나지 않았다. 14일이 채 지나기 전에

서문. 상어와 포식자들

뉴저지의 다른 바다에서도 해수욕을 즐기던 4명이 추가로 상어에게 공격당했고 그중 3명이 목숨을 잃었다. 이 모든 사건이 "식인" 상어*라는 극단적인 이미지가 오늘날까지 남게 된 시초가 되었다.[2] 북대서양에서 백상아리나 다른 대형 상어를 볼 일은 드물고 이런 상어가 수영하는 사람을 공격할 확률은 더욱 드물다는 사실은 두려움을 달래는 데 아무런 도움이 되지 않았다. 해수욕을 즐기던 사람들은 이미 너무 많은 것을 '알게 됐고' 뭍에서 멀리 떨어진 곳까지 헤엄쳐 갈 엄두도 내지 못했다. 위험하다는 생각이 무뎌지거나 위협적인 사태가 일어날지도 모른다는 걱정이 흐릿해질 때쯤이면 어김없이 TV에서 영화 〈죠스〉가 재방송된다. 디스커버리 채널에서 흘러나오는 다큐멘터리 시리즈 〈상어 주간Shark Week〉 한 편만 봐도 다시 정신을 번쩍 차리게 된다. 이제는 아이들은 물론 성인도 겁이 나서 파도에 마음 편히 몸을 맡기고 노는 건 생각지 못하는 사람들이 많다. 파도 속에서 헤엄칠 만큼 용기 있는 사람들도 '알게 된 사실'을 바탕으로, 명명백백한 위험 징후인 등지느러미가 혹시라도 나타나지 않는지 저 멀리 수평선 쪽을 시종일관 경계한다.

* * *

뉴저지에서 상어가 사람을 공격한 사건은 언뜻 보면 2014년 서아프

---

* 구체적으로 어떤 상어가 공격했는지는 밝혀진 적이 없다. 어린 백상아리(*Carcharodon carcharias*)라고 추정하는 전문가들도 있고, 먹이를 찾는 습성이나 얕은 연안 해역을 좋아한다고 알려진 황소 상어라고 보는 사람들도 있다.

대유행병의 시대

리카를 집어삼킨 에볼라 바이러스의 유행이나 이듬해 브라질에서 터져 나온 지카 바이러스의 유행과 관련성을 찾기 힘들다. 하지만 이 세 가지는 서로 연관되어 있다. 1916년 여름에 대다수의 동식물 학자들이 북대서양의 서늘한 수역에서 상어가 사람을 공격하는 일은 상상조차 하지 못한 것처럼, 2014년 여름에 대부분의 감염질환 전문가들은 이전까지 중앙아프리카에서도 숲이 우거진 외딴 지역에서만 발견된 에볼라 바이러스가 시에라리온과 라이베리아의 주요 도시로 번질 수 있다고는 생각하지 못했다. 심지어 대서양을 건너 유럽과 미국 시민들까지 위협하리라고는 더더욱 예상하지 못했다. 그러나 2014년 1월이 가까워질 무렵에 바로 그 예상치도 못했던 일들이 현실이 되었다. 밝혀지지 않은 동물 숙주의 몸에서 살던 바이러스가 기니 동남쪽에 자리한 마을 멜리안두^{Meliandou}에 살던 두 살배기 남자아이에게 감염된 것을 시작으로 기니의 수도 코나크리, 시에라리온의 수도 프리타운, 라이베리아 수도 몬로비아까지 확산됐고 계속 공기를 타고 브뤼셀, 런던, 마드리드, 뉴욕, 댈러스까지 퍼져 나갔다.

1997년에도 이와 아주 비슷한 일이 일어났다. 지금까지도 명확히 밝혀지지 않은 조류 인플루엔자의 한 계통인 H5N1과 관련된 사태로, 이전까지 오리와 다른 야생 물새들에서 전파되던 이 바이러스가 갑자기 홍콩에서 가금류의 생명을 대규모로 앗아간 것이다. 이 일로 전 세계가 조류독감 공포에 시달렸고, 당시의 엄청난 두려움은 2003년 중증급성호흡기증후군^{SARS}, 2009년 돼지독감에 따른 큰 혼란으로 이어졌다. 멕시코에서 시작된 돼지독감은 독감이 전 세계

서문. 상어와 포식자들

적으로 대유행할 수 있다는 경종을 울렸다. 항바이러스제는 급속히 재고가 동났고 백신은 수십 억 달러 규모로 생산됐다.

돼지독감은 '식인'의 위력을 드러내지는 않았다. 대유행병으로 번졌지만 전 세계에서 발생한 사망자 수는 미국과 영국에서 거의 매년 일반적으로 발생하는 독감 사망자보다 훨씬 적었다. 2009년에 돼지독감이 번질 때는 누구도 그런 사실을 알지 못했다. 질병 전문가들은 동남아시아에 재차 발생한 조류독감을 집중적으로 연구했지만 멕시코에서 신종 돼지독감 바이러스가 나타날 것이라고 누구도 예상하지 못했을 뿐 아니라, 이 신종 바이러스의 유전학적 특성이 1918년 전 세계에 대유행해 최소 5,000만 명의 목숨을 앗아가고 바이러스에 의한 아마겟돈을 일으킨 '스페인독감'의 원인 바이러스와 비슷하다는 사실 역시 전혀 예측하지 못했다.[*]

* * *

19세기의 의학 전문가들은 감염질환이 발생하는 사회적, 환경적 조건을 더 상세히 알면 유행병을 예측할 수 있으리라 생각했다. 그렇게 되면, 빅토리아시대에 활동한 역학자이자 위생학자 윌리엄 파 William Farr가 1847년에 쓴 표현처럼 "혼란을 없앨 수 있다"고 믿었다.

---

[*] 단기간에 특정 인구군에 속한 다수의 사람들 사이에서 빠르게 확산되는 감염질환을 유행병이라고 한다. 대유행병은 이와 달리 여러 나라, 여러 대륙 등 넓은 지역 전반에 확산되는 유행병을 일컫는다. 대유행병은 확산 속도가 빠를 수도 있지만 수개월 내지 수년씩 걸릴 수도 있다. 세계보건기구는 대유행병을 간단히 "전 세계적으로 확산된 신종 질병"으로 정의한다.

대유행병의 시대

세균학의 발전으로 장티푸스와 콜레라, 페스트 백신이 개발되고 과거와 같은 대규모 유행병이 다시 생길 수 있다는 두려움은 차츰 가라앉았지만 다른 병들이 더욱 선명하게 드러났다. 그만큼 새로운 두려움도 생겨났다. 소아마비도 그 변화를 잘 보여 주는 사례다. 뉴저지 바닷가에서 상어가 피서객을 공격하는 사고가 처음 터진 때보다 한 달 앞서 브루클린 남부의 해안 근처에서는 소아마비가 유행하기 시작했다. 조사에 나선 뉴욕 보건위원회 조사관들은 얼마 전부터 모여든 나폴리 출신 이탈리아 이민자들에게로 비난의 화살을 돌렸다. 이들이 일명 "돼지우리"로 불리던 비위생적인 다세대 주택가에 빼곡히 모여 산다는 이유 때문이었다. 소아마비 감염 사례가 급증하고, 아이를 영영 잃거나 몸이 마비되어 버린 안타까운 사연들이 연일 신문을 채우자 대중은 극도로 예민해지고 부유층은 다른 곳으로 얼른 이사를 갔다(이때 많은 뉴욕 시민들이 뉴저지 해안가로 향했다). 공포심은 몇 주 만에 동부 해안을 따라 인접한 다른 주까지 번져 검역, 이동 금지 조치가 내려지고 강제 입원 조치까지 시행됐다.[3] 이러한 히스테릭한 반응은 부분적으로 당시 의학계 전반에 퍼졌던, 소아마비는 기침과 재채기를 통해 확산되는 호흡기 질환이며 쓰레기 안에서 번식하는 파리가 매개체라는 확신에서 비롯됐다.*

역학 전문가 존 R. 폴[John R. Paul]은 소아마비의 역사에 관한 글에서 1916년의 유행 사태가 "격리, 검역 조치 시행에도 불구하고 절정에 이르렀다"고 설명했다. 1916년 12월에 기온이 떨어지고 확산세

---

* 소아마비는 기본적으로 구강-배변 경로를 통해 확산된다. 미국에서는 1916년보다 수십 년 전부터 비마비성 소아마비가 풍토병으로 발생했다.

서문. 상어와 포식자들

가 줄기 전까지 미국에서는 총 26개 주에서 2만 7,000명이 감염되고 6,000명의 사망자가 발생했다. 당시로는 세계에서 가장 크게 발생한 소아마비 사태였다. 뉴욕에서만 8,900명의 감염자가 발생했고 2,400명이 목숨을 잃었다. 어린이 네 명당 대략 한 명이 죽음에 이르렀다는 의미다.[4]

이 같은 확산 규모를 보면, 소아마비는 유독 미국에서 심각한 문제가 된 것처럼 보이지만, 이때 대부분의 미국 국민들은 5년 전 스웨덴에서도 소아마비가 비슷한 파괴력을 드러낸 적이 있다는 사실을 알지 못했다. 당시에 스웨덴 과학자들은 감염자의 소장에서 폴리오 바이러스를 여러 차례 발견했다. 질병의 진짜 원인과 병리학적 특징을 밝힐 수 있는 중요한 성과였다. 더불어 스웨덴에서는 아무런 증상이 없는 감염자의 분비물을 원숭이에게 옮겨 바이러스가 증식하게 만드는 시도가 성공을 거두었다. "건강한 보균자"가 소아마비의 유행에 영향을 주었을 수 있다는 의심을 촉발시킨 결과였다. 그러나 저명한 소아마비 전문가들은 이 같은 결과에 담긴 의미를 무시했다. 1938년이 되어서야 예일 대학교 연구진이 스웨덴에서 진행된 연구를 이어 받아 진행했고, 증상이 나타나지 않는 보균자의 배설물에 폴리오 바이러스가 포함된 경우가 빈번하다는 사실을 확인했다. 배출된 바이러스는 하수처리가 안 된 오물 속에서 최대 10주간 생존할 수 있다는 사실도 드러났다.

소아마비 백신이 개발되기 전까지, 폴리오 바이러스 감염으로 인한 심각한 장애를 피할 수 있는 가장 좋은 방법은 면역 감염이었다. 즉 감염되더라도 심각한 합병증이 발생할 가능성이 거의 없는 아동기 초반에 폴리오 바이러스와 접촉시키는 것이다. 이러한 맥락에서는 지저분한 환경이 부모들에게 오히려 도움이 되었다고 볼 수 있다. 즉 아기를 폴리오 바이러스에 오염된 물이나 음식에 노출시키는 방법이 합리적인 전략이 될 수 있었다. 실제로 19세기로 접어든 무렵에 가난한 이민자들이 모여 사는 동네에서는 대부분의 아이들이 정확히 이런 방식으로 면역력을 얻었고 마비까지 동반되는 소아마비 피해는 깨끗한 중산층 가정에서 자란 아이들 사이에서 가장 많이 발생했다. 미국의 32대 대통령 프랭클린 델러노 루스벨트 Franklin Delano Roosevelt도 어린 시절에 소아마비를 잘 피했지만, 1921년 서른아홉의 나이에 뉴브런즈윅 캠포벨로 섬에서 휴가를 즐기다가 폴리오 바이러스에 감염됐다.

* * *

이 책은 바이러스와 그 밖에 여러 전염성 병원체에 관한 과학적인 지식이 발전해도 의학계가 이와 같은 생태학적, 면역학적 통찰을 어떻게 놓칠 수 있는지, 그로 인해 유행병으로 번질 위험이 그대로 도사리고 있는 상황이 왜 벌어지는지 이야기하고자 한다. 독일의 세균학자 로베르트 코흐Robert Koch, 그리고 같은 시대에 활약한 프랑스의 루이 파스퇴르Louis Pasteur는 1880년대에 결핵은 세균 감염으로 생기는 질병임을 밝혔다. 이 업적으로 "세균 이론"이 처음 구축되었고 이후 탄저병, 콜레라, 광견병 백신이 탄생하는 토대가 되었다. 공중보건 기관들은 이와 같은 기술에 의존하면서 감염질환을 일으키는

서문. 상어와 포식자들

미생물을 물리치는 날이 오기를 꿈꾼다. 의료미생물학과 함께 역학, 기생충학, 동물학, 최근에는 분자생물학의 발달로 새로운 병원균의 전파와 확산을 파악할 수 있는 방법이 생겨나고 임상에서 활동하는 의사들은 그러한 상황을 가시적으로 확인할 수 있게 되었지만, 과학적 지식이나 기술로는 부족하다는 사실도 수시로 드러난다. 때때로 들리는 주장처럼 미생물은 끊임없이 돌연변이가 생기고 진화하므로 우리가 미생물의 유전학적 특징과 확산 패턴이 바뀌는 속도를 도저히 따라갈 수 없기 때문만은 아니다. 그보다는 의학계의 연구자들이 정형화된 병의 원인과 그에 관한 이론에 꼼짝없이 갇혀서 이미 밝혀진 병원균과 알려지지 않은 병원균 모두에 어떤 위험이 숨어 있는지 눈 뜬 장님처럼 제대로 보지 못하는 것이 문제다.

1장의 주제인 독감을 예로 들어 생각해 보자. 제1차 세계대전이 끝나가던 1918년 여름에 '스페인독감'이라 불리는 독감이 나타났을 때 대부분의 의사들은 이전까지 유행한 독감과 비슷한 특징을 나타낼 것이라 추정하고 그저 흔한 골칫거리로 치부했다. 이 독감의 병원체가 젊은 청년들의 생명을 빼앗을 수도 있다고 생각한 사람은 거의 없었다. 특히 북프랑스에 주둔해 있던 연합군에 합류하러 이동하던 군인들도 마찬가지였다. 코흐의 제자인 리하르트 파이퍼[Richard Pfeiffer]가 독감은 아주 작은 그람 음성 세균에 의해 전파된다고 밝힌 것도 이러한 확신에 일조했다. 독일의 연구소에서 공부한 세균학자들이 콜레라나 디프테리아, 장티푸스 백신과 같은 방식으로 독감을 일으킨다는 균에 대비할 백신을 뚝딱 개발할 것이라는 전망도 나왔다. 하지만 파이퍼와 그가 채택한 실험적 방법을 굳게 믿었던 사람

대유행병의 시대

들의 생각은 모두 틀렸다. 인플루엔자는 세균이 아니라 바이러스이고, 일반적인 광학현미경으로는 볼 수 없을 만큼 작다. 게다가 당시에는 독감 환자의 코와 목에서 흔히 발견되던 균을 따로 분리하는 용도로 도자기 필터가 사용됐는데 바이러스는 필터를 그대로 통과했다. 영국과 미국의 몇몇 학자들은 독감을 일으키는 병원체가 "필터를 통과하는 물질"이라고 의심하기 시작했지만, 파이퍼가 제시한 잘못된 개념은 그로부터 수년이 지난 후에야 수정됐고 그제야 독감의 원인이 바이러스라는 사실도 밝혀졌다. 그 과정에서 헛된 연구에 수없이 많은 시간이 허비됐고 수백 만 명에 달하는 젊은이가 목숨을 잃었다.

그렇다고 병원균의 정체를 밝히고 질병의 원인을 찾기만 하면 유행을 막을 수 있다고 생각하면 오산이다. 인체에 감염되는 미생물이 존재하면 건강에 이상이 생기는 것은 분명하지만 그것만으로 병이 나는 경우는 드물다. 미생물은 우리의 면역 체계와 다양한 방식으로 상호작용하고, 어떤 사람에게 병을 일으킨 병원균이 다른 사람에게는 영향을 주지 않거나 컨디션이 약간 나빠지는 정도로 그칠 수 있다. 세균과 바이러스는 실제로 인체 조직과 세포에 잠복한 상태로 수십 년씩 머물다가 외부에서 발생한 어떤 사건이나 과정에 의해 다시 활성화돼 감염을 일으키는 경우가 많다. 그 외부의 영향은 다른 미생물이 동시에 감염되는 일일 수도 있고, 외부 스트레스로 인해 인체가 갑작스러운 충격을 받거나 나이가 들면서 면역력이 약해지는 것일 수도 있다. 더욱 중요한 문제는 건강을 해치는 포식자로 특정 미생물에 초점을 맞추면 더 큰 그림을 놓칠 위험이 생긴

서문. 상어와 포식자들

다는 것이다. 예를 들어 에볼라 바이러스는 인류에게 가장 치명적인 병원균 중 하나로 꼽히지만, 그 위력은 열대우림을 과도하게 베어 내는 바람에 바이러스를 확산시켜 에볼라를 유행병으로 만들었다고 추정되는 배경, 즉 박쥐가 앉아서 쉴 곳이 사라진 후에 또는 인간이 에볼라 바이러스에 감염된 침팬지를 사냥해서 도축한 다음 음식으로 식탁에 올린 후에 비로소 드러나 인간에게 악영향을 미치기 시작했다. 혈액으로 매개되는 감염질환도 마찬가지다. 병원의 위생 수준이 열악하면 병이 지역사회로 광범위하게 확산될 가능성이 높아지고 도시 지역까지 퍼져 나갈 기회가 생긴다. 이와 같은 상황에서는 조지 버나드 쇼George Bernard Shaw가 《의사의 딜레마》에서 밝힌 견해를 새길 필요가 있다. "질병과 관련된 특정 미생물은 병의 원인이 아니라 증상인지도 모른다." 이 말에 담긴 원칙을 오늘날의 상황에 대입하면, 감염질환에는 거의 대부분 보다 폭넓은 환경적, 사회적 원인이 있다고 말할 수 있다. 새로운 병원균이 생기고 확산되는 생태학적, 면역학적 요소와 그 병원균의 동태와 관련된 요소를 감안하지 않는 한, 그리고 그러한 요소를 제대로 파악하기 전까지는 병원균과 질병과의 연관성에 관한 우리의 지식은 부분적이고 불완전하다.

공정하게 판단하자면, 의학계에는 미생물과 인체의 복잡한 상호작용을 더 미세한 부분까지 파악하려는 연구자들이 항상 존재했다. 예를 들어 항생제 혁명이 고조된 1959년에 록펠러 연구소의 르네 뒤보René Dubos는 의학적 문제를 효과가 단기간에 그치는 기술로 해결하려는 분위기를 비난하고 나섰다. 대다수 동료들이 감염질환을 정복해야 한다는 목표를 당연시하고 감염을 일으키는 흔한 세균

대유행병의 시대

을 완전히 없애는 날이 임박했다고 확신하던 시기였다. 상용화된 항생제 성분을 1939년에 최초로 분리해 낸 연구자였으니 자신이 하는 말의 의미를 누구보다 명확히 알고 밝힌 견해였고, 의학계에 만연한 오만을 경고하는 목소리였다. 뒤보는 인간을 "마법사의 견습생"에 비유하면서 의과학 분야에 형성된 "잠재적으로 파괴적인 동력"은 언젠가 의학의 유토피아를 이룩하겠다는 꿈을 깨뜨리는 힘이 될 수 있다고 지적했다. "현대인은 과거부터 진화를 이끌어 온 자연의 힘을 스스로 거의 완벽히 통달했다고 믿는다. 그리고 이제는 자신의 생물학적, 문화적 운명을 스스로 통제할 수 있게 되었다고 생각한다. 그러나 이런 생각은 환상일지 모른다. 살아 있는 다른 모든 생명과 마찬가지로 인간은 엄청나게 복잡한 생태계의 일부이고, 무수한 고리로 얽혀 있는 생태계의 모든 구성요소에 묶여 있다." 뒤보는 글로 이렇게 설명했다. 따라서 질병에서 완전히 자유로워진다는 목표는 "신기루"와 같고 "자연은 예상할 수 없는 어느 시점에, 미리 내다볼 수 없는 방식으로 반격할 것"이라고 주장했다.[5]

뒤보가 쓴 글들은 1960년대에 미국 대중들 사이에서 큰 인기를 얻었지만 과학계 동료들은 미래에 질병으로 아마겟돈 같은 상황이 올 수 있다는 그의 경고를 대부분 무시했다. 그 결과는 1982년에 뒤보가 세상을 떠나고 얼마 지나지 않아 나타났다. 미국 질병통제예방센터[CDC]는 로스앤젤레스의 동성애자들 사이에서 갑자기 발생한 이례적인 자가면역질환을 지칭하기 위해 에이즈[AIDS]라는 축약어를 새로 만들었다. 에이즈는 다른 인구군으로도 확산됐고 의학계는 깜짝 놀랐다. 사실 CDC는 똑같이 놀라지 말았어야 했다. 불과 8년 전,

서문. 상어와 포식자들

굉장히 비슷한 사태가 일어났기 때문이다. 필라델피아의 어느 고급 호텔에서 열린 미국 재향군인회 행사에 참석한 참전군인 중 일부가 비정형적인 폐렴에 걸렸고, 발작적인 공포가 삽시간에 확산되자 당시 유행병 전문가들은 "필라델피아의 살인자"로 불리던 원인을 허겁지겁 찾아 나섰다(이 사태가 발생한 초기에 CDC의 질병 조사관들은 당황해서 어쩔 줄 몰라 했고, 한 미생물학자가 레지오넬라 뉴모필라*Legionella pneumophila*라는 병원균을 찾아냈다. 호텔 건물의 냉각탑 같은 수생 환경에서 번식하는 아주 작은 세균이다). 이 일이 벌어진 1976년에는 재향군인병으로 인한 혼란에 뉴저지의 한 미군 기지에서 돼지독감을 일으키는 새로운 아형이 갑자기 나타나는 또 다른 혼란까지 더해졌다. CDC와 공중보건 당국 모두 대비하지 못한 일이었고, 미국 국민 수백만 명이 불필요한 백신을 접종받았다. 2003년에도 아주 비슷한 일이 벌어졌다. 나이 지긋한 중국인 신장학 교수가 홍콩 메트로폴 호텔에 체크인한 것을 시작으로 중증호흡기질환이 국경 너머에서 발생했다. 이전까지 H5N1이라는 조류 인플루엔자 바이러스가 원인인 줄 알았던 그 질환은 사스SARS와 관련 있는 신종 코로나 바이러스*가 원인으로 밝혀졌다. 이 일은 미생물학적인 조사가 어느 정도 능수능란하게 진행되고 과학자들로 구성된 네트워크를 통해 전례 없던 협력이 성사되면서 정보가 원활히 공유돼 유행병으로 번지는 사태를 막을 수 있었다. 하지만 정말 아슬아슬하게 피했을 뿐, 이후에도 예기치 못한 병이 나타나고 초기에 진단이 잘못 내려지는 문제가 동반된 일이 몇

---

* 코로나 바이러스는 주로 포유동물의 호흡기와 위·장관에 감염된다. 일반 감기의 최대 3분의 1은 코로나 바이러스 감염이 원인으로 여겨진다.

차례 반복됐다.

　이 책에서는 이와 같은 사건과 그러한 일이 벌어진 과정을 살펴보고, 예측하고 대비하기 위해 최선을 다하고 있음에도 불구하고 왜 이런 일이 일어나는지, 왜 우리는 계속 놀라야 하는지, 그 이유를 찾아보고자 한다. 유행병의 역사 중에는 2014년부터 2016년에 유행한 에볼라나 1980년대 에이즈를 향한 극도의 공포감처럼 독자들에게 친숙한 사태도 있고, 1924년 로스앤젤레스의 멕시코인 거주 지역에서 터져 나온 폐페스트와 월스트리트의 주가 대폭락 후 몇 개월 뒤 미국을 휩쓴 '앵무병'처럼 낯선 혼란도 있다. 잘 알려진 일인지 여부와 상관없이 이와 같은 유행병 사례는 모두 새로운 병원균이 나타났을 때 일반적으로 널리 알려진 의학적 지혜가 얼마나 순식간에 뒤집히는지 잘 보여 준다. 또한 실험분석으로 확보할 수 있는 정보와 효과적인 백신, 치료제가 없을 때 유행병이 일으키는 혼란과 히스테릭한 반응, 두려움이 얼마나 엄청난 수준에 이를 수 있는지도 확인할 수 있다.

　그런데 의학적 지식이 깊어지고 감염질환을 막기 위한 감시가 활발해지면 이전에 몰랐던 유행병의 위협을 과민하게 의식해 혼란이 가라앉기보다 새로운 공포의 싹이 될 수 있다. 이에 따라 세계보건기구WHO는 흡사 해변에서 혹시라도 상어의 등지느러미가 보이면 피서객들에게 미리 경고해야 한다는 일념으로 바다를 꼼꼼히 살펴보는 안전요원처럼, 정기적인 인터넷 검색을 통해 이례적인 질병 발생에 관한 보고를 찾고 조사하는 한편 새로운 유행병의 원인 바이러스가 나타난 징후가 될 수도 있는 돌연변이 검사를 이어 가고 있다. 어떤 측면에서는 이러한 과잉경계가 이해된다. 하지만 그 대가로 사람들은 언제 찾아올지 모를 대형 사태를 끊임없이 걱정하게 된다. 세상에 종말이 찾아온다는 예언은 늘 반복됐지만, 중요한 건 '정말로' 종말이 오는지 여부가 아니라 '언제' 오는가이다. 분위기가 이렇게 과열된 상황이니 공중보건 전문가들이 때로는 그렇게 혼란스러워할 일이 전혀 아닌데도 잘못된 판단을 하거나 사람들의 불안을 부추기는 것이 그리 놀랍지 않다. 서아프리카에서 시작된 에볼라 대유행 사태처럼 위협의 실체를 완전히 잘못 이해하는 경우도 있다.

분명한 사실은 언론이 이러한 사태로 키우는 데 큰 몫을 한다는 점이다. 공포보다 잘 팔리는 것은 없다. 일주일 내내 24시간 동안 뉴스가 흘러나오는 케이블 방송과 소셜미디어는 감염질환이 터지면 공포와 과도한 불안, 병과 관련된 각종 오해를 키운다. 그리고 기자, 블로거 대다수가 그런 내용을 여과 없이 실어 나른다. 내가 생각하기에 우리에게 새로운 감염원이 나타났다고 경고하고 특정 행동은 "위험하다"고 지목하는 내용들과 비합리적이고 편견이 섞인 판단이 나오는 궁극적 출처는 의과학이다. 더 구체적으로는 유행병학(역학)이다. 유행병에 관한 과학적 지식이 늘고 감염질환의 원인이 더 많이 밝혀진 덕분에 유행병에 대비하는 능력이 크게 발전했다는 사실을 부인하려는 사람은 없을 것이다. 의학계의 기술 발전이 우리의 건강과 행복을 엄청나게 향상시켰다는 사실도 마찬가지다. 그렇지만 우리는 이러한 지식이 끊임없이 새로운 공포와 불안감도 발생시킨다는 사실을 인지해야 한다.

이 책에서 소개하는 각각의 유행병은 위와 같은 과정에서 나타나는 여러 측면을 보여 준다. 의학계와 과학계에 구축돼 있던 지배적 패러다임과 확신을 유행병이 어떻게 약화시킬 수 있는지 확인할 수 있으며, 병의 원인을 찾을 때 더 폭넓은 생태학적 통찰 대신 특정 기술에 과도하게 의존할 경우 어떤 위험한 결과가 초래되는지 볼 수 있다. 과학적 지식이 형성되는 과정에 사회적, 철학적 통찰을 결합시켜서 생각할 때, 나는 새로운 유행병이 시작되기 전에 "다 안다고 판단한 요소"가 있었다고 주장한다. 건물의 냉각탑이나 에어컨은 호텔 이용자나 병원에 입원 중인 환자에게 아무런 '위험이 되지 않는다'는 생각, 서아프리카까지 에볼라가 '확산되지는 않을 것'이고 대도시로 번지는 일도 '없을 것'이라는 생각, 지카 바이러스 감염은 비교적 해가 없는 모기 매개 질병이라는 생각도 그런 요소다. 그러나 모두 틀렸다고 밝혀졌다. 이런 내용들과 더불어, 나는 각 유행병 사태가 대부분 지나온 시간을 되짚어보는 방식으로 '알려진 지식'과 '모른다는 사실조차 모르는 지식'*을 찾기 위한 탐구를 어떻게 촉발하는지도 설명할 예정이다. 더불어 과학자들, 공중보건 전문가들이 앞으로 이와 같은 인식론적 맹점을 피하려면 어떻게 해야 하는지도 이야기하고자 한다.[6]

이 책에서 소개할 유행병은 발병률과 첫 발생에 환경, 사회, 문화적 요소가 얼마나 중요한 영향을 주는지도 명확히 보여 준다. 앞

---

* '알려진 지식'과 '모른다는 사실조차 모르는 지식'이라는 개념은 2002년, 미국의 당시 국방장관이던 도널드 럼스펠드(Donald Rumsfeld)가 국방부 기자회견에서 언급한 이후 대중들 사이에 널리 알려졌다. (자세한 내용은 미주를 참고하기 바란다.)

서문. 상어와 포식자들

서 뒤보가 밝힌 통찰을 병원균의 생태학적 특성에 적용할 때, 나는 병이 생기는 경우 대부분은 생태계의 평형 상태가 깨지거나 환경이 병원균의 지속적 생존이 가능한 곳으로 변형된 것이 원인이라고 생각한다. 에볼라처럼 동물원성, 즉 동물에서 처음 시작된 바이러스가 특히 이러한 경우에 해당되지만 지역사회획득 폐렴의 주된 원인인 연쇄상구균 같은 공생균도 그렇다. 자연에서 에볼라 바이러스의 숙주는 과일박쥐로 알려졌다. 그러나 아프리카 토착종에 해당하는 다른 여러 종류의 박쥐에서도 에볼라 바이러스의 항체가 발견됐다. 활성이 남아 있는 바이러스가 박쥐에서 검출된 적은 한 번도 없다. 이는 오랜 진화 과정을 거치면서 숙주의 환경에 적응하는 다른 바이러스들과 마찬가지로 에볼라 바이러스 역시 박쥐의 면역기능에 의해 혈류에서 신속히 제거될 가능성이 가장 높다. 단 이렇게 제거되기 전 다른 박쥐에게로 옮겨 간다고 추정된다. 따라서 박쥐 개체군 안에서 에볼라 바이러스는 계속 돌아다니지만 박쥐와 바이러스 둘 어느 쪽도 완전히 파괴되지 않는다. 홍역, 소아마비처럼 사람에게만 감염돼 병을 일으키는 균도 비슷한 과정을 거친다. 어린 시절에 처음 감염되면 보통 가볍게 앓는 정도로 지나가고, 회복 후에는 평생 그 병원균에 대한 면역력을 가진다. 문제는 이따금씩 이러한 면역학적 균형이 깨진다는 것이다. 이러한 상황은 아동기에 어린이 상당수가 감염되지 않아 결과적으로 집단 면역이 약화되거나 인플루엔자 바이러스에서 흔히 나타나듯이 바이러스에 갑자기 돌연변이가 일어나 그에 대한 면역력이 거의 없는, 혹은 아예 없는 새로운 바이러스 아형이 퍼지는 경우처럼 자연적으로 발생할 수 있다. 동시에 바이러스와 자연적인 숙주 사이에 어쩌다 인간이 끼어드는 바람에 균형이 깨질 수도 있다. 2014년에 기니 멜리안두에서 아이들이 마을 중앙의 나무 그루터기에 살던 긴꼬리박쥐를 가지고 놀기 시작한 것도 그런 경우였다. HIV의 전구체 바이러스도 1950년대 콩고에서 아주 비슷한 방식을 통해 침팬지에서 사람으로 옮겨 오는, 이른바 스필오버(종간 전이)*가 일어난 것으로 추정된다. 이 두 건의 유행병이 정확히 어떻게 시작되었는지 밝히기 위한 조사는 지금도 진행 중이다. 에이즈의 경우 20세기가 시작된 무렵 콩고 강을 오가기 시작한 증기선과 식민 지배가 이어지던 시기에 새로 구축된 도로, 철도가 벌목꾼들, 목재 회사들의 탐욕과 함께 병의 확산에 중요한 영향을 준 것이 거의 확실한 사실로 여겨진다. 그러나 사회적, 문화적 요인도 영향을 주었다. 야생동물 고기를 소비하지 않았다면, 그리고 철도 회사와 목재 회사에서 일하던 사람들이 머물던 임시 숙소 근처에서 성매매가 광범위하게 이루어지지 않았다면 바이러스가 그토록 넓게, 그만큼 빠른 속도로 퍼져 나가지 않았을 것이다. 마찬가지로 서아프리카 지역 사람들의 확고한 문화적 믿음과 관습, 그리고 과학적인 치료 방식에 대한 불신이 없었다면 에볼라가 전 세계인의 건강을 위협하는 수준에 이르지 않고 지역 내에서 대형 유행병이 되지 않았을 가능성이 크다.

그러나 의학사에서 우리가 얻을 수 있는 가장 중요한 통찰은 아

---

* 스필오버(종간 전이)라는 용어는 2012년 데이비드 쾀먼(David Quammen)의 저서 《인수공통: 모든 전염병의 열쇠》에 사용되면서 널리 알려졌다. 이 내용에 관해서는 6장에서 자세히 다룰 예정이다.

서문. 상어와 포식자들

마도 유행병과 전쟁의 오랜 연결고리일 것이다. 기원전 430년에 스파르타가 아테네의 항구 도시를 포위하자 페리클레스가 아테네인들에게 교전에 응하지 말고 물러서라고 지시했던 먼 옛날부터 지금까지, 전쟁은 치명적인 감염질환의 원천으로 여겨졌다(2014년 서아프리카의 에볼라 사태도 포함된다. 당시 수십 년간 이어진 내전과 무력 갈등으로 라이베리아와 시에라리온 사람들은 허약해진 상태였고 건강을 챙길 수 있는 자원도 부족했다). 아테네를 휩쓴 전염병이 어떤 병원균에 의했는지 밝혀진 적이 없고 앞으로도 미궁으로 남겠지만(탄저균, 천연두, 발진티푸스, 말라리아 등이 후보로 거론된다), 그리스의 도시를 둘러싼 일명 '긴 성벽' 뒤에 최대 30만 명에 달하는 아테네 사람들과 피난민들이 빼곡하게 머무른 것이 병을 확산시킨 결정적 요인이라는 점에 의심의 여지가 없다. 이와 같은 한정된 공간은 (원인이 바이러스라면) 바이러스가 증식하기에 딱 알맞은 환경이 되었고, 결국 아테네는 거대한 납골당이 되고 말았다(역사가 투키디데스가 전한 내용에 따르면, 시골 지역에서 온 피난민들을 받아 줄 수 있는 집이 남질 않아 "일 년 중 무더운 시기였지만 오두막에 숨이 턱턱 막힐 만큼 많은 인원이 함께 지내야 했고 사망률은 끝도 없이 급증했다"). 기원전 426년에 전염병이 세 번째로 몰아친 후 아테네 전체 인구의 4분의 1에서 3분의 1이 사라졌다.[7]

아테네에서 일어난 전염병의 원인은 명확하지 않지만 스파르타에는 영향을 주지 않았고 아티카 경계 너머로 멀리 퍼지지 않은 것으로 보인다. 하지만 2,000년 전에는 마을과 도시가 따로 뚝 떨어져서 형성됐고 사람이나 병원균이 국가나 대륙을 오갈 수 있는 경로가 거의 없었다. 안타깝게도 오늘날은 상황이 다르다. 세계 무역과 세계 여행이 가능해졌고 신종 바이러스와 그 매개체는 계속 국경과 표준 시간대가 다른 지역을 넘나들고 당도하는 곳마다 전과 다른 생태학적, 면역학적 요소가 조합된 환경과 만난다. 제1차 세계대전이 한창이던 시절, 미국 동부해안에 꾸려진 훈련소로 갓 징집된 수만 명의 젊은 병사들이 유럽 대륙을 오간 것도 역사상 가장 치명적인 결과를 낳은 유행병이 시작된 이상적 조건이 되었다.

서문. 상어와 포식자들

×

목차

에 이어 호흡 곤란과 청색증을 보였다. 의사들은 청색증이 나타난 환자에게는 "지금까지 떠올린 어떠한 치료법도 소용없는 것으로 보인다"고 밝혔다. 환자 중에는 호흡이 짧아지고 얕아져서 '가스 중독 증상'을 떠올리게 하는 경우도 있었지만[7] 나중에 올더숏과 에타플에서 발생한 발병 사례를 조사한 세균학자와 병리학자 들은 이 병이 독감의 한 종류라고 확신했다.[8] 오래전부터 독감은 기관지염을 촉발하는 요인으로 여겨졌다. 독감이 유행하고 매년 가을과 겨울에 환자가 나타나는 일이 반복되자 유행병 전문가들은 전체 인구군 중에서도 아주 어린아이들이나 노년층에서 호흡기 문제로 사망하는 사례가 급증하는 패턴이 나타난다는 사실을 인지했다. 청년과 70세 이하는 독감에 걸려도 생명이 위태로워지기보다 몸 상태가 다소 나빠지는 정도로 그쳤고 회복기에 들어간 환자는 정말 아픈 사람인지 의심하는 눈초리를 받는 경우도 많았다.

* * *

올더숏과 에타플에서 발생한 병이 정말 독감이었는지 지금 우리는 알 수 없다. 그러나 1918년 3월, 대규모의 군부대에서 또다시 이례적인 호흡기 질병이 발생했다. 이번에는 미국 캔자스 주 캠프 펀스턴이었다. 처음에 의사들은 부대 내에서 도는 폐렴이 다시 나타났다고 생각했으나 곧 의견을 철회했다.

　최초 발병자로 추정된 사람은 취사병이었다. 3월 4일에 문제의 취사병은 잠에서 깼을 때 머리가 쪼개질 것 같은 극심한 두통과 함께 목과 허리에 통증을 느꼈고 곧 부대 내 병원에 가서 자신의 상태를 알렸다. 곧 제164보충대 소속 병사 100여 명이 같은 증세를 보였고 3월 셋째 주에 1,200명이 넘는 환자가 발생했다. 환자가 넘쳐나 수용할 공간이 부족해지자 포트 라일리의 담당 의무관은 병원 근처에 있는 격납고까지 빌려야 했다. 증상은 전형적인 독감과 비슷했다. 오한에 이어 고열과 인후통, 두통, 복통이 나타났다. 그런데 자리에서 일어서지도 못할 만큼 꼼짝도 하지 못하는 환자들이 많았다. "사람을 쓰러뜨리는 열병"이라는 별명까지 붙여질 정도였다. 이병에 걸린 병사 대부분이 3일에서 5일 후에 회복했지만 중증 폐렴으로 병세가 악화되는 경우가 있어 종잡을 수 없는 상황이었다. 홍역을 앓다가 폐렴을 앓은 환자는 기관지에 국소적으로 병소가 나타나는 경향이 있었지만, 이처럼 독감 후에 찾아온 폐렴은 한쪽 폐엽 전체가 영향을 받는 경우가 빈번했다. 입원 치료를 받은 전체 병사의 약 5분의 1에 해당하는 237명이 이 같은 대엽성 폐렴을 앓았고 5월까지 75명이 사망했다. 7월이 되어 폐렴 위원회가 꾸려진 뒤 조사에 나선 오피와 리버스는 이 질병에 또 한 가지 당혹스러운 특징이 있다는 사실을 발견했다. 3월에 시작된 유행병은 점차 가라앉았지만 4월과 5월에 추가 환자가 발생했고, 그 시점이 두 번 다 새로 징집된 병사가 부대에 합류한 시점과 일치한다는 점이었다.[9] 게다가 미국 동부 지역의 군부대로 보내진 병사들이 병의 원인을 갖고 들어왔고 이들 중 다수가 미국 원정군에 합류해 다른 병사들과 함께 배를 타고 자유롭게 어울리며 유럽으로 향했다. 그 결과 대서양을 가로지른 수송선에서도 발병자가 나오기 시작했다. 미군 수송선의 주요 입국 지점이던 프랑스 브레스트에 배가 도착하고 타고 있던 병사들이 우르르 그 땅을 밟은 후에도 같은 패턴이 계속 나타났다. "특징을 알 수 없는 급성 감염성 열병이 유행하고 있다." 보르도의 미군 병원에서 근무하던 의무관이 4월 15일에 이렇게 보고했다. 5월에는 프랑스군 내에서 "유행성 감기"로 불리는 병이 발생했고 에타플에 주둔한 영국군 상당수가 "출처 불명 열병"을 앓았다. 펀스턴 사례와 마찬가지로 초기에는 상황이 심각하지 않았지만 6월이 되자 연합군 수천 명이 입원 치료를 받았다. 8월에는 위기감이 더욱 고조됐다. "연이어 발생하는 이 질병은 병의 특성과 규모 모두에서 갈수록 심각해지고 있다. 원인인자의 발병력이 증가했다고 볼 수 있다." 프랑스 발다옹의 미 원정군 포병부대 훈련 캠프에서 근무하던 의무관 앨런 M. 체스니^{Alan M. Chesney}가 당시 상황을 이렇게 전했다.[10]

체스니처럼 이 문제를 우려한 사람은 별로 없었다. 1918년 여름까지 독감은 28째째 대유행 없이 잠잠했다. 병사들의 의복에 남아 있던 이를 통해 확산되는 치명적인 혈액 매개 질병인 발진티푸스나 총상을 입은 곳 또는 파편이 튀어 생긴 상처에서 시작되는 패혈증에 비하면, 군의관들의 관점에서 독감은 시시한 감염질환일 뿐이었다. 일반 의사도 그에 못지않게 독감을 업신여기는 경향이 있었다. 특히 영국에서는 오래전부터 인플루엔자라는 단어가 심한 감기나 코, 목의 점막에 염증이 생기는 병을 이탈리아어로 나타낸 것이라는 의혹이 남아 있었다.[*] 게다가 5년 가까이 지속된 끔찍한 참호

---

* 독감을 뜻하는 인플루엔자(influenza)는 라틴어에서 유래한 이탈리아어 'influenza coeli(하늘의 영향)'에서 파생한 단어다.

1. 푸른 죽음

전으로 유럽에서는 이미 수만 명이 목숨을 잃었고 프랑스 북부와 플랑드르에서 200만 명의 연합군이 새로 참호를 파고 있는 상황인 만큼 군 지휘부에서는 더 신경 쓸 일이 많았다. "전투병 3분의 1 정도, 지휘관 서른 명가량이 스페인독감에 걸렸어요." 영국의 시인 윌프레드 오웬Wilfred Owen이 6월에 노스요크셔 스카버러에 꾸려진 영국군 부대에서 모친인 수전에게 보낸 편지에 이 병을 경멸하는 심정이 그대로 담겼다. "저로선 그런 흔한 일에 군이 신경을 써야 하나 싶습니다. 그래서 신경 안 쓰려고요! 독감에 걸리지 않은 병사들이 얼마나 많은 일을 떠맡게 되었는지 상상이 되시나요."[11]

오웬의 이러한 무관심은 잘못된 것으로 드러났다. 1918년 여름부터 1919년 봄까지, 병사 수만 명과 더불어 시민 수백만 명이 스페인독감으로 목숨을 잃었다(독감이 퍼지고 있다는 보고서를 검열하지 않고 그대로 공개한 유일한 국가가 스페인이라 이런 명칭이 붙었다). 미국과 유럽 북부를 강타한 스페인독감은 전 지구를 집어삼켰다. 미국에서만 연이어 터진 독감으로 67만 5,000여 명이 목숨을 잃었고 프랑스에서도 40만 명, 영국에서는 22만 8,000여 명의 사망자가 발생했다. 전 세계적으로 스페인독감의 대유행에 희생된 사망자 수는 5,000만 명으로 추정된다. 제1차 세계대전 사망자의 5배, 30년간 발생한 에이즈 사망자를 모두 합한 것보다 1,000만 명 더 많다.

오웬을 비롯해 당시 사람들은 독감을 너무 안이하게 생각했다. 1918년 당시에 의과학자들은 독감의 전파 방식을 충분히 다 안다고 자신했다. 무엇보다 세균학의 '아버지'로 불리는 독일 학자 로베르트 코흐Robert Koch의 사위인 리하르트 파이퍼Richard Pfeiffer가 1892년에 독감을 일으키는 "흥미로운 원인"을 발견했다고 발표하고 자신이 찾은 아주 작은 그람음성균에 '인플루엔자균$^{Bacillus\ influenzae}$'이라는 이름을 붙인 성과의 영향이었다. 파이퍼의 "발견"은 소위 러시아독감이라 불린 대유행병이 최고조에 달했을 때 나와서 전 세계의 뉴스 헤드라인을 장식했다. 조금만 기다리면 독일의 실험 분석 기술을 익힌 과학자들이 백신을 만들 것이라는 기대감도 한층 부풀어 올랐다. "파이퍼가 발견한 간균"이 당시에 널리 알려진 것처럼 독감 환자가 목을 헹궈낸 물이나 기관지에서 나온 가래에서 항상 분리되지도 않았지만 사람들은 개의치 않았다. 인공배지에 배양하기도 엄청나게 어려웠고 특수 염료를 활용하여 현미경으로 관찰하려면 균이 작고 동그란 무색 집락을 형성해야 하는데 이 단계까지 가려면 여러 번 시도해야 했다. 심지어 파이퍼는 베를린에서 동료 연구자 기타사토 시바사부로$^{Kitasato\ Shibasaburo}$와 함께 원숭이에게 문제의 균을 접종했지만 병은 옮겨지지 않았고 이는 코흐가 제시한 병인의 조건에서 벗어났어도[12] 분위기는 그대로였다. 의학계의 권위자 대다수가 파이퍼가 이야기한 균이 독감의 '원인이 맞다'고 보았고 그걸로 끝이었다. 독감이 발생할 때마다 그리고 독감 환자마다 균이 발견되지 않았다는 불편한 사실을 밝혀 코흐와 그 제자의 권위에 감히 도전할 과학자는 거의 없었다.

7월에 오피와 블레이크, 리버스가 캠프 펀스턴에 도착해서 폐렴 환자의 77퍼센트는 '인플루엔자균'이 발견되지 않았으며 오히려 건강한 사람, 즉 독감에 걸렸다는 징후나 증상이 '없는' 사람의 3분의 1은 입에서 채취한 물질에서 문제의 균이 발견됐다는 사실을 접하고

1. 푸른 죽음

도 그대로 무시한 이유도 이런 분위기 때문이었을 것이다.* 대신 세 사람은 루이지애나와 미시시피에서 징집된 흑인 병사 중에 폐렴 환자 비율이 더 높은 원인을 밝히는 데 주력했다. 백인 병사와 '유색인종' 병사를 비교해 인종에 따른 차이를 찾으려고 한 것이다. 독감을 앓은 후에 폐렴이 가장 심각하게 발생한 환자는 부대에 새로 합류한 신병들이고, 포트 라일리에는 3~6개월밖에 머무르지 않았다는 사실을 다 확인하고도 이 같은 조사를 벌인 것이다. 징집된 흑인 병사는 시골 출신이 더 많다는 점도 간과했다.[13] 조사는 별 진전 없이 똑같은 작업만 반복됐다. 블레이크가 상황이 변하기를 얼마나 소망했는지는 8월 9일에 아내에게 털어놓은 불평에 고스란히 담겨 있다. "이틀 동안 아끼는 사람들에게서 편지 한 통 오지 않았구려. 선선한 낮도 선선한 밤도 없고 술 한 잔, 영화, 춤, 클럽, 예쁜 여자들, 샤워실, 포커도 없소. 사람도 없고 재미도 없고 즐거움도 없소. 지글지글 뜨겁게 내리쬐는 태양의 열기와 세찬 바람, 땀, 먼지, 갈증, 숨이 턱 막히는 긴긴 밤들, 수 시간 동안 일하고 외로워하는 이 지옥 같은 상황에서 나를 구해 줄 수 있는 건 아무것도 없소. 캔자스 주 포트 라일리는 그런 곳이오."[14]

얼마 지나지 않아 오피와 블레이크, 리버스는 캔자스를 떠나라는 명령을 받았다. 하지만 아칸소 주 캠프 파이크로 가서 맹렬히 확산되며 들끓는 독감과 폐렴과 마주한 뒤에야 이들은 훨씬 더 끔찍한 지옥에 발을 들였음을 깨달았다. 문제는 그곳보다 더 끔찍한 최악

---

* 당시 인플루엔자균으로 불리던 이 병원체는 현재 헤모필루스 인플루엔자(*Haemophilus influenzae*)로 불린다.

의 지옥이 따로 있었다는 것이다.

* * *

1918년 8월, 메인 주 리플리 출신의 스물세 살 농부 클리프턴 스
킬링스Clifton Skillings는 보스턴에서 남쪽으로 향하는 기차에 올랐다. 미
국에서 병역 의무자로 분류되는 수천 명의 다른 남성들과 마찬가지
로 스킬링스도 몇 주 전에 징병 통지서를 받았고 거기에 명시된 대
로 복무를 시작하기 위해 캠프 데벤스로 향하는 길이었다. 에이어
에서 내린 스킬링스는 일요일처럼 근사하게 차려입은 다른 징집자
들과 나란히 군부대 쪽으로 걸어갔다. 기병 한 사람이 말에 올라 앞
장서고 있었다. 보스턴에서 온 사람의 눈에 에이어는 그냥 "외딴 시
골 동네"였다.[15] 스킬링스도 같은 생각이었는지는 그가 한 말을 모
르니 파악할 수 없지만, 그가 쓴 편지와 엽서의 내용으로 볼 때 음식
은 크게 신경 쓰지 않은 것 같다. 그래도 8월 24일에는 가족에게 이
렇게 불평했다. "정오에 콩 요리를 먹었어요. 하지만 집에서 먹던
그런 요리가 아니었습니다. 꼭 개 사료를 섞어 놓은 것 같더군요."
부대에 도착한 직후에 메인 주 스코히건에서 온 병사들과 어울렸지
만 미네소타 등 중서부 지역에서 온 사람들도 있다는 사실을 알고
놀라워했다. "이곳 부대의 인원은 족히 수천 명은 되는 것 같아요.
정말 웃긴 건 어디를 보나 전부 남자만 보인다는 거예요. (……) 진짜
여기 와서 직접 보셔야 해요." 그러나 4주 후, 부대 규모나 음식의
질은 더 이상 신경 쓸 여력이 없는 요소가 되었다. "아파서 병원에

1. 푸른 죽음

있는 병사들이 많아요." 9월 23일에 가족들 앞으로 쓴 편지에는 이런 내용이 담겼다. "감기 같은 병이에요. (……) 저는 괜찮을 것 같아요."[16]

가을이라 환절기에 도는 독감이었는지는 알 수 없다. 여름부터 미국에서 잠복해 있었을 수도 있지만 유럽에서 돌아온 원정군과 함께 유입됐을 가능성이 더 크다. 생태학적 관점에서 북프랑스는 방대한 생물학 실험장이었다. 두 대륙에서 온 수많은 사람들이 한 장소에 머물면서 세계 각지에서 온 또 다른 사람들과 자유롭게 뒤섞였다. 펀자브 출신의 인도 병사들, 나이지리아와 시에라리온 사람들로 구성된 아프리카 연대, '쿨리'로 불리던 중국인 노동자들, 베트남, 라오스, 캄보디아 등 인도차이나 출신 노동자들이 모두 섞였다. 8월 말에 석탄을 실은 배들이 출항하는 시에라리온의 한 항구에서 병이 시작돼 서아프리카 국가들로 빠르게 번진 후 영국 해군 군함을 통해 유럽 대륙으로 옮겨 왔다는 설도 있다.[17] 또는 코펜하겐과 북유럽의 다른 도시들에서 7월에 발생한 발병 사례들이 대유행 전 단계였으며 따라서 병원체가 이미 유럽에 있었다고 보는 견해도 있다.[18]

미국에서는 연합국 해외파견군AEF이 돌아오는 주요 입국 지점 중 한 곳인 보스턴 커먼웰스 부두에서 8월 말부터 독감의 두 번째 유행이 시작될 조짐이 나타났다. 선원들 중 일부가 갑자기 건강이 악화되었고 8월 29일에는 50명이 첼시 해군병원으로 옮겨져 미국 공중보건국 위생연구소 소장 출신이자 하버드 의과대학을 나온 밀튼 로즈노Milton Rosenau 소령에게 치료를 받았다. 로즈노는 병이 확산되지 않도록 병든 선원들을 분리했지만 9월 초에 뉴포트와 로드아

학생들이 뭘 하든 모른 척하고 각자 알아서 기구를 써 보도록 하는 것이 웰치의 교수법이라고 회상했다. 그러다 아주 가끔 전도유망한 학생들을 저녁 식사에 초대했다. "그가 나지막한 음성으로 이야기를 시작하면 방 안 전체가 마법에 걸린 것 같았다. 현미경을 너무 오랫동안 들여다보느라 이미 어깨가 살짝 굽은 채로 앉아 있던 몇몇 젊은이들은 (……) 언젠가는 웰치가 신이 나서 이야기한 미술관에 가보고, 음악을 듣고, 명작이라는 문학작품도 꼭 읽어 보리라 다짐하게 된다."[25]

웰치와 동료들은 노스캐롤라이나에서 쉬는 동안 남부 지역을 돌면서 확보한 정보를 정리했다. 새로 징집된 병사들 가운데 병에 걸리지 않은 사람들의 면역학적 특징을 파악하는 것이 홍역과 폐렴이 번진 사태를 이해하는 열쇠라는 데 모두의 의견이 모아졌다. "메도우 인은 즐거움과 안락함을 느낄 수 있었던 조용한 장소였다." 웰치는 9월 19일에 이런 감상을 남겼다. 이후로 웰치 일행은 상당 기간 동안 한숨을 돌릴 시간이 없었다.

이틀 뒤 세 사람은 워싱턴 DC로 돌아왔지만 유니언 역에 도착하자마자 캠프 데벤스에 스페인독감이 덮쳤다는 소식을 접했고 그길로 곧장 에이어로 향했다. 눈앞에 펼쳐진 상황은 충격 그 자체였다. 상황을 제대로 이해하기도 힘들었다. 부대 내 병원은 환자로 넘쳤고 치료는 사실상 거의 이루어지지 않았다. 병상이 800개 설치된 곳에 6,000명이 넘는 병사가 미어져라 들어차 있었다. 보이는 구석, 틈, 작은 공간마다 간이침대가 놓였고 간호사, 의사 모두 환자를 제대로 돌보지 못할 만큼 완전히 녹초가 되어 있었다. 수많은 의료진

1. 푸른 죽음

역시 병이 들거나 죽어 가고 있었다. 누군가의 표현대로 "게임은 다 끝난" 상황이었다.[26] 웰치와 본이 고개를 돌리는 곳마다 피가 섞인 기침을 해대는 병사가 눈에 들어왔다. 코와 귀에서 시뻘건 액체가 쏟아져 나오는 환자도 많았다. 본은 8년이 지난 후에도 여전히 선명하게 남은 당시의 광경을 떠올렸다. "자신이 지키는 나라의 군복을 입은 젊고 건장한 청년 수백 명이 10여 명씩 무리지어 병동에 들어왔다." 그는 1926년에 쓴 글에서 이렇게 전했다. "빈 침대도 없고 온통 비좁아서 일단 간이침대에 눕혀졌는데, 얼마 지나지 않아 얼굴이 시퍼런 빛을 띠기 시작했다. 극심한 기침이 이어지다 피가 섞인 가래가 나왔다. 다음 날 아침이 되면 영안실에 시체가 장작더미처럼 쌓였다. (……) 이 나이든 역학자의 머릿속에서 소름끼치는 기억이 뱅글뱅글 계속 나타난다."[27]

세 사람이 입구까지 가득 들어찬 시신을 건너 부검실 안으로 들어섰을 때 펼쳐진 광경은 더 끔찍했다. 테이블 위에 한 젊은이의 시신이 있었다. 콜은 세 사람이 시신을 옮기려고 하자 코에서 핏빛 액체가 흘러나왔다고 전했다. 그럼에도 웰치는 시신의 폐를 자세히 살펴봐야 한다고 판단했다. 곧 베테랑 병리학자를 기겁하게 만든 광경이 펼쳐졌다. "흉부를 열어서 부풀어 오른 퍼런 폐를 분리해서 절개한 후, 웰치는 축축하고 거품이 이는 표면 아래가 완전히 굳은 덩어리라는 사실을 발견했다. 그는 우리 쪽으로 몸을 돌려 이야기했다. '이건 새로운 종류의 감염이거나 전염병입니다' (……) 순간적으로 나는 이게 어떤 상황인지 깨닫고 큰 충격에 빠졌다. 웰치 박사 같은 사람에게도 감당하기 힘든 일이었다."[28]

10월 말에 이르자 캠프 데벤스 전체 병사의 3분의 1에 해당하는 1만 5,000여 명이 독감에 걸렸고 독감 합병증으로 찾아온 폐렴으로 787명이 목숨을 잃었다. 숨진 폐렴 환자들 가운데 3분의 2는 대엽성 폐렴이었다.[29] 아주 단시간에 발병하고 엄청난 양의 폐출혈이나 폐부종으로 사망에 이른 환자들이 많았다. 일반적인 대엽성 폐렴보다 피해가 훨씬 광범위했다. 기도 내벽의 상피세포가 손상된 것으로 확인됐지만 세균의 영향이라는 증거는 거의 찾을 수 없었다. 그보다 급격한 기관지 폐렴과 더 비슷한 면이 많았고, 국소 변화가 더 많이 발생하는 특징도 나타났다. 그러한 변화가 발생한 곳에서는 일반적으로 부검 시 병원균이 발견됐다.[30]

이처럼 처음 보는 종류의 폐렴에서는 병리학자들이 과거 대엽성 폐렴이나 기관지 폐렴 환자에게서 관찰한 것과 전혀 다른 특징이 나타났다. 새로운 종류의 전염병이라고 한 웰치의 묘사를 전적으로 뒷받침하는 특징이었다. 하지만 웰치는 정확한 직감에도 불구하고 오랜 확신을 아직 버리지 못했다. 학자의 길로 접어든 초창기를 라이프치히에서 보낸 것, 이후 미국 의학계에서 일자리를 얻고 독일 연구소의 새로운 기술이 수용되도록 고투를 벌인 것이 원인이었는지 모른다. 이런 과정을 거쳐서인지 웰치는 병리학자로서 현 상황이 새롭고도 몹시 두려워해야 할 일이라는 직감이 들었다. 하지만 인플루엔자균이 원인이라고 밝힌 파이퍼의 결론에 반박하지 않으려 했다. 독일의 세균학 연구 기법을 익힌 미국의 과학자들이 폐에 이와 비슷한 수준으로 끔찍한 병변이 나타난 환자들로부터 인플루엔자균을 발견한 사례들이 알려진 것도 원인이 되었을 수 있다.

1. 푸른 죽음

이러한 결과를 발표한 과학자들 중에는 뉴욕 시 보건부에서 실험분과를 총괄하던 윌리엄 H. 파크[William H. Park]와 부책임자 애나 윌리엄스[Anna Williams]도 포함되어 있었다. 둘 다 의학계에서 크게 존경받는 학자였다. 그래도 "면밀하고 세심한" 관찰의 중요성과 "절반에 그친 증거에 만족하면 안 된다"는 원칙에 따라 웰치는 보스턴 브리검 병원의 수석 병리학자 버트 월바크[Burt Wolbach]에게 연락했다. 이번에 발생한 독감 환자 모두 자신이 캠프 데벤스에서 확인한 폐처럼 이상한 병리학적 특징이 나타나는지 부검으로 확인해 볼 것을 요청했다. 이어 미군 의무감실에도 연락해 병의 상세한 상황을 알리고 "군부대 전체가 병원으로 쓸 수 있는 공간을 신속히 늘릴 수 있도록 즉각적 지원이 필요하다"고 촉구했다.[31] 웰치가 세 번째로 연락한 사람은 록펠러 연구소의 오즈월드 에이버리였다.

꼼꼼하고 소박하기로 유명한 의학 연구자 에이버리는 실험실을 거의 떠나지 않았다. 콜과 함께 연구하면서 특정 혈청을 사용해 대엽성 폐렴을 일으키는 네 가지 주요 폐렴구균 아형을 분리하는 기술도 이미 완벽히 다듬어 놓았다. 다음으로 에이버리는 이 각각의 아형이 마우스를 죽음에 이르게 하는 효과가 어느 정도이고 얼마나 감염되어야 그런 결과가 나타나는지 연구했다. 이 실험을 통해 에이버리는 폐렴구균을 둘러싼 다당류 캡슐이 세균 침입 시 면역계가 가장 먼저 활용하는 방어 수단인 백혈구의 기능을 얼마나 견딜 수 있느냐에 따라 침입한 균의 병독성이 좌우된다는 결론을 내렸다.

'인플루엔자균'을 배양하기가 어려운 이유 중 하나는 생장 온도의 범위가 굉장히 좁고 산소 의존도가 매우 높아서 배양용 배지 표면에서만 자라는 경우가 많다는 특징 때문이다. 또한 단독으로 자라거나 한 쌍으로만 자라는 경우가 많고 군집을 이루어도 색이 없고 특별한 구조가 없어서 광학현미경으로 관찰해도 못 보고 지나칠 위험이 아주 컸다. 파이퍼는 헤모글로빈을 기질로 공급하면 생장이 크게 촉진된다는 사실을 발견했고, 이 균을 배양하려면 반드시 혈액 한천 배지를 사용해야 한다고 밝혔다(파이퍼는 비둘기의 혈액을 추천했지만 다른 연구자들은 토끼 혈액을 활용했다). 세균학자가 인플루엔자균이 군집을 형성하도록 배양하는 데 성공하면 적절한 염료로 염색한 후 알코올로 세척하고 다시 대비 염료로 염색한다(그람양성균은 크리스털 바이올렛으로 염색하면 색이 그대로 남아 있지만 인플루엔자균이나 마이코박테리아와 같은 그람음성균은 대조염색을 실시해야 한다).[32] 독감 환자의 가래를 문질러서 슬라이드에 곧바로 같은 방법으로 염색을 실시할 수도 있다. 그러나 더 정확하고 확실한 결과를 얻을 수 있는 방법은 독감 환자의 가래를 마우스에게 주사해 균을 순수 배양한 후 마우스의 체액에서 균을 분리해 혈액 한천 배지에서 다시 배양하는 것이다.

다른 연구자들과 마찬가지로 에이버리도 파이퍼가 밝힌 인플루엔자균을 독감 환자의 가래나 기관지 배출물로 배양하기 어렵다는 사실을 처음부터 깨달았다. 이에 에이버리는 성공률을 높이기 위해 파이퍼가 제안한 방식을 다듬어 한천 배지에 산을 추가하고 섬유소가 제거된 혈액 대신 아무런 처리도 하지 않은 혈액을 사용했다(다른 연구자들은 혈액을 가열하거나 여과한 후 건조시켜 혈액의 피브린과 헤모글로빈을 분리했다). 자신만의 기법을 계속 완벽히 다듬어 나간 덕분에 균이 배양되는 확률도 높아졌고, 웰치에게 캠프 데벤스에서 검사한 30명

1. 푸른 죽음

의 죽은 병사들 중 22명에서 균이 검출되었다고 알려 줄 수 있었다. 월바크는 이보다 더 확정적인 결과를 내놓았다. 브리검 병원에서 자신이 검사한 모든 환자에서 인플루엔자균이 검출되었다고 밝힌 것이다. 웰치, 콜, 본으로서는 이만하면 충분하다고 판단할 만한 결과였다. "캠프 데벤스에서 발생한 독감은 파이퍼가 발견한 균에 의해 발생한 것으로 검증됐다." 세 사람이 미군 의무감실로 보낸 9월 27일자 전보에는 이 같은 내용이 담겨 있었다.[33]

* * *

하지만 독감은 바이러스 감염으로 발생한다. '인플루엔자균'은 함께 돌아다니는 동행일 뿐이다. 독감 환자의 입과 목구멍, 폐에서 흔히 발견되는 다른 균처럼 부차적인 감염에 영향을 줄 수는 있어도 독감을 일으키는 주된 원인은 아니다.[34] 하지만 일부 연구자들이 의혹을 갖기 시작했을 뿐, 1918년 가을에 이런 사실은 아는 사람은 아무도 없었다. 헤모필루스 인플루엔자 배양이 거듭 실패로 돌아가자 독감이 세균에 의해 발생했다는 이론보다 연구자들이 더 큰 타격을 입었다. 파이퍼의 주장을 의심하는 목소리보다 독감은 세균 감염 질환이라는 과학계의 견해가 너무나 지배적인 상황이라, 과학자들은 자신들이 사용하는 실험도구와 방법을 의심한 것이다. 첫 시도에서 균이 배양되지 않으면 배지를 손보고 염료도 개량해 다시 도전했다.

과학에서 변칙은 흔한 일이다. 각각 실시된 두 건의 실험에서 정

대유행병의 시대

확히 똑같은 결과는 나올 수 없다. 그러나 과학자들은 실험법을 다듬고 도구와 기술을 서로 공유하면서 다른 사람이 관찰하고 발견한 결과를 넓은 관점에서 재연해 냄으로써 특정 해석이 옳다는 공통 결론에 도달했다. 새로운 지식이 등장하고 특정 패러다임이 채택되는 과정도 이와 같은 방식으로 이루어진다. 과학에 절대적으로 확신할 수 있는 것은 없다. 패러다임은 새로운 관찰 결과를 토대로 끊임없이 개선되고, 거기서 벗어나는 결과가 충분히 발견되면 패러다임에 관한 신뢰가 약화돼 새 패러다임이 그 자리를 대신한다. 따라서 훌륭한 과학자들은 변칙과 불확실성을 반긴다. 과학적 지식은 그렇게 발전한다.

파이퍼가 자신이 발견한 균이 독감의 원인이라는 주장을 처음 펼치던 시기에는 세균학과 세균 이론으로 구축된 패러다임(질병마다 한 가지 원인균이 있다는 생각)이 우세했다. 이후 색수차가 보정된 더 나은 렌즈가 개발되고 배양과 염색 기술도 발전하면서 1880년대 말에는 로베르트 코흐와 루이 파스퇴르의 연구를 통해 이전까지 검출조차 어려웠던 균을 눈으로 확인할 수 있게 되었다. 가끔 콜레라와 결핵의 원인균 같은 대표적 균뿐 아니라 연쇄상구균, 포도상구균도 그 대상에 포함됐다. 이와 같은 발견은 얼마 지나지 않아 콜레라, 장티푸스, 페스트 같은 질병을 막는 혈청과 세균성 백신의 개발로 이어졌다. 제1차 세계대전이 시작되기 직전에 에이버리와 콜도 동일한 방법으로 폐렴구균에 의한 폐렴을 막는 백신을 만들었다.

1892년에 파이퍼가 처음 자신의 발견 내용을 공개하자 세균학계에서는 이제 곧 독감 백신이 개발되리라는 기대가 높아졌다. 하지만 그의 주장에는 시작부터 여러 의혹과 변칙적 관찰 결과가 뒤따랐다. 첫 번째 문제는 러시아독감이 유행하던 시기에 베를린에서 파이퍼 자신이 직접 조사한 임상 사례 중 대다수에서도 인플루엔자균이 발견되지 않았다는 점이다. 두 번째는 앞서도 소개한 내용처럼 파이퍼가 순수 배양된 균을 원숭이에 주사했으나 독감이 옮겨지지 않았다는 점이다(파이퍼는 이 실험에 구체적으로 어떤 종류의 원숭이를 활용했는지 밝히지 않았으나, 사람에게 감염되는 인플루엔자가 원숭이에게서는 반응이 나타나지 않는 경우가 많으므로 그것이 실험의 실패 원인일 수 있다).[35] 얼마 후 오스트리아 빈에서 공부한 조직학자이자 영국의 대표적인 세균학 교과서를 쓴 에드워드 클라인Edward Klein이 러시아독감이 유행할 때 런던 소재 여러 병원에 입원한 환자들로부터 인플루엔자균을 성공적으로 분리해 냈다. 그러나 클라인도 환자의 가래를 배양한 결과 다른 세균도 "떼 지어" 발견되었으며 환자의 건강 상태가 나아질수록 균 배양에 사용한 한천 배지에 파이퍼의 인플루엔자균이 군집을 형성하는 비율도 줄었다고 설명했다. 이와 함께 클라인은 독감이 아닌 '다른' 병을 앓는 환자들에게서도 헤모필루스 인플루엔자를 분리할 수 있었다고 밝혔다.

1892년 이후에는 러시아독감의 유행세가 약화돼 환자들을 대상으로 한 세균학적 실험을 더 이상 진행할 수 없었다. 이따금씩 러시아독감이 다시 나타나면 연구자들은 회복기 환자의 가래와 폐 배출 물질을 얻어 균을 찾기 위해 배양을 시도했다. 성공할 때도 있었지만 실패하는 비율도 높았다. 예를 들어 1906년에 시카고 감염질환 기념연구소의 데이비드 J. 데이비스David J. Davis는 독감 환자 17명

중 인플루엔자균을 분리할 수 있었던 환자는 3명에 그쳤다고 보고했다. 백일해 환자 61명 중 5명에서도 동일한 균이 검출됐다. 이듬해 영국 킹스 칼리지 런던의 임상 병리학자 W. 데스테 에머리[W. D'Este Emery]는 인플루엔자균이 호흡기에서 발견되는 다른 균과 함께 있을 때 더 쉽게 배양되며 사멸한 연쇄상구균과 공존하는 경우 동물에게서 더 큰 병독성을 나타내는 것으로 보인다고 밝혔다. 에머리는 이러한 사실을 토대로 파이퍼의 인플루엔자균은 전반적으로 "무해한 부생균"일 가능성이 있으며 병원성을 발휘하려면 다른 호흡기 병원균이 필요할 가능성이 있다고 추정했다.[36]

1918년에 스페인독감이 시작되자 연구자들은 다시 실험을 재개할 수 있었다. 이번에도 엇갈린 결과들이 나왔고, 파이퍼의 주장에 의구심을 갖게 하는 변칙적인 결과도 계속 확인됐다. 여름이 되어 이러한 우려가 급증하자 뮌헨 의학연합은 특별 회의를 개최했다. 학술지 〈란셋[The Lancet]〉은 회의에서 오간 논쟁에 관해 "파이퍼의 균은 예외적인 경우에만 검출되어 왔으며" 독감의 원인이라고 주장할 만한 균이 있다면 그보다 훨씬 더 흔하게 발견되는 연쇄상구균과 폐렴구균이어야 할 것이라고 요약했다.[37] 영국 왕립 의사협회도 파이퍼의 주장은 "증거가 불충분하다"는 데 동의하고 다만 인플루엔자균이 독감에 따르는 치명적인 호흡기 합병증에 부차적으로 중요한 역할을 한다는 사실은 기꺼이 받아들일 수 있다고 밝혔다.[38] 이처럼 헤모필루스 인플루엔자가 독감의 원인이라는 주장은 의심해 볼 여지가 있다고 여겨진 반면, 세균학적 패러다임 자체는 영향을 받지 않았다. 그러나 다른 분야에서 제기된 의혹으로 이 패러다임도 심각한 위기에 직면했다.

코흐가 독일에서 나온 세균학의 아버지라면 루이 파스퇴르는 프랑스에서 나온 세균학의 또 다른 부모라 할 수 있다. 또는 어느 저술가의 표현대로 미생물학의 "핵심 인물"이다.[39] 1857년에 35세의 나이로 처음 생물학 논문을 발표할 때만 해도 파스퇴르는 릴에서 활동 중인 거의 무명에 가까운 화학자에 불과했지만, 이 논문에서 그는 자칭 '발효에 관한 세균 이론'을 대담하게 제안했다. 특정 미생물이 각기 다른 종류의 발효를 일으킨다는 내용이었다. 또한 파스퇴르는 같은 논문에서 이 이론을 일반화하여 질병마다 미생물학적 원인이 각각 존재한다고 볼 수 있다고 설명했다. 이 내용에 담긴 생물학적 원칙은 나중에 파스퇴르가 언급한 "생명은 균이고 균이 생명이다"라는 말로도 알려진다. 그러나 파스퇴르가 명성을 얻게 된 계기는 그로부터 20년 후 기본적인 화학 실험기법을 활용하여(열을 가하거나 산소에 노출시키는 방식으로) 탄저균과 닭 콜레라균을 분리하고 이러한 미생물을 병독성이 사라지는 지점까지 약화시킨 공개 실험이었다. 이후 파스퇴르는 이렇게 약화된 균을 이용하면 동물이 병독성이 정상적으로 유지된 동일한 세균에 노출되더라도 병에 걸리지 않는 보호 효과를 얻을 수 있다는 사실을 증명해 보였다. 그는 약화된, 즉 독성이 감소한 미생물이 숙주가(탄저병의 경우 양, 콜레라의 경우 닭) 병독성이 강해 병을 일으킬 수 있는 미생물의 공격을 받을 때 보호 효과를 발휘하는 어떤 물질(항체)이 생산되도록 자극한다는 것을 알아냈다. 8년 후 1885년에 파스퇴르는 더 놀라운 미생물 실험을 진행했다. 광견병 바이러스에 동일한 원리를 적용한 것이다. 그는 광견병에 걸린 개의 척수에서 병을 일으키는 물질을 얻어 토끼에게 주사하고 그 토끼가 병이 들면 같은 방법으로 원인 물질을 얻어 다른 토끼에게 주사하는 과정을 반복했다. 며칠 단위로 이렇게 바이러스를 다른 토끼에 옮기는 과정을 거치는 동안 그 물질이 토끼에게 끼치는 병독성은 강화되었지만 개에서 나타나는 병독성은 줄어들었다. 파스퇴르는 한 걸음 더 나아가기로 했다. 이번에는 죽은 토끼의 척수를 분리해 14일간 건조시켰다. 이렇게 새로운 방식으로 독성이 약화된 바이러스는 개에 접종 시 병을 유발하지 않으면서도 병독성이 온전히 남은 바이러스가 침입하면 면역력이 발휘되도록 만든다는 사실을 알아냈다. 이에 파스퇴르는 실험 강도를 더 높여, 광견병에 걸린 개에게 14군데를 물린 아홉 살 소년 조셉 마이스터(Joseph Meister)에게 자신이 만든 백신을 주사하는 공개 실험을 감행했다. 마이스터가 빠른 속도로 회복되자 이 소식은 신문마다 헤드라인을 장식했다. 천연두를 제외하면 바이러스 백신으로 면역력을 획득한 최초의 성공 사례였다. 이후 수 개월간 구소련 스몰렌스크부터 스페인 세비야에 이르기까지, 광견병에 걸린 동물에게 물린 사람들로부터 도와달라는 요청이 쇄도했다. 파스퇴르의 업적을 되돌아볼 때 가장 놀라운 부분은 광견병 바이러스를 직접 눈으로 볼 수 없었을 때, 또는 바이러스가 무엇인지조차 확립되지 않은 상태에서 바이러스 백신을 개발했다는 사실일 것이다. 다른 바이러스와 마찬가지로 광견병 바이러스도 광학현미경으로는 볼 수 없을 만큼 크기가 작다(150나노미터, 즉 0.15마이크로미터 정도인데 이는 파스퇴르가 활동하던 시절에 현미경으로 관찰할 수 있는 크기보다 1만 배 더 확대해야 볼 수 있는 크기다). 그는 바이러스를 눈으로 확인하거나 실험실에서 배양할 수 없었지만, 배양 '가능하고' 눈으로 볼 수 있는 미생물인 세균을 제외하는 방식으로 그러한 존재가 있다는 사실을 직감했다. 파이퍼가 독감의 원인은 간균의 일종이라고 주장한 1892년에 러시아의 식물학자 드미트리 이바노프스키Dmitry Ivanovski는 담배의 모자이크병이 세균은 빠져나가지 못하는 도자기 필터의 구멍을 통과할 만큼 작고 눈에 보이지 않는 물질에 의해 발생한다고 밝혔다. 샤를 샴베를랑Charles Chamberland이라는 발명가가 개발하여 샴베를랑 필터로 알려진 이 필터는 새로운 세기가 시작될 무렵에는 유럽을 비롯해 여러 지역에서 생산돼 실험실에서 사용되었고, 소의 구제역, 우폐역, 토끼의 점액종증, 아프리카 마역을 일으키는 물질 등 "필터를 통과하는" 다양한 병의 원인 물질이 속속 발견됐다. 1902년에는 미군 군의관인 월터 리드Walter Reed가 이끈 위원회가 필터를 통과하는 물질 중 인체에 질병을 일으키는 원인 물질을 최초로 발견했다. 바로 황열병을 일으키는 물질이었다.[40] 파리의 파스퇴르 연구소에서는 이러한 물질을 "필터를 통과하는 바이러스"로 칭했다.

1885년에 파스퇴르가 세상을 떠난 후에도 에밀 루Emile Roux와 루의 제자이자 유명한 학자인 샤를 니콜Charles Nicolle이 연구를 이어갔다. 파스퇴르 연구소를 만든 장본인인 루는 생물의학 연구와 처리해야 할 행정 업무 사이에 틈틈이 연구했고, 1902년 필터를 통과하는 바이러스가 원인이라고 판단되는 10가지 질병을 발견했다. 같은 해에 루는 튀니스에 위치한 파스퇴르 연구소에 합류하도록 니콜을 설득했다. 자신이 깊이 끌린 분야는 문학이었지만 의사인 아버지의 바람대로 의학을 공부한 니콜은 루앙에서 의사로 일했다. 하지만 청력에 문제가 생겨 청진기를 제대로 쓸 수 없는 지경에 이르렀다. 아마도 이 일이 니콜로 하여금 세균학에 전념하는 계기가 되고 북아프리카 연구소로 오라는 제안도 수용하도록 한 것으로 보인다. 니콜은 튀니스에 도착한 직후 발진티푸스 연구를 시작하며 루의 믿음이 그럴 만한 가치가 있었음을 증명해 보였다. 당시에 발진티푸스는 전쟁이 발발하면 병사들을 대거 사망에 이르게 하거나 교도소 같은 폐쇄된 시설에서 유독 문제가 돼 대부분 의사들은 오물과 비위생적 환경이 원인이라고 생각했다. 실제로는 세탁이 안 된 옷에서 많이 발견되는 몸니*Pediculus humanis corporis*에 의해 옮겨지며, 원인은 리케차 과에 속한 아주 작은 세포 내 유기체라는 사실을 아는 사람은 아무도 없었다. 로키산 홍반열로 알려진 진드기 매개 질환의 원인균도 같은 리케차 과에 해당하는 세균이다. 니콜은 우선 발진티푸스 환자에게서 채취한 혈액을 기니피그에 주사하는 실험을 시작했다. 그러자 병이 나지는 않았지만 일시적 발열 증상이 나타났다. 혈액에 있는 어떤 물질에 잠재적으로 감염된 것, 또는 니콜의 표현을 그대로 가져오면 "불현성" 감염이 발생했다는 증거였다. 그런데 튀니스의 사디키 병원에서 발진티푸스 환자들을 관찰하던 중, 니콜은 중요한 사실을 깨달았다. 환자가 입고 온 옷을 벗기고 목욕을 시킨 후 환자복으로 갈아입히고 나면 곧 병의 전염성이 사라진다는 점이었다. 이에 오물이 아닌 이가 원인일 수 있다고 생각한 니콜은 루에게 침팬지를 한 마리 구해 달라고 요청했다. 발진티푸스 환자 한 명에게서 채취한 혈액을 침팬지에게 주사하고 발열과 피부 발진이 나타

1. 푸른 죽음

나자 니콜은 그 침팬지의 혈액을 채취해 마카크원숭이에게 주사했다. 그리고 원숭이가 병이 들자 이가 피를 빨아 먹도록 했다. 이 방법으로 다른 마카크원숭이에게 병을 전염시킬 수 있다는 사실을 확인한 니콜은 최종적으로 침팬지도 이렇게 전염될 수 있음을 확인했다. 1909년 9월, 니콜은 이가 발진티푸스를 옮기는 매개체라는 연구 결과를 프랑스 과학협회에 알렸고 이 발견으로 1928년에 노벨상을 수상했다.[41]

발진티푸스 백신을 개발하려던 니콜의 시도는 실패로 돌아갔지만(이 성공은 다른 사람들의 손으로 넘어갔다), 독감이 유행하자 그가 비슷한 방법으로 연구를 시작한 건 자연스러운 수순이었다. 이전부터 니콜이 독감을 연구했었는지, 간균으로 추정되는 그 원인균을 배양해 본 적이 있는지는 증거가 남아 있지 않다. 하지만 1918년 여름이 되자 파스퇴르의 원칙을 따르며 연구해 온 프랑스의 세균학자들은 파이퍼가 발견했다는 균을 분리해서 배양하기가 굉장히 어렵다는 사실을 깨닫고 독일인 학자의 주장에 점점 큰 의구심을 품었다. 그리고 니콜과 그의 조수 샤를 르바이Charles Lebailly는 황열병을 일으킨 미생물처럼 독감도 필터를 통과하는 물질에 의해 발생할 수 있지 않을까 하는 생각을 떠올렸다.

8월 말에는 독감이 튀니스까지 번져 감기 증상을 보이는 사람들이 곳곳에서 나타났다. 이 시기에 튀니스에 퍼진 독감이 봄과 초여름에 유럽에 확산된 독감과 같은 종류였는지, 아니면 1918년 가을에 미국 캠프 데벤스에서 발견된 병독성이 더 강한 종류처럼 다른 계통의 미생물이었는지 확인이 어렵다. 그러나 중요한 것은 니콜이 문제의 인플루엔자균을 배양하는 대신 발진티푸스와 동일한 방법으로 이 병을 연구해 보기로 했다는 점이다. 8월 말, 니콜과 르바이는 실험동물을 추가로 요청하고 독감 환자들에 대한 모니터링을 시작했다. 침팬지는 더 이상 구할 수 없어서 니콜은 이번에도 마카크 원숭이를 선택했다. 나중에 밝혀진 사실이지만 이는 정말 운 좋은 결정이었다. 또한 니콜은 르바이와 함께 이 유행병에 영향을 받은 사람들을 집집마다 찾아가 다른 병이 아닌 독감에 걸린 것이 맞는지 확인했다. 이 과정에서 두 사람은 마흔네 살 남성을 연구 대상으로 선정했다. 이름을 "M. M."이라고만 밝힌 이 남성은 8월 24일에 딸들과 함께 병에 걸렸고 6일 후부터 비인두염과 극심한 두통, 발열 등 독감의 전형적 증상을 보였다. 니콜과 르바이는 M. M.의 혈액을 채취했고 다음 날인 9월 1일에 기관지 배출물도 채취했다. 이 시점까지도 니콜과 르바이는 과연 독감을 원숭이에게 옮기는 일이 가능한지, 그리고 이 병을 일으킨 유기체가 사람의 혈액이나 가래, 혹은 다른 체액 중 어디에서 발견될지 전혀 알지 못했다. 하지만 두 사람은 M. M.의 가래에 인플루엔자균을 포함해 "다양한" 세균이 포함돼 있다는 것을 확인했고, 특히 인플루엔자균의 양이 "최소 수준"임을 관찰한 후 이 균을 순수배양하지 않기로 결정했다. 대신 두 사람은 샴베를랑 필터를 활용해 M. M.의 기관지 배출물에서 인플루엔자균과 다른 세균을 제거하고 남은 물질을 마카크원숭이의 일종인 중국 보닛원숭이Macacus sinicus의 눈과 코에 바로 주사했다. 이와 함께 니콜과 르바이는 실험 자원자 두 사람의 몸에도 여과 후 남은 물질을 주사했다. 22세인 자원자에게는 피부에, 30세 자원자에게는 정맥에 각각 투여했다. 6일이 지나자 마카크원숭이와 첫 번째 자원자가 독감으로 강력히 의심되는 증상을 보였다. 원숭이는 발열과 함께 기운 없이 축 처져서 입맛을 잃었고 22세 자원자는 열이 빠른 속도로 오르고 콧물과 두통, 몸 전체가 쑤시고 아픈 증상을 보였다. 이 자원자와 한 집에 사는 사람들 중 누구도 같은 시기에 독감에 걸리지 않았으므로 니콜과 르바이는 여과 후 남은 물질을 투여받은 후 독감에 걸린 것으로 보았다. 두 번째 자원자는 주사 후 15일이 지나도 아픈 기색이 전혀 나타나지 않았다. 니콜과 르바이는 M. M.의 혈액을 다른 마카크원숭이들에게 주사했지만 감염은 발생하지 않았다(혈액은 원숭이의 복막강이나 뇌에 투여됐다). 마카크원숭이에게서 채취한 혈액을 독감 증상이 뚜렷하게 나타나는 세 번째 자원자에게 주사한 실험에서도 별다른 결과가 나오지 않았다. 9월 15일, 두 사람은 마지막으로 긴꼬리마카크원숭이^{Macacus cynomolgus}와 네 번째 자원자에게 첫 번째와 같은 실험을 다시 실시했다. 여과한 배출물질을 주사하자 원숭이는 체온이 약간 오르는 반응이 나타나는 것으로 그쳤고 자원자는 독감 증상이 약하게 나타났다.

오늘날의 기준으로 보면 이들이 실시한 실험이 썩 알맞다고는 할 수 없다. 대조군이 될 수 있는 다른 원숭이나 사람이 포함되지 않았다는 점도 그렇고(마카크원숭이를 구하기 어려웠기 때문으로 추정한다), 오늘날에 이 같은 실험을 진행할 때 요구되는 것처럼 피험자가 자신이 어떤 처치를 받는지 '모르게(맹검)' 진행하지 않은 점도 그렇다. 또한 '독감에 걸리지 않은 사람'의 가래를 채취해 여과하고 남은 물질도 병을 일으키는지 여부를 조사하지 않았고, 파스퇴르가 토끼를 대상으로 광견병을 연구할 때 실시했던 경과 실험도 실시하지 않았다. 즉 병을 일으키는 유기체의 병독성을 조작하고 해당 유기체의 여러 세대가 병을 다시 일으킬 수 있는지 확인하지 않았다. 그럼에도 니콜과 르바이는 독감 환자의 기관지 배출물이 전염성이 있으며 보닛원숭이와 긴꼬리마카크원숭이 모두 여과 후 남은 액체를 피하주사로 투여하면 병에 걸린다고 밝혔다. 따라서 독감은 "필터를 통과하는 유기체"가 일으킨다는 것이 이들이 내린 결론이었다. 더불어 두 사람은 필터를 통과한 바이러스를 피하주사로 투여받은 두 사람에게 "독감을 옮길 수 있었다"는 결론도 제시했다.[42]

9월 21일, 루는 파리의 프랑스 과학협회에서 이 같은 연구 내용이 상세히 포함된 니콜과 르바이의 논문을 전달했다. 웰치가 캠프 데벤스에 도착해 부대 전체를 휩쓴 죽음의 그림자를 직접 목격한 전날이었다. 보통은 명망 있는 과학계 인사들 앞에서 이런 내용이 발표되면 전 세계 연구자들은 바짝 신경을 쓰고 관심을 기울인다. 하지만 당시는 세계가 전쟁의 한복판에 놓여 있었고, 웰치와 동료들에게는 더 신경 써야 할 일이 있었다. 현재로선 정말로 그랬다는 증거가 없지만, 설사 니콜과 르바이의 연구 결과가 적시에 워싱턴 DC의 미군 의무감실로 전달돼 웰치에게도 소식이 전해졌다 해도 웰치가 이 결과에 각별히 무게를 두었을 가능성은 거의 없다. 무엇보다 니콜과 르바이의 연구 결과를 확정적이라 보기는 힘들었다. 또한 웰치는 이 결과를 수용하기 전에 먼저 다른 연구진, 가급적이면 미국의 연구진이 두 사람의 실험을 반복 실시해 같은 결과가 나오는지 확인해 보려 했을 것이다. 그 일을 맡을 가장 적합한 곳은 미군 부속

1. 푸른 죽음

연구소였던 록펠러 연구소나 가까운 보스턴, 로드아일랜드에 있는 여러 해군 연구소였다. 전쟁의 중심에서, 그리고 세계에서 가장 우수한 의학 연구소들과 수천 킬로미터 떨어진 북아프리카에서 실시된 단 몇 건의 실험만으로 독감이 세균성 질환이라는 패러다임이 단번에 뒤집힐 수는 없었다.

현재 우리는 니콜과 르바이의 추정이 옳았다는 사실을 안다. 독감은 바이러스 질환이다. 더 정확히 말하면 이 바이러스는 여덟 개의 가느다란 리보핵산^{RNA} 가닥으로 구성된다. 사람을 비롯한 포유동물의 세포를 구성하는 기초단위는 이와 달리 이중나선으로 된 데옥시리보핵산^{DNA}이다. 니콜과 르바이는 당시에 실시한 실험으로 왜 그와 같은 결론에 도달했는지 명확히 입증하지 못했다. 첫 번째 문제는 실험을 자원한 사람의 코에 여과 후 남은 물질을 떨어뜨리는 방법으로 독감에 걸리도록 만들 수 있었지만, 같은 물질을 피하에 주사하는 방식으로 같은 결과를 얻을 가능성은 극히 낮았다. 실험 자원자가 독감에 걸리지 않았다는 의미가 아니라, 독감에 걸렸더라도 니콜과 르바이가 생각하는 경로로 걸리지 않았을 수 있다는 뜻이다. 두 번째 문제는 구세계로 불리는 유럽, 아시아, 아프리카산 일부 원숭이에게 사람의 독감을 전염시킬 수 있으나(다람쥐원숭이로 불리는 종류는 특히 취약하다) 마카크원숭이는 인체에 감염되는 인플루엔자 바이러스에 반응성이 굉장히 낮은 종이라 호흡기 증상이나 폐 손상이 두드러지게 나타나는 경우가 드물다. 그뿐 아니라 마카크원숭이의 코에 여과 후 남은 물질을 떨어뜨리거나 바이러스가 포함된 액체를 분무해 노출시키는 방식으로 독감에 '걸리도록' 만들기는 매우 어렵다. 실제로 1918년 이후에 원숭이를 대상으로 실시한 여러 연구 결과를 보면 인플루엔자 바이러스를 정맥에 주사했을 때 성공률이 훨씬 높았다는 것을 알 수 있다. 니콜과 르바이가 이 방식으로는 병을 일으키지 못했다고 보고했다는 사실을 떠올리면 참 아이러니하다.[43]

객관적으로 판단하자면, 1918년에는 인체 독감을 연구할 수 있는 믿을 만한 동물 모형이 없었고 살아 있는 세포에서 바이러스를 증식시킬 수 있는 방법도 없었으므로 인플루엔자가 바이러스라는 사실이 연구로 입증될 가능성이 거의 없었다. 1933년이 되어서야 개 홍역을 연구하던 영국의 연구진이 페럿이 인플루엔자에 굉장히 민감한 반응을 보이며 감염자의 가래를 여과하고 남은 물질을 페럿의 비강에 간단히 접종할 수 있다고 밝히면서 그 같은 사실이 입증됐다. 이 연구에서 접종을 받은 페럿 중 한 마리가 연구자 중 한 명을 향해 재채기를 했는데, 그 연구자는 독감을 앓았고 독감은 바이러스가 원인이라는 사실이 확인됐다. 이어 1934년에 인플루엔자 바이러스를 닭의 배아에서 배양할 수 있다는 사실이 발견됐다. 독감이 발생하면 환자를 찾아가 검체를 채취해야 했고 독감이 유행하지 않아 환자가 없는 시기에는 연구를 포기해야 하는 문제에서 벗어난 것이다.[44] 닭 배아를 이용한 배양이 가능해지자 이제 바이러스를 실험실에서 계속 증식시킬 수 있게 되었고 과학자들은 실험에 사용하는 바이러스가 동일한 계통인지 확신할 수 있었다. 1918년에는 불가능했던 일이다. 또한 과학자들은 독감 바이러스가 여러 발육란을 거치도록 함으로써 병독성을 약화시키고 백신을 제조할 수 있게 되

1. 푸른 죽음

었다. 특정 계절에 어떤 종류의 독감이 돌든 방어할 수 있게 된 것
이다.*

* * *

독감은 에이즈나 천연두와 달리 외모를 변형시키지 않는다. 대부분
몸에 눈에 띄는 흔적이나 흉터가 남지 않는 병이다. 또한 황열병처
럼 환자가 시커먼 액체를 토하거나 콜레라처럼 통제가 불가능할 정
도로 극심한 설사에 시달리지도 않는다. 그럼에도 독감 환자의 청
색증이 최후의 단계에 이르렀을 때, 즉 폐렴으로 폐의 기능에 문제
가 발생하여 환자의 볼과 입술이 처음에는 시퍼런 색을 띠다가 나중
에는 짙은 보라색을 띠는 끔찍한 상태에 이르는 것을 두 눈으로 목
격한 사람들에게는 스페인독감도 그에 못지않은 충격을 안겨 주었
다. 이런 사태는 캠프 데벤스와 다른 미군 부대로 국한되지 않고 대
서양을 오가며 미군을 유럽 대륙에 실어 나르던 군인 수송선에서도
발생했다. 9월 말에 뉴욕에서 출항한 '리바이어던 호'에서는 배에 함
께 타고 있던 목격자들이 "사람들의 코에서 극심한 출혈이 일어나
바닥에 흥건하게 고인 피 웅덩이"를 건너서 지나가야 했다고 전했
다. 처음에 증상이 나타난 사람들은 감염이 확산되지 않도록 갑판
아래 철재 벽으로 된 선실 안에 갇혀서 지냈지만, 뉴욕을 출발하고
며칠 지나지 않아 환자 수는 급격히 늘었고, 갑판 아래쪽은 견딜 수

---

* 발육란을 이용한 바이러스 배양은 지금도 독감 백신을 만드는 주된 방법으로 활용되고
  있다.

대유행병의 시대

없는 악취가 가득해 결국 환자들은 바닷바람을 쐬러 갑판 위로 올라왔다. 항생제도 없고 백신도 없던 시절이라 의사들은 환자를 치료할 방도가 없었다. 대신 환자들에게 신선한 과일과 물을 제공했는데, 안타깝게도 몸에서 배출된 피가 섞인 물질들과 함께 그마저도 다 쏟아져 나와 갑판은 "축축하고 미끌미끌했으며 신음 소리와 겁에 질린 사람들의 울음소리, 제발 치료를 해달라고 외치는 입대자들의 혼란스러운 음성으로 가득 찼다." 리바이어던 호가 브레스트에 도착한 10월 8일에는 2,000여 명의 병사가 병들고 8명은 이미 사망한 상태였다. 사망자의 시신은 대부분 바다에 폐기됐다.[45]

뉴욕에서는 리바이어던 호에서 이런 끔찍한 일이 벌어졌다는 사실을 알지 못했다. 배가 항구를 떠났을 때만 해도 뉴욕 사람들은 스페인독감이 낯선 외국의 질병이라고 생각했다. 전쟁에 일조하고 싶었던 공중보건 기관의 공직자들은 합심해서 상황을 속이기로 하고 미군에 발생한 독감의 영향을 축소시키는 한편 피해는 다 독일군에서 일어났다고 떠벌렸다. "우리 병사들이 독감에 걸렸다는 이야기를 들은 적 있으세요? 없으시죠?" 뉴욕 보건위원회의 로열 S. 코플랜드Royal S. Copeland는 이렇게 이야기했다. "아마 들은 적이 없을 것이고, 앞으로도 그럴 겁니다."[46] 하지만 인플루엔자 바이러스는 미국으로 돌아오는 군인 수송선, 상업 여객선에 탑승한 승객들, 선원들과 함께 천천히, 그러나 명확히 미국으로 향하고 있었다. 그리고 이 사람 저 사람의 몸을 거치는 동안 바이러스의 병독성은 증가했다. 그 결과 마침내 미국 동부 해안에 도착했을 때, 피해는 군인들로만 국한되지 않았다.

1. 푸른 죽음

독감의 두 번째 유행이 어디에서 어떻게 시작됐는지는 파악하기 힘들다. 가을에 시작된 이 두 번째 확산은 아마 보스턴 커먼웰스 항구에서 시작되어 에이어와 매사추세츠의 다른 지역으로 퍼진 것으로 보인다. 또는 바이러스가 여러 곳으로 동시에 유입됐을 가능성도 있다. 뉴욕의 경우에도 1918년 2월부터 4월까지 특히 중년층을 중심으로 독감 사망자가 급증했는데, 두 번째 유행에서 처음 발생한 발병 사례들은 8월 중순에 노르웨이에서 출항한 증기선을 타고 온 승객들과 관련이 있었다. 9월 말이 되자 뉴욕에서는 감염자가 하루 동안에만 800명씩 발생해 코플랜드는 이례적으로 격리 조치를 실시했다(부유층 환자는 집에 머무를 수 있었지만 기숙사나 공동 주택에 사는 사람들은 시 병원에 머물면서 엄격한 감시를 받았다). 독감 때문에 격리 조치가 실시된 것은 새롭고 전례가 없는 일이었다. 전쟁이 일어나기 전까지 독감은 발생 시 당국에 신고해야 하는 전염병도 아니었다. 뉴욕 사람들은 자연히 2년 전 소아마비가 유행했던 때를 떠올렸다. 당시에는 정부기관에서 나온 사람들이 집집마다 찾아와서 소아마비 증상이 나타나는 아이가 없는지 일일이 확인했고, 브루클린처럼 이탈리아에서 온 이민자들이 갓 정착한 지역에서는 그 사람들이 병을 옮겨왔다는 의혹과 공포가 확산됐다. 하지만 스페인독감은 파크 에비뉴의 브라운스톤으로 된 저택이든 브루클린의 공동 주택이든 가리지 않고 거의 비슷하게 발생했고 매일 새로운 환자가 나타나 시 전체에 불안감이 고조됐다. 코플랜드는 시민들에게 독감은 "실제로 독감에 걸린 사람의 기침과 재채기"를 통해서만 전염되며 한 집에 사는 사람이 독감에 걸렸더라도 아무런 증상이 나타나지 않으면 전염되지 않는다고 재차 설명했다.[47] 이와 함께 코플랜드는 이제 곧 백신이 개발될 것이라고 주장했다.[48] 그리고 뉴욕 공중보건 연구소에서 파크, 윌리엄스와 같은 과학자들이 여러 종류의 인플루엔자균을 이용한 백신 실험을 진행 중이라고 언급했다. 10월 중순경 파크는 이처럼 여러 세균이 혼합된, 열로 사멸시킨 백신을 동물에 투여하자 인플루엔자균에 특이적으로 반응하는 항체가 생성되었다고 보고했다. 보스턴 터프스 의과대학과 피츠버그 의과대학의 연구진도 열처리로 사멸시키는 방식을 적용하여 각각 생산한 백신으로 비슷한 성과를 얻었다고 밝혔다. 그런데 파크는 인플루엔자균의 배양이 계속 성공적으로 이루어지고 이렇게 배양한 균을 혈청에서 항체와 결합시키는 실험까지 성공하자, 조용히 고민하기 시작했다. 이러한 결과가 인플루엔자균이 독감의 원인임을 보여 주는 증거이기보다는 배양 기술의 발전을 나타내는 것일 수도 있다고 생각한 것이다. "밝혀지지 않은, 필터를 통과하는 바이러스가 병의 시초일 가능성도 존재한다." 그는 한 동료에게 보낸 전보에서 이렇게 밝혔다.[49] 그러나 이러한 의혹에도 불구하고 파크가 만든 백신은 결국 군에 배포됐다. 그뿐만 아니라 US 스틸 컴퍼니US Steel Company 소속 근로자 27만 5,000명도 이 백신을 접종 받았다.[50] 이 초기 단계의 백신과 혈청이 독감에 어떤 식으로든 효과가 있었다는 근거는 찾을 수 없다.

10월 6일까지 뉴욕에서는 하루에 2,000명이 넘는 사람이 격리 대상이 되고 혼란은 더 뚜렷하게 드러났다. 여러 지역에서 겁에 질린 환자들이 두려움에 떨다가 간호사를 집에 붙잡아두는 사건이 발생했다. 간호사, 의사도 독감에 걸리기 시작했다. 독감은 샌프란시

1. 푸른 죽음

스코까지 확산되었고 미국 중서부와 남부 여러 도시들에서 맹렬히 퍼져 나갔다. 9월 중순부터 독감이 퍼진 시카고는 인접한 그레이트 레이크 해군기지의 해군들을 통해 유입됐을 가능성이 가장 높다고 알려졌다. 4만 5,000명의 병사를 수용할 수 있는 세계 최대 규모의 해군 훈련 시설인 이곳 역시 캠프 데벤스처럼 호흡기 질환이 시작되는 온상이었다. 독감과 폐렴이 시카고 전체에 번지자 시민들에게는 혼잡한 곳을 피하고 공공장소에서 모임을 갖지 말고 재채기를 할 때는 입을 가리라는 권고가 내려졌다. 전염병 확산을 가장 뚜렷이 보여주는 풍경은 거즈로 된 마스크를 쓴 경찰과 트램 승무원 들의 모습이었다. 사람들이 너도나도 서둘러 같은 마스크를 착용하기 시작하자 일리노이의 한 저명한 의사는 집에서 만든 마스크로는 불충분하다고 경고했다. "거즈는 독감 환자의 입에서 뿜어져 나온 미세한 분비물에 섞인 균을 거르고 차단하기에는 망사조직의 구멍이 너무 크다"는 이유였다. 비말 감염은 최대 6미터 거리에서도 발생할 수 있다고 알려지면서 병원과 폐쇄된 공간에서는 특히 큰 문제가 되었다. 위에서 언급한 의사는 〈시카고 헤럴드 이그재미너〉에 독자들이 오려서 붙여놓고 참고할 수 있도록 안내문을 1면에 실어 달라고 설득했다. 좀 더 촘촘한 망사조직으로 된 거즈를 사용해서 마스크를 만들어 써야 한다는 정보가 담긴 안내문이었다.[51] 안타깝게도 인플루엔자 바이러스 입자는 가장 작은 세균보다 훨씬 더 작으니, 그가 제안한 이 마스크도 효과에 별반 차이가 없었다. 10월 중순이 되자 시카고의 환자 수는 4만 명에 이르렀다. 하지만 독감 피해가 가장 큰 곳은 필라델피아였다.

대유행병의 시대

퀘이커교도에 의해 펜실베이니아 식민지의 수도가 된 곳이자 미국 건국의 아버지라 불리는 사람들이 독립선언서에 서명한 곳인 필라델피아는 1918년까지 크게 성장했다. 제철소와 거대한 조선소가 자리한 델라웨어 강의 주변 풍경에서 드러나듯 필라델피아는 산업을 일으키는 발전소 같은 곳이었다. 전쟁이 터지자 필요한 물자(해군 군함, 항공기, 각종 군수품)를 생산하기 위해 수만 명의 근로자가 추가로 모여들었고, 이 시기에 필라델피아 인구는 200만 명에 육박했다. 그만큼 생활환경은 참기 힘들 만큼 열악해졌다. 좁은 셋방 건물과 사람들로 가득 들어찬 공동 주택은 인플루엔자 바이러스가 증식하기에 안성맞춤인 환경이었고 그 속에서 병독성도 점차 강화돼 사망자가 급속도로 무차별적으로 발생했다. 다른 도시에서는 정부 당국이 나서서 사람들에게 공공장소에서 열리는 대규모 모임을 피하라고 권고할 때 필라델피아 시장은 9월 28일로 예정된 리버티 채권 판매를 위한 가두행진을 감행하기로 결정했다. 이 행사가 질병 확산에 악영향을 준 것은 분명해 보인다. 가두행진을 보기 위해 수천 명의 인파가 시내에 모였고, 이후 2주 동안 독감으로 2,600명 넘게 사망했다. 10월 셋째 주에는 사망자 수가 4,500명 이상으로 치솟았다. 장의사가 부족해 영안실에 시신이 쌓여 가고 악취가 진동하자 시에서는 공동묘지를 마련했다. 18세기 말 황열병이 유행한 후에는 볼 수 없었던 광경이 다시 펼쳐진 것이다. 썩어 가는 시체가 눈에 띄는 일이 흔해져서 아이가 놀랄까 봐 눈을 가려 주려는 어른들의 노력도 소용이 없었다. 선명하게 드러난 독감 공포는 혼란으로 이어졌다. 하지만 언론이 이런 혼란을 부추긴 것은 아니었다. 그해 가을, 독감

1. 푸른 죽음

유행이 절정에 달했을 때 〈필라델피아 인콰이어러〉는 "혼란은 개인과 공동체에 일어날 수 있는 최악의 일"이라는 내용의 사설을 냈다. "혼란은 두려움이 과장될 때 나타나는 결과이며, 두려움은 모든 언어를 통틀어 가장 치명적인 단어이다." 이 사설에서는 두렵다는 생각을 의지력으로 쫓아내는 것이 해결책이라고 제안했다. "독감에 관해 너무 깊이 생각하지 말라. 이야기를 꺼내지도 말라. (……) 공포심은 독감의 친한 친구다."[52] 하지만 독감에 붙들려 청색증으로 푸르스름해진 시신을 실제로 보고 나면 뇌리에서 쉽게 지울 수가 없었다. 필라델피아든 독감이 발생한 다른 어느 곳이든 마찬가지였다. 런던에서도 10월에 일주일 동안 사망자가 1,500명이나 발생했다. "체격 좋은 힘센 남자들이 헬리오트로프처럼 안색이 시퍼렇게 변하고 1분에 호흡수는 50회 정도에 그쳤다." 런던 가이스 병원의 병리학자이자 여왕폐하 사택의 담당 의사이기도 했던 허버트 프렌치 Herbert French 박사는 자신이 목격한 잊지 못할 경험을 전했다. 그가 본 최악의 사례는 "수 시간, 심지어 며칠씩 의식불명에 빠져 있다가 세상을 떠나는 사람들이었다. 혼수상태에서도 몸이 계속 들썩였고 머리는 뒤로 젖혀져 입이 반쯤 벌어진 얼굴은 청색증으로 창백하면서도 누렇게 변했다. 입술과 귀는 보라색이었다." 그는 "정말 끔찍한 광경"이었다고 설명했다.[53]

* * *

1918년에 독감이 퍼져 나간 이야기는 전 세계에 총성처럼 울려 퍼졌다. 프랑스에서 일어난 사태는 런던을 비롯해 유럽과 미국의 대도시로 끝나지 않고 곳곳에서 동일한 양상으로 나타났다. 케이프타운에서는 한 목격자가 가을에 덮친 독감 유행으로 "2,000명에서 3,000명에 달하는 아이들이 고아가 되었다"고 밝혔다.[54] 이렇게 고아가 된 후 시신을 매장하는 일을 맡게 된 아이는 이렇게 전했다. "나는 시신을 옮겼다. 코로는 숨을 쉬지 않았다. (……) 더 이상 죽은 사람을 위해 교회가 종을 울리지도 않는다. (……) 종을 울려 줄 교회지기가 없기 때문이다."[55] 5월에 입항한 컨테이너선과 함께 독감이 상륙한 봄베이(뭄바이)도 상황은 마찬가지였다. 보스턴과 마찬가지로 10월 첫째 주에 봄베이의 사망자 수는 최고조에 달했다. 인도에서도 인구가 많은 이 도시에서 연말까지 독감으로 약 100만 명이 목숨을 잃은 것으로 추정된다. 최근에 나온 추정치에 따르면 당시의 독감 유행으로 인도 아대륙 전체에서 발생한 사망자 수는 1,850만 명이다. 전 세계 사망자 수는 최대 1억 명으로 추정된다. 엄격한 해상 검역 조치로 1919년 겨울까지 독감이 발생하지 않았던 호주를 제외하고 독감은 세계 전체에 동시에 유행했다. 전염병이 닿지 않은 곳은 미국령 사모아와 세인트헬레나, 남대서양에 있는 섬 몇 곳이 전부였다. 그야말로 전 지구를 덮친 재앙이었다.

이 정도 규모로 사람이 죽어 나가는 상황은 상상하기도 힘들뿐더러 시신을 어떻게 처리했을지는 더더욱 감도 잡히지 않는다. 그만큼 너무나 방대한 규모였다. "전쟁에서 싸워 본 사람은 더 이상 죽은 사람이 무엇인지 알지 못한다. 죽어 가는 모습을 직접 본 것도 아니고 특별한 의미가 없는 이상, 전 역사에 흩어진 1억 구의 시체는

1. 푸른 죽음

그저 상상 속에서 떠다니는 옅은 안개일 뿐이다."[56] 카뮈는 이런 말을 남겼다. 이처럼 방대한 규모의 죽음을 되짚어 보고 얻을 수 있는 정보가 있다면, 지리학적으로 각기 다른 지역과 생태학, 면역학적인 환경에 따른 사망률의 차이일 것이다. 예를 들어 인플루엔자 바이러스가 뉴질랜드에 상륙했을 때 섬 토박이인 마오리족의 사망자 수는 영국 출신의 정착민보다 7배 많았다. 피지 제도와 남태평양의 다른 섬에서도 원주민과 유럽 출신자 사이에 비슷한 수준으로 사망률에 큰 차이가 나타났다(이 차이가 가장 극명하게 나타난 곳 중 한 곳은 괌으로, 당시에 독감이 유행하면서 원주민 5퍼센트가 목숨을 잃은 반면 같은 섬에 있는 미 해군 기지에서는 사망자가 해군 한 명에 그쳤다). 남아프리카에서도 "백인"의 사망률은 2.6퍼센트였지만 "흑인, 인도인, 유색인종"의 사망률은 거의 6퍼센트에 이르렀다. 특히 킴벌리 다이아몬드 광산의 지하에서 힘겹게 일하던 사람들은 사망률이 무려 22퍼센트에 달했다. 캠프 데벤스와 다른 대형 군 훈련 시설에서는 비슷한 연령대라도 부대에 4개월 이상 먼저 들어온 병사보다 최근에 합류한 병사가 임상학적으로 병세가 훨씬 나빴다. 연합국 해외파견군을 실어 나른 운송선의 경우 해당 선박이 근무지로 배정된 해군들은 배에 막 승선한 군인들과 독감에 걸린 환자의 숫자 자체는 거의 비슷했지만 병세와 경과는 훨씬 좋았다.[57]

하지만 스페인독감의 유행에서 확인된 가장 놀라운 특징은 청년층에서 나타난 사망 패턴이다. 보통 독감이 도는 계절에 연령별 사망자를 그래프로 나타내면 대체로 U자 형태가 된다. 나이가 아주 어린 인구(3세 이하 어린이)와 노년층(75세 이상)의 사망률이 높고 그

사이에 해당하는 연령은 모두 사망률이 낮다. 어린 아이들과 노인들은 면역기능이 가장 약한 연령대임을 잘 보여 주는 결과다. 그런데 1918년부터 1919년에 유행한 독감과 1919년에서 1920년으로 넘어가는 겨울에 다시 발생한 독감은 그래프에서 W의 형태를 띤다. 20세부터 40세 사이 성인의 사망률이 그 두 연령층과 함께 높아진 것이다. 게다가 이 연령대에서 발생한 사망자는 독감 사망자 전체의 절반을 차지하고, 대다수는 호흡기 질환에 의한 초과 사망자였다.[58] 이와 같은 이례적인 사망률 패턴은 도시와 시골, 유럽의 주요 대도시와 외딴 오지에서 모두 나타났다. 한마디로 어디나 마찬가지였다.

이러한 특징이 나타난 이유가 충분히 밝혀진 적은 없다. 또한 인플루엔자 바이러스에 관한 지식과 면역학적 지식이 모두 발전하고 독감의 병리생리학적인 특징에 관해서도 더 깊이 알게 된 현 시점에도 과학자들은 스페인독감의 유행이 딱 한 번으로 끝난 사태, 즉 두 번 다시 되풀이되지 않을 역학적인 재앙인지 아니면 다시 일어날 수 있는 사태인지에 대해 과거보다 그리 명확히 밝히지 못했다. 1918년에 번진 바이러스와 관련하여 파악된 정보를 검토하고 과거에 유행한 다른 바이러스들의 정체를 분석하면 몇 가지 가설을 배제하고 또 몇 가지 가설을 새로 수립할 수 있을 것이다. 그러나 1918년에 나타난 역학적 패턴과 환자의 폐에서 관찰된 이례적인 병리학적 특성을 설명해 줄 가장 큰 단서는 대규모 군부대 시설의 생태학적 특징과 독감에 직격탄을 맞고 피폐해진 환자들을 직접 만난 당시의 의료진들이 남긴 말과 글에서 찾을 수 있다.

* * *

이제는 인플루엔자 바이러스가 오르토믹소바이러스^{Orthomyxoviridae} 과에 속하고 발견된 순서대로 A, B, C라고 이름 붙여진 세 종류로 나뉜다는 사실이 밝혀졌다. C형은 인체에 거의 병을 일으키지 않고 B형은 유행성 독감을 유발할 수 있으나 감염이 다소 가볍게 진행되는 편이며 확산 속도도 느린 경향이 나타난다. 반면 A형 인플루엔자는 폭발적으로 확산되고 유병률과 사망률 모두 높게 나타나 독감 유행과 대유행의 주된 원인이 된다. 다른 모든 인플루엔자 바이러스와 마찬가지로 A형도 RNA 바이러스이며, 증식하려면 반드시 살아 있는 세포에 감염돼야 한다. 보통 인플루엔자 바이러스는 코로 유입된 후 기도 내벽의 상피세포를 공격한 후 기관을 지나 폐에 도달한다.

1933년에 과학계는 인플루엔자가 바이러스 질환이고 페럿에서 사람으로 옮겨 왔을 가능성이 있다는 사실을 증명했다(런던 북부 밀힐에 자리한 영국 국립 의학연구소 소속 팜 연구소에서 패트릭 레이드로^{Sir Patrick Laidlaw} 경이 이끈 연구진이 일궈낸 중대한 성과였다). 이후 전자현미경이 발명된 1940년대에 이르러서야 연구자들은 인플루엔자 비리온(숙주 세포에 감염되기 전, 세포 외부에서 볼 수 있는 완전한 형태의 바이러스 입자를 일컫는 말—역주)의 모습을 처음 눈으로 볼 수 있게 되었다. 크기는 대략 100나노미터(0.10 마이크로미터)로 광견병 바이러스보다 약간 더 작고 일반 감기를 일으키는 리노 바이러스보다는 크다. 확대된 인플루엔자 바이러스의 모습은 길고 가는 꽃대 끝에 여러 개의 작은 꽃들이

대유행병의 시대

촘촘하게 모여 버섯처럼 한 송이를 이룬 민들레와 매우 흡사하다. 인플루엔자 바이러스에서 이 꽃대에 해당하는 부분은 혈구응집소 haemagglutinin(줄여서 HA)로 불리는 단백질로 구성된다. 이름에서도 나타나듯이 적혈구를 응집시키는 기능이 있다. 공기를 들이마시다가 바이러스가 포함된 미세한 방울이 몸속에 유입되면, 바로 이 단백질이 기도 상피세포 표면에 있는 수용체에 찰싹 달라붙는다. 높이 자란 풀밭 사이를 지나면 옷 섬유 사이사이에 까끌까끌한 씨 외피가 붙는 것과 비슷하다. 윗부분이 사각형으로 되어 있고 버섯처럼 툭 튀어 나와 있는 부분은 이 단백질보다 수가 적고, 뉴라미니다아제 neuraminidase(줄여서 NA)라는 강력한 효소로 구성된다. 인플루엔자 바이러스는 이 같은 단백질과 효소가 함께 작용할 때 상피세포를 공격하고 인체 면역계의 방어를 피해 체내로 침입할 수 있다. 바이러스마다 이처럼 단백질과 효소가 순열을 이룬 특징적인 형태가 나타나므로 분류하기가 쉽다. 과학자들은 포유류와 조류에서 16가지 혈구응집소와 9가지 뉴라미니다아제를 발견했다(A형 인플루엔자 바이러스는 페럿 외에도 돼지, 고래, 물개, 말, 야생 물새에 흔히 감염된다). 그러나 현재까지 유행성 독감을 일으킨 종류는 H1, H2, H3로 국한된다.

DNA와 달리 RNA에는 오류 발생 시 정확하게 교정되는 기전이 없다. 따라서 바이러스가 동물 세포에 침입하여 대량 증식을 위해 복제가 진행되는 동안 RNA에 사소한 복사 오류가 발생할 수 있고, 이는 바이러스 표면에 있는 H와 N 분자의 유전학적 돌연변이로 이어진다. 다원주의를 적용할 때 이렇게 복사된 바이러스 중 경쟁력 측면에서 유리한 종류가 생길 수 있다. 즉 바이러스를 약화시키기 위해 만들어진 항체로부터 달아나 기침이나 재채기를 통해 더욱 효과적으로 더 넓은 환경에 퍼져 나가 다른 사람을 전염시킬 수 있는 종류가 생긴다. 이렇게 돌연변이가 점진적으로 발생하는 과정을 '항원 변이(또는 항원 소변이)'라고 한다. 인플루엔자 바이러스 A형은 자연발생적으로 유전 물질을 '교체' 또는 교환하기도 한다. '항원 변위(또는 항원 대변이)'로 불리는 이 과정은 돼지의 경우처럼 보통 돼지에 감염되는 바이러스와 인체에 감염되는 A형 바이러스가 동시에 감염될 수 있는 중간매개 숙주에서 일어난다고 알려져 있다.[59] 인플루엔자 바이러스에서 이 같은 일이 벌어지면 인체 면역계가 한 번도 접해 본 적 없는 단백질이 암호화된, 전혀 새로운 바이러스 아형이 생긴다. 전체 인구군 중에 항체를 가진 사람이 거의 없거나 아예 없는 그런 바이러스가 나타나는 것이다. 역사적으로 독감의 유행은 이러한 바이러스가 원인이었다. 그러나 1918년에 유행한 독감의 원인이 된 바이러스는 다른 경로로 나타났다고 추정된다.

1990년대에 메릴랜드 주 베데스다의 육군 병리학 연구소에서 분자생물학자 제프리 토벤버거Jeffery Taubenberger가 이끄는 연구진은 연구소 자료실에 보관되어 있던 폐 부검 검체에서 스페인독감을 일으킨 바이러스의 절편을 회수하는 데 성공했다. 이와 함께 연구진은 1918년 알래스카에서 독감을 앓다가 숨진 후 영구 동토층에 묻혀 폐가 부패하지 않고 보존돼 있던 여성에게서도 바이러스 물질을 확보해 유전학적 분석을 실시했다. 토벤버거 연구진은 이 물질을 활용해 바이러스 유전체 전체의 염기서열을 파악할 수 있었다. 2005년에 발표한 결과는 놀라웠다. 바이러스를 구성한 8가지 유전

대유행병의 시대

자 중 이전까지 인체에 감염된 적이 있는 인플루엔자 바이러스에 포함된 것은 하나도 없었다. 스페인독감이 항원 변위(항원 대변이)로 일어났을 가능성을 나타내는 특징이었다. 또한 바이러스의 유전 암호 중 상당 부분이 야생 조류에서만 확인된 염기서열과 일치했다. 이는 스페인독감을 일으킨 바이러스가 처음에 새에 감염된 종류에서 시작해 몇 차례 돌연변이를 거쳐 인간에게로 넘어왔을 수 있음을 시사한다.[60] 또는 독감을 유행시킨 이 바이러스가 H1으로 시작해서 1918년 직전에 조류에 감염되던 바이러스와 섞이는 재조합이 일어났을 가능성도 있다.[61] 2005년에는 청둥오리와 쇠오리가 조류 인플루엔자 바이러스가 야생에 잔류하는 중요한 저장고 역할을 했다. 이 새들이 유행성 독감을 일으킨 바이러스에서 확인된 새 유전자의 원천일 수 있다는 견해가 힘을 얻었다. 토벤버거가 실시한 염기서열 분석 결과는 당시 동남아시아 일대에서 닭이 조류 바이러스에 감염되는 문제가 점차 큰 문제로 인식되던 상황과도 일치했다. 문제가 된 조류 인플루엔자 바이러스인 H5N1은 1997년 홍콩에 처음 나타나 18명의 감염자와 6명의 사망자를 발생시켰다. 그리고 다시 나타난 2002년에는 아시아에서 유럽, 아프리카로 퍼져 나가 수백 명이 감염되고 각국에서 닭 수백만 마리가 살처분됐다. 놀랍게도 이 H5N1 바이러스는 사람의 기도에서 증식이 가능한 것으로 확인됐고, 감염 시 사망률은 평균 60퍼센트에 이르렀다. 사람 간 전파는 그리 쉽게 일어나지 않았지만 조류 인플루엔자 바이러스가 인체에 직접 감염될 수 있다는 사실이 드러났다. 돼지와 같은 중간 숙주를 거치지 않아도 유행성 독감을 일으킬 수 있다는 의미였다. 이론적으로는 조류와 포유류에 각각 감염되던 인플루엔자 바이러스가 혼합되는 재편성이 인체에서도 일어날 수 있다. 1918년에도 이런 일이 벌어졌을까? 간단히 답하자면 누구도 알 수 없다. 하지만 가능성은 배제할 수 없다.[62]

1900년 이전에 발생한 유행성 독감의 원인 바이러스가 정확히 어떤 유전학적 특성이 있었는지는 역사 속으로 사라진 정보가 되었지만, 20세기로 넘어 온 후에는 세 차례 큰 변화가 일어났다. 첫 번째는 1918년, 또는 조금 더 일찍 나타났을 가능성도 있는 스페인독감 바이러스인 H1N1이다(진화생물학자들은 더 오래전에 나타난 바이러스와 더 최근에 나타난 바이러스를 비교 분석하고 분자시계를 거꾸로 돌려서 추적한 결과, 1913년부터 1917년 사이에 이 바이러스가 조류 인플루엔자 바이러스의 유전자를 획득했다고 추정했다).[63] 우세한 입지를 지키고 있던 이 바이러스는 1957년에 나타난 새로운 계통의 바이러스 H2N2에게 자리를 내어 주었다. '아시아독감'으로도 알려진 H2N2는 1918년에 유행한 바이러스와 유라시아 지역의 야생 물새에 감염되는 조류 인플루엔자 바이러스가 섞여 재편성된 것으로 보인다. 이 바이러스는 빠른 속도로 전 세계에 퍼져 나가며 스페인독감을 일으켰던 H1N1 계통의 바이러스가 차지했던 자리를 대신하고 200여만 명의 목숨을 빼앗았다. 세 번째 변화는 1968년에 홍콩에서 갑자기 나타난 H3N2였다. 이 새로운 바이러스 역시 유라시아 지역의 야생 물새에 감염되는 조류 인플루엔자 바이러스로부터 새로운 단백질을 획득한 것으로 보인다. '홍콩' 독감 바이러스라는 충분히 예상 가능한 이름이 붙여진 이 바이러스는 전 세계적으로 100만 명의 사망자를 발생시켰고 내

대유행병의 시대

가 이 글을 쓰고 있는 지금도 독감 유병율과 사망률이 가장 높은 바이러스의 자리를 그대로 지키고 있다.

현대에 들어 대유행병을 일으킨 바이러스의 전체적인 영향을 완전히 파악하기 위해서는 러시아독감에 관해서도 살펴볼 필요가 있다. 1918년에 발생한 스페인독감처럼 러시아독감도 전 세계적으로 번진 심각한 대유행병이었다. 러시아 영토의 일부와 차르(황제)가 통치한 우즈베키스탄, 카자흐스탄 영토의 일부에 걸쳐 있는 광활한 초원지대인 '스텝'에서 처음 시작된 이 병은 여러 나라를 잇는 철도와 해상 운송로를 타고 퍼졌다. 보수적으로 추정해도 1889년부터 1892년까지 발생한 사망자가 100만 명에 이른 것으로 여겨진다.[64] 안타깝게도 과학계는 이 독감을 일으킨 바이러스를 아직 확보하지 못했다. 따라서 유전학적 특징은 정확히 밝혀지지 않았다. 그러나 홍콩독감이 돌던 1968년에 노인들을 대상으로 항체 유무를 확인하기 위해 실시된 혈청 검사 결과를 보면 러시아독감도 홍콩독감처럼 H3 계통의 바이러스가 원인임을 알 수 있다. 1918년에 독감에 따른 사망 위험이 가장 높았던 사람들이 1890년이나 그 비슷한 시점에 태어났다는 점, 따라서 태어나 가장 먼저 접한 독감 바이러스가 러시아독감을 일으킨 바이러스일 가능성이 거의 확실시되는 출생 코호트가 된다는 점에서 중요한 단서가 된다. 이 내용은 잠시 뒤에 다시 살펴보기로 하고, 지금은 1918년에 감염자의 목숨을 앗아간 폐렴의 특징에 초점을 맞춰보자.

앞에서도 언급했듯이 폐렴은 대엽성 폐렴과 기관지 폐렴 두 가지로 나눌 수 있다. 바이러스학이 정립되기 전에는 임상적 관찰과 폐의 조직학적 검사를 토대로 구분했다. 그러나 두 종류가 서로 밀접히 연관된 경우가 많았고, 때때로 임상병리학적 증후군이 겹치기도 했다. 현재까지 가장 흔히 발생하는 폐렴은 공격적으로 진행되는 급성 기관지 폐렴으로 보인다. 이 경우 기관지에 병리학적 변화가 가장 뚜렷이 나타났고 사망 시 폐 여러 부위의 검체를 배양하면 병원성 세균을 확인할 수 있었다. 폐렴 환자의 90퍼센트 가까이가 이 유형에 속했다. 두 번째 종류인 대엽성 폐렴은 폐출혈과 부종, 폐엽 한 곳 이상의 광범위한 손상이 가장 두드러지게 나타났고 병원성 세균은 기관지 폐렴에 비해 회수되는 빈도나 확률이 낮았다. 대엽성 폐렴에서는 감염으로 폐포에 급성 염증이 발생하고 그 결과 세포사멸(괴사)이 일어나 폐포에서 공기가 차지해야 할 공간, 즉 폐에서 산소가 흡수되는 일종의 주머니로 현미경으로나 확인 가능한 크기의 이 공간에 손상된 세포와 체액이 축적되는 것으로 보인다.[65] 환자가 폐렴 발병 후 며칠 내로 사망한 경우, 그리고 독감 이후에 폐렴이 발생한 환자의 70퍼센트에서 이 같은 특징이 나타난다. 건강했던 젊은 군인이나 민간인도 대엽성 폐렴에 따른 인명피해를 거의 매번 벗어나지 못했다.[66] 하지만 대엽성 폐렴으로 인한 사망자는 전체 사망자의 작은 일부에 그쳤다는 점을 재차 강조한다. 이보다는 발병 시점이 늦은 기관지 폐렴이 사망자에게서 채취한 검체에서 원인균이 어렵지 않게 배양되는 다른 여러 감염질환과 함께 발생하는 경우가 가장 많았다. 그래서 당시 병리학자들은 독감 바이러스와 함께 돌아다닌 이 균들을 "2차 침입자"라 불렀고, 이것이 캠프 데벤스를 비롯한 군부대에서 발생한 대부분의 사망 사례에 원인이 되었다는 점에 많은 전문가들이 동의한다. 또한 나이가 동일하지만 시골과 도시 중 어디에서 살다가 징병되었느냐에 따라 사망률에 차이가 나타난 것과도 관련 있다고 여겨진다.

인플루엔자균의 체내 증식이 과연 독감의 원인이 맞는지 의구심이 깊어지자 병리학자들이 폐에 발생한 병소를 공생균과 관련 있는지, 아니면 아직 입증되지 않아 추정 단계였지만 유행병을 일으킨 바이러스와 관련 있는지를 신중히 구분하기 시작했다는 점에도 주목할 필요가 있다. 1920년대 중반에는 웰치도 이 견해를 지지했다. 1926년 보스턴에서 공중보건 분야 당국자들이 모인 회의에서 웰치는 독감의 원인이 "밝혀지지 않은 바이러스"라는 의견은 충분히 권고할 만하다고 설명하면서 자신은 "폐에 병소가 있으면 (……) 일반적인 호흡기 문제가 아니라 바이러스, 즉 독감을 일으키는 진짜 바이러스에 의한 것으로 본다"고 밝혔다. 이와 함께 웰치는 캠프 데벤스 부대 내 병원에서 병사들이 "비좁은 공간에 함께 붙어서" 지내는 광경을 보고 굉장히 놀랐으며, 이는 환자가 다른 유기체에 노출될 위험을 높이고 "당시 독감이 어마어마한 범위로 확산된 큰 요인"이라 생각한다고도 했다.[67]

오늘날에는 1918년과 달리 역유전학이라 불리는 과정을 활용해서 인플루엔자 바이러스를 연구할 수 있다. 실제로 2005년부터 과학자들은 이 같은 방식으로 생물안전 4등급 시설에서 바이러스를 재조합한 뒤 마우스나 다른 실험동물에 적용하는 실험을 실시해 왔다. 되살린 바이러스에 감염된 마우스는 3일에서 5일 이내에 폐사하고, 1918년 당시에 의사들이 보고한 폐 병소와 비슷한, 극심한 염

1. 푸른 죽음

증이 폐에 발생했다. 또한 기관지 상피세포에서 매우 효율적으로 증식할 수 있다는 사실도 밝혀졌다.[68] 더 충격적인 사실은, 1918년에 발생한 독감의 원인 바이러스를 실험동물에 감염시키는 연구를 실시한 일부 바이러스학자들이 밝힌 병독성이다. 이들은 문제의 바이러스에 감염되는 것만으로 단시간에 폐렴이 발병하고 1918년에 병리학자들이 묘사한 청색증이 나타나며 균이 세균의 2차 침입이 뒤따르지 않아도 같은 결과가 나타난다고 주장한다. 그러한 의견 중에는 면역 반응이 과도하게 활성화돼 염증을 유발하는 사이토카인이 분비되는 것이 폐렴, 청색증과 관련될 가능성이 있다는 내용도 있다. '사이토카인 폭풍'으로 알려진 이 현상은 2000년대 초, 동남아시아에서 H5N1 조류독감에 이어 급성 호흡곤란 증후군(ARDS)으로 사망 사례들이 발생한 원인이 되었다. 사스 등 다른 유행병 바이러스에서도 같은 영향이 꾸준히 관찰돼 왔다.

그러나 폐렴이 일차적으로 바이러스와 세균 둘 중 어느 쪽에서 시작되었든, 혹은 둘 다 영향을 주었든 스페인독감이 인생의 절정기를 살던 젊은이들에게 왜 그토록 치명적인 결과를 낳았는지는 알 수 없다. 현대에 들어 과학계가 몇 가지 가설을 내놓았지만 그럴듯한 내용은 없다. 나이가 더 많은 사람들은 과거 비슷한 바이러스에 노출된 적이 있어서 방어력이 컸다고 보는 견해도 있다. 1830년부터 1889년 사이에 태어난 사람들이 H1 계통의 인플루엔자 바이러스에 노출되었음을 암시하는 혈청 검사 결과와도 일치한다. 이 바이러스는 1890년이 지난 후에야 새로운 유행병, 러시아독감을 일으킨 H3 계통으로 바뀌었다. 그러므로 1918년에 나이가 38세 이상인 사람은

대유행병의 시대

스페인독감을 일으킨 H1N1에 대응할 수 있는 항체를 일부 보유했고, 1834년 전에 태어난 나이가 아주 많은 노인은 유아기에 H1 바이러스와 최초로 접했을 가능성이 있으므로 방어력도 상당했을 것으로 추정된다.

스페인독감을 일으킨 바이러스가(1915년에 조류 유전자를 획득했다고 보는 시나리오를 적용해서) 1900년 직후에 처음부터 H1 바이러스로 생겨났다고 보는 견해도 있다.[69] 1900년에 태어난 사람은 1918년 독감이 대유행병으로 번졌을 때 18세였거나 그보다 어린 나이였고, 생애 초기에 감염된 인플루엔자 바이러스가 면역학적 '사각지대'가 됐을 것으로 추정한다. 일반적으로 '항원 원죄설'이라 불리는 내용으로, 인체의 인플루엔자 바이러스 항원은 맨 처음 접한 아형에 맞설 수 있는 종류가 가장 원활히 '호출'돼 만들어지고, 이 기능으로 보다 최근에 접한 아형에 대응하는 새 항체 생산은 그만큼 약화된다.[70] 심지어 '항체 의존성 증강'으로 알려진 과정에 따라 오래전 인체에 먼저 확립된 면역 반응이 바이러스로 하여금 방어 기능을 뚫고 세포에 더 쉽게 감염되도록 돕는 상황이 발생했을 가능성도 있다. 이 같은 가설은 스페인독감이 덮친 곳마다 사망자가 20세부터 40세 사이에 집중된 이유를 어느 정도 설명해 주지만 대부분의 전문가들은 1890년에 등장한 바이러스와 그 전후에 등장한 바이러스의 유전학적 특징이 정확히 파악되지 않는 한 가설은 추측에 머무른다고 본다. 토벤버거와 긴밀히 협력해 온 의료역학 전문가 데이비드 모렌스David Morens는 사망자 분포가 W 형태로 나타나는 이유가 당시에 젊은 층에만 영향을 준, 밝혀지지 않은 환경적 노출 경로 때문일 가능성도 똑같이 존재한다고 지적한다.[71] 우리가 알지 못할 뿐이다. 분자를 다루는 새로운 기술, 독감의 생태학적, 면역학적 특성에 관한 더 깊은 지식이 모두 대유행병으로 번진 독감의 패턴에 관한 새로운 통찰력의 바탕이 되었지만, 토벤버거와 모렌스는 "대유행병을 결정 짓는 요소들 그리고 대유행병이 발생할 가능성에 관한 확실성과는 점점 더 멀어졌다"고 이야기한다.[72] 독감, 특히 1918년에 전 세계적으로 퍼진 독감이 지금도 수수께끼로 남아 있고 계속 과학계의 관심이 향하는 대상이자 불안감의 원천이 되는 것도 이러한 불확실성 때문이다.

스페인독감의 대유행을 종합적으로 보려면, 이제 북미 대륙을 벗어나서 당시에 주변 지역에서 전 세계적인 유병율과 사망률을 지켜본 사람들을 찾아 봐야 할 것이다. 1919년에 호주 멜버른 대학교에서 의학을 공부하던 스무 살의 프랭크 맥팔레인 버넷Frank Macfarlane Burnet도 독감을 앓았다. 다행히 병은 심하지 않았지만, 지워지지 않는 기억으로 남았다. 평생을 독감 연구에, 그리고 그의 표현을 빌리자면 "감염질환의 자연사" 연구에 매진하는 불씨가 되었다.[73] 버넷은 1931년에 런던의 영국 국립의학연구소에서 2년간 당시 학계의 새로운 분야였던 바이러스 질환 협력 연구에 참여했다. 그가 런던에 도착한 시기는 우연히 페럿이 인플루엔자 바이러스에 감염될 수 있다는 사실이 밝혀진 때와 일치했다. 1934년에 멜버른으로 돌아온 버넷은 닭 배아에 바이러스를 배양하는 기술을 처음 개발했다. 이 성과는 인플루엔자 연구에서 버넷이 남긴 연이은 업적의 첫 번째였다. 이를 기반으로 버넷은 새로 분리한 바이러스와 발육란에서

대유행병의 시대

배양한 바이러스의 병독성에 차이가 있음을 확인했고 향후 발생할 수 있는 새로운 독감 대유행에 관한 유전학적 통찰을 얻는 밑거름이 되었다.[74] 1941년에는 니콜과 르바이가 1918년에 튀니스에서 밝힌 연구 결과에 자극을 받아 마카크원숭이를 대상으로 일련의 실험을 실시했다. 몇 가지 바이러스 아형을 발육란에서 증식시켜 원숭이를 감염시키는 실험으로, 버넷은 비강을 통해 바이러스를 감염시키면 발열이나 다른 독감 증상이 나타나지 않지만 기도에 바이러스를 직접 주사하면 일부 동물이 독감 증세를 보인다는 사실을 확인했다. 부검 결과 원숭이 한 마리에게서 광범위한 기관지 폐렴이 발견됐다.[75] 그러나 버넷이 가장 심취한 주제는 독감의 역학적 특징이었다. 1918년에 대유행한 독감의 유병율과 사망률 패턴을 깊이 파헤칠수록 당시에 나타난 이례적 특징들은 시골과 도시에서 살던 사람들이 한 장소로 소집돼 비좁은 막사에서 함께 생활한 것이 핵심 요인이라는 확신을 갖게 되었다. 웰치와 폐렴 위원회 구성원들과 마찬가지로 버넷 역시 스페인독감의 등장이 그의 표현대로 "전쟁이라는 환경 조건과 밀접한 연관성이 있고", 북프랑스로 보내진 미국의 병사들이 그곳에서 다른 나라에서 온 군인들과 자유롭게 어울리는 과정에서 고유한 면역학적 특성에 의해 바이러스의 병독성이 극도로 강력해졌으며, 독감에 희생된 연령대가 이례적으로 바뀌는 결과가 초래되었다는 견해에 공감했다. "그보다 일찍 미국에서 유행한 독감이 전 세계적 대유행을 촉발한 불꽃이 되었다면, 이 불꽃이 유럽 대륙으로 건너가 걷잡을 수 없이 타올랐다고 볼 수 있다." 버넷은 이와 같은 결론을 내렸다.[76] 그러나 버넷은 면역학적 관점에서 당시

1. 푸른 죽음

에 독감이 이토록 대유행하던 상황에서도 '영향을 받지 않은' 사람들이 많다는 점에 더 크게 매료됐다. 전체 인구의 3분의 2는 아예 감염조차 되지 않았고, 독감으로 발생한 총 사망률은 인구 전체의 2퍼센트에 머물렀다. 보통 독감이 유행하는 시기에 발생하는 사망 규모와 비교하면 25배나 높지만 19세기에 콜레라와 폐페스트가 발생했을 때 집계된 사망률보다는 훨씬 낮다. 당시에 병원마다 폐렴 환자가 넘쳐났고 사망자가 경시할 수 없을 만큼 늘어 독감의 파괴력이 절정에 달한 10월을 제외하면, 스페인독감으로 큰 공포나 혼란이 발생하지 않은 이유를 짐작할 수 있다. 독감이 '새로운 전염병'의 면모를 잠시 보인 것은 사실이나, 1918년 11월 휴전 협정이 체결된 무렵에 이미 상황은 익숙한 계절성 독감 수준으로 가라앉았다. 하지만 안타깝게도 생태학적 불균형, 환경적 방해요소가 비슷하게 영향을 준 20세기와 21세기의 다른 대유행병은 이런 결말로 끝나지 않았다.

대유행병의 시대

· 02 ·

천사의 도시에
찾아온 전염병

Plague in the City of Angels

1924년 10월 3일, 로스앤젤레스 시 보건공무원인 자일스 포터^{Giles}
^{Porter} 박사는 연락을 받고 멕시코 이주민이 모여 사는 동네에 있는
어느 철도 노동자의 집을 찾아갔다. 헤수스 라준^{Jesus Lajun}과 열다섯
살인 그의 딸 프란시스카 콘차 라준^{Francisca Concha Lajun}은 며칠 전부터
클라라 스트리트 700번지에 있는 아파트에서 병이 났고 둘 다 고열
에 시달렸다. 프란시스카는 목구멍에서 그르렁 소리와 함께 기침이
발작적으로 터지는 증상을 보였고 헤수스는 사타구니가 심하게 부
어올랐다. 포터는 헤수스의 증상이 "성병에 의한 선염"이며 매독이
원인이라고 보았다. 그리고 프란시스카의 발열과 기침은 독감일 가
능성이 가장 크다고 판단했다. "아이의 상태는 그리 심각한 것 같지
않다." 그는 진료 기록에 이렇게 썼다. 하지만 포터의 생각은 틀렸
다. 인근 하숙집을 운영하며 프란시스카를 계속 간호해 온 루시아

나 사마라노[Luciana Samarano]는 이틀 뒤에 아이의 상태가 심각하게 나빠지자 구급차를 불렀다. 하지만 프란시스카는 로스앤젤레스 종합병원으로 가는 길에 세상을 떠났고, 한 병리학자는 나중에 사인을 "양측 폐렴"으로 기입했다.[1] 평소에 건강했던 십대 청소년이 갑자기 중증 폐렴을 앓는 것은 굉장히 이례적인 일이었으나, 클라라 스트리트에는 벽돌 공장과 가스나 전기를 이용하는 작업장이 많아서 날씨가 맑은 날에도 대기에 오염물질이 숨 막힐 정도로 가득했다. 가까운 곳에 있는 육류 포장 공장들에서 뿜어져 나오는 악취까지 감안하면, 이런 환경에 왜 멕시코 사람들만 살고 있는지, 어쩌다 아직 어린 생명이 그토록 일찍 지고 말았는지 충분히 납득할 만했다.

1895년에 로스앤젤레스 강과 가까운 빈 땅에 형성된 클라라 스트리트는 원래 경제적으로 풍족한 백인 중산층이 모여 살던 동네였다. 도시가 팽창하고 토지 개발과 건설에 붐이 일면서 벽돌과 농촌에서 일할 값싼 노동력을 찾는 수요가 증가했다. 원래 그곳에 살던 이탈리아인들이 다른 곳으로 이사를 가고 라틴아메리카게 사람들, 남쪽에서 국경을 넘어 올라온 이주 노동자들이 모여들었다. 1924년에는 클라라 스트리트와 주변 주택 307채에 2,500여 명의 멕시코 사람들이 빼곡히 모여 살았다. 여덟 개 블록으로 이루어진 이곳의 동쪽으로는 서던 퍼시픽 노선 철도가 지나고 서쪽은 알라메다 스트리트, 남쪽은 메이시 스트리트와 이어졌다. 어디를 가나 사람들로 북적였다.[2] 사마라노가 하숙집을 운영하던 클라라 스트리트 742번지의 집처럼 '아파트'로 분류되거나 한 집에 최대 서른 명까지 살 수 있도록 개조된 하숙집이 많았다. 판자로 지어진 단순한 형태의 집 뒤편에 붙은 오두막에서 지내는 사람들도 있었다. 사람만 사는 것도 아니었다. 마루 아래 빈 공간은 쥐들의 안식처였고 가끔 얼룩다람쥐도 나타났다. 부동산업자들은 로스앤젤레스를 "빈민가가 없는 영원한 젊음의 도시"라고 묘사했지만, 한마디로 그런 설명과는 영 어울리지 않는 세상이었다.[3]

1920년대에 인구가 100만에 이른 로스앤젤레스는 미국에서 성장 속도가 가장 빠른 도시 중심지 중 한 곳이었다. "세계의 기후 수도"로 불리는 도시답게 혹독한 겨울 날씨에 지친 미국 중서부 사람들과 북적대는 도시에 질린 캘리포니아 남부 지역 사람들은 석유와 야자나무, 드넓은 농지, 햇살 가득한 축복 받은 땅에서 새로운 인생을 시작할 수 있다는 희망에 깊이 끌렸다. 새로운 정착민들은 "석유 정원" 같은 이름이 붙여진, 도시 경계 바로 바깥쪽의 사막을 개간한 땅에 속속 형성된 교외 주거지로 향했다. 반면 라틴아메리카계 사람들은 멕시코 사람들이 모여 사는 동네에 붙여진 공식 명칭인 메이시 지구나 인접한 마리아나 지구, 벨베데레 가든 지구에 주로 살았다.

1924년에 로스앤젤레스에 사는 라틴아메리카계 인구는 2만 2,000명에 이르렀다. 도시 어디에나 이들의 노동력이 닿지 않는 곳이 없었다. LA의 스카이라인을 한껏 멋지게 바꿔 놓은 건물들에 들어갈 벽돌을 만들기 위해 로스앤젤레스 강 근처에서 점토를 채취하는 일, 식료품 상점마다 신선한 과일과 채소를 계속 채워 넣는 일, 시내의 우아한 호텔 바닥을 깨끗이 청소하는 일은 모두 멕시코 노동자들의 손으로 이루어졌다. 그럼에도 시민 대다수를 차지한 앵글

로색슨인들은 도시 이름대로라면 '천사의 도시'에서 함께 살아가는 이 피부색 짙은 사람들을 투명 인간처럼 대했다. 어쩌다 한 번씩 이들이 옮기는 질병에 관한 우려가 제기되거나 라틴아메리카계 사람들의 출생률 증가가 도시 전체 인구에 끼치는 영향이 주목을 받았지만, 노동조합 반대론자이자 캘리포니아 출신의 유명한 지주, 정계 실세였던 <로스앤젤레스 타임스>의 소유주 해리 챈들러Harry Chandler는 의회에서 다음과 같은 의견을 피력했다. "멕시코 사람들은 흑인들처럼 백인과 결혼하지 않습니다. 어울리려고 하지 않아요. 자기들끼리만 지냅니다. 그래서 안전하죠."[4]

프란시스카 라준이 죽고 일주일 뒤에 아버지 헤수스도 이 정체 모를 감염으로 결국 숨을 거두었다. 그런데 5일 후, 루시아나 사마라노가 카운티 종합병원에 입원하고 10월 19일에 '심근염' 혹은 심장질환으로 사망하는 일이 일어났다(이때 루시아나는 임신 6개월째였고 배 속의 아이도 함께 세상을 떠났다). 사마라노의 남편 과달루페에 이어 루시아나의 장례식에 참석했던 몇몇 조문객도 아프기 시작했다. 당시 루시아나의 장례는 가톨릭 전통에 따라 시신이 눕혀진 관의 뚜껑을 열어 놓고 사람들이 그 곁을 지나가면서 시신에 입을 맞추는 방식으로 진행됐다. 과달루페의 사인은 프란시스카 라준과 동일한 "양측 폐렴"으로 기록됐다.[5] 루시아나의 장례식에 왔던 다른 사람들도 추가로 비슷한 증상을 보였지만, 카운티 종합병원은 10월 29일이 되어서야 수석 레지던트 에밀 보겐Emil Bogen에게 조사를 맡겼다. 그가 가장 먼저 찾아간 곳은 벨베데레 가든에 위치한 카멜리타 스트리트 343번지의 주택이었다. "방 한가운데 큰 더블침대가 있고, 거

2. 천사의 도시에 찾아온 전염병

기에 나이 많은 멕시코 여성이 누워 발작처럼 기침을 터뜨리며 울고 있었다. 벽에 붙어 있는 소파에 서른 살쯤으로 보이는 멕시코 남성이 보였는데 기운이 없고 열이 났지만 기침은 하지 않았다." 보겐은 당시 상황을 이렇게 회상했다. 이 두 사람 외에 다른 사람들도 있었고, 그중 한 명이 보겐을 위해 통역을 해 주기로 했다. 남자는 하루 전부터 아팠으며 척추를 따라 통증이 느껴진다는 이야기가 보겐에게 전해졌다. 체온은 40도에 달했다. 가슴팍에 붉은 반점도 보였다. 누워 있던 여성은 "지난 이틀 동안 기침을 했고 피가 섞인 가래가 나왔다고 했다. 청진 결과 거친 수포음이 크게 들렸다."[6]

보겐은 두 사람을 태울 구급차를 부른 후 통역을 맡아 준 사람과 함께 근처의 다른 집으로 갔다. 부부와 딸이 사는 집이었고 셋 다 앞서 본 것과 비슷한 증상을 보였다. 부부 중 아내는 보겐에게 얼마 전보다는 나아진 것 같다고 이야기했고 딸아이는 "조금 피곤할 뿐 아프지 않다고 고집을 부린다"고 전했다. 하지만 3일 안에 이 여성과 딸은 상태가 위중해져 카운티 종합병원으로 옮겨졌고 남편은 세상을 떠났다. 나중에야 숨진 남성이 과달루페 사마라노의 형제인 빅터이고 아내와 함께 최근 클라라 스트리트 742번지의 장례식에 참석했었다는 사실이 드러났다. 보겐은 고아가 된 네 명의 남자아이들도 병을 앓고 있다는 것을 확인했다. 네 살부터 열두 살 사이인 이 아이들은 얼마 전 루시아나와 과달루페가 사망한 뒤에 남겨졌다. "같은 날 밤 네 아이 모두 병원으로 보냈다. 다음 날 같은 동네에서 6명의 환자가 추가로 발견돼 입원했다." 보겐의 기록에 이런 내용이 나와 있다. "병원으로 온 환자들은 입원 직후부터 피 섞인 가래를 뱉고 청색증이 나타나는 등 중증 폐렴 증상을 보였다."[7]

사마라노 가족이 살던 집에는 곧 "죽음의 집"이라는 딱지가 붙었다. 부부의 친인척과 클라라 스트리트 742번지 건물에 함께 살던 사람들을 합해 모두 33명이 루시아나의 장례식에 참석했다가 병에 걸렸고 이들 중 31명이 목숨을 잃었다. 공식 보고서에는 사상자의 이름 첫 글자와 함께 루시아나, 과달루페의 이름을 "L.S.", "G.S."로 기입하여 둘 중 누구와 관련된 피해자인지도 명시되었다.[8] 사마라노 부부에 이어 "J.F."로 기록된 제시 플로레스Jessie Flores도 같은 병에 걸렸다. 가족끼리 친했던 플로레스는 이웃에 살면서 루시아나를 간호해 준 사람이다. 다음으로는 플로레스가 두 번의 결혼에서 낳은 각각 아들 두 명과 루시아나, 과달루페의 어머니가 쓰러졌다. 사마라노 가족이 따르던 신부 메다르도 브루알라Medardo Brualla도 마찬가지였다. 브루알라 신부는 과달루페와 제시의 장례를 집전하러 10월 26일에 클라라 스트리트 742번지를 찾았다가 며칠 뒤 피가 섞인 가래를 토했다. 그리고 11월 2일에 세상을 떠났다.[9]

과달루페가 숨진 뒤, 보건 당국은 가족들이 조의를 표할 수 있도록 별다른 의심 없이 그의 시신을 돌려주었다. 클라라 스트리트 742번지에서는 그렇게 또 한 번 장례식이 열렸고 얼마 후 조문객들이 병에 걸리는 사태가 또 일어났다. 10월 30일까지 12명 정도가 건강이 위중한 수준까지 악화돼 카운티 종합병원에서 치료를 받았다. 이때 루시아나 사마라노의 친척인 호레이스 구티에레스Horace Gutiérrez에게서 나온 결정적인 증거로 보건 당국은 이 사태를 일으킨 병원균을 알아냈고 로스앤젤레스 상공회의소와 시청 전체가 엄청난 혼란

2. 천사의 도시에 찾아온 전염병

에 빠졌다. 보겐이 요약해서 기록한 내용을 보면, 구티에레스는 사마라노 부부가 죽고 남은 네 아이들과 거의 같은 시점에 병원에 입원했고 곧바로 아이들과 마찬가지로 각혈과 청색증이 동반된 폐렴 증상을 보였다. 청색증은 스페인독감의 대표적 증상이었고 의료진은 독감이 유행했을 때의 일들을 아직 생생히 기억하고 있었다. 그래서 처음에는 구티에레스가 독감일 수 있다고 판단했다. 그러다 최종적으로는 "유행성 수막염"이라는 진단이 내려졌는데, 병원에서 근무하던 병리학자 조지 매너^{George Maner} 박사가 유일하게 다른 의견을 제시했다. 어쩌면 페스트일 수도 있다는 생각을 떠올린 것이다.[10] 매너는 직감적으로 떠오른 이 생각이 맞는지 확인해 보기로 하고, 구티에레스의 가래를 검체로 채취해 현미경으로 조사했다. 그러자 기겁할 만한 광경이 나타났다. 구티에레스의 가래에는 그가 교과서에서 본, 파스퇴렐라 페스티스^{Pasteurella pestis}라 이름 붙은 자그마한 막대 모양의 페스트균이 가득했다.[11] 정말로 페스트균이 맞는지 형태만 보고 확신할 수 없었던 매너는 다른 사람의 의견을 들어 보기로 했다. 그래서 로스앤젤레스 종합병원에서 매너 박사가 맡고 있던 병리학과장의 전임자였던 스코틀랜드인 로이 햄먹^{Roy Hammack}을 찾아갔다. 햄먹은 필리핀에서 복무할 때 페스트 환자를 치료한 경험이 있고 페스트균도 본 적이 있었다. "바로 이겁니다!" 햄먹은 현미경을 들여다보고 친숙한 막대 모양의 균을 발견하자 이렇게 외쳤다. "맞습니다, 빌어먹을."[12]

* * *

처음에는 파스퇴렐라 페스티스, 나중에는 예르시니아 페스티스 *Yersinia pestis*라는 학명이 정식으로 붙여진 페스트균은 인류가 찾아 낸 가장 치명적인 병원균이다. 스위스의 세균학자 알렉상드르 예르생 Alexandre Yersin이 1894년 홍콩에 세 번째로 페스트가 대유행했을 때 처음 이 균을 분리했고 그의 이름을 딴 학명이 붙었다. 페스트균이 지난 인류 역사에서 목숨을 앗아간 사람의 숫자는 최소 1억 명, 최대 2억 명에 이른 것으로 추정된다. 페스트라는 단어만 들어도 두려움이 엄습하지만 사실 페스트균의 일생에서 볼 때 사람이 감염되는 일은 우연한 사건일 뿐이다. 마멋, 얼룩다람쥐, 쥐와 같은 야생 설치류가 원래 페스트균의 자연 숙주이며, 이들 설치류가 사는 굴에 나타난 벼룩이 페스트균에 감염된 채로 여러 동물을 물면서 병이 옮겨진다. 그러나 설치류 개체군 내에서는 이렇게 페스트균이 옮겨지더라도 거의 대부분 피해가 발생하지 않는다. 동물의 상대적인 면역력이 약화되어 갑작스럽게 죽고 벼룩이 일시적으로 갈 곳을 잃은 경우, 또는 페스트균에 감염된 설치류가 인간의 서식지에 가까이 접근할 때 동물원성 감염증의 존재가 드러나고 사람에게, 또는 일부 다른 동물 숙주에게 페스트균이 옮겨져 감염될 위험이 생긴다. 동물에 기생하는 균의 관점에서는 별로 좋은 전략이 아니다. '우연한' 전파는 보통 새로 찾은 숙주의 죽음을 초래하고, 따라서 계속 옮겨 갈 또 다른 숙주를 찾을 수 없기 때문이다.

인체에 발생하는 페스트는 가래톳 페스트(림프절 페스트, 선페스트로도 불린다—역주), 패혈성 페스트, 폐페스트까지 세 가지로 나뉜다. 가래톳 페스트는 쥐나 다른 설치류에 있던 벼룩이 사람을 물고 이

때 페스트균이 피부 아래로 침투하면서 발생한다(이후 사람의 몸에 있던 벼룩이나 이가 다른 사람에게 가래톳 페스트를 옮길 수 있다). 감염자가 벼룩에 물린 부위를 긁으면 균이 더욱 증식하고 사타구니의 림프샘(벼룩에 다리가 물린 경우)과 겨드랑이의 림프샘(벼룩에 팔이 물린 경우)으로 확산된다. 감염을 막기 위해 면역계가 고투를 벌이기 시작하면 림프샘이 붓고 염증이 생기며 병명에서도 알 수 있는 가래톳, 즉 통증이 동반되는 달걀 모양의 부어 오른 멍울이 나타난다. 페스트의 잠복기는 보통 3일에서 5일이며 이후 다시 3~5일 내에 감염자가 사망할 수 있다(가래톳 페스트는 치료받지 않으면 치사율이 거의 60퍼센트에 이른다). 말기에 이르면 심한 출혈과 장기 부전이 뚜렷하게 나타난다. 가래톳 페스트가 최악의 상태에 달하면 패혈성 페스트가 되고, 피부에 짙은 푸른색 반점이 얼룩덜룩하게 나타난다. 손발 끝은 시커멓게 변해 왜 페스트가 '흑사병'으로도 불리는지 짐작할 수 있다. 패혈성 페스트가 말기에 이르면 환자가 섬망을 보고 아픈 부위를 살짝만 스쳐도 견딜 수 없는 고통을 호소하는 경우가 많다. 이러한 형태의 페스트에서 그나마 다행스러운 특징은 대부분 환자가 단시간에 세상을 떠난다는 것, 그리고 벼룩에 물리는 과정을 거쳐야만 전파된다는 것이다.

반면 폐페스트는 사람 간에 직접 전파될 수 있다. 즉 페스트균을 흡입하거나 가래톳 페스트 환자의 혈액이나 조직을 통해 옮겨져 병이 발생할 수 있다. 보통 폐페스트는 환자의 림프계에 있던 페스트균의 일부가 폐로 이동하여 부종과 2차 감염을 일으키면서 나타난다(가래톳이 목 주변에 생기면 특히 이 같은 과정이 진행되는 경우가 많다). 이

대유행병의 시대

단계에서는 환자가 전염성을 나타내지는 않지만 몸에 열이 나고 맥박이 빨라진다. 그러나 하루에서 4일 내로 폐부종이 확산되면서 상태가 급격히 나빠지고 폐 전체에 괴사성 폐렴이 발생하는 한편 발작이 나타난다. 보통 이와 같은 상태에 이른 환자는 기침을 하거나 피를 '뱉어내고' 침대시트는 시뻘겋게 흩뿌려진 핏자국으로 물든다. 폐페스트는 발열 증상이 나타날 때 12시간 내로 치료받지 않으면 대부분 사망한다. 환자가 기침할 때 분출되는 침방울이나 가래를 통해 외부로 나온 페스트균은 12인치까지 옮겨질 수 있으므로 가까이에 놓인 소파나 다른 침대에 누워 있던 사람도 쉽게 옮을 수 있다. 날씨가 춥거나 공기가 서늘하고 습한 조건에서는 물방울에 포함된 페스트균이 공기 중에 짧게는 몇 분에서 수 시간까지 남아 있을 수 있다. 유리나 철강 같은 단단한 표면에서는 최대 3일, 흙이나 기타 유기물에서는 그보다 더 길게 생존할 수 있다.[13]

과거에 발생한 페스트 사망자 중 가래톳 페스트와 폐페스트 환자의 비율이 어느 정도인지는 정확히 파악하기 힘들다. 현대에 들어 세균검사로 진단이 내려지기 전에는 임상적 증상과 징후를 토대로 진단이 불확실하게 이루어졌다. 비잔틴 제국의 유스티니아누스 I세 통치 시절에 최초로 대유행한 페스트는 541년부터 750년까지 지중해 분지 지역 전역에서 2,500만 명의 목숨을 앗아간 것으로 추정된다. 사망자는 대부분 가래톳 페스트에 감염된 것으로 보인다. 그러나 2차 대유행에서는 복합적인 특징이 나타났다. 1334년에 중국에서 시작돼 '흑사병'으로 불린 병은 14세기 중반에 형성된 방대한 교역로를 따라 콘스탄티노플과 피렌체, 유럽의 다른 중심 도시

2. 천사의 도시에 찾아온 전염병

까지 확산됐다. 그 결과 유럽의 인구는 1347년과 1353년 사이에 대략 4분의 1에서 절반까지 줄었다. 사망자수는 최소 2,000만 명, 최대 5,000만 명에 이른 것으로 추정된다.[14] 당시 사람들이 목격한 내용을 보면, 이탈리아 기록에서 가보치올로gavocciolo로 등장하는 가래톳과 부종이 환자들 사이에서 흔히 나타났다고 한다. 그러나 유럽에 흑사병이 처음 나타난 1348년의 상황을 보면 환자는 폐렴 증상을 나타낸 것으로 보인다. "함께 대화를 나눈 사람들 사이에서 호흡을 통해 감염이 확산됐다. (……) 희생자는 병이 나타나면 단번에 무너지고 망가지는 것 같다. (……) 기침을 하면서 피를 토하고, 3일 동안 아무런 대책 없이 계속 토하다가 숨이 끊어진다. 환자와 이야기를 나눈 사람은 물론 환자의 물건을 얻거나 만진 사람, 손을 댄 사람까지 모두 그렇게 목숨을 잃게 된다."[15] 시칠리아의 한 연대기 기록자는 당시 상황을 이렇게 전했다.

1924년, 중세 시대에 나타난 이 치명적 병원균이 천사의 도시에 나타났다는 소식은 로스앤젤레스에 사는 누구도 반기지 않을 일이었고 산업계 리더들은 더 말할 것도 없었다. 캘리포니아와 미국 서부 지역 역사를 연구해 온 윌리엄 데버렐William Deverell은 로스앤젤레스가 은퇴자들이 머물 만한 위생적인 목적지로 열심히 광고할 때 이 소식이 전해진 것에 대해 다음과 같이 밝혔다. "페스트는 이 자신만만한 미래 도시가 전혀 예상치 못한 요소였다."[16] 로스앤젤레스에 페스트가 발생했다는 사실은 미국 공중보건국PHS과 캘리포니아 주 보건부에도 큰 타격이었다. 불과 10년 전에 보건 당국은 캘리포니아에서 "발견할 수 있는" 페스트는 전부 사라졌다고 자랑스레 선언했다.[17] 20세기 초 샌프란시스코에서 가래톳 페스트가 발생한 이후 새롭게 밝혀진 이 질병의 생태학적 특징에서 나온 발표였다.

샌프란시스코로 1900년경에 유입된 페스트균은 호놀룰루에서 온 증기선에 타고 있던 곰쥐가 가장 유력한 전파 경로로 추정된다. 처음에는 발생 범위가 차이나타운으로 한정되어 113명이 사망하는 것으로 끝났지만, 1906년 샌프란시스코를 덮친 지진과 화재로 살던 곳을 벗어난 쥐가 시 전체로 흩어지면서 1907년부터 1908년까지 페스트는 훨씬 광범위한 도시 지역으로 새롭게 번졌다. 공중보건국장 보좌관 루퍼트 블루Rupert Blue는 사태를 해결하기 위해 대대적인 쥐 박멸 캠페인을 시작했다. 1903년에도 차이나타운의 주택을 철거하고 쥐구멍에 비소가 포함된 미끼를 넣어 쥐를 잡는데 총력을 기울였던 블루는 이번에도 쥐를 전부 다 잡아서 죽이라고 지시했다. 샌프란시스코에서 두 명의 가래톳 페스트 환자가 마지막으로 확인된 1908년 1월까지, 200만 마리에 가까운 쥐가 제거됐다. 이 중 수천 마리는 해부가 진행됐고 블루와 수석 실험분석관 조지 맥코이George McCoy는 그 결과를 토대로 페스트의 확산에 관한 새로운 통찰을 얻었다. 병이 한 번 유행하고 다시 유행하기 전에 설치류 숙주에 얼마나 오랫동안 남아 있을 수 있는지도 파악했다. 블루와 맥코이는 샌프란시스코에서 페스트를 옮긴 주요 매개체가 갈색 시궁쥐Rattus norvegicus라는 사실도 발견했다. 번식력이 우수한 시궁쥐는 주로 하수도와 지하 저장고를 서식지로 삼는데 사는 곳을 Y자 형태로 구성하는 특징이 있다. 즉 Y자의 한쪽 가지에는 먹이를 숨겨두고 다른 가지 쪽에는 둥지를 형성한다. 블루는 이것이 쥐가 얼마나 "총명

하게" 포식동물을 피할 수 있는지 보여주는 증거라고 설명했다.[18]

1908년에는 쥐의 몸에 사는 벼룩이 페스트를 옮기는 매개체라는 사실을 아직 누구도 명확히 증명하지 못했지만, 그런 역할을 할 것이라는 추정은 널리 확산됐다. 이에 블루는 부하들에게 쥐의 털을 수시로 빗어서 체외기생충이 몇 마리나 나오는지 세어 보라고 지시했다.[19] 그 결과 겨울철에는 쥐 20마리에서 벼룩이 딱 한 마리 발견됐지만 날씨가 따뜻해지면 숫자가 늘어 건강한 쥐에서는 25마리, 병든 쥐에서는 85마리까지 나온다는 사실을 확인했다. 블루는 벼룩이 쥐의 몸에서 사는 한, 인간이 병들 위험은 크지 않다는 가설을 세웠다. 그리고 쥐가 살던 곳에서 쫓겨나 사람과 접촉할 때, 또는 페스트균에 감염된 벼룩에 의해 숙주인 설치류가 죽고 벼룩이 새로운 숙주를 찾아 나설 때만 인간이 감염될 위험이 발생한다고 보았다. 하지만 페스트의 생태학적 특징은 쥐와 벼룩보다 훨씬 더 복잡했다.

중국에서는 오래전부터 마멋이 페스트의 숙주라는 의심이 제기됐다.[20] 그러나 블루와 맥코이, 그리고 샌프란시스코 보건부의 세균학자 윌리엄 훼리William Wherry가 1908년에 샌프란시스코 베이 동쪽의 여러 카운티에서 산발적으로 발생한 페스트를 조사하기 전까지, 캘리포니아에 자생하는 얼룩다람쥐나 미국 서부 지역의 다른 토종 야생 설치류 역시 페스트균에 쉽게 감염될 수 있다거나 페스트 유행기 사이에 균을 확산시키는 비슷한 역할을 할 수 있다고는 누구도 의심하지 않았다. 블루가 처음으로 의구심을 갖게 된 것은 5년 전쯤, 콘트라코스타 카운티에 살던 대장장이가 샌프란시스코의 병원에서 가래톳 페스트로 사망했을 때였다. 환자의 친구와 가족을 대상으로

대유행병의 시대

조사를 벌인 후 블루는 숨진 대장장이가 한 달 넘게 샌프란시스코를 방문한 적이 없으며, 병세가 나타나기 3, 4일 전에 집 근처 언덕에서 얼룩다람쥐를 총으로 쏴 죽였다는 사실을 알아냈다. 1908년 7월까지 샌프란시스코에는 페스트균에 감염된 쥐가 모두 제거되었다고 확신했던 블루는 같은 달에 콘트라코스타 카운티의 콩코드 시에서 목장 주인의 아들이 페스트에 걸려 사망하자 쥐잡기에 최고의 실력을 발휘하던 자신의 부하 윌리엄 콜비 럭커^{William Colby Rucker}에게 조사를 맡겼다. 목장에 도착한 콜비는 동물 간 유행병이 발생한 곳에서 나타나는 전형적인 광경과 마주했다. 죽은 쥐의 사체가 바닥에 지저분하게 널려 있었다. 이어 콜비는 소년이 숨진 곳과 인접한 목장의 헛간에서 죽은 다람쥐를 발견했다. 블루는 즉각 콜비를 포함한 부하들에게 근처 다른 목장에서도 다람쥐를 잡아 오라고 지시했다. 이렇게 수거된 다람쥐 여러 마리가 페스트균에 감염된 것으로 확인됐다.[21] 나중에 워싱턴 DC로 보낸 서신에서 블루는 이것이 "캘리포니아 땅다람쥐^{Citellus beecheyi}와 가래톳 페스트의 연관성을 입증하는 첫 사례일 수 있다"고 밝혔다.[22] 맥코이는 이 다람쥐들이 샌프란시스코에서 오클랜드로 서식지를 옮겨 버클리의 언덕에 살던 야생 설치류들과 뒤섞여 지내던 쥐들과 접촉하면서 체외기생충이 오가고 그 과정에서 페스트에 걸렸다고 추정했다. 그가 발견한 캘리포니아 땅다람쥐는 호플롭실루스 아노말루스^{Hoplopsyllus anomalus}, 또는 유럽쥐벼룩^{Nosopsyllus fasciatus} 두 종류 벼룩에 감염된 경우가 압도적으로 많다는 사실로도 뒷받침되는 생각이었다. 이 중 유럽쥐벼룩은 열대쥐벼룩^{Xenopsylla cheopis}과 함께 쥐에서 흔히 발견되는 종류로 1906년 샌프란

2. 천사의 도시에 찾아온 전염병

시스코에서 발생한 페스트의 주된 매개체로 여겨졌다.[23] 이와 함께 맥코이는 다람쥐에 영향을 준 벼룩이 사람도 쉽게 공격할 수 있다는 사실을 확인했다. 한번은 "다람쥐를 보관해 둔 공간에 벼룩이 심하게 들끓어서 그 방 안에 들어가기만 해도 여러 마리의 벼룩에게 반드시 물린다"는 글을 쓰기도 했다. 또한 실험실 내에서 기니피그나 쥐에게도 다람쥐에 있던 호플롭실루스 아노말루스를 통해 페스트가 쉽게 전염되며 반대 방향으로도 마찬가지로 쉽게 감염이 발생한다는 사실을 알게 되었다. 이에 따라 맥코이는 "자연 환경에서도 같은 방식으로 옮겨 다닐 가능성을 배제할 수 없다"는 결론을 내렸다.[24]

다람쥐가 쥐에 발생하는 동물 유행병인 페스트의 숙주가 될 수 있고, 다람쥐에 서식하던 벼룩을 통해 페스트가 사람에게로 옮겨질 수 있다는 이 같은 결과를 두고, 블루는 "상당히 우려되는 일"이라고 밝혔다. 그래도 병이 발생할 위험이 콘트라코스타 카운티와 앨라메다 카운티로 국한된다면 크게 걱정할 일은 아니라고 판단했다. 하지만 8월에 맥코이는 남쪽으로 640킬로미터 정도 떨어진 로스앤젤레스 북동부의 엘리시안 파크에서 10살 소년이 사망했다는 보고를 받았다. 소년의 집을 찾아간 맥코이는 병세가 나타난 시점으로부터 7일쯤 전에 아이가 뒷마당에서 땅다람쥐 한 마리와 마주쳤고 손을 물렸다는 사실을 알아냈다. 소년의 시신과 죽은 다람쥐를 모두 회수해 검사한 결과, 양쪽 모두 페스트균에 감염된 것으로 나타났다. 맥코이는 소년의 집이 시청 건물과 겨우 3.2킬로미터 거리에 있고 뒷마당은 서던 퍼시픽 철도의 샌프란시스코 로스앤젤레스 노선이

지나는 철로와 맞닿아 있다는 점에 주목했다.*25

이 중요한 정보를 접한 미국 공중보건국은 즉각 경계망을 넓혔다. 블루는 워싱턴에 소총과 탄환을 더 공급해 달라고 요청하는 글을 보낸 뒤, 인근 산림 지대와 언덕으로 수색대를 보내 다람쥐를 수거해서 맥코이의 연구소로 보내라고 지시했다. 1910년까지 맥코이는 캘리포니아 10개 카운티 전역에서 잡힌 땅다람쥐 15만 마리를 조사했다. 그중 0.3퍼센트에 해당하는 402마리가 페스트균에 감염된 것으로 나타났다. 감염된 다람쥐가 잡힌 곳은 남쪽으로 샌 루이스 오비스포와 샌 조아퀸 밸리까지 포함됐다. 페스트균이 미국에 맨 처음 유입된 지점으로 추정되는 바다와 항구에서 수 킬로미터 떨어진 곳이었다. 이에 블루는 페스트에 감염된 다람쥐가 발견된 지역을 샅샅이 뒤져 굴이 나오면 독약인 이황화탄소를 뿌리는 한편 수색대를 숲으로 보내 떠도는 설치류가 보이면 쏴 죽이라고 지시했다. 설치류와의 전쟁으로 블루는 유명인사가 되었고 1912년에 의학자로서 올라갈 수 있는 최고의 자리인 공중보건국장을 맡았다. 블루의 후임자들도 계속 박멸 노력을 이어 갔다. 1914년에는 감염된 동물이 발견된 목장 21곳에서 땅다람쥐가 제거되고 굴에 독약을 넣는 작업도 철저히 완료돼 당국이 감염 동물을 찾는 재조사에서도 페스트균에 감염된 다람쥐는 딱 한 마리가 발견됐다. 이에 콜비는 "병이 확산될 위험은 사라졌다"고 밝혔다.26 하지만 콜비를 비롯한 동

---

* 맥코이는 소년이 다람쥐에게 손을 물렸다고 밝히면서도 페스트가 이 경로로 감염됐는지는 불확실하다고 설명했다. 페스트가 다람쥐에게서 사람으로 옮겨질 때 보통 페스트균에 감염된 벼룩이 매개체가 되는 경우가 더 많으므로 그는 소년도 벼룩을 통해 감염됐을 가능성이 있다고 추정했다.

2. 천사의 도시에 찾아온 전염병

료들의 확신은 틀린 것으로 드러났다. 페스트균의 생태는 이들이 예상했던 수준보다 훨씬 복잡했다. 1949년에 한 전문가는 이에 관해 "바흐의 푸가에 담긴 각 성부만큼" 복잡한데, 차이가 있다면 바흐의 푸가는 구조가 알려져 있지만 페스트는 "기본적인 설계도 알려지지 않았다"고 설명했다.[27] 사실 야생 설치류 개체군 내에서 페스트가 완전히 사라진 적은 한 번도 없다. 벼룩, 다람쥐, 그리고 얼룩다람쥐와 마멋, 프레리독 같은 야생 포유류 사이에서 페스트균은 끊임없이 순환한다.* 이러한 설치류 중 상당수가 유전적으로 페스트에 면역력이 있거나 후천적으로 그와 같은 면역력을 획득해 내성을 보인다. 그러나 몇 년 주기로 내성이 약화되고 숙주 개체군이 병들면 몸에 살던 벼룩은 먹이를 잃게 되므로 이 단계가 되면 벼룩은 새로운 숙주를 찾아 나선다. 이때 설치류가 살던 빈 굴 주변을 돌아다니는 동물은 무엇이든 벼룩의 숙주가 된다. 설치류와는 종이 다른 땅다람쥐가 될 수도 있고, 야생쥐나 들쥐, 심지어 토끼도 그 대상이 될 수 있다. 새로 찾은 숙주가 무엇이건, 이토록 강력한 동물 유행병에 매우 취약한 새 숙주는 보통 태어나 처음 걸린 병에 목숨을 잃는다. 콜비가 콩코드의 목장에 도착했을 때 바닥에 쥐 사체가 여기저기 흩어져 있던 이유다.

그런데 1924년 캘리포니아 보건 당국은 다시 나타난 가래톳 페스트뿐만 아니라 폐페스트를 막기 위한 경계 태세에 들어갔다. 그럴만한 충분한 이유가 있었다. 세균학자들은 5년 전 오클랜드에서

---

* 토끼, 돼지, 코요테, 보브캣, 곰, 회색 여우, 스컹크도 페스트에 감염될 수 있으나 증상이 나타나는 경우는 드물다. 반면 집에서 기르는 고양이는 감염에 매우 취약하다.

대유행병의 시대

13명의 목숨을 앗아간 폐페스트를 떠올렸다. 1919년에 디 보르톨리 Di Bortoli라는 이탈리아인이 앨라메다 카운티의 나지막한 산으로 사냥을 나가 오클랜드에 있는 자신의 하숙집에 테이블 장식으로 놓으려고 다람쥐를 몇 마리 잡아 오면서 시작되었다. 사냥에서 돌아온 디 보르톨리는 며칠 뒤부터 열이 나고 우반신에 통증이 느껴져 의사를 찾아갔다. 안타깝게도 의사는 독감 증상이라고 판단했다. 목에 가래톳이 생기고 통증도 동반됐지만 의사는 페스트를 떠올리지 못했다. 이 가래톳이 페스트균의 패혈성 편도 감염과 2차 폐렴을 촉발했을 가능성이 매우 크다. 이로 인해 그 달 말에 디 보르톨리가 세상을 떠난 무렵 하숙집 주인과 간호사를 포함한 다섯 명의 환자가 발생했고 이어 9월 11일에는 13명이 추가로 페스트에 감염됐다. 살아남은 환자는 단 한 명이었다. 감염자가 신속히 입원 치료를 받고 격리된 덕분에 확산은 제한됐다. 그럼에도 불구하고 13명이 목숨을 잃었고 다람쥐와 접촉한 것이 병의 시발점이 되었다는 사실은 극히 경계할 일로 여겨졌다. 캘리포니아 땅다람쥐도 만주 마멋처럼 병독성이 높고 폐 친화도가 높은 페스트균에 감염된 벼룩의 매개체가 될 수 있다는 것이 드러났다. 주 보건부 역학 부문 총책임자 윌리엄 켈로그William Kellogg는 다음과 같은 견해를 밝혔다. "페스트균에 감염된 땅다람쥐가 캘리포니아에서 완전히 사라지지 않는 한, 우리의 머리 위에는 다모클레스의 칼이 계속 매달려 있을 것이다."[28]

켈로그의 우려는 쓰디쓴 경험에서 우러난 말이었다. 샌프란시스코에 페스트가 나타난 1900년, 페스트 최초 감염자로 추정된 환자의 림프샘에서 검체를 채취해 엔젤 아일랜드 미 해군병원 연구소의 조셉 키년Joseph Kinyoun에게 검사를 맡긴 사람이 다름 아닌 켈로그 자신이었다. 키년은 환자의 조직에서 페스트균이 발견되었으며 이 병원균에 감염된 기니피그가 병들고 목숨을 잃었다고 밝혔다. 그러나 켈로그는 캘리포니아 주지사 헨리 게이지Henry Gage와 지역 산업계 인사들이 합심해서 펼친 신랄한 주장으로부터 키년을 직접 보호해야 하는 난처한 상황에 처했다. 차이나타운 인근 지역에 내려진 격리 조치에 분노한 주지사는 뜻을 함께하는 사람들과 함께 키년의 조사 방식과 결과가 의심스럽다고 밝히면서 격리 조치로 "겁을 주려는 것 아니냐"는 의혹을 제기했다. "페스트 발생 사실을 널리 알린 것은 중죄에 해당한다"고도 주장했다.[29] 재무부가 임명한 명망 있는 세균학자들로 꾸려진 위원회가 키년의 결과에 이상이 없다고 밝혔지만, 그에 못지않은 역량 검증과 비난의 표적이 된 켈로그는 주지사의 주장은 "무엇과도 비할 수 없을 만큼 비통하고 부당하고 부정직한 방법"이었으며 "과거에도 그런 일은 없었고 앞으로도 그 캠페인에 견줄 만한 일은 없을 것"이라고 말했다.[30]

1900년에 일어난 페스트는 다행히 감염자 121명이 발생하고 113명이 사망하는 것으로 마무리되었다. 1907년, 샌프란시스코에 또다시 페스트가 발생하자 정치계와 보건 당국도 지어낸 일인 것처럼 포장하려는 시도는 그만두고 확산을 막기 위해 신속히 움직였다. 대대적인 쥐 박멸 캠페인도 시작됐다. 미국에 최초로 발생한 페스트를 '직접 경험한' 세균학자들, 정부 당국자들과 마찬가지로 켈로그 역시 이 병에 관해 더 자세히 알아내야겠다는 열망이 있었다. 그러니 만주에서 발생한 폐페스트가 1910년 겨울 캘리포니아에 도

대유행병의 시대

달했다는 보고서를 접한 후 그가 확산 동향을 면밀히 지켜본 것도 당연했다. 만주의 폐페스트는 몽골과 시베리아 지역에 서식하고 털에 높은 가치가 매겨지는 타르바간(만주 마멋)에서 시작됐을 가능성이 가장 높다. 병은 중국과 시베리아 국경 근처 만주 지역에서 시작된 것으로 보이며 1910년 10월에 만주 지역을 관통하는 철로를 통해 하얼빈을 포함해 철도가 오가는 곳과 인접한 지역으로 퍼졌다. 미숙한 중국인 사냥꾼들이 짐승의 가죽을 고가에 팔 수 있다는 생각으로 만주 곳곳을 다니면서 오래전부터 덫으로 사냥을 해 온 만주 지역 사냥꾼처럼 병든 타르바간을 다룰 때 세심한 주의를 기울이지 않은 것이 주된 원인이었다. 겨울이 끝나자 사냥꾼들은 고향으로 돌아가는 농사꾼들을 비롯해 '막노동꾼'들과 뒤엉켜 인파로 꽉 찬 객차와 여관에 머물렀다. 곧 병원마다 감염자로 넘쳐났고, 1911년 2월까지 5만여 명이 목숨을 잃었다. 상당수의 시신이 화장되거나 역병 구덩이에서 다이너마이트로 폭파됐다.[31] 캠브리지대학교 출신 중국인 역학 전문가로 당시에 유행한 페스트를 세밀하게 조사한 우롄테[Wu Lien-Teh]는 환자들에게서 가래톳은 전혀 볼 수 없었고 폐 증상이 흔히 나타났다고 보고했다. 그는 미국인 의사이자 열대의학 전문가인 리처드 스트롱[Richard Strong]과 함께 총 25구의 시신을 부검하고 세균학 기술을 적용해 페스트균의 존재를 증명했다. 이 결과는 중국의 요청으로 1911년 중국 심양에서 개최된 국제 전염병학회에서 발표됐다.[32]

대부분의 전문가들이 페스트가 쥐에서 유래하는 질병이고 벼룩에 의해 옮겨질 가능성이 가장 높다는 생각에 동의했다. 자연히 타

2. 천사의 도시에 찾아온 전염병

르바간과 마멋에 있던 균이 물방울 형태로 사람에게 직접 전파될 수 있다는 의견에 대해서는 찬반이 분분했지만, 중국과 일본 정부가 대략 5만 마리의 쥐를 면밀히 조사한 결과 감염 증거는 전혀 나오지 않아 그 이론을 지지하는 목소리가 더 커졌다. 일부 전문가들은 과거 인도나 다른 지역에서 발생한 가래톳 페스트의 원인균보다 만주에서 발생한 페스트의 원인균 병독성이 더 강력한 것 아니냐는 의혹을 제기했다. 타르바간에서 유래한 페스트균이 폐에 친화도가 높은 특징이 있다고 보는 사람들도 있었다. 이 이론은 당시 마닐라에서 (필리핀 과학청 소속 기관인) 생물 연구소 소장이자 위에서 언급한 전염병학회에서 미국 대표단을 이끈 스트롱이 페스트 환자의 숨이 닿은 한천 배지로도 페스트균을 배양할 수 있다는 사실을 증명하면서 큰 힘을 받았다. 타르바간도 페스트균이 포함된 물방울에 노출되면 폐페스트에 감염될 수 있다는 의미였다.

날씨에 관한 흥미로운 이론도 제기됐다. 만주에서 페스트가 유행한 3개월 동안 평균 기온이 영하 30도였던 반면, 1896년부터 페스트가 수시로 들끓다가 가라앉는 상황이 반복되고 대체로 폐페스트가 발생해 온 인도는 평균 기온이 영상 30도였다. 필리핀 과학청 소속 세균학자 오스카 티그Oscar Teague와 M. A. 바버M. A. Barber는 인도에서 평균 기온이 이보다 더 높아지면 페스트 중에서도 폐페스트가 확산되지 않는다는 가설을 세우고, 페스트균과 다른 감염성 세균에 관한 일련의 증발 실험을 실시했다. 이 연구에서 페스트균이 포함된 물방울은 대기 중 습도가 낮으면 매우 빠른 속도로 사라지지만 습도가 높으면 그렇지 않은 것으로 나타났다. "일반적인 환경에서 이

대유행병의 시대

처럼 대기 중 습도가 높은 조건은 날씨가 굉장히 추운 기후 지역에서는 흔히 조성되지만 날씨가 따뜻한 곳에서는 극히 드물게 나타난다." 두 연구자는 이렇게 설명했다. "가래의 형태로 된 비말은 더 오래 잔류하므로 페스트균도 공기 중에 더 오래 남는다. 따라서 따뜻한 날씨보다 추운 날씨에서 페스트가 확산될 확률이 더욱 높아진다."[33]

그러나 모두가 이 주장을 받아들이거나 기후가 결정적 요인이라고 확신하지는 않았다. 우롄테는 1910년에 하얼빈의 날씨가 추웠다는 사실은 인상적인 특징이라 느끼면서도, 이집트와 서아프리카 같은 더운 지역에서도 폐페스트가 발생한다는 사실이 "풍성한 근거"로 밝혀졌다고 지적하면서 만주에서 발생한 유행병에 기온이 중요한 영향을 주었다고 보지 않았다. 그보다는 혼잡하고 감염성 있는 환자가 가까이 있는 환경이 결정적 요소라고 생각했다. 특히 "감염이 대부분 실내에서, 막노동꾼들이 따뜻하고 사람들로 북적이는 쉼터로 돌아오는 밤 시간대에 발생했다"는 사실에 주목했다. 추운 날씨에서는 페스트균이 포함된 가래의 입자가 '얼어서' 넓은 범위로 확산되었다는 또 다른 이론도 등장했으나 우롄테는 이 주장도 받아들이지 않았다. "개방된 공간에서 감염이 발생한 경우 얼어붙은 가래 입자를 흡입해서가 아닌 환자와의 직접 접촉이 원인"이라는 것이 그의 생각이었다.[34]

켈로그는 오클랜드에서 페스트가 발생한 상황을 분석하고 보건당국의 입장에서는 8월에 발생한 것이 행운이었다는 결론을 내렸다. 덥고 습도가 낮은 날씨는 "균이 포함된 비말이 옮겨 다니기에 유

2. 천사의 도시에 찾아온 전염병

리하지 않은 조건"이라고 보았기 때문이다. 그 결과 "균이 굉장히 빠른 속도로 말라서 사멸했으므로 일반적인 예방 조치와 (……) 감염이 진행되는 상황을 점검하는 것으로 충분했다"고 설명했다. 켈로그는 기온이 더 낮았거나 대기가 덜 건조했다면 상황은 달라졌을 것임을 인정하고, 다만 캘리포니아에서 발생한 페스트는 이러한 조건이 적용되지 않았고 관련이 있을 가능성도 거의 없다고 밝혔다. 즉 샌프란시스코와 로스앤젤레스는 야외를 돌아다니는 다람쥐로부터 촉발되는 가래톳 페스트를 막기 위한 경계를 더욱 강화해야 하고 미국 동부의 도시들은 폐페스트를 가장 주의해야 한다는 것이 켈로그의 견해였다. 그는 디 보르톨리의 경우처럼 누군가 다람쥐를 통해 감염되고, 병이 잠복기일 때 "동부 지역으로 겨울에 이동한 후 병을 앓기 시작하는 것"이 가장 문제가 된다고 설명했다. 따라서 캘리포니아 땅다람쥐가 숙주 역할을 하는 삼림 페스트는 가래톳 페스트의 위험이 지속되는 원인이 되지만 "태평양 해안 지역에서는 기후 조건 덕분에 폐페스트가 그리 심각한 문제가 되지 않을 것"이라고 결론 지었다.[35]

* * *

호레이스 구티에레스의 가래에서 페스트균이 발견됐고 그가 각혈, 청색증 같은 중증 폐렴 증상을 보였다는 사실은 그런 가능성 낮은 일이 충분히 일어날 수 있음을 일깨우는 계기가 되었어야 했다. 심지어 로스앤젤레스에 가을철 늦은 폭염이 덮쳤을 때 대체로 멕시코

대유행병의 시대

이주민 거주지에서 감염자가 나온 점도 마찬가지다. 하지만 그런 일은 일어나지 않았다. 그보다는 미래의 도시에 흑사병이 도래했다는 공식 발표가 엄청난 혼란을 몰고 온 것은 물론, 공포로 정치와 경제가 얼어붙었고 보건 당국은 발뺌했다. 시 보건국장 루터 파워스 Luther Powers 박사는 막대처럼 생긴 균이 가득한 슬라이드를 코앞에 내밀어도 사실이 아니라고 반박하며, 매너 박사에게 이 슬라이드는 제대로 만들어진 것이 아니며 검사를 재실시해야 한다고 주장했다. 그러면서도 메리 스트리트 지구로 검역 담당자들을 보내 멕시코 이주민 거주 지역에 맹독성 "[스페인] 독감이 돌아왔으니" 필요한 예방 조치를 시작하라고 지시했다. 그 즈음에 보겐이 카멜리타 스트리트에서 살펴보았던 노인, 과달루페의 노모인 마리아 사마라노는 카운티 종합병원에서 입원 치료를 받고 있었다. 마리아는 11월 1일에 세상을 떠났고 이 지역에서 발생한 페스트의 4번째 희생자가 되었다. 공개적인 장소에서는 누구도 감히 페스트의 '페'자도 입 밖으로 꺼내지 못했지만, 마리아 사마라노가 숨지기 하루 전날 병원 관계자 한 사람은 주정부와 연방정부에 페스트 혈청과 백신을 얻을 수 있느냐는 전보를 보냈고 공중보건국의 로스앤젤레스 지국 선임 외과의 벤저민 브라운 Benjamin Brown 이 그 전보 중 한 건을 보게 된다. 다 읽고도 도저히 믿을 수 없었던 브라운은 전보를 보낸 병원에 전화를 걸어 병동에 지금 페스트 환자가 있느냐고 문의했다. 이어 공중보건국장 휴 S. 커밍 Hugh S. Cumming 에게 전보를 보내 얼마나 위중한 상황인지 알렸다. 브라운은 내용이 새어 나가지 않도록 전보 내용을 암호화했다. "엑킬[폐페스트] 18건 발생. 의심사례 3건. 베고스[사망]

10. 에소스[상황 심각]. 연방 지원 권장함." 이를 받아 본 커밍은 샌프란시스코에서 근무 중이던 선임 외과의 제임스 페리^{James Perry}에게 로스앤젤레스에서 발생한 상황을 처리하고 신중히 조사하라고 지시했다. 하지만 이미 검역 담당관들은 클라라 스트리스의 소위 죽음의 집과 인접한 시 8개 블록의 접근을 차단한 상태였고 신문기자들은 질문을 퍼붓기 시작했다.[36]

감염질환은 오래전부터 소문과 혼란의 원천이었다. 원인균이 밝혀지지 않거나 불확실할 때 병에 관한 정보가 감춰지면 소문과 그에 뒤따르는 공포는 삽시간에 제멋대로 퍼질 수 있다. 지면에 가장 먼저 보도된 기사는 11월 1일자 〈로스앤젤레스 타임스〉에 실린 클라라 스트리트 742번지 장례식에 관한 것으로, 조문객 9명이 폐렴과 비슷한 "이상한 병"으로 숨졌다는 내용이 담겨 있었다. 이 기사에는 희생자의 이름도 나열되었다. 아마도 독자들이 어쨌건 그 시점에는 백인보다 라틴아메리카계 사람들이 겪는 문제로 확신하게끔 하려는 배려인 것 같았다. 더불어 기사에는 병원 격리병동에 8명이 추가로 입원했으며 일부는 "사망할 것으로 보인다"고 밝혔다. 또 보건 당국이 "균을 찾아냈다"고도 전했다. 〈헤럴드 이그재미너〉를 비롯한 로스앤젤레스의 다른 신문들과 마찬가지로 〈로스앤젤레스 타임스〉 역시 '페스트'라는 무시무시한 단어는 언급하지 않았다. 대신 세균학적 분석이 완료되기 전까지 공식 발표는 없을 것으로 전망되고 그때까지 환자들에게 내려진 "기술적 진단은 스페인독감"이라고 전했다.[37] 놀라운 사실은 이런 기사나 캘리포니아에서 발행된 다른 신문에 게재된, 이처럼 상황을 간접적으로 담은 기사를 본 켈로

대유행병의 시대

그의 동료이자 주 보건부 장관 윌리엄 디키William Dickie는 멕시코 이주민 거주지에 일어난 일이 뭔가 단단히 잘못됐음을 깨달았다는 것이다. 디키는 로스앤젤레스 보건 담당관 엘머 패스코Elmer Pascoe 박사에게 곧바로 전보를 보냈다. "루시아나 사마라노의 사인을 지금 즉시 전보로 알려 주시면 감사하겠습니다." 전임자가 심장마비로 갑자기 세상을 떠난 후 시 보건을 담당하는 가장 높은 자리에 이제 막 앉은 패스코는 요점만 담긴 간략한 답변을 보냈다. "루시아나 사마라노의 사인은 페스트입니다."38

격리 조치는 벨베데레 가든까지 확장돼 4,000여 명이 페스트 발생 구역 내에 갇혔다. 경찰과 소방대는 밧줄을 쳐서 구분한 격리 구역 내로 누구도 출입하지 못하도록 엄격히 관리했다. 페스트 환자가 발생한 집, 또는 이전에 환자가 발생했던 집은 앞뒤로 보초가 배치됐다. 집회는 금지되고 학부모들에게는 아이들을 학교에 보내지 말라는 지시가 떨어졌다. 영화관도 피해야 했다. 퍼시픽 일렉트릭에서 운영하던 전차는 메이시 스트리트에서 계속 운행됐지만 격리 구역과 가까운 역에서는 탑승과 정차가 금지됐다.

로스앤젤레스는 그야말로 일촉즉발의 상황이었다. 멕시코 이주민 거주 지역을 통하는 길목에 무장한 보초가 막아선 광경은 해변에 상어가 있으니 입수하지 말라는 경고판과 다르지 않았다. 그러면서도 시와 보건 당국은 진실을 인정하지 않았고 지역 신문 편집자들도 가세했다. 〈로스앤젤레스 타임스〉를 비롯한 언론은 발병 사례가 "폐렴이 악성을 띤 형태"일 뿐이라는 허구를 계속 주장했다.39 이에 격분한 스페인어 신문 〈엘 에랄도 데 메히코El Heraldo de Mexico〉는 "정

2. 천사의 도시에 찾아온 전염병

부 당국이 스스로 꽉 막힌 침묵 속에 틀어 박혀 있다"고 비난했다.[40] 이 신문만 유일하게 목소리를 냈을 뿐, 로스앤젤레스의 다른 신문들은 감히 페스트를 언급하지 못했다. 하지만 로스앤젤레스가 아닌 곳은 상황이 영 딴판이었다. "캘리포니아에 '흑사병' 희생자 21명 발생"이라는 제목의 기사가 11월 1일자 AP 통신에 게재되고 11월 2일자 〈워싱턴 포스트〉에는 "로스앤젤레스에서 폐페스트로 13명 사망, 공포 확산"이라는 기사가 실렸다. 11월 3일에 〈뉴욕타임스〉에는 "폐페스트 희생자 7명 추가 발생"이라는 기사가 발표됐다.

미국의 대도시 일간지가 페스트를 다룬 방식이 이처럼 대조적이라는 사실은 로스앤젤레스 보건 당국의 역량보다 미국 동부와 서부 해안 지역의 주요 산업계 인사들 간에 형성된 라이벌 의식, 그리고 페스트가 경제에 끼칠 영향에 관한 상업적 우려가 얼마나 컸는지를 적나라하게 드러냈다. 중세 암흑기에 돌던 병이 20세기 로스앤젤레스에 나타나는, 명성의 측면에서 악몽과도 같은 일이 벌어졌으니 시 정부 관리자들과 언론 모두 일단 본능적으로 큰 당혹감부터 느낀 것은 놀라운 일이 아니다. 〈헤럴드 이그재미너〉의 편집장 조지 영 George Young은 로스앤젤레스 상공회의소 이사회에서 출판인 윌리엄 허스트가 만든 신문사들은 "시의 이익에 반한다고 판단되는 내용은 신문에 하나도 싣지 않을 것"이라고 밝혔다.[41] 관광산업의 생사와 향후 부동산 가격은 물론 산 페드로 항구를 미국 최대 상업 항구로 만든다는 야심찬 계획까지 모두 걸린 문제였다. 워싱턴에 있는 연방 보건 당국 사람들이 그곳 항구 근처에 페스트가 발생했을 수 있다고 의심하면 공중보건국장은 항구를 폐쇄하고 엄격한 해상 검역

대유행병의 시대

을 지시할 수밖에 없다. 검역이 실시되면 최소 10일은 유지되고, 로스앤젤레스에 페스트가 다 사라지고 쥐를 비롯한 다른 설치류에 의해 부두 쪽에서 페스트가 다시 발생할 위험이 없다는 사실을 정부가 확신해야 조치가 해제된다. 그동안 당연히 시의 명성은 손상될 것이다.

뉴욕의 신문사들은 이들과 달리 4,800킬로미터도 더 떨어진 곳에서 일어난 일이니 불똥이 튈 걱정 없이 페스트 소식으로 판매 부수가 급증하는 효과를 얻을 수 있었다. 게다가 수 년 전부터 로스앤젤레스는 훌륭한 기후 조건과 뛰어난 삶의 질을 한껏 자랑하면서 동부 사람들에게 환한 햇살 아래 잘 익은 오렌지가 주렁주렁 열린 과수원 풍경과 딴 세상 사람들처럼 행복에 겨운 커플이 담긴 엽서를 마구잡이로 보낸 전력이 있었다. 이렇게 동부 지역에서 보도된 진실이 대혼란을 일으킨 것은 사실이지만, 그럴 만한 가치는 충분했다. 거들먹거리던 사람들의 오만에 큰 구멍을 내고 환한 캘리포니아 사람들의 얼굴에서 웃음기가 싹 가시게 만든 것에 그치지 않은 효과였다.

* * *

1924년에는 폐페스트를 치료하거나 완치할 방법이 없었다. 의사가 할 수 있는 일이라곤 카페인과 디지털리스 같은 자극제나 모르핀처럼 신체 기능을 저하시키는 물질을 제공하는 것이 전부였다. 이론상으로는 사멸된 균이나 페스트에 감염됐지만 살아남아 회복기에

2. 천사의 도시에 찾아온 전염병

들어간 환자의 항체가 포함된 혈청을 활용한 백신으로 효과를 볼 수 있다. 하지만 페스트에 면역력을 갖게 된 환자를 적시에 찾고 전체적인 감염 과정 중 충분히 초기에 그 혈청을 환자에게 투여해야 그 같은 효과를 얻을 수 있었다. 이런 도움을 얻지 못하면 감염자의 치사율은 90퍼센트에 달했다.

루시아나 사마라노의 장례식에 참석한 조문객들, 같은 건물에 살던 사람들, 병들거나 죽어가는 루시아나의 친인척을 돌봐 준 사람들은 거의 모두 너무 늦게 발견됐다. 그래도 아직 사마라노의 대가족까지 번진 여러 환자의 감염된 가래나 혈액에 노출되지 않은 사람을 보호하고 감염의 악순환을 확실히 끊을 방법이 딱 하나 있었다. 검역과 환자의 신속한 격리였다. 1911년에 하얼빈에서 발생한 페스트가 마침내 진정된 것도, 1919년에 오클랜드에서 발생한 페스트의 뿌리를 뽑을 수 있었던 것도 모두 이 같은 조치를 실시했기 때문이다. 페스트라는 공식 진단이 내려지지 않은 상황에서도 카운티 종합병원의 의사들은 감염 위험성과 청색증 같은 중요한 증상에 주목했고 환자를 격리 병동에 두는 한편 이들과 접촉할 때는 마스크와 고무 재질의 장갑을 착용했다. 문제는 메이시 스트리트와 벨베데레 가든에 내려진 격리 조치가 감염 통제 효과는 미미한 반면 인종차별과 편견만 키웠다는 것이다.

당시 로스앤젤레스 지역 신문들과 조지 크라이어^{George Cryer} 시장이 보인 투명하지 않은 태도와 불완전한 문서를 토대로는 사건을 정확히 재구성하기 어렵다. 그러나 분명한 사실은 멕시코 이주민 거주 지역에 격리 명령을 내릴 수 있는 법적 권한은 주 보건부 장관인 월터 디키^{Walter Dickie}에게만 있었다는 점, 그리고 그가 11월 1일 전까지 페스트 발생 사실을 모르고 있었으며 인지했을 때는 이미 그 지역에 줄이 쳐지고 분리가 이루어졌다는 점이다. 그러므로 격리 결정은 카운티 대표 J. L. 포머로이^{J. L. Pomeroy}가 독자적인 의지로 내린 것으로 보인다. 포머로이는 의사 자격증을 가진 사람이었으나 이 결정은 전염병에 관한 지식보다는 이전의 격리 조치와 멕시코 사람들을 향한 개인적 멸시가 더 큰 작용을 한 것 같다. 1920년대까지 로스앤젤레스와 캘리포니아 남부 지역에서는 국경을 넘어온 이주민과 함께 천연두와 발진티푸스가 옮겨 올 수 있다는 불안이 증폭돼 특정 인종을 격리하는 조치가 일상적으로 이루어졌다. 보초를 세우는 것만이 "멕시코 사람들을 격리할 수 있는 유일한 방법"이라는 생각에 따라, 그는 불안감이 확산되지 않도록 격리 조치를 은밀히 진행하라고 지시했다. 이 조치를 위해 포머로이는 경찰관 75명을 뽑아서 메이시 스트리트와 벨베데레 가든의 카멜리타 스트리트가 만나는 위치에 한 명씩 신중하게 배치했다. 그리고 "사람들이 우르르 몰려드는 상황"이 벌어지지 않도록 자정이 넘어 주민들이 모두 귀가할 때까지 기다렸다가 격리 구간 주변에 밧줄을 치는 것으로 "격리 조치를 완료"하라고 지시했다. 2주간 시행된 이 조치는 라틴아메리카계 사람들이 거주하는 곳으로 알려진 도심 내 5개 구역까지 확대됐다. 이 가운데 페스트가 발생한 사실이 입증된 곳은 메이시 스트리트와 벨베데레 가든 두 곳뿐이었다. 데버렐의 기록처럼 "다른 지역에서 입증된 것이라곤 인종밖에 없었다. 그냥 멕시코 사람들이 사는 곳이었다."[42]

2. 천사의 도시에 찾아온 전염병

오늘날의 기준으로 판단하면 포머로이의 방식은 차별적이지만 효과는 굉장했던 것으로 보인다. 환자 중 한 사람을 병원에 싣고 간 구급차 운전사 한 명을 제외한 모든 감염자가 격리 구역 내에서 발생했고 모두 사마라노의 친인척이거나 이들의 장례식에 참석한 조문객으로 확인됐다. 포머로이가 격리 조치를 결정한 것은 과달루페의 노모 마리아 사마라노와 함께 카멜리타 스트리트 343번지 주택에 살았던 세입자들을 조사한 후 가속이 붙은 것 같다. 보겐이 그곳을 방문해서 과달루페와 형제지간인 빅터와 노모가 병들어 죽어 가는 모습을 발견했고 이틀 뒤에 조사가 실시됐다. 포머로이가 카멜리타 스트리트에 왔을 때 빅터는 이미 사망한 후였고 사인은 "수막염"으로 추정됐다. 그러나 같은 건물에 살던 세입자들을 조사한 결과 그가 최근에 부친의 장례식에 참석했다는 사실을 알게 된 포머로이는 건물 앞쪽과 뒤쪽에 무장 경비를 즉각 배치시켰다. 이와 함께 포머로이는 벨베데레 가든의 다른 건물에 살던 루시아나 사마라노의 사촌 중 한 명이 세상을 떠났고 그의 아내도 죽은 남편과 동일한 것으로 추정되는 병을 앓고 있다는 정보를 입수했다. 이것이 포머로이가 메이시 스트리트 주변 지역과 벨베데레 가든까지 격리 조치를 확대해야 한다고 확신한 계기가 되었다. 조치가 실시된 구역은 로스앤젤레스 카운티의 시 경계에 걸쳐 있었다.

보건 당국이 사용한 공식 명칭은 "피수용자"였지만, 아침에 일어나 보니 사실상 감옥살이를 하게 된 멕시코 이주민들과 집 주변에 둘러진 줄을 본 주민들이 얼마나 놀라고 두려웠을지 충분히 짐작할 수 있다. 게다가 격리 조치가 시작된 직후 당국은 집집마다 방문 조

대유행병의 시대

사를 했다. 병색이 나타나거나 환자와 접촉한 것으로 의심되는 사람은 모두 카운티 종합병원의 격리 병동으로 보내지고 집에 남은 사람들은 뜨거운 물에 소금과 라임즙을 섞어 하루에 몇 차례씩 입 안을 헹구라는 지시를 받았다. 상공회의소는 페스트 발생 구역에 갇힌 주민들에게 공급할 비상식량을 마련하는 데 꼭 필요한 추가 지원금을 내놓지 않았다. 결국 지역 자선단체들이 힘든 상황에 내몰린 가족들에게 음식과 우유를 가져다주었다.

집에 갇힌 주민들이 스페인어로 '무에르토 네그로^{Muerto Negro}'라 부르던 페스트에 다음엔 또 누가 희생당할지 우두커니 기다려야 하는 상황에서, 사람들이 할 수 있는 건 그나마 위안을 얻을 수 있는 이미지와 생각을 떠올리는 것밖에 없었다. 카뮈의 글처럼, 이러한 상황에서 "우리는 전염병이 그저 머릿속에 존재하는 악령, 사라질 악몽이라고 스스로 되뇐다."[43] 하지만 페스트는 악령이 아니다. 실제로 존재하고, 아무런 경고 없이 언제든 들이닥칠 수 있는 병이다. 그나마 다행인 것은, 가장 극심한 고통은 격리 구역과 멀리 떨어진 카운티 종합병원의 격리 병동 내에서 발생했다는 점이다. 병의 진행을 막으려는 의료진의 절박한 노력은 환자에게 머큐로크롬 수용액을 정맥에 투여하는 시도로 이어졌다. 수은이 포함된 이 소독약은 살짝 베인 상처나 멍에 사용되던 것으로 페스트에 효과가 있을 리 만무했다.* 처음으로 이 치료를 받은 환자는 과달루페의 세 아

---

* 머큐로크롬은 디브로모하이드록시머큐리플루오레세인(dibromohydroxymercurifluo rescein)이라는 물질에 붙여진 상표명이다. '머브로민'으로도 불렸다. 미국 식품의약국(FDA)은 수은 중독이 발생할 위험이 있어 1998년부터 머큐로크롬의 사용을 금지했다.

2. 천사의 도시에 찾아온 전염병

들 중 장남, 당시 열 살이던 로베르토 사마라노[Roberto Samarano]였다. 10월 28일에 머큐로크롬을 투여하기 위해 주삿바늘이 연결되고 세 차례 주사를 받았지만 이틀 뒤 "온몸에 페스트가 감염된 채로" 숨을 거두었다. 로베르토에 이어 동생 질베르토와 루시아나 사마라노가 전 남편과 낳은 아들인 알프레도 버넷[Alfredo Burnett]도 연이어 숨졌다(알프레도는 13일 동안이나 병과 사투를 벌이며 "쉴 새 없이 섬망에 빠져드는" 상태를 오가다가 11월 11일에 사망했다).[44] 클라라 스트리트 742번지 건물에 살던 주민 두 명도 사망했다. 놀라운 사실은 사마라노의 가족과 친인척을 통틀어 이 죽음의 집에서 유일하게 살아남은 사람이 바로 사마라노의 둘째아들 라울이라는 점이다. 형제들과 함께 같은 날 클라라 스트리트에서 병원으로 옮겨진 이 여덟 살 소년에게는 두 형제들에게는 주어지지 않은 페스트 혈청이 투여됐다.[45] 살아남은 파울은 잘 자라서 해군이 되고 나중에는 로스앤젤레스 미 육군 공병단의 일원이 되었다. 클라라 스트리트에서 열린 과달루페 사마라노의 장례식에 참석했던 간호사 마리 코스텔로[Mary Costello]도 주목할 만한 생존자다. 코스텔로는 10월 29일에 카운티 종합병원에 입원했고 핼러윈 날에는 폐 조직이 경화되는 조짐이 나타난 데 이어 "각혈" 증상도 보였으나 머큐로크롬 수용액으로 치료를 받은 뒤 상태가 살짝 개선됐다. 그리고 며칠 후에는 페스트 혈청을 투여받았다. 아마도 이 치료가 효과를 나타낸 것으로 보인다.

지금 살펴봐도 참 놀라운 사실은 당시 로스앤젤레스의 다른 시민들은 대체로 이 사태를 경시하고 격리의 의미도 잘 몰랐다는 것이다. 한 시민은 페스트가 발생한 일을 "대규모 은폐"로 기억하지만,

대유행병의 시대

메이시 스트리트까지 걸어서 갈 수 있는 곳에 살았고 〈로스앤젤레스 타임스〉를 꾸준히 읽었던 자신의 부친은 당시 사태에 관해 아는 게 거의 없다고 밝혔다.[46] 〈로스앤젤레스 타임스〉를 비롯해 시에서 발행된 다른 신문들이 페스트가 대유행에 들어선 11월 6일 전까지 병명조차 제대로 언급하지 않았으니 그리 놀라운 일이 아니다. 심지어 이 시점에 이르러서도 언론은 폐페스트라는 표현은 악성 폐렴을 가리키는 "전문용어"일 뿐이라고 덧붙이며 그동안 상황을 은폐한 것을 정당화할 구실을 찾았다. "페스트는 캘리포니아에서 처음 나타난 현상이 아니며, 언제든 발생할 위험이 있으므로 (……) 시민들이 경계할 이유가 없다." 디키의 설명은 확고했지만 어딘가 의뭉스러움이 느껴진다.[47]

로스앤젤레스 외에 다른 지역에서는 신문마다 독자들에게 최신 소식을 전하려고 앞 다퉈 경쟁을 벌이는 전혀 다른 상황이 펼쳐졌다. 페스트 혈청의 필요성과 이 혈청이 만들어 낸 극적 성과를 알린 뉴스에 특히 세간의 큰 관심이 쏟아졌다. 혈청 제조사인 필라델피아의 멀포드 연구소Mulford Laboratories가 로스앤젤레스에서 일어난 사태를 마케팅 기회로 삼아 미국 서부부터 동부 해안까지 자사의 혈청이 어떤 진전을 만들어 내고 있는지 주기적으로 언론에 새 소식을 발표한 것이 바탕에 있었음은 말할 것도 없다. 패스코가 혈청을 요청했다는 사실을 11월 3일에 전달받은 멀포드 연구소는 얼른 혈청을 자동차에 싣고 롱아일랜드 미네올라 비행장까지 가져갔다. 그곳에서 우편 비행기에 실린 혈청은 다음 날 샌프란시스코에서 로스앤젤레스까지 4,800킬로미터가 넘는 거리를 이동했고 11월 5일에는 시 보

2. 천사의 도시에 찾아온 전염병

건부에 도착했다. "페스트 혈청, 비행기로 로스앤젤레스까지 신속히 도착." 11월 5일에 뉴욕 신문 〈이브닝 월드 뉴스〉에는 이런 제목의 기사가 보도됐다. 며칠 뒤 필라델피아 신문 〈퍼블릭 레저Public Ledger〉에도 "5,000명분이 넘는 혈청이 서부로 전달되다"라는 기사가 실렸다.[48] 멀포드 연구소는 이 과정을 요청이 접수된 시점부터 36시간 내 미국 대륙의 양쪽 해안을 가로질러 백신이 전달된 "스릴 넘치는" 이야기로 만들기 위해 전력을 기울이며 다음과 같이 묘사했다. "두려움과 맞서 전쟁이 한창인 전선으로 혈청이 전달됐다." 미네올라 비행장까지 이 귀중한 혈청을 서둘러 가져가는 동안 속도 규정 같은 건 "떠올릴 틈도 없었다"고 전했다. 솔트레이크시티에 찾아온 폭풍으로 우편 비행기의 이륙이 잠시 지연됐으나 "자비의 전령 앞에 금세 길이 트였다"는 설명도 이어졌다. 로스앤젤레스의 특별함을 한껏 강조해 온 사람들이 자사의 이익을 챙기려는 의도가 훤히 보이는 멀포드 연구소의 자극적인 글을 봤다면 분명 상당히 불편했을 것이다. "원인은 14세기에 발생한 폐페스트, 또는 흑사병으로 불리는 병이었다. 이 끔찍한 병으로 당시 수백만 명이 희생됐다."[49] 실제로 멀포드 연구소는 이런 내용의 글을 발표했다. 그러나 로스앤젤레스의 산업계 리더들치고 부정적 언론 보도에 익숙하지 않은 사람은 없었다. 오히려 익숙한 경우가 많았기에 곧 동부 사람들을 향해 나름대로 그럴듯하게 해석한 의견을 내놓았다. 〈로스앤젤레스 리얼터〉에 실린 상공회의소 대표 윌리엄 레이시William Lacy의 설명처럼 현재 로스앤젤레스에는 "폐페스트가 조금 유행하고 있지만" 이것 때문에 휴가 계획을 취소할 필요는 없다는 식이었다.[50]

대유행병의 시대

페스트 사태는 그동안 공들여 만들어 놓은, 이상적 휴가지라는 로스앤젤레스의 이미지에 타격을 입힌 동시에 주 보건부와 미국 공중보건국에 큰 두통을 선사했다. 워싱턴에서도 신문마다 선정적인 보도가 실리자 대중의 불안감은 커져 갔고, 연방 보건당국이 페스트가 다른 항구 도시들로 확산되지 않도록 최선을 다하고 있는지 의회가 재차 확인해야 한다는 요구가 이어졌다. 문제는 멕시코 이주민 거주 지역에서 발생한 페스트가 로스앤젤레스 시 보건부와 주 보건부의 소관이라는 점이다. 페스트가 로스앤젤레스 항까지 도달하지 않는 한 공중보건국은 개입할 권한이 없고 권고만 할 수 있을 뿐이었다. 원칙적으로는 지역, 주, 연방 기관의 관료들 모두 협력을 중시하지만 시 보건국장은 로스앤젤레스 시장인 조지 크라이어에게 직접 보고하는 정무관이고, 시장은 상공회의소 이사회의 견해를 따랐다. 크라이어 시장은 시의 이미지와 상업적 전망에 조금이라도 부정적 영향을 줄 발언에는 극도로 민감하게 대응했으므로 패스코가 할 수 있는 일이 아무것도 없는 입장이었다. 실제로 패스코가 동부 지역 신문들에 이번 사태의 원인은 폐페스트라고 밝히는, 정해진 권한을 넘는 행동을 하자 크라이어 시장이 그를 승진 대상에서 제외시켰고 좀 더 고분고분한 사람을 보건국장 자리에 앉혔다.[51] 그럼에도 디키는 패스코의 전문적 지식에 무게를 두었고, 11월 3일에 시장 사무실에서 열린 회의에서 페스트 문제를 책임지고 해결하라는 지시가 떨어지자 패스코도 자신의 팀에 합류시켜야 한다고 주장했다. 달리 선택할 수 있는 방법이 없었던 크라이어는 어쩔 수 없이 디키의 요청에 응한 것으로 보인다. 또한 샌프란시스코에서 근무하

2. 천사의 도시에 찾아온 전염병

다 공중보건국장으로부터 이번 사태를 모니터링하라는 지시를 받았던 공중보건국 소속 의사 제임스 페리에게 자문위원 자격을 주기로 결정했을 때도, 산 페드로 항 인근 환경까지 페스트의 영향이 확대됐을지 모른다는 사실이 워싱턴 쪽으로 새어 나갈까 봐 시 보건부가 극도로 경계하던 시점이었음에도 불구하고 나서서 막지 않았다. 페리도 자신이 워싱턴에서 지켜보는 상관과 이곳에서 맡은 업무 사이에서 상당히 난처한 입장에 처했다는 사실을 잘 알고 있었다. 자첫 주의 관할구역에서 이루어지는 일에 끼어들어 방해하는 것처럼 보일 수 있고 따라서 지방 공무원들이 협조하지 않는 분위기가 형성될 수 있다는 공중보건국장의 우려를 고려하는 동시에, 디키의 권위를 해치지 않도록 균형을 잘 잡아야 했다. 실제로 페리가 지역 당국에 지나치게 협조하는 것처럼 보였는지 11월 7일에는 페리에게 워싱턴으로 그곳 상황에 관한 정보를 신속히 전달하지 않는다는 질책이 있었다. 이에 페리는 디키가 직접 상황을 모두 통제하려는 "열망이 상당하다"는 설명과 함께 이번 사태의 원인이 폐페스트일 수 있다는 의심이 일부 제기되었다고 전했다. 흥미롭게도 이 같은 회의적 태도가 페리뿐만 아니라 켈로그를 포함한 다른 전문가들에게도 똑같이 나타났다는 점이다. 페리와 함께 로스앤젤레스로 건너온 켈로그는 새로 채취한 검체로 균을 확인해야 한다고 주장했고 그 과정을 거친 후에야 매너의 진단을 수용했다. 로스앤젤레스에서 발생한 병이 페스트이고 치료가 필요하다는 사실이 명확해진 후, 페리와 디키의 입장 차이는 커지기 시작했다. 두 사람 사이에 시작된 반목의 핵심은 멕시코 이주민 거주 지역에서 일어난 병에 다람쥐나 쥐,

또는 그 두 동물이 모두 영향을 주었는지 여부와 항구를 포함해 시 다른 지역까지 영향을 줄 수 있는지 여부였다. 디키와 카운티 보건부 소속 동료들은 이번 유행병 사태가 오클랜드의 사례처럼 감염된 다람쥐에서 시작됐다고 보았다. 병원에 격리된 감염 환자가 사라지면 상황도 종료된다는 의미였다. 샌프란시스코 후퍼 의학연구재단 대표이자 세균학자인 칼 메이어Karl Meyer는 맥코이가 페스트를 연구한 실험실을 방문한 적이 있어 구체적인 실험 기법을 잘 알았다. 디키는 메이어의 제안으로 그 기법을 도입해 멕시코 이주민 거주 지역에서 잡은 쥐의 털을 빗어 벼룩을 분리했다. 그 결과 상당수의 호플롭실루스 아노말루스와 함께 땅다람쥐에서 더 흔히 발견되는 벼룩인 디아마누스 몬타누스Diamanus montanus가 발견됐다. 이에 메이어는 1908년에 엘리시안 파크에서 한 소년이 다람쥐에 노출된 후 페스트로 사망한 사례를 떠올렸고 이번 사태도 항구가 아닌 "내륙"에서 시작된 것으로 보인다는 견해를 밝혔다.[52] 하지만 페리의 생각은 달랐다. 워싱턴에서 한층 더 엄중한 내용이 담긴 전보들이 날아들자, 그는 로스앤젤레스에서 일어난 병은 쥐가 원인이며, 멕시코 이주민 거주 지역과 항구를 대상으로 충분한 돈을 들여 설치류 박멸 사업을 실시해야 이곳에서 발생한 병을 확실히 없앨 수 있다고 주장했다. 로스앤젤레스 상공회의소로서는 당연히 달가울 리 없는 의견이었다. 하지만 그럼에도 11월 중순에 설치류 박멸 조치에 필요한 25만 달러를 지원하고 필요하면 추가로 지원하겠다고 약속했다. 이 중대한 결정은 11월 13일에 열린 상공회의소와 시 의회 회의석상에서 내려졌다. 그 자리에서 폐페스트 환자가 발생한 위치가 까만색

2. 천사의 도시에 찾아온 전염병

핀으로 잔뜩 표시된 로스앤젤레스 지도 앞에 선 디키가 다음과 같이 경고했다. "로스앤젤레스의 꿈, 시와 상공회의소의 꿈이 항구라는 사실을 저도 잘 알고 있습니다. 하지만 로스앤젤레스에 페스트가 존재하는 한, 그리고 항구와의 관련성에 관한 의구심이 조금이라도 남아 있는 한 그 꿈은 절대 실현될 수 없습니다." 더불어 디키는 산 페드로에 아무 이상이 없다고 확신할 수 없다면 "그곳 항구에서 이루어지는 상업 거래의 절반이 사라질 것"이라고 예측하고 다음과 같은 결론을 내렸다. "산업계에 페스트 외에 그만한 영향을 발생시킬 수 있는 병은 없습니다."[53]

로스앤젤레스의 산업계 지도자들은 페스트를 막기 위한 조치에 상당한 돈을 지원하면, 워싱턴에 있는 공무원들도 자신들이 쥐로 인한 문제를 해결하기 위해 진지한 노력을 기울이고 있으며 산 페드로 항구에 굳이 검역 조치가 필요치 않다고 생각해 주기를 기원했을 것이다. 그러나 소망은 이루어지지 않았다. 설치류 박멸 작업을 시행한 디키와 시 보건부의 열정적인 노력에는 거의 도움이 되지 않았고, 공중보건국의 명예 실추에 관한 우려와 캘리포니아 정치인, 지역 산업계를 향한 의혹에 불씨만 지폈다. 과거 샌프란시스코에서 쥐 박멸 사업이 이루어질 때도 연방 보건 당국은 지역 신문들과 마찬가지로 겁에 질려 가만히 지켜보기만 했다. 키년의 과학적 성취에 의문을 제기한 게이지 주지사도 이런 분위기에 큰 몫을 했다. 1907년 샌프란시스코에 또다시 페스트가 발생한 후에야 게이지는 연방 페스트 위원회의 권한을 인정하고 공중보건국에 협조했지만 키년의 제자로서 공중보건국장 자리를 이어 받은 휴 커밍과 블루는

대유행병의 시대

과거의 경험 때문에 시 보건부와 주정부가 지명한 보건 담당자들을 향한 불신이 깊었다. 1923년, 커밍은 주정부와 연방정부의 더욱 긴밀한 협력을 장려하고 워싱턴과 오가는 정보의 흐름을 개선하기 위해 카운티를 총 7개 공중보건 지구로 나누고 숙련된 공무원을 각 지구의 관리자로 지명했다. 핵심 지구 중 한 곳인 엔젤 아일랜드 검역 사무소에는 커밍의 절친한 친구인 공중보건국장 보좌관 리처드 H. 크릴^{Richard H. Creel}이 배정됐다. 크릴은 샌프란시스코에서 로스앤젤레스를 포함해 미국 서부 해안가에 줄지어 자리한 모든 항구의 검역을 관리하고 디키가 시행 중인 박멸 사업의 진행 상황을 상세히 지켜보며 워싱턴에 있는 커밍에게 정보를 전달했다.[54]

디키는 주 보건부가 맡은 업무를 제대로 처리하고 있음을 보여주기로 결심하고 월셔 대로 바깥쪽에 새로 들어선 퍼시픽 파이낸스 빌딩으로 집무실을 옮긴 후 스스로 "총사령관"이 되었다. 새 집무실에서 그는 설치류 포획이 실시된 지역을 표시한 핀이 가득 꽂힌(쥐는 빨간색 핀, 다람쥐는 노란색 핀), 색깔로 표시된 지도에 둘러싸여 127건이 넘는 설치류 박멸 작전을 통솔했다.[55] 디키의 지시에 따라 박멸은 군사작전 형태로 진행됐다. 항구를 도맡아 처리하도록 배정된 쥐 사냥 팀에는 입항하는 모든 선박을 조사하고 항구 구석구석 빈틈마다 설치류가 발견된 곳은 전부 표시하라는 지시가 떨어졌다. 붙잡힌 쥐는 8번가에 있는 시 분석연구실로 보내지고 그곳에서 검사가 실시됐다. 또 다른 팀은 멕시코 이주민 거주 지역에 흩어져 "페스트 완화" 조치를 실시했다. 1900년에 샌프란시스코 차이나타운에서 실시된 방식을 본떠서 클라라 스트리트와 그 주변 주택의 외벽에 붙

2. 천사의 도시에 찾아온 전염병

은 판자를 떼어 내고 건물 전체를 바닥에서 18인치 높이로 들어 올려 개와 고양이가 자유롭게 드나들면서 굴속에서 병들어 죽은 설치류를 꺼내 올 수 있도록 했다. 동시에 집집마다 가구며 옷가지, 침구를 가차 없이 제거하고 사망한 세입자의 소지품은 집 안 한쪽에 쌓아 전부 태웠다. 태워서 없애 버리는 전략으로 석유와 황, 시안화물이 섞인 가스가 뿜어져 나왔으니, 바보가 아닌 이상 유독한 공기로 가득 채워진 집에 돌아올 수도 없고 돌아온다고 한들 무사히 살 수 없었다. 이와 같은 페스트 완화 조치와 더불어, 그에 못지않게 매서운 설치류 덫사냥과 박멸 캠페인이 실시됐다. 격리 구역 안과 밖 모두 쥐가 있을 것 같은 장소에는 네모로 잘라 인과 비소를 뿌린 빵이 곳곳에 놓였다. 시 보건부는 죽은 쥐나 다람쥐 한 마리당 1달러의 보상금을 제공했고 이렇게 모인 동물은 8번가 분석실험실로 보내 수를 센 후 검사를 진행했다. 이 정도로는 설치류가 충분히 잡히지 않는다고 판단한 보건부는 하루 130달러의 고정급을 받고 일할 전담자까지 마련했다. 제1차 세계대전에 참전했던 사람들에게는 시민을 위해 일하고 돈도 벌 수 있는 기회였다. 곧 사냥 전담반은 기가 막힌 명중 실력을 보여주고 싶었던 전직 보병들로 채워졌다. 얼마 지나지 않아 메리 스트리트 인근 지역에서는 소총 소리가 끊이지 않았다. 시 경계 내에서 더 이상 잡을 설치류가 없자 벨베데레 가든과 카운티 내 다른 지역까지 흩어져서 사냥을 이어 갔다. "문제를 일으킨 설치류를 잡으려면 로스앤젤레스에서 160킬로미터 범위까지 샅샅이 뒤져야 할 것이다." 디키도 이렇게 경고했다.[56]

아이러니하게도 이 캠페인을 통해 밝혀진 사실은 멕시코 이주민 거주 지역에는 예상보다 쥐가 훨씬 적고 항구 주변에는 사실상 아예 없다고 봐도 될 정도였다는 것이다. 11월 22일까지 항구에서 잡힌 쥐 1,000마리를 대상으로 검사가 실시됐으나 페스트 양성으로 나온 쥐는 한 마리도 없었다.[57] 오히려 쥐가 바로바로 덫에 걸려든 곳은 시내 고급 호텔과 백화점이 즐비한 중심가로 나타나 상공회의소의 입장을 난처하게 만들었다. 보건 당국의 검사에 몇 차례 따라 나섰던 메이어는 한 일본인 신사가 운영하는 시내의 떡 공장을 방문했다가 그 공장 주인이 바닥에 음식 부스러기를 떨어뜨리자 "쥐 한 마리가 나타나 집어가는 광경"을 직접 보았다. 메이어에게는 멋들어진 외관 뒤에 "정글"이 숨겨진 "잔지바르"를 떠올리게 한 경험이었다. 그의 견해로는 이런 업소에서 쥐를 확실히 없앨 수 있는 유일한 방법은 지저분한 바닥 전체에 콘크리트를 붓는 것인데, 그러려면 돈이 너무 많이 들었다(그리고 반드시 효과가 있는 것도 아니었다).[58]

연말까지 디키는 휘하의 부하들이 쥐 2만 5,000마리 이상, 다람쥐 768마리를 잡아들였다고 떠들어 댈 수 있었다. 클라라 스트리트와 메이시 스트리트 안팎에 자리한 무수한 건물의 바닥과 판자를 뜯어내는 작업과 함께 점포 1,000여 곳에 독약이 놓였다. 그러나 이 모든 페스트 완화 조치가 강도 높게 진행된 후에도 디키의 노력에 별로 큰 인상을 받지 못했는지, 페리는 커밍에게 보건부의 캠페인은 "주기적으로 대강 이루어지고 있으며" 실험분석 결과를 신뢰할 수 없다고 보고했다. "디키 박사가 현 상황의 위중함을 이해하지 못했거나 캠페인의 범위를 늘려야 한다는 점, 또는 작업의 효율성을 강화해야 한다는 점을 깨닫지 못한 것이 분명하다." 12월 중순에 페

2. 천사의 도시에 찾아온 전염병

리가 커밍에게 보고한 내용이다. "콘크리트를 이용하는 방안이 제시되었으나 그가 받아들이지 않은 것이 그 증거다." 이에 페리는 커밍에게 주정부가 시행하는 프로그램에서 공중보건국이 분리되어야 하며, 공중보건국이 캠페인을 주도하지 않는다면 병이 다른 나라까지 퍼질 위험이 "깊다"고 경고했다.[59] 커밍의 입장에서는 그대로 두고 볼 수만 없는 문제였다. 1922년에 체결된 〈국제공중위생협정〉에 명시된 조항에 따라 미국은 다른 지역으로 전염병이 확산되지 않도록 예방할 의무가 있고, 위험성을 제대로 막지 못할 경우 해외 정부가 미국 선박을 대상으로 검역 절차를 시행할 수 있다. 뉴올리언스와 오클랜드 두 곳에서 모두 페스트에 감염된 쥐가 발견됐다는 사실도 커밍의 우려를 가중시켰다. 뉴올리언스의 사례는 10월 말 크레센트 시티에 도착한 것으로 파악된 석탄 증기선 아틀란티코스 호가 원인으로 의심됐다. 1947년에 발표된 카뮈의 소설로 영원불멸의 장소가 된, 페스트로 악명 높은 바로 그 알제리의 항구 오란에서 출항한 배였다. 밀항자 한 명의 사타구니가 부어올랐고 도착 후 병원으로 보내진 후 배 전체에 훈증 소독이 실시됐지만 그 직후 부둣가에서 페스트에 감염된 쥐 8마리가 발견됐다. 이에 루이지애나 주 보건부는 공중보건국에 설치류 조사를 시작해 달라고 요청했다. 오클랜드에서 나온 사례는 해외에서 병이 유입됐다는 증거는 없었고 12월 13일, 해안가와 인접한 쓰레기장에서 페스트에 걸린 쥐 한 마리가 발견돼 경계가 강화됐다.

이와 달리 로스앤젤레스에서는 항구와 맞닿은 곳에서 페스트균을 보유한 쥐가 전혀 발견되지 않았다. 그러다 12월 말에 항구에서 약 1.6킬로미터 반경 내에 있는 여러 목장에서 감염된 쥐 35마리가 회수됐다. 산 페드로에서는 65킬로미터 반경에 속한 여러 장소에서 거의 두 배에 가까운 쥐가 발견됐다. 또한 조사 결과 로스앤젤레스에서 잡힌 쥐의 64퍼센트에서 다람쥐 몸에 사는 벼룩이 발견됐다는 사실도 밝혀졌다. 사냥 팀이 시 내부와 주변 지역에서 감염된 다람쥐를 전혀 찾지 못했지만 과거에 동물 페스트가 발생한 곳으로 알려진 샌 루이스 오비스포의 한 목장에서 붙잡은 다람쥐 8마리가 검사 결과 페스트 양성으로 판정됐다. 전년도 여름에 샌 베니토와 몬터레이 카운티에서 다람쥐들 사이에 페스트가 발생했다는 목장 사람들의 진술까지 종합할 때, 메이어의 표현대로 1924년은 그야말로 "캘리포니아 삼림 페스트의 해"였다.[60] 이런 와중에 유럽의 카리브해 연안 몇몇 항구에서 쥐로 인한 페스트가 새로 발생했다는 보고가 들려오자, 전 세계적으로 페스트는 재발될 수 있고 연방 공중보건국이 이에 대처해야 한다고 판단한 커밍은 마침내 산 페드로와 "페스트가 발생한" 미국의 다른 항구에 검역 조치를 실시하라고 지시했다.[61]

커밍의 결정으로 의학적 표현에 미묘하지만 중대한 변화가 일어났다. 미국에 서식하는 다람쥐가 폐페스트를 옮길 수 있다는 위협이 일으킨 두려움은 사라지고 "가래톳 쥐"가 해외에서 유입되는 문제가 부각된 것이다.[62] 과민반응을 일으키기에 충분한 이 신조어에 놀란 의회에서는 공중보건국이 오랜 적을 물리칠 수 있도록 캠페인 재정비에 필요한 27만 5,000달러의 긴급 자금을 제공하자는 안건이 가결됐다. 그러자 로스앤젤레스 상공위원회가 처음으로 이 결정에 반발하고 나섰다. 산 페드로에서 페스트에 감염된 쥐가 한 마리

2. 천사의 도시에 찾아온 전염병

도 발견되지 않았음을 강조하며 커밍의 조치는 "차별적"이라고 비난한 것이다. 더불어 항만은 연방정부의 관할권이지만 항구는 주정부와 시 보건부의 관할구역이라고 주장했다.[63] 한편 크라이어는 시 보건부 책임자로 자신이 새로 지명한 조지 패리시George Parrish에게 이 문제를 맡기려고 했으나, 시 의회가 그의 바람대로 패리시가 디키의 설치류 박멸 캠페인을 이어 받도록 승인한 동시에 예산을 대폭 삭감하기로 결정했다. 결국 크라이어는 자존심을 굽히고 캘빈 쿨리지Calvin Coolidge 대통령을 찾아가 공중보건국이 페스트 문제를 해결할 수 있도록 해 달라고 간곡히 부탁해야 했다. 커밍이 판단하기에 새로운 캠페인을 이끌 적임자는 전임자인 루퍼트 블루밖에 없었다. 즉각 재임명된 블루는 로스앤젤레스로 배치됐다. 그로서는 1908년에 시작한 일을 끝낼 수 있는 기회였다. 물 만난 물고기처럼 능력을 발휘한 블루는 7월까지 로스앤젤레스 시내에 쥐가 들끓고 있다는 사실을 입증한 데 이어 지하 공간에 콘크리트를 붓는 조치를 관리하는 등 페스트 완화 조치를 진행했다. "6월 13일부터 할리우드 북부에서 웨스트 워싱턴 스트리트 남부에 이르는 지역까지 넓게 분리된 장소에서 감염이 의심되는 쥐 9마리와 땅다람쥐 5마리가 발견됐다." 블루가 6월 26일에 커밍에게 보낸 전보에는 이런 내용이 담겼다. "이 동물들이 페스트 양성으로 입증된다면 언제든 감염자도 몇명 발생할 수 있다. 현재는 계절 조건상 유행병이 발생할 위험이 매우 높다."[64]

로스앤젤레스에서 페스트가 마침내 모두 사라지기까지 블루와 디키 중 누구의 공이 가장 컸는지는 판단하기 어렵다. 블루의 전보

대유행병의 시대

에 담긴 불길한 상황에도 불구하고 1925년 1월 12일에 보고된 폐페스트 사례가 마지막이 되었다. 페스트에 감염된 쥐는 블루가 캠페인에 투입된 때로부터 두 달 전인 5월 21일에 로스앤젤레스 동부에서 잡힌 것이 마지막이었다. 디키는 사태를 은폐하려는 언론의 노력에 가담했다는 비난을 피할 수 없겠지만 그가 상황의 중대성을 의심한 것은 결코 아니었다. 메이시 스트리트 인근 지역을 신속히 격리하고 페스트 제거 노력을 지시한 것이 그 지역에 살던 멕시코 사람들에게는 분명 가혹하고 부당한 조치였지만 폐페스트가 시의 다른 지역으로 확대되지 않도록 막을 수 있었던 것도 사실이다. 그가 신문에 난 기사를 보고서야 사태를 깨닫지 않았다면, 즉 시 보건부가 페스트 발생 사실을 더 일찍 디키에게 알렸다면 보건부의 대응도 훨씬 효율적으로 실시되었을 것이다. 디키가 로스앤젤레스의 페스트 발병 사태에 관한 공식 보고서에서 밝혔듯이[65] 카운티 종합병원 소속 의사와 세균학자 들도 헤수스 라준의 증상에서 페스트를 인지하지 못했다는 책임이 있다.* 공식 집계에 실제 발생 규모가 다 반영되지는 않았겠지만, 폐페스트 환자는 단 41명, 사망자는 37명으로 집계됐다. 가래톳 페스트의 경우 환자 7명, 사망자 5명이었다. 패혈성 페스트로 사망한 환자는 한 명이었다. 무엇보다 중요한 사실은 이것이 북미 전체를 통틀어 마지막으로 기록된 폐페스트 사태였다는 점이다.

---

* 헤수스의 사타구니에 나타난 부어오른 부위는 가래톳이 거의 확실해 보인다. 그러나 내용물을 빼내는 조치가 이루어지고 3주가 지나서야 페스트균 검사가 필요하다는 의견이 나왔다. 뒤늦게 실시한 배양 검사에서 '양극성 유기체'가 발견됐고 배양된 물질을 실험동물에게 투여하자 12시간 내에 폐사했다.

2. 천사의 도시에 찾아온 전염병

* * *

로스앤젤레스에서 페스트가 발병한 사실은 켈로그를 비롯한 페스트 전문가들의 추정을 뒤엎었다. 캘리포니아는 온난하고 연중 내내 지중해성 기후 지역이라 페스트를 피할 수 있다는 생각도 흔들렸다. 습도가 낮고 따뜻한 날씨도 폐페스트의 확산에 큰 차이를 만들지 못하며 서던 캘리포니아에서 발생한 페스트균도 역사적으로 더 이른 시기에 발생한 다른 페스트의 원인균만큼 치명적일 수 있다는 사실이 증명된 것이다.[66] 사실 핵심 요인은 날씨가 아니라 환자와 건강한 사람의 근거리 접촉이었다. 멕시코 이주민 거주 지역처럼 인구 밀도가 높은 곳은 호흡기 비말을 통해 페스트균이 확산될 수 있는 이상적 환경으로 밝혀졌다. 여기에 장례식, 특히 가톨릭 전통에 따라 관 뚜껑을 계속 열어 두고 조문객이 감염된 시신과 가까이 접촉하고 새로운 감염자가 될 가능성이 생기면서 페스트의 폭발적인 위험성은 한층 더 높아졌다. 로스앤젤레스의 사태가 남긴 것이 또 한 가지 있다. 페스트는 대부분 도시 지역에서 발생하는 쥐 유래 질병이고 따라서 쥐가 번식한 장소를 정화하기만 하면 병을 근절할 수 있다는 믿음을 모두 무너뜨렸다는 점이다. 1924년에 발생한 페스트를 다람쥐가 일으켰다는 증거는 전혀 밝혀진 적이 없으나 로스앤젤레스의 광범위한 지역에서 다람쥐에 기생하는 벼룩이 쥐에서 발견되었다는 점, 그리고 항구와 멕시코 이주민 거주 지역 사이에서는 페스트에 감염된 쥐가 나타나지 않은 점을 종합하면 메이어의 생각이 옳았다는 것을 알 수 있다. 즉 내륙에서 멕시코 이주민 거

대유행병의 시대

주 지역으로 병이 옮겨 갔을 가능성이 가장 높다. 지난 사례를 되짚어 보면, 1908년에 항구에서 약 48킬로미터 떨어진 엘리시안 파크에 살던 소년이 뒷마당에서 감염된 다람쥐와 접촉한 후 페스트로 사망한 일을 그 징후로 볼 수 있다. 샌 루이스 오비스포에서 다람쥐가 죽은 채로 발견됐다는 보고가 시작된 것도 그 즈음이며 1924년에는 캘리포니아 남부와 북부 여러 지역에서 비슷한 동물 유행병이 나타났다. 오클랜드의 쓰레기장을 뒤지던 쥐에서 벼룩이 옮겨 가서 맨 처음 다람쥐가 감염됐을 가능성도 있고, 서던 퍼시픽 철도를 통해 어쩌다 남쪽으로 이동한 쥐에서 옮았을 가능성도 있다. 또는 땅다람쥐와 다른 야생 설치류가 수십 년 동안 페스트균을 보유하고 있었지만 아무도 알아채지 못했을 수 있다. 어떤 경우든 로스앤젤레스의 사례는 메이어를 포함한 전문가들이 페스트의 유행기 사이에 균이 그대로 존재할 때 다람쥐가 어떤 역할을 하는지, 그리고 쥐와 다른 야생 설치류로 페스트가 확산되는 과정에 다람쥐 몸에 살던 벼룩이 어떤 역할을 하는지 면밀히 조사하게 된 계기가 되었다.[67] 메이어는 디키의 지원을 받아 이전의 페스트 사태에 관한 기록을 검토하고 다람쥐에서 발생한 동물 유행병으로서의 페스트와 사람에게 발생한 페스트에 어떤 관계가 있는지 살펴보았다. 1927년에 주정부가 다시 페스트 통제 지휘권을 되찾자 메이어와 디키는 힘을 합쳐 페스트균에 감염된 다람쥐가 있을 것으로 의심되거나 실제로 감염된 다람쥐가 서식하는 목장과 삼림 지대를 조사했다. 1930년대 중반까지 주 당국이 꾸린 조사 팀은 다람쥐 수만 마리를 덫으로 잡아 털을 빗어 벼룩을 분리하고 메이어가 있는 후퍼 재단의 연구소로 잡은 다람

2. 천사의 도시에 찾아온 전염병

쥐와 체외기생충을 모두 보냈다. 아무 문제없이 건강해 보이는 다람쥐가 많았지만, 메이어는 일부 동물이 잠복 감염 상태이며 이 경우 분쇄한 체내 장기로 기니피그에 페스트를 옮길 수 있다는 사실을 알아냈다. 페스트균에 감염된 벼룩이 몸에 살고 있는 다람쥐도 많았다. 이와 함께 조사 팀은 20년 전에 페스트에 감염된 다람쥐가 서식한 곳으로 알려진 굴에 다른 설치류가 사는 경우, 이 동물들의 털에서도 페스트균에 감염된 벼룩이 존재한다는 사실도 알아냈다. 관할지역에 살고 있는 땅다람쥐 중에 드러나지 않았지만 페스트를 "보존"하고 있는 동물들이 있음을 보여 주는 결과였다. 이 시기부터 페스트에 생태학적으로 새로운 접근 방식이 적용되었고, 1930년대 중반에 이르자 메이어는 숲에 사는 설치류에 의해 보존되는 페스트를 나타내는 말로 '삼림 페스트'라는 용어를 채택했다.

1935년에는 공중보건국도 조사에 참여했다. 삼림 페스트는 태평양 해안과 로키산맥에 인접한 미국 11개 주에서 발생하는 풍토병이며 숙주는 땅다람쥐, 얼룩다람쥐, 프레리독, 마멋, 야생쥐, 흰발생쥐, 캥거루쥐, 솜꼬리토끼 등 18종이라는 사실이 밝혀졌다.[68] 1938년까지 덫사냥으로 잡힌 10만 마리가 넘는 다람쥐가 후퍼 재단으로 보내졌고 검사가 실시됐다. 그런데 메이어는 막상 설치류를 해부해 보면 페스트균에 감염된 비율이 매우 낮다는 것을 확인했다. 또한 들에서 실시된 몰살 조치로 다람쥐가 쫓겨나고 남은 빈 굴에 새로 들어와 살게 된 들쥐는 곧바로 앞서 살던 다람쥐와 같이 몸에 페스트에 감염된 벼룩이 생기며, 그 상태로 다른 설치류들에게 병을 "퍼뜨린다"는 것도 알아냈다. 이처럼 삼림 페스트는 일반적인 전파 경로와는 다른 방식으로 확산되므로 숙주를 박멸하려는 시도는 실패로 돌아갈 수밖에 없다는 것이 메이어의 결론이었다.[69] 문제는 페스트균을 보유한 다람쥐 개체군을 주기적으로 죽여서 삼림 페스트가 일어날 위험을 낮은 수준으로 유지해야 한다는 점이다. 물론 어쩌다 누군가 다람쥐 몸에 있던 벼룩에 물려 페스트에 노출될 가능성은 항상 존재하지만 이런 일은 드물고, 다람쥐가 도시에 서식하는 쥐 개체군을 감염시키지 않도록 막을 수 있다면 삼림 페스트가 도심에 사는 사람들에게 위협이 될 확률은 크지 않다.

오늘날 미국 질병통제예방센터[CDC]가 채택한 접근 방식도 이 원칙과 거의 일치한다. CDC는 콜로라도 포트콜린스의 야생동물 관리소에서 미국 서부 지역 페스트균의 주된 숙주로 여겨지는 프레리독의 페스트 발생 상황과 다람쥐 등 다른 야생 설치류에게 확산되었는지 여부를 모니터링한다.[70] 태평양 연안과 로키산맥 인근 주에서 페스트를 옮기는 주요 매개체는 오롭실라 몬타나 *Oropsylla montana* 라는 벼룩이다. 이 벼룩은 쥐에 기생하는 케오피스벼룩 *X. cheopis* 과 달리 혈분 때문에 중장이 막히는 드문 증상이 일어나는 감염 "초기 단계"에* 캘리포니아 땅다람쥐와 바위다람쥐들 사이에서 동물 유행병을 빠른 속도로 확산시킨다고 알려져 있다.[71] 동물 사이에 퍼진 전염병이 위험 수준에 이르렀다고 판단되면 주립 공원과 캠프장에는 빨간색 동그라미 안에 갇힌 다람쥐 위로 빨간 사선이 그어진 경고 표지

---

* 페스트균은 케오피스벼룩에서 빠른 속도로 증식하는데, 가끔 이 과정에서 중장이 막혀 벼룩이 빨아먹은 피가 중장까지 내려가지 못하는 일이 발생한다. 장이 막히면 벼룩은 더욱 게걸스럽게 피를 빨아먹고, 이로 인해 감염이 재확산될 가능성이 높아진다.

2. 천사의 도시에 찾아온 전염병

판이 세워진다. 이 단계가 되면 등산객을 대상으로 다람쥐에게 먹이를 주지 말라는 경고가 내려지고, 반려동물을 기르는 사람들에게는 고양이 등 집에서 키우는 동물이 다람쥐와 접촉하여 우연히 벼룩이 옮지 않도록 주의하라는 권고가 제공된다. 이러한 사전 조치에도 불구하고 미국에서는 매년 3명 정도가 페스트에 걸리고 2006년처럼 한 해 동안 감염자가 무려 17명이나 나올 때도 있다.[72] 독시클린, 시프로플록사신과 같은 강력한 항생제로 신속히 치료하면 보통 체내에 감염된 페스트균을 충분히 없앨 수 있다.* 이런 사실과 상관없이, 언론은 미국인이 "가래톳 페스트"로 죽음을 맞이했다는 자극적인 헤드라인과 2015년에 유타에서 노인 한 명이 페스트로 사망했을 때처럼 다람쥐와 다른 야생 설치류의 위험성을 전하며 겁을 집어먹게 만드는 내용을 계속 내보냈다.[73]

페스트가 이처럼 주기적으로 증가세를 보이는 정확한 원인을 아무도 모르지만, 기후와 지형적 특성이 중요한 영향을 준다고 여겨진다. 미국의 경우 페스트는 뉴멕시코와 유타, 콜로라도, 노던 캘리포니아에서 안개가 많이 끼는 해안 지역 등 지리적으로 비교적 한정된 규모의 고원 지대와 초원에서 지속적으로 발생한다. 모두 날씨가 일 년 내내 서늘하고 습한 곳들이다. 건조한 캘리포니아 중앙 사막 지역은 삼림 페스트가 전혀 나타나지 않는 반면, 요세미티 국립공원을 비롯한 야생 환경과 해안 지역에서는 페스트가 거의 항상 존재한다. 이러한 지역에서는 기후와 벼룩을 옮기는 매개체, 설치류 숙주

---

* 항생제 치료 시 페스트 감염 환자의 평균 치사율은 16퍼센트다. 치료를 받지 않는 경우의 치사율은 66퍼센트에서 93퍼센트에 이른다.

대유행병의 시대

가 생태학적으로 이상적인 균형을 이루는 것으로 밝혀졌다. 강수량이 이례적으로 많아서 식물 성장이 촉진되거나, 다른 이유로 설치류와 벼룩의 개체수가 늘어나 기생동물과 숙주 사이의 균형이 깨지는 경우에만 페스트가 다른 동물로 퍼진다.[74]

사실 자연의 야생 서식지까지 침범해서 거주지를 꾸준히 확장한다는 점에서 오늘날 이 균형을 깨뜨리는 가장 큰 위협 요소는 인간이라고 할 수 있다. 앞으로도 페스트는 소규모로 계속 발생할 수밖에 없고, 그 종류는 최소한 가래톳 페스트가 될 것이라고 추정하는 이유다. 하지만 로스앤젤레스나 미국의 다른 도시가 또다시 폐페스트가 유행하는 상황에 맞닥뜨릴 가능성은 굉장히 낮다. 그리고 과거 흑사병이라 불리던 규모로 폐페스트가 대유행병이 될 가능성은 그보다 훨씬 낮다.

The Pandemic Century

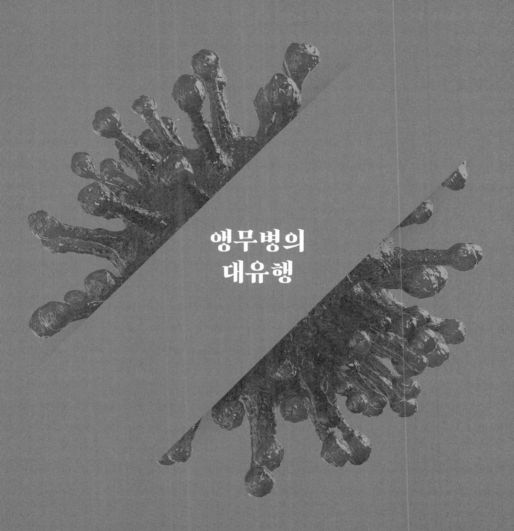

· 03 ·

앵무병의
대유행

The Great Parrot Fever Pandemic

> 죽음에 맞서려는 인간의 노력은 끝났다.

폴 드 크루이프(Paul de Kruif)

1930년 1월 6일, 윌리스 P. 마틴^{Willis P. Martin} 박사는 다급한 연락을 받고 메릴랜드 주 아나폴리스에 사는 한 가족을 찾아갔다. 릴리안이라는 여성과 딸 에디스 칼메이^{Edith Kalmey}, 그리고 자동차 정비소를 운영하는 에디스의 남편 리 칼메이^{Lee Kalmey}는 크리스마스 직후부터 열이 나기 시작했고 마틴 박사에게 연락이 닿은 무렵에는 세 명 다 병세가 위중했다. 처음에는 독감인 줄 알았다. 얼마 전 주식시장 붕괴로 칼메이의 사업도 큰 타격을 받아서 우울하게 지냈으니 그 여파로 몸도 안 좋아진 것이라고 생각했지만, 새해 첫 주가 지나는 동안 세 사람의 상태는 점점 더 나빠졌다. 오한과 온몸이 쑤시고 아픈 전형적인 독감 증상과 더불어 마른기침이 성가실 정도로 계속 터지고 변비와 기력이 소진되는 증상까지 더해졌다. 두통과 불면증도 번갈아 가며 찾아왔다. 릴리안과 에디스, 리는 하루 대부분을 통나무처럼 길게 누워 늘어진 채로 보냈고 가끔 겨우 중얼거리는 말 몇 마디가 집 안 가득한 침묵을 깨는 유일한 소리였다. 그러다 기력이 나면, 정반대로 잠시도 가만히 있지 못하고 과격할 정도로 활발히 돌아다녔다. 하지만 가장 염려스러운 증상은 폐 깊은 곳에서 나오는, 뭔가 덜 그럭대는 것 같은 소리였다.

마틴 박사는 폐렴에 장티푸스가 함께 찾아왔을 수 있다고 생각했지만, 가족들과 같은 음식을 먹은 릴리안의 남편은 건강에 아무런 이상이 없었으니 식품 매개 질병은 배제됐다. 한 집에 사는 이 가족들 중에 세 사람을 제외하고 병이 든 유일한 식구는 앵무새였다. 릴리안의 남편이 볼티모어의 반려동물 판매점에서 구입해 왔고 크리스마스 날 릴리안에게 깜짝 선물로 주려고 에디스와 리가 자신들 집에 두었다가 크리스마스를 앞두고 흥겨운 축제 분위기가 가득하던 부모님 댁으로 가지고 왔다. 그런데 새는 크리스마스이브에 털이 마구 헝클어지고 지저분해지더니 무엇에도 관심을 보이지 않는 증상을 보였고 결국 크리스마스 당일에 죽고 말았다.[1]

이들 가족에게서 나타난 증상을 보고 당황한 마틴 박사는 아내에게 상황을 전했다. 함께 의아해하던 마틴 부인은 박사가 죽은 앵무새 이야기를 꺼내자, 마침 일주일 전 일요일 신문에서 부에노스아이레스의 한 극단에 '앵무병'이 발생했다는 글을 읽은 기억이 떠올랐다. 신문 기사에 따르면 이 병으로 단원 두 명이 목숨을 잃었고, 두 사람 다 공연 중에 살아 있는 앵무새와 접촉했다는 공통점이 있었다. 문제가 된 극단의 새도 죽었고, 이 일로 아르헨티나 전역에 반려동물을 키우는 집에서 앵무과 동물이 병든 징후가 나타나면 당국

3. 앵무병의 대유행

에 신고하라는 경고가 내려졌다.[2]

　같은 병일 가능성은 없다고, 솔직히 터무니없는 소리라고 생각했지만 마틴 박사는 일을 운에만 맡기는 타입은 아니었다. 그는 워싱턴 DC 공중보건국 앞으로 다음과 같은 내용이 담긴 전보를 보냈다.

　　앵무병 진단에 관한 정보 요청. (……) 앵무병 확산 방지에 관한 정보 필요. (……) 앵무병 면역 혈청 즉시 보내기 바람. 전보 답신 요망.[3]

　그해 겨울에 미국에서 장티푸스와 유사한 증상이 동반되는 이상한 폐렴 환자들이 갑자기 나타나 당혹감을 느낀 의사는 마틴 말고도 더 있었다. 공중보건국 앞으로 볼티모어와 뉴욕에서 보낸 비슷한 내용의 전보가 도착했고, 오하이오, 캘리포니아 보건 당국도 이 같은 정보 요청을 받았다. 마틴이 보낸 전보는 다른 사람들이 보낸 요청과 함께 공중보건국장 휴 S. 커밍Hugh S. Cumming에게 전달됐고 국장은 공중보건국 위생연구소 소장인 조지 W. 맥코이George W. McCoy에게 이 일을 맡겼다. 샌프란시스코에서 가래톳 페스트 조사를 이끈 베테랑 분석관인 맥코이는 "미국에서 최초로 발생한 병"으로 알려진 야토병을 발견한 학자로 이름을 알렸다. 캘리포니아 실험실에서 야토균을 처음 찾고 분리한 그는 명실상부 미국에서 가장 유명한 세균학자였다.* 그래서 커밍도 보고된 사태를 해결할 수 있는 적격자로 맥코이를 떠올린 것이다. 마틴이 보낸 전보를 읽은 후, 맥코이는 어쩔 수 없이 웃음이 났다. 앵무병이라니? 저급한 신문의 의학 칼럼이나 개그 코너에서나 볼 법한 진단처럼 보였다. 앵무병에 관해서는 들어 본 적도 없었다. 게다가 맥코이는 바쁜 사람이었다. 독감 유행에 온 미국이 시끄러운 상황이었고, 어쩌면 스페인독감이 다시 나타났을 수 있다는 우려도 급증했다. 게다가 천연두 백신을 접종받은 일부 사람들 사이에서 '수면병'으로도 불리던 '종두 후 뇌염'이 나타나 부소장 찰리 암스트롱^{Charlie Armstrong}과 함께 밤낮으로 면역혈청을 만드는 일에 매진하고 있었다. 그럼에도 맥코이는 동료들에게 확인해 보는 것이 최선이라고 판단했다.

"암스트롱, 혹시 앵무병이 뭔지 아십니까?" 맥코이가 묻자 이런 대답이 돌아왔다. "알 리가 있나요. 전혀 모르겠습니다."[4]

며칠 뒤 아나폴리스와 미국 다른 지역에서 나타난 질병이 앵무새와 관련 있는지 조사하던 실험실 직원들이 한 명씩 병으로 쓰러지기 시작했을 때 맥코이와 암스트롱은 자신들의 무지를 후회했을지 모른다. 2월까지, 암스트롱을 포함해 포토맥 강이 내려다보이는 곳에 자리한 빨간 벽돌로 지어진 허름한 건물에서 일하던 '위생' 연구소 직원 여러 명이 인근 미 해군 병원에 입원했다. 사태가 종료

---

* 맥코이는 1911년 캘리포니아 툴레어 카운티에서 잡힌 다람쥐를 대상으로 페스트 병소가 있는지 조사하던 중 야토균을 찾아냈다. 진드기, 응애, 이를 통해 전파되는 야토병은 미국 전 지역에서 발생하는 풍토병으로 야생 토끼와 사슴이 주된 숙주다. 인체가 진드기나 사슴파리에 물려서 전염되면 림프샘에 궤양이 생기고 붓는 증상이 나타나므로 페스트와 혼동될 수 있다.

3. 앵무병의 대유행

된 3월에 암스트롱의 오랜 조수였던 헨리 "꼬맹이" 앤더슨^{Henry "Shorty"} Anderson이 목숨을 잃었다. 맥코이는 앵무병을 일으키는 "바이러스"를 찾아 면역 혈청을 만들기 위해 위생연구소 지하에서 앵무새를 대상으로 계대 감염 실험을 실시했다. 하지만 명확한 성과를 얻지 못했고, 어쩔 수 없이 실험에 사용된 새를 모두 클로로포름으로 처리한 뒤 원인 바이러스가 건물 밖으로 빠져나가지 못하도록 위생연구소 최상층부터 최하층까지 훈증 소독을 실시했다. 과학 저술가 폴 드 크루이프^{Paul de Kruif}는 저서 《죽음과 맞선 인간^{Men Against Death}》에서 맥코이가 이 우울한 일을 처리하는 동안 "웃지도 않고 말도 한 마디 하지 않았다"고 전했다. "그저 새를 죽이고, 또 죽인 뒤 새장을 하나하나 전부 크레오솔로 세차게 닦았다. 그리고 좋은 결과를 남기지 못하고 죽은 새들의 사체를 모두 실험실 소각로에 예의를 갖춰 집어넣은 후 완전히 불태웠다."[5]

* * *

지금은 1929년과 1930년에 대대적으로 유행한 앵무병이 얼마나 히스테릭한 반응을 일으켰는지 기억하는 사람이 별로 없다. 그러나 앵무새 키우기가 엄청난 인기를 끌고 집집마다 상인이 찾아와서 과부나 지루한 주부에게 "사랑 넘치는 다정한 새" 한 쌍 들여 놓으시라고 설득하던 시절에는 집에 반려동물로 기르던 앵무새나 잉꼬가 저 멀리 아마존에서 온 치명적인 병원균을 보유했을지 모른다는 이야기가 그야말로 끔찍한 악몽이었다. 신문사마다 얼른 지면에 싣지 않고는 못 배길 만한 이야기이기도 했다. 사실 '황색 신문'으로 일컬어지는 저급한 신문이나 허스트 그룹에서 나온 신문에서 이런 소식을 다루지 않았다면 앵무새와 앵무병의 관계가 그토록 빨리 화제로 떠오르지도 않았고, 공중보건국이 그만큼 신속하게 대응하지 않았을 가능성도 높다. 1월 5일자 〈아메리칸 위클리〉에 실린 아르헨티나 극단의 발병 소식은 〈뉴욕 아메리칸〉 일요판과 허스트 그룹의 여러 신문에 "애완 앵무새로 인한 죽음"이라는 헤드라인으로 게재돼 불티나게 팔렸다. 마틴 부인은 〈볼티모어 아메리칸〉에서 두 번의 이혼 끝에 행복하게 잘 사는 어느 커플에 관한 이야기와 노예 업자의 "충격 고백" 사이에 끼워진 이 극단의 소식을 읽은 것으로 보인다. 〈아메리칸 위클리〉의 편집자 모릴 고다드Morrill Goddard는 11월에 잘 알려지지 않은 아르헨티나의 학술지에 실린 극단의 발병 소식을 포착하고 부에노스아이레스 지사 특파원에게 좀 더 자세한 내용을 취재해 보라고 요청했다.[6] 담당 특파원은 해당 극단이 공연을 하던 극장이 문을 닫았다는 사실을 알아냈고, 살아남은 단원들을 겨우 찾았다. 희생자들 가운데 가장 유명한 사람은 극단의 스타이자 아르헨티나의 인기 코미디언 카르멘 마스Carmen Mas였다. 주연 배우였던 플로렌치아 파라빈치니Florencia Paravincini도 같은 병을 앓았지만, 이 특파원에 따르면 "17일간 고통에 시달린 끝에" 회복했다. 그러나 "앵무새로부터 옮은 균"은 엄청난 흔적을 남겼다. 병에 걸리기 전에 파라빈치니는 "크고 우람한 체격에 머리카락이 가죽처럼 새카만 사람"이었지만, 이제는 체중이 45킬로그램도 나가지 않고 머리카락은 "눈처럼 새하얀" 백발로 변했다. 상황을 종합해서 결론을 내린 사람

3. 앵무병의 대유행

은 이들이 치료를 받은 병원의 의사였다. 극단 소품 담당자와 대화를 나눈 후, 해당 의사는 배우들이 공연에 쓰는 앵무새를 반려동물로 키워야 했고 그 새가 먼저 죽었다는 사실을 알게 됐다. 이후 아르헨티나 보건부가 경고를 발령했고, 실제로는 병든 앵무새와 관련 있지만 장티푸스나 독감으로 잘못 진단된 비슷한 사례들이 접수되면서 이 사태가 주목받기 시작했다. 코르도바에서는 하숙집에 가게를 차린 앵무새 판매자로부터 50건의 발병 사례가 발생했다. 그가 보유한 새들은 즉시 살처분되었지만 병의 확산을 막기에는 너무 늦은 시점이었고 앵무병 의심 환자는 계속 늘어났다. 〈아메리칸 위클리〉 특파원은 아르헨티나에서 일어난 사태가 전적으로 막을 수 있었던 일이며, 앵무새 판매자들이 숲에 사는 원시부족이 자연 서식지에서 야생 조류와 살면서 지키는 간단한 예방 수칙만 지켰어도 이런 일은 없었을 것이라고 전했다.

> 앵무새 포획이 이루어지는 아르헨티나 아열대 지역 원주민들은 앵무새가 걸리는 병을 잘 알고 있다. 이들은 새를 반려동물로 키우려고 잡는 일이 절대 없고, 도시로 보낼 새를 잡아서 배송해야 하는 경우가 아니라면 가까이 가지 않는다. 전문적인 앵무새 사냥꾼은 병든 새와 접촉하지 않는다. 어쩌다 실수로 "유독 조용한 새"를 잡으면 얼마나 치명적인 결과가 따를지 알기에 바로 놓아 주고 먼저 잡은 새들이 건강해 보이더라도 접촉했을 가능성이 있으면 다 놓아 준다.[7]

추적 결과 코르도바에서 발생한 앵무병은 브라질에서부터 비좁은 상자에 담겨 비위생적인 상태로 수입된 5,000마리의 앵무새 화물에서 시작된 것으로 확인됐다. 고다드가 아르헨티나의 앵무병 관련 소식을 전해들을 때쯤 아르헨티나에서는 앵무병과 브라질에서 온 앵무새의 연관성이 상세히 밝혀져 수입 금지 조치가 이미 내려졌다. 그러나 부에노스아이레스에 정박한 크루즈선 승객들은 그런 사실을 대부분 알지 못했고, 양심 없는 앵무새 판매자들은 병든 새를 아무것도 모르는 관광객들에게 마구 팔았다. 앵무병이 미국에 유입된 것도 이 경로를 거쳤을 가능성이 가장 높다.

"대유행병"이라는 타이틀이 붙은 것으로 알 수 있지만, 미국만 영향을 받은 건 아니었다. 1929년 여름에 영국 버밍엄에서 앵무병 의심 환자 4명이 발생한 것을 시작으로 이듬해 3월에는 잉글랜드와 웨일스 전역에서 100여 명의 환자가 발생했다는 기록이 있다. 초기에 발생한 희생자 중 한 명은 특히 주목할 만하다. 부에노스아이레스에서 앵무새 두 마리를 구입한 선박 목수로, 배로 런던에 돌아오는 길에 새가 죽었다(그는 1929년 12월에 런던 병원을 찾았지만 아나폴리스에서 마틴 박사가 처음에 그랬던 것처럼 장티푸스라는 오진을 받았다). 영국의 연구자들은 앵무병 환자 대다수가 살아 있는 새에 지속적으로 노출된 것으로 보이지만, 반드시 그 경로를 거쳐야만 병에 걸리는 것은 아니라는 사실도 알아냈다. 환자 중에는 병든 새가 있었던 술집에 들러 맥주 한 잔을 마신 남자도 포함되었다. 1930년 1월까지 독일, 이탈리아, 스위스, 프랑스, 덴마크, 알제리, 네덜란드, 이집트에서도 비슷한 사례가 보고됐다. 심지어 호놀룰루에서도 환자가 한 명 발

생했다.[8]

발병 첫 주에는 대부분 환자가 고열 증상을 보이지만 비교적 건강하게 잘 지낸다. 그러나 5, 6일이 지나면 두통과 불면증, 자극성 기침이 나타나고 몸의 기력이 크게 떨어진다. 폐 경화가 동반되는 경우도 많다. 이 단계에서 얼마 지나지 않아 많은 환자가 섬망 증상을 보이고 반 혼수상태가 된다. 이 위중한 단계에 이르면 곧 사망하는 환자가 많다. 그러나 병이 치명적 단계를 지나고 환자의 체온이 떨어지면서 상태가 갑자기 좋아지는 경우도 있다. 완치까지는 일주일에서 2주 정도 걸릴 수 있고 8주까지 회복기가 필요한 환자도 있다. 재발률이 높으므로 이처럼 회복 기간이 길면 의료진이 환자의 체온을 계속 확인해야 한다.

의사들은 꽤 오랜 시간이 흐른 뒤에야 전형적인 발병 과정을 파악하고 앵무병을 인지했다. 그 사이 커밍이 위기를 감지하고 즉각 맥코이와 암스트롱에게 조사를 맡긴 계기는 〈아메리칸 위클리〉에 실린 기사와 마틴 박사의 전보였던 것으로 보인다. 그 즈음에는 이미 미국 동부 해안의 여러 도시에 앵무새가 광범위하게 유입됐고, 사랑앵무(호주 집 앵무) 등 미국 소비자에게 인기가 많았던 새를, 새장에서 기르는 다른 조류 판매업자들을 통해 병이 퍼진 후였다. 그 결과 앵무병은 아나폴리스에서 볼티모어로, 뉴욕과 로스앤젤레스로 확산됐다. 신문 헤드라인마다 관련 뉴스가 장식했다. "아나폴리스에서 앵무병 환자 3명 발생." 1930년 1월 8일자 〈워싱턴 포스트〉에 이런 제목이 실렸다. 3일 뒤 〈로스앤젤레스 타임스〉에는 "앵무병으로 7명 위중한 상태"라는 기사가 실렸다. 1월 16일에 〈볼티모어

선>에는 "여성 환자 추가로 앵무병 희생자 19명에 이르러"라는 기사가 게재됐다.

과부와 삶이 무료한 주부들에게 새장 안에 사는 새들은 FM 라디오 같았다. 카나리아가 지저귀는 소리는 힘들고 단조로운 집안일을 제때 해낼 힘을 주는 편안한 배경음악이었다. 앵무새보다 작고 더 명랑한 잉꼬는 사람의 대화를 그대로 따라 하는 재주를 발휘하며 온갖 단어와 웃긴 문장을 읊곤 했다. 당시 뉴욕 시에서만 집집마다 키우는 앵무새가 3만 마리에 이른 것으로 추정된다. 〈내셔널 지오그래픽〉에서는 아마존앵무와 회색앵무를 "새들의 왕국에서 소란스럽게 이목을 집중시키는 주인공들, 열대우림에서 메인 공연의 흥을 돋우는 시끄럽고 영리한 배우들"이라고 소개했다.[9] 그보다 자그마한 모란앵무(앵무새속)도 비슷한 우스꽝스러운 행동과 더불어 거꾸로 매달리거나 주인의 어깨 위에서 춤을 추는 재능까지 겸비해 아이들에게 큰 즐거움을 선사하고 집에 찾아온 손님에게도 좋은 오락거리가 되었다. 그러니 1929년에만 미국에 앵무새와 잉꼬, 모란앵무 약 5만 마리, 카나리아 50만 마리가 수입된 것이 놀랍지 않다.[10] 브라질, 아르헨티나는 물론 콜롬비아, 쿠바, 트리니다드, 엘살바도르, 멕시코, 일본도 이러한 새들이 수출되는 국가였고, 대부분 미국 동부의 조류 무역 중심지였던 뉴욕을 통해 미국으로 유입됐다. 호주 집앵무는 예외적으로 샌프란시스코와 로스앤젤레스를 통해 주로 수입됐다. 1929년 월스트리트 주가 대폭락 사태 이후 서던 캘리포니아에서는 조류 사육 산업이 크게 성장해 개인 사육자가 수백여 명 등장했고 추가 수입을 얻고자 뒷마당에서 사랑앵무를 키웠다. 육안으로 보면 아무 문제없이 건강해 보였지만, 새장이나 운송 용기에 빼곡히 담겨 주 경계를 넘어 옮겨지는 동안 병을 일으키는 바이러스가 새들에게 감염되는 일이 많았다. 이러한 환경은 언제 불이 붙을지 모르는 위험천만한 결과를 초래할 수 있다.

* * *

병명은 앵무병이지만 원인균은 카나리아, 되새, 비둘기, 황조롱이 등 450여 종의 다른 새들에서도 발견됐다.* 인체 감염은 대부분 잉꼬에 노출되면서 발생하지만 가금류나 방사해서 키우는 조류를 통해 새에서 사람으로 전파가 일어날 수 있는 것으로 확인됐다. 원인균은 세포 내 기생하는 작은 균 클라미디아 시타시*Chlamydophila psittaci*로, 눈과 생식기에서 클라미디아 감염증을 일으키는 균과 같은 계통에 속한다. 야생 환경에서는 앵무병과 숙주 사이에 평형 상태가 유지된다. 주로 갓 부화한 어린 새가 위장에 균을 보유한 성체 조류와 접촉하면서 감염되지만 자연 조건에서는 가벼운 감염으로 그치고 이후 평생 동안 면역력을 가진다. 그러나 먹이가 부족하거나 비좁은 상자에 다른 새들과 밀도 높게 담기는 경우, 또는 새장에 갇혀 오랜 세월 동안 사는 경우처럼 새가 스트레스를 받으면 면역력이 약해져 감염이 재차 일어날 수 있다. 앵무병이 발병하면 대체로 깃털이 뻣뻣하고 지저분해지며, 꽥꽥 소리 내 울거나 새장 안에 설치된 홰

---

* 앵무새가 아닌 새가 감염되면 조류병(ornithosis)으로 불린다.

를 발톱으로 꽉 붙들고 앉아 있는 대신 무기력한 모습을 보인다. 부리와 코에서 불그스름한 액체가 흘러나오는 경우도 있다. 가장 흔한 증상은 설사로, 인체 감염이 일어날 수 있는 주된 요인도 병든 새의 분변이다. 특히 건조한 환경에서는 변이 말라서 분말 형태가 된다. 이때 새가 날개를 펄럭이거나 열어 놓은 창문으로 갑자기 바람이 불어오면 가루가 된 입자가 공기 중으로 퍼진다. 최종 단계로 그 공간에 사람이 들어와 공기 중에 떠 있던 입자를 흡입하면 앵무병을 일으키는 균이 유입돼 기도에 자리를 잡고 있다가 폐에서 증식한다. 일반적으로 감염 후 6일에서 10일 후 증상이 나타난다. 먼저 열이 나고 두통과 자극성 마른기침이 동반되며 때로 코에서 피가 섞인 점액이 흘러나온다.

남미 원주민은 수시로 앵무병에 시달린다. 특히 아와족을 비롯한 브라질 여러 부족이 마코앵무나 앵무새, 큰부리새 등 머리 부분에 밝고 화려한 색이 돋보이는 새들을 아낀다. 자연에서는 동물 유행병으로 개체수가 갑자기 줄었다는 사실이 두드러지는 경우가 별로 없다. 정글에서 병에 걸려 나무에서 떨어진 새들은 땅에 쌓인 각종 식물 부스러기 속에 묻혀 눈에 잘 띄지 않고 곤충이나 죽은 동물을 먹이로 삼는 다른 동물이 얼른 먹어 치우기 때문이다. 이와 달리 포획된 새는 갑작스럽게 죽으면 금방 눈에 띈다.

유럽의 귀족들은 아프리카를 포함한 세계 다른 지역에서 이국적인 새들을 수입하는 유행을 선도한 당사자인 만큼 앵무병도 18세기부터 인지했다. 그러나 이 병이 최초로 상세히 기술된 시기는 1872년이다. 당시 취리히와 가까운 우스터에 살던 스위스 의사 야코프

3. 앵무병의 대유행

리터Jakob Ritter는 자신의 형제가 살던 집에서 총 7명이 감염질환에 걸려 3명이 사망하자 '폐렴티푸스pneumotyphus'로 명명했다. 그리고 얼마 전 함부르크에서 수입돼 그 집 서재에 있던 새장 속 앵무새와 핀치가 원인이라고 판단했다. 이어 1882년에 스위스에서 두 번째 발병 사례가 발생했다. 이번에는 베른에서 두 명이 목숨을 잃었고 런던에서 수입한 병든 앵무새 몇 마리가 원인이라는 의혹이 제기됐다. 그러나 1892년 파리에서 환자가 발생한 후에야 세간의 이목이 집중됐다. 평소 새를 지극히 아끼던 이웃주민 2명의 집 주변에서 환자가 집중적으로 발생했는데, 이 둘은 얼마 전 부에노스아이레스에서 파리의 수도로 500여 마리의 앵무새를 수입한 것으로 밝혀졌다. 바다 건너 파리로 오는 동안 그중 300마리가 폐사했고, 살아남은 새들과 접촉한 사람들 사이에서 금세 독감 증상이 나타났다. 치사율이 33퍼센트에 이르자 파스퇴르의 젊은 조수였던 에드몽 노카르Edmond Nocard도 관심을 가졌다. 하지만 파리에서 벌어진 사태와 관련된 살아 있는 새를 확보할 수 없었다. 대신 노카르는 파리로 오는 배 위에서 죽은 앵무새들에서 분리한 뒤 말려 놓은 여러 개의 날개를 조사했다. 골수에서 작은 그람양성균을 배양하는 데 성공한 노카르는 이를 앵무새, 비둘기, 생쥐, 토끼, 기니피그 등 다양한 실험동물에 주사로 투여하거나 섭취하도록 했고, 모두 사람에게서 나타나는 것과 비슷한 치명적인 병을 일으킨다는 사실을 입증했다. 그리고 앵무새를 의미하는 그리스어 psittacosis를 활용하여 원인균에 '앵무새균Bacillus psittacosis'이라는 이름을 붙였다. 그러나 다른 연구자들은 앵무병에 걸린 사람의 혈액이나 폐, 소변, 분변으로는 노카르가 발견한 균이 잘 배양되지 않는다는 사실을 알아냈다. 응집검사 결과도 음성이 나오거나 결과가 오락가락한 경우가 많아서 정말로 그가 발견한 균이 앵무병의 원인이 맞는지를 두고 의구심은 날로 커졌다.[11]

노카르의 주장에 제기된 과학자들의 의심은 옳은 것으로 밝혀졌다. 그가 분리한 균은 살모넬라의 일종이었고 앵무병과는 관련이 없었다. 하지만 안타깝게도 이 사실은 1929년부터 1930년까지 이어진 앵무병 사태가 지나간 후에 알려졌다. 독감이 세균에 의한 병이라는 파이퍼의 틀린 주장처럼 노카르의 틀린 주장도 혼란을 확산시켰다. 의학계 인사들, 공중보건 당국은 장티푸스와 비슷한 인체 질병이 앵무새와 관련 있을 수 있다는 견해를 받아들이지 않았다.* 결국 유행병이 된 앵무병의 원인을 두고 불확실성과 두려움만 가중되었다.

과학자들만 대중을 실망시킨 건 아니었다. 폴 드 크루이프는 1933년에 나온 베스트셀러《죽음과 맞선 인간》에서 앵무병이 유행했던 때를 회상하며 당시 발생한 사태와 혼란이 "미국인의 히스테리를 보여 준 예"라고 묘사했다.[12] 그의 말이 사실이라면, 그런 히스테릭한 반응에 한몫했던 당사자는 그와 다른 기자들이었다. 드 크루이프라면 좀 더 깊이 있는 지식을 갖추었어야 한다는 점에서 참 안타깝다. 과학 저술가로 일하기 전에 드 크루이프는 미시건대학교에서 세균학자로 활동했고 제1차 세계대전 시기에는 미군 의무대

---

* 앵무새가 있을 때 사람이 앵무병에 더 쉽게 걸리는 것으로 볼 때, 이 병의 감염원은 장내 기생충으로 추정됐다. 하지만 실제로는 환자 중 상당수가 병든 새와 접촉하거나 새의 분변을 만진 적이 없고 그저 새가 있던 공간에 함께 있었을 뿐이다.

3. 앵무병의 대유행

대위로 근무하며 가스 괴저 항독소 개발을 도왔다. 이후 록펠러 연구소에 들어갔지만, 의학 연구자로서 번듯한 커리어를 착착 쌓을 발판이 마련된 것처럼 보였던 이때, 드 크루이프는《우리 의학계의 인물들 *Our Medicine Men*》(1922)이라는 책을 썼다. 록펠러 연구소 동료들의 이야기를, 신원을 제대로 감추지 않고 소개한 경솔한 결과물이었다. 결국 연구소의 일원이 될 수 있었던 기회를 이 책으로 잃은 드 크루이프는 과학 저술가라는 새로운 커리어의 문을 열었다. 1925년에는 싱클레어 루이스 *Sinclair Lewis*와 함께 엄청난 인기를 끈 베스트셀러《애로우스미스 *Arrowsmith*》를 출간했다. 시골 마을의 의사가 연구 과학자가 되어 가는 이야기를 그린 이 소설은 당시 미국 의학도들의 상상력을 자극한 큰 불씨가 됐다. 1926년에는 코흐, 파스퇴르를 비롯해 감염질환 연구에 분석 기술을 적용해 수백 년간 의학계에 덮여 있던 미신을 걷고 노벨상을 수상한 생리학자 파울 에를리히 *Paul Ehrlich* 까지, 미생물학의 선구자들을 소개한 논픽션《미생물 사냥꾼》을 발표했다.[13] 이런 책들 못지않게 그는 잘 알려지지 않은 미생물들에 내포된 이론적 위험성에 관한 이야기로 미국의 주부들을 '겁먹게' 하는 데 큰 성공을 거두었다. "오늘날 미국의 우유에는 몸을 쇠약하게 만드는 끔찍한 열병의 위험이 도사리고 있다. 이 병에 걸리면 2주간 침대에 누워 있어야 하며, 1년 혹은 2년, 심지어 7년까지도 그 여파에 시달리다가 죽음으로 끝날 수 있다." 1929년에는 〈레이디스 홈 저널〉 독자들에게 이런 정보도 제공했다.[14] 이 글에서 드 크루이프가 언급한 질병은 파상열로도 불리는 브루셀라증인데, 소에게 걸리는 병이고 새끼를 배면 조기 유산까지 유발하지만 사람에게는 거

대유행병의 시대

의 위협이 되지 않는다. 문제는 저온살균법이 아직 나오지 않은 시대라 수많은 주부가 가까운 낙농장에서 생산한 우유를 '생'으로 마시던 때였던 만큼 파상열 이야기는 세균 소리만 들어도 기겁하게 만들기 딱 좋은 소재였다. 의학사가 낸시 톰스^{Nancy Tomes}가 "언론계에 존재하는 살인 세균 장르"라고 명명한 분류에 꼭 들어맞는 내용이었다.[15] '살인 세균 장르'에 해당하는 글들은 주로 미생물학계에서 발견된 최신 정보를 소개하고 혁신주의 시대에 걸맞게 위생의 중요성과 철저한 개인위생을 당부하는 메시지를 전하지만 동전, 도서관에 꽂힌 책, 음료수 컵 등 일상적으로 접하는 물건의 위험성을 지나치게 강조한다. 먼지와 벌레도 이 같은 유언비어에 자주 등장해 주부들에게 항균제로 바닥을 자주 닦고 집에 살충제를 뿌려야 한다고 귀띔하는 수많은 광고의 밑거름이 되었다. 1920년대에 미국 국민들 사이에 퍼진 균에 관한 새로운 인식은 악수를 나누거나 어린아이에게 입을 맞추는 일도 꺼리는 분위기로 이어졌다.

공포는 표백제나 세제, 살충제를 파는 수단이 되었을 뿐만 아니라 신문을 파는 수단이기도 했다. 고다드도 같은 이유로 아르헨티나 극단의 이야기를 대대적으로 알리기로 결정했다. 세균 공포증이 팽배했던 이 시절에 대체로 공정하고 신중한 〈뉴욕타임스〉도 앵무병으로 인한 혼란을 피하지 못했다. "많은 사람들이 아주 오래전부터 앵무새류에서 어딘가 사악한 기운을 느껴 왔다. 키우는 가족들에게는 상냥하고 온순한, 아기 고양이 같은 존재일지 몰라도 찾아온 손님들은 겁이 나고 몸이 떨린다고 느낀다. 이번 발병 사태에 관해 더 상세한 내용이 밝혀지기 전까지 최근 수입된 앵무새류는 철저히

3. 앵무병의 대유행

피하는 것이 가장 안전한 방법이다." 앵무병을 향한 공포가 극에 달한 시점에 이런 칼럼이 실렸다.[16]

그러나 〈뉴욕타임스〉는 이 사설을 싣고 며칠 뒤에 비엔나에서 활동 중인 전문가의 견해를 빌려 현재의 공포는 "근거가 없으며" 미국 국민들은 "집단 암시"의 희생자라고 전했다.[17] 이틀 후 국무부 장관 헨리 스팀슨Henry Stimson이 반려동물로 키운 앵무새 '술고래'의 이야기로 독자에게 웃음을 선사하며 앵무병, 혹은 최소한 앵무새를 웃긴 소재로 활용했다. 스팀슨의 앵무새는 주인이 해외에 나가 있는 동안 팬 아메리칸 빌딩에 들어오는 관광객들이며 가이드에게 마구 저주를 퍼붓는 버릇없는 행동을 했다. 누가 봐도 "출중한 언어능력"을 보유한 이 새는 "필리핀에 살던 시절"에 이런 유창한 언변을 갖추었다는 소개도 이어졌다. '술고래'는 입을 함부로 놀린 벌로 팬 아메리칸 빌딩 지하에 갇혔고 그곳에서 마음껏 저주를 내뱉을 수 있었다.[18] 하지만 어떠한 농담으로도, 미국의 미생물 사냥꾼들이 아르헨티나 의학계가 이미 지난여름부터 알고 있던 무언가를 놓쳤다는 사실, 심지어 1929년 가을에 코앞에서 잠복기가 지나갔을 가능성이 가장 크다는 사실을 감출 수 없었다. 어떻게 이런 일이 일어났을까? 그리고 누가 공중보건국의 무너진 명성을 회복시킬 수 있을까?

* * *

찰리 암스트롱Charlie Armstrong은 오늘날 미국 의학계에서는 거의 찾기 힘든 유형의 사람이다. 연구실에 있을 때나 현장에서나 변함없는

대유행병의 시대

이 과학자는 중요한 의학 연구를 감염 질환과 싸우고 공중보건을 향상시키기 위한 싸움에 헌신할 수 있는 커리어와 결합시켰다. 존스홉킨스 의과대학을 졸업한 후 1916년 엘리스 섬에 있는 미 해군 병원에서 의무관으로 일하던 초창기부터 암스트롱은 공중보건에 관심이 많았다. 그곳 병원에서 2년간 이민자를 상대로 트라코마나 발진티푸스를 미국에 들여올 가능성을 검사한 일을 담당한 후에 대서양에서 호위 임무를 담당한 미국 해안경비대 쾌속정 '세네카' 호에서 군의관 보조로 일했다. 지브롤터 해안을 떠난 배에서 스페인독감의 첫 발병 사태를 직접 목격하고 배에 노란색 검역 깃발을 내건 사람도 암스트롱이었다. 이후 보스턴과 가까운 포어 리버 조선소에서 근무하던 시절에 두 번째로 거세게 덮친 스페인독감에 쓰러진 선원들을 치료했다. 절대 잊을 수 없는 경험이었다. 여러 해가 흐르고 당시 독감이 터졌을 때의 상황을 묻는 기자에게 암스트롱은 이렇게 답했다. "독감 때문에 곧 죽을 것이라는 생각이 드는데, 혹시라도 죽지 않을까 봐 걱정하게 되는 상황이었습니다."[19] 종전 후 오하이오 주 보건부에 배치돼 독감 연구를 이어 가면서 역학 관련 기술을 연마했다. 그리고 1921년, 공중보건국 위생연구소 소속이 되어 1950년에 은퇴할 때까지 말라리아, 뎅기열, 뇌염, Q열, 야토병 같은 질병에 노출될 가능성이 다분한 환경에서 일했다. 연구소 업무의 특성상 그럴 위험이 충분했지만 암스트롱은 지칠 줄 모르는 연구자였다. 과학자로서 그가 남긴 가장 두드러진 업적은 1934년 새로운 신경영양성 바이러스, 즉 신경조직에 친화성을 갖는 바이러스를 찾아 분리한 일이다. 암스트롱이 림프구성 맥락수막염 바이러스*Lymphocytic*

3. 앵무병의 대유행

*choriomeningitis*로 이름 붙인 바이러스는 1933년 세인트루이스에서 뇌염이 유행했을 때 채취한 물질을 원숭이에 인위적으로 감염시킨 후 척수액에서 발견했다. 이 성과는 1940년 원숭이에게 감염된 폴리오 바이러스를 쥐와 생쥐에게 최초로 옮기는 실험적 혁신으로 이어졌다. 이는 소아마비의 면역학적 특성과 인체 소아마비 백신의 개발을 위한 연구에 토대가 되었다. 이듬해 미국 공중보건협회가 수여하는 세지윅 기념메달을 수상한 자리에서 암스트롱은 "연구한 질병마다 큰 지식을 더한 공로자"로 소개됐다.[20] 한마디로 암스트롱은 미생물 사냥꾼의 완벽한 본보기였다. 드 크루이프의 묘사에 따르면 암스트롱은 "체격이 단단하고 붉은색 머리카락에 연한 회색을 띠는 푸르고 둥근 눈이 널찍하게 떨어져 있고 얼굴에는 늘 미소가 떠나지 않았다." "앵무새를 키우거나 새와 입을 맞추는 모습"과는 분명히 거리가 먼 사람이었다.[21] 맥코이는 앵무병일 수 있다는 생각에 회의적이었지만 암스트롱을 사무실로 호출했다. 진행 중이던 백신 실험을 중단하고 아나폴리스로 가서 앵무병이라는 소문이 조금이라도 근거 있는지 알아보라는 요청을 암스트롱은 곧바로 수락했다.

드 크루이프는 그 즈음에 새로 나타난 수수께끼 같은 질병에 관한 문의가 워싱턴으로 빗발치고 커밍의 책상에 "노랗고 파란 종이가 잔뜩 쌓여 있었다"고 전했다.[22] 이 표현만은 과장이 아니었다. 공중보건국의 역사를 정리한 베스 퍼먼Bess Furman도 1월 초까지 공중보건국장 앞으로 앵무병 의심 사례가 36건 보고되어 커밍의 책상 위에 긴급 전보가 "쉴 새 없이 전달됐다"고 말했다.[23] 질병을 파헤치는 뛰어난 탐정들이 그렇듯 암스트롱도 곧장 범죄 현장으로 향했다.

릴리안의 침실부터 가 보니 반려동물로 받은 문제의 앵무새는 이미 오래전에 묻혔지만 새장은 그대로 있었고, 그 안에 기적적으로 새의 분변도 조금 남아 있었다. 정해진 절차에 따라 개별적으로 검사를 진행하기 위해, 암스트롱은 새장에서 채취한 물질을 볼티모어 보건부의 세균학 부문 총괄이던 윌리엄 로열 스톡스William Royal Stokes와 나누었다. 워싱턴으로 돌아오기 전, 암스트롱은 스톡스에게 많은 사람들이 앵무병은 세균이 아니라 "바이러스가 원인일 수 있다"고 의심한다는 사실을 상기시키며 이 채취한 물질에서 유기체를 배양할 때 조심해야 한다고 경고했다.[24] 스톡스는 경고를 잘 따르겠다고 약속했지만, 그로부터 몇 주 후 세상을 떠났다.

1930년 1월 8일까지 릴리안과 딸 부부 외에도 앵무열로 추정되는 환자들이 추가 발생했다. 노스 유타 스트리트의 반려동물 판매점에서 근무하던 직원 4명과 볼티모어 남동부의 또 다른 반려동물 상점에서 앵무새를 구입한 여성 한 명도 증상을 보였다. 1월 10일에는 사망자도 발생했다. 첫 번째 사망자는 볼티모어에 살던 루이스 쉐퍼Louise Schaeffer라는 여성으로, 처음에는 사인이 폐렴인 줄 알았지만 볼티모어 보건 당국에서 나온 사람들이 가족들에게 질문을 던진 끝에 비로소 쉐퍼가 며칠 전 앵무새와 접촉했다는 사실이 드러났다. 하지만 보건 당국을 바짝 긴장시킨 사례는 오하이오 주 톨레도에서 발생한 두 번째 사망자였다. 볼티모어에서 북서쪽으로 800킬로미터 넘게 떨어진 곳에서 숨진 퍼시 Q. 윌리엄스Percy Q. Williams는 남편이 쿠바에서 선물로 앵무새 3마리를 데리고 돌아온 뒤 3주 후에 톨레도의 머시 병원에서 영원히 눈을 감았다(앵무새 중 한 마리는 남편의 귀국 직후 죽었다). 병이 유행할 수 있는 범위, 주와 연방 보건 당국이 해결해야 할 문제가 무엇인지 처음으로 선명하게 보여 준 사례였다. 이전까지 공식 성명은 되도록 피하려고 했던 커밍도 선택의 여지가 없었다. 커밍은 일반적으로 앵무병은 "새에서 사람으로만 전염되며 사람에서 사람으로는 전염되지 않으므로 유행병이 될 우려는 없다"고 전하면서도, 미국 국민들에게 암스트롱의 조사가 완료될 때까지 최근 미국으로 수입된 앵무새와 접촉하지 말 것을 권고했다. 그리고 덧붙였다. "현 시점에 병이 광범위하게 발생할 수 있다는 징후는 없지만, 조류를 운송했을 가능성이 있는 사람과는 접촉을 피할 것을 당부합니다."[25]

모든 언론이 일제히 커밍의 성명을 보도했다. 〈뉴욕타임스〉조차 이 소식을 눈에 잘 띄는 곳에 배치했을 정도다. 1월 11일자 〈뉴욕타임스〉 3면에는 최상단에 "앵무열로 미국에서 사망자 2명 발생"이라는 제목이 내걸리고 바로 아래에 "볼티모어 거주 여성과 톨레도 주민이 이례적인 질환에 희생. 그 밖에 11명 발병"이라는 부제가 달렸다. 다음 날에는 오하이오 주 톨레도 한 상점의 가금육 판매대에서 일하던 직원 여럿의 발병이 의심된다는 기사가 1면에 실렸다. 바로 위에 "'앵무병' 원인 추적 중"이라는 제목 아래 볼티모어 주 보건 당국과 동물산업·생물 조사청이 볼티모어 소재 반려동물 상점에서 판매한 앵무새의 출처를 조사 중이라는 소식을 전했다. 긴장감이 고조되는 분위기를 가라앉히기 위해 커밍이 밝힌 견해도 함께 전달됐다. "병든 앵무새가 어디에서 왔는지 확실히 파악하기 전에는 수입 금지조치가 현실적으로 효과적 방안은 아니라고 생각합니다."[26]

볼티모어 당국은 1월 중순까지 주 보건부와 함께 시 소재 반려동물 상점 7곳을 방문하고 최근에 앵무새를 구입한 38명의 집을 찾아갔다. 구매자 중 36명이 칼메이 가족과 동일한 증상을 보인다는 사실을 확인하고 크게 놀란 전염병 관리청장 대니얼 S. 해필드Daniel S. Hatfield는 즉시 볼티모어 소재 반려동물 상점을 대상으로 앵무새 판매를 중단하고 모든 조류를 격리하라는 지시를 내렸다. 그러나 해필드는 정작 자신의 건강은 세심하게 보호하지 못한 것 같다. 1월 19일, 스톡스를 돕다가 앵무병에 감염된 해필드는 다급히 볼티모어 머시 병원으로 옮겨졌다. 다행히 운이 좋았다. 매일 앵무새를 해부하느라 엄청난 양의 바이러스에 노출된 스톡스와 달리 해필드의 병세는 가벼운 수준에 그쳤고 살아남았다.

볼티모어 당국의 조사 결과로 정말로 해외에서 들여온 새가 이 사태와 관련 있느냐는 의혹은 모두 사라졌다. 조사가 실시된 반려동물 상점 7곳 중 4곳이 병든 앵무새를 판매한 것으로 밝혀졌고 문제가 된 앵무새는 거의 다 중미나 남미에서 출발한 선박에 실려 뉴욕의 중개업자를 거쳐 수입됐다는 사실이 확인됐다. 이 결과가 모두 사실이라면, 중개업체가 병든 조류를 다른 도시에 있는 반려동물 상점에 공급했을 가능성이 매우 높았다. 아니나 다를까 암스트롱이 미국 전역의 공중보건 당국에 전보로 이 사실을 알리자마자 볼티모어, 메인, 시카고, 뉴헤이븐, 로스앤젤레스에서 관련 정보와 함께 이미 죽었거나 살아 있는 새의 발병 사례가 홍수처럼 쏟아졌다. 그만큼 사망자도 늘었다. 특히 과부인 여성들이 희생자의 대부분을 차지했다. 앵무새의 주요 소비자였다는 점과 관련 있을 가능성이

3. 앵무병의 대유행

매우 컸다. 실제로 방문 판매원들은 새를 키우는 사람과 새의 유대가 더욱 돈독해지라고 보통 한 마리씩 판매했다. 여성들은 새를 사랑스럽게 대하면서 입을 맞추고 병들면 정성스럽게 돌봐 준 경우가 많았다. 1월 말이 되자 미국 전역에서 50건이 넘는 발병 사례가 보고됐다. 뉴욕에서도 14명의 환자가 발생했고 시 보건부의 압력으로 조류 판매업체들은 마지못해 자발적인 판매 중단에 참여해야 했다. 곧 주인을 잃은 새들이 뉴욕 곳곳에서 나타났다. 퀸즈 이스트 엘름허스트에서는 주택 현관에 부리를 다친 어린 새가 찾아오자 불쌍히 여긴 주민이 동물 학대 방지 협회에 보낸 일도 있었다. "앵무병 공포가 사람들이 키우던 새를 버리게 된 이유로 추정된다." 〈뉴욕타임스〉가 보도했다.[27]

이쯤 되자 앵무새 수집에 열을 올리는 사람은 암스트롱과 그를 보조한 "꼬맹이" 앤더슨(키가 160센티미터 정도라서 붙여진 별명이다)밖에 없었다. 1월 16일까지 두 사람은 죽은 앵무새와 살아 있는 앵무새, 릴리안의 집에 있던 새장에서 채취한 부스러기, 환자 혈액까지 꼭 필요한 세균학적 검사를 모두 완료했다. 새를 통해 병이 전염될 가능성이 매우 높고 자신이 찾으려는 병원체가 '필터를 통과하는' 바이러스일 수 있다고 판단한 암스트롱은 위생연구소 지하에 있는 두 개의 작은 암실에서만 실험했다. 드 크루이프에 따르면 "석탄 저장 창고 정도 크기에 눅눅하고 몹시 추운 텅 빈 공간으로, 자존심 강한 미생물 사냥꾼에게 실험실로 제공한다면 충분히 모욕감을 느낄 만한 곳"이었다. 게다가 건강한 새들은 새장을 끊임없이 긁어대고, 먹이를 찾고, 바닥에 배설물을 뚝뚝 떨어뜨리며 그야말로 "발톱 달린 초록색 악마"처럼 굴었다.[28] 암스트롱과 앤더슨은 이런 새들을 가만히 붙잡아 두기 위해 그중에서도 가장 과격한 새들은 철제 쓰레기통으로 만든 새장에 가두고 철사로 된 망사로 덮어 두었다. 또한 새들이 보관된 공간 사이에는 살균제에 듬뿍 적신 커튼을 걸고 먹이통은 크레오솔을 섞어 새들이 오가는 출입구에 놓아두었다. 주기적으로 벽을 살균제로 닦고, 우리에서 새를 꺼낼 때마다 두꺼운 고무장갑과 앞치마를 착용했다. 하지만 드 크루이프는 위생연구소가 자신이 가 본 모든 건물을 통틀어 가장 "악취가 진동하는 지저분한" 건물이었다고 말했다.[29] '필터로 여과되는' 바이러스 분야의 권위 있는 학자인 록펠러 연구소의 바이러스학자 토머스 리버스^{Thomas Rivers}도 위생연구소에서 가장 위생적인 부분은 이름이라고 언급했을 정도다.[30]

이처럼 가망 없는 업무 환경에서도 암스트롱은 며칠 만에 감염된 새의 분변이나 죽은 앵무새의 생체조직을 갈아서 만든 물질로 건강한 새에 병을 옮기는 데 성공했다(드 크루이프는 이때 볼티모어에서 스톡스가 수거한 병든 새가 활용됐다고 밝혔다). 또한 암스트롱은 병이 들어 죽은 새도 있지만 감염성 물질이 주입된 후에도 살아남은 새들이 많고, 이 경우 무증상 보균체가 된다는 사실을 확인했다.* 드 크루이프는 앤더슨이 앵무새 발톱에 "찍히지 않고" 붙드는 실력이 대단했다고 전한다. 불과 며칠 전만 해도 두 사람 다 "앵무새의 '앵'자도 모른

---

* 이 결과는 앵무병의 자연사에서 중요한 단서가 되었다. 즉 야생조류가 앵무병으로 계속해서 급사하지 않고 동물 유행병이 드물게 발생하는 이유를 어느 정도 알 수 있다. 그러나 이 같은 결과의 중요성은 1930년대 중반에 이르러서야 학계에 알려졌다. 뒤에 이어지는 내용을 참고하기 바란다.

3. 앵무병의 대유행

다"고 자평했지만 이제는 "주삿바늘로 거의 보이지도 않을 만큼 극소량의 물질을 주입해서" 새들이 우리 안에서 "머리를 앞으로 숙인 채" 가만히 웅크리고 앉아 있도록 만들었고, 암스트롱과 앤더슨은 "이 괴상한 병을 통제한 것 같은" 기분을 느꼈다.[31] 그러나 노카르가 밝힌 균을 찾아서 분리하려는 시도는 실패로 돌아갔다. 분쇄한 생체물질에서도 다른 유기체를 배양할 수 없었다. 앵무병은 필터를 통과하는 무언가에 의해 새에서 새로, 또는 새에서 사람으로 밀접 접촉을 통해서만 전달되는 병일 가능성이 점점 높아졌다. 하지만 바이러스가 정확히 어떻게 앵무새에서 다른 대상으로 전달되는지, 조류와 상관없이 사람도 병을 옮길 수 있는지는 명확하지 않았다. 환자가 기침을 하면서 나온 감염 물질이 호흡기로 유입되면서 바이러스가 전파될까? 그렇다면 독감과 같은 방식으로 전염될 수 있다는 의미였다. 일단 생각지 못한 사태가 벌어지고 앵무병이 대유행병으로 확산되기 전에 반드시 면역혈청을 만들어야 했다.

암스트롱은 예상보다 서둘러 면역혈청을 만들어야 했다. 허버트 후버Herbert Hoover 대통령이 암스트롱의 초기 조사 결과를 토대로 원인이 된 유기체와 전파 경로가 명확히 밝혀질 때까지 "미국의 앵무새 수입과 해외 항구에서 출발한 앵무새의 소지 및 보호"를 금지하는 대통령령을 발표한 후[32], 다음 날 아침에 여느 때와 같이 "언덕 위의 허름한 빨간 벽돌 건물"에 들어가서 연구를 이어 가려던 암스트롱은 책상에 엎드려 축 늘어진 '꼬맹이'를 발견했다. 앤더슨은 열이 끓고 "두통 때문에 머리가 깨질 것 같다"고 투덜댔다. 연구가 잘 풀릴 때면 보통 "얼굴에 미소가 떠나지 않고 명랑하게 험한 말을 해

대던" 앤더슨은 "실험실에서 늘 신랄한 말을 쏟아 내는" 사람이었지만 미생물 사냥꾼으로 일할 때 가장 행복해했다. 그런 그가 "형편없는 몰골"이 된 것이다. 왜 그런 상태가 되었는지, 이유는 너무나 자명했다. 암스트롱은 앤더슨을 미 해군 병원에 입원시켰다. X선 검사 결과 왼쪽 폐 아래에 뭔가 불길하게 구름처럼 뿌옇게 낀 부분이 나타났다. 맥코이가 직원들과 가족의 반대를 무릅쓰고 지하실에서 이루어지던 암스트롱의 연구에 합류한 것도 이 시점이었다. 그가 새들을 붙드는 '꼬맹이'의 기술을 따라 하느라 애를 쓰는 동안 암스트롱은 실험실과 병원을 분주히 오가며 조수의 상태를 계속 확인했다. 나아질 기미가 거의 보이지 않자 절박해진 암스트롱은 앤더슨의 혈액을 채취하고 시트에 토해 낸 가래를 모아 앵무새와 다른 실험동물에 주사했다. 이와 별도로, 그와 맥코이는 앵무새가 어떻게 이 병에 감염되는지 알아내기 위해 우리에 죽은 앵무새와 건강한 새를 함께 두었다. 암스트롱이 이렇게라도 앤더슨을 실험에 참여시키면 그에게 남은 생을 좀 더 연장시킬 수 있으리라 생각했는지 모른다. 하지만 앵무병이 필터를 통과하는 물질에 의해 발생한다는 사실은 밝혀 낼 수 있을지언정 불가피한 결말까지 막을 수는 없었다. 결국 2월 8일, 꼬맹이는 세상을 떠났다. 평소에 돈 관리가 철저했던 그는 암스트롱에게 상당한 규모였던 자신의 부채를 정리해 달라는 부탁을 마지막으로 남겼다.

안타깝게도 암스트롱은 앤더슨의 이 마지막 부탁을 들어 줄 수 없는 처지가 되었다. 앤더슨이 숨진 바로 그날, 암스트롱 역시 병원에 입원했다. 꼬맹이가 모든 군장의 예가 갖추어진 의식을 거쳐(앤

3. 앵무병의 대유행

더슨은 해군 출신이었다) 알링턴 국립묘지에 묻히는 동안 암스트롱의 체온은 38.8도에서 40도까지 치솟았다. 다음 날 X선 검사에서 왼쪽 폐가 하얀 그림자에 둘러싸인 것 같은 모습이 확인됐다. 폐렴이라는 확실한 증거이자, 앤더슨과 같은 병에 걸렸다는 사실이 거의 확실시된 순간이었다. X선 검사 결과를 본 맥코이는 도박 삼아 아직 알려지지 않았고 효과도 확실치 않은 방법을 써 보기로 결심했다. 회복기 혈청을 투여해 보기로 한 것이다. 1890년대 이후부터 디프테리아를 비롯한 세균성 질환에 걸렸다가 살아남은 사람들은 같은 병에 다시 걸리지 않는 면역력이 생기고, 이러한 면역력은 혈액과 함께 순환하는 항체와 관련 있는 것으로 알려졌다. 더 나아가 이들의 혈액을 정제해 항체를 적혈구와 분리한 혈청을 사용하면 아직 그러한 면역력이 생기지 않은 사람도 질병에 걸리지 않도록 보호할 수 있다는 사실이 확인됐다. 1920년대에는 독감과 소아마비 같은 바이러스 질환에도 이 원칙이 활용됐다. 그러나 독감이나 소아마비에 걸린 후 생존한 사람들로부터 얻은 이 수동면역 혈청이 때때로 보호 기능을 발휘하는 것처럼 보이긴 해도, 그것이 혈청 덕분인지 아니면 다른 요인 때문에 나타난 결과인지는 거의 밝혀지지 않았다. 또한 1920년대에는 순도가 낮은 혈액을 선별하는 방법이 없어서 의사는 수동면역 혈청에 혹시라도 활성이 남아 있는 바이러스 물질이나 간염 바이러스 등 미처 발견되지 않은 다른 바이러스가 포함되었는지 알 길이 없었다. 아이러니한 사실은 면역 혈청에 가장 크게 반대한 사람 중 한 명이 맥코이였다는 점이다. 한몫 챙기려는 제약회사가 개발한 폐렴이나 수막염의 면역 혈청 때문에 문제가 생겼다는 민원

없이 조용히 지나가는 달이 없을 정도였다. 위생연구소 소장으로서 이러한 민원을 검토한 뒤 의심스러운 업체는 허가를 취소하는 것이 맥코이의 일이었다. 그가 그런 우려를 과감히 던지고 로키마운틴 연구소의 로스코 스펜서^{Roscoe Spencer}에게 혈청 공여자가 될 사람을 찾아보도록 지시했다. 로스코는 얼마 전 몬태나 등 미국 중서부 일부 지역에서 나타난 진드기 매개 풍토병인 홍반열 백신을 개발한 인물로, 업적을 인정받아 미국 의학협회에서 금메달을 받았다. 이후 온갖 의무와 책임에 찌든 동료 미생물학자들을 심부름꾼처럼 도우며 꽤 만족스럽게 살고 있었다. 드 크루이프에 따르면 맥코이의 지시를 받은 스펜서는 메릴랜드 주에 살던 노인 여성에게서 혈청을 확보했다. 공여자는 상냥하게도 혈액 제공 시 지불되는 돈도 거절했다. 그가 볼티모어 존스 홉킨스 병원의 한 의사에게서 귀중한 혈청을 얻었다고 밝힌 사람들도 있다. 확실한 것은 이렇게 확보된 혈청을 혈관에 주입하자 암스트롱이 몇 시간 만에 기력을 되찾고 상태가 좋아졌다는 점이다.

그가 건강을 회복하는 2주 동안 맥코이는 죽은 앵무새의 간과 비장을 으깬 후 필터를 통과시키고 여과된 물질을 건강한 새에 주사하며 연구를 이어 갔다. 추가 감염자가 나올 수 있다고 염려한 맥코이는 위생연구소 북쪽 건물 지하에 임시로 마련한 연구소에 누구도 들어오지 못하도록 하고 2월 7일부터 앵무새 해부와 사체 처리까지 전부 직접 도맡겠다고 고집을 부렸다. 그때까지 앵무병이 사람과 사람 사이에서 전염될 수 있는 병인지, 원인 미생물이 미세한 입자에 실려 공기 중으로 옮겨질 수 있는지가 밝혀지지 않았다. 우연히

3. 앵무병의 대유행

원인 미생물이 오염될 수 있는 위험성을 최소화하기 위해, 맥코이는 자신이 먹을 샌드위치와 새들에게 줄 먹이를 가져다주는 현장감독 한 사람만 지하 실험실까지 올 수 있도록 허락했다. 이 현장감독도 대부분 전달할 물품을 입구에 놓고 갔을 뿐 실험실 안에 들어오지는 않았다. 이와 함께 건강한 새가 어쩌다 병든 새에게 병을 옮을 가능성을 줄이기 위해 맥코이는 실험실 내부 공간 사이에 천장부터 바닥까지 모슬린 커튼을 치고 아침마다 바닥을 크레오솔로 닦았다. 이런 노력에도 불구하고 이따금씩 어떻게든 우리를 벗어나 건강한 새들만 모아둔 방 안을 돌아다니는 병든 앵무새가 발견되곤 했다.

예방 조치는 이처럼 계속 실시되었지만 암스트롱이 입원하고 8일이 흐르는 동안 위생연구소 직원 여러 명이 병세를 보이기 시작했다. 첫 번째 환자는 연구소 북쪽 건물의 야간 경비원인 로버트 랜햄 Robert Lanham으로, 실험실이 잠시 문을 닫고 해부도 실시되지 않은 기간에 자정부터 오전 8시까지 근무한 것으로 확인됐다. 감염 위험에 노출된 때는 1월 27일로 앤더슨이 앓기 시작한 그날에 그와 같은 방에 잠깐 머무른 것이 전부였다. 잠복기로 추정되던 기간을 크게 뛰어넘어, 18일 뒤에야 병세가 나타난 사례였다.

앵무병에 감염된 두 번째 직원은 실험실 보조였다. 2월 28일부터 증상이 뚜렷하게 나타났고 랜햄과 달리 앵무병 병원체를 보유한 사람과 같은 공간에 머무른 적이 한 번도 없었다. 그러나 맥코이가 지하실에 건강한 새들을 보관해 둔 방의 바로 옆방에서 일했다. 병원체 배양에 사용되는 재료를 취급한 적은 있지만 실험실에서 맡은 주된 업무는 살모넬라와 연쇄상구균이 존재하는지 확인하는 것이었으므로 이 과정에서 앵무병에 노출됐을 가능성은 거의 없다고 맥코이는 보았다. 문제는 그다음에 추가로 나온 감염자들로, 맥코이는 이들을 통해 자신이 마련한 예방 조치가 실패로 돌아갔고 사실상 연구소 북쪽 건물 전체가 거의 확실히 오염됐다고 판단할 수밖에 없었다. 첫 번째 추가 감염자는 해부실과 복도를 사이에 두고 맞은편에 사무실이 있던 군의관이었다. 다음 날인 3월 11일에는 현장감독이 쓰러졌고 곧이어 청소부 두 명이 증세를 보였다. 이어서 다른 질병을 연구 중이던 세균학자 두 명에게서도 증상이 나타났다. 맥코이를 제외하고 누구도 앵무병을 피해 가지 못했다. 심지어 저명한 병리학자이자 미국 학술연구원 원장인 루드빅 헤크토엔Ludvig Hektoen도 포함됐다. 위생연구소에서 개인적 연구를 진행 중이라 오후 시간에 잠시 머물렀을 뿐인데 그 역시 증상이 나타나 병원에 입원했다.

1월 25일부터 3월 15일까지 위생연구소에서 총 11명의 앵무병 환자가 발생해 병원에 입원했다. 평면도를 그려가며 감염 사례를 살펴봐도 일정한 패턴을 찾을 수 없었던 맥코이는, 생쥐나 바퀴벌레를 통해 건물 위층으로 병이 옮겨졌을 수 있다는 생각이 들었다.[33]

또는 병원체가 미세한 입자로 공기 중에 존재해 연구소 건물에 감염체가 포함된 비생체 접촉 매개물질이 가득할 가능성도 있었다. 어느 쪽이든 과감한 조치가 필요했다. 이에 3월 15일, 맥코이는 전원 퇴거를 지시하고 연구소를 폐쇄하기로 결정했다. 앵무병 연구와 무관한 실험동물은 임시로 마련한 장소로 옮겨졌다. 맥코이는 지하실에 마지막으로 들어가 앵무새, 기니피그, 생쥐, 쥐, 비둘기, 원숭이 등 남아 있는 모든 동물을 살처분하고 사체를 소각로에 넣어 태

3. 앵무병의 대유행

웠다. 동물들이 갇혀 있던 우리는 크레오솔로 박박 문질러 세척했다. 그리고 층마다 차례로 찾아가서 모든 창문을 닫고 위생연구소 내부에 살아 있는 생물은 아무것도 남아 있지 않다는 것을 확인한 뒤 소독 팀을 들여보내 건물 전체를 시안화물로 훈증 소독하도록 지시했다. 이때 얼마나 많은 양의 유독한 기체가 사용되었는지, 연구소 건물에서 15미터 상공을 날던 참새들이 갑자기 날갯짓을 멈추고 땅으로 떨어졌다는 소문도 전해진다. "앵무병 공포, 연구소를 집어삼키다." 다음 날 〈워싱턴 포스트〉 일요판 헤드라인에 걸린 제목이다.[34]

혼란에 빠진 사람은 맥코이 혼자가 아니었다. 로스코 스펜서 역시 동부 해안을 따라 위아래로 정신없이 오가며 혈청을 찾아 헤맸다. 그가 워싱턴으로 전달한 혈액은 위생연구소 직원들을 치료하는 데 사용됐고 4월에는 암스트롱을 포함한 모든 직원이 회복됐다. 운이 따라 주지 않은 사람도 있었다. 스톡스는 로스코가 구해 온 면역 혈청을 두 차례 맞았지만 2월 9일, 앤더슨이 사망한 바로 다음 날에 세상을 떠났다.[35] 앵무병에 감염된 사람들이 겁을 집어먹을 만한 이유는 충분했다. 감염이 사망으로 이어지는 경우가 꽤 많았기 때문이다. 미국에서는 1929년 11월부터 1930년 5월까지 사망자가 33명으로 집계됐다. 성별이 기록된 167명의 환자 중 3분의 2에 해당하는 105명이 여성이었다.[36] 독일도 앵무병에 큰 타격을 입은 국가로 215명의 환자가 발생하고 45명이 숨졌다. 발병 사례가 이어지던 시기에 베를린 동물원은 앵무새를 기르다 겁에 질린 사람들이 잠시 새를 맡겨 둘 만한 곳을 절박하게 찾는 통에 어쩔 수 없이 문을 닫아야 할 정도였다. 전 세계적으로는 15개국에서 환자가 발생했다. 앵무병의 대유행이 종료된 1930년 5월까지 총 800여 명의 환자가 발생했고 평균 사망률은 15퍼센트였다.[37]

앵무병의 갑작스러운 등장과 노카르가 밝힌 원인균을 찾을 수 없다는 사실에 암스트롱과 맥코이 외에 다른 학자들도 적잖이 당황했다. 곧 해외 다른 국가의 연구자들도 앵무병의 병원체는 필터를 통과하는 물질이며 노카르가 장티푸스를 일으키는 살모넬라를 앵무병 원인으로 착각했다고 확신했다. 병원체를 최초로 찾아낸 주인공은 런던 병원의 선임 연구자 새뮤얼 베드슨Samuel Bedson이 이끈 연구진이었다.[38] 베드슨 연구진은 인체 감염 사례와 앵무새가 관련 있다고 보았고 죽은 새의 간과 비장을 유화시킨 뒤 샴베를랑 필터에 거르고 여과된 물질을 앵무새에 주사했다. 투여받은 새들은 5일 안에 폐사했다. 다음 단계로 연구진은 병든 앵무새로부터 얻은 감염 물질을 며칠 간격으로 여러 번 필터에 통과시키면 병독성이 점차 줄어든다는 사실을 증명했다. 이를 토대로 베드슨은 명확한 결론을 내렸다. "앵무새에 발생하는 앵무병의 원인인자는 일반적인 세균 배지에서 배양할 수 없는 바이러스이며 다공성 필터에 거르면 통과한다."[39]

얼마 지나지 않아 뉴욕 보건국 연구자 찰스 크럼위드Charles Krumwiede가 잉꼬에서 흰생쥐로 문제의 바이러스가 쉽게 옮겨갈 수 있다는 사실을 입증했다. 흰 생쥐는 조류보다 전염성이 현저히 낮다는 점에서 실험 연구를 크게 촉진시켰다. 그러나 크럼위드도 감염돼 어쩔 수 없이 연구를 중단할 수밖에 없었고, 토머스 리버스가

3. 앵무병의 대유행

일을 이어받았다. 앵무병의 높은 전염력을 충분히 인지한 록펠러 연구진은 운에 모든 것을 맡기지 않기로 결심하고, 전원이 전신 보호복에 유리로 된 고글과 헬멧을 쓰고 소매에 부착된 고무장갑을 착용하도록 했다. 이 예방수칙은 60년 뒤, 에볼라와 그 밖에 다른 위험성 높은 병원균을 연구할 때 생물안전 4등급 시설에서 활용하는 표준 조치가 되었다. 리버스는 토끼와 기니피그, 원숭이에게도 앵무병이 옮겨질 수 있다는 사실을 증명했다. 그런데 원숭이의 경우 감염성 물질이 기관을 통해 유입되면 일반적인 폐렴이 발생하는 것으로 나타났다. 리버스는 이것이 원인 바이러스가 인체로 전염되는 주된 경로는 몸에 난 긁힌 상처나 앵무새에게 물린 상처가 아니라 기도임을 나타낸다고 보았다. 곧 다른 연구자들도 이 이론을 채택했다.[40]

당시에 활용되던 광학현미경의 배율로는 앵무병의 원인 바이러스를 눈으로 확인할 수 없었지만 위생연구소의 랄프 릴리[Ralph Lillie]와 런던 리스터 연구소의 A. C. 콜스[A. C. Coles], 독일 달렘의 로버트 코스 연구소 소속 월터 레빈탈[Walter Levinthal]은 앵무병으로 사망한 환자의 세포질에 뚜렷하게 형성된 봉입체가 존재한다고 보고했다. "레빈탈-콜스-릴리" 또는 줄여서 "LCL"체로도 불리는 이 봉입체는 일반적인 광학현미경으로도 볼 수 있으며 세포 표면에 미세집락의 형태로 나타나므로 앵무병 진단에도 활용할 수 있고 응집 검사도 훨씬 수월해졌다.[41] 이제 이 바이러스가 정확히 어떤 방식으로 전염되는가만 불확실한 부분으로 남았다. 병이 들거나 죽은 새를 만질 때 감염될 수 있다는 것은 분명한 사실이지만 병든 앵무새와 같은 방, 혹은 같은 집에 있다가 전염된 환자도 꽤 많았다. 심지어 반려동물 판매점에 방문했다가 앵무병에 걸린 사람들도 있었다. 기차에서 승객의 수화물을 챙기는 직원이 열차에서 병든 새와 같은 칸에 탔다가 전염된 사례도 있었다. 반려동물 상점 운영자, 조류 사육자에게 결코 반가울 리 없는 사실이었다. 반면 앵무새나 잉꼬로 인해 폐렴과 장티푸스 유사 증상이 나타날 수 있다는 사실 자체를 받아들이지 않는 사람도 많았다. 앵무병이 공기를 통해 새에서 사람에게로 옮겨질 수 있다는 점은 더더욱 믿지 않았다. 이들은 조류 사육자나 반려동물 상점에서 일하는 사람이나 감염되는 병이라고 주장했지만 판매자의 입장은 달랐다. "현재까지 확인된 사실은, 앵무병이 새에서 사람에게로 전염될 수 있다면 깃털 달린 반려동물과 수시로 접촉하는 조류 판매자들이 앵무병에 걸릴 가능성이 높아야 함에도 불구하고 아직 누구도 그 병에 걸리지 않았다는 것이다." 새로 구성된 미국 조류 판매자 연합은 앵무병 대유행이 최고조에 달했을 때 뉴욕 코모도 호텔에서 회의를 열고 이같이 밝혔다. 수입된 새를 반려동물로 키우던 사람들이 앵무병에 걸린 사례들에 관해서도 "갓 수입된 앵무새에게 얼굴을 바짝 갖다 대면, 누구라도 아직 훈련되지 않은 새에게 물릴 수 있으므로" 믿기 힘들다는 입장이었다. 한마디로 앵무병 "공포"를 "볼티모어 신문사 기자들의 대단한 상상력"에서 나온 산물로 본 것이다.[42]

조류 판매업자들의 반박을 무조건 비난할 수만은 없다. 뉴욕이나 필라델피아에 본거지를 둔 미국 최대 반려동물 업체 6곳에서 대통령의 수입 금지 조치 후 발생한 손실 금액은 연간 500만 달러에

3. 앵무병의 대유행

이른다. 그리고 이들의 주장도 상당 부분 사실이다. 수입된 앵무새를 향한 혼란이 어느 정도 가라앉고 난 후 해외에서 들여온 새들이 앵무병의 주된 위협 요소가 아니라는 사실이 확인됐다. 새를 반려동물로 키우는 사람들에게 가장 큰 위험 요소는 집에서 키우는 새들, 즉 뒷마당에 새장을 두고 앵무새와 잉꼬를 키우는 방식이다. 특히 기후 특성상 일 년 내내 새를 바깥에서 키울 수 있는 서던 캘리포니아 지역이 주의해야 할 방식이었다. 이러한 위험성을 포착한 당사자는 신문기자가 아니라 스위스에서 공부를 마치고 금문교가 내려다보이는, 쌀쌀하고 안개에 둘러싸인 언덕 위 연구소에서 일하던 어느 수의병리학자였다.

* * *

미국 동부 해안에서 연구자들이 앵무병을 두 눈으로 확인할 수 있는 도구를 개발하고 응집 검사를 개선하느라 분주히 움직이던 1930년 여름, 칼 프리드리히 메이어Karl Friedrich Meyer는 캘리포니아를 비롯한 서부 지역의 말들 사이에서 발생한 수수께끼 같은 '수면병' 연구에 몰두했다. 바젤과 취리히에서 공부한 메이어가 다양한 곤충과 절지동물이 매개체로 작용하는 동물 질병에 처음 흥미를 가진 계기는 1909년, 남아프리카에서 아놀드 타일러Arnold Theiler의 연구보조로 일한 경험이었다(노벨상 수상자인 막스 타일러의 부친이다). 그곳에서 메이어는 진드기의 매개로 소에 발생하는 질병인 동해안 열병을 연구하고 병을 일으키는 열원충의 생활사를 최초로 밝혀냈지만, 이 성과를 거둔 직후 말라리아에 걸려 하는 수 없이 유럽으로 돌아와야 했다. 하지만 그리 오래 머무르지는 않았다. 1911년에 펜실베이니아 수의과대학에서 학생들을 가르칠 수 있는 기회를 얻었다. 미국으로 건너간 메이어는 텍사스 가축열에 관한 혁신적 연구로 세균 이론을 새로운 눈으로 보게 한 테오발드 스미스Theobald Smith와 미시건대학교 위생연구소 소장으로 1901년 샌프란시스코에서 가래톳 페스트가 발생했을 때 공식 조사를 이끈 프레더릭 노비Frederick Novy 등 미국 병리학계와 세균학계를 이끈 주요 인물들과 만났다. 그리고 스미스를 통해 록펠러 연구소의 소장 사이먼 플렉스너를 소개받았다. 뉴욕에서 일자리를 찾는 대신 서쪽을 목적지로 정한 메이어는 버클리에서 부교수 자리를 제안받자 마음이 끌렸다. 샌프란시스코에 막 설립된 조지 윌리엄스 후퍼 의학연구재단에서 연구자로 일할 수 있는 기회였다.[43]

수트로 산의 파나서스 하이츠에 자리한, 과거 수의과 대학으로 쓰이던 3층짜리 벽돌에 둥지를 튼 후퍼 재단은 1913년에 홀로된 후퍼의 아내가 남긴 100만 달러라는 거액의 유산을 토대로 설립됐다. 미국 내 어느 대학에도 부속되지 않은 최초의 사립 의학연구소이기도 했다. 플렉스너는 메이어에게 후퍼 재단에 들어가면 "태평양에 빠진 것처럼 흔적 없이 사라질 수 있다"고 경고했다. "미국의 지식인들은 뉴욕 반경 160킬로미터 안에 살고 있다"는 이유에서였다. 그러나 후퍼 재단은 메이어에게 동부에서는 꿈도 꿀 수 없는 지적인 자유를 제공했다.[44] 게다가 마이어는 자신의 고집이 라인 강처럼 넓고 미국인이 소위 "딱 멍청한 독일 놈"이라고 부르는 부류라는 사실

3. 앵무병의 대유행

을 스스로 인정했다. 동료나 다른 과학자와 부딪치면 이 고집이 오만으로 보일 수도 있다. 누가 봐도 게르만 민족임이 드러나는 체형과 영어에 짙게 배어 나오는 독일어 억양, 오류만 보면 못 견디는 성향, 특히 실험실에서 틀린 것이 발견되면 못 참는 성격도 그런 이미지를 더욱 굳혔다. 그러나 새로운 질병의 원인을 추적하고 찾아낼 때 미생물 입장에서는 메이어만큼 지칠 줄 모르고 물고 늘어지는 적이 없었다. 드 크루이프도 1950년에 〈리더스 다이제스트〉에 게재된 특별 기고문에서 당시 60대였던 메이어를 두고 "파스퇴르 이후 가장 다재다능한 미생물 사냥꾼"이라고 극찬했다. 30여 년간 학계에 몸담는 동안, 메이어는 캘리포니아 낙농장에서 발생한 브루셀라증을 몰아내고 치명적인 식품 매개 질환인 보툴리누스 식중독이 미국 전역의 토양에서 발견되는 내성 강한 보툴리누스균의 포자로 발생한다는 사실을 밝혔다. 그리고 풍토병인 삼림 페스트가 미국 서부 지역 전체에 서식하는 땅다람쥐와 기타 야생 설치류 개체군 사이에서 어떻게 영향을 주는지 밝혀냈다. 드 크루이프의 말처럼, 한마디로 메이어는 "바깥에서 끊임없이 비상상황이 발생하는 환경에서 살아가는 야외 과학자 (……) [그리고] 전 세계 미생물 사냥꾼 중에서 손꼽히는 대가"였다.[45]

드 크루이프가 열렬히 쏟아 낸 찬사에 메이어가 기뻐했는지 부끄러워했는지는 기록으로 남아 있지 않지만, 1960년대의 인터뷰에서 메이어는 전처가 드 크루이프를 두고 자신을 "하찮은 사람"처럼 보이게 만들고 "명성에 먹칠"을 하려는 것 아니냐는 의심을 했다고 언급한 적이 있다.[46] 드 크루이프가 알코올 중독에 성격이 변덕스러운 사람이긴 했지만 두 사람은 30년 넘게 우정을 잃지 않았다. 매년 두 차례씩 드 크루이프가 메이어를 만나러 샌프란시스코로 찾아가면, 두 친구는 타말파이어스 산에 등산을 가고 최근 등장한 의학계의 혁신적 성과에 관해 토론하거나 세균학계 동료들을 둘러싼 소문을 나누면서 오붓한 시간을 즐겼다.[47]

환경운동단체 시에라 클럽의 일원이기도 했던 메이어는 어린 시절 스위스 알프스 산맥에서 탐험을 즐기다가 감염 질환의 세계에 매혹됐다. 영국에서 온 등산객들과 우연히 만나 당시 인도에서 페스트가 발생한 곳에 다녀온 이야기를 들은 것이다. 모험과 야외 활동을 무척 좋아하는 메이어의 열정이 미생물 사냥에 대한 열정과 연관되었다고 본 드 크루이프의 생각이 맞았다. 그러니 산 호아킨 밸리의 말들 사이에서 대규모 동물 유행병이 발생했다는 소식이 후퍼 재단에 도착했을 때 메이어가 조사를 위해 얼른 실험실을 뛰쳐나간 것도 충분히 예상된 반응이었다.[48] 현장에 도착한 메이어는 말들이 정처 없이 빙글빙글 원을 그리며 돌아다니거나 몸이 한쪽으로 자꾸 기우는 모습을 목격했다. 수의학을 함께 공부한 메이어의 동료들은 말이 이렇게 휘청대는 증상이 보툴리누스균에 의한 '마초 중독'이라고 보았다. 하지만 산 호아킨에서 이 동물 유행병이 터진 시기는 6월이라 보툴리누스 중독이 발생하는 시기가 아니었다. 또한 증상이 나타난 말들을 보러 농장을 찾은 수의사들은 "비틀대는" 증상이 나타난 동물의 대부분은 사일리지나 쌓아서 보관해 둔 건초를 먹은 말이 아닌, 방목해 키운 말이라는 점에 주목했다. 마이어는 부검을 실시했고, 병든 말의 뇌에서 염증과 함께 미세한 출혈을 확인했다. 이

3. 앵무병의 대유행

를 토대로 그는 바이러스에 감염돼 신경 손상이 발생했을 가능성이 있다고 추정했다. 문제는 그가 말을 해부할 때 이미 바이러스는 사라지고 없었다는 점이다. 그러므로 최근에 감염된 말의 뇌를 해부해야 했다. 여름이 끝나기 전에 기회가 찾아왔다. 동료 한 명이 머세드의 농장에 병든 말이 나타났다는 사실을 알려 왔다. 농장주는 메이어가 제안한 실험에 전혀 관심 없다며 단칼에 거절했지만, 메이어는 그의 아내에게 20달러를 뇌물로 찔러 주었다. 농장주인 남편이 잠들자 아내가 보내 준 신호를 듣고 몰래 마구간으로 들어갔다. 그리고 얼른 말의 목을 잘라 낸 후, 차 트렁크에 다 들어가지도 않아 밖으로 삐져나온 말 머리를 싣고 한밤중에 샌프란시스코로 돌아왔다. 날이 밝자 메이어는 말의 뇌를 추출해 부순 다음 기니피그에 주사했다. 얼마 지나지 않아 기니피그가 온몸을 떨며 괴로워하더니 고양이처럼 몸을 둥글게 말거나 잔뜩 웅크린 채로 지내다 4일에서 6일 후 죽었다. 메이어와 동료 연구자들은 토끼, 원숭이, 말에도 반복해 실험했고 같은 결과가 나오자 필터를 통과하는 새 바이러스를 찾았다고 발표했다. 몇 년이 더 지나서야 메이어가 제기한 의혹처럼 원인 바이러스는 뇌염을 일으키는 종류이며 농장 인근의 관개 수로에서 번식하는 모기가 매개체라는 사실이 밝혀졌다. 이제 수상 환경에서의 바이러스 생활사도 추측할 수 있게 되었다.[49]

이렇게 말 뇌염 연구에 몰두하던 중에 메이어는 앵무병 사태의 진행을 계속 주시했다. 암스트롱과 맥코이가 앵무병 바이러스의 전파 경로를 찾으려고 노력한다는 사실도 알았다. 그러나 이듬해가 되어서야 직접 연구에 뛰어들 만한 이유가 생겼고, 조류 사육자와

대유행병의 시대

앵무병의 연관성에도 관심을 가졌다. 1931년 추수감사절 직전에 커피 모임에 참석하러 시에라네바다의 그래스 밸리를 다녀온 할머니 3명이 숨을 거둔 일이 시발점이었다. 당황한 지역 의사들이 내놓은 사인은 장티푸스부터 이질, "극심한 폐렴"까지 다양했다. 그러나 진료 기록을 확인하고 숨진 여성과 함께 행사에 참석했던 남편도 병이 들었다는 사실을 알게 된 메이어는 참석자들이 모여 있었던 방이 공통분모라는 사실을 깨달았다. 메이어는 지역 보건 당국에 연락해 혹시 행사장 안에 병이 들거나 죽은 앵무새가 있었는지 알아보라고 했다. 직감은 일부에서 사실로 드러났다. 즉 앵무새는 없었지만 보건부 관계자가 그래스 밸리에 있는 한 사망자의 집에서 우리 안에 건강하게 살아 있는 사랑앵무 한 마리를 발견했고 다른 한 마리가 최근에 죽었다는 사실을 알아냈다. 메이어는 곧바로 죽은 앵무새를 찾아서 후퍼 연구소로 보내고 살아 있는 새도 함께 보내라고 요청했다. 그날 밤 10시쯤, 메이어는 연구소 밖에 차량 한 대가 도착하더니 얼굴에 마스크를 쓴 운전자가 내리는 모습을 보고 깜짝 놀랐다. 새를 보내 달라는 부탁을 받은 그 공무원이었다. "혹시라도 병이 옮을까 봐 너무 겁이 났던 것이다. 앵무병은 공기를 통해 전염되고 전염성이 굉장히 높다고 알려져 있었기 때문이다." 메이어가 당시의 일을 회상했다.[50]

전달받은 새가 앵무병에 감염됐으리라는 예감이 사실인지 확인하기 위해, 메이어는 간단한 노출 실험을 실시했다. 앵무병에 매우 취약하다는 글을 본 적이 있는 건강한 일본 벼새(핀치)를 준비해 종 모양의 유리덮개 안에 앵무새와 함께 두었고 2주에서 3주 사이에

3. 앵무병의 대유행

벼새는 죽었다. 앵무새는 "지극히 정상"처럼 보였지만 바이러스를 계속 방출하고 있었다. 깨끗한 유리덮개를 준비해서 다른 벼새와 함께 넣어 두자 이번에도 벼새가 병들고 목숨을 잃었다.[51] 1932년 1월 16일, 메이어는 이 앵무새를 살처분한 뒤 비장을 으깨 실험실에 있던 생쥐에게 주사했고 3, 4일 후 죽었다. "병원체의 활성이 왕성하다"는 사실을 보여 준 결과였다.[52] 확실히 하기 위해 메이어는 유리덮개 안에 감염된 앵무새와 핀치를 함께 두고 핀치가 죽으면 앵무새를 새로운 유리덮개 안으로 옮긴 후 다른 핀치를 집어넣는 방식으로 실험을 여러 번 반복했다. 6개월 후, 메이어는 실마리를 찾아냈다. 병을 확산시키는 요인은 바로 앵무새의 마른 분변이었다.

그 사이 행사에 다녀온 후 숨진 여성의 남편도 1월에 세상을 떠났다. 주 전체로 병이 번질 수 있다고 우려한 메이어는 보건부에 보도자료를 내라고 압박했다. 발병 사실이 공개되자 남쪽으로 테하차피 시에 이르는 광범위한 지역에서 앵무새와 관련성이 의심되는 사망 사례가 보고됐다. 조수 버니스 에디Bernice Eddie와 함께 집집마다 문을 두드리며 앵무새를 팔아 먹고사는 방문 판매원들을 찾아 조사를 벌인 메이어는 이들이 판매하는 새들이 대부분 로스앤젤레스 일대의 뒷마당에 설치된 조류 사육장에서 공급된다는 사실을 알아냈다. 참전군인들이 대공황 지원금으로 받은 보너스로 이런 시설을 차린 경우가 많았다. 특별한 기술이 필요 없고 새의 번식 속도가 굉장히 빠른 만큼 수익성이 좋았다. 아마추어 사육자는 목재와 철망, 사육 상자만 준비하면 끝이었다. 몇 주만 지나면 우리마다 갓 부화한 "꼬물꼬물 기어 다니는" 어린 새들이 가득했다. 반려동물을 찾는

대유행병의 시대

사람들 사이에서 어린 새들은 인기가 대단했다. 손가락에 앉거나 씨앗을 받아먹도록 훈련시킬 수 있기 때문이다. 그래서 아마추어 사육자들은 어린 새가 다 크도록 두지 않고 얼른 시장에 내놓았다. 메이어는 실제로 추수감사절 기간이나 크리스마스가 가까워질 무렵에 방문 판매원들이 주부들, 과부들을 위한 선물로 주 곳곳을 오가면서 앵무새를 판매해 왔다는 사실을 확인했다.

메이어는 캘리포니아 전역의 반려동물 상점을 대상으로 병세가 눈에 띄게 나타난 새나 최근 앵무병으로 병원에 입원한 소비자와 관련된 새가 있으면 보내 달라는 공고를 냈다. 곧 북쪽 저 멀리 산타로사부터 남쪽 샌 루이스 오비스포까지 각지에서 보낸 새들이 후퍼 재단에 도착했다. 언뜻 보기에는 다 아무 문제없이 건강해 보였지만, 메이어가 검사한 결과 내부 장기의 부종과 함께 앵무병의 특징적 병소가 나타났다. 새에서 얻은 비장을 으깨서 생쥐에게 주사하는 실험으로 병이 옮겨지는 것까지 확인해 최종 증거를 확보했다. 메이어와 에디는 방문 판매원과 반려동물 상점 주인들을 만나 이야기를 나눌수록 이처럼 뚜렷한 증상이 드러나지 않는, 잠복기 감염 상태로 지내는 새들이 캘리포니아 전체에 있을 수 있다는 우려가 깊어졌다. 가령 파사데나에서 온 22마리 새 중에서 9마리는 간과 비장이 비대해진 상태였다. 메이어는 일부 사육장에서는 병세가 두드러지게 나타나고 새들의 "기력이 크게 쇠해서 정말로 바닥을 기어 다닌다"고 밝혔다.[53]

뒷마당에 설치된 조류장이나 전문 사육시설에서 키운 새들 중 최대 40퍼센트가 앵무병을 보유한 상태일 수 있다고 판단한 메이어

3. 앵무병의 대유행

는 캘리포니아 전체가 거대한 감염 숙주가 될 수 있다고 경고하며 보건 당국이 조치를 취해야 한다고 강조했다. 특히 캘리포니아에서 태어난 앵무새가 비좁은 상자에 **빽빽**하게 담겨 주 경계를 넘어 배송되면 스트레스 환경에서 새가 보유하던 바이러스가 방출될 수 있고, 이는 앵무병이 다시 유행할 위험을 키운다고 보았다. 아르헨티나에서 온 앵무새는 더 이상 주된 위험 요소가 아니라는 의미였다. 이제 중요한 위험 요소는 캘리포니아의 새였다.

캘리포니아 주 보건부는 그전까지 조류 사육 산업의 범위나 공중보건에 끼치는 영향에 관해 아는 것이 전혀 없었고 그래도 큰 문제가 되지 않았다. 그랬던 보건부도 격리 조치와 함께 주 경계를 넘는 앵무새 운송을 금지한다고 발표했다. 그렇지 않아도 한 해 전에 대통령이 내린 앵무새 수입 금지 조치로 수요가 확 줄고 그나마 동부 지역의 반려동물 상점들이 필요한 동물을 캘리포니아에서 찾는 경우가 늘고 있었기에, 캘리포니아의 조류 사육자들은 주 보건부의 이 같은 결정에 크게 들고 일어났다. 시장 가치는 누가 평가하느냐에 따라 다양했다. 조류 사육자들은 500만 달러 규모라고 본 반면 메이어는 그 10분의 1 정도로 평가했다. 확실한 사실은 연중 지중해성 기후가 이어지는 서던 캘리포니아 지역이 조류 사육에 이상적인 환경이고 당시 이 업계에 뛰어든 사람이 3,000여 명에 이른다는 점이었다. 사육장을 검사하고 새의 상태를 확인할 수 있는 시스템이 필요한 상황이었지만, 규제가 거의 없다시피 한 산업이라 누구도 기꺼이 책임을 지지 않으려고 했다. 메이어는 여기서 기회를 발견했다. 1920년대에 발생한 보툴리누스 식중독으로 캘리포니아에서 청어 등 통조림 식품의 판매량이 뚝 떨어지자 통조림 생산업체들은 메이어를 고용해서 가열살균에 관한 조언을 구했다. 그렇게 확립된 안전 절차는 단시간 내 미국 전체가 따르는 표준이 되었다. 이제 메이어는 캘리포니아의 조류 사육업자들에게도 그와 같은 기술적인 해결책을 제안하기로 했다.

1932년 3월, 로스앤젤레스 어소시에이티드 리얼티 빌딩에 주요 조류 사육업자 125명이 참석하는 회의가 열린 날 메이어의 기회도 함께 찾아왔다. 로스앤젤레스에서 폐페스트가 발생했을 때 메이어와 협력한 적 있는 주 공중보건부 장관 가일스 포터Giles Porter는 참석자들 앞에서 메이어를 앵무병에 관한 세계적 권위자이며 이번 사태가 "그저 '겁나는' 일에 그치지 않고 (……) 심각한 문제임을 증명해 보일" 사람이라고 소개했다. 메이어는 1930년 이전까지 앵무병에 관한 의학계의 지식이 어느 정도였는지 요약 정리하는 것으로 시작해 대유행병으로 번지는 동안 앵무병이 필터를 통과하는 바이러스에 의한 병임을 밝힌 증거를 설명했다. "앵무병에 관해 이러쿵저러쿵 떠들어대는 이야기들 가운데 상당수는 사실이 아닙니다." 그는 조류 사육업자들에게 이와 같이 설명하고, 앵무병이 "전염성이 매우 높은 감염질환"이며 배설물이나 점액성 분비물을 통해 공기 중으로 새에서 사람에게 병이 옮겨질 수 있다는 사실은 의심의 여지가 없다고 밝혔다. 이런 사실은 위생연구소에서 배설물이나 분비물이 마른 상태로 포함된 새장과 인접한 복도를 지나간 것이 전부인데도 감염자가 9명이나 나온 "안타까운 경험"으로 입증되었다고 덧붙였다. "바람이 불 때 새장 안에 있던 부스러기가 날렸고 열린 문틈으

3. 앵무병의 대유행

로 흘러나가 사람과 접촉이 이루어진 것으로 보입니다." 이어 메이어는 샌프란시스코에서 어떤 조사를 진행했는지 세부 내용을 간략히 소개했다. 그런 다음 도표를 가리키면서 새 사육 시설에 감염이 발생할 수 있는 어떤 문제가 존재하는지 직접적으로 설명했다.

일단 새가 100마리 있다고 하고 함께 생각해 봅시다. 이 100마리의 새들에서 그 병이, 앵무병이 발생했습니다. 그중 10마리가 죽는다고 합시다. 이 10마리의 새를 검사해야 합니다. 안타깝게도 실제로 이렇게 되는 경우가 거의 없지만, 아무튼 10마리를 검사했더니 전부 앵무병에 걸린 것으로 확인된 겁니다. 남은 새가 90마리 있죠. 아마 여러분은 이 90마리는 (……) 안전하리라 생각하겠죠. 제 대답은 아니요! 그렇지 않습니다!

문제는 사육 우리마다 "병원체를 보유한 개체"가 일정 비율을 차지한다는 점이었다. 즉 비장을 보면 이미 감염됐다는 증거가 나타나는데 겉보기에는 아프지 않고 눈에 띄는 증상이 없는 새들도 있었다. 하지만 건강해 보이는 이 새들도 6개월 혹은 그보다 오래전에 바이러스에 감염됐고, 그동안 같은 우리에서 지낸 다른 새들을 감염시키지 않았을 가능성이 있다. 그러다가 추위에 노출되거나 날씨가 갑작스럽게 변하면 감염이 "활성화"될 수 있고 이로 인해 "바이러스가 방출돼" 함께 갇혀 있는 새들도 감염될 수 있다. 메이어는 특히 어린 새나 새끼 중에서도 "가장 힘없고 약한" 개체에 바이러스가 옮겨 갈 가능성이 크다고 추정했다. 위험성은 여기서 끝나지 않았다.

대유행병의 시대

감염 후 회복 단계에 들어간 "회복기 새"에서도 바이러스가 4주에서 6주까지 방출될 수 있다. 모든 가능성을 따져봤을 때 선천적으로 문제의 바이러스에 대한 면역력이 있거나, 이전에 앵무병이 발생했을 때나 둥지에서 바이러스에 노출돼 후천적 면역력을 획득한 나이 든 새만 안전하다고 할 수 있었다.

조류 사육자가 자신이 키우는 새들의 감염 여부를 확인할 유일한 방법은 전체의 10퍼센트에서 20퍼센트를 메이어에게 보내 잠복 감염이 발생했는지 검사를 실시하는 것뿐이었다. 이 과정을 거쳐 메이어는 특정 조류 사육장에 앵무병이 발생하지 않았다는 사실을 증명하고 해당 사업장은 통상 금지나 검역 조치가 필요치 않다는 사실을 확인했다. 그러나 새를 해부하고 검사하는 일은 위험했고 비용이 많이 드는 작업이므로, 이 일을 맡기는 사육자가 대가를 지불해야 한다고 밝혔다. 메이어는 1만 달러면 충분할 것으로 보인다고 전했다.

> 이 병은 연구가 이루어진 연구소마다 앵무병 환자를 발생시켰습니다. 문제를 해결하려면 사실상 죽기를 각오하고 덤벼야 합니다. 저는 여러분을 위해 그런 일을 맡았습니다. 따라서 여러분의 진심 어린 협조를 요청합니다. 그러지 않으면 저도 포기할 생각입니다. 사실 앵무병 같은 병은 제 관심사가 아니니까요.[54]

충분히 예상되는 일이지만, 조류 사육자들은 메이어의 제안에 선뜻 응하지 않았다. 비용이 너무 비싸다고 생각했다. 대신 이들은

3. 앵무병의 대유행

공중보건 당국을 대상으로 메이어가 밝힌 검사는 불필요하며 새가 태어나 4개월이 지나면 건강에 이상이 생길 위험도 없어진다는 사실을 설득하려고 했다. 이어 허가제를 도입하자고도 제안했다. 그래도 포터가 꿈쩍도 하지 않자, 사육자들은 로비 대상을 주지사로 바꿨고 통상 금지령은 해제됐다. 1931년 여름부터 조류 무역이 재개되어 캘리포니아에서 미국 동부 시장으로 앵무새가 운송되기 시작하자 메이어는 앵무병이 다시 대유행병으로 돌아올 수 있다고 우려했다. 앵무새가 일단 뉴욕에 있는 업체에 도착하면 몇 마리나 감염되었는지, 어느 주 혹은 어느 나라에서 앵무병 바이러스를 보유하고 있던 개체가 나타날지 알 수 없었다. 1931년 말까지 캘리포니아에서 태어난 앵무새는 그렇게 미국 모든 주로 뿔뿔이 전달됐다. 위스콘신과 미네소타에서는 박람회에서 앵무새가 상품으로 제공되면서 특히 큰 인기를 끌었다. 하지만 1932년 9월 22일, 아이다호 상원의원의 아내 윌리엄 E. 보라^{William E. Borah}가 아이다호 보이스에 있는 집에서 중병에 걸렸다는 뉴스가 전해졌다. 담당 의사는 보라가 앵무새를 수집해 왔고 최근에 캘리포니아에서 잉꼬 한 쌍을 들여왔다는 사실을 알아냈다. 부인이 앵무병일 수 있다고 생각한 상원의원 남편은 곧바로 워싱턴에 전보를 보내 면역 혈청을 요청했다. 위생 연구소 역사의 새로운 장이 열린 순간이었다.

* * *

맥코이가 위생연구소 북쪽 건물에 훈증 소독을 실시하고 2개월이 지난 후, 의회에서는 연구소 명칭을 국립보건원National Institute of Health, NIH으로 변경하는 법안이 통과되고 기초적인 생물학, 의학 분야 문제를 연구할 연구 장학금을 할당한다는 결정이 내려졌다. 루이지애나 주 민주당 소속 상원의원 E. 랜드셀E. Randsell의 이름을 딴 '랜드셀 법'은 앵무병 조사에 기울인 공중보건국의 노력과 소속 연구자의 용감한 시도를 인정하고 의학 연구에 제공되는 공적 자금에 대한 미국 국민의 태도가 대대적으로 바뀌었음을 보여 준 변화로 여겨졌다.*
그런데 보라 의원의 요청이 맥코이에게 전달됐을 때 안타깝게도 남아 있는 혈청이 하나도 없었다. 이때 암스트롱이 해결하겠다고 자청했다. 앵무병에서 완전히 회복됐으니 마침 그의 몸에 항체가 남아 있을 가능성이 높은데 그러지 않을 이유가 있단 말인가? 암스트롱의 담당 의사는 정맥절개술을 실시하고 밤을 새워 혈청을 분리했다. 1분 1초가 다급한 상황이라 멸균 상태인지 확인할 틈도 없이 대기하던 비행기에 실어 곧장 환자에게 보냈다. 응급 비행으로 혈청이 전해진 사연은 언론의 큰 주목을 받았다. AP 통신과 전국, 지역 단위 신문 모두 워싱턴에서 아이다호 보이스까지 면역 혈청이 운송된 과정을 시간 단위로 보도했다. 보라 부인은 상태가 위중했고 의사가 혈청을 쓴다고 해도 호전될 수 있을지 염려되는 상황이었다. 그래도 일단 시도해 보기로 결정한 의료진은 혈청 350밀리미터를 한 번에 투여했다. 5일 후, 보라 부인은 회복기에 접어들었고 2월에

---

* 이러한 결정에는 1918년 독감 대유행 이후 최악의 독감 사태로 번진 1928~1929년 독감 대유행과 의학 문제에 지식을 활용하고 싶어 하는 화학자들의 열의가 영향을 준 것으로 보인다. 1948년에 국립보건원의 영문 명칭은 복수형으로 변경됐다(National Institutes of Health).

3. 앵무병의 대유행

는 워싱턴까지 갈 수 있을 만큼 건강해졌다. 부인이 가장 먼저 찾아간 곳은 국립보건원이었다. "제 목숨을 살려 주셔서 감사하다는 인사를 하러 왔습니다." 부인은 암스트롱에게 이야기했다. "박사님 피의 일부가 제 혈관을 흐르고 있군요."[55]

보라 부인의 회복이 국립보건원에는 반가운 소식이었지만 캘리포니아의 조류 사육자들에게는 나쁜 소식이 되었다. 아내가 회복되자마자 보라 상원의원은 후버 대통령에게 통상금지령을 다시 내려야 하며 그 대상은 아르헨티나산 새가 아니라 캘리포니아산 새가 되어야 한다고 촉구했다. 대통령은 이 요청을 국립보건원에 전달했고, 커밍은 캘리포니아산 앵무새의 주간 운송 금지를 명령했다. 더불어 커밍은 앵무병과 무관하다는 사실을 입증할 수 있는 절차를 마련하면 운송 금지 조치에서 제외될 수 있다고 밝혔다. 지난 3월에 검사를 실시할 수 있도록 새를 제공하라는 메이어의 제안을 어떻게든 피하려고 애쓰던 사육자들은 통상 금지령에 호되게 맞고 수익성 좋은 동부 시장에 더 이상 접근할 수 없게 되자, 생각을 바꿔 그의 제안을 받아들이기로 했다.

1933년까지 메이어와 에디는 총 2,000여 마리의 앵무새를 보유한 66곳의 조류 사육장을 조사했다. 그 결과 사육자가 멀쩡하다고 생각했던 새들 중 적게는 10퍼센트, 많게는 90퍼센트까지 앵무병 잠복기라는 사실이 드러났다. 그러나 이러한 잠복 감염은 "만성질환의 특성"이 나타나고 인접한 사육 우리에 있는 앵무새까지 바이러스가 옮지 않는다는 점도 확인됐다. 또한 그동안 병을 앓은 적이 한 번도 없었다는 사육자들의 주장과 달리, 메이어와 에디는 이들 중 앵무병 항체를 보유한 사람들이 많은 것으로 볼 때 과거에 문제의 바이러스에 노출된 적이 있으며 감염 증상이 약하게 나타났지만 다른 병으로 오진됐을 가능성이 있다고 보았다. 죽은 새를 취급할 때나 새의 코에서 나온 분비물, 분변과 직접 접촉할 때, 또는 새에게 물려서 상처가 생긴 경우가 인체 감염이 발생할 수 있는 주된 경로였다. 경우에 따라 마른 분변 입자가 호흡기로 유입되어 감염될 수도 있었다. 메이어는 이렇게 말라붙은 분변이 공기 중에서 매우 효율적으로 확산되며 새가 흥분해서 날개를 마구 퍼덕일 때 넓은 범위까지 퍼져 나갈 수 있다는 사실을 알아냈다. 이러한 상황이 되면 주변 환경은 "바이러스로 가득해지므로 사람이 그대로 흡입할 위험이 있다."[56] 그러므로 메이어와 에디는 앵무병은 조류 사육자와 반려동물 상점 운영자, 앵무새와 밀접 접촉하는 사람들에게 발생할 위험이 특히 크다고 경고했다.

더불어 두 사람은 앵무병에 걸린 경우 나타나는 LCL체가 병든 새의 비장을 슬라이드글라스에 문지르고 적절한 염료로 착색하기만 하면 현미경으로도 쉽게 보인다고 밝혔다. 그 외에는 비장의 크기로 특정 사육 우리에 잠복 감염이 어느 정도 발생했는지 대략적으로 추정할 수 있었다. 즉 비장의 크기가 중간 정도에 해당하는 3~5밀리미터인 경우 이를 예방 접종을 받은 생쥐에게 주사하면 크기가 7~10밀리미터로 측정된 비장을 주사할 때보다 "급격한 죽음을 초래하는 전형적인 발병 양상 또는 잠복 감염의 양상"이 나타날 가능성이 더 높다고 밝혔다. 또 보통 머리 부분에 색이 도드라지는 성체보다 미성숙한 어린 새 중에 비장이 비대해진(6밀리미터 이상) 개체의

3. 앵무병의 대유행

비율이 높게 나타났다. 일반적으로 앵무새가 발달 초기에 앵무병에 걸린다는 사실을 나타내며, 나이가 이보다 많고 새장에서 생활한 새들의 경우 비장이 비대해도 전염성이 없으므로 성숙한 개체는 감염으로부터 보호를 받는다는 증거라고 설명했다. 두 사람의 결론은 명쾌했다. "대체로 '머리 부위에 색이 두드러지지 않는' 미성숙한 새가 '머리 부분의 색이 두드러지는' 나이든 개체보다 바이러스 보유 빈도가 더 높다"는 것이다.[57] 새가 태어나 최소 4개월이 지날 때까지 앵무병에 감염되지 않았는지, 원인 바이러스를 전파시킬 위험이 없는지 관찰해야 한다는 의미였다.

메이어와 에디는 1934년까지 3만 여 마리의 앵무새를 검사하고 캘리포니아 소재 조류 사육장 185곳에 앵무병 미발생 증명서를 발부했다. 이 프로그램은 후퍼 재단의 귀중한 수입원이 되었고, 메이어는 이렇게 모은 연구비로 다른 과학적 탐구를 이어 갔다. 그는 스스로를 세균학자이자 수의병리학자일 뿐만 아니라 생물학자에 초보 생태학자라고 생각했다. 독일의 전통적인 교육 과정을 모두 마쳤지만 1930년대에는 탐구 범위가 미생물로만 좁게 국한되는 세균학에 점점 흥미를 잃었다. 잠복 감염 현상에 관심을 기울이던 메이어는 "숙주"나 "기생충" 같은 용어와 병독성과 질병에 대한 면역력의 관계 같은 폭넓고 진화론적인 의문에 큰 매력을 느꼈다. 무엇보다 야생 환경에서 사는 앵무새가 사람들에게 붙들려 인공적으로 사육되는 새들과 앵무병에 똑같이 취약한지 확인하고 싶었다. 이를 위해 메이어는 태평양을 오가는 여객선의 이발사에게 돈을 주고 호주의 미개간지에서 야생 사랑앵무 200마리를 잡아달라고 부탁했다.

호주산 앵무새가 앵무병에 걸렸다는 보고는 한 번도 나온 적이 없으므로, 메이어는 그곳 새들이 앵무병 바이러스에 매우 취약할 것이고 따라서 노출 실험과 면역 실험의 비교 대상으로 적합하리라고 생각했다. 그러니 호주에서 건너온 앵무새 중 한 마리가 4주간의 검역 기간 동안 폐사했을 때 그가 얼마나 놀랐을지 짐작할 수 있다. 죽은 새를 검사한 결과, 메이어는 비장에서 캘리포니아 새들에게서 발견된 것과 동일한 병소를 발견했다. 절반가량이 잠복 감염 상태로 확인된 캘리포니아산 앵무새와 호주에서 온 새들이 자유롭게 섞이도록 두었을 때 그보다 중요한 사실도 밝혀졌다. 호주산 앵무새는 단 한 마리도 앵무병으로 죽지 않았고, 메이어가 해부해서 검사한 결과에서도 새의 비장에서 바이러스가 나오지 않았다.

메이어는 국제사회의 과학 네트워크를 통해 호주의 바이러스 연구자 프랭크 맥팔레인 버넷Frank Macfarlane Burnet과 즉시 이러한 결과를 공유했다. 버넷은 병행 연구를 시작했고, 앵무병은 호주 야생 앵무새의 풍토성 감염병이며 "수 세기 동안 호주 앵무새들 사이에 발생한 동물 유행병"일 가능성이 있다는 결과를 도출했다.[58] 또한 버넷은 1931년에 캘리포니아에서 발생한 앵무병의 시초는 아르헨티나산 앵무새가 아니라 일본인 업자들이 수입한 호주 앵무새나 잉꼬일 가능성이 매우 높다는 가설을 제시했다. 그는 메이어 앞으로 보낸 서신에서 야생 환경에서 어린 새들은 보통 둥지에서 원인 바이러스에 감염돼 그 영향이 자연스럽게, 약한 수준으로 지나가지만 비좁은 공간에 갇혀 스트레스를 받으면 새가 획득한 저항성이 무너지면서 바이러스가 방출되어 전염성이 크게 증가할 수 있다고 설명했

3. 앵무병의 대유행

다. 메이어는 수입업체를 대상으로 조사를 벌였고, 실제로 식별 정보가 없는 야생 조류를 병에 걸리지 않은 새들과 섞어 배송하는 것이 일반적이며, 이 과정에서 바이러스 확산이 크게 촉진된다는 사실을 확인했다. 야생 환경에서는 앵무병 바이러스가 숙주인 새의 몸에서 큰 적응성을 나타내지만 운송용 컨테이너나 캘리포니아의 사육장 같은 환경에서는 병독성이 대폭 증가하여 "균형점이 바이러스에게 유리한 쪽으로 바뀐다"는 것이 메이어의 결론이었다. 1930년대 초 캘리포니아에서 동물 유행병인 앵무병이 새와 사람에게 감염된 것도 이런 이유였다고 보았다.[59]

* * *

이제 앵무병은 더 이상 건강에 위협이 되는 문제도 아니고 사람들의 시야에서 사라진 병이 되었다. 이렇게 대중의 의식 밖으로 멀어지기까지 메이어가 큰 몫을 했다. 1948년에 오레오마이신Aureomycin이 발견되자 메이어는 당시 미국 최대 규모의 조류용 가공 씨앗 공급 업체였던 하츠 마운틴 디스트리뷰션 컴퍼니와 접촉해 약 성분이 포함된 수수 제품을 개발하도록 제안했다. 1950년대 중반에는 경구로 쉽게 투여할 수 있는 테트라사이클린을 이용할 수 있게 되었고, 조류 사육업계는 클로르테트라사이클린이 포함된 씨앗을 표준으로 채택했다. 그래도 간간히 앵무병이 발생했는데, 대부분 칠면조 농장이나 가금류 가공 공장에서 일어났다. 지금도 그렇지만 업무상 재해였고, 대부분 테트라사이클린을 정해진 절차대로 투여하면 감

대유행병의 시대

염자도 새도 모두 건강을 되찾았다.[60]

　한 가지 안타까운 사실은 지금도 일부 조류 사육자들이 1930년
대처럼 자신이 키우는 새가 잠복 감염 상태일 수 있음을 믿지 않는
다는 것이다. 이런 생각 때문에 미국에서는 씨앗을 다른 것과 섞어
먹이거나 항생제를 제대로 투여하지 않는 사람들로 인해 조류 집
단에 앵무병이 계속 잠복 감염으로 남아 있다. 이런 새들이 반려동
물 상점으로 운송되거나 검역을 마치고 유입된 수입산 새들과 뒤섞
이면 병원체가 오가고 앵무병이 다시 발생할 수 있다. 1930년의 앵
무병 대유행 사태가 남긴 핵심 교훈은, 수입된 새들이 오명을 뒤집
어쓰고 희생양이 되었다는 점이다. 진짜 범인은 캘리포니아의 조류
사육장에서 태어난 앵무새였다. 이 사실이 밝혀진 후부터 앵무새와
잉꼬를 향한 두려움이나 과민 반응도 사라졌고 앵무병은 수의학적
으로 해결할 문제가 되었다. 그러나 아르헨티나산 앵무새에서 시작
돼 세계 곳곳에서 동시다발로 앵무병이 발생하고 언론이 이런 상황
을 보도하지 않았다면 폐렴 사망자가 이례적으로 발생하고 있다는
사실을 누구도 인지하지 못했을 것이며, 노카르가 밝힌 앵무병의 원
인이 틀렸고 그가 찾은 것이 살모넬라의 일종이라는 사실이 밝혀지
는 데 더 오랜 시간이 걸렸을 것이다.

　당시의 사태가 남긴 또 하나의 교훈이 있다. 거의 알려지지 않았
거나 경시되던 병원균이 전면에 등장해 새로운 유행병이 될 수 있다
는 두려움이 증가했던 20세기 중반 이후의 상황에 딱 알맞은 이 교
훈은, 자연에 사는 앵무새와 잉꼬는 사람에게 거의 아무런 위협 요
소가 되지 않는다는 사실이다. 아마존의 깊은 열대우림이나 호주

미개간지에서는 앵무병으로 새들이 대거 폐사하는 일이 종종 발생할 수 있지만, 버닛의 설명대로 앵무병은 "본질적으로 감염성이 큰 병이 아니다." 그는 앵무병 바이러스의 일차적 기능이 야생 환경에서 새의 개체군 규모가 지나치게 커지거나 생태학적 평형 상태를 깰 만큼 밀도가 높아질 때 균형을 바로잡는 것이라고 주장했다. 인간이 이와 같은 생물학적, 생태학적 과정에 끼어들어 새를 좁은 상자에 빼곡히 담아 운송한 것이 바이러스가 증식할 수 있는 이상적인 환경을 제공한 셈이 되었고, 새에서 사람으로 바이러스가 옮겨 갔다. "야생에서 그대로 살도록 내버려 두면, 앵무새는 감염되더라도 아무런 증상이 나타나지 않는다고 확신할 수 있다." 버닛은 1935년 호주 멜버른에서 앵무병이 발생한 후 이 같은 관찰 결과를 전했다. "새를 붙잡아서 비좁고 지저분한 곳에 두고 운동을 하거나 햇볕을 쬘 기회도 주지 않으면 잠복기에 들어갔던 어떤 감염병이든 활성화될 수밖에 없다."[61]

버닛은 1940년대에 이르러 인구 과잉 문제에 국제 무역과 항공 여행이 더해지면 자연계의 생태 환경이 예측하지 못했던 새로운 방식으로 영향을 받고 이 같은 병원체의 방출 사례가 점점 흔한 일이 될 수 있다고 우려했다. 이에 따라 황열병 등 매개체에 의해 발생하는 질병이 맹위를 떨칠 수 있다고 설명했다. 모든 사람, 모든 존재가 생물학적 관점에서 더욱 밀접하게 연관되는 세상이 인간과 미생물 기생체 간의 "실질적 평형"에는 유익한 영향을 줄 수 있지만 "인간은 (……) 인간 스스로의 활동에 따라 끊임없이 변화하는 환경에 살고, 따라서 인간의 질병 가운데 그런 평형 상태에 이른 것은 거의 없다."

대유행병의 시대

버넷은 이렇게 경고했다.

메이어도 경제와 산업의 급속한 변화가 인간과 미생물의 균형을 깨뜨릴 수 있다고 우려했다. 그러나 앵무병 사태의 원인은 조류 사육자들에게 있다고 정확히 지적했다. 앵무병은 위협 요소가 아니라는 주장을 꺾지 않은 점, 이 병으로 새를 키우던 사람들과 볼티모어, 워싱턴에서 연구자들까지 목숨을 잃었음에도 그런 고집을 부린 것이 문제라고 보았다. 하지만 가장 중요한 원인 요소는 미국 소비자들 사이에서 앵무새가 큰 인기를 끌자 주 간 조류 무역의 수익성이 커지고, 방문 판매원이 집집마다 찾아가 과부, 주부에게 앵무새를 판매한 것인지도 모른다. 1930년대는 미국에서 태어난 이 귀여운 새들이 트로이의 목마나 다름없는 존재였다는 사실이 도저히 생각할 수 없을 만큼 당혹스러운 일이었다. 그러니 저 멀리 남반구에서 온 초록색 새들 탓이라고 비난하는 편이 훨씬 쉬웠으리라.

3. 앵무병의 대유행

The Pandemic Century

· **04** ·

필라델피아
살인마

The "Philly Killer"

" ─────────

이번 발병 사태는 (……) 이례적이고 복합적인 특성이 많고 (……)
현대과학은 틀림없이 정확하며 우리가 맞닥뜨린 모든 문제를
해결할 수 있다는 기대와 어긋나는 결과가 드러났다.

───────── "

애틀랜타, 미국 질병통제센터장 데이비드 J. 스펜서(David J. Sencer)
1976년 11월 24일

필라델피아 월넛 스트리트와 사우스 브로드 스트리트가 만나는 곳,
지금은 "예술의 거리"라 부르는 위치에 잘 꾸며진 현대식 비즈니스
호텔이 있다. "매트리스가 두 겹인" 푹신한 침대를 자랑하는 널찍한
객실부터 나무가 덧대어진 공간에서 센터시티의 휘황찬란한 모습
을 내려다볼 수 있는 19층 레스토랑까지 갖춘 '하얏트 앳 더 벨뷰' 호
텔은 세련된 화려함과 옛것의 매력이 자연스럽게 조화를 이룬 곳이
다. 브로드 스트리트에서 계단을 오르면 나오는 로비에서 예약 안
내 데스크 쪽으로 말끔한 바닥을 걸어가면서 머리 위로 번쩍이는 샹
들리에와 곡선으로 이어진 계단에 수작업으로 완성된 우아한 대리
석, 철재 난간을 바라보면 곧바로 이곳이 얼마나 매력적인 곳인지
느낄 수 있다. 이런 멋진 장식 같은 건 별로 관심 없고 업무상 중요
한 목적이 있어서 찾아온 사람들을 위해 최신식 회의실과 실내 조

킹 트랙, 긴 레인이 갖추어진 수영장과 8,600제곱미터가 넘는 스포 츠클럽도 마련돼 있다. 알레르기가 있거나 건강에 극히 민감한 사 람들도 세심하게 고려하여, 알레르기 유발물질과 그 밖에 공기에 떠 있는 자극 물질까지 걸러 내도록 설계된 최첨단 공기정화 시스템이 갖추어져 먼지 한 점 없고 "알레르기 걱정 없는" 객실까지 제공한다. "하얏트의 '깨끗한' 공간에서 숙면을 즐기시고 여행 기간을 호텔 안 에서 보내세요." 광고 문구는 이렇게 속삭인다.[1]

그런데 호텔 웹사이트 어디에도 나와 있지 않은 정보가 있다. 적 어도 필라델피아에서 나고 자란 베이비붐 세대 사이에서는 가장 유 명한 이 사실은 바로 1976년 '벨뷰 스트래퍼드'였던 이 호텔이 역사 상 가장 이해할 수 없는 감염질환이 발생한 곳들 중 하나였다는 것 이다. 호텔 냉방장치와 냉각수 시스템에서 시작된 문제였다.

'재향군인병' 사태는 7월 21일 수요일, 미국 재향군인회 펜실베 이니아 지부 소속 회원 2,300명과 그 가족들(총 4,500여 명)이 매년 4 일간 이어지는 대규모 행사에 참석하기 위해 벨뷰 스트래퍼드 호 텔로 속속 도착하면서 시작됐다. 참석자의 상당수가 제2차 세계대 전에 참전했거나 한국에서 복무한 군인들로 모두 성대한 파티를 기 대했다. 그해 총회의 총괄 관리자이자 막 도착한 회원들에게 반갑 게 악수를 건네는 역할을 담당한 재향군인회 보좌관 에드워드 호크 Edward Hoak의 협상 덕분에 형편이 되는 500여 명의 회원들은 할인된 가격으로 호텔 체크인을 마쳤다.

스트래퍼드와 브로드 스트리트의 남서쪽을 향하고 있는 '스트래 퍼드' 동과 북서쪽을 향해 서 있는 '벨뷰' 동으로 구성된 이 호텔은 2

년간 800만 달러라는 어마어마한 비용을 들여 재정비를 마친 뒤(현재 가치로는 약 2,000억 달러) 1904년에 다시 문을 열었다. 당시 미국에서 가장 호화로운 호텔로 광고된 곳답게 프랑스 르네상스 시대 분위기가 물씬 풍기는 설계와 더불어 미국 최대 규모의 연회장과 레스토랑 4곳, 객실 1,000개, 토머스 에디슨이 만든 조명기구를 갖추었다. 1920년대에는 "브로드 스트리트의 멋진 귀부인"으로 불리며 필라델피아의 오랜 상징이자 유명인사와 왕족, 국가수반들이 즐겨 찾는 명소가 되었다. 마크 트웨인, 러디어드 키플링, 루마니아의 매리 여왕, 존 J. 퍼싱John J. Pershing 등이 대표적 고객으로 꼽힌다. 시어도어 루스벨트 대통령을 포함한 역대 미국 대통령 모두가 머무른 적이 있고, 존 F. 케네디 대통령도 댈러스에서 암살당하기 바로 전달인 1963년 10월에 방문했다. 그러나 1970년대에는 한물간 장소가 되어 버렸고 새롭게 등장한 고급 체인 호텔과 힘겨운 경쟁을 벌여야 했다. 호크의 협상으로 할인된 가격에 호텔을 이용하게 된 재향군인회 회원 중에도 음식과 음료 가격이 과하게 비싸다고 투덜대는 사람들이 많았다. 또 행사가 열린 접객용 공간은 냉방이 제대로 되지 않고 호텔 직원의 태도가 "거만해서" 마음에 안 든다고 이야기하는 사람들도 있었다.[2]

벨뷰 호텔에서 지낼 형편이 안 되는 사람들은 근처의 벤 프랭클린 호텔이나 도심을 조금 벗어난 곳에 자리한 저렴한 숙박시설을 이용했다. 그러나 그날 전체 회원의 대다수가 벨뷰 호텔 로비로 들어와 참석자 등록을 마쳤고, 행사 첫째 날에 마련된 단체 아침식사부터 마지막 날 저녁에 열린 미국 독립 200주년 기념 무도회까지 주요

대유행병의 시대

행사는 모두 호텔에서 열렸다. 회원들과 가족들은 곧 호텔 바와 행사 시설에 익숙해졌다. 재향군인들은 최고의 시간을 즐기며 갈증을 달래고, 그 주에 필라델피아는 기온이 32도를 웃도는 무더운 날씨라 행사장은 목을 축이고 더위를 식히려는 참석자들로 금세 가득 찼다. 비용 절감을 위해 호크는 자체적으로 마련한 술과 간식을 공급하도록 미리 계획해 두었지만 영 제대로 돌아가지 않는 호텔의 냉방 시설이나 얼음이 제때 나오지 않아 금방 동이 나 버리는 문제는 그도 어찌 할 수 없었다.

재향군인들이 숙취보다 더 나쁜 무언가에 시달린다는 사실을 호크가 처음 인지한 것은 그로부터 일주일 후, 해리스버그에서 320킬로미터 서쪽에 떨어진 작은 마을 매너에 도착한 후였다. 472부대에 새로 들어온 군인들의 입대식을 위해 찾은 호크는 그곳에서 재향군인 6명이 병들고 한 명이 숨졌다는 소식을 접했다. 해리스버그와 가까운 곳에 있던 집에 돌아오자 더 암울한 소식이 기다리고 있었다. 친한 동료의 아내가 보낸 편지가 와 있었는데, 열어 보니 남편이 폐렴을 앓고 있으며 치료가 듣지 않는다는 내용이었다. 그리고 몇 시간 뒤, 호크는 비서관을 통해 그가 숨을 거두었다는 사실을 듣게 된다. 다른 문제를 의논하기 위해 체임버즈버그에 있는 부관에게 전화를 건 호크는 펜실베이니아 중남부의 세인트토머스 612부대 사령관으로 선출된 찰스 체임벌린Charles Chamberlain이 재향군인회 총회에 다녀온 후 갑자기 세상을 떠나 장례식에 다녀왔다는 이야기를 듣는다. 윌리엄스포트의 전직 주 사령관에게 전화를 했을 때도 3명이 이미 사망했으며, 총회에 참석했던 그 지역 출신자 6명이 인근 병원에서 치료를 받고 있지만 위중하다는 소식을 들었다. 이론적으로는 그리 이상한 일도 아니었다. 무엇보다 재향군인회는 인구통계상 노년층으로 구성되고 골초에 술도 많이 마시는 데다 각종 건강 문제에 시달리는 사람들이 많았다. 그렇다 해도 한 지역에서 3명이 사망하고 6명이 입원 치료를 받고 있다는 사실은 조금 이상한 정도가 아니었다. 여기저기 전화를 돌려본 호크는 주 전체 다른 지역에서도 총회 참석자 중 병 든 사람이 있음을 알게 되었고, 뭔가 잘못됐다는 우려는 깊어졌다.[3]

주말에 큰 걱정에 휩싸인 사람이 호크 혼자가 아니었다. 필라델피아 급성 전염병 통제국장 로버트 쉐어라Robert Sharrar는 7월 31일 토요일, 칼라일의 한 의사로부터 최근 재향군인회 총회에 다녀온 환자가 발열과 함께 심한 마른기침 증상으로 자신을 찾아왔고 흉부 X선 검사 결과 기관지 폐렴이 확인됐다는 내용을 전달받았다. 쉐어라는 마이코플라스마 폐렴으로 보이니 돌아오는 월요일에 주 분석검사소에서 확인해 볼 수 있도록 환자의 혈액을 뽑아서 보내라고 지시했다. 그리고 분석 결과가 나올 때까지 작용 속도가 빠른 항생제로 치료해 보라고 권고했다. 통화를 마치려고 할 때, 의사는 쉐어라에게 혹시 필라델피아에 폐렴 환자가 발생한 사례가 더 있는지 물었다. 쉐어라가 모른다고 하자, 그제야 의사는 펜실베이니아 북서쪽에 있는 루이스버그에서 폐렴으로 한 환자가 숨졌다는 이야기를 들었다고 전했다. 즉시 루이스버그 병원으로 전화를 건 쉐어라는 레지던트로 근무 중인 병리학자에게서 사망한 환자는 재향군인이며 "급성 바이러스성 (……) 출혈성 폐렴"이 사인이라는 정보를 입수했다.[4]

대유행병의 시대

필라델피아 대도시에서 폐렴 환자가 한꺼번에 두 명 발생하는 일은 이례적이지 않다. 쉐어라도 여름철에 매주 평균 20명에서 30명이 폐렴으로 사망한다는 사실을 알고 있었다. 그러나 이번 사례는 곰곰이 생각해 볼 여지가 있었다. 2월에 필라델피아에서 북서쪽으로 55킬로미터 정도 떨어진 곳에 있는 뉴저지의 미군기지 포트 딕스에서는 새로운 종류의 돼지독감이 발생했다. 그 독감은 젊은 이등병 한 명의 목숨을 앗아갔고 기지에 있던 병사 여럿이 병을 앓았다. 조사 결과 병원체는 치명적인 대유행병을 일으킨 "스페인독감"의 원인 바이러스인 H1N1과 밀접한 관련이 있는 것으로 밝혀졌다. 이에 애틀랜타 CDC 센터장 데이비드 센서David Sencer가 포트 딕스에서 일어난 사태가 새로운 대유행병의 시초가 될 가능성을 우려해 포드 대통령에게 미국 국민 전체가 예방접종을 받도록 해야 한다고 촉구했다. CDC에서 훈련을 받은 역학자인 쉐어라는 스펜서의 권고를 적극 지지했고, 필라델피아 시민이 누구보다 먼저 독감 예방접종을 받게 하겠다고 결심했다. 그래서 의회가 접종에 필요한 1억 3,400만 달러의 지원금 요청을 승인하고 혹시라도 백신의 부작용이 입증될 경우 책임을 떠안게 될까 봐 우려하는 백신 제조업체들을 위한 보험을 마련한다는 계획에 워싱턴 정치인들이 동의하기만을 기다리던 차였다.

* * *

빅토리아시대 후반부터 에드워드시대까지 폐렴은 결핵 다음으로

4. 필라델피아 살인마

사람들이 두려워하는 질병이었다. 환자는 거의 목숨을 잃었고, 노인이나 면역기능이 약화된 사람들은 특히 그럴 가능성이 높았다. 항생제 개발 전까지 대엽성 폐렴으로 발생한 사망자가 전체 사망자의 4분의 1에서 3분의 1을 차지했다.

이런 상황은 1927년 르네 뒤보가 뉴욕 록펠러 연구소에 마련된 에이버리의 실험실에서 폐렴구균의 다당류 캡슐을 분해하는 효소를 발견하고, 캡슐이 분해되고 나면 식균 작용에 취약한 상태가 된다는 사실을 알아내면서 모두 바뀌었다. 1930년대에 최초로 설파제가 발견된 성과까지 더해져 폐렴 치료와 환자의 생존율 모두 점차 개선됐다. 1940년대 후반에는 페니실린의 가용성이 넓어졌고 1950년대에는 에리스로마이신, 독시사이클린 같은 새 항생제가 발견되었다. 더불어 병원에서 사용하는 호흡 관리 기술도 향상돼 폐렴 치료와 회복기 관리는 한 걸음 발전했다. 1970년대 초 병원에서 발생한 폐렴 사망자 비율은 약 5퍼센트로 떨어졌고 오늘날까지 그 정도로 유지되고 있다.[5] 그만큼 젊은 의과학도들 사이에서 폐렴은 더 이상 흥미로운 연구 주제로 여겨지지 않는다. 얼마 지나지 않아 "전염성 질환의 정복"이 이루어지리라는 확신 아래 연구자들은 유전학적 조건이나 현대의 생활 방식과 관련된 암과 만성질환에 관심을 기울였다.[6]

그러나 필라델피아에서 일어난 사태가 보여주듯 이는 잘못된 생각이었다. 세균성 폐렴은 대부분 폐렴구균 감염으로 발생하지만, 페스트를 일으키는 페스트균*Yersinia pestis*과 앵무병의 원인균인 클라미디아*Chlamydia psittaci*를 포함한 몇 가지 다른 흔한 세균도 폐렴을 일으킬 수 있다. 파이퍼가 대유행병으로 번진 러시아독감과 스페인독감의 원인이라고 주장했던 헤모필루스 인플루엔자와 세균의 특성과 바이러스의 특성을 모두 가진 극히 작은 유기체인 폐렴마이코플라스마*Mycoplasma pneumoniae*도 비정형적 폐렴을 유발하는 일반적 원인에 포함된다. 한 번도 밝혀지지 않은 병원체가 폐렴을 일으킨 사례도 몇 번 있었다. 1965년 워싱턴 DC 소재 세인트 엘리자베스 정신병원에서 14명이 폐렴으로 숨진 사례나 미시건 주 폰티악의 보건부 건물에서 발생한 발병 사례도 원인불명 폐렴이었다. "폰티악 열"이라는 이름이 붙여진 후자는 CDC에서 나온 직원들을 비롯해 144명의 직원과 방문객이 독감과 유사한 증상을 보였다. 사망자는 없었고 폐렴으로 기록된 환자도 없었지만 건물에 설치된 공기콘덴서에서 물을 채취해 여과하지 않고 기니피그에게 분사하자 결정성 폐렴이 발생했다. 세균 크기의 감염원이 그 물속에 존재한다는 의미였다. 물에서 병원균을 배양하려는 시도와 기니피그의 폐 조직에서 원인균을 찾으려는 노력 모두 실패했고 CDC도 크게 좌절했다. 이런 이유로 폰티악과 세인트 엘리자베스에서 발생한 발병 사례는 역학 전문가들에게는 알려졌지만 언론에는 전혀 보도되지 않았다.[7] 반면 포트 딕스에서 발생한 돼지독감은 큰 혼란을 일으켰으므로 신문마다 일제히 보도하고 정부의 백신 계획에 관한 기사가 넘쳐흘렀다. 8월 2일에 필라델피아 재향군인관리국 소속 병원의 의사가 CDC 본사로 전화를 걸어 국립 독감 예방접종사업 담당자와 통화하고 싶다고 요청한 것도 이런 이유 때문이다. 전화는 젊은 역학 전문요원 로버트 크레이븐*Robert Craven*에게 연결됐다. 크레이븐은 동료인 필 그레

4. 필라델피아 살인마

이처[Phil Graitcer]와 함께 "작전실"로 불리던 강당 A에서 근무 중이었다. CDC가 돼지독감의 전국적 유행을 예상하고 만든 곳이었다. 전화를 걸어 온 의사는 암울한 소식을 전했다. 자신이 일하는 병원에 재향군인 4명이 입원했고 모두 지난 주말에 폐렴으로 숨졌다는 소식이었다. 숨진 환자 모두 필라델피아에서 개최된 총회에 참석했다는 사실과 함께, 그 행사에 참석한 사람들 중 26명 정도가 "열성 호흡기 질환" 증상을 보인다고 전했다.[8]

크레이븐과 그레이처는 이 보고를 중요하다고 생각하지 않았다. 노인들이 그만큼 대규모로 모이는 행사에서 4명 정도는 폐렴으로 사망할 수 있다고 판단했다. 그러나 채 한 시간도 지나지 않아 필라델피아에서 의사, 보건 당국 관계자 들이 몇 차례 더 CDC로 전화를 걸어 와 비슷한 이야기를 했고 다음 날 아침에는 폐렴 사망자 수가 11명에 이르렀다. 확실히 이례적인 상황이었다. 마침 동료 중에 짐 비첨[Jim Beecham]이라는 젊은 역학 전문요원이 최근 해리스버그에 있는 펜실베이니아 주 보건부 본사로 발령받았다는 사실을 떠올린 크레이븐이 그에게 연락했고, 그날 아침 일찍 호크가 성명을 발표했다는 소식을 접했다. 재향군인회 회원 중 최소 8명이 세상을 떠났고, 총회에 참석한 30여 명이 "원인불명 증상"을 보이며 병을 앓고 있다는 내용이었다. 발병 사례를 보고한 사람들은 이 사태가 돼지독감과 연관이 있는지 궁금해했다.

일반적으로 독감의 잠복기는 하루에서 4일이며, 건강한 성인 대부분은 증상이 나타나기 시작한 날로부터 5일에서 7일까지 다른 사람을 감염시킬 수 있다. 필라델피아에서 개최된 총회에서 재향군인들이 돼지독감에 걸렸다면 7월 28일쯤 최초 환자가 나타났을 것이고, 당국은 8월 첫 주에 2차 발병 사례가 발생할 것으로 예상할 수 있다. 실제로도 그렇게 진행되었을까? 오래전부터 두려워했던 일, 돼지독감이 정말 시작된 것일까? 누구도 확실한 답을 제시할 수 없었다. 하지만 소문은 점점 무성해지고, 제약업계가 백신을 충분히 만들려면 아직 몇 개월을 기다려야 하는 상황에서 CDC는 서둘러 답을 내놓아야 했다. CDC 센터장의 명예가 달린 일이기도 했다.

하버드 의과대학을 나온 32세 데이비드 프레이저David Fraser가 조사 담당자로 지목됐다. 바비 케네디와 깜짝 놀랄 만큼 빼닮은 외모에 향후 CDC 센터장이 될 인물로 거론되던 프레이저는 얼마 전 CDC 특수 병원균 분과에 배정되었다. 돼지독감 작전실보다 5층 높은 곳에 마련된 창문 없는 작은 사무실이었다. 그곳에서 최근 발탁된 역학 전문요원들을 비롯한 역학 전문가들로 구성된 팀을 이끄는 것이 그의 역할이었다. 역학 전문요원은 1951년 생물전에 대비하여 조기 경보 부대가 될 수 있도록 꾸려진 CDC의 정예 질병탐색 팀이다. 세계 어디에서 일어난 질병이든 조사할 수 있다는 자신감은 지구 모양에 밑창이 다 닳은 신발 모양이 더해진 로고에도 드러난다. 해마다 250명에서 300명의 지원자가 총 2년간 75곳에서 실시되는 강도 높은 역학 전문요원 훈련 프로그램 혜택을 누릴 수 있는 자리를 놓고 경쟁을 벌인다. 후보는 의학계 전 영역에서 선발되며 의사, 수의사, 바이러스 전문가, 치과의사가 포함된다. 중점을 두는 요소는 역학적 조사 절차와 생물통계, 그리고 발병 사례의 조사 관리 능력이다. 특히 예전 사례 기록을 조사하고 사례별로 감염 분포를 시

4. 필라델피아 살인마

간과 장소별로 상세히 종합해서 차트, 혹은 "체계적 정보 목록"을 만들어 내는 역량이 필요하다. 훈련 참가자는 병리학, 혈청학적 검체를 수집하는 방법도 배운다.

역학 전문요원을 창설한 알렉산더 D. 랭뮤어 Alexander D. Langmuir가 정한 비전에 따라 실제로 일을 하면서 배우는 과정도 중시된다. 랭뮤어는 어느 훈련생 후보에게, 지원자가 수영을 할 수 있는지 없는지 확인하는 방법은 "배 밖으로" 밀어 보는 것이 최고라 생각한다고 이야기한 적이 있다. 수영을 못 하면 얼마든지 "튜브를 던져 주고 물 밖으로 꺼내 줄 것이며, 그런 다음에 다시 던질 것"이라고 했다.[9] 역학 전문요원 훈련 과정을 모두 마친 사람은 사태가 벌어지면 주저 없이 가장 밑바닥까지 가 봐야 한다는 의미다. 프레이저도 몇 년 전에는 시에라리온에서 발생한 의문의 라사열 조사에 힘을 보탰다. 당시 동료 중 한 사람은 원인 바이러스의 숙주로 추정되는 설치류를 잡으러 온 마을을 돌아다니다가 거의 목숨을 잃을 뻔했다(결국 그 지역에 서식하는 시궁쥐의 한 종류가 원인이라는 사실을 밝혀냈다). CDC 센터장이 조사 담당자로 프레이저를 지명한 또 한 가지 이유는 소문이 자자한 그의 외교 능력이었다. 실제로 프레이저가 펜실베이니아 주도인 해리스버그에 도착해 지역 보건 당국 관계자들과 만나 CDC가 이번 사태에 관심을 갖고 있다는 사실을 알릴 때 꼭 필요한 능력이었다.

역학 전문가가 질병이 발생했을 때 해야 할 일로 가장 먼저 배우는 것은 진단을 검증할 수 있도록 조사 중인 질병을 정의하는 것이다. 이어 병을 앓는 사람들과 비교군에 해당하는 병을 앓지 않는 사

대유행병의 시대

람들(대조군으로 불린다)의 노출 빈도 조사가 두 번째로 해야 할 일이다. 이 과정이 끝나야 확인된 사례들을 유행병으로 볼 수 있는지 여부를 판단할 수 있다. 프레이저는 8월 3일에 해리스버그로 향할 때 100건의 의심 사례가 발생했고 19명이 사망했다는 사실을 알고 있었다. 그리고 환자 모두가 필라델피아에서 열린 재향군인회 총회에 참석했다는 것도 인지했다. 그러나 이런 사실이 보고 과정에서 생긴 허위일 수도 있었다. 미국 재향군인회는 서로 관계가 끈끈하고 소통도 효율적으로 이루어지는 네트워크인 만큼 다른 환자들보다 재향군인이 발병한 사실이 가장 먼저 부각됐을 가능성도 있었다. 게다가 이미 언론이 이번 사태에 뜨거운 관심을 보이고 있으니, 보고된 내용이 왜곡됐을 가능성은 더욱 크다. 펜실베이니아에서 정말로 유행병이 발생했는지 확인하기 위해, 프레이저는 관련 시기에 폐렴을 앓은 집단이나 개인이 또 있는지 알아보고, 이들이 필라델피아나 다른 장소에 머무른 적이 있는지 조사해야 했다. 그리고 발병률을 정확히 파악하려면 행사에 참석한 재향군인과 그 가족의 수를 함께 확인할 필요가 있었다. 환자의 이름과 나이, 주소와 함께 재향군인 환자의 경우 행사에 참석한 날짜, 당시에 머물렀던 호텔이 명시된 정보 목록이 마련된다면 더욱 도움이 될 것이다. 목록에는 발병 날짜와 사망자 경우에 사인 등 환자에 관한 의학적, 병리학적 핵심 정보도 포함되어야 한다. 분명 보통 일은 아니었다. 이렇게 하려면 30명의 역학 전문요원이 주 전역으로 흩어져 환자의 가족들과 만나 인터뷰를 실시하고 입원 치료를 받은 경우 치료 받은 시설도 찾아가 문의해야 한다. CDC는 이 같은 작업이 필요할 것을 예상하고 8

월 2일에 크레이븐과 그레이처를 각각 피츠버그와 필라델피아로 보냈고 최근 발탁된 역학 전문요원 시어도어 차이Theodore Tsai를 해리스버그로 파견했다. 프레이저도 갓 선발된 두 명의 역학 전문요원과 함께 해리스버그에서 처리할 업무에 합류할 예정이었다. 한 명은 향후 세계보건기구 신종감염병 부문 총괄을 맡은 데이비드 헤이만David Heymann이고 다른 한 명은 나중에 미국 공중보건국 부국장이 된 스티븐 대커Stephen Thacker다.

또 한 가지 우선적으로 해결할 문제는 돼지독감이 원인인지 확인하는 일이었다. 이 업무는 그레이처가 주로 맡았다. 그가 주 분석 실험소와 협력해서 환자의 인후에서 채취한 검체와 혈청을 애틀랜타에 있는 CDC 연구소로 보내면 전문가들로 구성된 조사팀이 환자의 혈청이 2월에 포트 딕스에서 발견돼 'A/뉴저지/76'으로 불리던 H1N1 돼지독감 바이러스와 교차 반응하는지 확인했다. 이와 함께 CDC 조사팀은 당시 북반구에서 가장 널리 발견되던 독감 바이러스인 H3N2 'A/빅토리아/75', 그리고 폐렴과 관련된 다른 일반적 감염원도 항원으로 작용하는지도 검사했다.

프레이저는 해리스버그 도착 후 48시간 내에 첫 번째 질문의 답을 찾았다. 그곳에서 일어난 사태는 돼지독감이 아니었다. 72시간이 지나기 전에 실험분석을 진행한 조사팀이 A/뉴저지나 A/빅토리아 계통의 바이러스와 무관하다는 사실을 확인했다. 그렇다면 몇 가지 다른 가능성이 있었다. 가장 유력하게 거론된 후보는 앵무병을 일으키는 앵무병 클라미디아Chlamydia psittaci와 소와 양, 염소에 Q열을 발생시키고 인체에 감염되면 폐렴이 나타나는 Q열균Coxiella *burnetii*이었다. 그 밖에 새와 박쥐를 통해 전염되는 히스토플라스마 *Histoplasma*라는 진균도 그보다 확률은 낮지만 감염 후보에 포함됐다. 이러한 병원균을 검사하려면 짧게는 수주, 길게는 수개월까지 소요될 수 있고, 벨뷰 호텔의 먼지와 물 표본 등 다른 증거도 침착하고 조심스럽게 수집해야 한다. 또한 사망한 재향군인 발병자에게서 병리학적 검사에 필요한 검체를 채취해 조사해야 한다는 사실을 프레이저는 잘 알고 있었다. 그러나 펜실베이니아 보건부에 도착해 레오나드 바흐만Leonard Bachmann 장관과 그곳의 수석 역학자 윌리엄 파킨William Parkin과 대면하자 곧 분위기가 침착과는 영 거리가 멀다는 것을 느낄 수 있었다. 사람들이 겁에 질려 전화를 걸어 대는 통에 이미 전화선은 뽑혀 있고 옆방에 있는 기자실에서는 신문기자들이 이번 사태가 뭔가 악의적인 의도에서 비롯된 일은 아닌지, 혹시 반전 운동을 벌이던 극단적 운동가들이 미국 독립 200주년 행사를 망치려고 일부러 해를 가한 건 아닌지 알려 달라고 난리였다. 2년 전 워터게이트 사건과 연관된 범죄 혐의로 잡힌 리처드 닉슨을 사면시켜 논란을 일으킨 제럴드 포드 대통령에게 보내는 메시지가 아니냐는 의혹도 제기됐다. 하지만 기자들이 이런 질문을 퍼붓는 건 당연했다. 재향군인회 총회 준비가 한창일 때, 경찰 출신이자 평소 강경 발언으로 유명했던 닉슨의 절친한 친구이자 필라델피아 시장인 프랭크 리조Frank Rizzo가 시내 중심가와 주변 지역에 사복 경찰을 배치해 테러리스트 공격이 감행될 수 있다는 공포심을 고의로 조장했기 때문이다. 발병 사태가 일어나고 리조의 공식 대변인인 앨버트 가우디오시Albert Gaudiosi가 미국 중앙정보부CIA가 화학무기와 생물무기를 활

4. 필라델피아 살인마

용한 비밀 작전을 펼쳤을 수 있다는 등 굉장히 이상한 음모론까지 제기했다. 많은 사람들이 가우디오시의 성명은 쓰레기 처리를 놓고 벌어진 분쟁을 시장이 해결하지 못해 장기화되는 상황에서 관심을 다른 곳으로 돌리려는 노골적 시도라고 보았다. 3주째 입장 차이가 좁혀지지 않아 거리 곳곳에 업체가 수거를 거부한 쓰레기가 산더미처럼 쌓여 있었다.[10] 게다가 쓰레기더미는 자석처럼 쥐와 온갖 해충을 끌어들였다. 기자들은 이렇게 몰려든 쥐의 몸에 페스트균에 감염된 벼룩이 있을 수 있다고 의심했다. 재향군인들 사이에서 발생한 희한한 폐렴 증상의 원인이 혹시 페스트는 아닐까?

CDC 과학자들이 환자의 가래와 폐 조직, 다른 병리학적 검체를 검사하는 동안 역학 전문요원들은 펜실베이니아 전역으로 조사 지역을 확대했다. 요원 한 사람이 평균 약 720킬로미터씩 운전해 이동하면서 6곳이 넘는 병원을 찾아가 10여 명의 환자와 인터뷰를 실시했다. 임상적 특징은 어느 정도 명확히 드러났다. 재향군인 환자의 경우 대체로 몸이 으스스한 기분이 들다가 근육통과 두통이 약간 나타나는 것으로 시작됐다. 그러다 24시간 내로 열이 빠른 속도로 오르고 오한과 마른기침이 나타나며 때때로 복통과 위·장관 증상이 따르는 경우가 있었다. 2, 3일 후에는 열이 38.8도에서 40.5도까지 치솟고 흉부 X선 검사에서 폐 군데군데에 폐렴 징후가 확인됐다. 이에 따라 기침이 나고 열이 38.8도 이상 오르거나, 열 상태와 상관없이 흉부 X선 검사에서 폐렴이 확인되면 임상학적으로 이번 사태의 환자로 본다는 정의가 내려졌다. 여기에 조사자들은 역학적 판단 기준도 추가했다(미국 재향군인회 총회에 참석했거나 7월 1일부터 8월 18

일 사이 벨뷰 스트래퍼드 호텔 내부에 있었던 사람만 해당). 해당 시점에 주 보건부에 등록된 발병 사례는 전부 총회에 참석했거나 벨뷰 호텔에 있었던 사람들로 구성되므로 이 같은 임상역학적 정의와 맞아떨어졌다. 그러나 이 체계적인 정보 목록도 벨뷰 호텔에서 발생한 사태를 둘러싼 언론의 관심 때문에 왜곡됐을 수 있고 분명히 사례에 포함되어야 하지만 미처 보고할 생각을 못 한 사람이 있을 수 있다는 점을 고려했다. 이에 보건부는 핫라인을 설치하고 재향군인 총회에 참석했거나 벨뷰 호텔에 가지 않았더라도 이번 사태에 해당될 가능성이 있는 사례가 있으면 신고해 달라고 요청했다.

8월 첫 주가 되자 유행성 폐렴이 최고조에 달했고 전염성은 없으며 2차 감염 사례가 없다는 사실이 명확해졌다. 유행 과정을 되짚어 본 결과 7월 22일부터 25일 사이에 발병 사례가 급속히 증가한 후 28일까지 정체기가 이어지다가 8월 3일을 기점으로 다소 천천히 줄어드는 흐름이 뚜렷하게 나타났다. 또한 재향군인 총회가 열리기 전에는 관련 사례가 한 건도 없었고, 원인은 알 수 없지만 잠복기가 이틀에서 열흘이었다. 8월 10일까지 4주 동안 총 182명의 환자가 발생했고 29명이 사망한 것으로 집계돼 치사율은 16퍼센트로 파악됐다. 특히 흡연자와 노년층에 위험한 영향을 주고, 60세 이상은 사망 확률이 두 배 높았다. 환자는 거의 대부분 벨뷰 호텔에서 숙박했거나 로비와 접객 공간에서 치러진 행사에 참석한 재향군인이었다. 그러나 재향군인이 아닌 사람 중에도 임상학적으로 이번 발병 기준에 맞는 환자들이 있었다. 벨뷰 호텔의 냉방장치 수리기사와 버스 운전사, 브로드 스트리트 쪽으로 나와 있는 호텔 현관 앞을 지나간 몇몇 행인도 포함됐다. 이처럼 브로드 스트리트에서 발생한 폐렴도 이 유행병 사태에 해당한다고 봐야 할까? 그런데 냉방장치 수리기사를 제외하고 벨뷰 호텔 직원 중에는 왜 환자가 거의 없었을까?

역학은 정확한 과학을 추구하지만, 추정도 상당 부분 포함된다. 존스 홉킨스 대학교 교수였던 역학 분야의 선구자 중 한 명인 웨이드 햄튼 프로스트Wade Hampton Frost는 이렇게 설명했다. "특정 시점의 역학 정보는 검증된 사실을 모두 합한 것 이상이다. 직접 관찰의 경계를 넘어, 연쇄적 추론을 체계적으로 정리한 결과도 역학 정보에 포함된다."[11] 즉 가공되지 않은 데이터에서 분석할 수 있는 결과는 일부일 뿐이다. 프레이저는 재향군인들이 겪은 질병을 제대로 파악하려면 발병 사태에 초점을 맞추어야 한다는 사실을 깨달았다. 벨뷰 호텔 내부를 조사하는 일은 문제가 되지 않았다. 병에 걸릴까 봐 예약자 대다수가 예약을 취소한 상태였다. 이에 8월 10일, 프레이저를 포함한 조사관 10명은 벨뷰 호텔로 가서 로비 주변과 행사가 열린 공간을 조사했다.[12] 프레이저는 그곳에서 재향군인들이 호텔 시설을 이용한 방식에 증거가 될 패턴이 발견될 수 있다고 추정했다.

펜실베이니아 지부에 등록한 회원만 1만여 명인 재향군인들이 당시 행사에 얼마나 참석했고 어떤 경로로 이동했는지 재구성하기 위해, 프레이저는 주 전역에 사는 재향군인들을 대상으로 설문조사를 실시했다. 필라델피아 행사에 참석했는지 여부를 묻는 질문과 함께 어떤 호텔에 묵었는지, 벨뷰 호텔 내부와 호텔 바깥쪽 인도에 머문 시간을 묻는 질문도 제시했다. 총 2쪽으로 구성된 설문지에는 총회에서 진행된 주요 활동과 행사에 관한 체크리스트가 포함되었

대유행병의 시대

다. 응답자들은 7월 23일에 벨뷰 호텔 18층 장미정원에서 열린 아침 식사 행사에 참석했는지, 같은 날 저녁에 호텔 2층에 마련된 휘황찬란한 연회장에서 열린 입장권 소지자에 한해 참석할 수 있었던 지휘관 주최 독립 200주년 기념 무도회에 참석했는지를 묻는 질문에도 답했다. 프레이저는 이들이 섭취한 음식과 커피, 술에 관해서도 조사하고 음료에 얼음과 희석용 음료를 섞었는지 여부, 시내까지 재향군인 퍼레이드가 진행될 때 노점에서 구입한 음식이 있는지도 질문했다. 조사관들은 호텔의 다른 숙박 고객과 재향군인회 총회에 참석하지 않았지만 같은 기간에 호텔에 머물거나 방문했던 사람들과도 인터뷰를 실시했다. 역학 전문요원들이 마지막으로 인터뷰한 대상은 벨뷰 호텔의 직원들로, 몸에 안 좋은 변화가 있었는지 여부를 질문했다. 리조는 조사를 돕기 위해 프레이저와 쉐어라의 업무를 돕도록 살인사건 수사팀까지 보냈다. "사소한 단서도 놓치지 않을 것"이며, 특히 재향군인을 대상으로 호텔 손님인 척하며 행사장에 드나든 성매매 여성들과 접촉한 적이 있는지를 질문하는 일도 거리낌 없이 해낼 수 있다는 설명이 덧붙여졌다.

참가자 거의 전체가 호텔 접수처가 있는 1층 로비 근처에서 선거에 출마한 회원들과 대화를 나누거나 가족, 친구들과 수다를 떨며 어느 정도 머물렀다는 사실이 곧 확실히 밝혀졌다. 또한 거의 전원이 엘리베이터를 이용해 호텔 꼭대기에 있는 레스토랑이나 바, 행사장으로 이동했다는 사실도 확인했다. 세부 정보 목록에 각각 "J.D.", "J.B."로만 기입된 지미 돌란Jimmy Dolan과 존 브라이언트 랄프John Bryant Ralph의 경우를 전형적인 예로 볼 수 있다. 윌리엄스타운 재향군인회

4. 필라델피아 살인마

소속인 돌란과 랄프는 각각 서른아홉, 마흔하나로 어릴 때부터 친구였다. 두 사람은 비용을 아끼기 위해 지미의 사촌이자 펜실베이니아 239부대 소속 지휘관인 마흔세 살 리처드 돌란Richard Dolan과 함께 도심과 외곽 중간쯤에 있는 홀리데이 인에서 숙박했다. 파티를 무척이나 좋아한다고 알려진 이 건장한 체격의 세 남성은 독립 200주년 무도회에 참석했고 자정이 훌쩍 넘도록 술을 마셨다. 로비에서도 몇 시간을 보냈지만 호텔 바와 레스토랑은 이용하지 않았다. 윌리엄스타운으로 돌아와 며칠이 지난 후 지미 돌란과 랄프는 열이 났고 두통과 기침 증상을 겪었다. 지미 돌란은 7월 29일에 병원에 입원했고 3일 후 사망했다. 병원 병리학자는 사인을 "양쪽 폐 경화, 극심한 각혈"로 기록했다. 다음 날인 8월 2일에 랄프 역시 알 수 없는 병으로 숨을 거두었고 사인은 "양쪽 폐 전체 방대한 부위에 폐렴 발생"으로 명시됐다. 그런데 리처드 돌란은 이 두 사람과 달리 아무런 증상을 겪지 않았다.[13]

　설문조사에서 "통계적으로 유의미한" 세 가지 내용이 확인됐다. 첫째, 병을 앓은 재향군인은 그렇지 않은 참석자보다 벨뷰 호텔에 평균 4, 5시간 더 오래 머물렀고 로비에서 보낸 시간도 상당히 길었다. 로비에서 보낸 시간과 발병 여부와의 상관관계는 벨뷰 호텔에 숙박한 사람들에게서 특히 두드러졌으나 다른 호텔에서 지낸 재향군인들에서도 나타났다. 그러나 이 상관관계가 로비와 그 근처에서 근무했고 따라서 그곳에서 보낸 시간도 재향군인들과 비슷하거나 더 긴 호텔 직원들에게서는 나타나지 않았다. 7월 21일에 독감과 유사한 증상이 나타났고 그로부터 4일 후 일터로 복귀한 냉방설비

수리기사를 제외하면 호텔에 소속된 30명의 상근 근무자 중 누구도 병을 앓거나 질병 증상을 보이지 않았다. 두 번째로 확인된 것은 발병 여부와 행사장 방문 사이에 상관관계가 크지 않다는 점이다. 재향군인 행사 참석자 환자와 재향군인이 아닌 일반인 환자의 행사장 방문 횟수는 각 평균 2.6회와 1.8회였고, 여러 곳으로 나뉜 행사 객실 중 전체 환자의 3분의 1 이상이 방문한 곳은 한 곳도 없다. 세 번째로 밝혀진 사실은, 환자의 경우 병을 앓지 않은 사람보다 벨뷰 호텔에서 물을 마셨을 가능성이 높지만 어떤 형태로든 물을 마셨다고 밝힌 환자는 3분의 2에 그쳤다는 점이다. 이는 갈증을 술이나 탄산음료로 해소하는 쪽을 택했기 때문인 것으로 보인다. 쉐어라는 이 모든 상황을 종합할 때 "발병 가능성이 가장 높았던 유형은 사람들과 친근하게 어울리고 갈증을 느꼈던 남성이고 노인인 재향군인 중 호텔 로비 주변을 돌아다닌 사람"이라고 정리했다.[14]

질병 발생 시 조사를 통해 유행병으로 확인되고 진단 기준이 정해지고 나면, 그다음 순서로 '누가, 어디에서, 언제, 어떻게, 무엇을'에 해당하는 질문을 해결해야 한다. 이 사태의 경우 조사 결과 '누가'는 재향군인이고 '언제'는 재향군인회 총회 기간, '어디에서'는 벨뷰 호텔이라는 점에는 의심할 여지가 없었다. 그러나 '어떻게'와 '무엇을'은 가능한 답이 광범위했다. 재향군인들 사이에서 발생한 병이 먼지나 재 입자 같은 비생체 접촉 매개물질이나 어떤 기체에 노출된 결과일까? 아니면 병원체가 물이나 식품을 매개로 옮겨졌을까? 더 나아가, 발병자의 공통분모가 벨뷰 호텔이라면 호텔 직원들은 분명 병에 걸리지 않은 사실을 어떻게 설명할 수 있을까? 제기된 음모론

4. 필라델피아 살인마

대로 고의적인 첩보 활동일 가능성이 있을까?

그 즈음에는 온갖 추측이 난무했고 일부 신문은 재향군인들이 폐부종과 호흡 문제를 일으킨다고 알려진 제초제 파라콰트에 중독됐다는 추정을 내놓았다. 과거 독일군에 이어 제1차 세계대전 시기에는 연합군도 이용했던, 폐에 영향을 주고 질식과 호흡 곤란을 일으키는 포스겐 가스까지 언급됐다. 재향군인들이 나타낸 증상으로 볼 때 화학적 폐렴을 유발하고 심폐기관의 기능 상실을 일으킬 수 있는 매우 유독한 액체인 니켈카르보닐이 원인이라는 의견과 함께 참석자들이 마신 음료를 섞을 때 바 직원이 사용한 카드뮴 재질의 음료 용기로 인해 카드뮴 중독이 발생한 것이라는 주장도 있었다. 프레이저는 CDC 분석 전문가들에게 사망한 재향군인들에게서 채취한 병리학적 검체에 이러한 독소나 독이 조금이라도 있는지 확인해 달라고 요청하는 한편 역학 전문요원들에게 호텔 레스토랑과 바, 객실, 행사장에 이 같은 화학물질이 있는지 조사하도록 했다. 그가 판단하기에 원인이 포스겐 가스라면 재향군인들이 마신 음료에 들어갔거나 엘리베이터가 오르내리는 통로에 살포돼 흡입했을 것이고, 후자의 경우라면 엘리베이터가 계속 움직이면서 가스가 호텔 위층으로 확산되었을 것이다. 재향군인 참석자의 발병 여부와 특정 행사장에 있었는지 여부에 연관성이 나타나지 않은 것도 이런 이유 때문인지 모른다. 문제는 모두가 엘리베이터를 이용해 로비로 들어왔거나 나갔다는 점이다. 포스겐은 체외로 신속히 배출된다는 점에서 중독을 일으키기에 이상적인 물질이긴 하지만, 대부분 심각한 신장 손상을 일으킨다는 특징이 있다는 점도 고려해야 한다. 신장에서 외상 징후가 나타난 재향군인은 한 명도 없었다. 검체에서 파라쾃트가 확인된 사례도 전혀 없었다. 니켈도 폐렴을 앓은 재향군인 환자 6명과 브로드 스트리트를 지나간 환자 2명의 폐와 간, 신장에서 소량 검출됐지만 검출된 양은 정상 범위에 충분히 들어가는 수준이었고, 대조군과 비교해도 더 높지 않았다.

프레이저는 확실한 후보가 제외되자 가능성이 먼 쪽에 두었던 요소들을 고려했다. 냉방 시설도 그중 하나였다. 차가운 공기는 아래로 가라앉고 일부러 위로 날려 보내려고 해도 그럴 수 없으므로, 대부분의 현대식 호텔은 옥상에 냉각설비를 갖추었다고 자랑한다. 그런데 벨뷰 호텔의 경우 구식 냉각수 시스템이 설치된 곳이라 지하 2층에 캐리어 사의 냉동기 두 대가 놓여 있었다. 1954년에 설치된 이 두 대의 냉각 설비는 처리 용량이 각 800톤, 600톤이고 프레온 11이 물 온도를 낮추는 냉매로 사용됐다. 차게 식혀진 물은 펌프를 통해 호텔 옥상으로 올라가고, 그곳에서 건물 여러 층에 설치된 약 60대의 공기 조화기(에어컨)로 전달됐다. 대부분 재순환되는 공기가 약 75퍼센트, 외부 공기가 25퍼센트 정도를 차지했지만 로비의 접수처 바로 위에 설치된 에어컨으로 나오는 바람은 전부 재순환된 공기였다.

이와 동시에, 건물 옥상에 개별 설비로 마련된 냉각탑에서 "냉각된" 물이 냉매 응축에 사용됐다. 사고로 누수가 발생할 경우 가까운 곳에 있는 물 팽창 탱크에서 플로트 밸브를 통해 물을 자동으로 다시 채우도록 설계되었다. 그런데 이 밸브에 뭔가가 잘못되어 호텔 옥상의 물파이프가 공기로 채워졌고, 이로 인해 18층 장미정원의

레스토랑에 설치된 에어컨 중 한 대가 작동하지 않았다. 호텔 직원은 이 문제를 해결하기 위해 냉각탑과 에어컨에 연결된 호스를 정원용 호스로 연결했다. 그 결과 임시방편으로 팽창 탱크의 플로트 밸브가 오작동하는 문제는 해결됐지만 호스 양쪽에 연결된 밸브 중 어느 한 쪽이라도 열리거나 새면 여러 안전밸브가 오작동할 수 있었고, 냉각탑에서 나온 물이 옥상에 설치된 다른 두 개의 철재 탱크로 유입될 수 있었다. 이 두 대의 탱크에는 호텔에서 사용되는 음용수가 담겨 있었다. 냉각탑에 사용되는 물은 파이프 보존을 위해 크롬산염이 처리되므로, 음용수 탱크로 이 물이 유입되면 오염이 발생할 수 있다. 또한 냉각탑은 덮개가 없고 내부가 바깥으로 노출돼 있으므로 옥상에 날아온 비둘기가 난간에 앉을 경우에 떨어진 배설물이 음용수까지 섞여 들어갈 가능성이 높았다.

  지하에 설치된 800톤 규모의 냉각 설비에 그보다 더한 위해가 발생했을 가능성도 있었다. 5월부터 냉매 프레온 11이 계속 새서 벨뷰 호텔 관리팀은 커리어 사에 여러 번 수리를 요청했다. 하지만 수리를 해도 문제가 부분적으로만 해결됐고, 여름철을 맞아 각종 행사가 많이 열리는 시기가 임박하자 관리팀은 수리는 나중에 받기로 하고 연기했다. 냉각 설비가 있는 지하 2층에서 배출된 기체가 호텔 남측과 면한 챈슬러 스트리트로 곧장 나간다는 것이 문제였다. 이론상으로는 방출된 공기에 고장 난 냉각기에서 새어 나온 냉매 프레온 11이 기체 상태로 포함됐을 수 있다. 게다가 이 냉각기와 연결된 배기 파이프에서 나오는 기체도 챈슬러 스트리트로 나가는데, 그 지점이 배기 팬과 채 1미터도 떨어져 있지 않아서 빠져나가던 공기 중 일부가 근처 통풍구를 통해 다시 빨려 들어가 지하 2층으로 유입될 수 있었다. 프레이저는 "이 공기가 최종적으로 어떤 운명을 맞이했는지" 가늠할 수 없었지만, 지하 2층에는 다른 수직 통로를 거쳐 건물 옥상으로 공기를 배출시키는 대형 팬이 두 대 더 설치되어 있으므로 이렇게 오염된 공기가 호텔 내부를 순환할 가능성을 배제할 수 없었다.[15] 재향군인회 총회 개막식 전날인 7월 20일에 냉방장치 수리기사가 몸이 아파서 병가를 냈다는 사실도 냉각설비의 냉매가 관련 있을지 모른다는 프레이저의 의심에 힘을 실었다. 이 수리기사는 기침이 나고 열이 38.8도까지 올랐다고 밝혔으므로 조사 대상자 목록에도 포함됐다. 다만 폐렴으로 발전하지는 않았고 7월 24일에는 업무에 복귀할 수 있을 만큼 회복했다. 나중에 이 수리기사의 아내와 두 딸도 같은 시기에 호흡기 질환을 앓았다는 사실이 밝혀지자 쉐어라는 재향군인들이 겪는 병이 아닌 독감인 것 같으니 그의 이름을 조사 목록에서 빼야 한다고 주장했다.[16]

역학 전문요원들은 8월 말까지 호텔 건물을 맨 꼭대기부터 가장 아래층까지 샅샅이 조사했다. 냉방시설에서 나온 프레온 11과 냉각수, 에어컨과 카펫, 휘장, 호텔 엘리베이터에 남은 먼지, 호텔 음수대와 제빙기의 물, 설치류 억제를 위해 사용된 화학물질, 표백제 등 청소용품, 그리고 머그컵, 모자, 배지 등 각종 총회 기념품과 선물이 담긴 봉지에 함께 들어 있던 메리트 담배 등이 검체로 수거돼 애틀랜타로 보내졌다. 이와 함께 프레이저는 지하철과 이어진 통풍 그릴에서도 브로드 스트리트 쪽으로 공기가 방출된다는 사실을 확인했고 지하 통로도 조사하도록 했다. 마지막으로 날씨를 고려하지 않고는 역학 조사가 완전해질 수 없다는 점을 고려해, 7월 21일부터 25일까지 발표된 기상정보도 수집하도록 했다. 재향군인 총회는 무더위 속에서 시작됐지만 7월 22일에는 기온이 급격히 떨어졌다는 사실이 확인됐다. 그런데 보통 이런 경우 지상과 더 멀리 떨어진 상층부 기온이 더 떨어지지만, 당시에 옥상을 포함한 호텔 고층부의 온도가 크게 상승한 것으로 드러났다. 프레이저는 이 같은 이례적 상황이 하루 반나절 동안 이어지다가 7월 24일 정오쯤 끝났고 그때부터 일산화탄소와 그 밖에 다른 대기 오염물질 농도가 약간 증가했다는 점을 발견했다.

사태가 터진 초반부터 앵무병으로 보인다는 의견이 주목을 받았다. 1976년에는 1930년대에 앵무병이 대유행했던 일이 흐릿한 기억으로 남아 있었지만 조류학계와 수의학 전문가들은 앵무병의 역학적 특성과 자연사를 꾸준히 연구해 왔다. 규정이 더 엄격해진 후로는 조류 사육시설과 반려동물 상점에서 앵무병이 발생하는 사례가 줄었고 중점 관리 대상은 칠면조 농장과 가금육 가공 시설 같은 작업 환경으로 바뀌었다. 이와 함께 혈청학 연구 결과와 잠복 감염의 역할에 관한 정보가 확장돼 앵무병의 숙주가 광범위하다는 새로운 사실도 파악됐다. 세균학자 칼 메이어는 1967년에 앵무병을 옮기는 130종의 새를 표로 정리했다. 뒷마당에 설치된 비둘기장에서 기른 전서구도 포함되었고, 뉴욕 센트럴파크를 찾아온 비둘기 역시 절반은 앵무병을 일으키는 클라미디아균을 보유한 것으로 밝혀졌다.[17]

프레이저는 벨뷰 호텔의 고층부와 옥상에 수시로 비둘기가 걸터앉아 쉰다는 점에 주목했다. 더욱이 필라델피아는 브로드 스트리트에서 빵가루를 흩뿌리는 소위 "비둘기 할머니"가 많다. 그러던 중, 호텔 손님 한 명이 객실에서 잉꼬가 우는 소리를 들었다고 했다. 저명한 의학계 전문가들이 앵무병일 수 있다는 추정을 지지하면서 프레이저가 해결해야 하는 수수께끼는 더 까다로워졌다. 가장 큰 목소리를 낸 사람은 앨런타운 성심병원의 감염질환 전문가 게리 래티머[Gary Lattimer] 박사였다. 8월 초에 재향군인 환자 4명을 진료한 래티머는 앵무병이라고 판단했고, 이에 따라 앵무병과 리케차증에 효과가 있다고 알려진 광범위 항생제 테트라사이클린으로 치료했다.* 치료한 환자들의 증상이 금방 호전된 것을 바탕으로 래티머 박사는 프레이저에게 다른 환자들도 테트라사이클린으로 치료하라는 지침을 발표해야 한다고 촉구했다. 프레이저는 과학적인 증거가 없고, 에리스로마이신과 림팜피신도 있는데 테트라사이클린을 권장하는 것은 무책임한 판단이라고 설명하며 요청을 거절했다.[18] 그러나 래티머는 물러서지 않았다. 기자회견을 열고 유명한 클라미디아 전문가들에게 편지를 썼다. 메이어의 제자이자 캘리포니아대학교 샌프란시스코 캠퍼스의 역학 교수인 줄리어스 샥터[Julius Schachter]도 그중 한 명이었다.[19] 샥터는 당시 캘리포니아 대학교 샌프란시스코에서 앵무병 환자가 발생하자 대학 사무실 창틀에 앉아 있던 비둘기가 원인이라는 사실을 알아냈다. 대학 측은 이 결과에 따라 창틀에 새들이 앉지 못하도록 뾰족한 못을 설치했다.

---

* 리케차는 양충과 진드기, 벼룩, 이에 물릴 때 인체로 옮겨질 수 있는 한 과에 속한 여러 세균을 일컫는다. 리케차 감염으로 발생할 수 있는 병으로는 발진티푸스와 로키산맥 반점열이 대표적이다.

4. 필라델피아 살인마

래티머는 앵무병의 잠복기가 3일부터 11일까지 다양하다는 사실을 들며 재향군인병의 잠복기가 2일에서 10일로 나타나는 상황과 비슷한 것도 자신의 생각을 뒷받침하는 근거로 보았다. 사망률과 증상도 앵무병과 비슷했고, 2차 전파가 일어나지 않는 것으로 보인다는 점도 같았다. 래티머는 조직 검사에서 재향군인병 환자의 폐에 폐포염, 즉 폐 공기주머니에서 광범위한 염증이 발견됐다는 점도 지적했다. 간과 비장에서 확인된 변화와 더불어 "클라미디아가 원인인 과거 여러 유행병에서 보고된 모든 양상과 일치한다"는 것이 그의 생각이었다.[20] 그러나 9월에 병리학자들로 구성된 전문가단이 환자의 부검 결과를 검토하고 래티머의 주장에 동의할 수 없다고 밝혔다. 재향군인병 주요 환자 5명과 브로드 스트리트에서 폐렴이 발생한 환자 3명에서 "급성 확산성 폐포 손상"이 발견된 것은 사실이나 이 같은 폐포 손상은 독소 노출로 발생할 수 있다고 보았다. 전문가단은 "이 결과로는 어떠한 병리학적 진단도 내릴 수 없다"고 밝혔다.[21]

이제 수수께끼를 해결해 줄 모든 희망은 미생물 연구로 쏠렸다. 애틀랜타에 자리한 CDC 연구소는 질병 통제를 주도하는 연방 기관이자 세계보건기구의 독감 보고 센터로서 실력 면에서 어느 기관에도 뒤지지 않았다. 에모리 대학교와 인접한 클리프턴 로드에 우뚝 선 연구소 건물에 모인 과학자와 전문가 625명은 세균학, 독성학, 진균학, 기생충학, 바이러스학, 매개체 유래 질환, 병리학 등 총 17개 세부 분야를 다루었다. 이곳에서 전문가들은 전자현미경으로 감염된 조직을 관찰하고 적절한 배지에 세균을 배양하는 한편 배양한 세포나 배아, 작은 실험동물에 발병 원인 물질을 투여했다. 채취된 가래나 혈청에서 다양한 항원으로 생성된 항체가 있는지 확인하는 검사도 이루어졌다.

CDC 전문가들은 8월 말까지 수백 건의 조직 검체를 조사했고 형광물질이 결합된 항체로 10종이 넘는 미생물의 존재를 확인했다. 그 결과 마이코플라스마 폐렴 검사에서 양성 반응이 나온 환자 한 명을 제외하고 혈청에서 항체 반응이 뚜렷하게 나타난 환자는 없었다. 코와 목에서 채취한 분비물 검사에서는 클라미디아나 페스트균은 물론 라사열이나 마르부르크병 등 이국적인 병을 일으키는 세균이나 바이러스도 발견되지 않았다. 기니피그에 환자 한 명에게서 얻은 폐 조직 현탁 물질을 주사한 후 3마리가 복합 세균 감염으로 폐사해 마침내 단서가 나왔다고 기뻐한 순간도 있었으나, 발견된 세균은 항생제 치료를 받은 환자들에게서 흔히 발견되고 사후 과잉 증식하는 경우가 많다는 사실이 밝혀졌다.[22] 게다가 바이러스만 남도록 해당 폐 조직 현탁 물질을 세균 필터에 거른 후 기니피그에게 주사하자 그와 같은 병원성이 더 이상 나타나지 않았다.* 여기까지 검사해도 손에 잡히는 결과가 하나도 없자, 과학자들은 다른 방법을 시도했다. 시험관에 혈액 검체와 여러 미생물에 반응하는 항체를 함께 넣고 양성 반응이 나오는지 확인하는 방식이었다. 또한 독성 화학물질이 원인일 수 있다는 이론을 토대로 사망한 재향군인 환자

---

* 사후에도 조직에서 계속 증식하는 세균이 많으므로 시신은 방부처리하고 저온에 보관해 부패를 막는 것이 중요하다. 그러나 병을 일으키는 대부분의 세균은 시신에서 몇 시간 이상 생존하지 못한다.

4. 필라델피아 살인마

의 폐와 간, 신장 검체를 대상으로 방사성물질 분석을 실시해 수은, 비소, 니켈, 코발트 등 23종의 중금속 중독 여부를 확인했다.

독감과 앵무병 다음으로 가능성이 가장 크게 점쳐진 병은 Q열이었다. 세균과 바이러스 특성을 모두 가진 절대성 세포 내 기생체인 Q열균은 원래 리케차로 분류되었으나[23], 발진티푸스와 로키산맥 반점열처럼 절지동물에 물려 감염되는 다른 리케차증과 달리 위생 상태가 좋지 않은 동물이 Q열균에 감염되고 이 동물들로부터 나온 먼지를 흡입해 인체가 감염되는 경우가 대부분이다(주요 동물 숙주는 소와 양, 염소다). Q열의 일반적 증상은 발열과 극심한 두통, 기침이며 환자의 약 절반에서 폐렴이 뒤따른다. 간염도 발생 빈도가 높아서, 폐렴과 함께 간염이 나타나면 보통 Q열의 진단 근거로 활용된다. 급성 질환이지만 발진티푸스와 달리 발진은 드물게 발생하고, 보통 항생제 치료를 하지 않아도 회복한다.

Q열 검사 담당자로 배정된 연구자는 CDC의 나병·리케차 부서장 찰스 셰퍼드Charles Shepar와 그의 조수 조 맥데이드Joe McDade였다. 푸른 눈에 안경을 걸친 맥데이드는 꼼꼼한 연구 방식으로 명성이 자자했던 인물로, CDC에는 1년 전에 합류했다. 서른여섯 살이던 그는 CDC에 오기 전 북아프리카 해군 의학연구단에서 리케차증을 연구했다. 이력만 보면 이번 일을 맡을 적임자였지만, 사실 그는 공중보건 분야의 미생물학에는 전혀 경험이 없어서 셰퍼드나 다른 숙련된 CDC 전문가들의 도움을 받아야 했다.[24] 해외에서 근무하다 돌아온 그에게 애틀랜타의 업무는 고되고 따분했다. 표준 검사법에서 벗어나거나 그 밖에 절차에 어긋나는 일은 권장되지 않았고, 정해진 알

대유행병의 시대

고리즘과 검사 절차를 철저히 따라야 하는 분위기였다. 그렇게 도출된 결과를 잘 짜인 매트릭스에 입력하고는 역학 조사에서 나온 증거와 딱 일치해서 수수께끼가 풀리기를 기대하는 식이었다. 숨진 재향군인 환자들의 폐 조직을 전달받은 맥데이드는 먼저 조직을 잘게 으깨 기니피그에게 주사했다. Q열은 잠복기가 일주일에서 10일 정도이므로 어떤 결과가 나올지 기다려야 했다. 기니피그에서 열이 나기 시작하면 안락사 시킨 후 조직을 떼어내 발육란에 주사할 예정이었다. 이를 통해 찾고자 하는 세균이 염색 처리로 확인할 수 있을 만큼 충분히 증식하는 것이 그가 바라는 결과였다.

맥데이드가 Q열 조사에 그다지 열의를 느낄 수 없었던 이유 중에는 당시 "모두가 독감이나 원인이 밝혀진 세균성 폐렴이기를 기대하는" 상황이었다는 점과 더불어, 재향군인들이 가축에 노출된 적이 없으므로 Q열일 가능성은 거의 없다고 봐도 될 정도였다는 점 때문이다. 실험에서도 환자의 조직을 기니피그에게 주사하자 2, 3일 내로 발열 증상이 나타났다. Q열균에 감염됐다면 그러한 증상은 더 늦게 나타나야 한다. 이에 맥데이드는 예정된 절차를 바꿔 발열 증상이 나타난 기니피그를 조기에 안락사 시킨 후 비장을 떼어 냈다. 그리고 조직을 슬라이드글라스에 묻혀 염색하고 어떤 유기체가 존재하는지 현미경으로 들여다보았다. 동시에 떼어 낸 조직 중 일부로 현탁액을 만들고 한천 배지에 접종했다. 배지에서 뭐라도 증식하는지 확인하기 위해서였다. 더불어 맥데이드는 기니피그의 조직 내에 포함되었을지 모를 다른 오염물질의 증식을 억제하기 위해 접종할 혼합물에 항생제를 추가한 후 이를 발육란에도 곧바로 접종했다. 리케차가 있다면 증식할 것으로 추정할 수 있었다.

그러나 리케차가 있다는 증거는 전혀 나타나지 않았다. 접종한 발육란은 모두 10일이 지나도록 아무 이상 없이 멀쩡했다. 한천 배지에서 자란 세균도 없었다. 그런데 현미경으로 조직이 담긴 슬라이드글라스를 살펴보자, 막대 모양의 그람음성세균이 간간히 "여기저기" 눈에 띄었다. 자신이 본 것을 신뢰할 수 없었던 맥데이드는 자신보다 경력이 많은 동료들에게 보여 주었다. 돌아온 답이라곤 원래 기니피그가 "굉장히 지저분한 동물로 악명이 높다"는 이야기와 그가 본 것은 "실험 과정에서 오염된 물질"일 가능성이 가장 크다는 의견이 전부였다. "이번 사건이 세균과 무관하다는 증거가 많이 축적되어 있으며, 제가 이상한 걸 봤다는 의견을 들었습니다." 나중에 맥데이드는 이렇게 회상했다. 세균 말고 바이러스를 찾아 보라는 이야기도 들었다.[25]

맥데이드와 쉐퍼드의 노력이 이렇다 할 성과를 거두지 못하는 동안, 워싱턴 정치인들의 영향을 받은 일부 과학자들은 독성 금속이나 화학 오염물질과 연관성 있다는 이론을 다시 제기했다. 유독성 금속 이론을 앞장서 지지한 사람은 코네티컷 의과대학 의학연구소 소장 윌리엄 F. 선더맨 주니어William F. Sunderman Jr.였다. 재향군인병이 발생한 초기에 선더맨과 그의 부친인 필라델피아 하네만 의과대학 병리학 교수 윌리엄 선더맨 시니어William Sunderman Sr.는 공중보건 당국이 의심 환자의 소변과 혈액 검체를 채취해 주면 독성 물질이 있는지 자신들이 분석해 보겠다고 강력히 요구했다. 선더맨 부자가 가장 의심하는 물질은 니켈카르보닐이었다. 무색, 무취에 산업계에서

대유행병의 시대

광범위하게 사용되는 니켈카르보닐은 독성이 강한 금속으로, 중독 시 노출 후 하루에서 10일 뒤에 극심한 두통과 어지럼증, 근육통 같은 증상이 나타난다. 또한 노출 후 첫 한 시간이 지나면 호흡이 가빠지고 마른기침 증상이 나타나기도 한다. 치료를 받지 않으면 급성 폐렴과 고열이 동반되는 기관지 폐렴으로 이어질 수 있다.

9월 중순에 선더맨 주니어는 재향군인병 환자 여섯 명의 폐 조직 검체를 조사했고 그중 다섯 개 검체에서 니켈이 이례적인 수준으로 높게 검출됐다. 그러나 이 결과로 환자가 독성 물질을 흡입했을 가능성이 있다고 할 수는 있지만 다른 조직이나 간, 신장 등 다른 기관의 니켈 농도가 정상인 점도 고려해야 했다. 니켈 농도가 높게 나온 것이 우연한 오염일 가능성을 배제하려면 재향군인 환자의 소변과 혈액도 검사해야 했다. 하지만 사건 발생 초기에 보건 당국도 허둥지둥 대처하던 때라 향후 검사에 필요한 검체를 수거하고 보존하는 과정이 제대로 이루어지지 않았다. 이런 한계에도 불구하고, 선더맨 부자는 11월에 뉴욕 스태튼 섬 민주당 의원 존 M. 머피John M. Murphy가 의장을 맡은 의회 청문회에 참석해 CDC를 강력히 비난하고 조사에 "허점"이 있다고 지적했다. 돼지독감 예방접종 프로그램에서 빚어진 문제를 백신 제조업체들이 책임져야 하는데 의회가 그 잘못을 감싸는 법까지 시행하게 만든 공중보건 당국의 "열정"이 그런 허점을 만들었다는 것이 두 사람의 주장이었다. 선더맨 시니어는 CDC가 "펜실베이니아에서 돼지독감을 찾으려는 열정은 가히 광기에 가깝다"[26]고 지적한 〈워싱턴 포스트〉 기사에 동의한다고 밝히며 비난을 쏟아 냈다. 의회 증언대에 선 그는 아들이 그 자리에서

4. 필라델피아 살인마

밝히고자 했던 수준에서 더 나아가 이번 사태의 원인은 명확히 니켈 카르보닐 중독이라고 단언했다.[27] 머피 의원도 재향군인회 총회에서 발생한 일이 "살인인지, 바이러스 감염인지, 독성 물질 유입이었는지 (……) 아니면 아직 밝혀지지 않은 여러 요소가 한꺼번에 영향을 준 것인지" 누구도 확신할 수 없다는 사실이 "너무나 터무니없다"고 이야기하며 이들 못지않게 비난의 수위를 높였다.[28] 그는 하원 위원회 구성원들 앞에서 무엇보다 CDC와 다른 정부기관들이 협력하지 못하는 것은 국가적 "수치"라 언급했고 "독성 물질 관련 증거를 찾으려는 노력은 너무 늦어서 거의 별 소용이 없어질 시점까지 전혀 이루어지지 않았다"고 밝혔다. 또한 "많은 전문가들이 독성학적 증상이 나타났다는 사실을 굉장히 조기에 인지했다"는 점을 지적하며 "부정행위"가 발생했을 가능성을 배제할 수 없고, 독성 물질이 전화기나 음식, 당시 재향군인들이 섭취한 얼음 등에 존재했을지 모른다고 주장했다. "테러리스트 단체나 정신 나간 개인이 치명적인 독소나 세균을 대규모 인원에게 확산시킬 수 있는 기술을 보유했을 가능성도 다분하다"는 것이 머피 의원의 결론이었다.[29]

반전 운동에 사람들이 편집증적인 태도를 보이게끔 부추기는 머피 의원의 의도는 그 후로도 드러났다. 10월에 그가 속한 위원회의 여러 보좌관을 통해 흘러나온 이야기가 〈워싱턴 포스트〉에 실렸다. 의회 조사관들이 재향군인들의 사망은 "치매에 걸린 참전용사, 또는 편집증에 사로잡혀 반군사적 태도를 보이던 사람" 중 화학 관련 지식을 어느 정도 갖춘 자가 벌인 일로 생각한다는 내용이었다.[30] 이와 같은 이야기는 1970년대 중반 미국 사회 곳곳에 의심과 불안을 확산시켰고 시간이 갈수록 영향은 더욱 거세졌다. 10년 앞서 역사가 리처드 호프스태터Richard Hofstadter는 "편집증적 양상"이라는 표현을 새로 만들었다. 1964년에 애리조나 주 공화당 출신 상원의원이자 반공산주의자인 배리 골드워터Barry Goldwater가 대선 후보로 나섰을 때 나타난 극단적 우익 운동의 특성인 "과열된 과장과 의혹, 환상에 가까운 음모"를 가리키는 표현이었다.[31] 1970년대에는 이 같은 편집증적 양상이 우익에만 국한되지 않는 분위기가 뚜렷하게 나타났다. 민권 운동을 주도하던 대표적인 인물들이 암살당하자 좌익에도 그러한 분위기가 번져 나가 존 F. 케네디와 바비 케네디, 마틴 루터 킹의 죽음이 CIA나 마피아, KKK단의 소행이거나 이 세 단체가 어떤 식으로든 연합해 저지른 일이라는 주장이 큰 호응을 얻었다.

1970년대 초는 핵에너지, 환경 오염물질과 화학 오염물질의 위험성에 관한 불안이 고조되던 때다. 베트남 시골 지역에 살포된 고독성 제초제 '에이전트 오렌지'가 베트남의 수의사들과 자녀들에게 암을 비롯해 불가해한 건강 문제를 일으켰다는 사실이 막 드러난 것도 그러한 분위기에 영향을 주었다. 과학 저술가 로리 개럿Laurie Garrett의 주장처럼, 좌익의 관점에서는 "필라델피아에서 발생한 사건이 당시에 모호하다고 여겨졌지만, 제대로 규제받지 않은 화학 업계가 미국인들에게 독성 물질을 퍼부은 결과와 딱 맞아 떨어진다"고 여겨졌다.[32] 우익에서는 이와 달리 일종의 파괴 행위라고 보는 경향이 나타났다. 필라델피아 출신 해외 참전용사 협회의 입장을 빌리자면 "가장 훌륭한 미국 국민들을 대상으로 저지른 교활한 공격"[33]이라는 입장이었다.

밥 딜런도 예외 없이 이러한 도덕적 혼란을 겪었다. 그가 순회공연을 다니던 자신의 기타리스트 빌리 크로스Billy Cross에게 선사한 곡 '재향군인병'에는 병의 원인에 관한 몇 가지 무모한 추정이 담겨 있다.34 도입부는 이렇게 시작한다. "방사능이라고 말하는 사람들도 있고 마이크에 묻은 산 때문이라고 하는 사람들도 있다 / 그런 것들이 다 섞여서 사람들의 심장을 돌처럼 만들었다고 하는 사람들도 있다."

당시에 벌어진 이런 혼란을 지금 돌이켜보면 비이성적이고 심지어 우습기도 하다. 무엇보다 콜레라나 페스트와 달리 재향군인병은 전염되는 병이 아니었다. 또 천연두처럼 신체 기형을 유발하거나 암, 결핵처럼 기력을 다 소진시키고 무너뜨려 깜짝 놀라게 만드는 병도 아니었다. 그러나 정체를 알 수 없는 병이었다는 점이 사회에 형성된 최악의 공포가 투영되기에 알맞은 조건이 되었다. 마치 잭 더 리퍼 같은 미스터리한 살인마가 난데없이 벨뷰 호텔에 나타나 그곳에 있던 사람들을 사라지게 만든 것처럼 여겨졌다. 어떻게 그런 일이 이루어졌는지에 대한 증거는 거의 없거나, 있더라도 CDC 질병 조사관들이 분석할 수 없는 것만 남아 평소 안전하고 보안이 철저하다고 여겨지던 장소를 위험한 곳으로 바꿔 놓은 것 같았다. 이 사건은 재향군인 총회가 열리기 전에 이미 경제적으로 곤란한 상황이던 벨뷰 호텔에 직격탄이 되었고 호텔은 다시 일어나지 못했다. 신문마다 "이상하고 무서운 병"이라든가 "필라델피아 살인마"로 묘사했고 호텔에 숙박하려고 했던 사람들은 하나둘 예약을 취소했다.35 11월 10일, 벨뷰 호텔 경영진은 "전 세계에 번진 부정적 여

론으로 인한 경제적 타격을 더 이상 이겨 낼 수 없어" 호텔 문을 닫는다고 발표했다.[36]

그로부터 얼마 지나지 않아 프레이저는 역학 조사를 마무리하고 EPI-2로 명명한 최종 보고서 초안을 작성하는 고된 작업을 시작했다. 호텔 구석구석을 샅샅이 조사하고 수 시간에 걸쳐 인터뷰를 실시했지만 여전히 병을 일으킨 병원체나 전파 경로에 가까이 다가가지 못했다. 공개적으로 밝히지는 않았지만 니켈카르보닐이 원인이라는 주장에는 동의하지 않았다. 이 금속에 중독되면 대부분 잠복기가 36시간 이내이고 열이 38도 넘게 오르는 경우는 드물기 때문이다. 식중독이라고도 생각하지 않았다. 행사 당시 재향군인회에서는 여러 곳에서 음식을 구입했고, 역학 조사에서도 행사에 제공된 식사 중 공통분모가 된 음식을 찾을 수 없었다. 에어컨과 연결된 파이프에서 흐른 물과 벨뷰 호텔의 음용수가 섞여 수인성 질환이 발생했다고 보기에는 발병한 재향군인 중 3분의 1 이상이 호텔에서 물을 한 번도 마신 적 없다고 주장한 점도 고려해야 했다. 게다가 호텔 로비에 있는 음수대에서 수시로 물을 마시는 호텔 직원 중에는 재향군인병 환자가 거의 나오지 않았다.

프레이저는 10월에 자신의 상관인 존 V. 베넷^{John V. Bennett}과 이 사건을 논의했다. 1965년 세인트 엘리자베스 병원에서 집단 폐렴 환자가 발생했을 때 조사를 이끌던 베넷은 당시 실시된 역학 조사 결과를 토대로 공기를 통한 전파가 일어났을 것이라는 의혹을 제기했다(세인트 엘리자베스 병원의 발병 사례들은 열려 있던 창문과 관련 있었다). 하지만 병원체를 찾으려는 시도는 전부 실패로 돌아갔고, 결국 베넷은

4. 필라델피아 살인마

조사가 종료될 쯤 세인트 엘리자베스 병원의 환자들로부터 채취한 혈액을 모아 훗날 유용한 증거가 되기를 바라는 마음으로 CDC 혈청 은행에 보관해 두었다. "자네가 재향군인 사태를 해결하면, 세인트 엘리자베스에서 일어난 내 사건까지 풀리게 될 걸세." 그는 프레이저에게 말했다.[37]

베넷의 말을 숙고해 본 프레이저는 공기를 통해 전파된 병원체라면 재향군인들과 브로드 스트리트를 지나던 행인, 즉 호텔 안으로 들어오지 않고 그냥 지나간 사람들 중에 폐렴이 발생한 사례를 모두 설명할 수 있음을 인지했다. 발병 사례가 로비에서 보낸 시간과 아주 뚜렷한 상관관계가 있다는 점, 그리고 총회가 끝난 후 로비에 설치된 에어컨에서 문제가 발견되었고 관리부가 필터를 세척했다는 점에도 주목했다. 프레이저는 보고서에 이 세척 작업은 8월 6일에 실시됐고 "이로 인해 이 공조기에서 독성 물질이나 미생물 병원체를 찾을 가능성이 현저히 떨어졌을 수 있다"고 명시했다. 반면 발병률이 비교적 낮은 편이라는 사실은 "공기로 전파된 병원체일 가능성을 어느 정도 떨어뜨린다"고도 밝혔다. 그가 확실하게 말할 수 있는 것은 발병 사례들을 볼 때 감염성 질환과 양상이 비슷하고 2차 전파는 일어나지 않았다는 사실이다. 미생물학적 조사가 철저히 이루어졌음에도 불구하고 결과는 모두 음성으로 나왔다. 새로운 검사법이나 기술이 개발되면 폐렴을 일으킬 수 있는 새로운 독성 물질이 밝혀질 가능성이 있지만 그건 미래에 기대해야 할 일이었다. 프레이저는 현 시점에서는 "이와 같은 패턴을 유발하는 것으로 알려진 독소가 없다"는 결론과 함께 "독성학 연구 결과도 현재까지 음성으

대유행병의 시대

로 나왔다"고 밝혔다.[38]

　이후 질병 조사자로 사는 동안 프레이저는 비슷한 사건을 한 번도 접하지 못했다. 받아들이고 싶지 않아도 실패를 인정해야 했다. 랭뮤어도 마찬가지였다. 그는 필라델피아 사건과 관련해 기자들에게 "이번 세기에 발생한 가장 큰 역학적 수수께끼"라고 언급했다.[39]

4. 필라델피아 살인마

The Pandemic Century

· **05** ·

재향군인병의
귀환

Legionnaires' Redux

항생제와 백신으로 이제 감염질환의 시대는 막을 내렸다고 여겨지
던 시기에 터진 재향군인병은 세균 없는 시대가 시작됐다고 확신한
미국의 의학적 자신감에 걸림돌이 되었다. CDC가 이 세기의 수수
께끼를 풀지 못하자 불안과 걱정이 사라지지 않은 것도 충분히 이해
할 만하다. 그러나 돼지독감의 경우 의학계와 공중보건 분야를 제
외한 영역에서는 불안감이 그 정도로 따라다니지 않았다. CDC가
돼지독감이 유행할 수 있다는 경고를 2월부터 들었다는 점을 고려
하면 참 이상한 일이다. 실제로 3월 말에 포드 대통령은 텔레비전
연설에서 돼지독감이 임박했다는 우려를 각 가정에 전했다. 소아
마비 백신을 만든 두 명의 대부로 알려진 과학자 앨버트 세이빈^{Albert}
^{Sabin}과 조너스 소크^{Jonas Salk}를 양쪽에 대동하고 나온 대통령은 미국
국민들에게 “효과적인 대비가 시행되지 않는다면 다가오는 가을과

겨울에 이 위험한 병이 유행할 가능성이 매우 높다"는 이야기를 들었다고 전했다. 포드 대통령은 이에 따라 의회에 "미국의 모든 남성과 여성, 아이들에게 접종할 수 있는" 충분한 양의 백신이 생산되게 끔 1억 3,500만 달러를 책정해 줄 것을 요청했다.[1]

의회는 이 세출 법안을 4월에 승인했고 8월 중순경에 돼지독감 예방접종 사업과 관련된 기업 면책 법률도 통과됐다. 하지만 아이러니하게도, 백신 제조사를 보호하려는 의회의 노력은 그러한 보장 효과로 거의 이어지지 않았고, 필라델피아에서 일어난 발병 사태로 온갖 불안과 두려움만 더 커졌다. CDC 센터장은 8월 5일에 상원의원들 앞에서 필라델피아 사태는 돼지독감과 무관하다고까지 말했지만, 정치인들은 그가 틀렸을 수 있고, 센터장의 말을 믿었다가 나중에 생명을 살릴 귀한 백신 생산과 배포를 가로막았다는 비난을 받을까 봐 두려워했다.[2] 이렇듯 독감 백신 사업에 쏠린 과학자와 정치인의 열정에 국민은 공감하지 않았다. 9월에 실시된 갤럽 여론조사에서 백신을 접종받겠다는 사람은 미국 전체 국민의 절반 정도에 그쳤다.[3] 1918년에 일어난 사태와 같은 대규모 유행병이 반복되자 대중의 반응도 시큰둥해진 것이다. 10월에 백신 접종 사업이 마침내 시행되자 무관심은 반발로 바뀌었다. 시행 10일 만에 미국인 100만 명이 기꺼이 소매를 걷고 주사를 맞았지만, 10월 11일 펜실베이니아 피츠버그에서 노인 3명이 접종 후 몇 시간 만에 숨졌다는 소식이 전해지면서 백신 사업은 엄청난 타격을 입었다. 사망자가 발생했다는 소식에 불안한 여론이 확산되자 9개 주에서 백신 사업을 유보하기로 결정했다. 국민들의 바짝 선 신경을 가라앉히고 신뢰를 회복

5. 재향군인병의 귀환

하기 위해 포드 대통령이 가족과 함께 백악관에서 백신을 접종받는 모습이 담긴 사진도 공개됐다. CDC 과학자들도 국민을 대상으로 접종 후 48시간 내 사망할 위험성은 하루 10만 명이 주사를 맞는다고 할 때 5명 정도라고 설명했다. '모든' 원인을 통틀어 하루에 발생하는 사망자는 펜실베이니아를 예로 들면 10만 명당 17명이라는 설명도 덧붙였다. 독감 주사를 맞고 사망하는 사람이 나올 수 있으나 반드시 백신 때문이라는 인과관계가 성립되지 않는다는 의미였다.[4]

하지만 과학 당국의 말을 의심 없이 수용했던 대중들의 믿음도 1976년에는 백신이 개발되기 전, 소아마비며 홍역 등 어린 시절에 덮치는 질병으로부터 보호해 주는 백신이 없었던 시절의 기억처럼 희미해지기 시작했다. 해외 독감 전문가들은 포트 딕스에서 검출된 돼지독감 바이러스가 새로운 대유행병을 일으킬 수 있다는 미국 과학계의 공통 의견에 의문을 제기했고 "두고 보자"는 정책을 옹호해온 제네바 WHO 관계자들까지 11월에는 회의감을 드러냈다.[5] 10월이 가고 11월이 와도 곧 닥칠 것처럼 겁을 주던 대유행병의 징후가 나타나지 않자 의혹은 더욱 강해졌다. 길랭·바레 증후군 환자가 발생하지 않았다면 백신 사업은 계속 이어졌을지 모른다. 희귀병인 길랭·바레 증후군은 사망에 이를 확률이 낮은 신경 증후군으로, 전체 국민 중 일정한 비율로 발생한다. 대유행병이 찾아온 시기에는 환자 수가 늘어나도 수용 가능한 수준이라고 간주되었겠지만, 대유행병이 발생하지도 않았는데 12월에만 길랭·바레 증후군 환자가 서른 명이나 생겼고 이들이 문제의 독감 주사를 맞았다는 사실이 알려지자 위기감이 확산됐다. 결국 정부는 백신이 길랭·바레 증후군 환자가 늘어난 것과 관련 있는지 조사를 진행하기 위해 백신 접종 사업을 중단하기로 결정했다. 백신 사업은 이후 재개되지 않았고, 길랭·바레 증후군 환자는 급증했다. 12월 말까지 무려 526명의 환자가 발생했고 이 중 257명이 독감 주사를 맞은 것으로 집계됐다. 언론과 워싱턴 정치계는 죄를 뒤집어씌울 희생양을 찾기 시작했다. 〈뉴욕타임스〉는 특히 강력한 비난을 쏟아 냈다. 독감 백신 사업은 "대실패"이며 독감이 대유행하는 일은 벌어지지도 않았다는 사실을 들며 시간과 노력을 허비했다고 지적했다.6 지미 카터Jimmy Carter 대통령이 1월에 새 대통령으로 백악관에 들어온 후 보건교육복지부 장관으로 새로 부임한 조셉 칼리파노 주니어Joseph Califano Jr.가 CDC 센터장의 사임을 요구했다. 심지어 칼리파노는 워싱턴에서 개최된 돼지독감 사업 중단 관련 회의에 센터장과 동석한 날, 굴욕적이게도 회의를 불과 몇 분 남겨 두고 그에게 해임 소식을 전했다. 보건교육복지부 건물 복도에서 나직하게 이루어진 이 대화가 TV 카메라에 잡히는 바람에 센서는 더 큰 망신을 당하고 말았다. 공중보건 역사가 조지 데너George Dehner는 CDC에서 16년간 일하고 그중 11년은 센터장을 맡은 사람을 이런 식으로 대한 것은 "비열한 처사"라고 말했다. 그러나 데너는 행정부 관리들이 돼지독감 백신 사업의 필요성을 확신하도록 만들기 위해 센서가 돼지독감의 과학적 불확실성을 고의로 축소시켰고, 이로 인해 "신종 바이러스에 관한 왜곡된 시각"이 형성됐다고 지적했다. 그 결과 "돼지독감이 대유행할 것이라는 극히 심각한 전망이 유지"되었다는 것이 데너의 평가였다.7

그런데 센서가 이처럼 아주 공개적인 방식으로 경질되기 딱 3주

전에 나병·리케차 부서장 찰스 셰퍼드가 달려와 맥데이드가 세기의 수수께끼를 해결했다고 밝혔다. 범인은 그때까지 알려진 적이 없는 그람음성균이었다. 일반적인 그람세균 염색법으로는 눈으로 확인하기가 어렵다는 점이 다른 연구자들이 놓친 이유였다. 맥데이드는 새로운 염색 기법으로 이 문제를 해결했다. 로리 개럿에 따르면, 한 해 동안 겪은 엄청난 압박과 좌절의 영향인지 센서는 셰퍼드가 보고한 내용을 받아들이려 하지 않았다. "이봐, 자네는 얼마나 확신하나?" "95퍼센트 이상입니다." 셰퍼드가 대답했지만, 이런 답이 돌아왔다. "그래도 공개하기 전에 실험을 몇 차례 더 하면 좋겠네."[8]

의학 연구 분야에서 전해지는 말 중에 "운은 준비된 자에게 따른다"는 말이 있다. 이 말이 나온 주된 계기가 된 사람이 루이 파스퇴르다. 1880년에 동료 한 명이 오래된 닭 콜레라균 배양물질을 닭에게 주사하는 것을 지켜보다가 닭 콜레라 백신을 우연히 발견했던 유명한 일화에서 나온 말이다.[9] 맥데이드의 경우 공중보건 미생물학 분야에 처음 발을 들인 사람이라 문제를 대하는 사고방식이 주변 동료들과 같지 않았고, 따라서 똑같은 관찰에서 동료들이 보지 못했던 답을 찾는 기회를 잡을 수 있었다. 그가 걱정이 많고 완벽주의자라는 점도 영향을 주었다. 8월에 현미경으로 어렴풋하게 볼 수 있었던 기이한 막대 모양의 균이 그의 판단 기준에서는 도무지 설명되지 않았고 영 찜찜했다. 그럼에도 12월 말이 되어서야 이 문제를 다시 생각해 보기 시작했다. 크리스마스 직전에 파티에 갔다가 만난 한 남자의 요청으로 방 한쪽에서 대화를 나눈 것이 발단이 되었다. "제가 CDC 사람인 걸 어떻게 알았는지 모르겠습니다. 어쨌든 그 남자는 제게 '당신네 과학자들이 좀 별나다는 건 우리도 알고 있지만, 그래도 믿었고 지금 실망이 정말 커요'라고 하더군요. 전 뭐라고 해야 할지 몰라서 더듬더듬 몇 마디를 했고요. 이 일이 자꾸 신경 쓰이고 떠올랐습니다."[10]

맥데이드는 매년 크리스마스부터 새해 첫날까지 일주일간 아직 완료하지 않은 중요한 서류 작업이 있으면 처리하는 습관이 있었다. 이번에도 사무실을 치우다가, 선반에 올려둔 상자 하나에서 기니피그의 검체를 묻혀서 만든 슬라이드글라스가 나오자 다시 한 번 관찰해 보기로 했다. 그는 그 시도가 "농구장에서 잃어 버린 콘택트렌즈를 찾느라 10센티미터 높이에서 바닥을 열심히 살펴보는 것"과 비슷했다고 회상했다. 한참을 살펴보다, 마침내 눈에 들어오는 영역의 끄트머리 쪽에 한 덩어리로 뭉쳐진 유기체를 찾아냈다. 그가 판단하기로 유기체가 무리를 이루고 있다는 것은 "우연히 그곳에 있게 된 것이 아니라 기니피그 내부에서 실제로 자라고 있었다는 의미"였다. 이런 생각이 스치자, 맥데이드는 다시 배양을 해 보기로 마음먹었다. "이게 그 병과 아무 상관이 없음을 직접 확인할 수 있다면 양심을 다했다는 위안이 될 것이고, 그냥 내 할 일이나 잘하면 된다"는 생각에서 나온 결심이었다. 리케차증 전문가로서 키운 실력과 일반화된 사고 패턴에 머물지 않으려는 의지도 발동했다. 냉동실로 가서 8월에 얼음 속에 넣어 보관해 둔, 재향군인병에 걸린 것으로 의심된 기니피그 비장 조직을 찾은 맥데이드는 검체를 녹여 발육란에 접종했다. 이번에는 기니피그 조직에 있는 유기체가 뭐든 마음대로 증식하도록 항생제를 추가하지 않았다. 5일에서 7일 사이에 발육란은 폐사했고, 맥데이드는 현미경 관찰 표본을 새로 만들었다. 이전에 했던 방법대로 리케차 염색을 위해 개발한 기메네츠Gimenez 염색법을 적용했고, 앞서 확인한 막대 모양의 세균이 무리지어 자라는 모습이 포착됐다. 이 세균이 기니피그의 사인이라면 재향군인병의 원인일 가능성도 있지 않을까? 의문의 답을 찾기 위해 맥데이드는 재향군인 환자들에게서 채취해 보존한 혈청 몇 개를 찾아 죽은 발육란에서 발견한 유기체와 섞었다. 환자의 혈청에는 원인균에 특이적으로 반응하는 항체가 존재하므로, 어떤 반응이 나타나는지 눈으로 관찰할 수 있을 터였다(항체가 반응하는 항원이 존재한다면 결합이 이루어지고, 실험을 위해 항체에 인위적으로 결합시킨 형광물질이 활성화돼 빛이 발생하므로 시각적 확인이 가능하다는 의미다—역주). 결과는 예상대로였다. "환하게 빛나는 극적인 광경이 펼쳐졌습니다. 목에 털이 다 곤두서더군요. 정확히 뭘 찾았는지는 알 수 없었지만, 뭔가 찾았다는 건 알 수 있었어요."

맥데이드는 결과를 즉시 셰퍼드에게 알렸고 두 사람은 재향군인 환자의 혈청 검체를 2주 이상 간격을 두고 채취된 것끼리 쌍을 지어 추가 분석을 진행했다. 더 늦게 채취한 혈청을 더 많이 희석해 같은 실험을 해도 유기체가 사라지는 반응이 나타난다면, 이는 그 환자가 문제의 유기체가 유발한 병에 걸렸다가 회복됐다는 강력한 증거로 볼 수 있었다. 이와 함께 맥데이드와 셰퍼드는 재향군인병 환자와 그렇지 않은 사람에게서 채취한 검체를 준비하고 출처를 모르는 상태로 동일한 검사를 실시했다. 다른 폐렴 환자나 건강한 사람에게서 얻은 혈청도 비교 검체에 포함되었다. 50여 년이 지났지만 맥데이드는 마침내 원인을 찾은 그 순간을 생생히 기억했다.

모든 검사를 끝내고 나니 저녁이 됐습니다. 우리는 결과가 적힌 종이를 건네받아 해독하기 시작했죠. 건강한 사람들에게서 채취한 검체는 모두 음성이었고, 다른 폐렴 환자에게서 얻은 검체도 모두 음성이었어요. 그래서 재향군인병 환자의 검체는 어떤 결과가 나왔나 살펴봤습니다. 발병 초기에 재향군인들에게서 채취한 검체에는 항체가 거의 없거나 아예 없었고, 병이 더 진행된 후에 얻은 검체에는 항체가 아주 높은 농도로 포함되어 있었습니다. 환자가 이 세균에 감염됐음을 보여 주는 결과였죠. 그 순간 우리는 병인체를 찾아냈다는 사실을 깨달았습니다.[11]

큰 돌파구가 될 이 결과를 셰퍼드로부터 보고받은 센서는 기쁨을 숨김없이 드러냈다. 그리고 CDC 자체 학술지인 〈감염률과 사망률 주간 보고〉 다음 호에 발표하고, 발표 당일인 1977년 1월 18일에 기자회견을 열자고 주장했다. 셰퍼드와 맥데이드가 예상했던 것보다 이른 일정이었다. 보통 과학적 발견이 문서로 정리된 후 학술지에 제출되기까지는 몇 개월이 걸린다. 그러나 센서는 자신에게 가해진 정치적 압력 때문에 일반적으로 진행되는 전문가 검토 절차를 다 밟을 여유가 없었다. 발표 후 분석 방법에서 오류가 발견되면 웃음거리가 될 수 있음을 잘 아는 셰퍼드와 맥데이드는 결과를 이중으로 점검했다. 그런 다음, 맥데이드가 그저 호기심에서 CDC에 보관되어 있던, 원인이 밝혀지지 않은 다른 발병 사건과 관련된 혈청

5. 재향군인병의 귀환

도 살펴보기로 했다. 이 과정에서 그는 세인트 엘리자베스 병원 환자들로부터 채취한 혈액을 우연히 발견했다. 그는 이 혈액을 닭 발육란에 주사한 후 필라델피아 사건의 환자 검체에서 찾아 분리해 둔 유기체를 추가했다. 발육란에서는 곧바로 빛반응이 나타났다. 항체 반응이 일어났다는 의미였다. 즉 세인트 엘리자베스 병원의 환자도 같은 유기체에 감염된 것이다. 베넷의 직감이 옳았다. 필라델피아 사태를 해결한 프레이저와 연구팀은 워싱턴 DC에서 그보다 먼저 일어난 또 하나의 수수께끼도 해결했다.

셰퍼드와 맥데이드가 밝혀낸 결과는 전 세계로 알려졌고 유럽을 비롯한 여러 지역의 연구기관에서 과학자들이 CDC에서 나온 것과 같은 결과를 직접 확인해 보기 위한 분석을 시도했다. 서로 정보를 교환하고 오래전 발생한 발병 사례들에 관한 자료를 검토한 결과, 세인트 엘리자베스 병원 외 다른 곳에서도 재향군인병이 일어난 적이 있다는 사실이 명확히 드러났다. 1968년에 미시건 주 폰티악의 오클랜드 카운티 보건부가 채취한 환자의 혈액 검체에서도 검사 결과 현재 우리가 레지오넬라 뉴모필라*Legionella pneumophila*로 부르는 균의 항체에 양성 반응이 나타났다. 같은 병인체에 감염됐다는 의미인데, 왜 "폰티악 열"로 불린 당시 발병 사례에서는 폐렴 환자가 없었는지, 그리고 사망자가 한 명도 발생하지 않았는지는 명확하지 않았다. 그뿐만이 아니었다. 1977년 5월, 메릴랜드 주 베데스다의 월터 리드 군 연구소 소속 리케차 전문가 메릴린 보즈먼^{Marilyn Bozeman}은 맥데이드에게 1959년에 일어난 발병 사례에서 채취한 검체를 조사한 결과 기니피그에서 발견한 것과 굉장히 유사한 유기체가 있었다고 알려 왔다. 보즈먼도 처음에 맥데이드가 그랬던 것처럼 꼭 "리케차처럼 생긴" 오염물질인 줄 알았다.[12] 새로 검사를 해 본 후에야 종류가 다른 두 가지 새로운 레지오넬라균 레지오넬라 보즈마니*Legionella bozemanii*와 레지오넬라 믹다데이*Legionella micdadei*라는 사실을 알아냈다. 이어 레지오넬라 믹다데이는 1943년에 발생한 "포트 브래그 열"의 원인이었다는 것도 밝혀졌다. 레지오넬라 뉴모필라가 1947년까지 거슬러 올라가 당시에 채취된 검체에서도 발견된다는 사실 또한 월터 리드 군 연구소에서 확인했다.[13]

초여름에는 버몬트 주 벌링턴의 한 의료기관에서 새로운 발병 사례가 나타났다는 소식이 전해졌다. CDC 역학 전문요원들이 현장으로 달려갔고, 9월까지 재향군인병 환자 69명이 확인됐다. 그러나 이번에도 노출원은 밝혀지지 않았다.[14] 곧이어 미국 전역 다른 병원들에서도 환자가 발생했다. 특히 로스앤젤레스 보훈병원 중 한 곳인 워즈워스 메디컬 센터에서는 여름부터 16명이 숨지고 연말에야 사태가 진정됐다. 비슷한 시기에 영국 노팅엄의 병원에서도 재향군인병이 더 작은 규모로 비슷하게 유행해서 15명의 환자가 발생했다. 역시나 공통 원인은 발견되지 않았으나 환자 중 두 명의 혈청을 CDC에 보내 분석한 결과 레지오넬라균 항체에 양성 반응이 나타났다.[15] 이것이 끝이 아니었다. 1978년 CDC 과학자들은 5년 전 스페인 베니도름의 리오 파크 호텔에서 폐렴이 발생해 스코틀랜드에서 온 휴가객 3명이 숨진 미스터리한 사건도 레지오넬라가 원인이라는 사실을 알아냈다.[16] 이를 계기로 1980년 같은 호텔에서 또다시 환자가 발생하자 역학 전문가들은 물 검체를 수거했고 분석 결과 샤워

5. 재향군인병의 귀환

기 머리에서 레지오넬라균을 찾았다. 환자가 발생하기 5일 전에 오래된 우물을 다시 사용하기 시작했고 레지오넬라 뉴모필라에 오염된 물이 호텔에 공급된 것이 원인이었다. 조사를 맡은 전문가들은 아침에 일어나 제일 먼저 샤워하고 씻은 사람들이 가장 위험했다는 결론을 내렸다. 전체 배관 시스템의 말초 부분에 해당하는 관 속에서 세균이 밤새 증식했기 때문이다. 이 사태로 총 58명의 환자가 발생했고 여성 한 명이 사망했다. 벨뷰 호텔에서 일어난 발병 사례처럼 리오 파크 호텔에도 언론의 관심이 엄청나게 쏠렸고 스릴러 작가 데스몬드 배글리Desmond Bagley는 이를 소재로 소설《바하마의 위기 Bahama Crisis》(1980)를 썼다. 카리브 해에 위치한 휴가용 리조트에서 벌어진 산업 스파이 활동으로 누군가 고의로 리조트 상수도를 레지오넬라균으로 오염시킨다는 내용을 그린 소설이었다.[17]

　이제 재향군인병은 호텔과 병원, 그 밖에 대형 건물과 밀접한 관련이 있다는 사실이 명확해졌다. 그러나 냉각탑과 현대식 냉방시설이 병인체 확산을 촉진했다는 의혹이 제기됐음에도 병원 냉각탑에서는 레지오넬라 뉴모필라가 검출되지 않았다. 그러다 1978년에 맨해튼의 패션 관련 업체가 밀집한 곳에서 발생한 사건이 새로운 돌파구가 되었다. CDC가 9월까지 접수한 발병 사례는 총 17건으로 대부분의 환자는 7번가와 브로드웨이 사이 35번가에 자리한 한 건물 주변에서 나왔다. CDC의 권고에 따라 뉴욕 시는 이 건물과 인접한 업체들에 냉방시설 가동을 즉시 중단하라는 지시를 내렸다. 조치가 이루어진 후 CDC는 인근 건물들에서 역학 조사에 필요한 검체를 수집했다. 35번가의 건물과 바로 맞은편에 있는 메이시 백화점 옥상에 설치된 냉각탑도 검체 수거 대상에 포함됐다. 이 냉각탑의 검체에서 레지오넬라균 양성이 확인됐지만, CDC는 이 냉각탑이 발병 사태의 원인이라고 확신할 만큼 충분한 역학적 근거를 확보하지 못했다.[18] 그러나 연초에 인디애나대학교 학생회관에서 발생했던 발병 사태에서도 해당 회관 건물의 냉각탑에서 레지오넬라 뉴모필라가 검출됐다는 점을 감안하면 수많은 발병 사례가 냉각탑에서 시작됐다는 사실이 꽤 명확하다고 판단할 수 있었다. 과학자들이 발병 장소와 가까운 개울을 조사한 결과 다른 종류의 레지오넬라가 한꺼번에 발견된 것으로 볼 때, 이 균이 환경에 널리 퍼져 있다는 사실도 알 수 있었다.[19]

현재까지 레지오넬라 속에 해당하는 균은 40여 가지가 밝혀졌다.[20] 혈청형은 총 61종이다.* 하지만 재향군인병 환자의 90퍼센트는 이 중 한 종류의 레지오넬라 뉴모필라 감염으로 발생한다. 선택적 세포 내 기생균인 이 균은 세포 바깥에서는 증식하지 못하며 호수, 개울, 연못, 지하수 등 자연의 수생 환경에서 살아간다. 이러한 환경에는 아메바와 원생동물도 함께 존재하고, 보통 어디에서나 볼 수 있는 여러 세균을 먹이로 삼는다. 그런데 레지오넬라균은 다른 미생물들과 달리 아메바가 자신을 집어 삼키도록 "속이는" 능력이 있다. 일단 아메바 내부로 들어가면 세포 내에서 증식한 후 새로 형성된 수많은 균을 물속에 방출한다. 이렇게 새로 유입된 균은 다시 다른 아메바를 속여 자신을 삼키도록 유인한다. 그래서 레지오넬라

---

* 항원이 동일한 균들은 동일한 혈청형이 된다.

— **257** —

5. 재향군인병의 귀환

균은 "트로이의 목마" 같은 균으로 여겨진다.[21]

자연 조건에서는 수온이 레지오넬라 증식에 필요한 온도 범위에 머무르는 경우가 드물어서(레지오넬라는 22도에서 45도 사이에서 가장 활발히 증식한다) 개체수가 안전한 수준으로 유지된다. 문제는 인간이 만든 환경은 그렇지 않다는 것이다. 호텔, 병원, 그 밖의 대형 건물에는 수온이 레지오넬라균 증식에 딱 알맞은 온도로 물을 이용하는 설비가 많다. 샤워기, 온탕, 월풀 욕조, 식수대, 가습기, 분무 장치, 분수 등이 그러한 설비에 포함된다. 냉각탑은 고여 있는 따뜻한 물이 대기에 그대로 노출되어 있으므로 특히 문제가 될 수 있다. 실제로 냉각탑의 수면에 형성된 끈적끈적한 생물 막과 표면을 덮은 슬러지에서 레지오넬라균이 반복해 검출되어 왔으며, 미국에 있는 전체 냉각탑 중 최대 절반은 레지오넬라균 오염 상태일 가능성이 있다는 조사 결과도 있다.[22] 냉각탑을 정기적으로 관리하지 않으면 레지오넬라균에 오염된 물이 미세한 물방울의 형태로 인체 내부로, 폐까지 곧장 유입될 수 있다. 냉방설비의 응축기나 냉동기에서 나온 따뜻한 물이 냉각탑 꼭대기에 살포될 때도 아주 작은 물방울로 바뀌므로 이 같은 유입이 일어날 수 있다. 분사된 물은 대부분 수집 팬으로 회수된 후 열이 발생한 곳으로 옮겨져 다시 에어컨의 냉매를 식히는 기능을 하지만, 일부는 냉각탑 꼭대기에 미세한 분무 상태로 남는다. 냉각탑에 설치된 비산 방지판의 규격이 딱 맞지 않거나 방지 기능이 적절히 발휘되지 않고 근처에 공기가 유입되는 통기구나 통풍 통로가 있을 경우 공기 중에 떠 있던 분무가 그곳으로 빨려 들어갈 수 있다.[23] 온도 조건이 맞으면 미세한 물방울이 건물 외벽을 타고 지상까지 흘러 내려가다가 열려 있는 창문을 통해 내부로 유입되기도 하고 거리를 오가던 행인이 흡입할 수도 있다. 레지오넬라 감염이 발생할 수 있는 세 번째 경로는 샤워기 등에 음용수가 공급되는 파이프가 오염되는 것이다. 특히 온수 설비가 간헐적으로 가동되고 그 사이사이에 물이 파이프 내부에서 장시간 머무를 때 그런 문제가 발생할 수 있다. 이론상으로는 냉각탑과 에어컨에 냉각된 물이 공급되는 배관이 직접 연결된 경우에도 오염이 발생할 수 있다.

레지오넬라 감염이 굉장히 위험한 이유 중 하나는, 아메바의 소화 작용을 피할 줄 아는 기능이 인체 내에서 발휘되면 폐 감염 시 우리 몸의 일차적 방어 기능인 폐포 대식세포의 공격도 피할 수 있기 때문이다. 이를 통해 대식세포를 피한 레지오넬라균이 폐포를 구성한 세포 내부에서 증식하고 새로운 균이 퍼져 나와 다른 폐 세포에도 자리를 잡는다. 다른 방어 기능이 적시에 활성화되지 않으면 폐렴과 전신 질환으로 이어진다.

미국의 경우 재향군인병 발생률이 주마다 다양하며 통계를 보면 여름과 가을에 가장 많이 발생해 온 것을 알 수 있다. 감염 위험이 가장 큰 연령대는 60대 이상이다. 특히 만성 폐 질환을 앓고 있거나 다른 기저 질환이 있으면 더욱 위험하다. 여성보다 남성 환자의 비율이 높다는 특성도 있는데 남성의 흡연율과 폐 질환 발생률이 높아서인지, 아니면 다른 선행 요인과 관련 있는지는 밝혀지지 않았다 (흡연자는 재향군인병에 걸릴 위험성이 비흡연자보다 2배에서 4배까지 높다). 병원은 온수 설비가 제대로 관리되지 않는 데다 면역력이 약화된 환자가 많은 곳이라 발병률이 높은 곳으로 꼽힌다. 병동 안에서 침대에

5. 재향군인병의 귀환

꼼짝 못 하는 상태로 장기간 머무르는 환자는 이미 앓고 있는 다른 병이 있고 면역기능이 약화돼 레지오넬라균의 이상적인 숙주가 될 수 있다. 현대에 들어 등장한 면역억제 요법이나 삽관, 마취, 코를 통해 위로 영양을 공급하는 튜브 같은 의료기술이 재향군인병에 따른 폐렴 발생 위험을 높였다는 조사 결과도 있다.[24]

　CDC는 1978년에 국제회의를 개최하고 레지오넬라균에 관해 밝힌 사실과 역학적 특성, 생태학적 특성을 검토했다. 맥데이드는 은을 이용한 특수한 염색법으로 이 그람음성균의 외벽에 색을 입혀 눈으로 확인하는 기법을 완벽히 다듬었다. 그 사이 다른 연구자들은 철과 시스테인이 포함된 특수 배지인 목탄 효모 배지를 활용해 레지오넬라균을 배양하는 방법을 알아냈다. 더불어 CDC 연구자들은 형광물질과 결합된 항체로 색을 입히는 기법을 적용하여, 필라델피아에서 발생한 재향군인병 환자의 폐 조직을 관찰한 병리학자들이 당시에 목격한 유기체가 레지오넬라 뉴모필라였다는 사실을 입증했다.[25] 벨뷰 호텔이 문을 닫고 옥상에 설치된 냉각탑이며 냉방설비가 모두 깨끗이 세척된 후라, 아쉽게도 최종 증거가 될 수 있었던 옥상 냉각탑의 레지오넬라 오염 여부는 확인할 수 없었다. 그럼에도 프레이저는 미국 내 다른 병원과 건물에서 발생한 사례들을 종합할 때 벨뷰 호텔의 냉각탑이 문제의 시초라고 확신했다. 재향군인회 총회 기간 동안 필라델피아의 기온이 급격히 바뀌었다는 점을 감안할 때, 프레이저는 냉각탑에서 발생한 분무가 옥상에서 "외벽을 따라 아래로 흘러내려 왔다"고 추정했다.[26] 이 오염된 물이 호텔 앞 인도를 지나던 사람들의 몸속에도 유입됐고 1층에 설치된 통풍구를 통해 로비 안으로 빨려 들어간 것이 총회에 참석한 재향군인들과 브로드 스트리트를 지나다 폐렴에 걸린 사례의 원인이 되었다는 것이 프레이저의 견해였다. 벨뷰 호텔에서 이 같은 감염이 일어났다는 추가 증거도 밝혀졌다. 재향군인 총회가 개최된 해보다 2년 앞서 벨뷰 호텔에서 열린 다른 총회에 참석했던 사람들 중에도 발열과 폐렴 등 비슷한 증상이 나타난 경우가 있었고 이들 중 11명의 체내에서 레지오넬라 항체가 발견된 것이 그 첫 번째 증거였다. 두 번째 증거는 비슷한 시기에 호텔에서 근무한 직원들을 조사한 결과 레지오넬라 항체가 발견된 것이다. 이는 호텔 직원들이 이따금씩 레지오넬라균에 노출되면서 면역력이 생겼다는 것을 의미한다. 1976년에 발생한 집단 감염에서도 직원들은 거의 영향을 받지 않은 이유를 설명해 주는 부분이기도 하다. 호텔을 찾은 재향군인들은 이 병인체에 노출된 적이 한 번도 없었다.

* * *

재향군인병은 위생 수준을 높이고 생활 여건을 개선하기 위해 개발된 새로운 기술과 인공 환경의 변화가 건강과 행복에 새로운 위협 요소를 발생시킬 수 있음을 보여 주는 대표적 예라 할 수 있다. 또한 특정한 정치적, 문화적인 상황에 따라 자칫 알아채지도 못할 수 있는 유행병이 대중의 폭넓은 관심을 받고 엄청난 불안을 야기할 수도 있음을 보여 준다.

레지오넬라 뉴모필라는 수백 년 전부터 이 땅에 존재했지만 인

5. 재향군인병의 귀환

간이 도시를 짓고 상하수도 설비나 온수 시설이 실내에 갖추어진 건물을 세워서 새로운 생태학적 틈새를 제공한 후부터 번성할 수 있었다. 냉방 시설과 샤워 시설, 가습기, 분무 설비 등 호사스러운 다른 설비가 추가된 것도 이 세균이 미세한 입자에 실려 우리 몸의 기도에 자리를 잡는 효율적인 방식을 선사한 셈이 되었다. 의사와 공중보건 전문가 모두 현대의 대도시 중심에 이 고대의 생물체가 존재하고 병리학적 위협 요소가 되었다는 사실을 깨닫기까지 몇 년이 더 걸렸다.

원인 중 하나는 레지오넬라균 배양법과 감염 여부를 진단할 수 있는 방법이 개발되기까지 재향군인병은 원인이 밝혀지지 않았고 다른 비정형 폐렴과 구분되지 않았다는 점이다. 이로 인해 폐렴은 이미 지나간 과거의 병이라고 믿는 의사와 호흡기 질환 전문가들의 눈에 레지오넬라 감염이 거의 들어오지도 않았다. 1965년에 세인트 엘리자베스 병원에서 일어난 사태나 1968년 미시건 주 폰티악에서 발생한 사태처럼 환자가 대거 발생하고 의학계와 공중보건 전문가들의 관심을 집중시킬 이례적 요소가 많았을 때도 조사는 뚜렷한 결론을 얻지 못한 채 막다른 골목에서 중단됐다. CDC가 뛰어든 벨뷰 호텔 사건 조사도 그렇게 끝났을 수 있었다. 그럼에도 다른 국면을 맞은 첫 번째 이유는 또 유행병이 찾아온 것 아니냐는 전 국가적 불안감이 치솟은 시점에 발생했다는 점이고, 두 번째 이유는 언론의 취재 열기가 뜨거웠다는 점이다. 후자는 돼지독감을 향한 관심과, 병으로 쓰러진 재향군인들이 존경받을 만한 국민이자 취약군에 해당한다는 사실에서 비롯된 관심이었다. 그러나 CDC가 활용할 수 있었던 모든 자원을 통틀어도 한 과학자의 결단력, 그리고 선입관과 일반적 사고 패턴에서 벗어나고자 한 의지가 없었다면 재향군인병의 원인을 밝힌 마지막 분석은 나오지 않았을 것이다.

1976년 전까지 의학 연구자들은 폐렴의 주된 원인을 전부 밝혀냈다고 자신했다. 또한 폐렴이 발생하면 어떤 경우든 페니실린이나 에리스로마이신, 리팜피신 같은 새로운 항생제로 치료하면 된다고 확신했다. 산발적으로 발생하는 폐렴 사례 중 당시 활용되던 진단 검사로 폐렴 여부를 확인할 수 있는 비율이 고작 절반에 불과하다는 사실을 깨달은 사람은 거의 없었다. 더욱이 몇몇 발병 사례는 병인체가 밝혀지지 않았다는 점을 인지한 사람은 그보다 적었다.[27] 분석 검사소에서는 환자의 병리 검사 검체와 배양된 세균을 확인할 때 가장 먼저 폐렴구균이 있는지 살펴보고, 없으면 알려진 다른 세균이나 폐렴을 일으킬 수 있는 마이코박테리아를 찾도록 훈련했다. 오래전에 확립한 배양법과 염색 기법을 활용하면 실험용 배지에 이러한 균을 배양하고 그람 염색이나 다른 일반적인 염색법으로 색을 입힐 수 있었다. 하지만 세포벽이 없어서 일반적인 배지에서는 배양할 수 없고, 기존에 쓰던 염색법으로는 눈으로 확인하기 어려운 경우는 어떻게 한단 말인가? 맥데이드도 리케차 염색에 쓰던 기법으로 현미경으로 희미하지만 막대 모양의 유기체가 무리지어 자라는 모습을 발견했을 때 이 문제와 맞닥뜨렸다. 그의 동료들은 눈앞에 나타난 유기체가 폐렴 원인균으로 밝혀진 것 중 어느 것과도 일치하지 않는다는 이유로 "오염물질"이 분명하다고 주장했다. 기니피그에서 얻은 검체로부터 세균을 배양해 온 경험, 그동안 받은 미생물학 교육에서 비롯된 주장이었다. 맥데이드는 이들과 달리 이전에 관찰하고 쌓인 경험이 없었고, 생각할수록 찜찜했다. 혹시라도 이 세균이 나타난 것이 실험적 오류가 아니라 염색법과 관련 있다면? 관찰 결과가 비정상적인 것이 아니라면? 이런 고민은 맥데이드가 동료들과 다른 길을 택하고 결국 문제를 해결한 기점이 되었다.

재향군인병은 의학 기술과 인간 행동이 우리와 병원균 사이에서 일어나는 상호작용에 얼마나 영향을 줄 수 있는지도 보여 준다. 당시의 발병 사태가 급수탑과 냉방 설비의 문제로 유서 깊은 세균이 번성할 새 장소가 생겼기 때문에 일어난 일이라고 단순히 이야기할 수 없다. 세균이 건강이 약한 사람들과 집단적으로 접촉해야 일어날 수 있는 사태였기 때문이다. 1960년대에 중환자실 규모가 확장된 병원과 의료기관에서 이 같은 일이 가장 먼저 일어났고, 시설에서 치료받는 노인이나 정신질환자가 레지오넬라균의 숙주가 되는 경우가 점차 늘어났다. 냉동설비가 갖추어진 육류 포장 공장이나 다른 대규모 산업 시설도 예외가 아니었다. 호화롭게 꾸민 호텔, 냉각탑과 최신식 냉방시설이 갖추어진 다른 대형 빌딩도 마찬가지다. 1950년대에 캐리어 사의 냉동 설비를 설치한 곳이 벨뷰 호텔 한 곳만 있었던 것도 아니다. 1952년에는 공화당과 민주당 전당대회를 앞두고 시카고 인터내셔널 엠피시어터에도 캐리어 사의 냉방설비가 설치됐다. 6년 뒤에는 로스앤젤레스 피델리티 빌딩에도 비슷한 설비가 들어와 캘리포니아 주 최초로 건물 전체에 에어컨이 가동되는 사무용 건물이 되었다. 1960년대가 시작되기 전에 가정에도 에어컨이 설치되기 시작했다. 플로리다를 비롯해 '선벨트' 지역이라 불린 지역으로 터전을 옮긴 사람들이 많았던 것도 이러한 흐름에 한 몫했다. 그 결과 1969년에는 뉴욕 월드 트레이드 센터 건물도 캐리어 사의 설비로 냉난방이 이루어졌고, 이후 미국의 사무실과 가정은 모두 규모와 상관없이 냉난방 장치가 없으면 불완전하다고 여겨졌다.[28]

물론 당시에 냉각탑과 에어컨에 감염 질환의 위험이 도사리고 있다고 생각한 사람은 없었다. 그 위험성은 1977년 1월에 조 맥데이드가 레지오넬라 뉴모필라를 찾고 이후 미국 전역의 다른 건물들에서도 같은 균이 검출된 후에야 드러났다. 병인체가 밝혀진 후 연구자들은 에리스로마이신과 리팜피신으로 치료 가능하다는 사실을 알아냈고 이는 표준 치료법이 되었다. 오늘날 레지오넬라는 전 세계적으로 지역사회 획득 폐렴을 일으키는 중요 원인으로 여겨지며 이에 따라 호텔과 병원 건물의 냉각탑에 대한 정기 점검이 실시되고 있다. 그렇다고 위험성이 다 사라진 것은 아니다. 진단 검사가 광범위하게 실시되고 있는 지금도 레지오넬라는 매년 미국에서 발생하는 폐렴 환자의 약 2퍼센트를 차지한다(대략 5만 명).[29] 게다가 공공용수 관리 표준을 어기거나 냉각탑 검사와 청소가 제대로 이루어지지 않는 민간 시설에서는 레지오넬라 감염이 계속해서 무시할 수 없을 만큼 빈번하게 발생하고 있다. 예를 들어 2014년부터 2015년까지 미시건 주 플린트에서는 마을에 공급되는 물의 수원이 디트로이트에 마련된 시설에서 플린트 강으로 바뀐 후 90명이 재향군인병에 걸리고 12명이 사망했다. 2015년에는 사우스 브롱크스의 아파트 단지 주민 133명이 레지오넬라균에 감염되고 16명이 사망하는, 뉴욕

시 역사상 최대 규모의 재향군인병 사태가 발생했다. 나중에 이 사태의 원인은 레지오넬라균에 오염된 한 호텔의 급수탑으로 밝혀졌다. 2000년부터 2014년까지 CDC가 집계한 최신 집계 결과를 보면 미국 전역에서 재향군인병과 폰티악 병을 모두 합한 레지오넬라증 사례는 거의 3배 증가했다. 재향군인병만 살펴보면, 한 해 5,000여 명의 환자가 발생하고 사망률은 9퍼센트에 이른다.[30] 물론 이 모든 사례를 제대로 관리되지 않은 상하수도 설비나 노후 배관 탓으로 돌릴 수는 없다. 미국 인구 전체에 고령화가 진행되고 있다는 점, 진단 검사의 활용도가 더 확대되었고 지역과 주 보건부, CDC로 신뢰도 높은 보고가 접수되고 있다는 점이 수치에 영향을 주었을 가능성이 가장 크다. 기후 변화와의 관련성도 생각할 수 있다. 여름은 더 더워지고 가을에도 계절에 맞지 않게 기온이 높은 날이 지속되면 염소 처리가 효과적으로 이루어지거나 다른 살균 조치가 실시되지 않는 한 급수탑에서 오염수가 나올 확률도 높아진다. 하지만 안타깝게도 이런 방지 조치는 잘 이루어지지 않는 경우가 너무나 많다.

재향군인병 사태는 생물학적 무기와 화학 독소를 향한 냉전시대의 공포를 일깨우고 1950년대에 사로잡혀 있던 생각을 되살린 것으로 보인다. 의회도 "놓쳐 버린 경보"일 수 있다고 우려했다. 그러나 의학 분야에서는 전혀 새로운 질병이고 새로운 기술과 자연 환경이 아닌 인공 환경에서 원인을 찾을 수 있었다는 점에서 20세기 마지막 수십 년간 공중보건 분야에 점차 탄탄히 구축된, 새로운 패러다임이 시작된 계기가 되었다고 볼 수 있다. 로리 개럿의 저서 《전염병의 도래*The Coming Plague*》가 출간된 1994년에 재향군인병은 "신종감염병^{EID}"의 하나로 인식되었다. 세계대전 시기 후에 구축된 의학적 발전을 무너뜨릴 수 있는 위협적인 질병이 EID로 여겨진다. 이와 동시에 산업화가 진행된 선진 사회는 과거 여러 시대에 사람들을 괴롭힌 전염병을 더 이상 두려워할 필요가 없다는 확신도 퍼졌다. 그런데 필라델피아에서 재향군인병 사태가 발생한 1976년은 자이르 얌부쿠 오지 마을의 한 선교 병원에서 새로운 바이러스성 출혈열이 등장한 해이기도 하다. 지리적으로 에볼라 강과 가까운 지역이라는 점은 같은 해에 두 질병이 나란히 나타났다는 사실을 더욱 두드러지게 만든 특징이 되었다. 1992년에는 미국 의학연구소의 상징이 된 신종감염병 목록에 이 새로운 출혈열이 포함됐다. 그러나 목록이 작성될 당시에 연구소 측이 주목한 병은 재향군인병이나 에볼라가 아니었다. 이들의 관심이 쏠린 병은 과거에는 알려지지 않았다가 1981년경 의학 학술지에 처음 소개된 바이러스로, 1992년에 역사상 최대 규모의 대유행병을 일으킨 병인체였다.

5. 재향군인병의 귀환

The Pandemic Century

· **06** ·

미국의
에이즈,
아프리카의
에이즈

AIDS in America, AIDS in Africa

1980년 12월, 마이클 고틀립^{Michael Gottlieb} 박사는 캘리포니아 대학교 로스앤젤레스 캠퍼스 의과대학의 레지던트들을 위해 특별한 현장 수업을 실시했다. 동료가 우연히 발견한 마이클이라는 환자가 대상이었다. 서른세 살의 화가인 마이클은 극심한 체중 감소와 신경성 거식증으로 보이는 증상을 겪다가 응급실로 실려 왔다. 입 안은 염증이 잔뜩 생긴 상태였다. 아구창 또는 구강 칸디다증으로 불리는 효모 감염이 원인인 이러한 염증은 보통 면역기능이 약화된 환자들에게서 나타난다. 당시 면역학을 가르치는 젊은 부교수였던 고틀립은 큰 흥미를 느끼고 자신이 가르치던 레지던트들과 함께 마이클의 병상을 찾아가 함께 살펴본 후 토의해 보기로 했다. "의학적으로 뭔가 흥미로운 구석이 있는 환자였다. 면역력이 결핍된 것 같은 '냄새'가 났다."[1]

고틀립의 직감은 정확했다. 마이클의 항체 생성 기능은 이상이 없었지만 한 동료가 얼마 전 개발된 단일클론 항체 기술을 활용해 특수 검사를 실시한 결과, T세포가 굉장히 적다는 사실이 확인됐다.[2] 특히 이 검사에서 T세포 중 CD4세포가 위태로울 정도로 적었다. 면역체계의 중앙제어장치라 할 수 있는 CD4세포는 모든 면역 반응에 반드시 필요하다. "킬러" 세포인 CD8에 신호를 보내 바이러스에 감염된 세포를 파괴시키는 일부터 병원균이 없는지 순찰을 도는 백혈구의 일종인 대식세포를 활성화시키는 일, B림프구에 외부 침입체에 대항할 수 있는 항체를 만들라고 알리는 일까지 모두 CD4세포가 담당한다. 이 세포가 사라지면 곧 면역 체계 전체가 무너진다. 염증이 입 안 가득 생긴 이유도 CD4세포가 이렇게 줄었기 때문일 가능성이 거의 확실했다. 고틀립은 환자의 입에 발생한 효모 감염이 얼마나 심각했는지 꼭 입 안에 "코티지치즈"가 가득한 것처럼 보였다고 전했다. 그러나 병원은 명확한 진단을 내릴 수 없었고, 결국 마이클은 퇴원했다. 그로부터 일주일 뒤 마이클은 폐렴으로 다시 입원했다.

마이클의 폐에 기회감염이 발생했을 수 있다고 우려한 고틀립은 폐 전문가를 설득시켜 기관지 내시경을 실시하고 환자의 폐 조직 검체를 실험실로 보내 달라고 요청했다. 분석 결과, 검체에서 놀랍게도 주폐포자충*Pneumocystis carinii pneumonia* 양성 반응이 나왔다. 대부분 중환자실에 들어온 영양이 결핍된 신생아나 영·유아, 말기 암 환자, 장기 이식을 받은 환자들에서만 발생하는 희귀한 진균 감염이었다.[3] 주폐포자충 폐렴이 발생하는 환자들의 공통점은 면역기능 약

6. 미국의 에이즈, 아프리카의 에이즈

화다. 이렇게 젊은 사람에게서 발생한 사례는 사실상 들어 본 적도 없었다. "멀쩡하게 건강했던 사람이 중병으로 병원에 입원하는 건 분명 이례적인 일이다. 우리가 알고 있는 그 어떤 질병이나 증후군과도 딱 맞아떨어지지 않았다."[4] 마이클은 3월까지 입원 치료를 받았지만 약을 아무리 많이 써도, 실험적인 치료까지 시도해도 폐렴은 나아질 기미가 보이지 않았다. 결국 1981년 5월에 숨을 거두었다. 부검 결과 마이클의 폐 전체에서 폐포자충이 발견됐다. 대체 무엇이 마이클의 면역기능을 이 지경으로 만들었는지 알아보기 위해 조사에 나선 고틀립은 그의 진료 기록을 살펴보다가 성병이란 성병은 다 걸린 적이 있다는 사실을 알아냈다. 생전에 환자와 대화를 나누던 중, 마이클이 자신은 동성애자라고 밝혔던 것도 기억이 났다. 당시 로스앤젤레스에는 이미 오래전부터 동성애자가 꽤 상당한 수에 이른 때라 이것이 마이클의 병과 어떤 관련이 있는지 이해하기란 쉽지 않았다.

고틀립 외에도 로스앤젤레스에서 여러 의사들이 가을과 겨울에 남성 동성애자들에게서 여러 가지 이례적 증상이 나타난 사실을 인지했다. 찾아오는 환자 대부분이 동성애자인 지역 의사 조엘 와이즈먼Joel Weisman도 전년도 10월에 아구창이 생긴 남성 두 명을 치료했다. 두 환자 모두 만성적 발열 증상이 있었고 설사와 림프샘이 붓는 림프샘염 증상도 나타났다. 2월이 되자 두 환자 중 한 명의 증상이 악화되어 UCLA 병원에 입원했다. 고틀립이 이 환자의 혈액을 검사한 결과 마이클과 똑같은 비정상적 양상이 발견됐다. CD4세포가 정상치보다 줄어 든 상태였다. 곧이어 와이즈먼이 치료하던 두 환자 모두 폐포자충 폐렴이 발생했다. 게다가 둘 다 거대세포 바이러스에도 감염된 것으로 나타났다. 헤르페스 바이러스의 일종인 거대세포 바이러스는 주로 입맞춤이나 성관계 과정에서 체액을 통해 전파되며 건강한 성인에서는 특별히 문제가 되지 않는다.[5] 4월이 되고 우려가 더 깊어진 고틀립은 CDC 역학 전문요원이 된 제자 웨인 샨데라Wayne Shandera에게 연락했다. 그는 로스앤젤레스에 신종 질환이 돌고 있는 것 같다는 의혹을 샨데라에게 전하고, LA 카운티 보건 기록에 주폐포자충이나 거대세포 바이러스 감염 사례가 더 있는지 확인하라고 요청했다. 샨데라는 산타모니카에서 한 남성이 얼마 전 주폐포자충 감염 진단을 받고 위중한 상태라는 사실을 금방 알아냈다. 샨데라가 병원을 다녀온 직후에 환자는 숨졌고, 부검 결과 폐에서 거대세포 바이러스가 발견됐다.[6]

당시에 고틀립과 와이즈먼은 알지 못했으나, 뉴욕에서도 의사들이 치료를 받으러 온 동성애자 남성 환자들 사이에서 림프샘이 부어오르고 CD4세포 수가 줄고 폐포자충에 감염된 비슷한 사례를 인지했다. 이러한 환자들을 면밀히 살펴본 결과 충격적인 결과가 확인됐다. 뉴욕 베스 이스라엘 병원의 감염질환부 부서장인 돈나 마일드밴Donna Mildvan은 아이티에서 요리사로 일한 경력이 있는 독일 출신의 남성 환자 한 명이 12월에 사망했는데, 그의 안구에서 채취한 물질로 거대세포 바이러스를 배양할 수 있었다고 밝혔다. "얼마나 당혹스러웠는지 이루 말할 수가 없다. (……) 그게 얼마나 끔찍한 일이었는지, 어떻게 설명을 해야 할지도 모르겠다." 뉴욕대학교 의료센터의 피부과 전문의이자 바이러스 전문가인 앨빈 프리드먼 키언Alvin

6. 미국의 에이즈, 아프리카의 에이즈

Friedman-Kien도 환자 중 다수가 카포시 육종임을 확인하고 그에 못지 않게 당황했다. 보통 나이 많은 유대인 남성이나 동유럽과 카리브해 지역 출신 남성들에게서 발견되던 극히 희귀한 피부암이었기 때문이다. 피부과 전문의로 평생 일해도 카포시 육종 환자를 한 명이라도 볼까 말까 할 만큼 보기 드문 병이었는데, 프리드먼 키언은 2월까지 뉴욕에서만 20명의 환자를 확인했다. 특히 1월에 그의 진료실에 처음 찾아온 환자의 상황은 정말 안타까웠다. 셰익스피어 희곡을 주로 연기해 온 배우인 이 젊은 남성은 얼굴에 불그스름하고 보랏빛이 도는 반점이 번져 있었다. 프리드먼 키언은 그 범위가 하도 넓어서 "어떻게 해도 가릴 수 없을 정도였다"고 회상했다.[7]

다른 분야도 마찬가지지만, 의학계도 새로운 질병을 두 번째로 밝힌 사람은 아무도 기억하지 않는다. 고틀립은 6월이 되자 학술지 〈뉴잉글랜드 의학저널〉 편집자에게 "재향군인병보다 더 큰 화제가 될 만한 이야기"가 있다고 전하며 자신이 찾아낸 사실을 지면에 알릴 준비에 들어갔다.[8] 중증 폐렴 환자 다섯 명을 확인한 후였다(다섯 번째는 비벌리 힐스의 의사 소개로 그에게 찾아온 환자였다). 모두 29세에서 36세 사이 동성애자 남성이었고 모두 주폐포자충 폐렴 환자였으며 칸디다와 거대세포 바이러스에도 감염된 것으로 나타났다. 그리고 세 명은 CD4세포 수가 줄었다(나머지 두 명은 면역력 결핍에 관한 조사가 이루어지지 않았다). 또한 고틀립과 와이즈먼은 다섯 명 모두 앰플이 깨질 때 펑pop 소리가 난다고 해서 일명 "파퍼스poppers"로도 불리던 아밀 나이트리트amyl nitrite나 부틸 나이트리트butyl nitrate를 흡입해 온 사람들이라는 사실에도 주목했다.[9] 이 단계에서 고틀립과 와이즈먼은

이 새로운 병이 거대세포 바이러스 감염으로 발생한 것이고, 어쩌면 엡스타인바와 같은 다른 바이러스의 영향이 함께 발생하여 환자의 면역체계가 약화되었다는 가설에 가장 큰 무게를 두었다. 공중보건의 관점에서 볼 때 우려스러운 문제였다. 미국 전역의 성 건강 클리닉에서도 얼마 전부터 남성 동성애자들 사이에 거대세포 바이러스 감염 사례가 대폭 증가하고 B형 간염, 임질 같은 다른 성병도 함께 증가하는 추세가 나타나 유행병 수준에 이르렀다는 사실을 인지했다.

정보를 접한 〈뉴잉글랜드 의학저널〉의 편집자는 서둘러 발표해야 할 일이라는 생각에 고틀립에게 우선 CDC 성병 관련 부서에 간략하게 정리한 자료를 제출해서 CDC 기관지 〈감염률과 사망률 주간 보고〉에 먼저 발표하고 나중에 더 상세한 자료가 완성되면 〈뉴잉글랜드 의학저널〉에 싣는 방향을 모색해 보자고 했다. CDC 성병 부서의 총괄 책임자였던 짐 커렌^{Jim Curren}은 고틀립이 보낸 자료의 중대성을 단번에 알아 봤다. 그도 얼마 전부터 남성 동성애자 중 성병 환자가 증가하고 있다는 사실을 우려하던 중이었고, 이에 동성애자들과 면밀히 협력하며 B형 간염의 위험요소가 무엇인지 조사한 적도 있었다. 커렌은 고틀립의 자료가 기관지에 발표되기 전, 한 여성 동료에게 암 환자가 아닌 사람들, 또는 장기 이식을 받거나 면역 기능을 억제시키기 위한 약을 복용한 적 없는 사람들 중에 폐포자충 폐렴 사례가 있었는지 확인해 달라고 요청했다. 과거 15년을 조사 기간으로 잡고 살펴본 이 동료는 그런 사례가 단 한 건밖에 없다고 밝혔다. 이와 함께 상업적으로 더 이상 생산되지 않고 CDC에 비상용 재고가 소량 남아 있던 폐포자충 폐렴 치료제 펜타미딘을 찾는 수요가 보통 1년에 15건 정도에서 1981년 첫 5개월 동안만 30건으로 훌쩍 증가했다는 사실도 드러났다.[10] 커렌은 상황을 확신할 만한 조사는 이만하면 충분하다는 판단이 들었고, 1981년 6월 5일자 〈감염률과 사망률 주간 보고〉에 고틀립의 논문과 그에 관한 사설을 함께 발표했다. 이 사설에서 커렌은 폐포자충 폐렴은 거의 전적으로 면역기능이 심각하게 약화된 환자에 한해 나타난다는 점을 강조했고, 원래 건강했던 사람들에게 이 병이 발생한 것은 "불안한" 일이며 고틀립의 자료에 나온 환자 다섯 명 모두 남성 동성애자라는 사실은 "동성애와 관련된 생활 방식, 또는 이들 집단에서 이루어지는 성적 접촉으로 전파된 질병이나 폐포자충 폐렴"이라는 의미로 볼 수 있다고 전했다. 더불어 거대세포 바이러스 감염이 어떤 역할을 하는지 명확한 결론은 내릴 수 없으나 최근 조사 결과 남성 동성애자의 정액에서 문제의 바이러스가 검출된 사례가 많고, 따라서 "정액은 거대세포 바이러스가 전파되는 중요한 매개체일 수 있다"고 밝혔다. 즉 거대세포 바이러스가 새롭게 나타난 알 수 없는 증후군의 원인이라는 근거는 없지만 성적 접촉을 통한 전파는 의심된다는 의미였다. 한계점을 들며 다소 얼버무리긴 했지만, 커렌의 결론에는 선견지명이 담겨 있다. "위와 같은 관찰 결과를 모두 종합할 때, 공통적인 노출에서 비롯돼 폐포자충과 칸디다 감염 등 기회감염에 취약해지는 세포성 면역기능이상일 가능성이 있다."[11] 이때만 해도 논문이 발표되고 불과 몇 개월 뒤에 이 이상한 증상에 관한 이야기가 할리우드에서도 들려오고 다가오는 여름에는 영문 약자로 된, 무시

무시한 새로운 병명이 전 세계에 알려지리라는 사실을 누구도 예상치 못했다. 커렌도 몰랐겠지만, 그가 묘사한 병은 후천성 면역결핍증후군, 에이즈^{AIDS}였다.

* * *

CDC는 1982년에 병명을 에이즈라는 약어로 확정했다. 이후 40년간 에이즈를 향한 대중의 반응은 무관심에서 공포와 두려움으로, 다시 감염질환의 하나로 바뀌었다. 이제는 면역력을 약화시켜 에이즈에 동반되는 기회감염까지 유발하는 인체 면역결핍 바이러스^{HIV}를 완전히 없애지는 못하지만 억제시킬 수 있는 각종 약이 있고, 에이즈는 치료가 가능한 병이라는 인식이 형성되었다. 이렇듯 두려움이 친숙함으로 바뀌고 나면 에이즈 환자를 맨 처음 발견했을 때의 충격과 도저히 도울 방법이 없었던 의사들이 느낀 절망은 지워지기 쉽다. 시더스 시나이 병원에 근무하던 의사 데이비드 호$^{David Ho}$는 초기 환자들이 "포로수용소에 붙들려 있다가 살아남은 사람들 같았다"고 회상했다. 원인이 "전혀 알려지지 않았다"는 사실은 더 큰 절망이 되었다.[12] 1982년에 미국의 에이즈 환자 수는 593명으로 집계됐다. 2년 후 이 숫자가 7,000여 명으로 늘고 약 4,000명이 사망한 것으로 확인되는 등 병의 유행 실태가 명확해지자 에이즈는 전염병으로 여겨졌다(구체적으로는 "게이 전염병"). 그리고 인간 사회에 주기적으로 찾아와 헤집고 간 페스트와 다른 유행병과 같은 일이 또다시 찾아왔다는 재앙의 신호로도 해석됐다. 재향군인병이 공중보건 분야 전문가들의 지나친 자기만족에 떨어진 경고였다면, 에이즈는 중요한 교훈을 절실히 느끼게 한 유행병이었다. 백신, 항생제, 그 밖에 여러 의학 기술이 생겨나도 감염질환은 사라지지 않고, 기술적으로 발전한 사회에도 여전히 위협이 된다는 사실을 알려 준 것이다. 또한 과학계가 이 병과 기원을 깊이 파헤칠수록 더욱 어두운 사실이 드러났다. 섹스와 의학 기술, 특히 공중보건 사업이나 아프리카에서 인도적인 목적으로 실시된 여러 의료 사업에 피하 주사기가 널리 제공되고 재사용된 것, 혈액은행과 수혈이 에이즈의 원인 바이러스를 크게 전파시켰고 그 결과 아프리카 대륙에 분산적으로, 서로 별개로 발생하던 감염이 광범위하게 확산되어 결국 대유행병에 이르렀다는 사실이 명확히 밝혀졌다. 그럼에도 20세기 말까지 전 세계적으로 무려 1,400만 명이나 되는 사람이 에이즈로 목숨을 잃고 3,300만 명 이상은 감염된 채로 살게 되리라고는 아무도 상상하지 못했다. 2015년까지 세계 곳곳에서 HIV 바이러스 감염자가 3,600만여 명이 추가로 발생했고 4,000만여 명이 숨지리라는 사실도 누가 예상이나 했을까. 이는 스페인독감 사망률에 맞먹는 규모다.[13]

이어질 내용에 나오겠지만, 에이즈의 대유행에 비단 기술적 해결 방법의 문제만 영향을 준 것은 아니었다. 앵무병과 마찬가지로 경제적, 사회적, 문화적 요소도 영향을 주었다. 무엇보다 에이즈의 등장은 식민지 시대에 중앙아프리카 적도 지역에서 이루어진 새로운 철로와 도로 건설과 연결된 것으로 보인다. 이 사업이 시작되면서 시골에 살던 남성 노동자들이 대거 몰려왔고 성별 균형이 불안정해지자 과거 레오폴드빌로 불리던 자이르의 수도 킨샤사를 비롯한 대형 도시에서 매춘이 활발해졌다. 이와 함께 성적 금기가 느슨해지고 동성애자 해방운동이 펼쳐진 것도 미국에서 에이즈가 확산된 중요 요인이 되었다. 특히 뉴욕과 샌프란시스코에서는 공중목욕탕이 여러 파트너와 성관계를 맺는 생활을 자랑으로 여기던 남성들 간에 아무런 보호 장치 없이 항문 성교가 이루어지는 장소가 되었다. 그러나 이와 같은 조건은 1960년대 후반, 아이티에서 미국으로 HIV가 유입된 후 미국 내에서 에이즈가 폭발적으로 번지는 과정에만 영향을 준 것으로 보인다.

사실 에이즈는 여러 가지 측면에서 이 책에서 다루는 유행병이나 대유행병과는 다른 특징이 있다. 독감이나 재향군인병과 달리, 1981년에는 의학계 연구자들이 과도한 자신감 때문에 사태를 제대로 파악하지 못했다고 비난할 여지가 별로 없었다. 1980년대 초반에 발생한 성병의 위협성을 알아차리지 못한 것이나 여러 증상이 희한한 조합으로 함께 나타난 것을 보고 에이즈라는 사실을 더 빨리 인지하지 못한 것이 CDC의 지나친 자기만족에서 기인했다고 비난할 수도 없었다. 종양학 분야에 중대한 발전이 없었다면, 그리고 새로운 실험분석 기술이 등장해 임상 의사들이 CD4세포의 결핍과 이것이 HIV의 감염 징후일 가능성을 처음으로 떠올릴 수 없었다면, 그 결과 의학계 연구자들이 T세포를 연속 배양하는 법을 찾아내지 못했다면 에이즈는 소리 소문 없이 천천히, 몇 년 더 계속 번졌을 것이다. 파스퇴르 연구소의 뤼크 몽타니에Luc Montagnier와 공동으로 HIV를 발견한 미국 국립보건원 암 전문가 로버트 갈로Robert Gallo도 에이즈의 역사를 되짚어 보면 이 병이 처음 발생한 시기는 1955년이고,

당시는 레트로 바이러스에 관해 밝혀진 정보나 이를 연구할 수 있는 과학계의 역량이 모두 극히 한정적이라 한마디로 과학자들이 "시커먼 상자 안에 들어가 있었던 때"라고 주장했다. "누군가 이런 바이러스가 있다고 해도 아무도 믿지 않았을 것입니다. 이런 종류의 바이러스가 있다는 사실조차 알지 못했으니까요." 그는 1994년 인터뷰에서 이렇게 밝혔다.[14] 갈로는 1960년대와 1970년대 초반까지도 과학자들은 HIV를 이해하느라 애를 먹었을 것이라고 설명했다.[15] 에이즈의 유행은 역사상 처음으로, 종양과 인체 레트로 바이러스를 전문적으로 연구해 온 학자들이 이미 활동 중이었고 이에 따라 레트로 바이러스가 이해하기 힘든 새로운 증후군의 원인이라는 생각을 할 수 있을 때, 그리고 이런 가설을 검증할 도구와 기술이 갖추어진 적절한 시기에 발생한 질병이었다. 그러나 이런 조건에서도 에이즈의 원인 바이러스를 찾는 노력은 시작부터 난항에 부딪혔다. 어떤 종류의 레트로 바이러스가 HIV로 드러날 것인지 여러 추정이 거론되던 때 갈로의 머릿속도 누구보다 복잡한 전제로 가득했다.

* * *

항레트로 바이러스제가 존재하는 시대, 에이즈 진단이 사형선고로 여겨지지 않는 오늘날에는 에이즈의 대유행이 시작된 초기에 터져 나온 혼란과 과잉 반응, 오명이 새삼스럽게 느껴질 수 있다. 당시 노스캐롤라이나 출신의 전 공화당 상원의원 제시 헬름스Jesse Helms나 정치단체 '모럴 머조리티Moral Majority'의 대표 제리 폴웰Jerry Falwell 같은 보수적인 정치인들에게 에이즈는 "신의 심판"일 뿐이었다. 동성애자들의 "도착적" 생활방식에 신이 벌을 내렸다고 본 것이다.[16] 아이티 사람들을 노린 병이고, 따라서 부두교와 관련 있다고 주장하는 사람들도 있었다. 우주에서 지구로 떨어진 혜성과 함께 전해진 병이라거나, CIA가 생물무기 연구소에서 배양한 바이러스가 원인이며 국방부와 대형 제약업체는 다 알면서 묵인해 왔다는 주장도 등장했다.[17]

HIV는 레트로 바이러스로 불리는 특별한 종류의 바이러스에 속한다. 잠복기가 길고 발병이 점진적으로 진행되는 특징이 있어 더 세부적으로는 렌티 바이러스로 분류된다('천천히'를 뜻하는 라틴어에서 유래한 명칭이다). HIV에 처음 감염되면 면역계가 이 바이러스와 싸울 수 있는 항체를 만들어 낸다. 급성 감염으로 시작되는 이 반응은 2주부터 석 달까지 다양한 기간 동안 이어진다. 그동안 혈중 바이러스 농도가 크게 증가하고 환자의 감염성도 극히 높아진다. 감염자는 발열, 발진, 근육통, 관절통 등 독감과 비슷한 증상을 보일 수 있으나 특별히 주목하지 않고 지나갈 만큼 심하지 않은 경우가 많다. 혈청변환으로 불리는 이 기간이 지나면 바이러스가 보통 수년간 체내에 머무르지만 알아챌 만한 징후가 더 이상 나타나지 않는다.[18] 이때부터 HIV는 CD4세포에 조용히 기생하고 림프계에 터전을 마련하며 은밀히 계속 움직인다. 이 무증상기에 HIV는 CD4세포의 기능을 활용해 증식하고 몸 전체로 퍼진다. 이 과정이 진행될 때마다 CD4세포는 계속 활성화되고 결국 사멸한다. 세포의 활성 후 세포사가 이어지는 이 과정은 인체가 줄어든 CD4세포를 다시 보충하는

6. 미국의 에이즈, 아프리카의 에이즈

능력이 발휘되는 한 지속된다. 약 10년이 걸릴 수도 있고, 그보다 짧거나 길어질 수도 있다. 결국 CD4세포를 더 이상 충분히 공급할 수 없는 상태가 되면, 면역계는 감염된 세포를 없애는 데 필요한 항체, 즉 T세포의 하나인 CD8세포를 만들라는 신호를 B세포에 보낼 수 없다. 이 단계에 이르면 감염자는 기회감염에 취약해지고 질병의 징후도 두드러지게 나타난다. 그러나 이 상태가 되기 전까지 HIV는 조용히 숨을 죽이고 있다. 눈에 띄는 곳을 피해 CD4나 다른 면역세포 내부에 몰래 숨어서 지낸다.

CD4세포의 수는 환자의 면역력 상태와 현재 HIV에 얼마나 잘 대처하고 있는지 확인하는 가장 중요한 분석 지표다.[19] 바이러스 수치라고 하는 혈중 바이러스 양은 감염 진행과 전파 위험성을 알 수 있는 지표로 활용되지만, 마이클의 경우처럼 고틀립이 그의 CD4세포 수를 측정할 방법이 없었다면 면역기능이 약화됐고 어쩌면 새로운 질병에 걸렸을 가능성이 있다는 생각조차 하지 못했을 것이다. 현 시점에서 되짚어 보면, 에이즈가 로스앤젤레스와 미국의 다른 도시에 처음 나타난 시점에 이런 기술이 존재했다는 사실이 그저 놀라울 따름이다. 이 기술이 UCLA를 비롯한 다른 병원의 면역 관련 분과에서 활용될 수 있었던 것은 아르헨티나 이민자인 세자르 밀스타인César Millstein과 독일인 생물학자 게오르게스 쾰러Georges Köhler의 공이 크다. 두 과학자는 1975년에 사멸하지 않고 특정 항원을 표적으로 공격하는 항체를 무한히 만들어 내는 세포계를 만들 방법을 연구 중이었다. 영어로는 줄여서 맵스Mabs로도 불리는 이러한 단일클론항체 기술 덕분에 더 이상 실험실에서 배양된 세포로부터 항체를 분리하고 정제하는 고된 과정을 거칠 필요가 없어졌다. 곧 이 기술은 혈액과 조직의 유형을 신속히 파악하는 것부터 감염질환에 맞설 신약 개발까지 두루 활용되었다. 백혈병 연구에도 단일클론항체가 유용하게 쓰였다. 1981년에는 상업적 단일클론항체 생산 기술이 개발돼 T세포를 종류별로 구분할 수 있게 되었다. 1981년 겨울에 고틀립의 동료가 마이클의 혈액에 CD4세포가 크게 줄어 든 사실을 발견하고 마이클에게서 나타난 증상이 면역 결핍의 결과라고 추정했던 것도 이런 기술이 있었기에 가능했다.[20]

　　단일클론항체라는 새로운 기술이 없었다면 에이즈 진단이 과연 가능했을지 상상할 수도 없는 것과 마찬가지로, 종양학의 개념적 발전과 렌티 바이러스에 관한 지식이 밝혀지지 않았다면 HIV를 찾아 분리하는 일은 불가능했을 것이다. 최초로 밝혀진 렌티 바이러스는 1954년에 비스나라는 병을 조사하던 아이슬란드의 과학자가 발견했다. 양에 발생하는 질병인 비스나는 폐렴과 함께 다발성 증후군 환자에게서 중추신경계의 탈수초화로 나타나는 것과 유사한 뇌 플라크를 유발하는 특징이 있다. 이어 3년 뒤에 파푸아뉴기니 고원지대에 사는 포어족 사이에 발생한 쿠루병이 알려졌다. 신경퇴행질환인 쿠루병에 걸리면 뇌 조직이 "광우병"으로도 알려진 소 해면상뇌증BSE에서 나타나는 것처럼 점차 파괴된다. 쿠루병도 BSE와 마찬가지로 프리온이라는 감염성 단백질을 통해 전파된다고 알려져 있다. 차이가 있다면 BSE의 경우 프리온에 감염된 소의 뇌와 척수에 오염된 음식을 섭취할 때 발생하지만 쿠루병은 사람이 죽으면 그 뇌를 섭취하는 포어족의 식인 장례 풍습에서 비롯되었을 가능성이 가장

6. 미국의 에이즈, 아프리카의 에이즈

크다는 것이다.

새로운 렌티 바이러스의 발견과 더불어 1950년대 새로운 종양 바이러스도 발견됐다.* 생쥐의 백혈병, 버킷림프종을 일으키는 바이러스와 함께, 우간다와 그 밖에 말라리아 발생률이 높은 동아프리카 지역의 어린아이들에게서 많이 발생하는 희귀한 턱 종양의 원인 바이러스도 헤르페스와 밀접한 계통인 엡스타인바 바이러스인 것으로 밝혀졌다.[21] 1960년대까지는 종양 바이러스를 포함한 모든 바이러스가 동물 세포에 바이러스 DNA를 주입하는 방식으로 복제되며 세포내 기관을 활용해 대량 복제가 이루어진다고 여겼다. 종양 바이러스의 경우 감염된 세포를 용해하고 사멸시키는 대신 공생 관계가 되어 복제를 유발한다는 차이가 있다고 추정했다. 그러다 고양이 백혈병을 일으키는 종양 바이러스의 "신호전달" 분자가 DNA가 아닌 리보핵산RNA이라는 사실이 밝혀지면서, 이 이론은 난관에 봉착했다. DNA에서 RNA로, RNA에서 단백질로 유전정보가 전달되고 이 과정이 반대 방향으로는 이루어지지 않는다는 것이 분자생물학의 핵심 원리인데 다른 사실이 밝혀진 것이다.

난관을 타개한 첫 돌파구는 1970년 매사추세츠공과대학의 데이비드 볼티모어David Baltimore와 위스콘신대학교의 하워드 테민Howard Temin의 손에서 나왔다. 두 사람은 특정 RNA 바이러스가 역전사효소의 도움을 받아 세포 내 유전체 속으로 통합될 수 있다는 사실을 입증했다. RNA 바이러스 중에서도 특정 종류만 이 역전사효소를 보

----

* 암이나 종양을 유발하는 바이러스는 모두 종양 바이러스로 불린다.

유하고, 덕분에 바이러스 RNA를 DNA로 만들 수 있다고 밝혀졌다. 역전사효소에 관한 볼티모어와 테민의 연구 결과는 처음에 "이단" 으로 여겨졌으나 결국 그 의미가 인정되어 두 사람은 1975년에 노벨상을 수상했다. 이들의 발견은 그와 같은 특수한 기능을 보유한 바이러스를 가리키는 '레트로 바이러스'라는 새 용어를 탄생시켰고 바이러스의 유전자가 어떻게 세포에 암성 변화를 일으키는가에 관한 인식론적 문제를 해결했다. 레트로 바이러스가 세포에 감염되면 역전사효소는 시계방향 나선 형태인 바이러스의 RNA를 반대 방향으로 전사하여 이중나선 DNA로 만든다. 이렇게 만들어진 "프로 바이러스"는 또 다른 바이러스 효소인 통합효소의 도움으로 숙주 염색체의 DNA 사이에 끼어든다. 프로 바이러스가 도입되는 위치는 무작위로 정해지므로 그 지점과 인접한 유전자가 영향을 받아 암이 발생하는 경우가 많다. 세포 안으로 유입된 프로 바이러스는 면역계의 공격을 받지 않으므로 과학적 측정으로도 드러나지 않고 숨어지낼 수 있다. 이렇게 세포의 수명이 이어지는 동안 계속 그 안에 머물러 있으면서 세포 내 DNA와 함께 복제되고, 딸세포로도 전달된다.[22]

1975년에는 동물에 암을 일으키는 레트로 바이러스만 알려져 있었고(닭의 악성종양과 고양이 백혈병이 대표적 예로 꼽힌다), 암을 연구하던 학자들은 세포주가 사람이 아닌 다른 종의 감염성 바이러스에 오염되는 문제 때문에 인체에 종양을 유발하는 레트로 바이러스를 찾을 수 있다는 희망을 버린 상태였다. 하지만 메릴랜드 주 베데스다에 자리한 국립보건원 산하 국립암연구소의 야심 넘치는 젊은 연구자

6. 미국의 에이즈, 아프리카의 에이즈

로버트 갤로Robert Gallo의 생각은 달랐다. 코네티컷 워터베리에서 금속공학자의 아들로 태어나 이탈리아 혈통답지 않게 부슬부슬한 곱슬머리를 가진 갤로는 역전사효소가 암 연구에 중대한 새 국면을 열어 주리라는 사실을 금세 깨달았다. 그는 백혈병 환자의 백혈구에서 역전사효소를 찾는 연구에 돌입했다. 갤로에게는 두 가지 무기가 있었다. 하나는 자신의 목표가 노벨상임을 숨김없이 드러낼 만큼 주저함이라곤 없는 경쟁심이었고, 다른 하나는 T세포를 연속 배양할 수 있는 새 기술이었다. 비결은 T세포의 성장인자인 인터류킨-2이었다. 1970년대 말 전까지만 해도 백혈병 연구자가 역전사효소를 검출하려면 악성 종양환자의 백혈구를 충분한 양이 될 때까지 한천 배지에서 배양하는 고된 작업을 이어 가야 했다. 그러나 세포가 영 협조해 주지 않아서 노력이 물거품이 되고 헛된 일로 끝나 좌절하는 일이 빈번했다. 갤로와 같은 '종양·세포 생물학 연구실'에서 연구하던 두 동료는 1976년, 이런 상황에 변화를 몰고 왔다. 식물에서 파생된 한 물질이 특정 T림프구를 자극해 성장인자를 만들어 내도록 한다는 사실을 발견했다. 곧 갤로의 연구실은 이 인터류킨-2를 이용하면 백혈병 환자에게서 얻은 백혈구의 성장과 증식이 촉진되고 무한 증식하는 세포주를 만들 수 있다는 사실을 입증했다.[23] 그러나 새 방법을 터득한 후에도 갤로가 속한 연구진이 도전과 실패를 거듭하다 마침내 큰 성과를 얻기까지 3년 가까운 시간이 걸렸다. 1979년 이들은 마침내 앨라배마 출신으로 T세포 림프종의 일종인 균상식육종 진단을 받은 28세 흑인 남성의 림프구에서 역전사효소를 찾아냈다. 얼마 지나지 않아, 갤로의 연구실은 일본 연구진과 합동으로 다른 백혈병 환자들에게서 동일한 바이러스를 찾아냈고 1980년 '인체 T세포 백혈병 바이러스Human T-cell Leukaemia Virus', 줄여서 HTLV라는 이름을 붙였다.[24] 전 세계 언론의 헤드라인을 장식한 이 발견으로 갤로는 저명한 래스커상을 수상했다. 이어 갤로는 1982년에 같은 계통에 속한 인체의 두 번째 레트로 바이러스를 발견해 HTLV-Ⅱ로 명명했다.[25]

갤로는 에이즈의 발견 과정을 소개한 저서《바이러스 사냥: 에이즈, 암 그리고 인체 레트로 바이러스》에서 HTLV에 처음 관심을 가진 계기에는 그로부터 10년 전에 고양이 백혈병 바이러스의 발견도 포함된다고 밝혔다. 백혈병 증상보다 에이즈와 유사한 면역 결핍을 유발하는 경우가 더 많다는 사실이 그의 흥미를 끌었다. 이와 함께 하버드대학교의 동료이기도 한 미론 "맥스" 에섹스Myron "Max" Essex가 밝힌 연구결과도 중요한 계기가 됐다. 일본의 감염질환 치료 병동에서 치료를 받는 환자들 중 HTLV-Ⅰ 양성 반응이 나온 사람이 굉장히 많다는 내용이었다.[26] HTLV-Ⅰ의 발견이 1983년 파리 파스퇴르 연구소의 프랑스인 연구자 프랑수아즈 바레시누시Françoise Barré-Sinoussi와 뤼크 몽타니에Luc Montagnier가 이제는 HIV로 불리는, 림프선종 바이러스LAV를 발견하는 성과로 이어졌다는 것은 분명한 사실이다.

HTLV는 CD4세포에 감염되며 혈액과 성적 접촉을 통해 확산된다. 처음 감염 후 수십 년이 지난 후에 백혈병으로 나타나는 경우도 많다. HIV와 HTLV의 차이점은 발암성이다. 아직 전부 밝혀지지는 않았으나 HTLV는 택스Tax라는 단백질이 관여해 세포를 사멸시키는 대신 증식하도록 만든다는 사실이 알려졌다. HIV를 배양된 세포에서 계속 증식시키려면 HTLV와 비슷한 기술이 필요하므로, HTLV의 생존이 역전사효소에 달려 있고 CD4세포를 고갈시킨다는 사실을 갤로가 먼저 알아내지 않았다면 바레시누시와 몽타니에도 당시에 자신들이 연구 중이던 레트로 바이러스에 비슷한 특성이 있을지 모른다는 생각을 못 했을 가능성이 크다. 그러나 에이즈를 일으키는 바이러스도 고양이 백혈병 바이러스와 비슷하게 암을 유발하는 바이러스라는 확신에 눈이 먼 갤로는 다른 쪽은 보지 못했다. 이로 인해 프랑스 연구자들보다 먼저 HIV를 찾지 못했다는 것도 명확한 사실이다.[27] 갤로는 1983년 5월 〈감염률과 사망률 주간 보고〉에 게재된 자료와 뒤이어 〈사이언스〉에 시리즈로 발표된 논문을 통해 HTLV-I의 변이체, 또는 HTLV-II와 가까운 또 다른 바이러스가 에이즈의 원인일 가능성이 매우 높다고 밝혔다.[28] 그로서는 불행하게도, 그때 〈사이언스〉 같은 호에 LAV의 발견에 관한 바레시누시와 몽타니에의 연구 결과가 함께 실렸다. 두 사람이 찾아낸 바이러스는 HTLV-I과 교차 반응성이 거의 없거나 있더라도 굉장히 약하게 나타나 종류가 다른 바이러스가 분명해 보였다.[29] 이런 사실에도 불구하고, 몽타니에는 이 연구에 관해 갤로가 작성한 초록을 함께 싣자는 〈사이언스〉 편집자의 요청을 받아들였다. 프랑스 연구진이 "레트로 바이러스를 발견했으며, 이 바이러스는 최근 발견된 인체 T세포 백혈병 바이러스[HTLV]와 같은 계통이나 먼저 발견된 종류와는 뚜렷하게 다른 특징이 있다"는 내용이었다.[30] 갤로의 글은 파스퇴르 연구소의 학자들에게 영 찜찜한 기분을 남겼을 뿐 아니라, 이 바이러스를 뭐라고 불러야 하는지 올바른 명칭을 붙이는 일부터 발견 주체가 누구인가에 이르기까지, 훨씬 더 씁쓸한 국제적 분쟁까지 일으킨 시초가 되었다. 분쟁은 HIV라는 바이러스의 정체와 에이즈와의 정확한 관계에 관한 오해를 불러일으켜 지금까지도 이어지는 음모론에 기름을 끼얹었다.

갤로와 몽타니에의 논쟁과 그 뒤에 깔린 과학적, 상업적 이해관계는(가장 뜨거운 갈등을 일으킨 쟁점 중 하나는 HIV 진단 검사법 개발로 발생하는 수익을 누가 가져가는지였다) 두 당사자가 각자 쓴 저서에서도 다루었고 다른 저술가들도 광범위하게 분석했다.[31] 1984년 4월에 미국 보건복지부에서 열린, 그리 신중하지 못했던 갤로의 기자회견은 프랑스와 미국 과학자들 간의 불편한 분위기를 악화시켰다. 이 자리에서 갤로는 자신이 에이즈 바이러스를 찾았다고 발표했다.[32] 뒤이어 〈사이언스〉에 실린 4편의 논문에서 그는 이 바이러스를 HTLV-Ⅲ로 명명했다.* 1986년에 국제 바이러스 분류위원회가 문제의 바이러스 명칭을 HIV로 정하고 얼마 지나지 않아 로널드 레이건 대통령과 당시 프랑스 대통령이던 프랑수아 미테랑이 양국의 과학자들은 이 바이러스의 발견에 똑같이 공헌했다고 봐야 한다는 뜻을 밝히면서 진정 국면을 보이는 듯했다. 그러나 1990년 새로운 유전학 검사 기술이 개발되면서 논란이 재점화됐다. 1983년 파스퇴르 연구소에서 갤로의 연구실로 보낸 바이러스 샘플을 갤로가 그릇된 방식으로

---

* 얼마 지나지 않아 HTLV-Ⅲ는 LAV와 동일한 바이러스라는 사실이 밝혀졌다. 몽타니에가 갤로의 연구실과 공유한 바이러스가 갤로의 실험 과정에서 오염됐을 가능성이 거의 확실시됐다.

6. 미국의 에이즈, 아프리카의 에이즈

사용했다는 사실이 드러난 것이다. 이 시기의 불안한 역사를 되돌아보는 일이나, 그가 이 바이러스에 HTLV-Ⅲ라는 이름을 붙인 것이 HTLV 계통의 다른 바이러스임을 강조하고 심지어 이것이 에이즈의 원인 바이러스라고 주장하기 위한(그러나 갤로 자신은 이런 주장을 한 번도 펼친 적이 없다고 밝혔다) 의도에서 비롯된 것인지 따져보는 것 자체는 그리 중요하지 않다.[33] 이 논란은 자세히 살펴볼 가치가 있다. 당시 사상 처음으로 에이즈의 병인체라는 타이틀이 붙은 바이러스를 양국 연구진이 얼마나 알고 있었는지, 혹은 얼마나 안다고 생각했는지 살펴볼 수 있다. 또한 갤로가 에이즈 바이러스는 암을 유발하는 레트로 바이러스가 분명하다는 확신에 얼마나 사로잡혀 있었는지도 확인할 수 있다.

〈사이언스〉에 실린 두 번째 시리즈 논문에서 갤로는 48명의 환자를 대상으로 HTLV-Ⅲ를 어떻게 찾아서 분리했는지 설명했고 이 바이러스를 실험실 조건에서 계속 증식하도록 배양하는 방법도 제시했다. 그러나 이것이 그에게 결정타가 되었다. HIV는 감염된 세포를 주기적으로 사멸시키는 특징이 있어 백신은 고사하고 특성을 연구하거나 혈액 검사법을 개발할 충분한 양을 증식시키기 어려운 상황이었다. 그럼에도 갤로의 연구진은 새로운 세포주를 활용해 선별 검사(효소결합 면역흡착검사, 줄여서 ELISA)와 확진 검사('웨스턴 블롯 Western blot'으로 알려져 있다)의 원형을 이미 한창 개발 중이었다. 1983년 초에 발표한 논문에서 갤로는 이 바이러스에 세포를 파괴시키는 특징이 있다는 점을 전혀 언급하지 않고, 시험관 조건에서 면역기능을 억제시키는 영향을 줄 수 있는 것으로 관찰됐다고만 설명했다. 즉 실험적으로 배양된 T세포의 기능에 악영향을 줄 수 있다는 의미였다. 이 결과는 림프구의 분열과 증식을 촉진한다고 알려진 HTLV가 정확히 어떤 방식으로 세포의 고갈을 유발하는가, 하는 의구심을 불러일으켰다.

프랑스 연구진은 그와 달리 이 바이러스가 몸속을 순환하는 T세포의 수를 줄이고 파괴한다면 말초 혈액에서는 분리가 어렵다는 전제에서 출발했다. 이 단계에서는 몽타니에 연구진도 문제의 바이러스가 HTLV와 밀접한 관련이 있거나 그 계통에 속한 레트로 바이러스일 가능성이 가장 높다고 보았다. 그러나 이들은 혈액이 아닌, 에이즈 환자로 추정되는 사람들의 림프절에서 채취한 림프액에서 바이러스를 찾아보기로 결정했다. T세포가 대부분 사멸되기 전, 병이 그보다 이른 단계인 환자에서 바이러스가 더 많이 발견될 것이라는 추정으로 한 결정이었다. 이에 따라 1983년 1월 3일, 파리 피티-살페트리에르 병원의 연구자는 당시에 "림프선종 증후군"이라고 불리던 병을 앓던 33세 남성*의 목에서 림프절 하나를 절제했다. 남성 동성애자들 사이에서 환자가 계속 늘던 질병은 환자의 림프절이 만성적으로 부어 있는 특징이 나타났다. 연구진은 세포주 증식을 촉진하기 위해 분리한 림프절에 인터류킨-2를 추가했다.[34] 병을 일으킨 바이러스가 HTLV와 같은 종이라면 인터류킨-2가 추가된 후 배양된 세포에서 계속 발견되어야 하고 T세포 수도 유지되어야 한다. 하지

---

* 몽타니에의 실험 기록에는 이 환자가 BRU라는 이름 첫 글자로만 기입되었다. 나중에 여러 신문사에서 이 환자의 이름이 프레데릭 브루지에(Frédéric Brugière)이며, 1년간 50여 명의 파트너와 성관계를 맺었다고 추정되고 1979년 뉴욕 시를 방문한 적 있는 동성애자라는 사실이 알려졌다.

6. 미국의 에이즈, 아프리카의 에이즈

만 그런 일은 일어나지 않았다. 얼마 지나지 않아 1월 25일에 바레시누시는 배양된 림프구에서 역전사효소가 만들어진 사실을 확인했고, 효소 농도가 최고치에 이른 후 다시 떨어지는 변화를 관찰했다. 게다가 이 바이러스는 T세포 증식을 유발하는 것이 아니라 오히려 T세포를 사멸시키는 것 같았다. 림프구가 다 사라지면 바이러스까지 잃을 것을 염려한 바레시누시는 연구진에게 가까운 혈액은행에 가서 혈액을 확보해 달라고 요청했다. 배양액에 새로운 림프구를 추가한 후, 바레시누시는 역전사효소의 활성이 감지되고 이와 연관된 세포사가 이어지는 과정을 다시 확인할 수 있었다. 새로운 림프구가 포함된 혈장이 제공되자 이 알 수 없는 바이러스는 또다시 T세포를 게걸스럽게 먹어치운 뒤 마치 바다에서 상어가 먹이를 공격한 후 벌겋게 핏자국을 남기는 것처럼 보란 듯이 역전사효소를 남긴 것 같았다. 이 지점에서 바레시누시는 문제의 바이러스가 T세포를 사멸시키는 특징이 있고, 갤로의 HTLV와 다르다고 거의 확신했고 새로운 레트로 바이러스임을 깨달았다. 그는 나중에 이 순간을 다음과 같이 회상했다. "굉장히 쉽게 일어났어요. 1983년 초 첫 샘플을 받았고 15일 뒤 배양 세포에서 바이러스의 존재를 처음 확인했습니다."[35]

이러한 실험 결과에 담긴 엄청난 의미를 세상이 금세 알아차릴 것이라 예상했다면 오산이다. LAV에 관한 바레시누시의 논문은 1983년 5월 〈사이언스〉에 실렸지만 갤로와 에섹스의 논문에 완전히 가려지고 말았다. 그리고 1983년 가을, 뉴욕 콜드 스프링 하버에서 매년 9월에 개최하는 국제 바이러스학회에 참석한 몽타니에는 림프선종 증후군 환자의 약 60퍼센트, 에이즈 환자의 약 20퍼센트에서 LAV가 발견됐으며 이들 중 누구도 HTLV에는 감염되지 않았다고 발표한 후 갤로의 맹렬한 반박에 부딪혔다. 나중에 갤로는 당시 몽타니에의 견해에 공격적으로 의문을 제기한 것을 "후회"한다고 밝혔고 자신이 세포를 사멸시키는 LAV의 특징을 더 일찍 인지하지 못한 것은 실패였음을 인정했다. 그는 이 실패가 당시 자신의 연구실에서 "왜곡"된 방식으로 역전사효소의 활성을 측정했기 때문에 빚어진 결과라고 밝혔다. 대체로 바이러스 감염 후 한참 시간이 흐른 뒤 효소 활성을 측정하는 검사를 실시했는데, 그때쯤이면 T세포가 이미 손상됐거나 사멸한 상태였다. 면역형광분석법이 HTLV-I 양성으로 나올 때도 있고 아닐 때도 있을 만큼 부정확했던 것도 실패 원인으로 꼽혔다(분석이 실시된 환자 중에는 HIV와 HTLV에 모두 감염됐거나 둘 중 한 가지만 감염된 사람이 있었을 것이고, 따라서 이런 결과가 나온 것으로 보인다).[36] 몽타니에가 직접 밝힌 자신의 연구에 관한 이야기는 상당히 설득력이 있다. 미국의 연구진이 받은 경제적 지원이 훨씬 월등했기에, 갤로는 프랑스 연구진의 바이러스 발견 소식을 접한 직후부터 "아마 저들은 우리 발치에도 못 쫓아올 것"이라 믿었을 것이라는 내용도 있었다. 갤로도 이에 마지못해 동의했다. 그는 에이즈 바이러스가 HTLV와 다른 종류일 리 없다는 자신의 "과도한 자신감"에 취해 6개월을 보냈고, 그 시간 동안 몽타니에 연구진이 첫 번째 실험을 시작하기 전에 문제를 다 해결했어야 했다고 밝혔다. "인체에서 첫 번째, 그리고 두 번째 레트로 바이러스가 발견된 직후에 에이즈라는 병이 알려진 것…… 여기서 내가 길을 잘못 들었다. 내가 나

6. 미국의 에이즈, 아프리카의 에이즈

아갈 길을 보여 줬지만 그 길은 잘못된 길이었다."[37] 그는 이렇게 인정했다. 과학 역사가 미르코 그르멕은 이를 더욱 직접적으로 묘사했다. "만약 갤로가 HTLV-I을 발견하지 않았다면, HIV를 그가 발견했을 가능성이 다분하다."[38]

* * *

문화 비평가 수전 손택Susan Sontag은 저서 《은유로서의 질병》에서 원인이 뚜렷하지 않고 효과적인 치료 방법이 없는 질병마다 어떻게 수많은 의미가 부여되는지, 그 방식에 주목했다. "먼저 그 병과 관련이 있는, 가장 깊은 두려움을 유발하는 문제가 제시된다(부패, 부식, 오염, 무질서, 허약함). 그리고 병 자체가 은유가 된다. 그다음에는 병명이 다른 것에 대한 두려움을 낳는다(즉 병명이 하나의 은유로 사용되는 것이다)."[39] 1978년에 발표된 이 글은 손택이 암 환자로 살면서 자신이 앓고 있는 병은 부끄러워해야 할 일이고 어떤 면에서는 자신의 잘못으로 생긴 일이라고 느끼게 만드는 상황에 처해 본 경험에서 나왔다. 에이즈가 유행하기 시작한 후, 손택은 자신이 쓴 이 글이 에이즈에 더 맞게 적용된다는 사실을 깨달았다. 이에 1989년 손택은 1970년대에 암 환자들은 병을 숨기고, 부끄러워하고 자책해야 했는데, 에이즈 환자들이 그런 상황을 더 넓은 범위에서 똑같이 겪고 있다고 주장했다. 남성 동성애자는 물론 정맥투여 약물 이용자 등 에이즈 감염 위험이 높다고 지목된 사람들은 특히 그런 상황에 놓였다. 이들은 위험천만한 행동을 했으니 병을 어느 정도는 자초한 것이나 다름없다고 여겨졌다. 손택은 이러한 사람들이 "집단 따돌림의 대상"
이 된 기분을 느낀다고 밝혔다. 그리고 암의 경우 흡연이나 과도한
음주처럼 건강에 해로운 습관이 환자가 병에 책임이 있다는 비난과
결부된다면, 에이즈는 그보다 훨씬 심각한 의지박약 때문에 안전에
해가 되는 행동을 한 것으로 여겨졌으니 상황은 더 악화될 수밖에
없다고 보았다. "방종, 태만에서 나온 결과로, 즉 불법 화학물질이나
도착적인 섹스에 중독된 결과라고 생각한다." 이로 인해 에이즈 환
자에게는 개인적으로 "큰 불행"이 닥쳤으니 위로가 필요하다는 인
식 대신 "과도한 성적 행위는 물론 비뚤어진 행위에서 비롯된 병"이
라는 호된 비난이 확산됐고 그런 인식이 오명처럼 따라다녔다.[40]

어느 시점부터 이 오명이 그러한 환자가 사회 전체에 위협이 될
수 있다는 과민 반응과 큰 혼란으로 바뀌었는지는 파악하기 힘들
다. 처음에 사람들은 에이즈 소식에 별로 관심이 없었다. 이런 반응
은 백악관 대변인 래리 스피크스^{Larry Speakes}가 1982년 10월에 드러낸
태도에 영향을 받았는지도 모른다. 미스터리한 신종 질환 환자가
600명 넘게 발생했다는 CDC의 발표 후 레이건 정부가 어떤 대응을
시작했느냐고 묻는 한 기자의 질문에 그는 다음과 같이 대답한 것으
로 유명하다. "그 일에 관해서는 아는 바가 전혀 없습니다." 이 무심
한 태도의 일부는 무지함에서 비롯됐고, 일부는 문제가 된 병이 동
성애자에게만 영향을 준다고 생각한 편견에서 비롯됐다. 에이즈가
동성애자의 생활방식과 관련된 병이고 따라서 "이성애자" 사회에는
문제가 되지 않는다면, 주류 정치인들로서는 무시하는 편이 안전하
다고 생각했으리라. 공화당이 좌지우지하던 상원이 뒤를 받치고 있

6. 미국의 에이즈, 아프리카의 에이즈

던 로널드 레이건 정부는 에이즈 연구는 일절 지원하지 않았다. 국립 보건원과 CDC 과학자들은 어쩔 수 없이 다른 연구 사업에 들어갈 돈을 대신 쓰게 해 달라고 애원하거나 몰래 빼돌려서 연구해야만 했다. 실제로 에이즈가 유행한 첫 3년 동안 레이건은 에이즈의 '에'자도 언급하지 않다가 1985년 가을이 되어서야 대중 앞에서 처음으로 에이즈를 언급했다. 그때는 이미 배우 록 허드슨Rock Hudson이 파리 소재 아메리칸 병원의 병상에서 기자회견을 열고 자신도 이 두려운 병에 걸렸다고 밝힌 후였다. CDC에 에이즈로 진단된 환자 수로 보고된 숫자가 1만 명을 넘어섰고 그중에 어린이와 혈우병 환자가 상당수를 차지한다는 사실도 밝혀진 상황이었다. 뉴욕에서 발행된 신문 〈네이티브〉의 기고가이자 에이즈 관련 사회운동가들이 환자의 수명을 연장시켜 줄 약이 마련될 수 있도록 과학계와 어떻게 협력했는지 보여 준 영화로 오스카상 후보에 오른 데이비드 프랜스David France는 허드슨의 발표가 판을 확 바꾸었다고 보았다. 그가 글로 밝힌 것처럼 당시에는 "중요하다고 여겨지는 사람이 이 병에 걸리기를 소망해야 했다."[41] 무엇보다 허드슨의 고백은 기자들이 왜 할리우드의 상징으로 여기는 배우가 다른 방도가 없어 파리에서 치료를 받아야 하는가, 하는 난감한 질문을 던진 계기가 되었다. 언론의 관심이 뜨거워지자 결국 에이즈에 관해 지독한 침묵으로 일관하던 정부도 더 이상 그런 입장을 고수할 수 없게 되었고 백악관은 AZT 같은 실험적 치료제 연구에 더 많은 지원금을 제공하라는 설득에 응했다. 그러나 이 변화에는 프랜스와 사회운동가들도 미처 예견하지 못한 문제가 따랐다. 공포와 과민 반응도 함께 밀려온 것이다.

이러한 히스테리의 뿌리는 세 가지 요소에서 찾을 수 있다. 첫 번째는 에이즈가 혈액 매개 질환이라는 사실이다. 즉 정맥에 약을 투여하거나 주사기를 여러 사람이 사용할 때 옮길 수 있고, 나라 전체에 공급되는 혈액에도 병인체가 존재할 수 있다는 의미였다. 두 번째는 국민을 대상으로 한 메시지가 제대로 전달되지 않고 "체액" 같은 모호한 용어를 사용하는 바람에 침이나 재채기를 통해서도 에이즈에 걸릴 수 있다는 인상을 심어 주었을 뿐 아니라 에이즈 환자가 만진 물건과 접촉하는 것만으로 병이 옮을 수 있다고 생각하게 했다는 점이다. 세 번째 원인은 에이즈가 새로운 유형의 치명적 바이러스 감염으로 발생하고 이성애자에게도 전염된다는 사실이 알려진 데다 치료약이 없어서 에이즈 진단은 곧 사형선고였다는 점이다. 난데없이 사람들은 어디도 안전하지 않고 이 바이러스를 피할 곳은 아무 데도 없다는 두려움에 사로잡혔다. 에이즈의 확산 속도까지 빨라지자 저널리스트 랜디 쉴츠[Randy Shilts]의 표현대로 "공포가 유행처럼 번지기" 시작했다.[42]

사태를 되짚어 본 쉴츠는 언론이 아닌 과학자들, 그리고 의학계 전문가들이 에이즈에 관한 이 새로운 사고의 틀을 확립한 책임이 크다고 확신했다. 1983년 3월에 CDC는 이 질병의 주요 위험군이 성관계 파트너가 다수인 남성 동성애자[homosexual men]와 주사기로 약을 이용하는 헤로인 중독자[heroin addicts], 아이티인[Haitians], 혈우병 환자[haemophiliacs]라고 밝혔다. 영어에서는 모두 알파벳 H가 들어가는 사람들이라 "4H"로도 불렸다. 그러나 두 달 후 학술지 〈미국 의학협회지〉에는 전혀 다른 정보가 담긴 자료가 발표됐다. 뉴저지 주 뉴어크에서 정체를 알 수 없는 면역결핍증이 나타난 어린이 환자 8명에 관한 논문으로, 이 중 4명이 사망했다는 내용과 함께 "병이 반드시 성적 접촉이나 약물 남용, 혈액 제품 노출을 통해서만 전파되는 것은 아니다"라는 설명이 이어졌다. 논문에 덧붙여진 사설에는 미국 국립 알레르기·감염병 연구소[NIAID] 소장이자 연방 기관 소속의 대표적 에이즈 연구자인 앤소니 파우치[Anthony Fauci]가 "한 집에 사는 가족 간에 이루어지는 것과 같은 일상적인 밀접 접촉"으로도 병이 확산될 가능성이 있다고 밝힌 내용이 포함돼[43] 불안감은 한 층 더 가중됐다. 이런 정도로는 언론이 의미를 제대로 포착하지 못할까 봐 염려라도 한 것인지, 미국 의학협회는 "가족 간 접촉으로도 에이즈 전파가 가능하다는 증거 확인"이라는 제목이 달린 공식 성명까지 발표했다. 이 성명에서 협회는 파우치의 말을 인용하며 "성적 접촉이나 혈액 매개가 아닌 경로로도 병이 전파될" 가능성이 "굉장히 크다"고 밝히고, "일상적인 밀접 접촉으로도 확산될 수 있다면 에이즈는 지금과는 전혀 다른 새로운 국면을 맞이할 것"이라고 밝혔다. AP통신은 이 성명을 접하자마자 여기에는 일반 국민이 에이즈에 걸릴 위험이 이전까지 생각했던 것보다 더 크다는 의미가 담겼다고 해석한 기사를 내보냈다. 그리고 이 잘못된 내용은 〈USA 투데이〉를 비롯한 여러 신문들에 신속히 실렸다. 기사가 나가고 단 며칠 만에 샌프란시스코에서는 경찰과 소방관에게 정부가 지급한 마스크와 고무장갑이 공급됐고 도시민의 일상에 마스크를 쓴 경찰이 눈에 띄기 시작했다. 쉴츠는 "에이즈를 향한 히스테리가 나라를 휩쓸었음을 보여주는 시각적 상징"이라고 언급했다. 얼마 지나지 않아 다른 지역 경찰들도 마스크가 필요하다며 불안한 목소리를 내기 시작했다. 캘리포니아에서는 치과의사들에게 비슷한 방식으로 예방 조치에 힘쓰라는 권고가 내려졌다.[44]

파우치는 AP통신이 자신의 말을 전혀 다른 맥락으로 전했고 사설에 담긴 세부 의미를 제대로 파악하지 못했다며 고소할 수도 있었을 것이다. 그러나 에이즈가 "정액"과 혈액으로 확산될 수 있다고 정확히 밝히면 민감한 대중의 심기를 건드릴까 봐 우려한 보건 당국 관계자들이 "체액"이라는 완곡한 표현을 사용하는 바람에 파우치의 의견은 더 왜곡된 방향으로 알려졌다. 파우치가 전문가 검토 후 게재되는 학술지에 논문을 실어 에이즈가 가정이나 사회에서의 일상적 접촉으로 전파된다는 증거는 없다고 명확히 밝히며 오해를 바로잡기까지 1년이 걸렸다.[45]

에이즈에 관한 새로운 인식 틀로 빚어진 혼란과 과민 반응으로, 1985년 7월에는 인디애나 주 코코모의 중학교에서 혈우병 때문에 정기적으로 수혈을 받다가 1년 전 에이즈에 감염된 열네 살 라이언 화이트[Ryan White]가 다시 학교에 나오려다 거부당하는 일이 벌어졌다. 화이트가 건강해졌다고 의사들이 모두 확인해 주었음에도 불구하고 지역 교육청은 자녀를 에이즈 "보균자"와 한 교실에서 공부하도록 두기가 너무 불안하다는 학부모들의 압박에 따랐다. 이런 히스테릭한 반응은 다른 지역으로도 급속히 확산됐다. 뉴욕에서도 언론에 "신종 불가촉천민"이라는 헤드라인이 등장했고 <타임>에는 퀸즈의 초등학교에서 2학년생 중에 에이즈에 감염된 환자가 있다는 이유로 학부모 900여 명이 자녀의 등교를 거부했다는 소식이 보도됐다.[46] 곧 해외 언론에도 이처럼 극도의 불안으로 빚어진 과잉 반응을 다룬 기사가 등장했다. 영국 〈더 선〉은 에이즈가 "들불처럼 번지고 있다"는 소식과 함께 노스요크셔에서 에이즈로 숨진 사람이 "예방 차원에서" 콘크리트에 매장됐다고 전했다. 〈데일리 미러〉에는 벨기에의 법원에서 수감자가 에이즈 바이러스에 감염됐다고 밝히자 판사, 서기, 교도관 몇 명이 깜짝 놀라 재빨리 밖으로 나갔고 단 몇 초 만에 법정이 텅 비었다는 뉴스가 실렸다.[47] 미국에서는 연구자인 윌리엄 H. 매스터스William H. Masters와 버지니아 E. 존슨Virginia E. Johnson이 변기 시트에도 에이즈 원인균이 있다고 경고하는가 하면, 시카고에서는 한 운전자가 에이즈 핫라인에 전화를 걸어 조금 전에 게이인 행인을 차로 치었는데, 자신의 차에 오염물질 제거 조치를 해야 하는지 문의한 일도 있었다.[48] 심지어 모든 환자를 치료해야 한다는 의무를 다하겠노라는 히포크라테스 선서를 했던 개업의사가 에이즈 환자는 직접 치료하지 않거나 다른 전문의 동료에게 보낼 핑곗거리를 대는 경우도 있었다.

에이즈 유행이 시작된 첫 몇 달간은 전국에 나가는 뉴스를 보도하던 앵커들이 에이즈는 동성애, 그리고 위험을 감수한 "짜릿한" 삶과 관련된 생활 질환이라고 언급했다. 현 시점에서 되돌아보면 이러한 생각은 CDC 역학 전문가들이 에이즈의 주요 위험군을 처음에 묘사했던 방식에서 비롯되었다고 볼 수 있다. 〈감염률과 사망률 주간 보고〉에 새 증후군에 관한 보고서가 처음 실렸을 때 커런도 고틀립이 UCLA에서 확인한 주폐포자충 폐렴 사례는 "동성애자들의 일부 생활 방식과 관련 있거나 성적 접촉을 통해 걸렸을" 가능성이 있다는 의견을 밝혔다. 1981년 7월에도 같은 학술지에 관련된 두 번째 보고서가 게재됐다. 뉴욕에서 카포시 육종으로 진단받은 남성 환자 26명이 발생한 사실을 상세히 다룬 자료였다.[49] 논문이 발표된 시점에 동성애자이기도 한 앨빈 프리드먼 키언은 〈뉴욕타임스〉에 실린 기사에서 카포시 육종 사례가 15건 더 확인됐다고 전하면서, 이제는 의학계와 언론에서 이 "희귀 암" 또는 "게이 전염병"에 관한 보다 폭넓은 논의가 이루어져야 한다고 언급했다.[50]

에이즈와 관련해 동성애자들에게 오명을 씌운 CDC의 결정적한 방은 아마도 1982년에 발표한 연구 결과일 것이다. 로스앤젤레스와 오렌지카운티에서 발생한 카포시 육종과 그 밖의 기회감염 환자들을 조사한 연구였다. 로스앤젤레스 집단 연구로도 알려진 조사 결과가 담긴 이 자료에 '장티푸스 메리' 이후 역사상 가장 큰 악명을 얻은 감염질환 환자가 소개됐다. 프랑스계 캐나다인 비행기 승무원 개탄 듀가스Gaetan Dugas였다.[51] 저널리스트 랜디 쉴츠가 에이즈의 역사를 정리한 자신의 유명 저서 《그리고 밴드는 연주를 계속했다》에서 "최초 감염자"로 소개하면서 사람들의 머릿속에 영원히 남는 존재가 된 듀가스는 당시의 유행병 사태에서 "악인" 역할이라도 주어진 것처럼 묘사됐다. 편하게 섹스만 하는 파트너가 수백 명은 된다고 떠벌리고 다녔던 이 복잡한 인물은 자신의 몸에 카포시 육종이 온통 번진 데다 에이즈가 성관계를 통해 전염될 수 있다는 증거가 쌓여 가던 시기였음에도 공중목욕탕을 쉴 새 없이 드나드는 생활을 포기하지 못했다. 1984년 3월에 듀가스가 세상을 떠나자마자 프리드먼 키언을 비롯한 여러 의사들이 그에게 "소시오패스"라는 딱

6. 미국의 에이즈, 아프리카의 에이즈

지를 붙였다. 에이즈가 유행하기 시작한 초창기만 해도 원인이나 전파 경로가 불확실했고 모두 추측일 수밖에 없었다는 사실이 얼마나 간과되었는지 보여 준 평가였다. 또한 듀가스가 남성 동성애자의 생활방식이 에이즈가 유행한 원인이라는 의학계의 주장에 의구심을 품었지만, 그럼에도 CDC 연구를 이끈 사회학자 윌리엄 대로우William Darrow에게 선선히 협조했다는 사실은 거의 알려지지 않았다. 실제로 듀가스는 지난 3년간 잠자리를 함께한 750여 명 남성들 중 72명의 이름을 대로우에게 제공했다. 아이러니하게도 자신의 성생활 이력을 이토록 솔직히 밝힌 것이나 역학 전문가들이 병의 전파 경로를 재구성할 수 있도록 기꺼이 도움을 주려 했던 태도는 대로우의 연구와 쉴츠의 저서에서 그가 주역을 맡게 된 바탕이 되었다. 의학 역사가 리처드 맥케이Richard McKay의 묘사처럼 듀가스는 "사후에 지독히 악명 높은 인물"이 된 것이다.[52]

역학자들은 미생물학자나 실험 분석을 중심으로 연구하는 다른 학자들과 달리 질병이 다중 요인으로 발생한다는 모형에 유독 큰 무게를 두는 경향이 있다. 즉 특정 질병에는 수많은 원인 또는 선행 사건이 존재하며, 이러한 요소가 모두 결합돼야 문제가 생긴다고 본다. 따라서 "망처럼 연결된 원인들"을 조사해서 해당 질병의 가장 취약한 지점을 찾고 그 부분을 해결할 수 있도록, 병원체의 정체를 밝히기에 앞서 그 병원체가 더 확산되지 않도록 막고자 한다. 1983년에 에이즈 바이러스가 발견되고 분리되기 전까지 CDC 성병 분과에 속한 커렌과 동료들이 이런 상황에 직면했다. 그때는 유행 중인 병이 의학계에 알려지지 않은 새로운 바이러스로 발생했다는 사실을 아는 사람이 없었으니 정액뿐 아니라 혈액을 통해서도 전파될 수 있다는 사실을 아는 사람이 없었다. 그런데 앞서 설명한 대로 새로운 의학 기술 덕분에 의학 연구자들은 CD4세포 수가 줄어드는 특징을 이미 인지했고, 이에 따라 의사와 역학자 모두 면역력 결핍을 에이즈의 대표적 특징으로 기억했다. 때마침 CDC에서 여러 해에 걸쳐 B형 간염에 관한 다기관 연구를 막 끝낸 상황이었다. 성관계로 전파되는 경우가 많고, 남성 동성애자의 유병률이 상당히 높다고 알려진 질병이었다. 데이터를 분석한 연구자들은 B형 간염자를 나타내는 혈액 지표가 여러 요소 중에서도 남성 섹스 파트너의 수가 많은 경우, 그리고 항문 접촉이 포함된 성행위에 참여한 경우와 유의미한 연관성이 있다는 사실을 알아냈다. 미국 국립보건원을 포함한 여러 연구기관에서 동성애자 사이에 거대세포 바이러스가 전파되는 사례가 늘고 있다는 우려가 커지던 시기였다. 이전까지 동성애 여부와 상관없이 성인에게서 거대세포 바이러스 감염자가 그만한 규모로 발생한 적은 한 번도 없었다.[53] 연구 데이터를 보고 이런 분석을 내놓은 사람들은 대부분 중년의 이성애자이고 동성애자의 생활 방식에 대해 거의 아는 것이 없었다는 점에서, 이들이 성병의 유행을 동성애자 해방 운동이나 공중목욕탕을 이용하고 아무나 만나서 성관계를 맺는 것과 얼른 연관 지은 것이 놀랍지 않다. 또한 개럿이 밝힌 것처럼, 많은 연구자들이 남성 동성애자의 생활방식이 성병의 "생태학적 특성"을 바꿀 수 있다고 염려했다.[54] 사고가 이런 식으로 이루어졌으니, 역학자들이 새 증후군의 존재를 처음 눈으로 확인할 수 있었던 요소는 동시에 남성 동성애자들과 이들의 행동에 오명

6. 미국의 에이즈, 아프리카의 에이즈

을 씌운 원인이 되었다. CDC는 얼마 지나지 않아 이 새로운 질병을 '남성 동성연애자 관련 면역결핍증^{GRID}'이라고 칭했다.

이처럼 남성 동성애자들의 생활방식에 오명이 씌워진 것은 의도치 않은 결과였던 것이 분명해 보인다. CDC에 새로 꾸려진 '카포시 육종과 기회감염 전담반'을 이끈 커렌은 B형 간염 백신의 평가를 위해 이전에도 남성 동성애자들과 가까이 지낸 적이 많았다. 이들이 얼마나 민감한 반응을 보일지도 잘 알고 있었다. 그런데도 성병 전문가로서 병이 성관계를 통해 전파된다는 이론을 지지했다. 이러한 편향은 샌프란시스코와 뉴욕, 애틀랜타 소재 병원에 성병 치료를 받으러 온 남성 환자 420명을 대상으로 "약식" 조사를 실시하고 그중 35명을 선별해 진행한 인터뷰에서 심화됐다. 커렌의 전담반은 조사 대상자들에게서 나타난 두 가지 공통적 행동에 주목했다. 하나는 이들이 지난해에 성관계를 맺은 파트너 수가 많다는 것(중앙값이 87명이었다), 다른 하나는 대마와 코카인, 아밀 나이트리트 '파퍼스'의 사용 빈도가 높다는 점이다. 특히 성관계 파트너 수와 파퍼스 사용량 사이에 밀접한 연관관계가 나타났다.[55] 결과는 곧 조사 대상자의 성적 행동보다는 아밀 나이트리트 노출이 면역 결핍을 유발할 수 있다는 추정으로 이어졌다. 한 연구에서 뉴욕에서 아밀 나이트리트 노출과 카포시 육종 환자의 증가가 관련되었다는 결과가 나오고, 주폐포자충 폐렴과 면역기능이 약화된 남성 11명을 대상으로 한 다른 조사에서 이들 중 7명이 약물 "남용자"였다는 결과가 나오자(그러나 남성 중 5명이 이성애자라고 밝혔다는 사실로 결과에 관심이 덜 쏠렸다) 이론은 더 힘을 얻었다.[56] 그러나 로스앤젤레스 집단 연구의 첫 번째 결과가 발표되고 대로우가 미국 10개 도시에서 발생한 에이즈 환자들 중 남성 동성애자 40명을 대상으로 연관성을 확대 조사한 연구 결과가 나온 후 아밀 나이트리트 노출에 관한 이론은 점차 사그라졌고 그 자리를 성적 접촉을 통해 전염된다는 가설이 차지했다. 전국에 나가는 뉴스에서도 "게이 전염병"이라는 표현이 사용됐다. 대로우는 연관성이 나타난 남성 동성애자들은 그렇지 않은 대조군과 비교할 때 공중목욕탕에서 섹스 파트너를 만나고, "피스팅"(손을 항문에 삽입하는 행위)에 참여하는 경우가 더 많다고 밝혔다. 또한 집단 조사에서 지표 환자*의 사례를 보면 1979년부터 1981년까지 매년 약 250명의 각기 다른 남성 섹스 파트너를 만났고 환자가 밝힌 파트너 중 8명은 에이즈 환자였던 점, 이 중 4명은 서던 캘리포니아, 나머지 4명은 뉴욕 출신이라는 점을 지적했다.[57] 대로우는 나중에 이 집단 조사 결과를 정리한 도표에서 자신이 "O"라고 표시한 부분은 최초 감염자(영어에서 '0번 환자Patient Zero'로 표현)라는 뜻이 아니라 "캘리포니아 외 지역Out(side)-of California"을 의미한다고 주장했다. 그러나 쉴츠는 자신이 CDC를 직접 방문해서 전담반 구성원들과 만나 이야기를 나눠 보니 이미 "최초 감염자"**라는 표현을 사용하고 있었고, 들자마자 "오, 귀에 쏙 들어오는 표현이네"라고 생각했다.[58]

대로우가 듀가스를 지표 환자로 제시한 것이 정말로 그를 최초

---

* 역학조사가 실시된 집단에서 감염 확산의 원인과 과정을 보여 주고 기준이 되는 환자(一역주).

** 최초 감염자(0번 환자)는 유행병 발생 시 시간과 내용을 압축해 보여 주는 일종의 비유로 활용된다. 역학 용어로만 보면 지표 사례에 해당되지만, 논픽션이나 소설에서는 병원체가 체현된 존재, 난데없이 사회에 나타난 감염의 의인화된 존재로 그려지기도 한다.

6. 미국의 에이즈, 아프리카의 에이즈

감염자로 각인시키기 위한 의도였는지 여부와 상관없이, LA 집단 연구 결과는 그가 바로 미국에서 에이즈가 시작된 출발점이라는 인상을 심었다. 듀가스가 어떤 사람인지 알리고, 비행기 승무원인 그가 프랑스에 자주 여행을 다녀왔을 뿐 아니라 오래전부터 전염병의 온상으로 여겨진 아프리카에도 다녀왔을지 모른다는 쉴츠의 폭로로 그 같은 인상은 확고해졌다. 이렇듯 쉴츠와 기자들을 통해 듀가스는 금세 "슈퍼 전파자"가 되었고 젊은이 수백 명의 목숨을 빼앗은 대규모 살인의 주 용의자로 떠올랐다. 《그리고 밴드는 연주를 계속했다》가 출간된 직후인 1987년 10월 6일에는 타블로이드 신문 〈뉴욕 포스트〉 1면에 "우리에게 에이즈를 가져온 사람"이라는 헤드라인과 함께 듀가스의 이야기가 소개됐다. 중요한 뉴스를 다루는 언론조차 쉴츠가 주장한 이야기를 그대로 내보냈다. CBS 프로그램 〈60분〉은 듀가스를 이번 에이즈 유행 사태의 "핵심 희생자이자 가해자"라고 언급했고, 〈내셔널 리뷰〉는 이 캐나다 출신 승무원이 "에이즈에 있어서는 콜럼버스 같은 존재"라고 표현했다.[59] 그러나 가장 창피한 일은 연말에 〈피플〉 매거진이 듀가스를 "1987년 가장 인상 깊은 인물 25인"에 선정한 것이리라. 기사는 듀가스를 "매서운 성욕"을 가진 사람이었을 것이라 짐작하면서, 이것이 에이즈 유행의 바탕이 되었다고 전했다. 기사를 보고 듀가스에게 화가 치민 한 독자는 듀가스의 사진 옆에 "변태"라고 휘갈겨 쓴 뒤 빨간색 펜으로 화살표까지 그려 넣어서 샌프란시스코 에이즈 재단으로 보냈다.[60]

듀가스가 미국의 에이즈를 유행시킨 주범이라는 인식이 틀렸다는 사실은 2016년이 되어서야 밝혀졌다. 1970년대 말 샌프란시스코

대유행병의 시대

와 뉴욕 시에서 동성애자와 이성애자 남성들로부터 채취한 혈액이 그때까지 보관돼 있었고 과학자들이 이를 검사해 보니 당시 대유행의 원인이 된 HIV 아형을 이미 보유했던 것으로 드러났다. 지표 환자가 뉴욕에 온 시기가 1970년 즈음이라는 의미였다. 이 뿐만이 아니었다. 과학자들이 유전자 염기서열분석을 실시한 결과, 검체에서 발견한 HIV 아형은 카리브 해 지역, 특히 아이티에서 검출한 바이러스와 유사했다. 동시에 미국 동서 해안 지역 모두에서 1970년 이후 확산되면서 돌연변이가 발생했다고 추정할 만한 차이점도 충분히 확인됐다. 이러한 결과를 듀가스의 혈액에서 나온 HIV와 비교하니, 그가 감염된 HIV 유전체는 이 같은 바이러스 아형들을 나타낸 계통수 분석 결과에서 딱 중앙에 위치했다. 듀가스가 미국에 맨 처음 HIV를 유입시킨 사람이 아닌 것은 물론이고, 그의 성생활이 미국의 에이즈 확산에 그리 중요한 영향을 주지 않았음을 보인 증거였다.[61]

1982년 초 CDC에는 이미 에이즈 희생자가 동성애자로만 국한되지 않고 성관계가 유일한 전파 경로가 아니라고 판단할 충분한 근거가 있었다는 점을 생각하면, 듀가스에게 씌워진 오명은 더욱 안타깝게 느껴진다. 이 편협한 관점은 시간이 어느 정도 흐른 뒤에야 바로잡혔다. 당시에 CDC가 보유했던 첫 번째 근거는 1981년 9월, 마이애미 잭슨 기념병원의 감염질환 전문가들이 아이티 출신 남성과 여성들에게서 에이즈와 비슷한 증상이 나타났다는 사실을 인지했다는 것이다. 또한 같은 달에 마이애미와 뉴욕의 여러 소아과 전문의는 아이티 출신 산모에게서 태어난 아이들에서도 동일한 증후

6. 미국의 에이즈, 아프리카의 에이즈

군이 나타난 것을 확인했다. 그러나 CDC에 이런 사례를 보고하자 CDC의 공무원들은 믿지 않으려고 했다. 그러면서도 이듬해 여름, CDC 전담반은 약물을 주사로 투여해 온 이성애자들 사이에서 주폐포자충 폐렴 환자가 계속 늘고 있다는 정보를 접했고 '남성 동성연애자 관련 면역결핍증'이 정맥 투여를 통해서도 전파될 수 있다고 판단했다. 거의 비슷한 시기에 CDC는 혈우병 환자가 중증 주폐포자충 폐렴에 걸렸다는 최초 보고를 접수했다. 콜로라도 덴버와 뉴욕 웨스트체스터에서 총 3명의 환자가 발생했다고 보고됐는데, 모두 유행병의 영향이 미치지 않던 지역이다. 이들 혈우병 환자 중 누구도 동성애자로 살아 본 적이 없고 주삿바늘을 다른 사람과 공유한 적이 없다는 불안한 정보도 있었다. 세 명 모두 미국 전역에서 수천 명이 공여한 혈액의 응고물질을 추출해 농축한 제8인자를 여러 차례 주사로 공급받은 적이 있었다. 이어 1982년 7월에 미국으로 온 아이티 이민자 34명에게서 '남성 동성연애자 관련 면역결핍증'과 동일한 질병이 발생했고, 이들 대부분이 과거 2년 사이에 미국에 온 이성애자 남성이라는 사실도 보고됐다. 아이티 수도 포르토프랭스에서 카포시 육종 환자 11명이 발견됐다는 사실도 알려졌다. 그럼에도 1982년 9월, 캘리포니아대학교 의학센터의 소아과 전문의가 주폐포자충 폐렴에 걸린 아기를 치료 중이며 이제 두 살인 환자가 출생 시 여러 차례 수혈을 받았다는 사실을 파악한 후에야 CDC는 마침내 '남성 동성연애자 관련 면역결핍증'이라는 용어를 사용하지 않기로 결정했다. 에이즈라는 병명은 1982년 9월부터 사용되었다.[62]

* * *

1980년대 말에 이르자 미국의 혈우병 환자 중 절반이 HIV에 감염됐다. 이들 중 70퍼센트는 중증 혈우병에 시달리던 환자였다. 이쯤 되자 전문가들 중 에이즈가 혈액 매개 질환이라는 사실을 의심하는 사람은 거의 없었다. 그러나 대체 문제의 바이러스가 어디에서 왔고 의학계가 전혀 눈치채지 못하는 사이에 어떻게 동성애자, 아이티 사람, 헤로인 중독자, 혈우병 환자까지 이토록 다양한 사회 집단과 인종 집단에 감염될 수 있는지가 수수께끼로 남았다. 전 세계 모든 지역에서 HIV 환자가 최소 한 건씩 보고된 시기이기도 했다. WHO는 이번 대유행병이 3개 대륙에서 동시에 발생했을 가능성이 있다고 밝혔지만 이 이론을 수용하는 사람은 별로 없었다. 무엇보다 에이즈가 가장 빠른 속도로 번진 곳은 아프리카였기 때문이다. 또한 1980년대가 끝나갈 무렵, 과거에 수집해 둔 혈청 검체를 검사한 결과에서 자이르와 우간다에 1970년대부터 HIV가 이미 존재했다는 사실이 입증됐다. HIV에 감염된 환자에 여성과 어린이가 포함된 것으로 볼 때 HIV는 미국에 유입되기 전, 수십 년 전에 중앙아프리카의 이성애자들 사이에 정착했을 가능성이 있었다. 아이티에서 에이즈 감염자가 늘어나는 상황이라는 점도 아프리카가 발원지임을 의미하는 단서였다.

이 가설을 뒷받침하는 첫 번째 증거는 1983년에 나왔다. 킨샤사의 마마예모 병원 산부인과 병동에 입원한 여성 환자의 혈청에서 림프선종 바이러스^{LAV} 양성이 확인된 것이다.[63] 결과를 확인한 몽타니

— **309** —

에는 1970년에 자이르에서 채취해 보관하던 혈액 검체를 추가로 조사했고 그중 상당수에서 마찬가지로 LAV 양성 반응이 나왔다. 같은 시기에 갤로도 1972년과 1973년에 국립 암 연구소에서 버킷림프종 연구를 진행하면서 우간다의 초등학생들로부터 채취 후 보관해 둔 혈액 검체를 ELISA로 검사했다. 어린이의 검체 중 3분의 2가 HTLV-Ⅲ에 감염된 상태였다는 충격적인 결과가 나왔다.[64]

1983년 벨기에의 미생물학자 피터 피옷Peter Piot은 앤트워프에 있던 자신의 열대질환 클리닉에 찾아온 부유한 자이르인 환자들 중 많은 수가 면역결핍 증상을 보인다는 점에 주목했고, 자이르에서 이 문제가 어느 정도로 나타나는지 전면적으로 조사해 보기로 결심했다.[65] 1970년대 말, 의사들이 에이즈와 유사하고 기력이 소진되는 증상을 보이는 환자를 처음 인지한 것으로 알려진 마마예모 병원을 중심으로 조사를 벌인 결과, 피옷은 3주 동안 이 병원에 입원한 수많은 환자들이 에이즈에 감염됐다는 사실을 알아냈다.[66] 곧 CDC 역학 전문가이자 WHO '에이즈 글로벌 프로그램' 책임자를 맡은 조너선 맨Jonathan Mann과 손을 잡고 피옷은 아프리카에서 최초로 실시된 에이즈 관련 최대 규모 연구 사업인 '프로젝트 SIDA'를 시작해 역학 데이터를 추가 수집했다. 1986년까지 두 사람은 자이르와 르완다에서 에이즈가 점차 심각한 문제로 자리 잡았다는 사실을 입증했고 혈액 공여자와 임신 여성의 최대 18퍼센트가 HIV 감염자라고 밝혔다. 또한 에이즈는 남성과 여성에서 거의 동일하게 발생하며, 조사 대상 남성들 상당수가 스스로 이성애자라고 밝혔다는 사실을 전했다. 이 정도로는 에이즈가 동성애자만 걸리는 병이라는 유언비어를 없애

대유행병의 시대

기에 불충분하다고 생각했는지, 두 사람은 킨샤사와 르완다의 수도 키갈리에서 성매매 일을 하는 사람들의 최대 88퍼센트가 HIV에 감염됐고, 이들과 만난 고객의 HIV 감염률이 비슷한 수준이었다고 밝혔다.[67]

그러나 아프리카에 에이즈 바이러스가 예전부터 존재했다는 사실을 보여 준 가장 중요한 증거는 1976년 얌부쿠에서 에볼라가 발생했을 때 채취해 보관 중이던 혈청 검체의 검사 결과일 것이다. 당시 가톨릭 선교병원과 가까운 여러 마을에서 659명의 환자 검체가 수거됐는데, 분석 결과 0.8퍼센트에서 HIV 양성이 확인됐다. CDC를 비롯해 다른 모든 기관의 조사자들이 에볼라의 충격적 증상과 높은 사망률에 사로잡혀 당시에는 누구도 HIV 감염자를 알아본 사람이 없었다. HIV가 얼마나 교활할 만큼 정교하게 움직이는지 보여 주는 증거였다. 에볼라나 인간에게 처음 감염된 다른 동물 유래 바이러스들과 달리 HIV는 난데없이 또는 무참하게 숙주의 생명을 빼앗아 주목받는 길을 택하지 않는다. 대신 느리더라도 확실한 결과를 얻는 전략을 택했고, 인체 세포를 감염시키고 눈에 띄지 않게 증식할 수 있고 이로 인해 HIV에 감염된 사람은 아무런 증상 없이 10년 이상 조용히 살 수 있다. 얌부쿠에서도 1985년과 1986년에야 주민 3명에게서 에이즈로 보이는 병세가 나타났고 과학자들은 지역민을 대상으로 HIV 감염 검사를 실시했다. 흥미로운 사실은 이 조사에서 나온 HIV 감염률이 10년 전 결과와 비슷했다는 점이다. 적어도 아프리카 시골 지역에서는 10년간 이 바이러스가 거의 발전하지 않았다는 의미다. 이는 HIV의 역학적 특성에 관한 중요한 단

6. 미국의 에이즈, 아프리카의 에이즈

서였다.

과학계가 저장된 혈청을 검사하면서 수집 당시에 놓쳤던 결과들이 추가로 드러났다. 유럽에서도 그러한 결과가 나왔다. 1977년에 코펜하겐에서 주폐포자충 폐렴을 포함해 에이즈와 유사한 여러 가지 기회감염 증상을 보이다 사망한 덴마크인 외과의사 그레테 라스크Grethe Rask의 사례가 특히 흥미롭다. 발병 전인 1975년에 라스크는 킨샤사에서 일한 적이 있고, 그보다 앞서 1972년부터 1975년까지 얌부쿠에서 북쪽으로 약 96킬로미터 떨어진 아부몬바쩌라는 시골 지역 병원에서 일했다. 라스크의 검체는 1985년 ELISA 초기 버전으로 검사했을 때 HIV 음성이 나왔지만 2년 뒤 더 정교한 분석법으로 재차 검사한 결과 양성으로 확인됐다.[68] 1976년 노르웨이에서 부부와 아홉 살배기 딸아이까지 한 가족이 전부 에이즈와 유사한 증상을 보이다 사망한 사례도 있었다. 이들의 검체도 나중에 분석한 결과 HIV에 감염된 것으로 확인됐다. 부부의 딸이 1967년생이었으니, 아이 엄마는 출산 전부터 감염자였다는 의미다. 조사 결과 아이의 아버지가 선원이라 1960년대 초 서아프리카의 여러 항구를 방문했다는 흥미로운 사실이 드러났다. 1961년부터 1962년까지는 나이지리아와 카메룬에 간 적도 있었다. 이를 토대로 당시에 들렀던 항구 중 한 곳에서 그가 매매춘을 하고 바이러스에 감염됐으리라는 추정이 나왔다.[69]

1980년대 중반까지 아프리카에서도 에이즈가 더 일찍부터 발생했음을 보여 주는 비슷한 증거들이 나왔다. HIV 양성이 나온 가장 오래된 검체는 1959년, 과거 벨기에 식민지 시절에 레오폴드빌로

대유행병의 시대

불렸던 킨샤사에서 채취한 반투족 남성의 혈액이다. 27년간 냉동고에 있던 혈액 검체에서 양성이 나온 것이다.[70] 처음 분석했을 때는 검체에서 발견한 HIV가 어떤 계통인지 구분할 수 없었으나 1990년대 중합효소 연쇄반응[PCR]이라는 새로운 기술이 개발돼 유전물질을 증폭할 수 있게 되었고, 1998년 과학자들은 에이즈가 대유행했을 때 큰 비중을 차지했던 계통에 속한다는 사실을 입증했다. 2008년 학술지 〈네이처〉에는 레오폴드빌에서 채취한 또 다른 검체를 찾아 염기서열 분석을 실시한 결과 HIV가 확인됐다는 내용이 발표됐다. 1960년 한 여성의 림프샘에서 채취한 후 킨샤사 대학교 병리학과에서 보관하던 검체였다. 유전물질이 심하게 조각난 상태였으나 연구를 맡은 애리조나 주 진화생물학자 마이클 워로비[Michael Worobey] 연구진은 PCR을 이용해 DNA와 RNA 몇 가닥을 확보하여 염기서열을 분석했다. 워로비는 검체의 유전물질을 증폭시킨 뒤 레오폴드빌에서 더 이른 시기에 채취해 분석한 바이러스와 비교했고 서로 밀접하게 관련된 아형임을 확인했다. 다음 단계로 연구진은 분자시계를 적용하여 두 바이러스가 분리된 시점을 계산했다. 이 분석에서 1908년과 1933년 사이에(중앙값은 1921년) 두 바이러스의 공통 조상이 된 바이러스가 존재했던 것으로 나타났다.[71] 분자시계의 계산은 정확하지 않으므로(RNA의 돌연변이 속도는 DNA와 같지 않다) 어느 정도는 경계해서 봐야 할 결과이나, HIV가 1959년 레오폴드빌에 존재했다는 사실은 거의 의심할 여지가 없다. 만약 워로비의 분석이 정확하다면 1921년부터 그곳에 존재했을 가능성이 있다.[72]

과학자들은 현재 전 세계에 돌고 있는 HIV의 종류를 조사할 때

6. 미국의 에이즈, 아프리카의 에이즈

도 이와 동일한 PCR 기술을 활용해 왔다. 이 같은 연구를 통해 현재까지 HIV는 크게 두 종류가 있는 것으로 밝혀졌다. 그 첫 번째인 HIV-1은 전염성이 강하고 전 세계에서 발생한 감염의 대부분을 일으킨 바이러스다. 두 번째인 HIV-2는 주로 서아프리카에서 확산되며 혈중 바이러스 농도가 상대적으로 낮은 특징이 있다. HIV-1의 경우 다시 4그룹으로 나뉜다. 그중 하나인 M그룹은 10가지 하위분류로 나뉘는 복잡한 구성을 이룬다. 또한 사람마다 이 여러 종류의 하위분류 중 한 가지 이상에 감염될 수 있고, 하위분류끼리 유전자를 교환해 새로운 재조합 바이러스가 나올 수 있다. 비전문가들로서는 머리가 어지러울 만큼 복잡한 알파벳 이름이 붙은 종류가 잔뜩 존재한다.

그런데도 오늘날 과학자들 중에 에이즈가 아프리카에서 시작됐다고 생각하지 않는 사람이 별로 없다. 현재까지 발견된 가장 오래된 HIV가 킨샤사에서 나왔다는 사실과 더불어, HIV가 아프리카만큼 다양하게 존재하는 곳이 세계 어디에도 없기 때문이다. HIV는 한 방향으로만 진화한다. 즉 단일한 유형의 바이러스가 분화돼 점점 더 복잡한 아형과 재조합체를 형성하므로, 바이러스의 다양성은 발생 지점을 나타내는 강력한 근거가 된다. 그래서 현 시점에서는 논란의 여지가 없을 만큼 명확한 사실로 여겨진다. 그러나 HIV의 기원에 관한 그 외 다른 모든 내용과 에이즈와의 연관성은 의견차가 크다. 예를 들어 HIV가 에이즈의 원인이라는 것은 유능한 과학계 권위자들 모두가 오래전부터 인정해 온 사실이나, 캘리포니아대학교의 생물학자 피터 듀스버그Peter Duesberg는 계속 이 의견에 반대한다는 뜻을 밝혀 왔다. 영국의 저술가이자 저널리스트인 에드워드 후퍼Edward Hooper도 이와 비슷하게 에이즈는 1950년대 후반 중앙아프리카에서 실시된 대규모 소아마비 백신접종 사업에서 시작됐다는 입장이다(후퍼는 당시 벨기에령 콩고와 르완다, 부룬디 사람들에게 '챗CHAT'으로 알려진 소아마비 경구 백신이 제공되었는데, 이 백신 생산에 침팬지 세포가 사용되었고 생산 과정에서 백신이 원숭이 면역결핍 바이러스SIV에 오염됐다고 주장했다). 후퍼의 이론은 1999년에 발표한 저서 《강: HIV와 에이즈의 기원을 찾는 여정》에 모든 내용이 상세히 적혀 있다. 자신의 웹사이트를 통해서도 과학적 비판을 제시하며 갈수록 외로운 싸움을 이어 가고 있지만, 대다수는 후퍼의 이론에 반박할 수 있는 근거가 압도적으로 더 많다고 생각한다.[73] 후퍼나 그가 제시한 비판이 나중에 다 옳은 것으로 입증될지는 알 수 없다. 하지만 후퍼나 듀스버그의 의견은 의학계가 에이즈 확산에 끼친 영향에 관한 음모론에 불을 지폈고, AZT 등 환자의 목숨을 살릴 수 있는 약물 치료의 신뢰성을 약화시키는 자료로 활용되어 왔다. 1999년부터 2008년까지 남아프리카공화국 대통령을 지낸 타보 음베키Thabo Mbeki가 듀스버그의 조언을 받아들여 국민들이 항바이러스제를 이용하지 못하도록 했고, 이로 인해 2000년부터 2005년까지 33만여 명이 에이즈로 불필요하게 목숨을 잃었다는 연구 결과만 봐도 그 영향을 명백히 확인할 수 있다.[74] 후퍼의 백신 오염설이 현대의 소아마비 백신을 향한 불신에 영향을 주었다는 증거도 있다. 특히 나이지리아, 아프가니스탄, 파키스탄 등에서는 백신은 물론 국제 보건 기관의 활동 동기에 관한 의구심을 키워 대대적인 예방접종 사업을 거부하는 사태를 부채질함으로써

6. 미국의 에이즈, 아프리카의 에이즈

소아마비가 고질적으로 발생하는 마지막 핵심 지역에서 이 병을 근절하려는 WHO의 노력을 저해하고 있다.[75]

이러한 이론의 진위 여부와 상관없이 HIV-1과 HIV-2가 원숭이 면역결핍 바이러스^{SIV}에서 갈라져 나왔다는 사실은 누구도 반박하지 않는다. 이 두 바이러스는 중앙아프리카와 서아프리카에 서식하는 침팬지와 검댕맹거베이원숭이에 감염되어 인체 에이즈와 같은 병을 원숭이 버전으로 일으킨다.[76] 어떻게 이 바이러스가 종을 넘어, 즉 원숭이에서 사람으로 "스필오버(종간 전이)"되고 사람들 사이에서 광범위하게 확산될 수 있었을까?

스필오버가 일어난 주된 기점은 중부침팬지$^{Pan\ troglodytes\ troglodytes}$의 서식지인 카메룬과 가봉, 콩고 열대우림 지대에 자행된 원숭이 사냥과 도축으로 여겨진다.[77] 사냥꾼이 원숭이를 포획하는 과정에서 상처를 입거나 동물에게 물릴 경우, 또는 사냥한 동물을 도축해 식탁에 올리는 과정에서 동물에게 감염된 바이러스가 사람에게로 쉽게 옮길 수 있다. 실제로 원숭이 포말상 바이러스^{SFV}와 에볼라 바이러스, 마버그열 바이러스도 같은 방식으로 원숭이에서 사람으로 옮았다. 피그미족, 반투족 사냥꾼들을 대상으로 실시한 혈청 검사 결과에서 SIV 항체를 보유한 사람이 많은 것을 보면, 이들이 자연 환경에서 이 바이러스에 흔히 노출되어 왔음을 알 수 있다. 또한 HIV-1과 HIV-2, 그리고 이 두 바이러스의 다양한 하위 그룹과 아형의 유전체 분석 결과 현대에 나타난 여러 HIV 바이러스끼리 비슷한 것보다 오래전부터 존재한 SIV 중 가장 가까운 시기에 연관된 바이러스와 더 밀접한 관계가 있는 것으로 밝혀졌다.[78] 이는 인체에 감염되

대유행병의 시대

는 HIV의 전구체가 된 원숭이 바이러스가 바이러스의 진화 과정에서 사람에게 여러 차례 옮았다는 증거로 볼 수 있다. HIV-1 중에서도 단 한 종류인 M그룹이 전 세계에 발생한 HIV-1 감염의 99퍼센트를 차지한다는 사실은 에이즈의 대유행이 많은 사람이 침팬지로부터 직접 원인 바이러스에 감염되었기 때문이 아니라, 드물게 발생한 감염 사례가 확산됐고 사람 사이에서 증폭된 결과임을 나타낸다. 에이즈 전에 그리고 후에도 원숭이에서 기원한 다른 감염질환이 발생했지만 이렇게까지 번진 적은 없다.[79] 다행히 1959년 레오폴드빌에 살던 반투족 환자의 검체에서 검출된 바이러스는 HIV-1 M그룹으로 확인됐고, 이 지역에서 에이즈 바이러스의 유전학적 다양성이 가장 크게 나타나므로 이제는 HIV가 언제, 어디에서 시작됐는지 더이상 추측할 필요가 없다. 에이즈의 대유행을 일으킨 HIV는 1959년에 레오폴드빌에서, 또는 인접한 벨기에령 또는 프랑스령 콩고에서 시작된 것이 분명하다. 어떻게 이런 일이 벌어질 수 있었는지가 관련된 논란을 흥미진진하게 만드는 핵심이다.

넓게 보면 생태학적으로는 의견이 두 갈래로 나뉜다. 첫 번째는 고기를 얻기 위한 사냥과 식민지 건설과 세계화로 인한 도로와 철로의 발전, 비행기가 교통수단이 된 사회적 변화가 아프리카에서 HIV-1 M그룹의 확산, 뒤이어 전 세계로 퍼져 나갈 만큼 한꺼번에 큰 영향을 주었다는 견해다. 두 번째는 이 모든 요소가 중대한 영향을 준 것은 맞지만, 어째서 이 유형의 바이러스가 처음에는 아프리카 도시로, 나중에는 아프리카 시골과 세계 다른 지역까지 이토록 널리 퍼져 나갈 수 있었는지를 설명하기는 불충분하다고 보는 의견이다. 현실적으로 원숭이 바이러스가 사람을 새로운 숙주로 삼아 자리를 잡기는 아주 힘들다. 원숭이 바이러스는 인체에 감염돼도 단기간 머물 뿐 숙주의 면역반응이 시작되면 금방 제거되는 경우가 많다. 한 사람의 몸에 정착해서 감염을 일으킨다고 해도 다른 사람에게 그리 쉽게 옮지는 못한다. 이 부분을 설명하려면 감염이 증폭될 수 있는 추가 요소가 있어야 하는데, 의학적 요소가 가장 강력한 후보로 거론된다. 이 두 번째 견해를 지지해 온 대표적 인물인 자크 페팽Jacques Pepin은 아프리카 전역에서 매독 같은 성병과 말라리아, 딸기종 같은 열대질환을 치료할 때 진료소에서 피하주사 바늘과 주사기를 제대로 멸균하지 않고 재사용한다는 점을 지적했다. 캐나다의 감염질환 전문가이자 아프리카 지역에서 다양한 경험을 쌓은 역학 전문가이기도 한 페팽은 HIV-1이 바늘과 주사기를 함께 쓸 때 성관계보다 10배 더 효과적으로 전파되므로, 대부분 식민지 시대부터 시작되어 좋은 의도에서 실시되어 온 의료 행위가 레오폴드 또는 킨샤사에서 도시 지역에 국지적으로 유행하던 바이러스가 아이티, 뉴욕, 샌프란시스코에 사는 사람에까지 감염시킨 발판이었을 수 있다고 주장한다.[80]

안타깝게도 시간을 거슬러 올라가 식민지 시대 콩고나 다른 지역의 진료소로 가서 그곳을 찾아온 환자들을 대상으로 혈청 검사를 실시하고 페팽의 이론을 확인해 보면 좋겠지만 그럴 수가 없다. 확보할 수 있는 유일한 증거는 오래전에 채취해서 보관한 혈청 검체가 전부고, 그중 HIV의 일부가 남아 있는 것, 그리고 인도주의적 목적으로 실시한 의료 사업에서 바늘과 주사기를 통해 다른 혈액 매개 바이러스가 의도치 않게 전염된 비슷한 사례를 토대로 추론할 수밖에 없다. 후자의 경우 이집트에서 정부가 주혈흡충증을 물리치기 위한 사업을 진행하던 시기가 좋은 예가 될 수 있다. 주혈흡충증은 주혈흡충이라는 기생충 감염으로 발생하는 치명적 질환으로, 나일 강을 비롯한 다른 운하를 따라 형성된 관개수로에 서식하는 달팽이를 통해 확산된다. 1964년부터 1982년까지, 이집트에서는 이 병을 퇴치하기 위해 연간 25만여 명을 대상으로, 총 200만 회 넘게 타르타르 구토제(토주석)가 투여됐다. 급하게 멸균한 주사기와 바늘이 일주일에 평균 10~12회씩 정맥 투여에 사용됐다. 이로 C형 간염이 엄청나게 증가했고, 간염 바이러스에서 양성이 나온 환자의 절반은 주혈흡충증 치료가 실시된 지역에 살던 40대 이상자로 집계됐다.[81] 1950년대에 레오폴드빌의 성병 진료소에서 매독과 임질 치료를 위해 정맥으로 약물을 투여하다 B형 간염이 확산된 일도 이와 비슷하게 진료 과정에서 병이 옮은 사례에 해당한다. 이러한 결과가 페펭의 이론을 뒷받침한다고 볼 수 있지만, 정황 증거이고 추측한 내용인 것도 사실이다. 살인자는 있지만 뚜렷한 살해 도구가 없는 사건과 마주한 배심원단처럼, 우리는 주어진 증거의 무게를 따져 보고 누가, 에이즈의 경우 무엇이 가장 유력한 범인인지 판단해야 한다.

배심원단인 우리가 먼저 해결해야 할 문제는 카메룬과 가봉, 기니, 콩고 공화국 사람들은 최소 2,000년 전부터 HIV-1의 전구체가 된 SIV에 감염된 침팬지와 접촉했는데 왜 HIV 감염이 이전에는 유행하지 않았는가, 하는 것이다. 한 가지 가능성은 식민지 시대 이전에는 화기가 없었으므로 유인원 사냥이 더 힘들었을 것이라는 점,

6. 미국의 에이즈, 아프리카의 에이즈

그리고 중앙아프리카의 빼곡한 삼림 지대를 관통하는 도로가 없었던 시절이라 인간과 침팬지가 접촉하는 경우도 적었을 것이라는 점이다. 이런 상황에서도 고기를 얻기 위해 사냥을 하던 사람이 때때로 HIV에 감염됐을 가능성이 높고, 아내에게도 옮기거나 반대로 요리를 통해 남편에게 바이러스가 옮는 일이 일어났을 것이다. 부부가 그 상태로 살다가 10년 뒤에 에이즈로 사망하는 정도가 최악의 결말이었으리라. 두 사람이 일부일처를 고수하지 않았더라도 오지에 형성된 마을에서 바로 인접한 지역 외에 더 먼 곳까지 바이러스가 확산될 가능성은 굉장히 낮다. 그러므로 식민지 시대 이전에는 감염이 결국 역학적인 의미에서 막다른 골목에 이르렀을 것이다. 그러나 19세기가 시작될 즈음부터 이러한 역학적 환경은 변화하기 시작했다. HIV의 전구체가 된 여러 바이러스가 사람 간에 옮고 더 광범위하게 확산될 수 있는 새 기회가 생겼다. 1892년 레오폴드빌에서 콩고 중심부인 스탠리빌(키상가니)까지 오가는 증기선이 운행을 시작한 것이 변화를 가져온 첫 번째 발전이었다. 이전까지 대부분 따로 떨어져 살던 사람들이 서로 연결된 변화로, 분리된 환경에서는 그대로 사라졌을 바이러스가 계속 성장 중인 도심 한복판에 도달할 수 있는 길이 열렸다. 1898년에는 레오폴드빌에 두 번째 발전이 이루어졌다. 마타디까지 이어진 마타디-레오 철도가 생겨 경제적인 목적으로 터전을 옮기는 사람들, 벨기에 행정기관 사람들이 대거 유입되었다. 그 결과 1923년 레오폴드빌은 벨기에령 콩고의 수도가 되었다. 그 즈음부터 국내선 항공도 레오폴드빌을 오가기 시작했고, 1936년에는 브뤼셀까지 직항으로 오가는 국제선이 마련됐다. 프랑스가 건설한 새 도로와 철로는 더욱 중대한 변화를 몰고 왔다. 특히 레오폴드빌과 콩고 강을 사이에 두고 반대편에 자리한 브라자빌부터 푸앵트누아르까지 511킬로미터 거리를 잇는 '콩고-오션 철도' 건설에 12만 7,000여 명의 남성 노동자가 투입됐다. 이를 위해 1920년대와 1930년대에 걸쳐 이전까지 HIV-1의 전구체를 보유한 침팬지들의 서식지였던 시골에 성인 남성들이 유입됐다. 철도가 완성된 후 아프리카인들과 유럽인 모두가 브라자빌을 통해 손쉽게 양쪽을 오갈 수 있게 되었고 브라자빌은 프랑스 연방의 새 수도가 되었다.

시골과 도시를 잇는 길이 만들어지고 이용되기 시작한 뒤, 곧 브라자빌이나 레오폴드빌에서 성적 접촉을 통한 연쇄적 바이러스 전파가 시작된 것으로 보인다. 페펭은 식민지 시대에 사회적 관계가 무너진 것이 가장 중요한 확산 요소 중 하나라고 주장한다. 특히 페펭은 벨기에가 노동력을 확보하기 위해 수많은 남성을 징발하면서 아내와 가족들은 집을 떠나지 못하도록 하는 정책을 시행해 성별 균형을 깨뜨린 것이 문제였다고 지적한다. 레오폴드빌만큼 그 결과가 선명히 드러난 곳도 없었다. 1920년대에 레오폴드빌의 남성과 여성 비율은 4대 1에 이르렀고, 이 같은 불균형은 "팜므 리브레femmes libres"로 불리던, 일하는 미혼 여성들이 파트타임으로 매춘을 해서 수입에 보태는 상황을 촉진했다. 야생동물을 사냥하러 레오폴드빌에 찾아온 사람이 이런 여성들 중 한 명과 밤을 보냈을 수 있고, 브라자빌에서 철도 건설 일을 하던 노동자가 페리를 타고 콩고 강을 건너와 레오폴드빌에서 매춘을 했을 수도 있다. 또는 콩고강 상류 지역, 카메

6. 미국의 에이즈, 아프리카의 에이즈

룬과 맞닿은 지류 쪽에 살던 사람이 바이러스와 함께 브라자빌로 일자리를 구하러 왔을 수도 있다. HIV-1 M그룹은 카메룬 남동부에 서식한 침팬지들에게 감염되던 SIV와 가장 밀접한 관련성이 나타난다는 점에서, 지금 이 글을 쓰는 시점에는 여러 가정 중에서 이 시나리오가 가장 유력하다고 여겨진다.[82] 열대 질환으로 철로 근처에 마련돼 가장 기초적인 의료 서비스를 제공하던 병원 중 한 곳을 찾아간 사람은 오염된 주사기를 통해 문제의 바이러스에 감염될 확률이 더욱 높았다. 영 설득력이 없는 이야기로 들릴 수 있지만, 실제로는 그렇지 않다. 페펭에 따르면 1930년대에 당시 정부 당국은 철로가 이어지는 지역에서 수면병과 딸기종을 없애기 위한 캠페인을 실시했고, 같은 시기에 카메룬 남부에서는 말라리아 치료를 위해 퀴닌을 정맥에 투여하는 조치가 취해졌고 그 후 진료 과정에서 C형 간염이 대규모로 전파한 일이 발생했다.[83] 또는 바이러스에 감염된 사냥꾼이 레오폴드빌의 성병 진료소를 찾아와 매독 치료를 받거나, 손님을 통해 바이러스에 감염된 매매춘 종사자가 그 사냥꾼과 같은 진료소를 찾아와서 약을 정맥에 투여받은 뒤 돌아가 다른 손님들과의 성적 접촉으로 바이러스를 옮기는 방식으로 감염이 증폭됐을 가능성도 생각할 수 있다. 이를 통해 다른 매매춘 종사자들에게도 바이러스가 감염되고 점점 더 넓은 범위로 확산돼 HIV가 콩고의 다른 도시와 마을까지 점진적으로 퍼졌을 수 있다. 1960년에 콩고가 벨기에로부터 독립한 일도 감염이 증폭된 또 다른 계기가 되었다. 정치적 혼란과 내전이 콩고 전체를 집어 삼켜 난민 수천 명이 킨샤사로 달아났고 매매춘이 횡행했다. 페펭은 이 시기에 HIV가 일반적인 유행

대유행병의 시대

병이 되었을 가능성이 가장 크고, 이것이 1970년대 후반과 1980년대 초 마마예모 병원에서 의사들이 발견한 에이즈 사례로 이어졌다고 설명했다. 킨샤사에서 돌던 바이러스는 화물차 운전수와 출장을 다니던 사람들을 통해 아프리카의 다른 도시들로 확산되고, 이후에는 비행기를 통해 다른 나라, 대륙으로 퍼졌을 가능성이 가장 크다.

그러나 이것도 한 가지 이론에 불과하다. 아프리카의 여러 도시가 급속히 성장한 것을 더욱 강조하는 이론도 있다. 생식기 궤양을 포함한 성병 발생률 증가로 HIV의 전파력도 증가했다는 의견과 아프리카 적도 지역에서 목재를 더 많이 확보하려는 기업들이 콩고 내륙까지 이어지는 도로를 건설하면서 빚어진 결과와 같은 생태학적, 환경적 요인이 영향을 주었다는 의견도 있다.[84] 도로를 통해 바이러스가 사람들이 사는 곳까지 유입될 수 있는 여러 기회가 생겼을 가능성이 있다. 우선 길이 생기면 식량으로 쓸 중부침팬지를 찾던 사냥꾼들이 서식지에 더 깊숙이 접근할 수 있었을 것이다. 두 번째로 목재 회사에서 일하는 노동자들을 상대하는 매춘이 촉진된 계기가 됐을 수 있다. 이런 관점에서는 HIV가 에볼라 바이러스 같은 다른 바이러스와 비슷하게, 생태학적으로 분산돼 존재하다가 생태학적인 붕괴와 환경 변화로 인간과 야생동물 사이에 밀접한 접촉이 이루어지면서 더 큰 세상으로 나왔다고 설명할 수 있다. HIV의 계통발생에 관한 분석이 에이즈의 전 세계적 확산에 관한 지식에 엄청난 변화를 일으킨 것은 분명하다. 아프리카에서 발견한 HIV 아형 B를 대표적 예로 꼽을 수 있다.

이 이야기는 2008년, 워로비가 1980년대 초 마이애미에서 에이

6. 미국의 에이즈, 아프리카의 에이즈

즈 치료를 받은 아이티인 환자의 혈액 검체 6종을 연구할 때 시작됐다. 그가 조사한 검체에서는 아프리카를 제외한 세계 모든 지역에서 채취한 그 어떤 HIV 아형 B보다 큰 유전학적 다양성이 나타났다. 이 아형이 미국에 도달하기 전, 아프리카에서 아이티로 먼저 넘어온 과정이 있었음을 보여 준 증거였다. 워로비는 레오폴드빌에서 채취한 검체의 공통 조상이 발생한 시점을 찾기 위해 적용했던 분자 시계 기법을 동일하게 활용했다. 아형 B의 원형 바이러스가 1966년경 아이티에 도착했고 미국에는 1969년경 넘어왔다는 계산 결과를 도출했다. 1960년대 초 WHO와 유네스코가 시행한 사업에 참여하여 자이르에서 교사, 의사, 간호사로 일한 아이티 사람들이 이 같은 전파가 이루어진 경로가 되었을 것으로 추정했다. 이들이 아이티로 돌아오면서 바이러스가 함께 들어왔을 가능성이 있다. 페펭은 당시 아이티 대통령이던 프랑수아 뒤발리에François Duvalier의 측근이 운영하던 민간 혈액 수거 업체 '헤모 캐리비언Hemo-Caribbean'이 멸균 과정 없이 혈액을 취급한 것도 HIV 아형 B의 확산이 촉진된 원인이라고 보았다. 처음에는 아이티의 이성애자들에게 옮겨진 바이러스가 양성애자들을 통해 섹스 관광을 온 미국인들에게 옮겨졌고, 이들 중에 뉴욕과 샌프란시스코에서 휴가차 아이티를 찾아온 동성애자들도 포함돼 있었다는 것이 페펭의 추정이다. 한편, 헤모 캐리비언에서 매달 미국에 수출한 혈장이 1,600갤런이었고 이렇게 수입된 혈장에서 얻은 응고인자가 미국 혈우병 환자들에게 널리 사용됐다. 실제로 혈우병 환자 중 많은 수가 에이즈로 사망했고 이들 환자를 통해서도 뉴욕과 샌프란시스코에 살던 동성애자들에게 HIV 아형 B가 전달됐을 가능성이 있다.

　　논란의 여지가 없는 사실은, 1976년에 뉴욕의 동성애자들이 이미 HIV 아형 B에 감염된 상태였고 1983년에 개탄 듀가스에게서 검출된 바이러스도 같은 종류였다는 점이다. 즉 듀가스는 최초 감염자가 아니었을 뿐만 아니라, 뉴욕이나 샌프란시스코에 살던 동성애자가 아이티로 HIV를 옮겼을 가능성은 극히 낮다는 의미다. 바이러스의 이동은 그 반대 방향으로 이루어졌을 가능성이 크다. 아프리카에서 온 HIV 아형 B가 아이티를 거쳐 뉴욕과 샌프란시스코의 남성 동성애자들에게 도달한 후 섹스 파트너가 많고 항문 성교 같은 행위 등이 이루어지는 집단 내에서 기하급수적으로 늘었고, 에이즈는 1981년에 고틀립을 비롯한 미국 의사들의 이목이 집중된 병이 되었다.

* * *

에이즈의 대유행은 재향군인병보다 과학자들로 하여금 이제 의학이 감염질환을 거의 다 정복했다고 생각했던 오만을 거두게 하는 데 큰 힘을 발휘했다. 주폐포자충 폐렴, 카포시 육종, 아구창 등 에이즈 환자에게서 나타난 병이 의학계에서도 호기심 많은 사람들이나 접할 법한 유형이라 여겨졌다는 점과 함께, 전문가들이 신종 증후군의 존재를 깨달았을 때 이미 HIV는 광범위하게 확산돼 여러 대륙으로 번진 후였다. 앞서 살펴본 것처럼 이는 역학자나 암 전문가의 잘못으로 벌어진 일이 아니었다. 오히려 에이즈는 역사상 최초로, 과

6. 미국의 에이즈, 아프리카의 에이즈

학자들이 새로운 레트로 바이러스를 확인할 수 있는 기술과 지적 도구를 보유하고 시험법과 치료법을 고안할 수 있었던 시점에 대유행병이 되었다. 그럼에도 에이즈는 1980년 천연두 근절 이후 과학계와 공중보건 당국이 기쁨에 젖어 간과했던 것들을 수면 위로 끌어올렸다. 병원체는 예측하기 힘든 방식으로 끊임없이 돌연변이가 생긴다는 사실이 그 첫 번째였다. 두 번째는 인간이 사회적, 문화적 행동 변화를 통해, 또는 환경, 동물, 곤충의 생태에 영향을 주는 방식으로 미세기생체에 강력한 진화적 압력을 가한다는 점이다.[85] 때로는 이 선택압에 따라 병독성이 유독 강한 기생체가 생존하고, 또 어떨 때는 새로운 숙주를 터전으로 삼아 생태학적 범위를 확장할 기회를 찾는 기생체가 생존한다. 이는 페스트, 황열병, 뎅기열처럼 설치류와 곤충이 매개체가 되어 사람에게로 옮겨지는 동물원성 감염질환에서 매우 위험한 요소로 작용한다. 게다가 세계화가 계속 확대되는 시대에는 사실상 이동성이 거의 없었던 다른 동물원성 감염질환도 예외가 될 수 없다. 에이즈도 인간이 "바이러스의 이동" 규칙을 바꿔 놓지 않았다면 아프리카를 벗어나지 못했을 것이다.[86] 이 표현을 처음 만든 바이러스학자 스티븐 모스Stephen Morse는 원숭이에 감염되던 HIV의 전구체 바이러스가 새로운 종간 이동 기회를 잡고 사람들 사이에서 증식될 수 있도록 만든 환경적, 사회적 변화와 더불어 도로와 철도의 발전과 국제선 여객기의 운행도 이 규칙을 바꾼 요소에 포함된다고 설명했다. 모스의 우려는 곧 다른 과학자들의 공감을 얻었다. 록펠러대학교 총장이자 세균 유전학자인 조슈아 레더버그Joshua Lederberg도 그중 한 사람이다. 레더버그와 모스는 1989년 워싱턴 DC에서 이 문제에 관한 협의회를 개최했고 1991년까지 "신종감염병EID"의 위협에 관한 과학계 자료를 조사했다. 미국 의학연구소 보고서에 따르면 EID는 에이즈, 에볼라처럼 이전까지 인간사회에 영향을 준 경우가 알려지지 않은 질병으로 "새로운 병원체의 도입, 이전부터 존재했지만 발견된 적 없던 병의 인지, 환경 변화로 역학적 '연결고리'가 생기면서 나타난 병"을 가리킨다.[87] 레더버그는 르네 뒤보가 관심을 쏟았던 주제를 이어 받아 "세계화"가 계속 확대되는 시대에는 항공 여행과 사람과 물자가 지구상의 어느 한 지역에서 다른 지역까지 대규모로 빠르게 이동하는 것이 미생물의 유익한 균형을 깨뜨린다고 주장했다. "인간은 이렇게 100년 전과는 상당히 다른 종이 되었고" 따라서 새로운 의학 기술이 생겨나고 백신, 항생제를 더욱 광범위하게 사용할 수 있게 되더라도 인류는 "본질적으로 이전보다 더 취약한 존재가 된다"는 것이 레더버그가 밝힌 생각이다.[88]

저널리스트이자 과학 저술가로 자이르에서 에이즈가 맹위를 떨치는 모습을 직접 목격한 로리 개럿은 레더버그의 경고를 잊지 않았다. 1994년에 출간한 베스트셀러 저서《전염병의 도래The Coming Plague》에서 개럿은 세계화로 "이제 지구상에 완전히 고립되거나 사람이 닿지 않은 서식지는 별로 없다"고 설명하면서 속도 빠른 제트기로 이동하는 국제선 항공의 이용으로 "치명적인 미생물에 감염된 사람이 별 어려움 없이 비행기에 오르고, 다른 대륙에 도착한 후 갑자기 병의 증상이 나타나는" 일도 충분히 벌어질 수 있다고 설명했다. 그리고 다음과 같은 암울한 결론을 내놓았다. "에이즈는 별

6. 미국의 에이즈, 아프리카의 에이즈

개의 문제가 아니며, 다른 유행병과 대유행병의 도래를 예견하는 조짐이다."[89]

대유행병의 시대

· 07 ·

사스:
슈퍼 전파자

SARS: "Super Spreader"

전 세계의 주요 대도시 가운데 홍콩만큼 장래가 어두운 곳은 떠올리기 힘들다. 700여 만 명의 인구를 품은 곳이니 더더욱 그렇다. 중국 본토의 남쪽 끄트머리, 마카오에서 약 100킬로미터 떨어진 곳에 자리한 홍콩은 영국 식민지에서 중국의 통치 지역으로 바뀐 1997년부터 약 1,035제곱킬로미터 면적의 중국 특별행정구가 되었다. 그러나 흩어진 여러 섬과 좁은 해안가에서 시작되는 가파른 바위투성이 언덕이 차지하는 면적이 대부분이라, 홍콩 인구는 사실상 거의 다 홍콩 섬 북쪽의 빅토리아만이 내려다보이는 가늘고 긴 땅과 구룡반도, 인접한 신계 지역에 비좁게 끼어 살고 있다. 그 결과 홍콩은 지구상에서 인구 밀도가 가장 높은 곳 중 하나로 꼽히는 경이로운 도시가 되었다.

크루즈 선을 타고 정박할 때가 다 되었을 때, 또는 보잉 747기가 구름을 지나 빠른 속도로 하강할 때 시야에 드러나는 홍콩의 첫 모습은 보는 사람의 숨을 멎게 한다. 전 세계 어떤 도시보다 많은 고층 빌딩이나 건축가 이오 밍 페이$^{IM Pei}$가 설계한, 한때 아시아에서 가장 높은 사무용 빌딩이던 중국은행 타워 같은 상징적 건물들이 마치 중력을 거스르는 것처럼 우뚝 솟은 풍경 때문만은 아니다. 그만큼 눈길을 사로잡는 건, 유리와 철로 된 이런 뾰족하고 날카로운 건물들이 아찔할 만큼 가파른 언덕에 파릇파릇 돋은 보드라운 자연과 나란히 공존한다는 점이다. 은행 하나에 보관된 돈이 아무리 많고 그 은행 건물을 지은 건축가의 천재성이 아무리 뛰어나도, 인간이 만든 것은 빅토리아피크의 장대한 풍경과는 비교할 수 없다. 해수면에서 1,000미터 이상 솟아 정상이 홍콩 섬에서 가장 높은 지점인 타이모 산에서 내려다본 풍경과는 대적이 불가능하다. 증권거래소에서 아침을 맞이한 스타 중개인도 문득 고개를 들고 창밖을 바라봤을 때, 또는 밤늦은 시각에 호화로운 펜트하우스에서 칵테일 한 잔을 즐기며 마주한 풍경에 절로 감탄하며 자연 앞에서 인간의 야망이 얼마나 한정적인지 깨달을 만한 장관이다.

홍콩의 험준한 풍경만 인간의 정착을 힘들게 만든 요소가 아니었다. 특이한 지형과 아열대 기후는 말라리아를 포함한 모기 매개 질환이 싹트기에 이상적인 환경이다. 특히 여름철 우기와 가을에 태풍이 강타할 때 그러한 문제가 기승을 부린다. 건강에 해로운 곳이라고 워낙 소문이 자자한 곳이라 초기 식민지 개척자들은 섬에 발을 들였다가 "홍콩 열"에 걸릴까 봐 두려웠다. 차라리 빅토리아 항에 정박한 배에서 자는 쪽을 택했다. 당시에는 땅과 바위에서 유독한

7. 사스: 슈퍼 전파자

가스가 뿜어져 나와 그런 병을 일으킨다고 믿었으니, 충분히 이해할 만한 대책이었다. 1843년에 홍콩의 2대 식민지 총독을 지낸 헨리 포팅어Henry Pottinger가 쓴 '홍콩의 지리적 형성'에는 홍콩이 비가 아무리 많이 내려도 단시간에 전부 흡수되는 지층으로 이루어져 있으며 이렇게 흡수된 물이 나중에 광물 표면에서 해로운 기체로 방출된다는 내용이 나온다. 도시가 자리한 위치상 기체는 흩어지지 않으며, 지리적 특성으로 병을 일으키는 독성 물질이 지표에 그대로 남아 있다는 내용도 이어진다. 또 다른 정부 관계자도 이 의견에 동의하면서 다음과 같이 주장했다. "비가 쏟아지고 다시 내리기 전, 거의 수직으로 떨어지는 햇살이 엄청난 증발을 일으킨다. 이로 인해 악취가 진동하는 땅에서 유독한 증기 또는 증발된 물질이 피어올라 병을 일으키고 가장 유해한 기체가 만들어진다." 이 관계자는 다음 의견도 덧붙였다. "이 기체는 몸과 마음에 안 좋은 영향을 발생시켜 누구보다 강인한 사람도 허물어뜨리고 망가뜨린다."[1]

가장 위험한 곳으로 꼽힌 곳은 항구 일대와 나무로 허술하게 지은 판잣집들이 빼곡히 들어찬 중국인 거주지 타이핑샨 지구였다. 하수가 아무런 처리 없이 그대로 흘러나오고 사람과 돼지, 쥐가 뒤엉켜 사는 곳이었다. 콜레라, 장티푸스, 천연두 등 질병 발생지로 워낙 악명이 자자한 곳이라, 가래톳 페스트가 발생하기 전인 1894년에 이미 정부는 타이핑샨 지구의 땅을 평평하게 다지는 작업을 실시해야 했다. 홍콩에 살던 부유층은 최대한 물가와 먼 곳에 집을 지으려고 애썼고 빅토리아 산의 비탈면을 따라 거의 산 중턱까지 주거지가 들어섰다. '미드레벨'로 불리게 된 이 지역에 맨 처음 주거지를

대유행병의 시대

마련한 사람들 중 하나가 1848년부터 1854년까지 홍콩 총독을 지낸 조지 본햄$^{George Bonham}$이었다. 그가 처음 지은, 문이 따로 마련된 구조의 맨션을 필두로 곧 "로즈 힐", "크링글포드", "아이들와일드" 같은 이름이 붙여진 저택이 속속 들어섰다(프랭클린 D. 루스벨트의 어머니 새라 루스벨트도 미국 남북전쟁 시기에 가족들과 이곳에 살았다).

물론 모두가 그런 시야를 즐기며 널찍한 집에서 살 만큼 경제적으로 풍족하지는 않았다. 1980년대 초에 중국 본토에서 홍콩의 경제 성장과 자유로운 정치적 분위기에 끌린 사람들이 대거 몰려왔을 때처럼, 당시 건축가들도 계속 늘어나는 인구를 수용할 수 있는 훨씬 기발한 해결책을 떠올렸다. 이렇게 시작된 공공주택 사업으로 40층이 넘는 고층 건물 여러 채가 한 블록에 밀집해 들어섰다. 한 층에 20가구가 넘는 집이 들어선 이런 건물들로 구성된 블록이 5에이커 정도 면적에 최대 10개까지 모인 복합 단지는 그 자체가 하나의 도시를 이루었다. 보통 이런 건물의 아파트 하나에 한 가족이 부대끼며 살았고, 홍콩에서 성인 한 사람이 차지하는 주거 공간은 2제곱미터도 되지 않았다.[2]

여름이 되면 냉방시설도 없는 아파트는 숨이 막힐 만큼 더웠다. 해결책이라곤 창문을 활짝 열어서 저 아래 차들로 꽉 찬 거리에서 뿜어져 나오는 스모그까지 다 들이마실 위험을 감수하거나, 건물 중앙을 길게 관통하는 채광정 가까이에 고성능 팬을 설치하는 것밖에 없었다. 대부분의 가정이 후자를 택할 만한 형편은 됐지만 부실한 수도 시설을 재정비할 여력은 없었다. 한 건물에서 한꺼번에 너무 많은 사람이 샤워를 했고 화장실을 쓰는 만큼 배관이 망가져 수리하

7. 사스: 슈퍼 전파자

는 일이 빈번했다.

그러니 주말이 되면 신선한 공기와 탁 트인 장소를 찾아 많은 사람들이 섹오 컨트리 공원을 찾거나 정상까지 빙글빙글 이어진 빅토리아 피크의 길을 따라 올라갔다. 하지만 모기가 더 이상 살지 못하는 높이까지 이르러도 편안한 휴식은 보장되지 않았다. 사람을 깜짝 놀라게 하는 홍콩의 또 다른 특징, 오랜 토박이들은 잘 아는 그것은 지하철까지 모두 완비된 도시지만 아직도 정글이 중심에 남아 있다는 사실이다. 누구나 오르고 싶게 만드는 멋진 풍경의 산비탈만 하더라도 야생 멧돼지와 독사가 우글우글해서 등산객들은 굶주린 비단뱀이 언제 나타날지 모르니 항상 조심해야 한다는 경고를 듣는다.

그런데 비단뱀이나 모기는 홍콩 시민에게 가장 큰 위협이 된다고 할 수 없다. 말라리아와 뎅기열은 가끔 해외에서 유입된 환자가 병원에서 발견되지만 더 이상 홍콩의 토착 질병이 아니다. 홍콩을 위협하는 주된 생태학적 위험 요소는 북쪽에 자리한 거대한 이웃인 중국, 그리고 현대화, 도시화 과정으로 동물과 인간 사이로 미생물이 더욱 집약적으로 이동한 변화다. 빅토리아만 건너편 구룡반도에서 출발하면, 8,000만여 명이 사는, 중국에서 인구가 가장 많은 지역인 광둥성 입구의 선전까지 기차로 9분밖에 걸리지 않는다. 1970년대 말부터 중국 지도부가 도입한 시장 자유화 조치 후 선전과 광둥성의 성도 광저우는 경제가 폭발적으로 성장했다. 스포츠용 운동화와 저렴한 장난감, 전자제품 생산으로 박차가 가해진 덕에 1978년과 2002년 사이 광둥성의 GDP는 연 평균 13.4퍼센트 증가했고 광저우를 포함한 주강 삼각주 지역의 도시 인구는 현재 성 전체 인구의 70퍼센트를 차지할 정도로 급증했다. 이 같은 제조업의 큰 호황은 생태학적으로 두 가지 큰 영향을 발생시켰다. 첫 번째는 공장에서 일하는 엄청난 노동력이 먹을 식량을 마련하기 위해 광둥성에 산업형 가금 농장이 들어선 것으로, 이러한 시설에서 닭 수백만 마리가 사육되고 있다(1997년에는 닭 7억 마리가 사육된 것으로 추정됐고 2008년에는 매년 10억 마리에 달하는 "고품질" 육용계가 생산된 것으로 집계됐다).3 쌀을 재배하는 농민들, 소규모 축산 농민들도 뒷마당에서 닭과 오리를 키워서 포동포동 살이 올라 잡아먹어도 될 만큼 자라면 도시 외곽에 있는 "재래시장"에 가져가 팔았다. 이로 인해 사회학자이자 도시 역사가인 마이크 데이비스Mike Davis의 표현을 빌리면 "땅은 공장과 기숙사 건물 바로 옆에 밭이 자리한 프랙털 형태를 이루고 도시 인구와 가축이 더욱 밀접하게 접촉하는 환경이 조성됐다." 소규모로 농사짓는 사람들은 닭 우리 가까이 돼지를 키우는 경우도 많다. 이러한 사육 방식은 닭에게 감염된 세균과 바이러스가 쌓인 배설물과 접촉하는 돼지에게 무심코 전염되고, 돼지를 통해 그 병원균이 사람에게 전염될 가능성을 높인다. 한마디로 광둥성은 바이러스로 아마겟돈이 시작될 수 있는 곳이 되었다. 데이비스는 생태학적 "괴물이 바로 대문 앞에 와 있는" 상황이라고 설명했다.4 기업가로 성공한 새로운 부유층을 위해 2000년대 초 광둥성의 레스토랑에는 이국적인 메뉴가 더 많이 등장했다. 특정 시즌에만 즐길 수 있는 귀한 음식으로 여겨지던 사냥동물 요리도 그러한 메뉴에 포함됐다. 수요가 늘자 라오스, 베트남 같은 국가에서 색다른 야생동물을 구해 오거나 소규

7. 사스: 슈퍼 전파자

모 불법 농장에서 야생동물을 키워서 먹을 수 있는 때가 되면 광저우, 선전의 동물 시장에 내다파는 동물 거래업자들이 생겼다. 그 결과 동물을 사고파는 시장은 자연 환경에서 서로 거의 마주칠 일이 없는 다양한 종이, 그것도 굉장히 혼잡한 상태로 뒤섞이는 장소가 되었다.

다행히 홍콩에서는 광저우나 광둥성의 다른 지역, 시와 달리 최신식 진단 기술이 완비된 세계적 수준의 의료시설과 대학병원을 이용할 수 있다. 중국의 "일국양제(하나의 국가, 두 개의 체제)" 정책에 따라 홍콩 구룡반도와 신계 지역은 정치적으로 더 자유롭고, 중국 본토에서 공산주의 정부가 부과하는 지긋지긋한 규제나 정부 눈에 잘못 들면 가게 문을 강제로 닫아야 할지도 모른다는 두려움도 홍콩에는 해당되지 않는 일이다. 미국과 유럽 등 해외 대학에서 공부한 인력이 상당수를 차지하는 홍콩 보건 기관은 나라의 의료, 공중보건 기준을 세계 어디에 견주어도 될 만한 수준으로 만들기 위해 노력했다. 의료 수준이 탄탄하다는 명성이 독특한 정치적, 지리적 위치와 결합돼 홍콩은 전 세계의 건강을 지키는 "보초"가 되었다. 즉 중국 어딘가에서 새로운 유행병이 발생하거나 바이러스 감염이 대유행하면, 홍콩에서 먼저 경보음이 울려 퍼질 가능성이 높다.

* * *

홍콩대학교 공중보건학부가 들어선 건물 6층 사무실에서 일하는 말릭 페이리스Malik Peiris는 창밖으로 폭푸람 공원과 퀸메리 병원이 보이는 근사한 풍경을 즐길 수 있다. 역학과 종의 경계를 넘나드는 바이러스 감염에 열정을 쏟고 있는, 말투가 조곤조곤한 이 미생물학자에게는 완벽한 위치다. 겨울이면 거위와 쇠오리, 그 밖의 야생 철새들이 마이포 자연보호구역으로 바쁘게 날아가는 모습도 볼 수 있다. 홍콩 심해만 끄트머리에 마련된 파이포의 보호습지는 북반구에 겨울이 찾아오면 시베리아에서 뉴질랜드까지 남쪽으로 이동하는 철새들에게 귀중한 중간 기착지 역할을 한다. 페이리스의 연구실은 퀸메리 병원 응급실에 이례적인 호흡기 증상을 보이는 환자가 나타났을 때 바이러스 분석을 실시하기에도 딱 좋은 위치였다. 그래서 2002년 11월에 광저우에서 이례적인 호흡기 질환이 발생했다는 소문이 홍콩 공중보건 당국에 흘러 들어오기 시작했을 때, 페이리스의 연구소는 자연히 곧 퀸메리 병원과 홍콩의 다른 공공 병원에도 비슷한 사례가 발생할 수 있다고 판단하고 경계를 강화했다.

페이리스는 1987년 옥스퍼드대학교에서 미생물학 박사 학위를 취득하고 얼마 지나지 않아 자신의 출신 국가이기도 한 스리랑카에서 발생한 일본뇌염을 조사해 달라는 요청을 받았다. 그때부터 바이러스 생태학에 관심을 가졌다. 논에서 번식하는 모기를 통해 확산되는 바이러스 질환인 일본뇌염은 당시 폐유적지로 유명한 스리랑카 북부의 유서 깊은 도시 아누라다푸라에서 발생했다. 환자는 360명 정도였고 대부분 쌀농사를 짓는 농부였다. 일본뇌염 바이러스가 사람에게 옮을 수는 있어도 보통은 새와 모기, 돼지 사이에서만 돈다는 점에서 당혹스러운 일이었다. 더욱이 일본과 아시아 다른 지역에서는 일본뇌염 환자가 발생한 적이 있어도 스리랑카에서

— **337** —

7. 사스: 슈퍼 전파자

는 이렇게 대규모로 환자가 나온 적이 없었다. 뭔가 변화가 일어난 것이 분명했다. 무엇이 바뀌었을까?

페이리스와 동료들은 처음에 일본뇌염 바이러스의 병독성이 갑자기 변해서 생긴 일이라고 생각했지만, 연구소에서 확인한 결과 돌연변이는 일어나지 않았다. 다음 단계로 연구진은 농부들이 일하던 논 주변에서 잡힌 모기에 병이 전파되는 역학적 특성이 바뀔 만한 변화가 있었는지 조사했다. 일본뇌염 바이러스의 주된 매개체인 집모기속 외에 다른 종에 속한 모기가 바이러스를 옮기거나, 모기 개체수가 갑작스럽게 증가했을 가능성도 생각할 수 있었다. 그러나 이 두 가지 가정 모두 해당되지 않는 것으로 나타났다. 연구진이 다음으로 주목한 대상은 돼지였다. 농업 기반을 다양화하고 농민들의 수입에 보탬이 될 수 있도록, 스리랑카 지역 정부는 농부 1인당 돼지 20마리를 무료로 나눠 주었다. 이렇게 공급된 돼지들은 논 옆에 붙은 농가 뒷마당에서 자유롭게 돌아다녔다. 페이리스는 돼지가 모기에게는 손쉽게 혈분을 얻는 대상이 될 뿐만 아니라 일본뇌염이 사람에게 전파될 확률도 크게 높인다는 사실을 알아냈다. "다이너마이트에 성냥을 가까이 대는 것과 같다." 그는 설명했다. "돼지는 완벽한 증폭제로 밝혀졌다. 너무나 좋은 의도에서 시작된 일이 펑 소리와 함께 엄청난 폭발을 일으킨 것이다." 이 조사를 계기로 동물 역학, 그리고 동물 질병과 사람 질병의 접점에 큰 관심을 가진 페이리스는 또 어떤 인간의 개입이 미생물의 생태학적 균형을 변화시킬 수 있는지 궁금해졌다.

1997년 홍콩대학교에서 미생물학을 가르치는 선임 강사로 의학과 교수진에 합류했을 때, 페이리스에게 또 한 번 큰 기회가 찾아왔다. 그가 강사 자리를 얻은 시점에 조류인플루엔자가 새에서 사람으로 전파된 최초 사례가 입증된 것이다. 세 살 남자아이의 인후에서 채취한 물질에서 H5N1으로 알려진 인플루엔자 바이러스가 발견됐다. 5월 초, 구룡반도에 있는 퀸엘리자베스 병원에 입원했을 때만 해도 아이는 지극히 평범한 상기도 감염으로 보였다.[5] 그래서 열을 떨어뜨리고 인후통을 가라앉히기 위해 아스피린이 처방됐지만 며칠 만에 상태가 악화되었고 환자는 중환자실로 옮겨졌다. 곧 자그마한 아이의 몸에서 바이러스성 폐렴, 급성 호흡곤란 증후군, 라이 증후군을 포함한 여러 증상이 낯선 조합으로 나타났다. 결국 아이는 5월 21일에 사망했고, 사인은 다발성 장기부전으로 기록됐다.[6]

H5형 인플루엔자 바이러스는 1997년에 독감 연구자들 사이에서 생소한 존재가 아니었다. 이미 40여 년 전에 스코틀랜드에서 처음 발견되고 분리된 바이러스였다. 그러나 첫 발견 후 동물 바이러스학자들의 눈에 띈 건 단 두 번이었다. 1984년 펜실베이니아에서 당국이 닭 2,000만 마리를 살처분해야 할 만큼 파괴적으로 번진 "가금 페스트" 사태와 1991년 영국의 한 칠면조 농장에서 발견된 것이 전부였다.[7] 즉 1997년까지 H5N1 또는 다른 조류독감 바이러스가 종의 경계를 훌쩍 뛰어넘어 사람을 병들게 할 수 있다고는, 심지어 사람의 목숨을 빼앗을 수 있다고는 누구도 상상하지 못했다.

일본계 미국인 임상 역학전문가이자 나중에 WHO 글로벌 인플루엔자 프로그램의 코디네이터를 맡게 된 케이지 후쿠다Keiji Fukuda가 책임자로 있던 CDC 연구팀은 시간을 거슬러 올라가며 조사를 벌인

7. 사스: 슈퍼 전파자

끝에 몇 개월 앞서 홍콩 북서쪽의 윈룽구 인근 시골 지역 여러 농장과 구룡반도와 가까운 마이포 습지에서 미스터리한 전염병이 발생한 사실을 인지했다. 당시 병인체도 H5N1으로 추정됐고, 더욱 경계할 만한 사실은 농장 중 한 곳과 사망한 소년이 살던 곳이 약 24킬로미터밖에 떨어져 있지 않았다는 점이다. 그뿐만이 아니었다. 아이가 병에 걸리기 몇 주 전에 유치원 교사들이 병아리 3마리와 새끼 오리 2마리를 가지고 와서 아이들이 데리고 놀도록 했다는 사실도 드러났다. 8월에 후쿠다가 유치원을 찾았을 때 새끼 오리 두 마리는 폐사한 상태였고 병아리도 두 마리가 죽은 뒤였다.[8]

이 마지막 상황은 독감 생태학자의 관점에서 상당히 우려되는 일이었다. 이 사건에서 오리는 조류독감 바이러스의 "무증상 숙주"로 보인다. 바이러스에 감염돼 외부로 바이러스가 방출되고 있지만 증상이 나타나거나 다른 뚜렷한 감염 징후가 나타나지 않았다는 의미다. 닭은 감염에 매우 취약하므로 그러한 역할을 할 수 없다. 닭은 바이러스에 감염된 오리와 접촉할 경우, 보통 동물의 분변을 통해 태어나서 처음 바이러스에 노출되는데 이후 병을 심하게 앓는다. 조금 전까지만 해도 아무 이상 없이 꼬꼬댁 울던 닭도 금세 제대로 걷지 못해 비틀대고 뇌, 위, 폐, 눈에서 피가 섞인 시뻘건 체액이 흘러나온다. 가금류 농장에서 조류독감을 "페스트"라고 부르는 이유도 이런 특징 때문이다. 세계적으로 유명한 조류 인플루엔자 전문가인 로버트 웹스터Robert Webster도 같은 이유로 청둥오리와 쇠오리가 꼭 트로이의 목마 같다는 의미로 "트로이 오리"라 칭했다.[9]

닭과 오리 모두 조류독감을 돼지에게 옮길 수 있다. 돼지는 인체에 감염되는 인플루엔자 바이러스에도 동시에 감염될 수 있으므로 조류와 사람에게 각각 감염되는 독감 바이러스가 재조합될 수 있는 이상적 터전이 된다. 실제로 과학자들은 조류 인플루엔자 바이러스와 인체 인플루엔자 바이러스가 돼지의 몸속에서 유전자를 교환하고 표면 단백질이 재구성되는 과정이 일어나며 그 결과 탄생한 새로운 잡종 바이러스로 인해 대유행병이 시작된다고 추정한다. 1957년에 대유행한 "아시아독감"과 1968년에 대유행한 "홍콩" 독감도 이러한 과정을 거친, 조류 인플루엔자 바이러스와 포유류 인플루엔자 바이러스의 유전자가 모두 포함된 H2N2와 H3N2 잡종 바이러스로 촉발된 사태로 보인다.

더불어 과학자들은 조류에 감염되는 바이러스의 자연발생적 돌연변이도 대유행병의 시초가 된다고 본다. 바이러스는 증식 시 복제 오류가 계속 발생하는데 조류 바이러스도 예외가 아니다. 따라서 이러한 돌연변이 중 일부가 바이러스 표면에 있는 분자에 미세한 변화를 일으켜 사람의 기도에 더 깊숙이 들어갈 수 있게 될 가능성이 있다. 일반적으로 사람은 조류독감에 걸리지 않으므로, 이 가설대로 변형된 바이러스가 인체에 유입될 수 있는 효과적인 경로가 생기면 면역계도 항체 반응을 개시할 수 없다. 그 결과 그야말로 아무도 막을 자가 없는 상황이 펼쳐진다. 홍콩에서 세 살 아이가 목숨을 잃은 것과 같은 파괴적인 증후군이 연속으로 이어질 수 있는 것이다. 과학자들은 문제가 된 H5N1의 유전체를 상세히 조사한 결과, 바이러스의 표면 단백질에 조류의 수용체와 사람의 폐 깊숙이 자리한 세포에 모두 결합할 수 있는 특징이 나타났다고 밝혔다. 이러한

7. 사스: 슈퍼 전파자

발견은 인플루엔자의 자연사에 관한 새로운 관심을 불러일으켰고 야생 환경에서 수생 조류 사이에서 돌던 바이러스가 어떤 생태학적 조건에서 적응 능력이 나타나는지도 주목받는 주제가 되었다. 1918년에 발생한 스페인독감도 비슷한 과정을 거쳐 일어났으리라는 추정도 나왔다. 저명한 독감 전문가가 "포유류에 감염되는 모든 독감 바이러스를 통틀어 조류 감염 종과 가장 유사하다"고 묘사한 바이러스가 원인으로 밝혀진 스페인독감은 젊은 환자들에게서 이례적인 병리학적 증상이 나타났다.[10]

봄이 지나고 여름, 다시 가을로 계절이 바뀌면서 홍콩에는 숨죽인 긴장감이 찾아왔다. 쇠오리와 철따라 이동하는 다른 물새들이 시베리아의 번식지를 떠나 남쪽으로 가는 길에 심해만과 마이포 습지로 모여들 시기라, H5N1이 홍콩의 오리와 닭 개체로 옮을 수 있다는 불안감이 더해졌다. 11월에는 인체 감염 사례가 2건 추가되고, 12월이 되자 몇 명이 더 감염된 것으로 밝혀졌다. 당황한 홍콩 당국은 재래시장 폐쇄와 닭 150만 마리의 살처분을 지시했다. 조치가 꽤 효과를 발휘한 것 같았지만, 사육된 닭에서는 문제의 바이러스가 확인되지 않은 반면 야생 조류 검체에서 이따금씩 계속 나타났다. 1998년에 감염 사태가 종료될 때까지 인체 감염자는 총 18명 발생했고 6명이 사망했다. 그중 5명은 성인이었다.

페이리스는 H5N1 감염 사태가 경각심을 일깨우는 징후라고 보았다. 이에 홍콩대학교의 동료 연구자 이 관[Yi Guan], 켄 쇼트리지[Ken Shortridge]와 뜻을 모아 H5N1 바이러스가 "한두 차례 돌연변이를 거쳐 대유행병을 일으킬 기능을 확보했을 가능성이 있다"는 의견을 밝

대유행병의 시대

했다. 홍콩이 그 지리적 위치와 미생물 분야 전문가들이 포진한 덕분에 "인플루엔자 감시병" 역할을 충분히 수행할 수 있다는 사실이 그나마 다행이었다. 즉 홍콩은 조류 인플루엔자 바이러스가 새들이 머무는 수생 환경에 불쑥 나타나도 조기에 경고를 발령할 수 있는 곳이었다.[11] 2002년까지 H5N1과 더불어 중국 남부 지역의 비둘기와 꿩, 메추라기, 뿔닭에서 널리 발견되는 또 다른 조류 바이러스 H9N2도 경계해야 할 바이러스에 추가됐다.[12] 홍콩에서 어린이 2명이 H9N2에 감염된 사례가 확인되고, 특별한 병을 일으키지는 않았지만 바이러스 내부 단백질 중 일부가 H5N1과 동일하다는 사실이 밝혀졌다. 페이리스와 관, 쇼트리지는 살아 있는 가금류가 유통되는 시장에서 발견되는 여러 바이러스를 조사했다. 유전학적 재조합이 자연적으로 흔히 발생한다는 사실은 점점 명확해졌다. 또한 조류 인플루엔자 바이러스는 수생 조류 사이에서 진화적 안정성이 유지되지 않으며, 오리와 가금류 사이를 오가며 "다양한 재조합체"가 끊임없이 만들어진다는 사실을 확인했다.[13]

그 결과는 2002년 12월에 나타났다. 홍콩의 유명 공원 2곳에서 오리, 거위, 플라밍고, 백조, 백로, 왜가리가 갑자기 폐사하더니, 페이리스의 귀에 광저우에서 이례적인 호흡기 질환자가 발생했다는 소문이 들렸다. 페이리스는 병독성이 더 강력해진 조류 인플루엔자 바이러스가 돌아왔을 가능성이 있다고 추정했다. 그로부터 두 달 뒤인 2003년 2월 초, WHO는 웹 크롤링 소프트웨어를 활용해 인터넷에서 일반적이지 않은 호흡기 질환의 발생 정보를 검색하던 중 광저우 소재 병원 3곳에서 "비정형적 폐렴"이 발생했다는 소식을 입수

7. 사스: 슈퍼 전파자

했다. 곧이어 WHO는 사람들 사이에 오가는 문자 메시지를 조사하여 광저우의 또 다른 병원 한 곳에서 대규모 발병 사태가 벌어져 겁먹은 시민들이 마스크와 항생제를 사들이고 있으며, 중국에서 전통적으로 호흡기 감염을 퇴치해 준다고 알려진 백식초 판매량이 늘고 있다는 사실을 알아냈다. 이 일이 있고 스위스 제약업체 로슈의 중국 지부가 자사의 항바이러스제 타미플루가 조류독감에 효과 있다는 광고를 시작했다. WHO 독감 백신 사업을 이끈 클라우스 스퇴르Klaus Stohr는 이 광고가 "사람들에게 조류독감의 대유행이 시작됐다고 각인시켰다"고 밝혔다.[14] 그러다 결정적인 사건이 터졌다. 가족을 만나러 홍콩에서 중국 푸젠성으로 간 7세 여아가 호흡기 질환으로 갑작스럽게 사망했다. 아이의 시신은 사인이 명확히 밝혀지지 않은 상태로 묻혔지만, 9일 후 아버지도 죽은 아이와 동일하다고 추정되는 병을 앓기 시작했고 2월 중순에 홍콩에서 숨졌다. 아들도 호흡기 증상이 나타났지만 회복했다. 분석 검사 결과, 아버지와 아들 모두 앞서 홍콩의 공원에서 폐사한 오리와 다른 새들에게 감염된 것과 동일한 H5N1 아형에 감염됐다는 사실이 드러났다. 페이리스는 새로운 조류독감 사태가 시작됐다고 확신하고, 1997년 홍콩을 강타한 사태보다 훨씬 심각한 결과가 초래될 수 있다고 전망했다. 정부는 이번 호흡기 질환이 클라미디아 감염의 일종이라는 광둥성 공산당 당국의 견해를 그대로 퍼뜨리고 있었지만 동의할 수 없었던 페이리스는, 과거 광저우 호흡기질환 연구소에 몸담았던 경력이 있는 중국인 동료 연구자 두 명에게 이번 사태를 면밀히 조사해 볼 것을 요청했다. 그리고 다른 연구자들과 함께 일반적인 외교적 절차를 밟지 않고 개별적으로 광저우에 가서 중국인 호흡기 질환자 20명으로부터 인후 분비물 검체를 수집했다. 페이리스와 이 관은 H5N1이 포함된 혈청과 채취한 검체가 섞이면 항체 반응이 나타나리라 예상했지만, 놀랍게도 아무런 반응도 일어나지 않았다. 이에 두 사람은 호흡기 질환을 일으키는 다른 일반적인 바이러스와도 반응시켜 보았지만 혈청학적 검사는 모두 음성으로 판정됐다. 한타 바이러스 등 해외에서 발견되는 바이러스도 검사해 봤지만 결과는 마찬가지였다. 마지막으로 페이리스와 이 관은 환자의 분비물에 포함되었을 병원체가 증식하도록 다양한 세포 배양용 배지에 접종했다. 그러나 정체를 알 수 없는 미생물은 실험실에서 일반적으로 사용되는 어떤 배지에서도 자라지 않았다. 연구진이 확실히 이야기할 수 있는 것은 이번 사태가 조류독감이 아니며, 널리 알려진 호흡기 질환도 아니라는 것뿐이었다.

* * *

홍콩에는 영국 역사에서 중요한 사건을 기념하는 명칭이 붙여진 거리가 많다. '워털루 길'도 이름만 보면 꼭 흘러간 옛 시대부터 존재했던 곳처럼 느껴진다. 웰링턴 공작이 나폴레옹 보나파르트를 무찌른 벨기에 전장의 명칭을 본떠 붙인 이 길은 구룡반도의 주요 도로 중 한 곳으로, 페리 스트리트와 네이선 길을 지나 동쪽으로 이어지다 로건스 록을 향해 북쪽으로 크게 꺾인다. 경치가 좋지도 않고, 도로를 꽉 채운 차량과 높다랗게 치솟은 흉측한 고층빌딩들 사이에 있

7. 사스: 슈퍼 전파자

는 곳이라 오래 머물기에는 적합하지 않다. 길 끄트머리에 있는 광화 병원과 객실 487개를 갖춘 중급 호텔, 메트로폴에서 이름이 바뀐 '메트로파크 구룡'이 목적지가 아닌 이상 가다가 굳이 멈출 이유를 찾기 힘들 정도다.

2003년 2월 21일, 신장학과 교수인 64세 류 지안룬Liu Jianlun은 메트로폴 호텔에 체크인을 하고 9층에 있는 911호실로 들어섰다. 광저우 중산 의과대학교 제2부속병원 소속 의사인 류는 몸이 약간 안 좋은 상태였다. 몇 주 전에 광둥성의 해산물업자가 특이한 호흡기 증상 때문에 그가 일하는 병원을 찾아왔고, 응급실에 딱 18시간을 머무는 동안 병원 직원 28명이 감염됐다. 환자가 제3부속병원으로 옮겨진 후 그곳에서도 의료진 여럿 명에게 호흡기 증상이 나타나 "독왕poison king"이라는 별명까지 붙여졌다.[15] 류도 2월 15일에 비슷한 호흡기 증상을 겪었지만 항생제를 복용하자 여행을 해도 될 만큼 괜찮아졌다. 그래서 광저우에서 구룡반도까지 남쪽으로 23시간을 달리는 버스에 오른 것이다. 메트로폴 호텔에 체크인한 후에도 쇼핑을 나갈 만큼 에너지가 남아 있었지만, 다음 날 아침에 눈을 떴을 때는 열이 펄펄 끓었다. 류는 그날 예정된 조카의 결혼식에 가지 않고 호텔 바로 오른쪽에 있는 광화 병원으로 걸어갔다. 입원을 해야 할 것 같다는 말과 함께, 그곳 의료진에게 광저우에 비정형적 폐렴 환자가 다수 발생했으며 "병독성이 매우 강한 병"이라고 설명했다.[16] 또한 자신이 일하는 병원에서 외래 진료를 하다가 그러한 환자 몇몇을 치료했지만 내내 마스크와 장갑을 착용했으므로 감염됐을 리 없다고 자신했다. 하지만 류의 확신은 사실과 달랐다.[17]

대유행병의 시대

류는 3월 4일에 사망했다. 사인은 나중에 '중증급성호흡기증후군', 줄여서 사스^{SARS}라 불린 질환이었다. 메트로폴 호텔에서 지내는 동안 류는 끝까지 밝혀지지 않은 기전으로 같은 층에 있던 다른 투숙객 16명과 호텔 방문자 한 명에게 병을 옮겼다. 호텔 직원 중에 감염자가 아무도 없었던 건 기적이었다. 72시간 동안 류에게서 병이 옮은 16명의 투숙객 중에는 비행기 승무원들도 포함되어 있었고, 그 바람에 베트남, 싱가포르, 캐나다를 포함한 7개 국가에 병이 옮겨져 하노이, 토론토의 여러 병원에서 류와 비슷한 호흡기 증상을 보이는 환자들이 나타났다. 그때까지도 이런 상황을 류나 메트로폴 호텔 911호실과 연관 지어 생각한 사람은 없었고 연결고리는 나중에 밝혀졌다. 환자가 막 발생하던 당시에 WHO는 오래전부터 경계해 온 조류독감 대유행이 다시 시작됐다고 확신했다. 이에 따라 3월 12일에 해외여행 경보를 발령했다. 불안에 떠는 홍콩 시민들이 마스크를 쓰고 출퇴근하는 모습이 세계 곳곳에 전해지자 동남아시아로 가는 항공기 운항이 중단되고 금융시장은 폭락했다. 차이나 항공 여객기로 홍콩에서 베이징으로 간 72세 남성도 그 자신은 물론 같은 비행기에 탄 누구도 알지 못했지만 홍콩에 머무는 동안 사스에 감염된 상태였고, 탑승객 22명과 승무원 2명에게 병을 옮겼다. 태국에서는 3월 말에 아시아 지역에서 존경을 받던 의사 카를로 우르바니$^{Carlo\ Urbani}$가 이 정체불명의 병으로 목숨을 잃었다. 이탈리아인 기생충 학자이자 임상의인 그는 WHO 산하 베트남 감염질환 관리 지부장을 맡고 있었는데, 2월 26일에 극심한 호흡기 증상으로 하노이 소재 프랑스 병원을 찾아온 젊은 중국계 미국인 사업가를 진료하다가 감염된 것으로 밝혀졌다. 조니 첸[Johnny Chen]이라는 이름의 이 사업가는 며칠 전에 메트로폴 호텔 9층에 숙박한 것으로 알려졌다. 하지만 그러한 사실의 의미는 나중에야 모두 드러났다.

우르바니가 겨우 마흔여섯의 나이에 방콕의 병원에서, 그것도 임시로 마련된 격리 공간에서 엄청난 양의 모르핀을 투여받고 산소 호흡기로 연명하다 숨을 거두었다는 사실은(우르바니는 베트남에서 첸을 치료한 뒤 자신이 감염된 사실을 모르는 상태로 방콕에 왔다) 고향을 떠나 동남아시아 지역 의료계에서 일하던 사람들에게 큰 충격을 주었다. 21세기가 시작된 시대에, 감염성이 강한 병에 걸린 환자를 치료할 때 어떻게 해야 하는지를 누구보다 잘 아는 의사가 어떻게 그런 중증 호흡기 질환에 걸릴 수 있단 말인가? 폐에 문제가 생긴 병인데, 왜 항생제나 항바이러스제 치료가 소용없었을까? 이런 의문과 함께, 이전부터 제기된 의문이 다시 떠올랐다. H5N1이나 다른 조류인플루엔자 바이러스가 원인일까?

2003년 3월에 이 같은 의문의 답을 아는 사람이 없었고, 페이리스를 비롯한 바이러스 생태학 분야 전문가를 제외하면 사스가 굉장히 위험한 질환이라는 사실을 제대로 인지한 사람도 별로 없었다. 당시에 전 세계의 관심이 중동에 쏠려 있었던 점을 감안하면 충분히 그럴 만한 일이었다. 영국군과 미군이 이라크 국경에 결집해 이라크 독재자 사담 후세인이 유엔 안전보장이사회의 결의를 어기고 대량 살상무기를 숨겼다는 "정보"를 근거로 지상전을 준비하던 시기였다. 이슬람 테러리스트가 상업 항공기 4대를 납치하고 그중 3대가 미국 세계무역센터와 국방부 건물로 돌진한 충격적인 국제 테러가 일어난 뒤 2년도 지나지 않은 시점이었다. 복수할 방법을 찾느라 혈안이 된 부시 행정부는 이라크가 일으킨 테러라고 판단했지만, 실제로 사담 후세인이 9/11 테러에 관여했다는 증거는 하나도 없었다. 심지어 이 이라크 독재자가 이미 수년 전에 살상무기를 보관해둔 무기고를 파괴했다는 사실도 드러났다. 대규모 파괴를 일으킬 수 있는 진짜 무기는 사실 광둥성에 숨어 있었다. 그리고 버스, 기차, 비행기에 몸을 싣는 것과 같은 단순한 방법으로 세계 곳곳에 확산되고 있었다.

사스의 수수께끼를 풀기 위해 전 세계 수많은 연구소의 과학자 수백 명이 동원됐다. 미생물학자들은 오래전부터 미생물계의 "신데렐라" 같은 존재였던, 즉 별 관심을 얻지 못했던 병원체도 처음부터 다시 살펴볼 필요가 있었다. 30여 년 앞서 발생한 재향군인병도 그랬듯이 수수께끼의 해결 여부는 역학자와 미생물학자의 협력에 달려 있었다. 그리고 이 두 분야 전문가들의 협력으로 우리는 도시 생태학과 의학 기술, 인간이 만든 주변 환경, 특히 호텔, 병원, 아파트 단지 같은 변화가 호흡기 감염의 확산에 얼마나 중요한 역할을 하는지 심층적으로 이해할 수 있게 되었다. WHO가 여행 경보를 발령한 3월 12일에 페이리스는 아직 알 수 없는 바이러스, 또는 환자의 인후 분비물에 몰래 섞여 있는 유기체가 뭐가 됐든 드러날 수 있도록 배양하려 애쓰고 있었다. 나중에는 그 존재가 다 밝혀졌지만 그때는 알 수 없었던 페이리스는, 홍콩 보건부 수석 바이러스학자이자 퀸메리 공중보건 연구소 소장인 윌리미나 림^{Wilimina Lim} 박사의 도움을 받아 홍콩 의료기관에 외래 환자로 찾아온 사람들 중 비정형

7. 사스: 슈퍼 전파자

적 폐렴 증상이 나타난 사람을 감시감독할 수 있는 시스템을 구축했다. 곧 페이리스의 연구소로 검체가 쏟아져 들어오기 시작했다(그는 최근에 광둥성을 찾아가 확보한 환자 검체도 이렇게 축적된 환례 정의에 포함시키려 했지만, 홍콩 당국은 중국 정부의 심기를 거스를 수 있다는 우려로 페이리스의 요청을 받아들이지 않았다).

사스 환자와 일반적인 폐렴 등 호흡기 감염 질환자를 구분하려면 신뢰도 높은 진단 검사가 시급히 마련되어야 했다. 임상 현장에서 일하는 의사와 의료기관 근로자들이 겪고 있는 섬뜩한 일들이 페이리스에게도 전해지자 그 필요성은 더 절실해졌다. 신계 지역 사틴에 자리한 프린스 오브 웨일스 병원에서 의사, 간호사, 잡역부 등 50여 명이 문제의 감염질환에 걸려 병원 관리부가 감염자를 전부 개별 냉방 시설이 갖추어진 특수 격리 병실로 옮겼다는 소식도 그중 하나였다. 이러한 조치가 무색하게 이 병원에서는 이후 몇 주간 100여 명에 가까운 직원, 환자가 감염됐고 이어 병문안을 온 환자의 친구, 친인척까지 감염되었다. 광저우 제2부속병원에서 일어난 감염과 마찬가지로 프린스 오브 웨일스 병원 사태 역시 환자 한 명, 나중에 "슈퍼 전파자"로 명명된 사람으로부터 시작된 일이었다.[18]

* * *

3월 4일에 "CT 씨"로만 알려진 26세 공항 직원 한 명이 홍콩의 프린스 오브 웨일스 병원을 찾아와 열이 나고 온몸이 쑤시고 호흡이 가쁜 증상이 있다고 이야기했다. 환자는 병원 8층의 입원실을 배정받고 여러 차례 항생제로 치료를 받았다. 약이 어느 정도 듣는 것 같았다. 며칠이 지나자 열이 떨어지고 폐에 나타난 반점도 희미해졌다. 하지만 목이 따가운 증상은 가시지 않았고 기침도 쉴 새 없이 터져 나왔다. 가래로 기도가 막혀 있다는 사실을 알아낸 의료진은 네뷸라이저를 쓰기로 했다. 약물을 미세한 입자 형태로 바꿔 폐까지 전달하는 도구인데, 이것이 큰 실수였다. 약물을 폐로 전달하는 효과가 뛰어난 만큼, 기도에 머물러 있던 바이러스와 세균도 환자가 숨을 한 번 들이쉬고 내쉴 때마다 더 넓게 확산되었다. CT 씨의 경우 바이러스가 포함된 비말이 네뷸라이저를 통해 미세한 입자가 되어 그가 숨을 내쉴 때마다 방출됐고, 그것이 프린스 오브 웨일스 병동 전체에 퍼진 것으로 보인다. CT 씨는 연이어 7일간 하루 4회씩 네뷸라이저를 입에 대고 호흡했다. 그에게서 뿜어져 나온 바이러스 입자가 섞인 숨은 다른 환자들이 누워 있는 침대 위를 둥둥 떠다녔고 지나다니던 의료진까지 감염시켰다. 나중에 CT 씨는 음압 환기 장치가 마련된 일인실에 격리되고 그와 접하는 의료진은 일회용 장갑과 N95 마스크를 착용하라는 지시가 내려졌지만 너무 늦은 조치였다. 유행병의 축소판 같은 사태가 벌어져 병원은 거의 문을 닫아야 하는 지경에 이르렀다.[19]

3월 둘째 주가 되자 병원 외 다른 곳에서도 감염자가 발생했다는 기사가 몇 건 나오고, 병원체가 지역사회에서 제멋대로 확산되고 있으며 누구도 안전하지 않다는 소문이 빠르게 퍼져 나갔다. 처음에는 이런 소문에도 대수롭지 않은 일이라는 태도를 보이던 홍콩 보건복지식품부 장관 여 엥 카이옹Yeoh Eng-kiong은 3월 18일에 기사 내용

7. 사스: 슈퍼 전파자

이 사실이며 퀸스 로드 이스트에 있는 보건부 본부에서 "긴급 대책 회의"가 열렸다는 사실을 어쩔 수 없이 인정했다. 여 장관은 나중에 WHO 사무총장이 된 당시 보건장관 마거릿 챈^{Margaret Chan}과 함께 경찰이 쓰던 컴퓨터 프로그램을 활용해 병원체가 앞으로 어떻게 움직일지 예측하기 위해 관련 최신 정보를 샅샅이 조사했다. "우리는 매일 질문했다. '지금 우리가 맞닥뜨린 이것은 무엇인가? 우리가 아는 것은 무엇인가?'" 나중에 챈은 당시를 이렇게 회상했다.[20]

본부 18층의 사무실에서 전염병 부문 컨설턴트로 일하던 토머스 챵 호 파이^{Thomas Tsang Ho-fai}도 비슷한 질문을 떠올렸다. 체격이 약간 듬직한 편인 챵은 미국 CDC가 운영하는 역학 조사 서비스 과정을 졸업했고 더 높은 자리에 오를 인재로 여겨지던 인물이다(나중에 그는 홍콩 위생방역센터의 센터장으로 지명됐다). 1997년 조류독감이 터졌을 때 처음으로 두각을 나타낸 챵은 사스 사태로 문제를 샅샅이 파헤치는 기술을 제대로 보여 줄 기회를 잡았다. 홍콩 언론에서도 "탐정 파이"라는 별명을 붙일 정도였다. 챵은 3월 첫째 주 내내 밤낮없이 조사에 몰두해 사스 환자와 이들이 접촉한 사람들을 추적했다. 그리고 3월 26일, 한 병원에서 하루 동안 사스 환자 15명이 발생했고 이들 모두 '아모이 가든'이라는, 구룡 만이 내려다보이는 주거단지의 주민이라는 사실을 알아냈다. 이례적인 일이라고 판단한 챵은 이 사례를 더 자세히 살펴보기로 결정했다.

그가 아모이 가든에 직접 찾아갈 무렵에는 환자 수가 무서운 속도로 늘고 있었다. 3월 28일에는 34명이 입원했고 다음 날에 36명이 추가로 입원한 데 이어 3월 31일에는 64명이 추가됐다. 감염 사태가 공공 병원 시설이 감당하기 힘들 정도로 확대됐고 보건부 윗선에서 격리 조치까지 고려하기 시작한 만큼, 최대한 빨리 원인을 찾아만 한다는 압박감이 컸다. 문제는 어떻게 원인을 밝힐 것인가, 하는 것이었다. 사스의 병인체가 바이러스인지 세균인지도 모르고 이 병이 공기와 비말 중 무엇을 통해 전염되는지도 모르는 상황에서 어떻게 전파되는지 찾고 사태가 더 커지지 않도록 하려면 무엇이 최선의 방법인지 알기란 쉬운 일이 아니었다. 그럼에도 챵은 아모이 가든에서 나온 사스 환자 대부분이 E동에 산다는 점에 주목했고, 그곳부터 조사를 시작하는 것이 논리적이라고 판단했다.[21]

1981년에 지은 아모이 가든은 홍콩을 황폐한 곳으로 만든, 중산층용 주택 건설을 목표로 내건 여러 건설 사업 중 하나로 탄생한 전형적인 결과물이었다. 십자형 구조로 된 흉물스러운 베이지색 고층 건물 14동으로 이루어진 아모이 가든의 각 건물은 총 33층 높이에 층마다 한 방향에 두 가구씩, 총 8가구가 살 수 있다. 입주민 수를 모두 합하면 1만 9,000여 명에 달하는 이곳은 홍콩 정부가 주택 부족 문제를 해결하기 위해 처음 지었을 때만 해도 분명 우아한 주거지로 여겨졌다. 하지만 안타깝게도 사스가 확산되기에 가장 이상적인 환경을 보여 준 대표적 예가 되고 말았다.

챵은 이곳에서 발생한 환자 대부분이 각 층에서 7호, 8호에 해당하는 건물 모서리 집에서 나왔다는 사실에 중점을 두었다. 이는 병이 수직 방향으로, 즉 한 층에서 다른 층으로 옮겨졌다는 의미였다.[22] 이와 함께 챵은 다른 동에서도 환자가 발생했지만 E동에서 나온 환자들이 다른 곳보다 3일 먼저 병에 걸렸으므로 이곳이 발원지

7. 사스: 슈퍼 전파자

라고 추정했다. 그렇다면 어떤 기전으로 병이 확산됐을까? 재향군인병 사례처럼 물탱크가 오염됐을까? 아니면 욕실에 고성능 환기팬이 설치된 집이 많은데, 이 설비와 관련이 있을까? 챵은 정통 방식대로 역학 조사에 돌입했다. 팬이 설치된 집과 그렇지 않은 집의 감염률을 비교한 것이다. 그 결과 샤워를 하면서 환기팬을 작동시킨 경우 사스 감염 확률이 5배 높은 것으로 밝혀졌다. 병원체가 샤워하는 곳 바닥에 있는 하수도를 통해 각 가정의 욕실로 유입됐을 가능성을 생각할 수 있는 결과였다. 그러나 하수관과 건물 물탱크에서 검체를 채취해 분석했지만 아무것도 나오지 않았다. 다음 단계로 챵은 바퀴벌레나 설치류가 돌아다닌 흔적이 있는지 쓰레기를 뒤졌다. 이번에도 결과는 음성이었다. 미국에 9/11 테러가 일어난 후 탄저균에 오염된 편지가 배달된 사건처럼 아모이 가든의 주민들이 외국의 권력집단, 또는 테러리스트 단체의 표적이 되었을 가능성도 조사했다.[23] "환자가 수직 방향으로 발생한 점을 토대로 할 때, 생물학적 공격 가능성도 있다고 생각했다." 챵은 설명했다.[24] 그러나 이 이론은 곧 배제됐다.

챵의 관심을 끈 건물은 아모이 가든만이 아니었다. 그 즈음부터 보건부 역학 전문가들은 메트로폴 호텔도 구석구석 뒤졌다. 이 호텔이 발병 사태와 연관되었을지 모른다는 가능성은 3월 12일, 싱가포르 정부가 홍콩 보건부에 최근 싱가포르에서 사스로 입원한 젊은 여성 3명이 메트로폴 호텔에서 지냈다고 통지하면서 제기됐다. 이 여성들 중 비행기 승무원으로 일한 적 있는 23세 에스더 목^{Esther Mok}이 홍콩에 쇼핑을 하러 왔었고, 류와 같은 층 객실에 머물렀다는 사실이 곧 밝혀졌다. 이 환자는 2월 28일에 싱가포르 탄톡셍 병원에 입원했고 이후 병원 직원 21명이 줄줄이 감염됐다. 에스더 목으로부터 병을 옮은 사람들 중에는 저명한 감염질환 전문의 렁호남Leong Hoe Nam도 포함되어 있었다. 학회 참석차 뉴욕에 갔던 렁호남은 서둘러 다시 싱가포르로 돌아와야 했고, 오는 길에 임신 중이던 아내, 장모와 함께 프랑크푸르트 공항에 내리면서 공식적으로 유럽 땅을 밟은 최초의 사스 환자가 되었다.[25]

챵은 3월 18일까지 메트로폴 호텔에 숙박한 사람 중에 감염자 2명이 더 있다는 사실을 알아냈다. 밴쿠버에서 입원 치료를 받은 72세 캐나다인 남성과 중국계 캐나다인인 78세 여성 콴 수이 추Kwan Sui Chu였다. 콴 부인은 남편과 함께 새해를 맞아 홍콩에 사는 아들들을 만나러 왔고 항공편과 함께 패키지 상품으로 판매된 메트로폴 호텔 숙박권을 이용했다. 부부가 호텔에 머문 기간 중에 류가 숙박한 날과 겹치는 날이 있는 것으로 확인됐다. 다시 캐나다로 돌아가 토론토에 도착하고 이틀 후부터 몸이 안 좋아진 콴 부인은 3월 5일에 사망했다. 그사이에 콴 부인의 가족 4명에게도 병이 옮았고, 그중 한 명인 부인의 44세 아들이 찾아간 토론토 소재 스카보로 그레이스 병원에서 병원 역사상 최악의 발병 사태가 일어났다.[26]

싱가포르에서 전해진 정보를 계기로, 홍콩 보건부는 지역사회획득 중증 폐렴 사례와 관련된 자료를 전부 재검토했다. 챵은 3월 19일까지 메트로폴 호텔 9층이 이번 사스 감염사례 7건과 연관되었으며, 호텔 이용자 중 한 명인 중국계 미국인 사업가 조니 첸이 사스를 하노이에 옮겨 카를로 우르바니가 감염되었다고 밝혔다. 이어 챵은 동료들과 함께 며칠에 걸쳐 메트로폴 호텔에서 작은 단서라도 없는지 철저히 조사를 벌이는 한편 카펫과 가구, 엘리베이터, 환기구, 화장실에서 검체를 채취했다. 9층 복도에서 류와 첸이 우연히 마주치고 하필 그때 류가 재채기를 했을 수도 있고, 두 사람이 같은 엘리베이터를 탔을 때 첸이 감염됐을 가능성도 있다. 또는 필라델피아 벨뷰 스트래퍼드 호텔에서 재향군인병이 발생했을 때처럼 호텔 냉방 시설을 통해 첸과 다른 이용자들에게 병이 옮겨졌을 수도 있다. 다 그럴듯한 가설이었지만, 찾고 있는 대상이 무엇이고 어떤 검사법으로 그 존재를 확인할 수 있는지 모르는 상태라 챵과 연구진은 거의 제자리걸음만 계속해야 했다.

* * *

메트로폴 호텔이 해외로 사스가 퍼져 나간 공통분모라는 사실에 WHO 고위 관료들은 큰 충격을 받았다. 9/11 테러에서는 테러리스트가 상업 여객기를 무기로 이용해 미국의 안보 시설을 난데없이 공격하리라곤 국방부가 상상도 못했지만, WHO는 2002년에 새로운 생물학적 위협이 발생하면 유행병 또는 대유행병이 돼 널리 확산되기 전에 발견할 수 있는 시스템이 갖추어졌다는 확신이 있었다. '국제 유행병 발생 경보·대응 네트워크GOARN'가 그 시스템이다. WHO 전염병 분과 책임자이자 CDC에서 역학 전문가로서 재향군인병과 에볼라 사태 해결에 참여한 경력이 있는 데이비드 헤이만David Heymann의 아이디어로 탄생한 GOARN은 인터넷 세상에서 오가는 "수다"를 정기적으로 검색해, 세계 여러 오지 지역의 발병 사례에 관한 정보를 수집한다. GOARN에서는 캐나다가 만든 국제 공중보건 정보 네트워크GPHIN, 그리고 신종 질병 모니터링 프로그램ProMED을 활용하며, 의심스러운 발병 사례가 감지되면 WHO 담당자가 관련 당국에 보다 상세한 조사를 실시하도록 요청하고 필요하면 조사팀을 보낼 수 있다. 비유하자면 온라인에서 오가는 정보를 엿듣는 전자 네트워크가 WHO의 119 서비스 같은 역할을 하고, GOARN은 접수된 정보에 따라 소방차나 구급차를 보내는 역할을 맡는다. 실제로 WHO는 2002년 11월에 광둥성에서 이례적인 호흡기 질환이 발생했다는 사실을 이 시스템을 통해 알아냈고, 당국은 이 정보를 토대로 조사에 착수했다. 그러나 이때 WHO가 염두에 두었던 병인체는 조류독감 바이러스였다. 이로 인해 WHO는 중국 정부에 광둥성의 환자들로부터 채취한 검체를 WHO 분석검사소로 보내도록 설득하고도 받은 검체에서 일반적인 인플루엔자 아형이 검출되지 않자 혹시 다른 병인체가 없는지 추가 조사를 해볼 생각을 아무도 하지 못했다. 결국 검체는 모두 폐기됐다.

페이리스도 처음에는 광둥성과 홍콩에서 발생한 호흡기 질환이 조류 인플루엔자 바이러스의 돌연변이가 나타난 징후일 수 있다고 생각했다. "그 단계에서는 우리가 지금까지 알려지지 않은 대상을 조사하고 있다고 명확히 확신할 수 없었다. 이 병에서 특이한 점이라곤 의료보건 분야 종사자들이 감염되는 비율이 높다는 것이 다였는데, 중증 독감에서도 그러한 특징이 충분히 나타날 수 있다." 나중에 페이리스는 이렇게 설명했다.[27] 그러나 3월 둘째 주에 페이리스

7. 사스: 슈퍼 전파자

의 연구실에 도착한 검체 두 개가 이러한 관점을 뒤집었다. 그리고 전문가들의 시야를 가려 사스라는 사실을 알아보지 못하게 만든 다른 여러 추정이 싹 사라진 전환점이 되었다. 이 검체 중 한 건은 홍콩에서 입원 치료를 받다가 류가 세상을 떠난 직후 그 뒤를 따라간 류의 처남, 찬 잉 푸이Chan Ying-pui에게서 채취한 검체였다. 그동안 페이리스의 연구소가 수령한 검체들은 WHO가 밝힌 환례 정의에 대강 일치하는 경우가 많아서 어쩌면 사스가 아닐 가능성도 남아 있었지만 찬의 검체는 정의에 명확히 맞아 떨어졌다.[28] 게다가 그가 살아 있을 때 채취된 생체 조직 검체라 살아 있는 병인체가 아직 남아 있을 가능성이 있었다.

페이리스는 이번에도 자신의 연구소와 퀸메리 병원 분석실험실에 일반적인 세포 배양법으로 이번 호흡기 질환을 일으킨 바이러스를 찾아보라고 지시했다. 이전에도 그랬듯이 아무런 결과도 나오지 않자, 그제야 페이리스는 붉은털원숭이의 태아 신장 세포를 비롯한 다른 세포주를 활용해 보자고 제안했다. 원숭이 태아의 신장 세포는 간염 바이러스와 어린이들이 겪는 중증 기관지염의 일반적 원인인 인체 메타뉴모 바이러스 배양에 활용할 수 있다는 사실이 입증됐다. 이 제안에 따라, 퀸메리 병원 연구소의 미생물 연구실 선임 과학자 찬 곽 훙Chan Kwok Hung은 3월 13일, 배양한 원숭이 세포에 찬의 폐에서 채취한 조직 검체를 더했다. 이틀 후 현미경으로 관찰한 결과 한 층으로 깔린 세포 중 일부가 전보다 밝게 빛났고 다른 세포보다 둥글어지는 변화가 나타났다. 그러나 변화가 극히 미묘한 수준이라, 그는 페이리스에게 의견을 구했다. 직접 배양된 세포를 살펴본 페이리스가 "약간 특이하다"고 생각했지만, 이틀이 지나도 더 이상 큰 변화가 없었다. 바이러스가 계속 증식 중이라면 어떤 식으로든 변화가 나타날 터였다. 이에 페이리스는 배양액에서 세포를 조금 긁어 낸 후 새로 배양된 세포로 옮겨 보자고 제안했다.[29] 그러자 다른 세포들보다 둥근 세포가 더 많이 생겼다. 원숭이 세포에서 분명 뭔가가 증식 중임을 알 수 있는 결과로도 볼 수 있지만, 마이코플라스마 등의 오염으로도 같은 변화가 일어날 수 있고 환자가 병원에서 치료받는 동안 제공된 약물 때문에 일어난 변화일 수도 있었다. 확실한 판단을 내리기 위해, 페이리스는 동료인 병리학자 존 니콜스John Nicholls에게 고성능 전자현미경으로 세포를 관찰해 달라고 요청했다. 퀸메리 병원 병리학과의 사무실에서 만난 니콜스와 페이리스는 전자현미경 너머로 바이러스 입자를 또렷하게 확인했다. 이제 배양된 세포에서 바이러스가 증식 중이라는 사실은 명확해졌지만 어떤 바이러스인지는 어떻게 알 수 있을까? 그리고 이 바이러스가 사스의 원인인지는 어떻게 확신할 수 있을까?

미생물학자들은 뭐든 굉장히 조심하는 경향이 있다. 페이리스도 예외가 아니었다. 사스의 병인체를 찾았다고 확신하려면 우선 문제의 바이러스가 다른 사스 환자에게서도 발견되는지부터 확인할 필요가 있었다. 가장 간단한 방법은 맥데이드가 1977년에 재향군인병의 원인이 레지오넬라라는 사실을 입증할 때 활용한 혈청 검사법이다. 페이리스 연구진이 찾은 바이러스가 사스의 병인체라면 사스 환자들의 혈청에 이 바이러스와 반응하는 항체가 있을 것이고, 감염이 한참 진행된 환자로부터 채취한 혈청과 바이러스가 반응할 경우

7. 사스: 슈퍼 전파자

가장 강력한 증거로 볼 수 있다. 이에 페이리스는 최대한 엄격한 검사가 진행될 수 있도록, 공중보건 연구실의 윌리미나 림에게 사스로 의심되는 환자의 혈청 검체를 "한 쌍씩" 보내 달라고 요청했다. 즉 환자마다 감염 초기 단계와 후기 단계의 혈청을 각각 채취해 달라는 의미였다. 이와 함께 페이리스는 사스와 무관한 환자의 혈청도 함께 보내 주되 어떤 검체가 사스 환자의 것인지 자신이 구분할 수 없도록 전달해 달라고 했다. 페이리스 연구진이 림 박사가 제공한 혈청에 바이러스를 더하자, 항체 반응이 뚜렷하게 나타났다. 사스 환자가 아닌 사람에게서 검출한 혈청에서는 아무런 반응이 나타나지 않은 것도 중요한 결과였다. 나아가 혈청변환이 일어났는지 확인하기 위해 간접 면역형광분석을 실시한 결과 감염 후반기에 채취한 검체에서 반응이 더 강하게 나타난다는 사실을 확인했다. 사스의 감염 단계가 진행될수록 항체의 농도도 높아진다는 것을 의미하는 확실한 근거였다.

사스 바이러스를 발견했다고 자신하게 된 페이리스는 3월 21일에 WHO의 클라우스 스퇴르 앞으로 메일을 보내 소식을 알렸다. 그러나 바이러스를 어떻게 분류해야 하는지는 아직 알아내지 못한 상태라, 스퇴르에게 이를 기밀로 두고 바이러스의 정체를 완전히 밝힐 때까지 시간을 좀 더 달라고 요청했다. 그러나 캐나다, 홍콩, 베트남, 싱가포르에서 의심 사례가 계속 늘고 그중 상당수가 의료보건 분야 종사자라 WHO는 희망적 소식이 절박하게 필요한 상황이었다. 병인체가 발견됐다는 소식은 정확히 알 수 없는 경로로 새어 나갔고, 페이리스는 어쩔 수 없이 3월 22일에 자신이 찾은 내용을 공개할 수밖에 없었다.

WHO의 몇몇 협력 연구소에서도 사스의 병인체를 찾아 분리했다는 주장이 나왔다. 유행선 이하선염, 홍역을 일으키는 바이러스와 같은 종류인 파라믹소 바이러스와 비슷하다는 내용도 있었다. 그러나 이들 중 누구도 그 바이러스를 배양된 세포에서 증식시키거나 사스 환자로 알려진 사람으로부터 채취한 혈청을 활용해 검사를 진행하지 않았으므로 불완전한 이론으로 남았다. 페이리스가 찾아낸 바이러스의 종류를 알아내려면 미국 국립 보건원이 운영하는 '진뱅크GenBank'에 저장된 염기서열 중 일치하는 것이 있는지 찾아볼 필요가 있었다. 진뱅크는 알려진 모든 바이러스의 정보가 저장된 데이터베이스다. "문제는 바이러스의 염기서열을 알아야 이런 비교가 가능한데, 우리는 그걸 모른다는 것이었다." 페이리스는 이렇게 설명했다.[30]

남은 방법은 딱 한 가지였다. 무작위 프라이머를 활용하여(DNA 또는 RNA의 염기서열을 분석하거나 증폭시키려면 인위적인 DNA 합성이 필요하다. 이 과정에서 반드시 필요한 짧은 유전자를 프라이머라고 하며, 대부분 연구하려는 DNA, RNA 염기서열에 맞게 만들어서 사용한다—역주) 배양한 세포에 감염된 바이러스 유전체 중 일부를 되는 대로 건지는 것이다. 페이리스는 레오 푼Leo Poon이라는 동료에게 이 기법을 검체에 바로 적용해 달라고 요청했다. 푼은 진뱅크에 저장된 염기서열과 일치하는 부분이 나오기를 바라는 마음으로, 바이러스가 감염된 배양 세포에 무작위 프라이머를 이용한 합성을 시도했다. 35회에 걸쳐 바이러스의 유전 정보를 조각조각 얻었지만, 분석해 보면 매번 원숭이 세포의 DNA이거나 "쓰레기"로 불리는 DNA로 밝혀졌다(단백질 합성과 무관하고 실질적인 생물학적 기능에 영향을 주지 않는 DNA를 '쓰레기junk DNA'라고 한다—역주). 38번째 시도에서도 실패하자 푼은 더 이상 희망이 없다고 생각했지만, 39번째 시도에서 마침내 진뱅크에 저장된 염기서열과 부분적으로 일치하는 염기서열이 나왔다. "완벽하지는 않았지만 코로나 바이러스인 것 같았다." 페이리스는 이렇게 전했다. 사실이라면 너무나 놀라운 소식이었다. 코로나 바이러스는 보통 수의학계에서 문제가 되는 종류로, 1937년에 처음 발견됐다. 돼지와 설치류, 닭을 비롯한 동물의 장과 호흡기에 치명적인 감염을 일으키는 것으로 오래전부터 잘 알려져 있었지만 사람에 감염될 경우 일반적으로 코를 조금 훌쩍이고 호흡기 증상이 약하게 나타나는 것 외에 더 심한 문제는 일으킨 적이 없었다. 미생물학계에서는 시간이 나면 들여다볼 만하지만 바쁜 낮 시간에 굳이 연구하기에는 미미한 존재, "신데렐라" 같은 바이러스로 여겨졌다.

페이리스는 오류가 아닌지 정확히 확인하기 위해 바이러스가 포함된 액체를 고속 원심분리기에 넣어 바이러스 입자를 농축시킨 뒤 윌리미나 림에게 전자현미경으로 관찰해 보라고 요청했다. 현미경 아래에서, 바이러스 입자마다 마치 왕관을 쓴 것처럼 뾰족한 작은 돌기가 가장자리에 테두리처럼 빙 둘러쳐진 모습이 확인됐다. 코로나 바이러스의 명확한 특징이었다. 페이리스도 이제 사스를 일으킨 바이러스는 코로나 바이러스라고 확신했다. 그리고 기존에 알려진 코로나 바이러스와 완벽히 동일하지 않은 것으로 볼 때, 최근에 어떤 동물 숙주에서 생겨난 새로운 유형일 가능성이 매우 높다고 추정

대유행병의 시대

했다. 진뱅크에 아직 염기서열이 등록되지 않은 것도 이런 이유 때문이라고 보았다.[31] 페이리스 연구진은 바이러스의 부분적인 염기서열을 활용해 중합효소 연쇄반응[PCR]으로 바이러스를 검출할 수 있는 검사법 개발에 착수했고 3월 28일부터 홍콩 내 병원과 WHO에서 이 검사법을 사용할 수 있게 되었다. "원래는 이런 식으로 검사법이 만들어지지 않지만 그때는 시간 절약이 가장 중요했습니다." 페이리스의 설명이다.[32]

상황은 급속히 바뀌었다. WHO가 이러한 정보를 입수했고 3일이 지나는 동안 다른 연구소 2곳에서도 코로나 바이러스를 찾았다는 보고가 들어왔다. CDC는 3월 25일에 보안접속으로 접근할 수 있는 WHO 웹페이지에 바이러스 이미지를 업로드했고 페이리스 연구진에게도 다른 이미지가 있으면 같은 방식으로 제공해 달라고 요구했다. 그러나 일부 연구자들은 사스의 병인체가 파라믹소 바이러스나 인체 메타뉴모 바이러스라고 계속 주장했다. 이런 주장이 이어지자 여러 바이러스가 한꺼번에 작용해 상승효과가 발생할 수 있다는 추정이 나왔다. 코로나 바이러스 감염으로 면역계가 약화돼 다른 바이러스가 기도에 자리를 잡고 증식하면서 사스 환자에게서 나타나는 독특한 병리학적 문제가 촉발된다는 것이다. 페이리스는 자신이 조사한 사스 환자에게서 메타뉴모 바이러스 감염 가능성을 의심할 만한 증거는 전혀 찾을 수 없었고 코로나 바이러스만 발견됐다는 점에 초점을 맞추었다. 게다가 사스 환자가 아닌 사람들에게서는 코로나 바이러스 항체가 검출되지 않았다. 이를 토대로 페이리스는 신종 코로나 바이러스가 사스의 원인이며 인체에 처음 감염된

7. 사스: 슈퍼 전파자

바이러스라고 확신했다. 그리고 이 내용을 모두 정리해서 영국 의학저널 〈란셋The Lancet〉에 발표했다.[33] 이어 네덜란드 로테르담의 에라스무스대학교 연구진이 마침내 사스의 원인을 둘러싼 논쟁을 종결시킨 연구 결과를 내놓았다. 마카크원숭이를 대상으로 한 실험에서 연구진은 첫 번째 그룹을 문제의 코로나 바이러스에 감염시켰고 두 번째 그룹은 인체 메타뉴모 바이러스에, 세 번째 그룹에 속한 원숭이들은 두 바이러스에 모두 감염시켰다. 그 결과 코로나 바이러스에 감염된 실험군에서만 사스의 특징이 모두 나타났다. 메타뉴모 바이러스 감염군에서는 비염 증상만 약하게 나타났고 두 바이러스에 모두 감염된 동물들의 경우 첫 번째 그룹만큼 증상이 심하게 나타나지 않았다. 코로나 바이러스가 사스의 충분조건이자 필요조건임을 알 수 있는 결과였다.[34]

과학자들이 에이즈의 원인을 찾고 HIV 진단 검사법을 개발하기까지 2년이 넘는 시간이 걸렸고 재향군인병이 레지오넬라 감염 질환임을 증명하는 데만도 5개월이 걸렸다. 그에 반해 사스 바이러스는 이토록 단기간에 발견했고 아주 정밀하지는 않지만 효과적인 검사법까지 나온 것이다. 이제 페이리스를 비롯한 미생물학자들은 사스 환자와 그렇지 않은 환자를 구분할 수 있게 되었다. 지역사회에 위협이 될 수 있는 사람을 구분하고 감염이 확대되지 않도록 격리시켜야 하는 대상을 찾을 수 있다는 의미였다.* 혼란만 커져 가던 홍콩

---

* 페이리스가 검사한 1차 검체 중에는 아모이 가든에서 발생한 환자의 검체도 포함되어 있었다. 이 검체에 코로나 바이러스 항체가 있는 것으로 밝혀졌고, 따라서 해당 아파트 단지에서 발생한 발병 사태는 사스로 최종 확인됐다.

대유행병의 시대

에서는 정말 중요한 성과였다. 보건 당국은 시민의 협조 속에 격리 조치를 실시할 수 있고, 그 밖에 다른 엄격한 공중보건 조치도 원활히 진행할 수 있게 되었다. 그러나 페이리스의 연구소는 매일 수백 건씩 쏟아지는 검체를 다 감당하기에 직원이 너무 부족했다. 추가 인력을 마련해 달라고 요청했지만 선뜻 응하는 사람은 거의 전무했다. "기본적으로 사람들은 혹시나 감염될까 봐 두려워서 사스와 관련된 일은 하지 않으려고 했습니다. 그때 상황을 떠올리면 정말 악몽 같아요. 물에 빠져 고개만 겨우 수면 위로 내밀고 버티는 기분이었습니다."[35]

연구소 직원들 못지않게 의료기관에서 일하는 사람들도 사스 바이러스를 두려워했다. 그 위험성이 가장 극명히 드러난 곳은 토론토 스카보로 그레이스 병원이었다. 3월 7일에 병원을 찾아온 콴 부인의 아들은 응급실에서 20시간을 대기하는 동안 다른 환자들과 얇은 커튼 한 장으로만 분리된 공간에 머물렀다. 다음 날이 되어서야 겨우 입원실을 배정받았지만 이미 병세가 너무 악화되어 다급히 중환자실로 옮겨진 후 호흡 확보를 위해 삽관이 진행됐다. 담당 의사는 결핵이 의심된다는 판단으로 환자를 격리시켰다. 하지만 응급실에 있는 동안 산소 공급과 함께 약물을 기화시켜 투여하는 치료가 실시됐고, 그 결과는 일주일 후에 나타났다. 당시 응급실에서 콴 부인의 아들과 가까운 곳에 있었던 사람이 비슷한 증상을 호소하며 다시 병원을 찾아온 것이다. 이 환자는 곧바로 격리됐고 중환자실로 옮겨져 담당 의사가 수술용 마스크와 보안경, 수술 가운, 장갑을 모두 착용한 상태로 삽관술을 실시했다. 그러나 이런 감염 방지 노력

7. 사스: 슈퍼 전파자

은 실패로 돌아갔다. 며칠 후, 이 의사는 사스에 해당하는 모든 증상을 나타냈고 뒤이어 의사가 환자의 기관에 관을 삽입할 때 같은 공간에 있었던 간호사 3명도 동일한 증상을 보였다. 환자의 아내에게 감염원에 노출됐을 수 있다는 사실이 전달되지 않아 병원 복도를 마음대로 돌아다니도록 내버려 둔 것이 상황을 악화시켰다. 이 여성이 곧 병을 앓을 줄도 모른 채 잠복기 상태로 스카보로 그레이스 병원에 머무는 동안, 병원 의료진 6명과 다른 환자 2명, 구급대원 2명, 소방대원 1명, 관리인 1명에게 병이 옮았다.

한편 3월 중순에는 이 여성의 남편과 접촉한 적이 있는 사람이 심장발작과 미열 증상으로 병원을 찾았고 토론토 요크 센트럴 병원으로 이송됐다. 이곳 역시 사스 환자 집단 발생지가 되었다. 이 환자로부터 촉발된 감염으로 총 50여 명의 환자가 발생하는 바람에 당국은 병원 강제 폐쇄 조치를 실시했다. 3월 23일에는 스카보로 그레이스 병원에도 같은 조치가 취해졌다. 더불어 3월 16일 이후 해당 병원에 출입한 사람은 모두 10일간 집에서 자가 격리하라는 요청이 발표됐다. 병원 입구에는 경비가 배치되고, 토론토 전역에 음압 병실이 부족한 상황이었다. 웨스트 파크 병원에서는 환자를 보다 안전하게 치료하기 위해 결핵 치료에 사용되던 병상 25개 규모의 시설을 사스 치료에 사용하기로 결정했다. 사스가 비말을 통해 감염된다는 사실이 밝혀진 후 의료기관 종사자에게는 손을 자주 씻고, 가운과 장갑, N95 마스크를 착용하는 등 엄격한 감염 방지를 따라야 한다는 지시가 떨어졌다. 그러나 이런 예방 노력에도 불구하고 3월 26일까지 온타리오에서 48여 명이 사스 "추정" 환자로 병원에 입원했고 18명은 사스로 확진됐다. 주 전역 여러 병원이 격리되고 "코드 오렌지"에 해당하는 비상사태가 선포됐다. 토론토에서는 필수 의료서비스를 제외한 모든 진료가 중단됐다.[36]

언론은 사스 소식으로 거의 도배됐다. 신문, TV 모두 발병과 관련된 정보라면 하나도 빠짐없이 앞다퉈 보도했다. 토론토 전체가 히스테리에 사로잡혔다. 영화, TV 프로그램 제작자들은 자신의 건강은 물론 혹시라도 직원이 감염될 경우 큰 비용이 들 것을 우려해 계획했던 촬영을 줄줄이 취소했다. 차이나타운은 이 사태가 중국에서 시작됐다는 소문 때문에 딤섬, 면 요리를 즐겨 찾던 손님들이 발길을 끊는 바람에 유령 마을처럼 인적이 드문 곳이 되었다. 의심스러운 호흡기 증상이 나타난 사람은 모두 집에서 자가 격리하라는 권고가 내려졌다. 스카보로 그레이스 병원에서 일하는 한 간호사의 자녀가 사스 증상을 보이자, 다른 학생들도 감염될까 봐 학교 전체가 문을 닫았다. 그래도 사스는 계속 확산됐다.

공중보건 당국도 상황이 최악에 치달았다는 사실을 인정할 수밖에 없었다. 온타리오 주 공식 검시관이자 공공안전·안보 위원회 소속이던 제임스 영James Young은 당시 상황을 이렇게 회상한다. "잠복기가 얼마나 되는지 알 수 없었습니다. 비말로 전파되는지, 공기로 전파되는지도 몰랐고요. 믿을 만한 진단 검사법도, 백신도, 치료법도 없었습니다." 영은 토론토가 꼭 "생물테러리스트"의 공격을 받은 것 같았으며, 차이가 있다면 길에 진짜 폭탄이 떨어지면 사람들이 죽어 나가는 모습을 두 눈으로 볼 수 있지만 사스는 "뚜렷한 파괴 과정"을 볼 수 없었다는 점이라고 설명했다. 동료 중에는 대유행

7. 사스: 슈퍼 전파자

으로 더 번질 조짐일 수 있다고 두려워하는 사람도 있었지만 "사스에 관해 제대로 아는 것이 없으니 지금 상황이 '올 것이 온' 상황인지 아닌지도 판단할 수 없었다"고 전했다.[37] 1918년 이후 의학계는 큰 발전을 거듭했다고 여겨졌지만, 결국 정부는 18세기와 19세기에 페스트와 다른 감염 질환이 터졌을 때 효과가 입증된 격리 조치에 의존해야 했다.

4월이 되고 캐나다 정부는 사태가 진정되기를 희망했지만, 부활절을 앞두고 토론토 가톨릭 신자들 사이에서 새로운 감염자가 발생하기 시작했다. 온타리오 보건부는 가톨릭 성직자들에게 미사에서 나눠 주는 밀떡을 신도들의 입에 직접 넣지 말고 손에다 전달하라는 요청과 함께 고해성사를 위해 마련된 작은 부스에서 신도의 고백을 듣는 행위도 중단하도록 권고했다. 그러나 부활절 주말에 서니브룩 병원에서 삽관술을 실시하던 중 의료진 여럿이 사스에 감염됐고, 3일 후 WHO는 정말 피치 못할 사정이 있지 않는 한 토론토 방문을 자제하라는 두 번째 여행 경보를 발령했다. 격분한 온타리오 보건부 장관은 곧장 제네바로 찾아가서 WHO 관계자들과 만나 생각을 바꾸도록 설득했지만 소용없었다. WHO는 4월 말에 이 여행 경보를 해제했지만, 토론토 소재 병원 4곳에서 예기치 못한 환자 26명이 추가로 발생하자 5월에 다시 토론토 방문을 자제하라는 경보를 발표했다. 여행 경보는 7월 3일이 되어서야 최종 해제됐다. 토론토와 밴쿠버에서는 총 250명이 사스에 감염되고 33명이 사망했다. 암과 만성 폐 감염질환으로 매년 숨지는 사람들과 비교하면 큰 규모는 아니지만, 심리적 불안과 경제에 끼친 타격을 고려하면 영향력은 그야말로 엄청났다. 위기가 절정에 이르렀을 때 온타리오 사스 과학권 고위원회 소속 위원 한 사람은 갑자기 "토론토와 킹스턴 전체가 사스에 잠식돼 황폐화됐다"는 생각에 온몸이 땀에 젖은 채 잠에서 깬 날도 있었다고 회상했다.[38] 호텔 업계도 예약률이 14퍼센트 떨어질 정도로 큰 피해를 입었다. 2001년에 제작비가 10억 캐나다 달러 가까이 쏟아지며 최절정에 달한 토론토 영화 산업도 그에 못지않은 타격을 입었다. 이때 무너진 토론토 영화 산업은 2010년이 되어서야 아놀드 슈왈제네거Arnold Schwarzenegger가 출연했던 영화로 잘 알려진 '토탈 리콜'의 리메이크와 그사이 가치가 떨어진 캐나다 달러를 발판으로 2001년 수준으로 돌아갈 수 있었다.[39]

사스가 토론토에 재난을 불러왔다면, 홍콩에는 그야말로 재앙 그 자체였다. 정부가 아모이 가든을 조사한 3월 말부터 시민들의 불안감은 고조됐다. 당국이 아모이 가든 주변을 철재 바리케이드와 테이프로 분리한 후, 생물위해 방호복을 입은 보건 당국 직원들이 그곳 고층 건물 입구를 지키고 집집마다 찾아가 아모이 가든은 현재 격리됐으니 10일간 아파트 밖으로 나갈 수 없다고 통지하는 모습이 TV로 방송됐다. 많은 사람들이 세계 곳곳에서 벌어진 이런 섬뜩한 이미지로 사스를 처음 접했다. 그다음 날인 4월 1일에 열네 살 소년이 만우절 장난으로 지역 신문사 웹사이트에 가짜 뉴스를 게시했다. 홍콩 정부가 "감염 발생 항구"를 발표할 예정이라는 뉴스에 항셍지수가 폭락했고 주식시장 관리 책임자가 사임하는 사태까지 벌어졌다. 기겁한 시민들은 슈퍼마켓으로 달려가 쌀과 생필품을 사재기하고 대문을 걸어 잠그는가 하면 아직 "소식"을 듣지 못한 사람들

7. 사스: 슈퍼 전파자

에게 전화와 문자메시지로 다급히 알렸다. 그날 오후에 마거릿 챈 보건장관이 긴급 기자회견을 열고 그런 일은 없다고 시민들을 안심시켰지만, 바로 다음 날 WHO가 불필요한 홍콩 여행은 자제하라는 경고를 발표하면서 이런 노력도 물거품이 되고 말았다. 4월 2일 전까지만 해도 하루 입국자 수 10만 명에 이르며 세계에서 가장 혼잡한 공항 중 한 곳으로 꼽히던 홍콩 공항이 발표 후 몇 주 만에 이용자 수가 3분의 2로 줄고 4월 말에는 일일 입국자 수가 1만 5,000명 수준으로 급감했다. "홍콩 전체가 공포에 사로잡혔다." CNN은 이렇게 보도했다. "자칭 '생명력 넘치는 도시'라고 홍보했던 곳, 관광과 무역, 국제 산업이 생명선인 곳이 질병으로 유명한 곳이 되었다."[40] 공포에서 시작된 이러한 영향은 아주 먼 곳까지 도달했다. 영국에서는 와이트 섬의 한 기숙학교가 홍콩 출신 어린이들에게 부활절 방학 후 섬 바깥으로 나갈 수 없다고 통지했다. 미국 버클리의 캘리포니아대학교는 졸업식을 앞두고 홍콩 학생들과 가족들은 참석하지 말라고 요청했다. 스위스에서도 보건 당국이 3월 1일 이후 홍콩이나 싱가포르, 중국, 베트남에 방문한 적이 있는 사람은 바젤과 취리히에서 개최되는 세계 보석·시계 박람회 참석을 금한다는 결정을 내렸다. 보통 이 행사에 스위스 다음으로 가장 많은 인원이 참석해 온 홍콩은 소송을 걸겠다고 위협했지만 스위스는 번복할 의사가 없었다. 결국 홍콩 업체들 중 한 곳은 행사장에 텅 빈 부스를 설치한 후 이렇게 적었다. "호흡기 증후군을 향한 스위스의 악질적인 두려움 때문에 우린 집으로 돌아갑니다(영어로는 'fear of Swiss Aggravated Respiratory Syndrome'으로 앞 글자를 따면 사스[SARS]와 동일하다—역주)."[41]

경제 관점에서 사스는 1998년에 덮친 아시아 금융위기 이후 막 회복이 시작됐을 때 찾아왔다는 점에서 최악의 타이밍이었다. 전년도에 실질 GDP가 2퍼센트 성장한 것을 토대로 홍콩 정부는 2003년에 실질 GDP가 3퍼센트 오를 것으로 전망했지만, WHO의 여행 자제 권고가 발표되고 몇 주 만에 소매점 매출이 반 토막 나고 호텔 객실 이용률이 60퍼센트까지 떨어지자 전망치도 하향 조정됐다.[42] 상가는 사람들 발길이 끊기고 HSBC를 포함한 은행들은 채권 중개인들에게 집 밖으로 나오지 말 것을 지시하는 통에, 이전까지 인파로 꽉 차 있던 거리에서 분주하게 움직이는 사람들은 N95 마스크 판매자들밖에 없었다. 혼란은 피부에 와 닿을 만큼 생생했다. 얼마 전 홍콩에 도착한 변호사 겸 영화감독은 당시를 이렇게 회상했다. "이제는 더 이상 동물 독감이 아닌 '중증급성호흡기증후군'이 되었다. 모든 면에서 얼마나 도시와 어울리는 바이러스인가."[43]

사스가 호흡기에서 나온 비말로 옮겨진다는 것은 이제 거의 확실한 사실이 되었다. 그러나 의문은 이어졌다. 다른 방식으로도 병이 옮을 수 있을까? 가령 바이러스에 오염된 분변 물질을 통해서도? 사스가 이토록 전염성이 강한 병인데 어째서 메트로폴 호텔 직원은 한 사람도 감염되지 않았을까? 30여 년 전에 필라델피아 벨뷰 스트래퍼드 호텔에서 CDC 조사 팀이 직면한 역학 퍼즐과 비슷한 의문이다. 페이리스가 사스를 일으킨 코로나 바이러스를 찾고 진단 검사법이 마련되기 전까지 역학 조사관들은 이런 직관적 의문을 어떻게 확인해야 하는지도 알 수가 없었지만, 이제는 메트로폴 호텔과 아모이 가든의 여러 장소에서 검체를 수거해서 페이리스의 연구소로 보내 분석해 볼 수 있게 되었다. 4월 말에는 캐나다 보건부 소속 환경보건 전문가들로 구성된 조사 팀이 홍콩 보건부의 역학 조사를 지원하기 위해 찾아왔다. 이들의 조사 결과는 5월 16일에 발표됐다. 조사 팀은 메트로폴 호텔에서도 숙박자 중 환자가 가장 많이 발생한 9층을 집중적으로 살폈다. 154건의 검체 중 8건에서 사스 바이러스의 유전 물질이 검출됐다. 류가 머물렀던 911호의 경우 실내에서는 바이러스의 흔적이 발견되지 않았으나 객실 바깥쪽 카펫과 문지방, 그리고 맞은편 객실 문 앞의 카펫, 문지방에서 채취한 4건의 검체에서 바이러스 양성 반응이 나왔다. 류가 객실을 나오다가 구토를 했거나 복도에 나와 기침을 하면서 바이러스가 방출됐을 가능성이 있음을 짐작할 수 있었다. 9층 엘리베이터에 설치된 공기 흡입 팬에서 채취한 검체 4건에서도 양성 반응이 확인됐다. 류의 체액이 엘리베이터에 오르면서 기화됐고, 뒤이어 같은 엘리베이터를 타고 9층에서 오르내린 사람은 바이러스에 노출됐을 수 있다는 의미였다. 조사 팀은 엘리베이터 버튼이나 문손잡이, 핸드레일을 통해 바이러스가 옮겨졌을 가능성은 배제했다. 그랬다면 호텔을 이용한 다른 손님들은 물론 호텔 직원도 감염됐을 것이라는 설명도 덧붙였다.

아모이 가든에서는 총 143건의 검체가 수거돼 검사가 실시됐으나 사스 바이러스의 유전 물질은 전혀 찾을 수 없었다. 그러나 조사 팀은 한 신장병 환자가 프린스 오브 웨일스 병원에서 투석 치료를 받은 후 병원 측에서 독감이라고 판단한 증상을 보였으며 퇴원 후 아모이 가든에 있는 처남 집에서 며칠을 지낸 후부터 이 단지에서 환자가 발생했다는 사실을 알아냈다. 남성은 열이 나고 기침이 나는 증상과 더불어 설사에 시달렸다. 나중에 페이리스 연구진의 조사에서 사스 환자의 약 10퍼센트가 설사 증상을 겪는 것으로 집계됐다. 사스 바이러스는 대변에서 최소 이틀간 생존할 수 있다는 사실이 밝혀진 만큼, 조사 팀은 남성이 바이러스를 다량 보유한 상태였고 그의 배설물이 발병 사태의 원인일 수 있다고 추정했다. 욕실 바닥과 연결된 배관은 물이 흐르지 않아 말라 있거나 아예 제거된 경우가 많다는 점, 많은 주민이 욕실의 협소한 공간에 필요한 수준보다 6배에서 10배는 더 강력한 환기팬을 구입해 설치했다는 점을 고려할 때, 조사 팀은 샤워를 할 때 다른 집에서 나온 오염된 분변 물질이 하수구를 통해 욕실로 빨려 들어왔을 수 있다고 보았다. 또는 욕실 환기구로 바이러스가 섞인 비말에 오염된 공기가 방출되고, 이 환기구와 가까이에 있는 채광정에 그 공기가 머물다가 위층이나 아래층에서 창문을 열었을 때 집 안으로 흘러 들어갔을 수도 있다. 3월 21일 저녁에 E동에서 배관 공사로 16시간 동안 물 공급이 중단된 것도 바이러스 확산에 영향을 주었을 가능성이 있다. 이 시간 동안 주민들은 용변 후 양동이에 미리 받아 놓은 물을 부어서 처리했는데, 이렇게 하면 물이 튈 수밖에 없고 오염 위험도 커질 수 있다.44 역학적 연구 결과를 종합하면 사스는 주로 비말을 통해 감염되고, 감염자가 기침을 하거나 재채기를 할 때 감염 위험이 가장 크며 바이러스가 포함된 입자가 대략 1미터까지 날아갈 수 있다고 밝혀졌다. 여러모로 반가운 소식이었다. 독감과 달리 사스 바이러스는 대기 중에 장시간 남아 있지 않으므로 공기를 통해 대유행으로 이어질 가능성이 낮다는 의미였다. 또한 병원에 나타난 슈퍼 전파자에 관한 보도로 사스에 대한 공포는 급증했지만 비말이 미세한 입자로 바뀔 가능성은 별로 없어서 테러에 활용될 가능성도 희박했다. 보통 감염 후 이틀에서 7일 후에 증상이 나타나고, 이 시기에는 전염력이 높아서 감염자 한 사람이 최대 세 명까지 감염시킬 수 있으며 감염 방지 대책이 제대로 마련되지 않은 경우, 또는 병원에서 환자와 간호사가 접촉하는 것처럼 빈번한 접촉이 이루어질 경우 더 많은 사람이 감염될 수 있다. 또한 사스 바이러스는 메트로폴 호텔과 아모이 가든과 같은 대형 빌딩에서 쉽게 확산될 수 있다는 사실도 드러났다. 분명 도시 환경에서 큰 위협이 되는 바이러스다.

* * *

과학자들이 사스 바이러스의 유전 암호를 풀고 코로나 바이러스라는 사실을 알아낸 후 다음 차례로 해결해야 할 문제는 대체 이 바이러스가 어디에서 왔나 하는 것이었다. 이전까지 인체에 감염되는 것으로 알려진 두 종류의 코로나 바이러스는 모두 포유동물과 조류에 흔히 감염되는 분류에 속했다. 그러나 사스 바이러스는 둘 중 어느 쪽에도 속하지 않았다. 하지만 동물에서 기원했고, 그 동물 숙주는 사스 환자가 가장 먼저 발생한 광둥성에 있을 가능성이 높았다. 초기 환자 중에 요리사와 해산물 판매자가 포함되어 있었으므로 우선 이국적인 동물로 만든 요리를 찾는 손님들을 위해 식당들이 즐겨 이용하는 시장부터 살펴볼 필요가 있었다.

페이리스의 동료 이 관^{Yi Guan}은 2003년 5월에 주사기와 면봉, 검체를 담을 수 있는 용기를 챙겨서 기차를 타고 선전의 동면 시장으로 향했다. 그곳에서 선전 질병통제센터와 협력하여 동물 거래업자들과 만나 동물의 코 분비물과 분변 검체를 채취했다. 반발하는 상인에게는 이 일로 동물이 폐사하면 1만 홍콩달러까지 보상금이 지급된다고 설명했다(미화로 약 6달러). 그러나 대부분은 동물을 현장에서 마취시킨 후 바로 검체를 채취할 수 있었다. 예상대로 시장에는 너구리, 중국 족제비오소리, 비버, 중국 멧토끼, 흰코사향고양이를 비롯해 굉장히 다양한 동물들이 판매되고 있었다. 관은 총 이틀에 걸쳐 샘플 25건을 확보했다. 분석 결과 사향고양이 6마리 중 4마리가 인체에 감염된 문제의 코로나 바이러스와 유전자가 99.8퍼센트 일치하는 코로나 바이러스에 감염된 것으로 밝혀졌다. 너구리 중 한 마리도 사향고양이에 감염된 이 코로나 바이러스에 똑같이 감염된 사실이 확인됐고, 족제비오소리 한 마리는 동일한 바이러스에 대한 항체가 있는 것으로 나타났다. 동물에 감염된 바이러스의 염기서열을 분석한 결과, 인체 감염 바이러스에는 없는 뉴클레오티드 28개로 이루어진 짧은 서열이 존재하는 것으로 확인됐다. 이에 관 연구진은 이 바이러스가 사람 사이에서 쉽게 전파되는 것은 이 서열이 없기 때문이거나 무작위 돌연변이가 발생했기 때문이라는 결론을 내렸다. 이와 함께 혈액 검사 결과 동물을 사고파는 업자들 중 40퍼센트, 동물을 도축하는 사람들의 20퍼센트에서 사향고양이에 감염된 바이러스의 항체가 확인됐다. 이미 일정 기간 동안 동물과 상인들 사이에 이 바이러스가 돌고 있었지만 특별히 병을 일으키지 않았다는 의미였다. 다른 연구진들도 곧 같은 조사에 돌입했다. 관이 찾아낸 것과 동일한 결과가 바로 나오지는 않았지만, 중국 정부는 야생동물 54종의 판매를 금지했고 다른 시장에서 추가 검사를 실시했다. 사향고양이를 취급하는 다른 상인들도 사스 바이러스 항체가 있는 것으로 확인됨에 따라 중국 남부 지역에서 이 바이러스가 동물에서 사람으로 옮겨지는 경우가 많음을 알 수 있었다. 문제는 이러한 결과로는 자연 환경에서 사스 바이러스가 어디에 나타나는지 알 수 없다는 것이다. 또한 선전의 시장에서 찾은 사양고양이 중 일부에 감염된 사스 바이러스가 왜 사람에게 감염된 바이러스와 약간 다른 차이가 있는지도 알 수 없었다. 사향고양이가 야생 환경에서, 또는 사육된 농장에서 다른 동물로부터 이 바이러스를 옮았을 가능성도 생각할 수 있었다. "사향고양이, 너구리, 족제비오소리가 모두 아직 밝혀지지 않은 다른 동물로부터 바이러스에 감염됐고, 그 동물이 자연계의 실질적인 바이러스 숙주일 수도 있다." 관 연구진은 이렇게 설명했다. 다시 말해 사향고양이 등 중국 내 시장에서 많이 볼 수 있는 동물은 "중간 숙주이고 이들의 존재가 바이러스의 인체 전파 확률을 높일 수 있다."[45]

　이 가설을 뒷받침하는 근거가 이후 계속 등장했다. 2005년에는 중국 관박쥐에서 인체에 감염된 사스 바이러스와 88퍼센트에서 92퍼센트까지 동일한 바이러스가 발견됐다. 그런데 박쥐에서 찾은 바이러스에는 인체 세포 표면에 있는 수용체와 결합하려면 반드시 필요한 단백질이 없었다. 박쥐 바이러스가 사람에게 곧바로 감염될 수는 없고, 인체 감염이 일어나기 전 중간에 다른 동물을 숙주로 삼아야 한다는 것을 보여 주는 결과였다. 2013년에는 중국과 호주, 미국 과학자들이 또 다른 연구 결과를 발표했다. 중국 남부 쿤밍에 있는 동굴에 서식하던 관박쥐에서 두 종류의 코로나 바이러스가 발견되었으며, 이전에 박쥐에서 검출된 종류와 달리 새로 발견된 바이러스에는 포유동물 세포에 감염되려면 꼭 필요한 단백질이 포함되어 있었으며 인체 폐 내벽 세포에도 감염될 수 있다는 내용이었다.[46] 사스 바이러스가 박쥐에서 사람으로 곧장 옮겨질 수 있다는 확실한 근거로 볼 수 없지만, 박쥐와 인체에 모두 감염될 수 있는 것으로 밝혀진 니파 바이러스나 헨드라 바이러스처럼 사람의 몸에도 감염될 가능성이 있음을 보여 준 결과였다. "사람들이 박쥐 사냥을 중단해야 하며, 박쥐를 잡아먹는 행위도 그만두어야 한다고 생각한다."[47] 이 연구 논문의 저자 중 한 사람인 '에코헬스 연맹EcoHealth Alliance' 대표 피터 다스작Peter Daszak은 이런 견해를 밝혔다.

사향고양이도 그만 잡아먹어야 할 것이다. 중국에서는 사향고양이에서 사스 바이러스가 발견된 후 재래시장 판매가 금지됐고 사육 농장마다 엄격한 감염 방지 대책을 도입했지만, 이색적인 포유동물에 대한 중국인들의 식욕은 도무지 충족되지 않는 것 같다. 얼마 지나지 않아 사향고양이 거래가가 200달러에 이를 만큼 다시 수요가 증가했고, 정부가 무슨 조치를 취하건 어떻게든 음식점 메뉴에 반드시 등장하는 동물이 된 것을 보면 말이다.[48] 왜 그럴까? 중국인들에게 사향고양이로 만든 통구이, 찜 요리, 탕 요리는 일품요리로 여겨진다. 또한 전통적으로 사향고양이는 양기, 즉 따뜻한 에너지가 가득해서 추운 날씨에도 몸을 따뜻하게 해 준다고 알려져 있다.

7. 사스: 슈퍼 전파자

* * *

에이즈가 야생동물을 잡아먹는 행위와 더욱 빨라진 국제 이동 수단이 동물의 병원체가 인간에게 감염돼 전 세계로 확산될 수 있는 새로운 기회를 제공할 수 있음을 보여 주었다면, 사스는 이국적인 동물을 단백질원으로 삼으려는 수요와 21세기에 더 빨라진 국제 항공여행의 속도에 어떤 위험이 내포되어 있는지 보여 준다. "2000년대에 처음 나타난 제트기병"이라는 별칭이 붙을 만큼 사스는 비행기에 슬쩍 올라타는 간단한 방법으로 전 세계 30개국에 감염을 일으켰다.[49] 싱가포르, 하노이, 토론토, 그 밖에 여러 국제선 항공기의 목적지로 떠나는 사람들이 자신도 모르게 이 바이러스와 함께 비행기에 오르기만 하면 일어날 수 있는 일이다. 하필 이렇게 바이러스를 옮긴 인간이 메트로폴 호텔에 머무른 것이 호텔 주인 입장에서는 더없이 운 나쁜 일이었지만, 해외 출장이나 해외 패키지 여행객이 고객인 호텔이라면 어디에서나 일어날 수 있는 일이다. 공기로 감염되는 바이러스였다면 루프트한자 비행기가 닿는 곳을 나타낸 지도의 그 촘촘한 거미줄 같은 망보다 10배는 더 촘촘하게 전 세계 구석구석까지 퍼져 나갔을 것이다. 영공은 한 국가를 다른 국가와 구분하는 물리적인 경계와 달리 구멍이 숭숭 뚫려 있고 사람은 물론 병원균이 다른 곳으로 더 쉽게 오갈 수 있다는 사실을 새삼 상기시키고 새롭고 두려운 일이 현실이 되었음을 보여 준 일이기도 하다. 또한 9/11 테러나 탄저균에 오염된 편지와 더불어 페이리스와 관의 표현을 그대로 빌리자면 "여전히 가장 강력한 생물테러의 위협이 도

사리고 있는 곳은 자연"임을 깨닫는 계기가 되었다.[50]

사스가 남긴 교훈은 더 있다. 그중 가장 중요한 것은 인터넷과 웹 크롤링이라는 새로운 기술이 WHO가 세계 여러 나라의 보건 당국이 미처 인지하지 못한 질병을 모니터링할 수 있는 토대가 된 것도 사실이지만, 정부기관이 발병 사실을 감추려고 막강한 힘을 발휘하며, 국민들에게 잘못된 정보가 퍼질 수도 있다는 사실이 부각됐다는 것이다. 특히 정부가 일어난 일을 있는 그대로 투명하게 공개하면 경제나 정치적 이해관계에 악영향이 발생한다고 생각하는 경우에 이런 일들이 벌어진다는 것이 드러났다. 실제로 중국 정부는 4월 중순에 한 내부 고발자가 베이징의 실제 사스 감염자 수를 폭로한 후에야 자국 내 발병 상황을 모두 인정하고 확산을 막는 데 필요한 자원을 동원하기 시작했다. 그전까지 공산당이 정권을 쥔 중국 정부는 베이징에서 나온 환자가 37명뿐이라고 주장했다. 알고 보니 4월 19일까지 베이징에서 나온 환자는 총 339명이었고, 이 중 18명이 사망했으며 사스는 산시성과 몽골 내륙 지역, 광시, 푸젠성까지 확산된 것으로 드러났다. 대대적인 격리 조치와 중국이 사실상 하룻밤 사이에 뚝딱 만들어 낸 새로운 치료 시설 덕분에 재앙이 될 수 있었던 상황은 피했지만, 어디까지나 구사일생이었다. 중국에서 발생한 사스 환자는 총 5,327명으로 세계 어느 나라보다 많았다. 다행히 환자 대부분이 베이징과 광저우에 한정됐지만, 경제적 형편이 어렵고 정교한 의학 기술이 갖추어지지 않은 시골 지역에서 바이러스가 확산됐다면 상황은 전혀 다른 방향으로 흘렀을 것이다.[51]

광둥성에 사스가 번져 나간 첫 3개월 동안 중국이 그런 사실을

7. 사스: 슈퍼 전파자

은폐하여 큰 혼란이 발생했다. 다른 방향을 가리키는 정보와 완전치 않은 지식을 토대로 WHO는 문제가 조류독감이라고 판단했다. 나중에 WHO가 전 세계에 경보를 내리고 사태의 원인이 사스라고 밝힌 후에는 각국 공항에서 환자를 선별하는 조치를 취하는 것만으로도 사스가 해외로 퍼지는 상황을 충분히 막을 수 있었다. 마찬가지로 병원에서도 슈퍼 전파자의 위험성을 인지하고 엄격한 감염 방지 대책을 실시한 것이 사스 통제에 가장 큰 몫을 차지했다. 그 결과 전 세계적으로 총 8,422명의 사스 환자가 발생했고 916명이 사망했지만 백신이나 특정한 치료법 없이 발병 사태를 종식시킬 수 있었다. 반면 WHO의 경고 후 크게 번진 공포심은 전혀 다른 양상을 보였으니 안타까운 일이다. 세계 곳곳의 뉴스를 접할 수 있는 인터넷 시대에 사스에 관한 뉴스는 바이러스보다 훨씬 빠른 속도로 퍼졌고 불안을 증폭시켰다. 공항이 폐쇄되고 잔뜩 긴장한 홍콩 시민들이 출퇴근하는 모습이 전 세계에 전해진 후 관광, 항공, 서비스 산업은 경제적으로 거대한 직격탄을 맞았고 세계적으로 대략 500억 달러에 달하는 경제적 손실이 발생했다.[52]

그러나 WHO는 국제 유행병 발생 경보·대응 네트워크[GOARN]의 운영 방식에 자신감을 얻었다. 사스는 과학자, 임상에서 활동하는 의사들이 학문적인 라이벌 의식을 제쳐 두고 공익을 위해 바이러스에 관한 정보를 서로 공유하며 가장 효과적인 치료 전략을 논의하고 협력할 수 있는지 확인해 본 첫 기회였다. 전 세계 연구소 간의 네트워크가 구축되고 한 달 만에 과학자들은 사스의 원인이 코로나 바이러스라는 사실을 알아냈다. 그리 오랜 시간이 지나기 전에 바이러스 DNA의 염기서열 분석을 완료한 후 어떤 동물이 숙주인지 추적을 시작했다. 데이비드 헤이만의 표현처럼, 사스는 "GOARN의 효과를 입증한 근거"가 되었다. 더불어 헤이만은 사스 사태가 홍콩에서 발생한 것이 WHO의 입장에서 "운이 좋았다"고 밝히며 다음과 같이 설명했다. "의료보건 시스템이 그만큼 발달하지 않은 국가에서 사스가 싹을 틔우기 시작했다면, 세계적인 확산을 막는 일이 훨씬 어려웠을 것이고 어쩌면 아예 불가능했을지도 모른다."[53]

* * *

런던 왕립학회의 사후분석에서, 임페리얼 칼리지 총장이자 세계적으로 잘 알려진 역학 전문가인 로이 앤더슨(Roy Anderson)도 그와 같은 신중한 평가를 내놓았다. WHO의 사스 처리 방식은 UN의 신뢰도 회복에 도움이 됐지만, 전 세계가 "매우 운이 좋았다"는 것이 그의 견해였다. 앤더슨은 사스의 전염력이 낮았다는 점, 그리고 중국을 비롯한 아시아 국가들이 자가 격리와 대대적인 검역 같은 "상당히 엄격한" 공중보건 조치를 도입할 수 있었기 때문에 재앙을 막을 수 있었다고 보았다. 북미 지역 사람들은 따지기 좋아하는 경향이 있어서 만약 그러한 조치를 실시하려고 했다면 큰 저항과 맞닥뜨렸을 것이며 서유럽도 그보다는 덜하지만 마찬가지였으리라고 전했다. 그리고 사스의 동물 숙주가 늘 존재한다는 사실은 앞으로 또다시 감염 사태를 피할 수 없다는 의미이며, 그 사이 전 세계가 경계해야 할 진짜 위협은 항원의 관점에서 이제껏 나타난 적 없는 새로운 인플루엔자 바이러스가 등장하는 것이라고 밝혔다. "사스가 효과적으로 통제된 후에 발생할 수 있는 중대한 위험 중 하나는 현실 안주다." 앤더슨은 이렇게 결론지었다. "'한 번 성공했으니 다음에도 또 그럴 수 있다'는 식으로 생각할 수 있지만, 실제로는 전혀 그러지 못할 수 있다."[54]

국경 지대에서
발생한 에볼라

Ebola at the Borders

2013년 12월, 기니 남동부의 외딴 농촌 마을인 멜리안두에서 아이들 여럿이 구멍이 밖으로 뚫려 있는 나무 그루터기 주변에 모여 있었다. 아이들은 막대기를 들고 구멍을 이리저리 살펴보기 시작했다. 그 나무는 이 지역에서 '롤리벨로lolibelo'라고 불리는, 곤충을 잡아먹고 사는 긴꼬리박쥐가 사는 곳으로 유명했다. 아이들로서는 그 회색빛 자그마한 동물이 은신처에서 나오게끔 살살 유인해 보는 것만큼 재미난 일도 없었다. 게다가 따분함을 날리는 장난으로 그치는 것도 아니었다. 침팬지나 고기를 얻을 만한 다른 야생동물을 보기 힘든 지역이라 앙골라 자유꼬리박쥐Mops condylurus로도 알려진 이 박쥐는 중요한 단백질원이었다. 멜리안두에서는 아이들이 물을 마시러 샘으로 가는 길에 이 나무 그루터기에 들러 박쥐를 잡는 일이 햄버거 가게에 들러 빅맥을 하나 사 먹는 것과 거의 비슷한 일상이

었다.[1]

그날 아침에 아이들이 박쥐를 몇 마리나 잡아서 익혀 먹었는지는 알려지지 않았다. 최근 수년 동안 멜리안두 주변 삼림 지대의 면적이 팜유 생산을 위한 벌목으로 계속 줄어드는 바람에 롤리벨로는 마을 주민들이 진흙과 작은 나뭇가지로 지은 단순한 형태의 집 지붕 아래에 둥지를 트는 경우가 많아져서 평소에도 자주 볼 수 있었다. 세상에 알려진 것은 아이들이 그날 나무 그루터기에 모이고 얼마 지나지 않아 그 자리에 있던 에밀 우아무노Emile Ouamouno라는 두 살배기 남자아이가 열이 끓고 구토와 혈변 증상을 보였다는 사실이다. 아이 아버지는 속이 좀 편안해지라고 수프를 먹였지만 어떻게 해도 아이의 병세는 나아지지 않았다. 에밀은 12월 6일에 숨졌다. 임신 7개월째였던 에밀의 엄마와 세 살인 에밀의 누나도 곧 병을 앓았다. 두 사람은 에밀보다 더 많은 피를 흘렸고, 에밀의 엄마는 태어나지 않은 배 속의 아기와 함께 12월 13일 결국 세상을 떠났다. 곧이어 에밀의 누나도 숨을 거두었다.[2]

기니 남동부의 숲이 우거진 지역에 자리한 다른 마을들과 마찬가지로 멜리안두는 말라리아와 쥐를 통해 전파되는 출혈성 감염질환인 라사열이 풍토병인 곳이다. 에밀과 에밀의 엄마, 누이에게서 나타난 증상은 이 두 질병과 비슷했으므로 이때까지만 해도 새로운 병인체가 나타났다고는 아무도 의심하지 않았고 롤리벨로가 원인이라는 것은 더더욱 생각조차 할 수 없었다. 멜리안두가 숲속 깊은 곳에 형성된 마을이었다면 이 일로 끝났을지도 모른다. 그러나 흙길을 따라가면 10킬로미터도 떨어지지 않은 곳에 상업이 발달한 혼

8. 국경 지대에서 발생한 에볼라

잡한 도시이자 시에라리온, 라이베리아 국경과도 가까운 구에케두 Guéckédou가 있었다. 그리고 구에케두에서 엉성하게 만들어진 고속도로를 타고 북쪽으로 가면 또 다른 도시 키시두구Kissidougou가 나오고, 그곳에서 기니 해안에 자리한 수도 코나크리Conakry까지 이어진 N1이라는 길도 마련되어 있었다.

이 지역에 가장 많이 사는 부족인 키시족kissi과 골라족Gola은 상업으로 생계를 이어간다. '골라'라는 부족 명칭도 서아프리카 전역에서 신체 기능을 촉진하는 특징이 있어 사람들이 소중하게 여기는, 흔히 '콜라kola'로 불리는 견과류 이름에서 왔다. 키시족과 골라족 모두 14세기경 현재 코트디부아르가 있는 지역에서 서쪽으로 이동해 기니 북부 삼림 지대에 정착한 것으로 추정된다. 두 부족 중에는 부족민 수가 22만여 명인 키시족이 규모가 더 크다. 기니에서는 이슬람교도가 대다수를 차지하는 코나크리와 동떨어져 살고 있어서 전체 인구를 파악하기 힘들지만 내륙 국경과 가까운 쪽 숲에 최대 8만여 명이 살고 라이베리아와 시에라리온에 14만여 명이 사는 것으로 보인다(골라족은 이들과 달리 라이베리아 서쪽에 밀집해 있다). 피와 전통, 공통 언어로 한데 묶인 키시족은 식민지 시대에 만들어진 국경이나 각각 분리된 국가 같은 건 별로 신경 쓰지 않고, 대가족을 만나러 비포장도로를 따라 오토바이로 이동한다. 또는 라이베리아와 시에라리온 사이를 흐르며 자연적인 경계선이 된 마노 강에 통나무배를 띄우고 오가는 경우가 많다.[3] 그러니 몇 주 후에 구에케두에 정체 모를 병이 발생하더니 도시 경계를 넘어 서쪽의 마센타와 동쪽의 키시두구, 남쪽으로 라이베리아 포야까지 확산된 것도 놀라운 일이 아니었다.

에밀의 가족 외에 처음 병에 걸린 사람은 임신한 딸과 배 속의 아기를 살려 달라는 에밀 외할머니의 호출을 받고 찾아온 산파였다. 1월 25일에 구에케두의 병원에 입원한 산파는 8일 후인 2월 2일에 숨졌다. 안타깝게도 입원 전에 친척에게 병을 옮긴 바람에 기니 국경에 자리한 구에케두부터 연쇄 감염이 새로 시작됐다. 그 즈음에는 에밀의 외할머니도 숨을 거두었고, 장례식에서 할머니의 자매와 조문객 몇몇도 감염됐다. 부족의 전통 장례 의식에 따라 시신을 준비하고 매장하다가 일어난 일로 추정된다. 2월 10일에는 마센타의 병원에서도 환자가 나타났다. 구에케두에서 온 보건 분야 종사자였는데, 이 환자를 기점으로 15명이 목숨을 잃었다. 그중에는 지역 의사도 한 명 포함되었다. 이 사태로 기니 보건부는 3월 10일에 경보를 발령했다.[4]

가장 먼저 대응에 나선 곳은 민간 자선 의료단체 '국경없는의사회MSF'였다. MSF는 2010년에 말라리아 모니터링을 위한 일종의 감시 시설을 구에케두에 마련했다. 자연히 이번 일도 치명적인 모기 매개 질병인 말라리아가 원인일 것으로 추정했지만, MSF 직원이 직접 의료기관 종사자들과 만나 이야기를 나눠 본 결과 극심한 두통과 근육통, 관절통 같은 전형적인 말라리아 증상이 나타난 환자도 많았지만 출혈량이 엄청났고 구토와 극심한 설사 증상을 보였다는 사실을 알게 됐다. 이는 말라리아 환자에게서 흔히 볼 수 있는 증상이 아니었다. 게다가 딸꾹질을 하는 환자가 많았다. 이에 MSF 의료진은 라사열을 의심했지만, 브뤼셀 MSF 본부의 선임 연구자이자 바이러

8. 국경 지대에서 발생한 에볼라

스성 출혈열 전문가인 미첼 반 허프Michel Van Herp 박사는 이들이 보낸 보고서를 살펴보고 딸꾹질에 주목했다. 이전에 같은 증상을 보인 환자를 본 기억이 떠올랐다. 그 환자가 앓았던 병은 에볼라였다.[5]

* * *

에볼라 출혈열은 인간에게 발생하는 것으로 알려진 모든 질병을 통틀어 병독성이 가장 강한 질병으로 꼽힌다. 또한 가장 무서운 병이기도 하다. 환자는 처음에 열이 나고 두통과 인후통을 호소하다가 한순간 복통과 구토, 설사 증상을 보이며 상태가 급속히 악화된다. 병이 더 진행되면 멍한 무표정에 보랏빛 발진이 나타나고 딸꾹질이 동반되는 경우가 많다. 이 딸꾹질 증상은 거의 대부분 횡격막을 조절하는 신경에 자극이 주어지면서 나타난다. 가장 놀라운 증상은 발병 후 며칠이 지난 뒤 시작된다. 에볼라 바이러스에 감염된 세포들이 혈관 내부에서 서로 달라붙어 입과 코, 항문, 질, 심지어 경우에 따라 눈에서도 핏빛 액체가 흘러나온다. 에볼라 바이러스는 특히 간을 크게 손상시킨다. 혈액 응고 단백질과 혈장의 다른 중요한 구성 성분을 만들어 내는 세포를 모조리 없애고, 이러한 피해가 더 이상 되돌릴 수 없는 지점에 이르면 환자의 혈압이 목숨을 위협할 정도로 떨어지고 결국 쇼크와 다발성 장기부전으로 목숨을 잃는다.[6] 한 작가가 에볼라를 다음과 같이 묘사한 것도 충분히 공감이 간다. "완벽한 기생체. (……) 사실상 몸의 구석구석 모든 부분을 바이러스 입자가 소화시킨 끈적끈적한 물질로 만들어 버린다."[7]

시각적인 충격 면에서 에볼라에 견줄 수 있는 유일한 질병은 황열병일 것이다. 급성 황열병도 입과 눈, 위·장관 내벽에 출혈을 유발하고 위에서 올라온 찐득하고 시커먼 물질을 토하는 증상이 나타난다. 그러나 에볼라 환자 중 보기에도 너무 끔찍한 출혈 증상이 발생하는 경우는 절반 정도이며 그보다 설사가 훨씬 흔하게 나타난다. 전염성도 HIV와 사스보다 약하다. 에볼라 환자는 보통 바이러스 노출 후 이틀에서 21일 이후 증상이 나타나며 이때 비로소 전염성이 생긴다. 에볼라 환자 한 사람에게 병이 전염되는 사람 수는 평균 2명인 데 반해 HIV와 사스는 '감염 재생성'으로도 불리는 이 숫자가 4명이다. 전염성이 강한 홍역 같은 질병은 18명에 달한다.

그럼에도 불구하고 반 허프는 콩고 공화국과 중앙아프리카 지역 여러 국가에서 과거 에볼라 발생 시 치사율이 90퍼센트까지 치솟았다는 사실을 잘 알고 있었다. 2014년에는 아직 백신이 개발되지 않았고 승인된 치료제가 전혀 없었다. 의사들이 할 수 있는 일이라곤 환자에게 정맥주사를 연결하고 수액을 꾸준히 공급하면서 면역기능이 바이러스와 싸워 이기기를 기다리는 것이 전부였다. 문제는 에볼라가 전염성은 그리 크지 않지만 감염성은 굉장히 높다는 것이다. 혈액 1평방 센티미터에 포함된 바이러스 카피 수가 10억 개에 이를 정도인데, 정맥주사를 위해 환자 피부에 주삿바늘이 꽂힌 부위에서 혈액이 통제 불가능한 상태로 흘러나올 수 있다. 반 허프는 딸꾹질 증상이 나타난 것으로 볼 때 기니 산림지역에서 발생한 발병 사례들은 에볼라일 가능성이 상당히 높다고 보았다. 사실일 경우 환자와 환자 접촉자, 감염자의 시신을 만진 사람 모두를 반드시

8. 국경 지대에서 발생한 에볼라

즉각 격리해야 하는 상황이었다. 또한 병원에는 '장벽 간호'로 불리는 엄격한 감염 통제 방안을 도입해야 한다. 하지만 에볼라가 의심된다는 MSF의 입장이 외부로 전해지는 순간 그 지역 전체가 혼란에 빠질 것이 훤히 예상됐다. 구에케두에 있는 MSF 구성원들 중에 에볼라 바이러스와 관련된 경력을 가진 사람이 없다는 것도 문제였다. 반 허프는 1995년에 코트디부아르에서 스위스인 동물학자 한 명이 감염된 것을 제외하면 서아프리카에서 에볼라가 발생한 적이 없다는 사실을 떠올렸다. 그럼에도 반 허프는 진단 검사를 실시할 수 있을 때까지 강력한 경계 태세를 취하는 것이 최선이라고 판단했다. "추가로 조사를 벌인 후, 나는 동료들에게 이렇게 말했다. '우리가 다루고 있는 병은 바이러스성 출혈열이 분명하다. 아직 이 지역에 한 번도 발생한 적은 없지만 이번 사태가 에볼라일 가능성에 대비해야 한다.'"[8]

기니에서 에볼라가 발생한 적이 없는 것은 사실이나, 서아프리카에 이 병으로 의심되는 사례가 전혀 없었던 것은 아니다. 1982년에 독일 과학자들이 라이베리아 시골 지역의 풍토병인 라사열 환자 수백 명의 혈액을 조사한 적이 있다. 당시 연구진은 라사 바이러스만 간단히 검사하는 것으로 끝내지 않고, 간접 면역형광반응이라는 빠르고 저렴한 현미경 검사법을 활용해 에볼라 바이러스와 1967년 독일 마르부르크^{Margurg}에서 처음 발견한 마버그 바이러스가 있는지도 함께 조사했다.* 그 결과 검체의 6퍼센트에서 에볼라 항체가 발

---

* 이러한 필로 바이러스는 모두 필로 바이러스(Filoviridae) 과에 속한다. 기다란 실 같은 형태가 특징이며 명칭도 라틴어로 가는 실 모양을 뜻하는 'filum'에서 유래했다.

대유행병의 시대

견됐다. 기니, 시에라리온에서 채취한 검체에서도 같은 항체가 비슷한 비율로 확인됐다. 그러나 이 검사법은 숙련된 사람의 해석이 필요하고 때때로 결과가 거짓양성으로 나오는 경우도 있어서, 이러한 결과는 전문가들로부터 크게 주목받지 못했다.[9] 그다음에 나타난 에볼라는 1994년 스위스 동물학자가 감염된 사례였다. 당시 라이베리아와 국경이 맞닿아 있는 코트디부아르 타이 국립공원에서 침팬지 한 마리가 죽은 채로 발견됐고 이 동물학자가 부검을 맡았는데, 그 과정에서 감염됐을 가능성이 가장 높았다. 전염된 사람도 없었고, 감염자는 스위스로 돌아가 치료를 받은 후 회복했다. 이후 2006년에 한 의학 연구진이 기니 국경과 그리 멀지 않은 시에라리온 동부 케네마 종합병원에서 인상적인 사실을 발견했다. 앞서 라이베리아에서 독일 연구진이 그랬듯이 이들도 과거 라사열로 병원을 찾아온 환자들의 혈액을 모아 간단한 항체 검사를 실시했다. 혈액이 채취된 환자들 중에 라사 바이러스 음성으로 판정된 비율이 3분의 1이었다는 점에 주목하고 혹시 다른 출혈열에 감염된 것은 아닌지 알아보기로 한 것이다. 특히 뎅기열이나 황열병 같은 모기 매개성 질환일 가능성도 염두에 두었다. 그런데 놀랍게도 2006년부터 2008년까지 채취된 400건의 혈액 검체 중 9퍼센트에 가까운 검체에서 에볼라 양성 반응이 나왔다. 그뿐만 아니라 연구진이 보다 세밀한 분석을 진행한 결과 에볼라 바이러스 항체 중 대부분이 병독성이 가장 큰 자이르 종*Zaire ebolavirus*인 것으로 확인됐다. 이 자이르 종 에볼라 바이러스는 이전까지 콩고 민주공화국과 가봉 외에 다른 곳에서 발견된 적이 없었다. 어떻게 자이르에서 발생한 바이러스 아

8. 국경 지대에서 발생한 에볼라

형이 풍토병으로 발생해 온 곳에서 북서쪽으로 4,800킬로미터 넘게 떨어진 시에라리온까지 도달할 수 있었는지, 그야말로 미스터리한 일이었다. 연구진은 학술지에 발표할 만한 결과로 판단하고 2013년 8월에 미국 CDC 저널 〈신종 감염병Emerging infectious diseases〉에 기고했다. 미 육군 감염질환 의학연구소USAMRIID와 미국 툴레인 대학교의 협력으로 진행된 이 연구를 이끈 랜들 J. 스코이프Randal J. Schoepp는 논문이 당연히 받아들여지리라 자신했다. 그러나 근 1년을 기다려 받은 답변은 게재 거부였다. 논문 최종 검토자는 스코이프에게 이렇게 설명했다. "저는 서아프리카에 에볼라 바이러스가 존재한다고 생각하지 않습니다."10

3월 중순까지 제네바 MSF 본부의 선임 책임자들은 구에케두에서 보고된 정보를 종합할 때 충분히 경계할 만한 상황이라 판단했고, 의료진 3팀을 현지로 보냈다. 바이러스성 출혈열 통제 방법을 훈련받은 시에라리온 의료진도 그중 한 팀이었다. 이들은 3월 18일에 구에케두에 도착한 즉시 안전 관리 구역을 지정했다. 반 허프도 곧 합류해 주변 지역을 찾아다니면서 감염이 시작된 곳을 찾았고 주민들의 경각심을 일깨웠다. 그러나 기니에는 에볼라를 다룰 수 있는 분석 장비가 없고 필로 바이러스를 탐지할 수 있는 정교한 검사는 더욱 불가능한 실정이라 채취된 혈액 검체는 모두 프랑스 리옹의 파스퇴르 연구소로 보냈다. 그곳에서 과거 아프리카에서 일한 경력이 있는 출혈열 전문가 실뱅 베이즈Sylvain Baize가 생물안전 4등급 실험실에서 중요한 분석을 실시했다. 그 결과 3월 21일, 혈액 검체 중 일부에서 에볼라가 최종 확인됐다. 아직 너무 초기 단계라 구체적

대유행병의 시대

으로 어떤 에볼라 아형이 원인인지는 밝혀지지 않았다. 5가지 아형을 구분할 수 있는 더 정교한 특수 분석이 끝나야 알 수 있는 정보였다. 그러나 파스퇴르 연구소에서 에볼라가 확인됐다는 사실만으로 기니 정부는 큰 문제가 생겼음을 충분히 인지했다.[11] 3월 22일, 기니 보건부는 에볼라 발생 사실을 발표했고 다음 날 WHO도 "기니 동남부 산림 지역에서 에볼라 바이러스가 급속히 확산되고 있다"는 사실을 통지받았다고 밝혔다.[12]

WHO의 입장에서는 하필 최악의 타이밍에 이와 같은 발표가 나왔다. 사스를 성공적으로 종식시킨 후, 2008년부터 시작된 세계 경기불황으로 국제연합 소속 기관인 WHO에 할당되는 예산도 대폭 삭감됐다. 이로 인해 2014년까지 국제 유행병 발생 경보·대응 네트워크GOARN를 운영하던 직원 130명이 해고되고 비상 상황에 대비할 수 있는 핵심 인력만 최소한으로 남은 상황이었다. 게다가 중국에 조류독감이, 사우디아라비아에는 메르스 코로나 바이러스가, 전쟁으로 몸살을 앓고 있는 시리아에는 소아마비가 동시에 발생하여 WHO 관리부에서는 이에 관한 모니터링을 진행 중이었다. '아프리카의 뿔'로 불리는 북동부 지역과 사하라 사막 주변 대평원에 해당하는 사헬 지역은 무력 충돌과 인도주의적 위기 상황이 지속되는 곳이기도 했다. 그러니 기니에서도 외딴 산림 지역에서 에볼라 환자가 발생하여 사망자가 그때 기준으로 겨우 23명 발생한 것은 제네바 WHO 관리들에게 별것 아닌 일로 여겨졌다. WHO 언론 대변인인 그레고리 하틀Gregory Hartl은 3월 23일에 트위터로 이렇게 밝혔다. "에볼라는 환자가 200여 명 이상 발생한 적이 없는 질병이다." 이틀 뒤

8. 국경 지대에서 발생한 에볼라

에도 하틀은 같은 입장을 고수했다. "에볼라는 늘 국지적으로만 일어났다."[13]

모두가 하틀처럼 안일한 태도를 보인 것은 아니다. 에볼라 발생 사실을 발표한 다음 날 WHO 아프리카 지역사무소[AFRO] 소속 관리들과 제네바 본부 비상조치 책임자들은 긴급 화상회의를 개최하고, 기니 산림지역에서 발생한 에볼라가 그 누구도 예상치 못한 수준으로 빠르게 확산되고 있으며 "국경 너머로 번질 가능성이 높다"고 경고했다. 또한 현지에서 의료기관 종사자가 숨진 것은 장벽 간호가 제대로 시행되지 않은 결과일 수 있다는 점에서 우려할 일이며, 상황이 확대될 위험이 있다고 판단했다. 이에 WHO 관리들은 경계 수준을 최악에 해당하는 단계보다 한 단계 낮은 2단계로 높일 것을 권고했다. 그러나 제네바 본부의 선임 관리들은 위기 단계를 1단계로 유지하고 총 38명의 다분야 인력으로 구성된 대응 팀을 기니로 파견해 감염 통제 조치를 관리하고 조사와 사례 추적 업무를 지원하기로 결정했다. 그 즈음에 MSF도 라이베리아 북부 포야 국경 지역 전반에서 에볼라로 의심되는 사례가 여러 건 발생했다는 소식을 접했다. 이어 코나크리에서도 환자 한 명이 발생했다는 보고가 나왔다. 반 허프는 구에케두에서 서쪽으로 640킬로미터가량 떨어진 기니 해안 지역에 자리한 수도 코나크리에서도 에볼라가 발생한 것은 바이러스의 지리적 확산이 "전례 없는 수준으로" 일어났음을 보여 주는 뚜렷한 증거라고 밝혔다.[14] 반 허프의 이러한 견해에 격분한 기니 보건부 장관 레미 라마흐[Rémy Lamah]는 분석 결과 에볼라가 정확히 확인된 사례만 공식 기록에 포함시킬 것을 지시했다. 의심 사례와 의

대유행병의 시대

심 환자와 접촉한 사람의 숫자를 보고하지 않아도 된다는 의미였고, 이 정책은 WHO의 판단에 혼선을 가져왔다. 기니의 공식 환자 수가 4월 마지막 주에 감소한 것으로 나타나, 사람들은 이제 최악의 상황은 지나갔다고 생각한 것이다.[15]

* * *

자연에서 에볼라 바이러스의 숙주가 박쥐인지는 아직 누구도 확신할 수 없다. 현재까지 필로 바이러스 중에 활성이 유지된 상태로 박쥐에게서 검출된 것은 마버그 바이러스가 유일하다. 다만 가봉과 콩고 공화국의 에볼라 발생 지역에서 실시된 연구 결과 과일박쥐 3종류에서 에볼라 항체와 에볼라 바이러스의 RNA 절편이 검출됐다. 이 중 하나인 망치머리박쥐*Hypsignathus monstrosus*는 주민들이 단백질원으로 자주 사냥하는 박쥐다. 이 결과는 이집트과일박쥐*Rousettus aegyptiacus*에서 마버그 바이러스가 검출된 것과 한데 묶여, 두 바이러스의 자연 숙주는 박쥐이고 인체 감염이 발생하는 주된 출처라는 이론을 뒷받침하는 근거로 여겨진다. 그러나 고릴라와 침팬지도 때때로 에볼라와 마버그 바이러스에 감염된다는 사실이 알려져 있고, 경우에 따라 이로 인해 개체수가 대거 감소한다는 점에서 이 두 동물도 사람에게 바이러스가 전파되는 경로일 가능성이 있다. 실제로 1967년에 우간다에서 독일과 전 유고슬라비아 소재 여러 백신 연구소로 배송된 아프리카녹색원숭이에 감염된 마버그 바이러스가 총 37명에게 감염됐고 연구소 직원 7명이 목숨을 잃었다. 1994년에 코

8. 국경 지대에서 발생한 에볼라

트디부아르에서 스위스 동물학자가 에볼라 바이러스에 감염된 사례도 숲에서 죽은 원숭이로부터 바이러스가 옮겼을 가능성이 가장 높았다. 그리고 1996년에 가봉 메이바우트에서는 숲 바닥에서 발견한 침팬지를 도축해 섭취한 주민 19명이 에볼라에 걸렸다. 콩고에서 침팬지와 고릴라가 대규모로 폐사한 후 인체 감염 사례가 비슷한 규모로 발생했다는 보고도 있다. 그러나 유인원은 감염 시 치사율이 높지만 지리적인 분포 범위가 넓지 않아 바이러스의 입장에서는 최종 숙주일 가능성이 높다. 따라서 에볼라 바이러스의 주요 숙주는 아니라고 여겨진다.

현재까지 에볼라 바이러스의 아형은 총 5가지가 발견됐고 모두 맨 처음 발견된 곳의 지명이 명칭에 포함되었다. 그중 처음 발견된 두 아형인 자이르 에볼라 바이러스와 수단 에볼라 바이러스는 1976년 얌부쿠와 수단에서 각각 거의 동시에 발생한 발병 사례에서 검출됐다. 수단에서 발생한 사태는 목화 공장에서 일하던 근로자에게서 시작된 것으로 파악됐다. 얌부쿠에서 나온 지표 환자는 가톨릭 선교 학교의 벨기에 남성 교사로, 마을로 돌아오는 길에 영양과 원숭이 생고기를 사 온 것으로 밝혀져 바이러스가 동물에서 옮겨졌을 가능성이 있음을 알 수 있었다. 이듬해에는 자이르 소재 탄달라 선교 병원에서 9세 여아가 에볼라로 숨졌다. 그러나 가족 중 다른 감염자는 없었고 그 밖에 다른 사람에게도 전염되지 않았다. 1989년에는 세 번째 아형인 레스턴 에볼라 바이러스가 발견됐다. 이 바이러스는 미국 버지니아 주 레스턴의 유인원 검역 시설에서 발생한 발병 사례에서 검출됐다. 동물 연구 목적으로 필리핀에서 미국으로 수입된 야생 긴꼬리마카크원숭이가 원인으로 지목됐다. 당시 실험실 근로자 4명이 무증상 감염자로 확인됐지만 사망자는 나오지 않아 레스턴 종은 인체에 병을 일으킬 위험이 없다고 여겨졌다. 네 번째로 발견된 코트디부아르 에볼라 바이러스는 1994년 타이 국립공원에서 감염된 스위스 동물학자에게서 검출됐다. 마지막 다섯 번째 아형인 분디부교 에볼라 바이러스는 2007년 우간다 서쪽 분디부교 지역에서 30명의 사망자가 발생한 소규모 발병 사태에서 발견됐다(이보다 7년 앞서 우간다 굴루에서 자이르 에볼라 바이러스 감염 사태에서는 감염자 425명, 사망자 224명이 발생했다). 1995년에도 인구 40만 명인 콩고 민주공화국의 키퀴트라는 도시에서 자이르 에볼라 바이러스 감염이 발생했다.[16] 에볼라가 산발적으로 나타난다는 점, 그리고 각 아형 간의 유전학적 차이는 바이러스 생태학자들에게 수수께끼이자 풀어야 할 난제다. 아형별 유전체의 차이는 평균 30~40퍼센트로, 이는 동물 숙주가 제각기 다르거나 생태학적으로 각기 다른 환경에 존재한다는 것을 의미한다. 게다가 한 번 병을 일으킨 후 다음 발병 사태가 일어날 때까지 바이러스가 어디에서 어떻게 존재하는지, 아형마다 어떻게 진화해 왔는지도 밝혀지지 않아서 유독 자이르 에볼라 바이러스가 사람에게 치명적인 영향을 주는 반면 분디분교 에볼라 바이러스는 치사율이 훨씬 낮은 이유도 파악할 수 없다. 이처럼 에볼라의 많은 부분이 미스터리로 남아 있는 만큼, 감염 위험을 높인다고 알려진 요소와 인간이 직접 통제할 수 있는 요소에 주목하는 것이 더욱 중요하다. 그런 요소 중 한 가지가 야생동물의 고기 섭취다. 사회적 행동과 문화적 관습도 마찬가지다. 서아프리카에서는 죽음

8. 국경 지대에서 발생한 에볼라

과 관련된 의식, 즉 애도하고 매장하는 절차가 무엇보다 중요하게 여겨진다. 이런 의식은 기독교와 이슬람교의 종교적 믿음과 더불어 그와 같은 방식으로 친분, 또는 은밀한 결집 관계를 맺는 일에 적극 동참하겠다는 사람들의 의지에서 비롯된다. 외부인이 이들 집단에 접근한 사례는 드물지만, 이 같은 집단에 속한 사람들은 숲에 존재한다고 여겨지는 고대의 영혼을 숭배하며 이들이 믿는 그 영혼은 일부는 악어이고 일부는 사람인, 가면을 쓴 모습으로 그려진다. 예를 들어 전통적인 남성 집단인 '포로'에 들어가기 위해서는 어린 소년들이 숲에서 가면을 쓴 숲속 영혼에게 "잡아먹히는" 과정을 거친 후 이어서 할례와 희생 의식을 치러야 한다. 여성 집단인 '산데'도 구성원이 되기 위해서는 비슷한 희생 의식을 치러야 하고, 경우에 따라 생식기를 훼손하는 여성 할례도 진행된다.[17]

그러나 이런 비밀 집단에 들어가는 일도 제설혼합주의로 일컬어지는, 여러 전통이 혼합된 믿음과 관습에 비하면 훨씬 덜 중시되는 편이다. 장례의식도 이런 관습에 포함되며, 죽은 사람이 사후세계에서 조상과 다시 만난다는 믿음이 의식의 바탕이 된다. 키시족, 멘데족, 코노족을 비롯한 이 지역 토착 부족이 "조상들의 마을"이라 칭하는 이 사후세계는 기독교의 천국이나 지옥과는 차이가 있다. 이들은 지상에서 어떤 삶을 살았느냐는 사후의 운명에 아무런 영향을 주지 않는다고 여긴다. 그보다는 죽은 사람에게 신세를 진, 살아 있는 사람들이 장례 의식을 어떻게 치르느냐에 따라 망자의 사후 운명이 결정된다고 본다. 시신을 씻기고 옷을 입히는 절차도 이에 포함된다. 이 과정은 총 두 차례 실시되며, 처음에는 고급스러운 천으

대유행병의 시대

로 시신에게 옷을 지어 입히거나 감싸고, 매장할 때 다시 다른 옷으로 갈아입힌다(보통 처음보다 저렴한 천이다). 화난 영혼들을 처리하거나 물리치기 위한 희생 의식과 상상에서 나온 "마법" 혹은 "마술" 행위가 장례 의식에 포함되는 경우도 있다. 시골 오지 마을에서 에볼라 환자가 발생하여 집이 있는 마을과 멀리 떨어진 에볼라 치료소로 옮겨지면, 이러한 의식이 한층 더 중요하게 여겨진다. 정해진 방식대로 진행되지 않거나 중요한 단계가 누락되면 망자가 영원히 지상을 헤매는 처지가 되고, 가족과 마을 사람들을 찾아와 저주를 퍼붓는다고 믿는다. 살아남은 사람들은 에볼라보다 이런 일이 벌어질까 봐 더 두려워한다.[18]

몸에 병이 들면 사람들은 보통 '조에스zoes'라 불리는, 먼 옛날부터 아플 때 도움을 주는 존재로 여겨진 여성 치유자를 찾아간다. 이러한 치유자들은 약초를 이용하여 환자를 치료하기도 하고, 환자의 몸과 접촉하며 병의 근원이 되었다고 믿는 "악마의 영혼"을 물리치기 위한 주문을 외우기도 한다. 에볼라의 경우 이러한 과정에서 감염이 발생할 위험이 매우 높다. 여러 연구를 통해 에볼라 바이러스는 환자가 사망한 후에도 혈액과 장기에 최대 7일간 잔류할 수 있다는 사실이 밝혀진 점을 고려할 때, 에볼라로 목숨을 잃은 사람의 시신을 씻고 만지는 행위도 마찬가지로 위험하다.[19]

* * *

이 같은 전통과 이것이 아프리카 시골 지역에서 실시되는 에볼

8. 국경 지대에서 발생한 에볼라

라 관리에 얼마나 큰 장벽이 되는지, 장 자크 무옘베 탐팜^{Jean-Jacques} Muyembe-Tamfum만큼 잘 아는 사람도 없을 것이다. 자그마한 체구에 생기가 넘치고 얼굴에 늘 미소가 가득한 무옘베는 콩고 킨샤사에 자리한 국립 생물의학연구소 소장을 맡고 있다. 현재 활동 중인 그 어떤 과학자보다 에볼라 발병 사태에 직접 참여해 본 경력이 많은 사람이다. 모국인 콩고에서 "에볼라 박사"로도 불리는 무옘베는 야생동물 고기가 아프리카인의 식생활에서 중요한 전통이며, 따라서 전면 금지보다는 사냥꾼이나 도축하는 사람들이 사냥한 동물을 보다 안전하게 처리할 수 있도록 콩고 정부가 나서서 교육을 실시해야 한다고 지적한다. 에볼라 통제 조치로 시신은 화장해서 처리하도록 의무화하고 매장 의식을 금지하는 것에도 비판적인 입장이다. "시신을 빼앗아 가는 것은 사람들의 영혼에 상처를 입히는 일입니다." 그는 이렇게 설명했다.[20]

무옘베는 1976년 얌부쿠에서 에볼라 환자가 발생했을 때 처음으로 이 병과 접했다. 벨기에 선교 병원에서 교사 한 명이 알 수 없는 병을 앓기 시작한 당시에 대응에 참여한 다른 사람들과 마찬가지로, 그 역시 신종 필로 바이러스가 일으킨 병과 마주하고 있다는 사실을 전혀 몰랐다. "많은 사람들이 죽어 나가고, 가톨릭 수녀들도 포함되어 있다는 이야기를 들었습니다." 그는 이렇게 전했다. "보건부 장관이 제게 그곳에 직접 가서 상황을 파악해 보라고 지시했어요." 콩고가 아닌 자이르였던 그때 국가 통치자는 독재자 조셉 모부투^{Joseph} Mobutu였다. 모부투가 킨샤사 의과대학 미생물학과의 젊은 교수였던 그에게 자신의 전용기를 내어 줄 테니 현장에 가 보라고 지시했을 때, 무엠베는 달리 선택권이 없음을 깨달았다. 선교 병원과 가장 가까운 활주로에 내린 후 지프차를 타고 4시간 동안 힘들게 달린 후에야 저녁 늦게 목적지에 도착할 수 있었다. 병원 직원은 전부 도망가고, 병동도 어린이 환자 한 명을 제외하고 텅 비어 있었다. "아이 엄마는 말라리아라고 했지만, 저는 에볼라였다고 생각합니다. 그날 밤에 아이가 세상을 떠났으니까요." 아침에 일어나 보니, 병원에는 불안감에 떠는 마을 주민들이 대거 몰려와 기다리고 있었다. 열이 끓는 사람들도 많았다.

> 우리가 킨샤사에서 약을 갖고 왔다는 소문이 돌았나 봅니다. 저는 장티푸스라고 생각해서 일단 줄을 세우고 피를 뽑았어요. 그런데 주삿바늘을 꽂았다가 뽑은 자리에서 피가 철철 흘러나오는 것을 보고 깜짝 놀랐습니다. 제 손가락, 손 전체가 피범벅이 될 정도였습니다. 물과 비누로 다 씻어 냈죠.

무엠베가 다시 에볼라와 접한 것은 이후 20여 년이 지난 1995년, 인구수 약 40만 명인 키크위트라는 콩고의 도시에서 자이르 에볼라 바이러스가 나타났을 때였다. 1월에 도심과 가까운 산림 지역에서 시작된 것이 거의 확실해 보이지만 처음에는 장티푸스로 오인됐다. 3월이 되어 키크위트 종합병원 외과 의료진이 어느 연구소에서 발생한 환자를 치료하느라 위험한 수술을 감행한 후 병이 나는 일이 생겼고, 이를 조사하던 무엠베는 에볼라일 가능성을 인지했고[21], 혈액 검체를 미국 애틀랜타의 CDC로 보내 검사를 요청했다. 키

8. 국경 지대에서 발생한 에볼라

크위트에서는 총 315명의 감염자가 발생했고 254명이 사망했다. 콩고 정부가 킨샤사와 이어진 고속도로를 봉쇄하지 않았다면 상황이 훨씬 나빠졌을지 모른다.*

이 일을 계기로 무엠베는 데이비드 헤이만과 다시 우정을 쌓을 수 있었다. 두 사람은 헤이만이 CDC의 젊은 역학 전문요원이던 시절 얌부쿠에서 처음 만났다. 1995년에 WHO의 신종질환·기타 전염병 분과를 이끌던 헤이만은 키크위트에서 일어난 발병 사태에서 국제 사회의 대응을 원활히 조정하는 역할을 맡았다. 헤이만이 콩고 정부 관리들, 전 세계 언론과 접촉하는 동안 무엠베는 지역 당국자들과 만나 지역민의 협력을 끌어 모으기 위해 노력했다. "무엠베는 사람들과 만나 감염자의 몸속에는 악마의 영혼이 가득 차 있고, 그 영혼이 빠져나가려다 병이 난 것이라고 이야기했습니다." 헤이만은 이렇게 전했다. "지역민들에게 외국 사람들과 함께 일하는 이유를 설명한 것도 무엠베였어요. 그런 영혼은 그 어떤 영혼보다 강력해서 외부의 도움이 필요하다고 했죠. 그래야 이 사태를 빨리 해결할 수 있다고 설명했습니다."22

하지만 서아프리카에서 에볼라가 유행하기 시작했을 때, 대응에 중대한 기점이 되는 첫 몇 주 동안 지역민들은 과거에 접한 이런 사실들을 다 잊은 것 같았다. 기니 산림지역에 의료진이 도착하자, 새하얀 생물위해 방호복을 입은 외국인들이 찾아온 의도에 의구심

---

* 공항에는 이러한 명령이 내려지지 않아서, 31세 여성 환자가 콩고 수도인 킨샤사로 가는 비행기에 탑승하는 일이 벌어졌다. 킨샤사에 도착한 후에야 이 환자는 서둘러 민간 병원에 격리됐고 다른 곳으로 바이러스가 퍼지지 않도록 강력한 감시 조치가 취해졌다.

을 품은 지역민들과 이들 사이에 무력 충돌이 벌어졌다. 4월에는 에볼라가 기니에 의도적으로 도입된 병이라는 소문이 돌아 격분한 시민들이 마센타에 있던 국경없는의사회MSF 시설에 몰아닥쳐 자원봉사자들을 향해 돌을 던졌다. MSF는 어쩔 수 없이 직원들을 피신시키고 일주일 동안 시설 문을 닫아야 했다. 7월에는 에볼라를 둘러싼 시민의 분노가 더욱 격렬해져, 구에케두에서 키시족 언어를 사용하는 여러 마을이 외부와 연결된 다리를 끊고 나무를 잘라 도움을 주려는 의료진이 출입할 수 있는 길을 차단했다. 마을마다 외국인들에게 협조하는 사람은 "배신자"라는 비난을 받고 폭행을 당했다. 시신의 매장을 돕던 적십자 팀도 표적이 되었다. 적십자 측에서 보고한 내용을 보면, 콩고 전역에서 한 달 평균 10건의 공격을 받았다. 주민들의 저항이 특히 격렬했던 포레카리아에서는 검사에 필요한 혈액 검체도 채취하지 못하게 했다. 염소를 살포하는 것과 같은 소독 작업도 여러 오해를 불러일으켰다. 가장 많이 퍼진 소문은 이런 소독제가 에볼라를 통제하는 것이 아니라 바이러스를 퍼뜨린다는 내용이었다. 이런 저항으로 빚어진 가장 불운한 사고는 의료진과 정부 관리들로 구성된 지원단이 찾아간 은제레코레 시 워메이라는 마을에서 일어났다. 분노한 주민들이 이들 중 8명을 붙잡아 살해했고 구덩이를 파서 만든 자신들의 변소에 시신을 갖다 버렸다.[23]

기니에서만 유별나게 저항이 일어난 것은 아니다. 서아프리카 에볼라 발생지역 전역에서 이 같은 일이 벌어졌다. 특히 미군 시설에서 에볼라 바이러스가 인위적으로 만들어졌다거나, 정부가 발병지역에 외국의 원조를 끌어들이기 위해 계획한 일이라는 소문이 가장 무성했다. 에볼라 치료소에 대한 불신도 대단했다. 치료소로 옮겨진 사람들을 다시는 볼 수 없었던 경우가 많았으니 충분히 그럴 만도 하지만, 이런 시설에서 장기를 빼 가고 피를 훔쳐 간다는 겁에 질린 이야기들이 떠돌았다. 정부 관리들과 접했던 기억과 의료지원 사업의 전반적인 경험이 어느 정도 반영된 소문이기도 했고, 노예 거래와 식민지 시절에 행해진 착취와 추출, 채굴 역사도 영향을 주었다. 실제로 해외 의료진이 마을로 접근할 때 이용한 길은 17세기와 18세기에 노예를 붙잡아 갔던 자들이 오가던 길과 일치했다. 19세기에는 식민지 정부가 숲에서 고무를 수확한다며 같은 길로 오갔다. 1990년대부터 2000년대 초반까지 라이베리아와 시에라리온에 극심한 고통을 안겨 준, 잔혹했던 내전 기간에는 맞붙어 싸우던 민병대가 같은 길로 다이아몬드를 수출했고 총을 사들였다. 보다 최근에는 천연자원을 찾는 사람들이 획득할 만한 새로운 자원을 찾아냈다. 숲의 상당 부분을 벌목해서 목재로 팔거나 그 땅에 카사바와 같은 현금 작물을 심은 것이다. 이러한 변화는 국민 대다수가 이슬람교인 기니에서 외부 환경에 동화되지 않으려고 오랜 세월 저항하며 산림 지대에서 살아 온, 시골의 가난한 사람들에게 특히 큰 타격이 되었다. 시에라리온 동부의 케네마, 라이베리아 로파 주도 마찬가지다. 이 두 곳에서도 지역민들이 도시의 엘리트 정치인들은 신뢰하지 않고, 프리타운이나 몬로비아에서 왔다는 정장을 쫙 빼입은 공무원보다는 지역 대표가 하는 말에 더 귀를 기울인다.

기니에서 적대적인 반응을 경험한 적이 있어서였을까. 에볼라 바이러스의 확산 방지를 위해 찾아온 해외 의료진을 향한 지역민

대유행병의 시대

의 불신과 이로 인한 위험성을 가장 먼저 경고한 곳도 MSF였다. 2014년 5월에 런던에서 개최한 질병정책 전문가 회의에서, 얼마 전까지 코나크리에서 일하고 돌아온 MSF 소속 응급의 아만드 스프레처Armand Sprecher는 전 세계 보건 분야에 "마케팅 문제"가 있다고 지적했다.

> 좋은 지지자와 생존자를 만들어 내는 것이 우리가 할 수 있는 최선의 대응입니다. 치료소 안에서 무슨 일이 일어나는지 직접 겪은 일들을 사람들에게 이야기하고 전달할 수 있는 사람들, 우리가 진심을 다해 그들에게 가장 도움이 될 수 있는 일을 하려고 하며 사람들을 도우려고 노력한다는 사실을 말해 줄 사람이 필요합니다. 문제는 이런 생존자가 나오려면 일단 환자가 있어야 한다는 것이죠. 그리고 환자가 오게 하려면 생존자가 필요하고요. 안타깝지만 우리는 이렇게 진퇴양난에 처했습니다.[24]

에볼라 치료소를 향한 두려움은 에볼라 환자 통계에도 악영향을 끼쳤다. 공식 통계는 코나크리에 마련된 치료시설로 온 사람들 중 에볼라 확진 환자와 의심 환자로 집계됐는데, 4월 중순에 이 숫자가 새롭게 감소하자 수많은 전문가들은 최악의 상황은 이제 지나갔다고 생각했다. 그런데 코나크리에서는 환자가 많이 줄어든 것 같았던 이 시기에 MSF 의사들은 구에케두의 환자 사망률이 대폭 증가한 사실을 확인했다. "치료소로 오는 것 외에 달리 방법이 없는 환자들이 갑자기 나타났다. 더 이상 병을 숨길 수 없는 지경에 이른 사람

8. 국경 지대에서 발생한 에볼라

들, 누가 봐도 병세가 극심하게 악화되어 우리 눈에 띄지 않도록 숨기려는 노력도 다 소용 없어진 사람들이었다." 스프레처는 이렇게 전했다. "발병 사태가 정말로 끝나가고 있다면 결코 일어날 수 없는 일이었다." 이어 스프레처는 4월과 5월에 코나크리에서 환자가 감소한 것으로 집계된 결과는 "개가 안 짖는다고 하는 말만큼 말도 안 되는 소리"였다고 단언했다.[25]

기니에서만 문제가 조용히 계속 커진 것이 아니었다. 2014년 3월 초에 루이시 카마노Luisey Kamano라는 젊은 여성이 시에라리온과 인접한 기니 국경에서 한 어부에게 접근해 강을 건너가야 하니 배를 좀 태워 달라고 부탁했다. 어머니와 할머니, 이모 두 명까지 모두 에볼라로 목숨을 잃는 모습을 지켜 본 카마노는 에볼라 치료소로 억지로 끌려갈까 봐 잔뜩 겁에 질렸다. "백인들이 나를 쳐다보더라는 이야기를 들었습니다. 나를 구에케두로 데려가려고 한다는 이야기도요." 카마노는 이렇게 밝혔다. "그 사람들이 주사를 놓아서 저를 죽인다는 말도 들었어요. 그래서 도망친 겁니다."[26]

WHO는 시에라리온 당국에 루이시가 에볼라 바이러스에 감염됐을 가능성이 있다고 경고했지만, 일단 시에라리온에 도착한 루이시는 손쉽게 감시를 따돌리고 달아났다. 루이시 혼자 이런 선택을 한 것도 아니다. 3월 말까지 병든 가족과 친척들을 돌보던 여러 사람들이 국경을 넘어 도주했다. 이들 중에는 언덕이 구불구불 이어지는 시에라리온의 깊은 오지 마을 코인두와 다이아몬드 광산이 있는 카일라훈으로 향한 사람들이 많았다. 그곳에는 전통 방식으로 사람들을 도와주는 치유자 핀다 멘디노어Finda Mendinor가 있었다. 사람들은 멘디노어가 자신들의 몸을 병들게 한 근원인 악마의 영혼을 쫓아낼 수 있는 능력이 있다고 믿었다. 실제로 멘디노어가 얼마나 많은 사람을 치료했고 어떤 방식으로 치료했는지는 알려지지 않았다. 약초로 만든 약을 주고, 이마나 몸의 다른 부위를 만지며 주문을 외웠을 가능성이 가장 높다. 하지만 분명한 사실이 한 가지 있다. 멘디노어가 행한 일들은 에볼라와 맞서는 데 아무런 효과를 발휘하지 못했다는 것이다. 얼마 지나지 않아 멘디노어도 에볼라에 걸렸고 그가 4월 말에 사망하자 일주일 동안 거행된 장례 의식을 보러 수많은 사람들이 코인두로 몰려왔다. 인근 지역의 여성들이 시신을 씻고 옷을 입혀 매장할 준비를 하고, 나머지 사람들은 시신 주변에 둥글게 둘러서서 돌아가며 시신에 입을 맞추었다. 그 결과 멘디노어 사망 후 한 달 만에 분석 검사로 최종 확인된 에볼라 환자가 시에라리온 전역에서 35명 발생했고 최소 5갈래의 연쇄 감염 경로가 확인됐다. 이 새로운 발병 사태가 몰고 온 영향을 가장 생생하게 느낄 수 있었던 곳은 케네마 종합병원이었다. 1년 전에 과학자들이 과거 라사열 환자의 혈청 검체를 분석해서 에볼라 항체를 발견한 바로 그 병원이었다.

* * *

케네마는 다이아몬드 광산 지역의 중심에 자리한 곳으로, 국경 도시다운 분위기가 느껴진다. 중국이 만든 새로운 고속도로로 연결되어 있지만 시 경계가 끝나자마자 붉은색 흙길로 갑자기 바뀌는 이 도시

8. 국경 지대에서 발생한 에볼라

는 주변 언덕과 골짜기에 점점이 흩어져 자리한, 다이아몬드가 다량 포함된 충적토 광산을 찾아온 사람들을 자석처럼 끌어당긴다. 경기가 한창 호황이던 시절에는 중앙 광장에 마음에 드는 원석만 있으면 현금은 얼마든지 건넬 준비가 되어 있는 사람들이 넘쳐났지만, 케네마에는 테러의 위험성도 다이아몬드만큼 많은 것이 문제였다. 1990년대 초에는 시에라리온 군 하사 출신으로 사지 절단과 아이들을 납치해서 군인으로 키우는 일이 주특기인 포다이 상코Foday Sankoh의 반란단체 혁명연합전선RUF이 케네마를 장악했다. 상코는 다이아몬드를 팔아 무기를 마련하면서 수도 프리타운까지 세를 확장해 나갔고 수도는 수년 동안 그의 손에 들어갔다 나왔다를 반복했다. 2002년에야 영국군의 지원을 받은 UN 평화유지군에게 제압됐다. 내전은 끝났고 다이아몬드 생산량이 10배로 늘면서 케네마에도 다시 좋은 시절이 돌아왔다. 하지만 그간 겪은 극심한 갈등으로 시에라리온의 의료보건 시스템은 크게 허물어졌고 수많은 의사들이 다른 나라로 떠났다. 세이크 후마르 칸Sheik Humarr Khan 박사는 시에라리온으로 돌아온 몇 안 되는 의사 중 한 명이었다.

1975년, 만 하나를 사이에 두고 프리타운 바로 건너편에 있는 작은 도시로 나중에 국제공항이 들어선 룽기에서 10명의 형제자매 중 막내로 태어난 칸은 찢어지게 가난한 집에서 자랐다. 생의 시작은 이렇듯 영 가망이 없어 보였지만, 그는 1993년 수도에 있는 명망 있는 의과대학을 수석으로 졸업했다. 라사열 전문가가 되고 싶다는 목표가 있었지만 1997년에 RUF가 프리타운을 장악하자 어쩔 수 없이 코나크리로 달아났다. 가족들은 칸에게 미국 비자를 신청해서 형제들 중 여럿이 먼저 정착해서 살고 있는 그곳으로 떠나라고 했다. 그러나 2004년에 케네마에서 운영되던 라사열 관리 사업의 총책임자였던 아니루 콘테Aniru Conteh 박사가 실수로 바늘에 찔린 후 숨을 거두었다는 소식을 접했고, 칸은 자신이 그 자리를 맡기로 결심했다. 그의 지원서는 받아들여졌다.

당시에는 아직 중국이 지은 고속도로가 없어서 프리타운에서 케네마에 가려면 비포장 흙길을 차로 8시간이나 힘들게 달려야 했다. 마침내 케네마 공공병원에 도착한 칸은 그곳이 과학적으로 한참 뒤처진 곳이 아니라는 반가운 사실을 확인했다. 미국 툴레인 대학교와 체결한 파트너십 덕분에 최신식 분석 기술을 활용할 수 있었다. 연구자들이 환자가 라사열인지 확인하고 바로 그 병원에서 치료할 수도 있었다. 분석실과 산부인과 병동을 열심히 오가며 금세 간호사들의 존경을 얻은 뒤에는 곧 지역 전체의 유명 인사가 되었다. 특히 그가 좋아하는 축구팀 AC 밀란의 유럽 챔피언십 경기가 있는 날 밤이면 단골 술집에서 그가 목청껏 환호하는 목소리를 들을 수 있다는 사실을 누구나 알 정도였다.

기니에서 에볼라 환자가 발생했다는 사실을 접한 후, 칸은 간호사들에게 케네마에도 에볼라 환자가 나올 수 있으니 대비해야 한다고 경고했다. 무엇보다 시에라리온에서 중합효소 연쇄반응PCR 장비가 있는 곳은 툴레인 대학교의 협력 연구소인 그곳 병원 한 곳뿐이었으므로 에볼라 의심 환자의 혈액을 분석해 달라는 요청이 올 가능성이 매우 높았다. 안타깝게도 칸이 5월 24일에 멘디노어의 장례 의식에 다녀온 간호사의 혈액 검체를 분석하고 첫 양성 환자가 나왔다

8. 국경 지대에서 발생한 에볼라

는 사실을 밝히기도 전에 일이 터지고 말았다. 병원 직원이 에볼라에 감염된 임산부를 산부인과 병동에 입원시킨 것이다. 며칠 후 여성은 유산했고 에볼라 바이러스는 다른 환자들에게 전염됐다.

칸은 병원 바로 앞에 환자를 분류할 수 있는 공간을 따로 마련했고, 직원들에게 적색구역으로 정해진 곳, 즉 에볼라 환자가 있는 공간에 들어올 때는 혈액이나 토사물, 기타 어떠한 체액과도 접촉하지 않도록 주의하라고 당부했다. 툴레인 대학교의 연구자가 수술용 장갑과 개인보호용 장비가 담긴 키트를 들고 찾아왔을 때도 칸이 직접 방호복과 장갑을 어떻게 벗어야 하고 염소 살균은 어떻게 실시해야 하는지 시범을 보였다. 그러나 몇 주 만에 병원은 새로운 에볼라 환자들로 넘쳐났다. 상당수가 멘디노어의 장례식에 다녀온 사람들이었다. 간호사들 중에도 정해진 통제 절차가 왜 필요한지 납득하지 못하는 사람들이 많아서 이런 상황에 큰 스트레스를 받았다. 사태의 근원을 뿌리 뽑아야 한다는 생각으로, 칸은 카일라훈으로 떠났다. 그리고 마을 지도자들과 만나 에볼라가 지역민들에게 얼마나 위험한지 열심히 설명했지만 감염이 의심되는 사람을 케네마로 데려가서 검사받게 해 달라는 칸의 요청을 많은 지도자들이 거부했고 저항했다. 어떤 지역에서는 마을 대표가 칸이 몰고 온 정부 소유 차량인 도요타 자동차를 빼앗아 하룻밤 동안 숨겼고 어서 카일라훈을 떠나라고 경고한 일도 있었다. 코인두에서는 적개심이 극에 달해 사람들이 접근을 막으려고 길에 장애물을 세우고 칸의 차를 향해 돌을 던져 창문이 다 깨졌다. "우리가 병을 옮긴다는 소문이 돌았다." 칸을 돕기 위해 케네마로 찾아온 툴레인 대학교 연구자 로버트 개리

Robert Garry는 이렇게 전했다. "우리가 사람들을 데려가서 두 번 다시 돌려보내지 않는다고들 했다. 한마디로 '우리를 가만히 좀 내버려 둬'라는 식이었다."[27]

에볼라가 국경을 넘어왔다는 소식을 접한 프리타운의 정부 관리들은 혼란에 빠졌다. 며칠 동안 칸에게도 날이 갈수록 점점 정신 없이, 당혹해하는 대통령 집무실과 보건부의 전화가 빗발쳤다. 그 사이 미국 시애틀의 비영리기업 메타바이오타Metabiota도 케네마 종합병원에서 근무 중이던 자사 직원을 통해 시에라리온에 에볼라가 발생했다는 사실을 확인했다. 마침 라이베리아에서 뉴 크루 타운에 에볼라로 의심되는 환자가 있으니 대표단을 수도 몬로비아로 보내 달라는 요청이 들어온 상황이었다. 그런데 현장에 나와 있는 WHO 관리들은 이런 사실을 부인하며 지역 NGO 단체들에게 "에볼라가 도심에서는 발생하지 않았다"는 말과 함께 바이러스가 프리타운까지 도달할 위험은 없다는 입장을 밝혔다.[28] AP통신이 입수한 제네바 WHO 관리들 사이에서 연이어 오간 메모와 이메일의 내용을 보면, WHO의 가장 높은 지휘부까지 이렇게 부인한 내용이 보고된 것을 알 수 있다. WHO 보건·안보·환경부 사무차장 케이지 후쿠다Keiji Fukuda가 6월 2일에 WHO 사무총장 마거릿 챈에게 제출한 내부 보고 문서에는 에볼라를 국제적 비상 상황으로 다룰 경우 "적대적 행위로 비춰질 수 있으며 (……) WHO와 에볼라 발생 국가들 간의 협력 관계를 해칠 수 있다"는 경고와 함께 다음과 같은 의견이 담겨 있다. "이번 사태는 소지역의 공중보건 문제로 봐야 한다."[29] WHO 대유행병·유행병부 책임자인 실비 브라이언드Sylvie Briand도 같은 뜻

8. 국경 지대에서 발생한 에볼라

을 밝혔다. "국제적 공중보건 비상사태[PHEIC] 선포가 현 단계에서 이번 유행병과의 싸움에 도움이 되리라고는 생각지 않는다." 6월 4일에 동료에게 쓴 이메일에서 브라이언드는 이 같은 견해를 전했다. "PHEIC 선포를 하면 권고사항을 제시해야 한다는 문제가 생기고, 이는 공중보건에 전혀 도움이 되지 않고 그 국가와의 관계에 해가 될 위험이 있다. (……) [그래서] 나는 가장 마지막에 꺼내야 할 카드라고 생각한다." 이러한 분위기에 따라, 마거릿 챈은 7월 말이 되어서야 비상단계를 3등급으로 올렸고 8월 8일에야 MSF의 표현을 빌려 이번 사태가 "완전히 (……) 통제 불능 상태"이며[30] 전 세계를 압박하고 깊은 우려를 낳고 있는 문제임을 인정했다. 그리고 마침내 에볼라를 PHEIC로 선포했다.*

칸에게는 너무 늦은 조치였다. 시에라리온 보건부는 사태가 진정되기를 바라는 심정으로, 프리타운에서 발생한 에볼라 의심 환자는 모두 케네마로 옮기기로 결정했다. 푹푹 찌는 구급차에 환자를 태우고 무려 4시간이나 도로를 달리는 고된 절차를 감수하기로 한것이다. 어떤 면에서는 이해가 가는 조치였다. 에볼라가 아닌 라사열이긴 하지만, 과거에 출혈열을 치료해 본 경험이 있는 사람들이 있는 시에라리온의 몇 안 되는 병원 중 한 곳이 케네마에 있었다. 하지만 케네마는 당시 야당인 인민당의 강력한 지지 지역이라, 에볼라 환자를 태운 구급차가 케네마 병원에 도착하자 이번 유행병 사태는 집권 여당인 전인민회의당이 계획한 일이며, 프리타운의 엘리트 정

---

* 이 영어 약자는 보통 "파이크" 또는 "페이크"라고 읽는다.

대유행병의 시대

치 세력이 자신들에게 도움이 될 해외 원조를 끌어들이려고 병원의 간호사들을 시켜 환자들에게 에볼라를 일부러 감염시켰다는 소문이 퍼졌다. 7월 초, 케네마의 상업 지역에서 한 여성이 임시로 만든 연단에 올라가 이런 주장을 펼치면서 갈등은 최고조에 달했다. 자신을 전직 간호사라고 소개한 여성은 칸이 환자들에게 독을 주는 광경을 두 눈으로 똑똑히 봤다고 주장하며 성난 군중이 칸의 병원으로 몰려들도록 선동했다. 칸은 병원 문을 걸어 잠그고 직원들에게 대피를 명령했다. 경찰이 나서서 최루 가스를 살포한 후에야 몰려든 사람들을 해산시킬 수 있었다.

당연히 말도 안 되는 주장이었다. 에볼라에 감염될 위험이 가장 높은 사람은 다른 환자들이 아닌 칸과 그의 밑에서 일하는 직원들이었다. 간호사 자격을 갓 취급하고 6월에 에볼라 치료를 돕기 위해 자원해서 찾아온 영국인 간호사 윌 풀리Will Pooley는 당시 칸의 병원 내 상황이 그야말로 "혼돈" 그 자체였다고 회상했다. 아침에 출근을 하면 밤새 나온 시신이 보통 다섯 구 넘게 화장실 근처에 엉망으로 눕혀져 있고 주변에는 토사물과 피가 섞인 설사가 가득 고여 있었다. 구더기와 파리가 끊지 않는 곳이 없었고, 의료진은 개인보호장구의 하나로 반드시 착용해야 하는 보호복 때문에 숨 막히는 더위를 견뎌야 했다. 풀리는 많은 간호사들이 이 찜통 같은 더위를 견디지 못하고 보호복을 벗어 버리는 것을 보고 기겁했다. 오염 방지 조치를 대강 끝낸 다음 세수를 해 대는 사람들도 있었다. 가장 충격적인 광경은 직원들이 쌀밥을 나눠 먹는 모습이었다. 같은 밥상에 둘러앉은 사람들 중에는 에볼라 병동에서 막 나온 사람도 있었는데,

같은 그릇에 담긴 음식에 손을 쑥 집어넣는 것을 본 것이다. "그래서 저는 항상 병원 밖으로 나가서 식사를 했습니다." 폴리는 이렇게 전했다.[31]

　의료진 중에 가장 먼저 쓰러진 사람은 칸의 동료 알렉스 모이그보이[Alex Moigboi]였다. 꼼꼼하고 세심한 의사인 칸은 그답지 않은 절차 위반까지 감행하며 직접 모이그보이의 얼굴에 손을 뻗어 동공을 검사했다. 이 과정에서 칸은 모이그보이의 피부와 접촉할 수밖에 없었다. 얼마 지나지 않아 모이그보이는 에볼라 진단을 받았고 7월 19일에 사망했다. 병원 사람들의 사랑을 듬뿍 받던 수간호사 엠발루 J. 포니[Mbalu J. Fonnie]도 고열에 시달리기 시작했다. 에볼라일 리 없다고 믿고 싶었던 칸은 "의심" 환자들을 위해 마련된 임시 시설에 머물도록 했지만, 오랜 시간이 걸려 받아든 혈액검사 결과는 에볼라 양성이었다. 말라리아 치료제와 정맥으로 수액을 공급하는 것 외에 칸이 해 줄 수 있는 일은 거의 없었고, 결국 포니는 7월 22일에 세상을 떠났다. 그 즈음부터 칸도 몸이 안 좋아졌다. 혹시 몰라 동료들과 거리를 두고 지내던 그는 혈액 검사에서 에볼라 양성 판정을 받았다. 케네마에 남아 있으면 그가 감염된 모습을 보고 환자와 직원들이 전부 혼란에 빠질 수 있다는 우려가 제기되어, 카일라훈에 있는 MSF 시설로 가야 한다는 결정이 내려졌다. 케네마에서는 에볼라 환자가 생기면 정맥으로 수액을 투여하는 방식을 택했지만 MSF는 이 조치로 얻을 수 있는 이점보다 정맥주사로 인한 출혈로 사망할 위험이 더 크다는 판단에 따라 환자들을 돌보았다. 이에 칸도 표준 경구 투여 방식으로 치료를 받았다. 통증 완화를 위한 파라세타몰, 설사 치료를 위한 항생제와 함께 수분이 보충되도록 염이 포함된 용액이 제공됐다. 이와 함께 MSF는 당시 실험 약물이던 지맵^{ZMapp}을 칸의 치료에 활용할지 여부도 고민했다. 원숭이 실험에서 상당히 긍정적인 결과가 나왔지만, 아직 인체를 대상으로 한 시험은 한 번도 진행된 적이 없었다. 6월에 캐나다 공중보건기관 소속 연구자 한 명이 카일라훈에 와서 이곳의 열대 환경에서 지맵의 효과가 얼마나 유효한지 총 3가지 치료 방식으로 시험해 보려고 갖고 온 약이 칸의 병실과 가까운 냉동고에 보관되어 있었다. 이 약으로 칸을 치료해 봐야 하는지를 두고 MSF는 깊은 고민에 빠졌다. 지맵이 그의 목숨을 살릴 수도 있지만, 반대로 칸이 숨을 거두면 사람들은 더 살 수 있었는데 MSF 때문에 빨리 세상을 떠났다고 비난할 것이었다. 심지어 그를 독살했다고 오해한다면 그러지 않아도 사람들이 잘 신뢰하지 않는 상황에서 MSF 의료진을 향한 불신만 악화시킬 수 있었다. 그 시점에 칸은 병세가 극히 악화된 상태라 지맵에 관한 이야기는 전혀 듣지 못한 것이 분명해 보인다. 백혈구 수가 감소하자, 다른 의료기관으로 항공 운송해야 한다는 이야기가 오가기 시작했지만 큰 위험을 감수해야 하는 그 모든 절차를 어떻게 진행해야 하는지 사전에 마련된 방법이 전혀 없었다. 이미 칸은 약해질 대로 약해진 상태인데 룽기 공항까지 만만치 않은 이동 과정을 과연 견딜 수 있을지 모르겠다고 이야기하는 사람들도 많았다. 그가 나고 자란 마을을 지나 공항까지 가야 비행기로 유럽까지 갈 수 있었다. 하지만 이런 논쟁도 다 소용없는 일이 되었다. 칸은 최종 결정이 내려지기 전, 7월 29일에 세상을 떠났다. 하지만 칸의 사례는 의료보건 종사자들, 특

8. 국경 지대에서 발생한 에볼라

히 해외 국적을 보유하고 NGO나 WHO와의 계약을 통해 일하는 의료인의 안전한 해외 운송 절차가 필요하다는 사실을 부각시켰다. 그 결과는 8월에 윌 풀리가 에볼라에 감염됐을 때 확인할 수 있었다. 부모가 에볼라로 다 사망하고 남겨진 아기를 돌본 풀리는 처음에 음성 판정을 받았지만 다시 에볼라로 확인됐고 영국 공군의 긴급 의료수송기로 런던에 옮겨졌다. 런던에 위치한 로열 프리 병원의 고도 격리병상에 도착한 풀리는 음압 환경에서 지맵으로 치료를 받았고, 살아남았다. 비슷한 시기에 미국인 선교사 켄트 브랜틀리Kent Brantly와 낸시 라이트볼Nancy Writebol도 라이베리아 수도 몬로비아의 국제 기독교병원인 '이터널 러브 위닝 아프리카ELWA'에서 환자들을 돌보다 에볼라에 감염됐다. 어떤 조치를 취해야 하는지 의견이 오간 끝에, 두 사람을 미국 조지아 주 애틀랜타 에모리 병원으로 옮겨 응급 치료를 실시해야 한다는 결정이 내려졌다. 그곳에서 이 두 사람도 상태가 호전될 수 있도록 우선 지맵 치료를 받았고, 마찬가지로 살아남았다.

칸의 형 시레이C-Ray는 미국인 선교사들이 칸과 전혀 다른 치료를 받았다는 사실에 분개했다. "미국인들에게 그만한 효과가 있었다면 내 동생에게도 분명 효과가 있었을 것"[32]이라는 그의 주장에 많은 전문가들이 공감했고, 해외 의료진이 현지 환자들보다 더 좋은 결과를 얻는 사례가 늘어나면 에볼라 치료소를 향한 현지 주민의 불신만 더 깊어질 수 있다고 우려했다. 이에 따라 "채찍" 대신 "당근"이 필요하다는 의견이 나왔다. 즉 환자를 격리시키는 방식을 대체할 방안이 필요하다는 의미였다.[33] 칸의 사망 소식은 시에라리온 의료계 전반에 큰 충격을 안겼고, 여파는 프리타운까지 전해졌다. 의사 수가 인구 4만 5,000명당 한 명 수준인 시에라리온에서(미국은 410명당 한 명이다) 칸의 죽음은 에볼라와 맞서 싸우던 최고 권위자, 어니스트 바이 코로마Ernest Bai Koroma 대통령이 "국가의 영웅"이라고 칭한 인물을 잃은 비극이었다. 코로마 대통령은 칸이 숨을 거둔 다음 날 국가 비상사태를 선포했고 에볼라 대응 방안을 관리하기 위한 대통령 직속 실무단을 마련했다.

* * *

마노 강 지역의 숭숭 뚫린 국경을 마음대로 넘나들던 사람들이 에볼라 바이러스가 쉽게 확산되는 경로가 되어 버린 국가는 시에라리온 한 곳에 그치지 않았다. 라이베리아의 의료시설도 기니에서 넘어온 에볼라에 대처할 수 있는 준비가 전혀 되어 있지 않아서, 에볼라 사태가 먼저 발생한 곳들이 얻은 교훈을 처음부터 전부 다시 겪으면서 배워야 했다. 라이베리아의 지표 환자가 발생한 곳으로 널리 알려진 로파 주 포야보마 병원에서 그 대표적인 예를 찾을 수 있다. CDC 역학 전문가들은 4월 초에 기니 구에케두에서 포야로 온 한 여성이 에볼라가 맨 처음 유입된 경로임을 알아냈다. 당시 라이베리아에는 에볼라를 효소결합 면역흡착검사로 진단할 수 있는 연구소가 한 곳도 없었고 PCR 검사는 말할 것도 없었다. 문제의 여성이 극심한 설사 증상을 보이자, 담당 의사는 콜레라로 추정했다. 다음 날 출혈 증상까지 나타났지만 해당 의사는 에볼라는 생각지도 못했고

8. 국경 지대에서 발생한 에볼라

라사열에 동시 감염됐다고 보았다. 제대로 된 진단 시설이 없었던 것이 포야 지역을 에볼라가 집어삼킬 수 있었던 유일한 이유는 아니었다. 간호 인력은 감염 통제에 관한 교육을 충분히 받지 않은 상태였고 고무장갑, 마스크도 없었으며 흐르는 물도 구하기 힘든 실정이었다. 이미 수십 년 전에 에볼라 전문가들이 반드시 갖추어야 할 기본 요건으로 밝힌 것들이지만 라이베리아는 의료보건 분야에 만성적으로 투자가 부족한 곳이라 이런 기본적인 요소조차 거의 마련되지 않았다. 이로 인해 단 며칠 만에 의료진과 환자 여럿이 에볼라 바이러스에 감염됐다. 포야에 일단 나타난 이상, 정부가 수도 몬로비아까지 확산되지 못하도록 막을 방법은 거의 없었다. 오토바이 택시를 타고 시 외곽에 있는 파이어스톤 치료센터로 간 환자 한 명이 몬로비아로 에볼라가 처음 유입된 경로로 여겨진다. 이동 과정에서 이 남성 환자는 택시 운전사를 포함한 여러 사람에게 병을 옮겼고, 그 결과 4월 7일까지 라이베리아에는 21명의 에볼라 환자가 발생해 10명이 사망한 것으로 보고됐다. 그런데 4월 9일 이후 5월 말까지 신규 환자가 한 명도 보고되지 않았고, 바이러스의 잠복기가 두 번 지나갈 기간인(21일씩 총 두 번) 6월까지 그 상태가 유지되자 WHO는 라이베리아에서 에볼라가 완전히 사라졌다고 확신했다.

그러나 기니와 마찬가지로 이런 공식 통계는 잘못 집계된 것으로 드러났다. 에볼라는 라이베리아에서 사라지기는커녕 조용히 퍼져 나갔다. 계통발생학적인 후향 분석 결과에 따르면 기니와 라이베리아, 시에라리온 세 나라의 국경 지역에 최소 3가지 에볼라 바이러스가 동시에 나타났다.[34] 라이베리아에 에볼라가 다시 나타난 기미가 처음 보였을 때는 6월 초, 뉴 크루 타운에서 6명이 병을 앓기 시작했을 때였다. 그리 오래 지나지 않아 유일한 종합병원인 존 F. 케네디 의료센터에서 이 환자들의 병이 에볼라라는 사실이 밝혀졌다. 장기간 지속된 내전으로 이 병원도 큰 피해를 입은 후라 격리 병실이나 개인보호장구는 없었다. 결국 케네마에서처럼 에볼라 바이러스는 의사와 간호사들에게로 금세 퍼졌고, 당국은 7월 중순에 병원 문을 닫아야 했다. 몬로비아에서 에볼라 치료가 가능한 다른 병원은 '사마리아인의 지갑Samaritan's Purse'이라는 선교 단체가 운영하는 병원 '이터널 러브 위닝 아프리카ELWA' 한 곳뿐이었다. 이곳도 넘쳐나는 환자를 더 이상 감당하기 힘든 상태가 되었고, 7월 22일에 단체 구성원인 켄트 브랜틀리가 쓰러지자 '사마리아인의 지갑' 동료인 낸시 라이트볼과 함께 7월 말 미국 애틀랜타로 이송시키는 방안이 논의됐다. 라이베리아 사람들은 이런 특권을 누릴 수도 없었다. 이 같은 현실에 격분한 남자가 정부가 운영하는 응급구조센터에 침입해 화염폭탄을 설치하는 일이 벌어져 에볼라 환자를 추적하던 컴퓨터가 망가지고 말았다. 비슷한 시기에 '사마리아인의 지갑'은 ELWA를 폐쇄했고 바로 옆에 ELWA2를 개원했다. 하지만 병상 수는 여전히 얼마 되지 않아서 환자들은 시설 바깥에 설치된 천막에서 머물러야 했다. 상태가 심각한 환자들이 ELWA2 안에 제발 자리가 나기를 기다리다 길바닥에 쓰러진 광경이 펼쳐졌을 때, 이 같은 상황을 바꿔 놓는 계기가 되었어야 했다. MSF가 서아프리카의 에볼라 유행 상황은 통제 불능이라고 했던 경고가 무슨 의미였는지도 이때쯤 제대로 인지해야 했다. 그러나 제네바에 있는 관리들은 심각한 일이

긴 하지만 국지적 보건 위기라는 입장을 바꾸려고 하지 않았다.

　상황이 바뀐 명확한 계기가 된 사건은 라이베리아 출신 미국인 변호사인 패트릭 소여Patrick Sawyer가 아프리카에서도 인구가 가장 많은 곳에 도착하면서 시작됐다. 소여는 7월 20일에 나이지리아의 수도 라고스로 가는 비행기에 올랐다. 채광업체 아르셀로미탈ArcelorMittal의 직원이기도 했던 그는 라이베리아 재무부 대표단의 일원으로 나이지리아 남부 칼라바르에서 개최되는 협의회에 참석할 예정이었다. 라고스 무르탈라 모하메드 국제공항에 도착한 그가 공항에서 밝힌 공식적인 입국 사유는 그랬다. 그런데 사실 그는 며칠 전부터 몸이 아프기 시작한 여동생을 간호하다 에볼라에 감염된 상태였다. 그가 더 나은 치료를 받을 수 있다는 판단으로 어떻게든 나이지리아에 가려고 했다고 보는 의견도 있다. 비행기가 라고스를 향하는 동안 소여는 구토와 혈변 증상을 보이기 시작했고, 함께 탑승한 승객들을 위험에 빠뜨렸다. 라고스에 도착해 퍼스트 컨설턴트 병원으로 옮겨진 그는 무언가에 감염될 만한 접촉은 일절 없었다고 주장하면서 자신은 칼라바르로 가야 하니 퇴원시켜 달라고 고집을 부렸다. 의료진은 처음에 그가 말라리아일 수 있다고 생각했지만 상태가 점점 악화되자 에볼라를 의심한 전문의 한 명이 검사를 해 보기로 결정했다. 혈액 검사에서 에볼라 양성이 확인되자, 의사는 재빨리 장벽 간호를 시작하고 당국에 소여와 같은 비행기에 탄 승객들도 발병 여부를 추적해 봐야 한다고 보고했다. 최종적으로 소여로부터 총 19명이 감염된 것으로 확인됐다. 그를 검사한 의사의 빠른 판단이 아니었다면 더 많은 사람에게 확산됐을 것이다. 하지만

대유행병의 시대

이미 시작된 병을 막을 방도는 없었고, 소여는 5일 후 사망했다. 8월에 담당 의사도 쓰러져 목숨을 잃었다. 에볼라가 앗아간 의료진의 비극적인 인명 피해는 이렇게 또 한 사람 늘었다.

소여의 사례는 정신을 번쩍 차리게 만든 계기로 작용했다. 라이베리아 엘렌 존슨 설리프Ellen Johnson Sirleaf 대통령은 국경을 봉쇄하고 외교관의 해외 출국을 금지했다. 뒤이어 미국도 여행 경보를 발령하고 과거 미국의 노예로 살다 자유를 얻은 사람들이 사는 국가에 방문하지 말 것을 권고했다. 당시 뉴욕의 부동산 개발업자였던 도널드 트럼프Donald Trump는 '사마리아인의 지갑' 소속 선교사들이 애틀랜타로 옮겨졌다는 소식을 접하자 자신의 트위터에 이런 메시지를 남겼다. "에볼라 환자가 미국에 들어오지 못하게 하라. 미국은 에볼라 감염자가 다시 돌아오도록 두어서는 안 된다. 남을 도우러 머나먼 곳까지 가는 건 참 훌륭한 일이지만 그 결과는 스스로 감당해야 한다!"[35] 혼란이 확산되자 영국항공, 에어프랑스를 포함한 대형 항공사 몇 곳이 라이베리아와 기니, 시에라리온을 오가는 항공편 운항을 취소했다. 의료인과 필수 지원 인력을 서아프리카로 싣고 가고 다시 싣고 오는 비행기는 브뤼셀 항공과 에어 모로코 단 두 업체에서만 계속 운영했다. "솔직히 말해서, 서아프리카에는 에볼라와 함께 2차 유행병도 돌고 있다. 대중의 히스테리라는 유행병이다." 벨기에의 미생물학자 피터 피옷Peter Piot은 이렇게 한탄했다.[36]

이 모든 상황에도 마거릿 챈은 WHO의 대응 수위를 높여야 할 필요가 없다는 입장을 고수했다. 그러나 이제는 누가 봐도 에볼라가 WHO의 예상보다 더 빨리, 더 넓게 확산되는 상황이었다. 설리

8. 국경 지대에서 발생한 에볼라

프 대통령이 8월 6일에 국가 비상사태를 선포한 것도 마거릿 챈에게 더 이상 견디기 힘든 압박으로 작용했다. 이에 8월 8일, WHO 사무총장은 국제 사회의 압력을 받아들이고 에볼라가 국제적 공중보건 비상사태^{PHEIC}라고 선포했다. MSF 국제 회장 조앤 리우$^{Joanne Liu}$는 나중에 당시 챈의 결정은 아프리카에서 고조되던 인도주의적 위기에 아무런 도움이 되지 않았을 뿐만 아니라 미국과 유럽의 주요 대도시로 공포가 더욱 확산되는 결과를 낳았다고 신랄하게 비난했다. "에볼라가 바다를 건너 확산될 수 있다는 사실이 갑자기 훤히 드러났을 때, 국제 사회의 정치적 의지는 더 이상 선택할 수 있는 부분이 아니었다. 그러나 에볼라가 국제 안보에 위협이 되는 수준에 이르러서야 (……) 세계가 정신을 차리기 시작했다."[37]

에볼라로 MSF는 의학적, 인도주의적으로 감당할 수 있는 범위가 어디까지인지, 한계를 시험해야 하는 상황에 이르렀다. 에볼라 유행이 시작된 3월에 MSF가 확보할 수 있었던 에볼라 전문가는 소수에 불과했다. 그때부터 MSF는 출혈열 전문가와 숙련된 의료진, 물류 담당자를 끌어 모았고 1,000명의 추가 자원봉사자를 대상으로 에볼라 관리를 위한 단기 집중 훈련을 실시했다. 동시에 몬로비아에 ELWA3도 짓기 시작해서 9월 말부터 그곳에서 환자를 치료할 수 있게 되었다. 에볼라 치료센터로는 세계 최대 규모였다. 그러나 미국인 선교사 두 명이 아프리카를 빠져나간 후 기존 시설들의 기능이 즉각 마비되는 것으로 여파가 나타났다. 사마리아인의 지갑이 라이베리아에 단 두 곳뿐이던 몬로비아와 포야의 에볼라 관리센터 운영을 즉각 중단한 후, MSF가 모든 환자를 흡수해야 했다. WHO가 공중보건 비상사태를 선포한 후에도 2010년 아이티 지진이나 2013년 필리핀에 태풍 하이옌이 찾아왔을 때처럼 자연재해로 인한 피해에 다른 인도주의 지원 단체가 제공한 규모의 직접적인 참여와 도움은 찾아볼 수 없었다. 오히려 단기적으로 상황은 더 악화됐다. "이런 말까지 하고 싶지는 않지만, 다들 내빼는 실정이었다." 조앤 리우의 설명이다.[38]

이처럼 상황이 마비된 이유 중 하나는 공포였다. 〈뉴요커〉 기자 리처드 프레스턴*Richard Preston*이 1994년에 발표한 저서《핫 존*The Hot Zone*》이 베스트셀러에 등극한 후 에볼라는 대중의 머릿속에 두려워해야 하는 병으로 자리 잡았다. 1989년 버지니아 주 레스턴의 영장류 시설에서 발생한 에볼라와 자이르 얌부쿠의 에볼라 생존자들과 나눈 이야기가 담긴 프레스턴의 저서는 에볼라 감염 시 나타날 수 있는 가장 끔찍하고 시각적으로 충격적인 증상을 집중적으로 묘사했다. 병이 말기에 이르면 환자의 눈과 코, 장에서 혈액과 피가 섞인 체액이 새어나오고 "피를 흘린다"고 전하는 식이었다. 실제로 이런 증상이 나타나는 경우가 드물다는 사실은 참 다행스럽지만, 대중의 마음속에는 에볼라가 프레스턴의 표현대로 "분자 세계의 상어"[39] 같다는 인식이 확고히 자리를 잡았다. 생물안전 위해를 경고하는 표시가 새겨진 끈끈이를 떠올리게 하는 묘사와 레스턴의 감염 사고에 상당한 지면이 할애된 프레스턴의 책은 에볼라가 생물전에 활용될 수 있다는 강한 인상도 심어 주었다. 아프리카의 어느 정글에서 나타난 바이러스, 또는 정신 나간 테러리스트가 실험실에서 확보한 바이러스가 미래에 언제든 인류에 혼란을 일으키고 위협할 수 있다

8. 국경 지대에서 발생한 에볼라

고 본 것이다. "에볼라 바이러스의 유전암호에 극히 작은 변화만 일어나도, 기침 한 번에 전 인류에게로 확 퍼져 나갈 수 있다." 그는 이렇게 경고했다.[40] 전문가들은 에볼라 바이러스가 연무질 상태에서도 활성을 잃지 않는다는 말은 지나치게 과장된 설명이라고 밝혔다. 그러나 레스턴의 감염 사태가 미국의 수도와 그리 멀지 않은 곳에서 일어났다는 사실은 에볼라가 생물안보에 위협이 될 수 있다는 점을 부각시켰다. 그 결과 호놀룰루에서 개최된 미국 열대의학·위생학회 회의에서는 에볼라가 전쟁 대비 군사훈련이 필요한* 항목으로 선정됐다.[41] 더욱 주목할 만한 사실은, 이 레스턴 사고가 1992년 미국 의학연구소의 대표적인 역할로 꼽히는 '신종감염병^{EID}' 목록에 1992년 에이즈와 나란히 이름을 올린 중대한 계기가 되었다는 점이다.

* * *

8월 말이 되고 몬로비아 거리 곳곳에 시체가 쌓여 가자 설리프 대통령도 절박해졌다. 혼란이 팽배한 상황에서, 몬로비아 슬럼 지역인 웨스트포인트에 학교를 개조해 마련한 임시 환자 수용센터가 마련됐고 대통령은 에볼라 환자를 그곳으로 보내라고 지시했다. 웨스트포인트에 사는 5만여 명 주민은 대부분 극빈층이었다. 이 결정에 격분한 주민들이 센터를 급습했고, 에볼라 환자 17명이 슬럼가로 달

---

* 당시 군사훈련은 희한하게도 마치 2013년부터 2016년에 걸쳐 발생한 에볼라 유행을 예견한 듯한 내용으로 진행됐다. 국경이 서로 맞닿아 있는 적도 지역의 가상 국가 3곳에서 내전이 일어나, 국경 지대에 위험할 정도로 몰려든 난민들이 비위생적인 환경에서 야영하는 상황이 훈련 배경으로 지정됐다.

아나는 일이 벌어졌다. 4일 후인 8월 20일에 설리프 대통령은 경찰과 군을 동원하여 웨스트포인트에서 외부로 이어진 모든 도로를 봉쇄했고 지역 전체를 격리했다.

야당 지지자들이 많은 웨스트포인트에서는 곧 에볼라가 발생했다는 건 거짓말이고, 무력 반란 세력을 진압하는 것이 대통령의 진짜 의도라는 소문이 들끓기 시작했다. 식품 가격이 치솟고 졸지에 빈민가에 갇혀 버린 처지가 된 주민들은 거리로 나와 시위했다. 심지어 정부가 지명한 지역 의원 한 사람이 자신의 가족을 무장한 경호원의 호위를 받으며 타 지역으로 내보내려고 시도한 사실이 알려지자 성난 군중은 통행을 막아선 바리케이드를 향해 돌진했다. 경찰과 무장한 군인들이 봉과 방패로 막아섰지만 시위대는 돌을 던지기 시작했고 급기야 불을 질러 2명이 부상을 입었다. 부상자 중 한 명이던 15세 샤키 카마라Shakie Kamara는 결국 숨졌다. 소년의 죽음을 계기로 이 사태를 제대로 파악한 설리프 대통령은 10일 만에 격리 조치를 해제했다. 그러나 엎질러진 물은 다시 담을 수 없었고, 정부의 보건 조치를 향한 국민의 불신은 깊어졌다.

8월 말, CDC 센터장 톰 프리든Tom Frieden은 경찰의 폭력적 진압 장면을 보고 충격을 받았고 사태를 직접 평가하고자 서아프리카로 찾아와 설리프 대통령을 비롯한 서아프리카 지도자들을 만났다. 감염질환이 발생하면 사람들이 격한 반응을 보일 수 있다는 사실을 잘 알고 있음에도, 프리든은 라이베리아가 "믿기 힘든" 상황임을 확인했다. MSF가 몬로비아에 서둘러 마련한 치료소에 들른 그는 환자 120명을 의사 한 명이 돌보고 있다는 사실에 기겁했다.

8. 국경 지대에서 발생한 에볼라

어떻게든 살아 보려고 기를 쓰는 사람들 (……) 그 바로 옆에는 죽은 사람들이 있었다. (……) 시신을 치우려면, 필요한 복장을 갖춘 사람 6명이 필요한데 그럴 만한 인력이 없었다. (……) 내가 갔던 텐트 한 곳은 침대 8개와 바닥에 깔린 매트리스 8개가 있었는데, 거기에 여러 가락으로 예쁘게 머리를 땋은 여성 한 명이 엎드려 있었다. 가까이 다가가서야 나는 죽은 사람임을 깨달았다. 다리에 파리가 끓고 있었다. 미처 다른 곳으로 옮기지 못한 시신 중 한 구였던 것이다. 죽어 나가는 사람이 너무 많아서, 시신을 제때 묻지도 못하는 끔찍한 상황이었다.[42]

프리든은 설리프 대통령에게 이런 상태로는 상황이 "더 빠른 속도로 악화될" 것이라 경고했다. 에볼라가 더 이상 퍼지지 않도록 제대로 대처하려면 전문적인 수준의 관리가 반드시 이루어져야 한다고도 전했다. 더불어 치료소에 침상이 마련되는 속도가 환자가 발생하는 속도를 도저히 따라갈 수가 없으니 지역사회의 참여를 끌어모아야 한다고 조언했다. 귀국 후에는 버락 오바마 대통령에게 에볼라의 유행 상황이 두려워했던 것보다 훨씬 더 나쁘다고 보고했다. 이어 기자들에게 WHO의 무성의한 대응이 에이즈 발생 초기에 자신이 직접 경험했던 느릿느릿한 대응과 일치한다는 내용이 담긴 성명을 발표했다. MSF의 조앤 리우도 압박 강도를 높였다. 9월 2일, 뉴욕에서 개최된 UN 회의에서 연단에 나선 리우는 "단체로 손 놓고 아무것도 하지 않는 상황"이라 비난하며 자신의 감정을 그대로 전달했다. 그리고 에볼라 발생 국가들과의 연결고리를 다 끊고 유행병이 알아서 사라지기를 바라기만 하는 것은 해결책이 될 수 없다고 경고했다.

> 이 유행 사태를 진정시키려면, 각국이 민간 자원과 군사 자원을 즉시 제공해야 하며 생물안전 위협 요소를 어떻게 차단해야 하는가에 관한 전문적인 지식도 필요하다. (……) 불을 끄려면 불이 타오르고 있는 건물 안으로 들어가야 한다.[43]

이 연설이 나온 즈음에 라이베리아에는 에볼라 확진 환자와 의심 환자 수가 약 1,400명에 이르렀고 700명 가까이 사망했다. 동시에 15일에서 20일 간격으로 신규 감염자가 두 배로 늘었다. 시에라리온의 상황도 비슷했다. CDC 질병 모형 전문가들은 이 두 나라에서 9월 말까지 최대 1만 6,000명의 환자가 발생할 것이라는 예측 결과를 내놓았다. 그리고 추가적인 개입이 없고 현재의 행동 패턴이 지속될 경우 다가오는 새해에는 재앙 수준이 될 것이라고 밝혔다. 라이베리아와 시에라리온 전역에서 최대 55만 명의 환자가 발생했고, 공식 보고가 안 된 환자까지 더하면 실제 환자 수는 140만 명에 이를 것이라는 추정치가 나왔다.[44] "몬로비아의 상황은 어딘가 다른 면이 있습니다." MSF의 아만드 스프레처는 8월에 〈뉴욕타임스〉 기자와의 인터뷰에서 이렇게 밝혔다. "도시 환경에서, 병이 이렇게 폭발적으로 번진 경우는 없었어요."[45]

더 이상 악화될 수 없다고 생각했던 라이베리아의 상황은 더욱 나빠졌다. 8월은 우기라 에볼라로 숨진 사람들을 다급히 대강 묻어

둔 무덤 위로 비가 쏟아져 시신이 지면에 떠다니기 시작했다. 부패한 시신이 눈앞에 나타나는 충격적인 일이 벌어지자 설리프 대통령은 화장을 의무화했다. 라이베리아 문화에서 화장은 결코 받아들일 수 없는 일이었지만 이번에는 국민들도 순순히 동의했다. "사람들은 조치를 받아들였다. 폭동은 일어나지 않았다." 라이베리아에서 CDC 사업을 총괄한 케빈 드 콕Kevin De Cock은 이렇게 전했다. "저항은 있었지만 전체적으로 원만하게 진행됐다."

그리고 놀라운 변화가 또 하나 생겼다. 사람들이 서로 접촉하지 않기 시작했다. 드 콕을 비롯한 서구 지역 사람들은 이 갑작스러운 행동 변화를 깨닫고 깜짝 놀랐지만, 나중에 생각해 보면 충분히 그럴 만한 일이었다. WHO에서 소아마비와 응급상황 부문 부국장을 맡았던 브루스 에일워드Bruce Aylward는 몬로비아의 위기가 극단적인 수준에 이르고 WHO의 대응이 실패한 것이 이 같은 행동 변화로 이어졌다고 주장했다.

갑자기 몬로비아 전체가 에볼라의 실체를 확실히 깨달은 것 같았다. 에볼라가 사람을 죽인다는 것, 내가 한두 가지를 바꾸지 않으면 나도 에볼라로 죽을 수 있다는 사실을 말이다. 사람들은 엄청난 두려움을 느끼면서도, 대체 이게 뭔지 알지 못했다. 바이러스와 세균의 차이가 뭔지도 알 수 없었지만, 뭔가 바꿔야 한다는 건 알았다. (……) 감당하기 힘든 두려움을 느낄 때 우리가 가장 먼저 보이는 반응은 물러서는 것이다. 이들의 행동도 갑자기 속도를 늦추고, 흥분을 가라앉히는 방향으로 변화했다.[46]

시에라리온에서도 비슷한 시기에 같은 행동 변화가 나타났다. 특히 에볼라 피해가 가장 먼저 발생한 곳이자 가장 큰 피해를 입은 카일라훈과 케네마에서 이러한 변화가 두드러졌다. 그러나 다른 지역에서는 에볼라 통제 조치에 대한 저항이 계속됐다. 프리타운과 개발이 확대된 도시 주변 지역을 아우르는 서구 지구, 그리고 약 5,180제곱킬로미터 면적에 늪과 강이 다량 분포한 프리타운 북쪽의 포트 로코는 조치에 순응하지 않기로 유명한 곳이었다. 한 예로, 2015년 3월에 라이베리아에서 마지막 에볼라 환자가 병원을 퇴원한 직후, 에볼라에 감염된 어부 한 사람은 환자 추적을 맡은 정부 담당자의 눈을 피해 달아났다. 이 환자는 동료 어부 세 명에게 롬베 습지 인근의 외딴 섬으로 자신을 데려다 달라고 설득했다. 룽기 공항이 보이는 곳에 있던 이 섬에서 그는 정통 치료사를 만난 후 프리타운 외곽에 있는 애버딘으로 다시 이동해 최고급 호텔 래디슨 블루 야미가 바로 코앞에 서 있는 탐바 쿨루 부두에 도착했다. 걸어 다니는 바이러스 폭탄과도 같은 상태였던 어부는 부두에 닿자 곧장 옥스팜이 지은 화장실 건물로 걸어가 피가 섞인 체액을 토했다. 이 일로 탐파 쿨루 주민 20명이 에볼라에 감염됐고, 당국은 애버딘 지역 전체를 21일간 격리했다. 이론적으로는 연쇄 전염이 여기서 끝나야 했지만, 환자 추적 담당관이 최선을 다했음에도 불구하고 어부를 섬에 태워 준 사람 중 한 명도 프리타운에서 차로 3시간 거리에 있는 마케니까지 오토바이를 얻어 타고 달아났다. 그곳에서 지역 치유자를 포함한 3명이 추가로 감염됐다. 달아난 사람까지 4명 모두 소재가 파악되어 근처 에볼라 치료센터로 옮겨졌지만, 그곳에서도 이들은 치료를 거부했다. 환자 중 한 명이던 치유자가 의료진이 "에볼라 총"으로 자신들을 죽이려 한다는 말에 모두 동감한 것이다. 이들이 총이라고 한 것은 의료진이 손에 쥐고 환자의 체온을 측정하는 전자 체온계였다.

시에라리온 정부는 최후의 감염 지역까지 없앤다는 일념으로 '우리가 에볼라를 없애도록 해 주세요'라는 뜻의 크리오어 "Leh we tap Ebola"가 적힌 슬로건을 내걸고 공중보건 캠페인을 시작했다. 이와 함께 정부 관계자들은 각 지역의 주요 대표들과 만나, 각자의 권한을 활용해서 마을 사람들이 믿고 따르는 사람들에게 혹시 환자로 의심되는 행동이 보이면 알려 달라고 요청하도록 했다. 많은 지역에서 이 같은 보고 체계가 성공적으로 운영된 반면 포트 로코에서는 마을의 리더가 에볼라 환자를 숨기고 사람들이 몰래 시신을 매장하도록 눈감아 주는 일이 몇 번이나 생겼다. 이로 인해 시에라리온은 라이베리아와 달리 자발적인 행동 변화로 환자 수가 급감하는 결과는 나타나지 않았고 에볼라 사태는 2015년 여름까지 이어졌다.

결국 큰 변화는 국제 사회의 자원이 추가로 동원된 후에 일어났다. 에볼라 사태가 지속되면 안보에 위협이 될 수 있음을 인지한 UN 사무총장은 2014년 9월 19일에 '유엔 에볼라 긴급대응단UNMEER'을 발족했다. 대응 수위를 높이고 에볼라 발생 지역에 물품과 기술적 지원이 보다 원활히 제공될 수 있도록 마련한 단체였다. 이로써 에볼라는 1987년 에이즈 이후 UN 역사상 두 번째로 총회에서 논의된 감염질환이 되었고, 에이즈 때와 비슷한 큰 효과가 나타났다. 오바마 대통령은 라이베리아에 군인 3,000명을 보내겠다고 약속했고, 2014년 말에 미 의회에서는 에볼라 해결에 54억 달러의 긴급 자금을 투입한다는 결정이 내려졌다. 신종감염병에 할당된 자금으로는 사상 최고 규모였다. 2015년 3월까지 영국, 프랑스, 미국은 군 자원을 상당한 수준으로 동원했다. 전 세계 20개국 이상에서 의료보건 인력과 감염자의 접촉 경로를 추적할 인력 수천 명이 서아프리카로 가서 "환자 0명 만들기" 노력에 힘을 보탰다.[47] 이 같은 노력에도 WHO가 에볼라 유행이 종결됐음을 최종 발표하기까지 1년이라는 시간이 걸렸다. 종합하면 에볼라 감염자는 대략 2만 9,000명 발생했고 1만 1,300여 명이 사망했다. 역사상 최악의 발병 사태로 꼽히지만 서아프리카 5개국에서만 발생했다는 점에서 대유행으로 종말이 찾아올 수 있다는 시나리오는 신빙성을 잃었다.

* * *

사스와 마찬가지로, 에볼라 유행 사태는 이전까지 오지로 여겨진 곳에도 새로운 병원체가 나타날 경우 상호 연결이 갈수록 확산되는 세상에서 얼마나 큰 위기가 될 수 있는지 똑똑히 보여 주었다. 미국 의학연구소는 1990년대 초, 해외 항공 여행과 상업이 성장할수록 신종 감염병의 확산 위험도 커진다고 경고한 바 있다. 서아프리카의 에볼라 유행은 정확히 이 상상 속 시나리오가 실현된 것이나 다름없다. 그 위험성이 미국까지 영향을 줄 수 있었던 순간이 있었다. 패트릭 소여가 라고스에 도착했을 때가 첫 번째이고, 두 번째는 2014년 9월에 텍사스의 병원에서 라이베리아 국적의 에볼라 감염자가 나타낳을 때였다. 토머스 던컨$^{Thomas\ Duncan}$이라는 이름의 환자는 9월 25일에 댈러스 장로교 교회 응급실로 걸어 들어와서 복통과 구역질 증상을 호소했다. 그가 의료진에게 직접 최근 라이베리아를 방문했다고 밝혔음에도 불구하고 누구도 에볼라 검사를 해 볼 생각을 하지 못했고 던컨은 타이레놀과 항생제를 받아 든 채 집으로 돌아갔다. 그러나 마흔두 살이던 환자는 3일 후 댈러스의 친구네 아파트에서 열이 펄펄 끓었고, 9월 28일에 구급차를 타고 같은 병원에 이송됐다. 그제야 던컨은 에볼라 검사를 받았지만 엄청난 양의 체액을 토했고 이미 전염성이 상당히 높은 상태였다. 결국 던컨은 10일 후 숨졌고 간호사 2명이 추가로 에볼라에 감염됐다.[48]

9/11 공격에 이어 던컨의 사례도 미국의 상공이 얼마나 관리가 허술한지, 그리고 상업적인 항공여행이 가능해진 덕분에 전 세계 어느 도시건 72시간 내에 도착할 수 있는 시대에 미국이 외래 병원체의 유입에 얼마나 취약한지 고스란히 드러냈다.[49] 그러니 도널드 트럼프가 에볼라 환자와 의료 봉사자들이 해외에서 돌아오지 못하도록 금지해야 한다는 요구를 시작하기도 전에 그러한 조치가 논의된 것도 그리 놀라운 일이 아니다. 대다수가 WHO의 잘못이라고 비난했다. 에볼라 유행이 1년째 접어든 후 MSF 브뤼셀 지부장인 크리스토퍼 스톡스$^{Christopher\ Stokes}$가 밝힌 견해처럼 UN 최고위층의 방향 제시와 "리더십 공백"이 나타난 건 분명한 사실이다. "WHO는 권고 수준의 지원을 제공하는 것으로 역할을 한정지을 것이 아니라, 이번 사태에 보다 직접적인 개입이 필요하다는 사실을 훨씬 일찍 인지했어야 한다."[50] WHO의 요청으로 WHO의 에볼라 위기 대

대유행병의 시대

응 상황을 평가하기 위해 구성된 독립 전문가단 '에볼라 중간평가 패널'의 대표 바바라 스토킹Barbara Stocking도 비슷한 수준으로 매섭게 힐책했다. 스토킹은 에볼라 유행 사태로 WHO의 기능과 국제 사회 보건 규정의 단점이 드러났다고 전하면서, WHO 사무총장과 사무국이 "독자적이고 용기 있는 의사결정"을 내릴 필요가 있었으나 위기 발생 초기 몇 달간 이런 태도는 명확히 "나타나지 않았다"고 밝혔다.[51]

WHO의 과실이 있었다면 다른 기관도 마찬가지다. 예를 들어 2014년 3월에 CDC는 에볼라 최고 전문가 중 한 명인 피에르 롤린Pierre Rollin을 기니로 파견했다. 에볼라 발병 사태를 여러 번 겪은 적 있는 롤린은 붙임성 있는 태도와 더불어 필로 바이러스의 과학적 특성을 일반인도 쉽게 이해하도록 잘 설명하는 재능을 갖춘 프랑스인이다. CDC 센터장은 롤린이 프랑스어를 구사하는 전문가인 만큼 알파 콩데Alpha Condé 기니 대통령과 친밀한 관계를 형성해 기니의 에볼라 감시감독과 통제 노력을 CDC가 더 적극적으로 도울 수 있도록 설득하기를 희망했다. 롤린은 이런 바람을 실망시키지 않았다. 콩데 대통령이 CDC의 도움이 필요하다는 사실을 받아들이도록 단시간에 설득한 데 이어, 기니 국경을 봉쇄하는 조치는 역효과를 낳을 수 있다는 점도 인지하게 했다. 다음 단계로 롤린은 정보 관리 시스템을 구축해 에볼라 환자를 기록하고 에볼라 바이러스에 노출됐을 가능성이 있는 사람들을 추적했다. 총 5주 반가량 기니에 머무는 동안 거의 대부분의 시간을 돈카 병원의 에볼라 환자 상황을 모니터링하기에 좋은 코나크리에서 지냈지만, 시간을 쪼개 주변 지역도 둘

8. 국경 지대에서 발생한 에볼라

러보았고 구에케두에 직원을 배치해서 이번 사태의 근원지인 그곳의 상황도 보고받았다. 4월 말이 되자 코나크리에는 일주일 이상 신규 환자가 발생하지 않았고, 롤린은 기니 산림지역 전역에 환자 발생 속도가 천천히 느려지고 있다고 판단했다. 시에라리온에서도 환자가 발생하지 않았다. 라이베리아 역시 4주째 새로운 환자가 나타나지 않았다. 그가 이제 해야 할 일을 다 했다고 할 수 있는 상황이 된 것이다. 5월 7일에 애틀랜타 CDC 본부로 돌아온 롤린은 다음과 같이 회상했다. "눈으로 보기에도, 냄새도, 맛도 이전에 발병 사태가 일어났던 일반적인 곳들과 다르지 않았다."[52]

그러나 2014년 가을에 라이베리아와 시에라리온에서 에볼라가 확산되어 국경이 봉쇄되고 겁에 질린 항공사들이 해외 항공편 운항을 중단하자, 롤린도 서둘러 앞서 밝힌 입장을 철회했다. 12월에 〈뉴욕타임스〉와의 인터뷰에서 그는 "전례 없던 사태였다. 그런 경우는 한 번도 본 적이 없다"고 설명했다. "당시에는 우리가 알지 못한 것들이 아주 많았다. 현재 우리가 알게 된 일들이 생기리라고는 누구도 상상조차 할 수 없었다."[53] 런던 위생·열대의학 대학원의 세계 보건 부문 총괄 책임자이자 1976년 얌부쿠의 에볼라 감염 사태를 조사한 경력이 있는 피터 피옷 교수도 그에 못지않은 겸손한 태도로 자신의 견해를 밝혔다. "스위스 프랑의 폭등과 더불어, 지난 12개월 동안 발생한 블랙스완 사태가 아닐까 생각한다." 피옷은 2015년 1월 21일에 스위스 다보스에서 개최된 세계경제포럼에서 전 세계 보건정책 입안자들에게 이렇게 전했다. 2주 전, 스위스가 유로의 가치에 따라 자국 통화인 프랑의 환율 변동이 가능하도록 프랑의 상한을 없앤다고 깜짝 발표한 것을 염두에 둔 이야기였다. "즉 전혀 예측할 수 없었고, 37년 전의 경험을 토대로 앞으로 벌어질 일을 예측할 수도 없었던 일이었다."[54]

기니 산림 지역에서 시작된 위기를 이 모든 전문가들이 눈 뜬 장님처럼 간과하게 만든 건 무엇이었을까? 그리고 에볼라가 국경을 넘어 시에라리온과 라이베리아까지 확산되고 도시까지 위협을 받게 된 상황에서도 보건 당국의 대응이 그토록 느릿느릿하게 이루어진 이유는 무엇일까?

이러한 의문에는 몇 가지 답을 제시할 수 있다. 그중 하나는 에볼라가 병원 내에서 확산된 적이 있고 때때로 도시에서도 환자가 발생한 경우가 있지만 엄격한 장벽 간호와 감염자와 접촉한 사람을 격리하는 조치로 감염 확산을 신속히 차단할 수 있었다는 점이다. 리처드 프레스턴의 저서 《핫 존》 같은 책에서는 에볼라 바이러스가 굉장히 불안정하고 병독성이 강하다는 인식을 제공한 반면, 21세기 초부터 에볼라 바이러스에 돌연변이가 일어나 "안드로메다에서 온 것처럼 도통 알 수 없는 종"으로 바뀔 수 있다는 우려는 점차 사그라졌다. 숙주가 밝혀지지 않은 데다, 5가지 아형 모두 유전체가 상당히 안정적인 것으로 밝혀졌기 때문이다. 또한 얌부쿠에서 벌어진 감염은 치사율 90퍼센트에 이를 만큼 높았지만 키크위트에서는 78퍼센트였고 이듬해 가봉에서 발생한 감염 사태에서는 57퍼센트로 나타났다.[55] 에볼라의 병독성에 관한 각종 우려에도 불구하고, 이 바이러스에 감염된다고 해서 무조건 사형선고를 받은 것으로 볼 수 없다는 사실이 명확히 드러났다. 2013년 이전에 아프리카에서

는 에볼라 발병 사태가 20회 이상 발생했지만 감염자 수는 모두 통틀어 약 2,200명에 그쳤다. 한 번 터졌을 때 400명 이상 사망자가 발생한 사례도 없었다.[56] 따라서 에이즈나 말라리아처럼 더 광범위하게 확산된 다른 열대 질환과 비교하면 에볼라는 공중보건에 당장 큰 위협이 되는 문제이기보다는 안보에 위협이 되는 쪽에 가깝다고 여겨졌다.

아쉽게도 전문가들은 사회적 행동, 그리고 야생동물의 고기를 먹고 전통적인 장례 의식을 철저히 지키려는 의지 등 문화적으로 깊숙이 자리한 관습이 얼마나 중요한 영향을 주는지 잊고 말았다. 세 국가의 국경이 마주한 지역에서 살아 온 지역민들이 국경 너머로 왕래가 잦다는 사실이나 새로 생긴 고속도로 덕분에 도시 지역을 오가는 시간이 크게 줄었다는 점도 간과했다. 외국인과 정부 관료들을 향한 광범위한 불신이 에볼라 발생 지역 주민들로 하여금 에볼라가 거짓이 아닌 실제로 일어난 일임을 받아들이려고 하지 않을 만큼 큰 영향을 줄 수 있다는 사실도 고려하지 못했다. 물론 다른 이유도 있었다. 에볼라가 유행한 초기에 서아프리카에 에볼라 검사를 할 수 있는 연구소가 없었다는 점, 그럼에도 기니 정부는 분석을 거쳐 감염이 확인된 사례만 확진 사례로 집계해야 한다는 입장을 고수한 점도 원인에 해당한다. 의학 연구기관이나 제약업계가 신약 허가를 얻기 위한 노력은 고사하고 실험동물에서 가능성이 엿보인 에볼라 백신과 치료제의 안전성 연구에 그리 큰 관심을 기울이지 않았다는 점도 마찬가지다. 그 사이 생명공학 업체에서 개발한 지맵 같은 실험 의약품은 창고에 쌓여 있었다.[57]

에볼라에 대처할 수 있는 지식과 능력을 갖춘 의사, 간호사가 없었다는 점, 만성적인 투자 부족과 내전으로 의료보건 체계에 균열이 발생한 것도 사태를 키운 요소였다. 그러나 서아프리카의 에볼라 유행 사태가 남긴 가장 큰 교훈은, 자이르 에볼라 바이러스가 3국의 국경이 마주한 지역에서 수년 동안 드러나지 않은 채 감염을 일으켰을 가능성이 매우 높다는 점을 알린 것이다. 실제로 당시 발병 사태를 촉발시킨 바이러스는 마코나Makona로 알려진 변종으로, 이전에 중앙아프리카에서 발생한 발병 사례에서 검출된 종류와 거의 동일하다(바이러스 유전체학에서 쓰는 표현으로는 두 종의 상동성이 97퍼센트로 밝혀졌다). 계통발생학적 분석에서도 기니의 발병 사태는 단 한 번의 스필오버(종간 전이)를 거쳐 일어난 것으로 나타났다. 이는 지표 사례가 2013년 12월 멜리안두에서 시작됐다는 역학적 근거와 보고 내용과도 일치한다. 또 한 가지 놀라운 사실은, 마코나 변종이 불과 10여 년 전에 자이르 에볼라 바이러스의 다른 변종에서 파생했다는 점이다. 즉 비교적 최근에 서아프리카에 유입됐다는 의미다.[58] 이런 점에서, 의학 연구자들이 라사열로 병원을 찾은 환자 중 일부가 에볼라 바이러스 항체를 보유했다는 것을 확인했지만 이런 사실에 크게 주목한 사람이 거의 없었던 것도 놀라운 일이 아니다.

그렇다면 자이르 에볼라 바이러스는 어떻게 기니까지 도달했을까? 왜 하필 구에케두였을까? 사람을 통해 유입됐을 가능성은 낮다. 중앙아프리카에서 구에케두까지 여행하거나 물자가 오가는 경우는 거의 없고, 코나크리나 프리타운, 몬로비아 어느 쪽이든 가장 가까운 국제공항도 차로 12시간은 가야 하는 곳이 구에케두다. 그러므

8. 국경 지대에서 발생한 에볼라

로 과일박쥐가 병을 옮긴 주인공일 가능성이 더 높다. 망치머리박쥐*Hypsignathus monstrosus* 외에 가장 유력한 후보는 프랑켓견장과일박쥐 *Epomops franqueti*와 작은목도리과일박쥐*Myonycteris torquata*다. 세 종류 모두 기니를 포함한 사하라 사막 이남 아프리카 지역에서 두루 흔히 볼 수 있는 박쥐이고 장거리를 이동할 수 있는 개체도 있다고 여겨진 다. 가야 할 경로에서 벗어난 과일박쥐가 기니 산림지역에 에볼라 바이러스와 함께 유입됐고, 거기서부터 멜리안두의 나무 그루터기 를 은신처로 삼은 앙골라 자유꼬리박쥐를 비롯해 그 지역에 서식하 던 박쥐 개체군에 바이러스가 옮겨졌을 것으로 추정된다. 왜 하필 구에케두인지 알아내려면, 울창했던 숲이 벌목꾼과 농부들 손에 잘 려 나간 것이 어떤 영향을 주었는지부터 조사해야 한다. 벌목은 숲 에 살던 박쥐의 서식지를 없애 인간이 사는 환경에 더 가까이 다가 가도록 내모는 파괴적 영향을 발생시킨다.

마지막 의문점은 왜 2014년에 일어난 에볼라 사태가 더 일찍 일 어나지 않았을까 하는 점이다. 생태학적 조사가 추가로 이루어지 고 에볼라의 확산 경로와 에볼라 바이러스가 한 번 감염을 일으킨 뒤 다음 발병 사태가 일어나기 전까지 어디에 머물러 있는지 더 상 세한 내용이 파악되기 전까지는 답하기가 어렵다. 기니 산림지역에 건기가 시작된 무렵부터 환자가 나타나기 시작했다는 사실에 주목 하는 사람들도 있다. 건조한 환경 조건이 이 지역에서 에볼라 바이 러스에 감염된 박쥐의 비율에 어떤 식으로든 영향을 주었고, 이것이 감염된 박쥐와 사람의 접촉 빈도를 높였다는 가정도 여기에서 나왔 다. 물론 이 시나리오는 박쥐가 에볼라 바이러스의 숙주라는 전제에서 출발한다. 어쩌면 에밀과 친구들이 롤리벨로를 끌어내는 재주를 가졌던 것이 불운한 일이었는지 모른다.

8. 국경 지대에서 발생한 에볼라

The Pandemic Century

숫한 아기를 7명 만났다고 이야기했다. 얼마 후 모녀는 레시페 여러 병원에서 이런 아기가 15명 나타났다는 사실을 확인했다. 페르남부쿠 주 전체를 통틀어 한 해 동안 보통 5건 정도 발생하는 문제가 이만큼 나타난 것이었다. 결코 우연이라고 볼 수 없었다.[3]

반 데르 린덴 모녀는 즉시 페르남부쿠 주 보건부에 이런 사실을 알렸고 신생아에 신경학적 이상이 발생한 다른 보고가 있는지 확인해 달라고 요청했다. 주 전역의 여러 병원에서 총 58건의 보고가 있었고, 대부분 지난 4주 동안 이런 아기가 태어난 것으로 파악됐다. 풍진, 매독, 톡소플라즈마증과 더불어 거대세포 바이러스, HIV, 파보 바이러스 감염인지 확인하는 검사도 실시했지만 모두 음성으로 판정됐다. 이런 패턴이 왜 나타나는지 알아내기 위해, 페르남부쿠 주 보건부는 마지막 카드를 꺼냈다. 질병 탐정으로 불리는 카를로스 브리토Carlos Brito를 호출한 것이다.

호리호리한 체형에 머리카락이 뻣뻣하게 뻗은 브리토는 늘 쉴 새 없이 움직이는 사람이다. 감염질환을 치료하는 임상의 과정을 마친 그는 역학 데이터를 분석하며 노트북을 열심히 두드릴 때 가장 즐거워 보인다. 그가 발병 사태를 관리하는 일에 처음 뛰어든 것은 1991년, 콜레라가 유행하자 브라질 보건부가 의사들이 참고할 수 있는 진단 지침을 작성해 달라고 요청했을 때였다. 이후 브리토는 브라질에서 발생한 몇 건의 발병 사태에 참여해 자문을 제공했다. 특히 아르보 바이러스 감염으로 발생한 뎅기열과 치쿤구니야열 조사에서 두각을 나타냈고 브라질의 일류 공중보건, 의학 연구 단체인 오스왈도크루즈 재단Oswaldo Cruz Foundation('피오크루즈Fiocruz'로도 불림)과도 긴밀한 관계를 맺고 있다. 국제축구연맹^{FIFA} 월드컵 결승전이 끝난 직후인 2014년 8월에는 페르남부쿠 주와 가까운, 코코넛 나무가 멋지게 줄지어 선 해변과 살기 좋은 기후로 유명한 바이아 주로 오라는 호출을 받았다. 몇 주 전부터 인구수가 많은 바이아의 주도 사우바도르에서 북쪽으로 약 100킬로미터 떨어진 도시 페이라지산타나에서 치쿤구니야열이 유행하기 시작했기 때문이다. 보건부는 모기로 매개되는 이 감염질환을 의사들이 진단하고 더 쉽게 알아챌 수 있도록 지침이 필요하다고 판단했고, 그 일을 브리토에게 맡겼다. 이 경험은 2년 뒤 페르남부쿠 주에서 알 수 없는 소두증 사례가 늘어나자 이를 조사할 적임자로 브리토가 거론된 바탕이 되었다.

* * *

아르보 바이러스^{arbovirus}('절지동물 매개 바이러스'를 뜻하는 영어 'arthropod-borne viruses'를 줄인 말)는 주로 남아프리카에 존재한다. 그중에서도 가장 치명적인 병을 일으키는 황열병 바이러스는 17세기 말, 사탕수수 재배를 위해 서아프리카에서 노예를 싣고 온 배가 레시폐와 그 밖에 여러 해안가 항구로 들어오면서 함께 유입됐을 가능성이 가장 높다. 이때 황열병과 뎅기열, 치쿤구니야열의 주된 매개체인 이집트숲모기^{Aedes aegypti}도 함께 유입됐다. 크기가 작고 색이 짙은 이 모기는 몸통에 리라와 비슷한 무늬와 다리에 띠가 있는 특징이 있다. 일반적인 상수도가 마련되지 않고 위생관리 시스템이 적절히 갖추어지지 않은 곳에서 아주 흔하게 볼 수 있는 이 모기는 브라질에서

1950년대에 DDT와 다른 살충제로 사실상 완전히 사라졌지만 1970년대에 들어 다시 나타나 급속히 확장되던 브라질 각 도시에 자리 잡기 시작했다. 특히 도심 슬럼가와 빈민 지역이 주된 터전이 되었다. 이제는 레시페를 포함한 브라질 여러 도시에서 어디를 가나 볼 수 있는 모기가 되었고, 과거보다 개체의 밀도도 훨씬 높다.

이집트숲모기는 산란지로 민물을 선호한다(노예무역이 이루어지던 시절에는 갑판 아래 통 속에 보관해 둔 음용수에서 유충이 나오곤 했다. 그 바로 옆에 쇠사슬에 묶인 노예들은 가만히 앉아서 성체가 된 모기의 표적이 되었다). 그 늘진 곳에 덮개 없이 놓여 있는 입구가 넓은 통에 담긴 물이라면 가장 좋겠지만 꼭 그런 환경만 까다롭게 따지지는 않는다. 화분에 물을 주는 물뿌리개부터 물 항아리는 물론 자동차 타이어, 버려진 플라스틱 병까지 어디든 이집트숲모기의 유충이 나타난다. 수컷 모기는 꿀만 먹지만 암컷은 알을 낳으려면 반드시 피를 섭취해야 한다. 일출 2시간 전과 땅거미가 지는 무렵에 피를 찾는 활동이 가장 활발하다. 보통 뒤에서 슬그머니 나타나 발목이나 팔꿈치에 뾰족하고 날카로운 침을 찔러 넣는 방식을 즐겨 활용하지만 무릎도 주요 타깃이 된다. 문제는 모기에 딱 한 번 물리는 것으로도 이 모기에 감염된 바이러스가 충분히 옮겨 올 수 있다는 것이다. 집모기 속 등 다른 종류의 모기들과 달리 숲모기 속 모기는 "홀짝이는" 특징이 있다. 즉 한 번 문 곳을 물고 또 문다. 그러나 이들의 가장 중요한 특징은 한 번 먹이를 구한 장소에서 좀처럼 떠나지 않는 붙박이라는 점이다.

황열병 바이러스는 이집트숲모기가 옮기는 가장 무서운 바이러스다. 감염자는 대부분 경미한 두통과 발열, 구토 증상으로 끝나지

9. Z로 시작하는 병, 지카

만 전체 환자 중 15분의 1 정도는 독성이 강력하게 나타나는 단계로 넘어가 고열과 심각한 황달(이 질병에 "황열"이라는 명칭이 붙은 이유)이 나타나고 입과 잇몸 출혈과 함께 위 내벽에서 발생한 출혈로 시커먼 액체를 토하는(스페인어로 이 증상을 'vomito negro[검은 구토]'라고 한다) 끔찍한 증상을 보인다. 이와 같은 상태에 이르면 거의 다 사망에 이른다. 다행히 황열병 백신이 개발되어 한 번 맞으면 면역력이 평생 유지된다. 황열병 바이러스와 밀접하게 연관된 총 4가지 혈청형 바이러스 중 하나가 원인인 뎅기열의 경우 고통스럽고 심신을 약화시키는 질병이지만 아직 일반화할 수 있는 제품으로 승인된 백신이 없고 치료법도 없다. 치쿤쿠니야열도 마찬가지다.

뎅기열은 감염 후 보통 3일에서 7일이 경과한 후에 증상이 나타난다. 대부분의 감염자가 고열과 심한 두통, 관절과 근육의 극심한 통증을 느낀다. 마치 누가 커다란 망치로 팔과 다리, 목을 때리는 것처럼 통증이 심해서 "골절열^{breakbone fever}"로도 불린다. 열이 나기 시작하고 이틀에서 5일이 지난 뒤 얼굴과 팔다리에 발진이 생기는 경우도 있다. 감염자 대다수가 4~7주 동안 앓다가 회복되지만, 일부는 뎅기 출혈열이라는 희귀한 합병증을 앓는 단계로 넘어가 고열, 코와 잇몸의 출혈 증상이 나타나고 순환계 기능에 이상이 발생한다. 최악의 경우 이러한 증상으로 극심한 내출혈과 쇼크가 발생해 결국 사망에 이른다.

치쿤쿠니야열의 증상도 대체로 동일하나 주된 차이가 있다면 감염자가 목숨을 잃는 경우가 굉장히 드물고 잠복기가 더 길다는 점이다(하루에서 12일). 또한 치쿤쿠니야열의 경우 발진이 보통 다른 증상이 나타나기 시작한 후 48시간 내에 전신에 나타난다는 것도 차이점이다(몸통, 팔다리, 얼굴, 손바닥, 발). 뎅기열은 근육에 통증이 발생하지만 치쿤구니야열은 관절에 통증이 느껴지고, 아침에 일어나면 관절이 심하게 붓거나 부종이 생기는 것이 특징이다. 이러한 관절통은 만성으로 자리를 잡기도 한다. 특히 기저 질환이 있는 노인이 감염되면 만성 관절통으로 남는다.[4]

브라질에서 뎅기열은 1981년 호라이마 주에서 예상치 못한 유행병으로 번진 것을 시작으로 여러 차례 재발했다. 1986년, 1990년에 리우데자네이루에서 감염자가 상당한 규모로 발생한 데 이어 2002년까지 남미 대륙에서 인구가 가장 많은 상파울루를 비롯해 16개 주에서 뎅기열 환자가 보고됐다. 2008년 이후에 집계된 기록에 따르면 뎅기열 의심 환자 수는 74만 4,000명, 사망자는 225명이었고 2010년에는 감염자 수가 처음으로 100만 명을 넘어섰다. 한 번 유행할 때마다 병의 중증도도 점차 심각해지는 추세다.[5] 가장 우려되는 문제는 발병 사태 한 건, 때때로 두 건에서 원인 바이러스의 4가지 혈청형이 모두 발견되고, 2~3년 간격으로 두 종류 이상의 혈청형이 동시에 나타나고 있다는 사실이다(뎅기열 바이러스에 한 번 감염되면 평생 면역력이 생기지만 다른 혈청형에 대한 교차 면역력은 부분적이거나 일시적이라 나중에 다른 혈청형에 감염될 경우 출혈열 단계로 넘어갈 위험이 높다). 전미 보건기구[PAHO]에서 뎅기열 관리를 지역 최우선 목표로 설정하고 WHO가 뎅기열이 풍토병으로 발생하는 지역에는 사노피 파스퇴르사가 개발한 실험 백신을 활용할 것을 촉구하는 이유도 이런 독성 때문이다.[6]

9. Z로 시작하는 병, 지카

바이아 주 페이라지산타나에서 치쿤쿠니야열 환자가 발생하여 브리토에게 상세히 조사해 달라는 요청이 떨어졌을 때도 이처럼 뎅기열과 아르보 바이러스의 확산을 둘러싼 우려가 고조된 상태였다. 그곳에서 브리토는 아르보 바이러스 감염질환 전문가인 클레버 루즈Kleber Luz라는 의사를 소개받았다. 레시페에서 북쪽으로 약 320킬로미터 떨어진 리우그란데두노르테의 주도 나타우 출신인 루즈는 얼마 전 치쿤쿠니야열 환자가 대거 발생한 카리브 해 마르티니크 섬에서 막 돌아온 참이라 감별 진단, 즉 병의 징후나 증상이 비슷한 질병이나 몸 상태를 구분해 내는 기술을 한껏 발휘할 수 있었다. 페이라지산타나에서 루즈는 9월 말까지 치쿤쿠니야열 환자가 4,000명 넘게 발생한 상황이라, 루즈는 나타우를 포함한 주변 주와 도시까지 확산될 가능성이 높다고 우려했다(2015년에 브라질 전역에서 발생한 치쿤쿠니야열 환자는 총 2만여 명이었다). 이듬해 1월, 루즈는 발열과 발진, 눈이 벌게지고 가려운 증상을 호소하며 나타우 소재 여러 병원에 찾아온 환자들의 상태가 치쿤쿠니야열이나 뎅기열에 딱 들어맞지 않는다는 점에 주목했고 브리토에게 이 문제를 의논했다. "이 환자들은 미열이 나는데 뎅기열에 걸리면 보통 열이 굉장히 많이 납니다." 브리토는 이렇게 설명했다. "또한 당시에 찾아온 환자의 40퍼센트가량이 관절통이 있다고 했는데, 치쿤쿠니야열이라면 통증이 아주 극심해야 하지만 그렇지도 않았습니다. 발진이 나타나는 빈도도 매우 높았지만 뎅기열에서는 발진이 나타나는 경우가 거의 없고 치쿤쿠니야열에서는 발진이 전혀 중요한 증상이 아닙니다." 브리토와 루즈는 바로 이 지점에서 중대한 결정을 내렸다. 보

런 시도는 성공하지 못했고, 1966년이 되어서야 이집트숲모기에서 처음으로 지카 바이러스가 분리됐다. 그런데 이 성과는 아프리카가 아닌 말레이시아에서 나왔고, 지카 바이러스가 다른 지역으로 이동하여 도시 주변에서 사람들을 감염시킬 수 있음을 암시했다는 점에서 이때 경각심을 높였어야 했다. 실제로 지카 바이러스는 1980년대 초가 되자 인도와 적도와 가까운 아시아 다른 지역까지 확산됐고 서쪽으로는 저 멀리 인도네시아에서도 존재가 확인됐다. 그럼에도 의학적인 조치가 꼭 필요한 감염 사례는 드물었고, 혈청학적 유병률 연구에서도 광범위한 인구가 지카 바이러스에 노출됐다는 사실이 나타나 크게 우려할 일은 아니라고 여겨졌다. 그러나 학자들은 지금 되짚어 볼 때 1947년부터 2007년까지 인체 지카 바이러스 감염 사례가 단 16건에 불과했던 것은 뎅기열이나 치쿤구니야열과 증상이 비슷해 제대로 보고되지 않은 것이 원인일 가능성이 있다고 본다.[11] 지카 바이러스 감염자의 80퍼센트는 증상이 전혀 나타나지 않고, 따라서 의학적으로 도움을 얻을 방법을 찾지 않는다.*

의사와 공중보건 전문가들이 지카 바이러스에 주목한 첫 발병 사례는 2007년에 일어났다. 미크로네시아 야프 섬에서 주민 500여 명이 갑자기 병을 앓으면서 시작되었다. 처음에는 경미한 뎅기열로 여겨졌지만, 환자 검체를 미국 CDC로 보내 검사한 결과 지카 바이러스 양성이 나왔다. 야프 섬은 아프리카와 멀리 떨어져 있고 원숭이가 전혀 없는 섬인 만큼 충격적인 결과였다. 이론적으로는 인도

---

* 더불어 아시아 지역은 지카 바이러스에 반복적으로 노출되어 이 바이러스에 대부분 면역력이 생겼다는 점도 영향을 주었을 가능성이 높다.

9. Z로 시작하는 병, 지카

네시아에서 바람에 날려 유입된 모기가 지카 바이러스를 옮겼을 수 있지만, 그보다는 이미 감염된 환자나 섬을 오가는 배를 통해 유입된 숲모기 속 모기를 통해 바이러스가 전파됐을 가능성이 훨씬 높았다. 어떤 경로로 유입됐든, 5개월 동안 총 7,000여 명 섬 주민의 3분의 2 이상이 지카 바이러스에 감염됐다.*

그다음 중대한 발병 사태는 2013년에 일어났다. 타히티와 프랑스령 폴리네시아에 속한 다른 섬의 의사들로부터 발열과 발진, 눈에 충혈이 발생한 환자가 "폭발적으로 늘어났다"는 보고가 이어졌다.[12] 프랑스 당국은 처음에 뎅기열을 의심했지만 10월 말까지 검체 절반에서 지카 바이러스 양성이 확인됐고 12월까지 76개 섬 전체에서 감염자가 보고됐다. 게다가 정도가 제각기 다른 마비 증상으로 응급실에 실려 오는 환자들도 생겼다. 이전에 발생한 지카 바이러스 감염 사례에서는 관찰되거나 보고된 적이 없는 증상이었다. 마비의 원인은 길랭·바레 증후군으로 밝혀졌다. 희귀 자가 면역 질환인 길랭·바레 증후군은 최악의 경우 영구적 신경 손상과 근육 손상이 발생하고 마비가 횡격막까지 확대되면 사망에 이를 수 있다. 프랑스 정부는 이 병이 확산될 수 있다는 우려로 모기 박멸 조치를 강화했다. 그러자 살충제 델타메트린이 병을 일으켰다는 소문이 돌았다. 2013년 4월에 발병 사태가 종료될 때까지 8,750명의 환자가 발생했고 42명이 길랭·바레 증후군 진단을 받았다.[13] 다행히 대부분의

---

* 2007년 이후 야프 섬에서는 지카 바이러스 감염 사례가 더 이상 발생하지 않았다. 섬 주민 대다수가 면역력을 갖게 되었다는 점이 가장 유력한 이유로 꼽힌다. 집단 면역이 약화돼 감염에 취약한 사람의 숫자가 충분히 존재하는 경우에만 감염이 다시 유행할 수 있다.

환자는 시간이 흐르면서 회복됐지만, 이 일은 지카 바이러스에 대한 경계 강화를 진지하게 고려했어야 할 또 하나의 계기였다. 그러나 실제로 그런 조치는 취해지지 않았고, 지카 바이러스는 서쪽 방향으로 태평양 전역에 계속 확산돼 2014년 3월에는 뉴칼레도니아, 뒤이어 칠레 영토인 라파 누이(이스터 섬)까지 닿았다. 그때 전 세계의 관심은 훨씬 강력하게 눈길을 사로잡은 다른 질병에 쏠려 있었다. 바로 서아프리카에서 발생한 에볼라였다. 그래서 2014년 어느 시점에 지카 바이러스가 브라질에 도달했지만 그 사실을 눈치챈 사람은 없었다.

* * *

2015년 4월이 되자 브리토와 루즈는 브라질 북동부 지역에서 발진과 발열 증상을 보이는 환자가 늘어난 것이 지카 바이러스와 관련 있다는 확신을 더욱 굳혔다. 그러나 페르남부쿠 주 보건부와 브라질 보건부가 "가벼운 뎅기열"이 아님을 확신할 수 있게 하려면 명확한 분석 근거가 있어야 했다. 그러나 지카 바이러스의 항체가 뎅기열 바이러스와 다른 플라비바이러스와도 교차 반응해서 효소결합면역흡착검사ELISA나 면역형광검사 같은 일반적 혈청학적 검사 방법으로는 충분한 근거를 확보할 수 없었다. 지카 바이러스가 발병 사태의 원인임을 확실히 밝히려면 RT-PCR로 바이러스의 핵산이 존재한다는 사실을 확인해야 했다. 이에 따라 루즈는 파라나 주의 주도 쿠리치바의 카를로스 샤가스 연구소 소속 바이러스학자 클라우디아 누네스 두아르테 도스 산토스^{Claudia Nunes Duarte dos Santos} 앞으로 감염 의심환자 21명에게서 채취한 혈청 검체를 보냈다. RT-PCR 분석 결과, 여성 환자 7명을 포함한 총 8명의 검체에서 지카 바이러스 양성이 확인됐다. 모두 나타우에 사는 환자였고 주변에 비슷한 증상을 보인 친인척이 있다는 사실도 공통점이었다. 한편 비슷한 시기에 사우바도르 연방 바이아대학교에서도 바이러스학자들로 구성된 연구진이 남쪽으로 약 1,050킬로미터 떨어진 카마카리에서 발생한 환자 7명의 검체에서 지카 RNA를 검출했다. 더 이상 의심할 여지가 없다고 판단한 브라질 보건부는 5월 14일자 공식 성명을 통해 브라질에 지카 바이러스가 확산되고 있다고 발표했다. 그러나 이 발표에 전미 보건기구^{PAHO}가 전염병 경보를 발령했을 뿐, 더 이상의 조치는 나오지 않았다. 브라질 의사들은 물론 전 세계 의료보건 분야 종사자들도 크게 경계하지 않았다. 그래도 브리토는 프랑스령 폴리네시아에서 길랭·바레 증후군 환자가 발생했다는 소식을 접하고 왓츠업 그룹에 신경학적 증상을 보이는 환자가 있는지 주의 깊게 살펴봐야 한다고 경고했다. 이 메시지를 전한 덕분에 그는 레시페 기념병원의 신경학과장 루시아 브리토^{Lucia Brito}(성은 같지만 그와 아무런 관련이 없는 사람이다)로부터 자신이 치료한 환자들 중에 시신경에 염증이 생긴 경우가 있었고, 뇌와 척수에 염증이 생긴 환자도 있었으며 몇몇은 길랭·바레 증후군으로 확인됐다는 정보를 입수할 수 있었다.[14]

그러나 지카 바이러스 감염과 길랭·바레 증후군의 연관성은 아직 입증되지 않은 상황이었다. 시간상 어쩌다 동시에 발생했을 수 있고, 그냥 우연일 수도 있었다. 이 두 가지가 인과적으로 관계 있음

대유행병의 시대

거였다.

브라질의 다른 여러 연구소에서도 가벼운 뎅기열 환자인 줄 알
았던 환자들이 지카 바이러스 감염으로 밝혀지자 마르케스는 피츠
버그의 동료들에게도 이 소식을 전했다. 공중보건 대학원 원장이자
아르보 바이러스 전문가인 도널드 버크Donald Burke도 그중 한 사람이
었다(3월에 루즈가 발견한 교과서에서 아르보 바이러스에 관한 부분을 집필한 사
람이 버크였다). 당시에는 지카 바이러스 감염에 따른 결과가 대체로
심각하지 않은 수준이었지만, 버크는 마르케스가 제공한 정보를 토
대로 백악관 생물위협 관리부에서 일하는 전 동료에게 이메일을 보
내기로 했다. 그가 작성한 이메일에는 다음과 같은 내용이 담겼다.

> "지카 바이러스가 브라질에서 확산되고 있다는 것이 사실이라면,
> 우려해야 할 이유가 몇 가지 있습니다. 1. 뎅기열과 지카 바이러스
> 감염을 구분하기가 어렵고 백신으로 예방할 수 있는 병인지도 확
> 인하기 어렵습니다. 2. 아메리카 대륙에 더 광범위하게 확산될 수
> 있습니다. 3. 지카 바이러스와 뎅기열 바이러스가 예상치 못한 상
> 호작용을 할 가능성이 있습니다."

이메일은 "가능한 한 조속히" 지카 바이러스에 관한 감시감독을
실시해야 한다는 촉구로 끝을 맺었다.[15] 지카 바이러스와 길랭·바레
증후군의 인과관계를 보여 주는 확실한 근거가 나왔고 어쩌면 다른
신경학적 문제와도 관련될 가능성이 있는 만큼 감염자가 없는지 파
악하는 감시 활동이 더욱 시급했다. 마르케스는 최소한 피오크루즈

9. Z로 시작하는 병, 지카

에서 이 같은 결과를 정식으로 발표하리라 기대했지만, 브리토가 기자들에게 이 사안에 관한 브리핑을 하자 피오크루즈 관계자들로부터 주의하라는 의견이 나오더니, 나중에는 브리토의 보고 내용을 부인하는 성명까지 발표했다. 단단히 화가 난 마르케스는 보건부 앞으로 보고서를 제출했다. 이제 진실이 밝혀지는 건 시간문제였다.

상황은 빠르게 돌아갔다. 반 데르 린덴이 신생아가 소두증으로 태어난 사례를 인지했고 이 문제를 가장 먼저 논의한 사람 중 한 명이 오래전 의과대학을 함께 다닌 마르케스였다. 그와 정보를 공유하고 얼마 지나지 않아 브리토도 이 문제를 다루게 되었다. 그는 가장 먼저 최근 페르남부쿠 모자병원에서 소두증 아기를 출산한 16명의 산모를 대상으로 발진과 결막염, 부종 증상이 나타났었는지 자세히 확인하기 위한 설문조사를 실시했다. "뇌척수액에서 지카 바이러스가 검출되고 이전에 발생한 감염자들이 신경학적 문제를 나타낸 점을 토대로, 그때 이미 브리토는 지카 바이러스 감염이라고 생각한 겁니다." 나와 IAM에서 만난 마르케스는 이렇게 설명했다.[16]

조사 범위를 확대해서 다른 산부인과 병원을 이용한 여성들에게도 설문지를 돌린 결과, 브리토는 자신의 예상이 옳다는 사실을 더욱 확신할 수 있었다. 조사한 여성들 모두 일반적인 소두증 검사에서 음성 판정을 받았고 모두 임신 후 첫 3개월간 발진과 발열 증상이 있었다고 답했다. 확산 범위가 너무 방대한 것도 특징이었다. "풍진처럼 타액을 통해 전파되는 질병으로 볼 수도 없고, 거대세포 바이러스처럼 면역력이 갑자기 저하되지도 않는다." 브리토는 이렇게 설명했다. "이건 매개체가 있어야 확산되는 병이다."[17] 수수께끼의 답

위협이 되는 감염질환 목록이 명시된 문서가 보관돼 있다. "의사결정 도구"로 알려진 이 문서는 비상상황에만 활용되며, 공중보건에 "심각한" 위협이 될 수 있는 질병인지 평가하는 방법이 단계별 지침으로 나와 있다. 이 목록의 맨 윗부분에 천연두와 소아마비, 대유행성 독감, 사스가 명시돼 있다. 이 질병을 일으키는 병원균이 나타나면 자동으로 PHEIC로 간주된다. 그 아래 칸에는 콜레라와 폐페스트, 그리고 에볼라, 마버그열 같은 바이러스성 출혈열이 있다. 황열병, 뎅기열, 웨스트나일열, 그 밖에 다른 아르보 바이러스 감염질환도 등재돼 있으나 2015년에 지카 바이러스는 목록에 포함되지 않았다. 1947년에 처음 발견됐으니 공중보건 전문가들에게 알려지지 않아서가 아니었다. 브라질에서 감염 사태가 벌어지기 전까지 국제사회가 다 함께 대응해야 할 만큼 큰 문제가 될 수 있다는 사실은커녕 이 바이러스가 출산 예정인 산모와 태어날 아기에게 위협이 될 수 있다는 것조차 누구도 생각하지 못했기 때문이다.

지카 바이러스가 미생물 위협요소 중 하나로 떠오른 것은 여러 면에서 깜짝 놀랄 일이었다. WHO 내부에서도 일부 관리들은 에볼라보다 더 큰 건강 위협이 발생할 수 있다고 보았다. 마거릿 챈의 입장에서는 타이밍이 유독 좋지 않았다. 에볼라 유행 사태를 제대로 처리하지 못했다는 비판과 리더십에 의문을 제기하는 신랄한 언론 기사에 몇 개월을 시달린 끝에 에볼라 사태가 마침내 진정됐고 서아프리카에 있던 WHO 관리들도 복귀해 가족들과 크리스마스 연휴를 즐기던 참이었다. 에볼라 유행이 종식된 마지막 몇 달 동안 WHO는 실험 백신 시험을 관리 감독했고, 예비 데이터에서 에볼라 바이

9. Z로 시작하는 병, 지카

러스 예방 효과가 완전한 수준으로 확인되는 큰 쾌거를 이루었다. WHO 사무총장으로 일할 기간이 겨우 18개월 남은 시점에 챈은 또다시 중대한 결단과 맞닥뜨렸다. WHO를 이끈 관리자로서의 능력이 성공적이었는지, 아니면 실패였는지 영원히 결정지을 수 있는 결정이었다. 이제는 잘못된 판단을 내릴 여유가 없었다. 그러나 지카 바이러스는 대체 무엇이 올바른 결정인지 명확히 파악할 수가 없었다. 아직 지카 바이러스가 선천성 결손을 유발한다는 근거가 없었다. 그저 시간적, 공간적인 연관성만 확인됐을 뿐이다. 게다가 그러한 인과관계가 있을지 모른다는 의견을 내면, 출산을 앞둔 여성들이 큰 혼란에 빠질 수밖에 없었다. 또 한 가지 고려해야 할 일이 있었다. 2016년 8월 5일, 하계 올림픽 게임의 공식 개회식을 앞두고 성화가 이미 리우데자네이루를 향해 이동하고 있었다. 올림픽이 열리면 수천 명의 관중과 여행객이 브라질로 몰려들 것이다. 그중에 소수는 과거에 지카 바이러스에 노출된 적이 있고 따라서 면역력도 생겼을 가능성이 있지만, 올림픽이 끝나고 각자 고국으로 돌아가면서 바이러스를 옮길 위험이 있었다. 올림픽에 참가하는 선수들 그리고 브라질 경제도 고려해야 할 요소였다. 올림픽은 브라질 정부와 협력사가 이미 수백만 달러를 투자한 거대한 행사였다. 경기장 완공이 예정보다 늦어지는 상황인 데다, 정부는 도시 슬럼가를 없앴고 빈민지역을 "미화"시키는 조치를 취했다며 거센 비난에 시달리고 있었다. 경기가 감행되면 올림픽 선수들이 지카 바이러스에 자신과 가족들이 노출될 위험을 감수하느니 출전을 포기하겠다고 할 위험도 있었다.

까다로운 결정을 내려야 할 때 많은 사람과 의논하는 것만큼 안전한 방법도 없다. 챈은 앞서 에볼라 사태를 PHEIC로 선포할 것인지 결정하기 위해 13명의 전문가로부터 조언을 들었다. 지카 비상위원회에는 18명의 전문가를 초청했고 데이비드 헤이만David Heymann에게 위원장 자리를 부탁했다. 통찰력 있는 결정이었다. 헤이만은 2005년에 개정된 국제보건규정의 핵심 골격을 마련한 장본인이자 에볼라 사태 때 보이지 않는 곳에서 챈의 대처가 부적절하다고 비판한 사람 중 한 명이었다. WHO 아프리카 사무소와 회원국에서 발병 상황을 다 통제했다고 주장할 때 WHO가 이를 너무 늦게 확인했다는 사실을 지적했다. 이후 WHO 전염병 분과를 떠난 헤이만은 런던 위생·열대의학 대학원에서 제안한 감염질환 역학 교수직을 받아들였고 영국 보건사회복지부의 행정기관인 공중보건부에서 전염병 조사와 통제를 담당하는 위원장으로 활동했다. 더불어 학술지 〈란셋〉과 〈뉴잉글랜드 의학저널〉에도 수시로 기고했고, 채텀하우스로 알려진 영국 왕립국제문제연구소에서 국제보건안보센터의 대표를 맡아 전 세계에서 발생한 건강 문제를 상세히 알리는 강력한 플랫폼으로 활용하는 한편 관련 분야의 핵심 의사결정자들과 네트워크를 형성했다.

헤이만의 입장에서 지카 비상위원회의 위원장 자리는 사스 사태가 벌어졌을 때 WHO가 전문가들로 구성된 가상 네트워크를 굳게 신뢰하고 이들이 서로 힘을 모아 기밀로 분류된 연구 데이터를 공유할 수 있도록 공간과 보안을 보장해 줌으로써 성공적 결과를 이끌어 냈던, 그와 같은 시스템이 필요하다고 촉구할 수 있는 기회였다. 위원회 회의를 단 4일 앞두고 위원장으로 선정됐다는 연락을 받은 헤이만으로서는 굉장히 놀라운 일이기도 했으리라.

에볼라의 경우 비상 위원회가 조직된 후 PHEIC인지 판단하는 일이 비교적 수월했다. 무엇보다 2015년 8월에 서아프리카에서 에볼라로 수천 명이 사망했고, 병독성이 매우 강한 것으로 밝혀졌기 때문이다. 그러나 지카 바이러스의 경우 이 바이러스와 병리학적 특징이 거의 밝혀지지 않았고, 광범위하게 확산된 데다 아메리카 대륙의 다른 국가들까지 영향력이 미칠 가능성이 높은 상황임에도 지카 바이러스가 건강에 얼마나 지속적으로 위협이 되는지는 불분명했다. 그러니 PHEIC의 첫 번째 기준인 "심각한" 문제에 해당하는지도 명확히 판단하기가 힘들었다. 지카 바이러스와 소두증의 관계는 밝혀지지 않았지만 바이러스 자체는 다 알려져 있다는 것도 또 다른 문제였다. 1947년에 처음 발견된 후 바이러스학의 측면에서 전문가들의 호기심을 일으키지 않았을 뿐이다(인식론에서 이야기하는 "알려졌다는 사실을 알지 못했던 일"이라 할 수 있다). 정말로 "예기치 못한" 일이거나 "이례적인" 일인지 여부도 PHEIC 여부를 판단하는 또 다른 기준이지만 브라질에 지카 바이러스가 나타난 것이 감시 감독이 강화되면서 나온 인위적 결과가 아닌 진짜 그와 같은 문제인지도 단언할 수 없었다. 아침 뉴스와 트위터에 머리가 너무 작은 아기들의 사진이 등장하기 시작했고 CDC가 임신한 여성은 브라질과 지카 바이러스가 확산된 12개국 여행을 연기하라는 권고를 발표한 것도 헤이만과 비상 위원회 구성원들에게는 또 하나의 압박으로 작용했다.

그러나 본격적인 회의가 진행되기 전까지 PHEIC 선포를 권고해

를 둘러싼 각종 소문과 떠들썩한 요구가 극에 달한 곳은 브라질에서 북쪽으로 6,400킬로미터 넘게 떨어진 아열대 기후 도시인 마이애미였다. CDC가 8월에 마이애미 시에 속한 약 3제곱킬로미터 구역을 지목하며 임신한 여성은 방문하지 말라는 경고를 발표한 후에 벌어진 일이었다. 갓 떠오른 윈 우드 예술 지구가 그 대상으로, 이곳과 주변 구역에서 14명이 모기에 물린 후 지카 바이러스에 감염된 것으로 진단되면서 내려진 조치였다. 플로리다 주지사 릭 스캇^{Rick Scott}은 마이애미 시 산업은 정상적으로 운영될 것이라 주장했지만, CDC의 생각은 달랐다. 살충제 날레드를 실은 항공기가 동원되어 한층 강화된 공중 살포 작전이 실시된 후 윈 우드 지구는 유령 도시처럼 텅 비었고, "화학전"을 그만두라는 시위가 일어났다.[30] 곧 사우스 비치와 인근 호텔, 카지노 운영자들도 지카 공포로 여름 휴가철을 앞두고 예약에 악영향이 발생할 수 있다는 우려로 시위에 동참했다. 이러한 혼란이 정치인들로 하여금 의회에 수개월 동안 발이 묶여 있던 지카 바이러스 관련 11억 달러 규모의 패키지 법안을 통과시키는 계기가 되었다는 것이 그나마 유일한, 긍정적 성과였다. 법안이 최종 승인된 9월 말에는 모기가 기승을 부리는 여름철이 거의 끝나갈 무렵이었지만, 향후 지카 바이러스 통제 조치와 백신 연구에 꼭 필요한 돈이었다.

이제는 지카 바이러스를 향한 이러한 혼란이 사람들에게 흐릿한 기억이 되었다. 올림픽은 예정대로 개최됐고 지카 바이러스 검사에서 양성으로 판정된 선수들도 있었지만 큰 병을 앓거나 신경학적 합병증이 나타난 사람은 한 명도 없었다. 선수단이 모두 집에 돌아간 후 9개월이 경과하고 소두증에 걸린 아이가 태어나는 일도 없었다. 지카 바이러스는 최종적으로 총 84개 국가에 전파됐고 현재 아메리카 대륙 전역에 확고히 자리를 잡은 상태지만, 지금 이 글을 쓰고 있는 시점에 지카 바이러스는 더 이상 전 세계인의 건강을 위협하는 비상사태의 원인으로 여겨지지 않는다. WHO는 2016년 11월에 PHEIC를 철회했다. 전문가들이 과학적인 근거를 체계적으로 검토한 결과 소두증을 포함하여 신생아에서 나타난 선천성 뇌 이상의 원인이 지카 바이러스가 '맞다'는 사실이 의심의 여지없이 확인된 후에 취해진 조치였다(6개월 후인 2017년 5월에는 브라질 보건부도 같은 판단을 내렸다). 백신도 몇 종류가 개발 중이지만, 백신의 주요 타깃인 임신 여성을 대상으로 실험을 해야 한다는 윤리적인 문제가 있고 오히려 백신이 길랭·바레 증후군을 유발할 수도 있으며 이로 인해 백신의 영향과 지카 바이러스 감염으로 발생한 영향을 구분하기가 어렵다는 점 때문에 앞으로 수년 내로 백신이 나올 가능성은 낮다. 숲모기 속 모기와 지카 바이러스를 옮기는 다른 모기들이 왕성하게 번식할 수 있는 브라질 빈민가의 사회적, 환경적 상태는 여전히 개선되지 않았고, 모기는 계속 호시탐탐 혈액을 찾아다니고 있다.

* * *

2017년 7월, 나는 지카 바이러스 감염 사태 때 가장 중요한 역할을 담당했던 브라질의 의사들과 역학 전문가들, 바이러스학자들과 직접 대화를 나누기 위해 레시페로 갔다. 지카는 더 이상 신문 1면을 장식하는 뉴스거리가 아니었다. 2016년 상반기에 CDC로 보고된 미국 내 전파 사례는 단 한 건에 그쳤다. WHO의 관심은 예멘에서 발생한 대규모 콜레라 사태로 인해 다시 아프리카로 향해 있었다. 레시페의 유명한 해변을 볼 수 있는 곳에 자리한 보아 비아젬의 호텔에 도착한 후, 나는 브라질이 미나스제라이스 주에서 시작해 상파울루와 리우데자네이루로 점점 확산되는 황열병 소식으로 떠들썩하다는 사실을 깨달았다. 지카 바이러스는 얼른 해결해야 할 공중보건 문제로 여겨지지 않았지만, 아직 밝혀야 할 의문이 많이 남아 있었다.

예를 들어 2015년에 브라질에서 발생한 감염 사례의 원인 바이러스가 2년 앞서 프랑스령 폴리네시아에서 감염자를 발생시킨 바이러스와 동일하고 둘 다 지카 바이러스 중에서도 아시아 지역에 존재하는 계통에서 나왔다는 사실이 확인됐지만, 어떻게 이 바이러스가 브라질까지 올 수 있었는지는 밝혀지지 않았다. 2014년 6월에 리우데자네이루에서 개최된 피파 월드컵 기간에 유입됐다는 의견도 있다. 충분히 그럴듯한 이론이고, 특히 당시 개최 도시 중 한 곳이 나타우였다는 점에서 그렇게 볼 수 있지만 태평양 지역 국가 중에 이 행사에 참가한 곳은 한 곳도 없다는 점이 지적됐다. 같은 해 8월에 리우데자네이루에서 열린 바아^{Va'a} 스프린트 세계챔피언십 경기가 지카 바이러스의 유입 경로라고 보는 견해도 있다. 태평양 국가 4곳(프랑스령 폴리네시아, 뉴칼레도니아, 쿡 제도, 이스터 섬)에서 이 대회를 위해 카누 팀을 보냈으므로 이쪽이 가능성이 더 높다. 그러나 2017년 5월에 학술지 〈네이처〉에 게재된 자료로 이 이론의 신빙성도 약화

9. Z로 시작하는 병, 지카

됐다. 세계 여러 나라 과학자들로 구성된 연구진이 브라질과 아메리카 대륙에서 지카 바이러스 58종을 수거해 유전체 염기서열을 분석한 이 연구에서 계통발생학적 분석 기법으로 분자시계를 되돌려본 결과 58종 모두 동일한 원시 바이러스에서 파생됐고, 이는 2014년 2월경 브라질 북동부에 도달한 것으로 밝혀졌다. 즉 분석 결과가 정확하다면 스프린트 대회가 열린 때로부터 6개월 전에, 그리고 브라질 보건부가 지카 바이러스 감염 사례를 처음으로 확인한 때로부터 15개월 전에 이미 브라질에는 지카 바이러스가 존재했다는 의미다.[31] 지카 바이러스와 소두증이 정확히 어떻게 연관되는지도 이에 못지않은 수수께끼로 남아 있다. 왜 어떤 여성들은 감염 때문에 태아에 결손이 발생했지만 감염되고도 그렇지 않았던 사람도 있는지, 겉보기에는 일단 정상적으로 태어난 아기가 나중에 아동기에 이르러 발달에 문제가 나타날 수 있는지도 여전히 밝혀지지 않았다. 브라질에서 지카 바이러스에 감염된 상태로 태어난 아기들이 장기적으로 어떤 예후를 보일 것인지, 바이러스가 성적 접촉으로 옮겨질 위험은 얼마나 되는지도 해결되지 않은 숙제로 남아 있다.

나는 브리토와 마르케스가 이와 같은 의문을 얼마나 해결했고 왜 페르남부투에서 감염이 그토록 폭발적으로 확산됐다고 생각하는지 두 사람의 의견을 꼭 들어보고 싶었다(학술지 〈란셋〉에 발표된 한 논문에 따르면 지카 바이러스가 처음 유행한 시기에 발생한 소두증의 70퍼센트가 브라질 북동부에서 나타났다). 그리고 거대한 레시페 도심 지역과 인접한 자보아탕두스구아라라페스와 그 밖에 다른 빈곤층 거주 지역에 가 보고, 모기의 번식 패턴과 지카 바이러스의 동적 확산 방식을 연

두중으로 태어난 신생아가 많았던 것도, 체감한 만큼 실제로 비율이 높았는지 여부도 확인할 수 없다. 투르치의 긴밀한 협력자인 런던 위생·열대의학 대학원의 감염질환 역학 교수 로라 로드리게스Laura Rodrigues는 유독 심각한 영향을 발생시키는 지카 바이러스 아형이 빠른 속도로 감염을 일으킨 것이 북동부 지역에서 나타난 양상의 원인일 수 있다고 추정한다. 로드리게스도 이런 생각이 "직감"에 불과하며, 보다 확실한 데이터가 확보되기 전까지는 확신할 수 없다는 점을 인정했다.[37]

소두증 발병률이 높은 것이 해당 지역에 모기의 밀도가 더 높고 사회적 행동과 환경 조건상 여성이 지카 바이러스에 노출될 위험이 더 높기 때문인지도, 정말로 그렇다면 그 영향의 범위가 어느 정도인지도 해결되지 않은 또 한 가지 의문이다. 기후 과학자들은 2015년 남미에 엘니뇨가 발생했고 브라질 북동부의 강수량이 평균치보다 높았으며 홍수가 발생할 위험도 더 높았다는 점을 지적한다. 이러한 환경이 기후 변화로 인한 기온 상승과 결합되면 숲모기 속 모기의 생식 주기가 가속화돼 개체밀도, 바이러스 전파 양상에 변화가 생길 수 있다. "환경 조건과 사회적 조건의 영향이 있었다고 생각해요. 레시페는 도시화가 고도로 진행된 곳이고, 습지가 다수 포함된 강이 지나는 도시입니다. 따라서 모기가 많아요. 또 날씨가 더워서 사람들이 벗고 다닙니다. 몸을 많이 드러내고 살죠." 실제로 자보아탕두스구아라라페스를 포함한 빈민 구역에서는 100제곱미터 면적에 최대 1,000여 명이 부대끼며 사는 곳을 어렵지 않게 찾을 수 있다. 이러한 주거지에는 창문에 가리개가 없는 집이 많고 에어컨이

9. Z로 시작하는 병, 지카

설치된 곳은 더더욱 없는 상황이라, 하룻밤에 같은 모기에 여러 번 물리는 일도 허다하다. 게다가 상수도의 상태가 오락가락해서 주민들은 어쩔 수 없이 병이나 양동이에 물을 채워 뒷마당에 보관해 두는 경우가 많고, 비가 오면 주택가 뒤편의 배수로가 오물과 쓰레기로 가득 찰 때가 많다. 모두 모기 서식에 딱 좋은 환경이다.

과거에 다른 아르보 바이러스에 감염되었거나 황열병 백신 접종을 받은 경우 지카 바이러스에도 교차면역이 생길 수 있는지, 혹은 오히려 지카 바이러스에 더 쉽게 감염될 수 있는지에 관한 의문도 꾸준히 제기되어 왔다. 투르치는 2015년에 지카 바이러스 감염 사태가 발생하기 전까지 페르남부쿠에 수년 동안 뎅기열이 크게 유행한 적이 없었지만 브라질 중앙 지역과 남동부 지역에는 더 최근까지 뎅기열이 발생했다는 점에 주목했다. 나아가 선천성 지카 증후군은 나이가 어린 여성, 특히 뎅기열에 노출된 기간이 짧거나 황열병 백신을 접종받은 후 기간이 더 짧은 젊은 여성들에서 가장 높은 비율로 나타났다. 마르케스 연구진이 임신 여성들에게서 채취한 혈청을 조사한 시험관 연구에서 뎅기열 바이러스 항체가 존재하면 지카 바이러스 감염이 더 심각한 결과를 초래할 수 있는 것으로 확인됐다.[38] 이러한 현상을 전문 용어로는 항체 의존성 증강[ADE]이라고 한다. 풀어서 설명하면, 지카 바이러스가 뎅기열 바이러스 항체와 결합하는 일종의 위장술을 활용해서 면역계의 공격을 피하고 인체 세포로 수월하게 들어가는 현상이다. "바이러스 버전의 트로이의 목마라고 생각하면 됩니다." 마르케스의 설명이다. 지카 바이러스가 유행하자 검사 수요가 늘어나 마르케스의 실험실은 공공 참조 연구소가 되었다. 이후 그는 동료들과 함께 뎅기열을 신속히 진단할 수 있는 검사법을 개발했다. 지카 바이러스 감염 여부를 보다 쉽게 진단하고 두 질병을 구분할 수 있는 방법이다. 현재 마르케스는 ADE로 브라질 북동부 지역에 소두증 발병률이 더 높았던 이유를 설명할 수 있는지, 그리고 뎅기열 항체의 농도가 높아지면 지카 바이러스 감염에 보호 효과가 나타날 수 있는지 알아내기 위한 연구에 주력하고 있다. 그러나 마르케스는 알려지지 않은 환경적 공동인자가 그와 같은 높은 발병률에 영향을 주었을 가능성도 배제하지 않는다. "아직까지는 지카 바이러스에 관해 우리가 모르는 것이 너무 많습니다." 마르케스는 현실을 인정했다. "앞으로 수십 년은 더 연구해야 할 겁니다."

마르케스는 투르치 못지않게 브리토에 관한 칭찬을 쏟아냈다. 그만큼 나는 직접 만나고픈 마음이 더 간절해졌다. 이전에 스카이프로 이야기를 나눈 적은 있지만, 그의 영어 실력이 더듬대는 수준인 데다 나는 포르투갈어를 전혀 할 줄 몰랐던 기억이 남아서, 막상 만나도 우리가 서로 무슨 말을 하는지도 모르면 어쩌나 걱정이 됐다. 다행히 내가 머문 호텔 근처 식당에서 마침내 얼굴을 마주한 날, 브리토의 의대 2학년생 딸 셀리나가 함께 와서 통역을 맡았다. 우리가 찾은 식당은 페르남부쿠에서 식사 때마다 늘 곁들여진다는 전통 음식 타피오카 전문점이었다. 타피오카 가루로 만든 팬케이크를 몇 가지 주문한 후 본격적인 대화를 시작했다. 나는 과거에 지카 바이러스 감염 사태가 벌어졌을 때 소두증과 신경학적 장애와의 연관성은 발견되지 않았는지, 그리고 왜 이전까지 누구도 그러한 연관성을

9. Z로 시작하는 병, 지카

생각하지 않았다고 보는지 질문했다.

"처음 소두증 환자들이 나타나기 시작했을 때 아버지가 그 연관성을 쉽게 떠올릴 수 있었던 이유는, 지카 바이러스의 유행 초기부터 추적을 했기 때문이라고 하세요." 셀리나가 말했다. "그래서 자연스럽게 소두증 아기를 낳은 여성들에게도 임신 기간에 발진이 있었는지부터 질문할 수 있었고요."

그렇다면 페르남부쿠에서 소두증 사례가 그토록 두드러지게 나타난 이유는 무엇일까? 다시 말해 이곳에서는 눈에 띄었고 다른 곳에서는 그렇지 않은 이유는?

셀리나가 내 질문을 통역하는 동안, 브리토는 눈썹을 찌푸리더니 강하게 고개를 끄덕이고는 전부 수적인 문제라고 설명했다. 프랑스령 폴리네시아의 인구는 30만 명도 채 되지 않지만 페르남부쿠 인구는 900만 명에 이르고, 그중 400만 명은 레시페와 주변 도시 지역에 살고 있다. 또한 페르남부쿠는 출생률이 상당히 높다. 매년 주 전역 산부인과에서 태어나는 신생아 수는 약 17만 명이다. 프랑스령 폴리네시아에서는 소두증 사례가 여러 섬 전역에 뿔뿔이 흩어져서 나타난 반면 페르남부쿠에서는 레시페와 주변 지역에 있는 몇 안되는 병원에서 집중적으로 발견됐다는 것도 차이점이었다. 따라서 소두증 발병률이 엄청 높아야만 소아과 전문의가 주목하게 되는 환경이 아니었다. "일주일 동안 한 곳에서 환자가 20건 발생하면 놓칠수가 없습니다. 그래서 이곳에서도 더 쉽게 알아챈 것이죠."

역학 전문가에게서 나올 법한 훌륭한 답변이었다. 나는 "할머니"도 당시에 발생한 소두증을 다른 사례와 구분할 수 있을 것이라던

투르치의 말을 나중에 다시 떠올려 보았다. 하지만 이런 답변에는 소두증이 왜 가난한 동네에 사는 여성들에게 그토록 훨씬 많이 발생했는지, 사회적 조건이 끼친 영향은 무엇이고 적절한 상수도 시설과 위생 체계가 레시페와 브라질의 다른 도시에서 지카 바이러스가 확산된 동적 특성에 어떤 영향을 주었는가와 같은 더 심층적 의문은 해소해 주지 못했다. 가장 만족스러운 답은 곤충학자나 사회학자에게서 나왔다.

1948년에 해도우와 딕이 아프리카흰줄숲모기$^{Aedes\ africanus}$에서 지카 바이러스를 발견하고 분리한 후부터 숲모기 속 모기가 야생 환경에서 이 바이러스를 옮기는 주요 매개체로 여겨진다. 반면 브라질과 남미 다른 지역에서 실시되는 관련 연구는 대부분 이집트숲모기에 초점이 맞추어진다. "아시아호랑이모기$^{Aedes\ albopictus}$"도 지카 바이러스를 옮길 수 있으며 북반구의 여름철에는 시카고, 뉴욕과 같이 먼 북쪽까지 그 영향이 나타난다.* 그런데 아시아와 브라질에 많이 서식하는 열대집모기$^{Culex\ quinquefasciatus}$ 등 몇몇 집모기 속 모기에서도 지카 바이러스가 발견됐다. 깨끗한 물을 선호하는 숲모기 속 모기들과 달리 열대집모기는 오수를 좋아하고 방출된 하수나 쓰레기, 각종 잔해로 흐름이 막힌 운하에서도 얼마든지 번식이 가능하다.

투르치의 사무실과 가까운 곳에 사무실이 있는 또 한 명의 피오크루즈 연구자 콘스탄치아 에이레스$^{Constancia\ Ayres}$는 집모기 속 모기

---

* 아시아호랑이모기는 웨스트나일열을 옮기는 주요 매개체이기도 하다.

9. Z로 시작하는 병, 지카

와 이 모기가 바이러스 매개체로 기능할 수 있다고 밝힌 자료를 면밀히 조사했다. 발레리나 같은 자세가 돋보이는 날씬하고 에너지 가득한 이 학자는 레시페 여러 동네에서 집모기 속 모기와 숲모기 속 모기를 채취한 후 곤충 실험실에서 키웠다. 이때 에이레스는 이 두 종류 모기에게 지카 바이러스가 포함된 혈액을 먹이로 공급했다. 그리고 일주일 후, 모기의 타액을 채취해 지카 바이러스가 있는지 분석했다. 그 결과 두 종류의 모기 모두 바이러스 양성으로 확인됐다. 나아가 집모기 속 모기의 경우 침샘에서도 지카 바이러스가 검출됐다. 이는 매개체가 바이러스를 옮길 수 있는 "수용성"을 갖추었다고 판단할 수 있는 필수 요건에 해당한다. 그러나 많은 전문가들은 이 같은 연구결과를 확인하고도 집모기 속 모기가 야생 환경에서 지카 바이러스를 확산시키는 매개체가 될 수 있다는 의견에 동의하지 않는다. 이에 에이레스는 2016년 다시 현장 연구를 시작했다. 이번에는 흡인기를 활용하여 지카 바이러스 증상이 나타난 사람들이 거주하는 곳에서 더 많은 모기를 빨아들이는 방식으로 채집했다. 실험실로 돌아와 잡아온 모기를 살펴보니, 집모기 속 모기가 숲모기 속 모기보다 4배 가까이 많았다. 에이레스는 두 종류의 모기를 각각 암컷과 수컷으로 구분한 뒤 실험군을 나누고 지카 바이러스가 있는지 분석했다. 그 결과 열대집모기 3마리와 이집트숲모기 2마리에서 지카 바이러스 양성이 확인됐다.

집모기는 숲모기와 달리 피를 여러 번 섭취하지 않는다. 즉 보통 하룻밤에 딱 한 번 혈분을 얻는 것으로 그친다. 소두증 사례가 가장 많이 발생한 레시페 도시 지역의 경우 집모기 개체수가 숲모기보다

20배 가까이 더 많다. 미크로네시아와 프랑스령 폴리네시아도 집모기가 이와 비슷한 수준으로 서식한다. 이 두 국가에서 실시된 연구 중 야생 환경에서 잡은 숲모기에 지카 바이러스가 검출된 경우가 한 건도 없다는 점이 흥미롭다. 이 두 곳에서 열대 집모기를 대상으로 바이러스를 검사할 생각을 해 본 사람이 아무도 없어서 그 지역에서 유행한 지카 바이러스 감염에 매개체로 기능할 수 있었는지 여부는 확인할 수 없지만, 가능성은 배제할 수 없다.

에이레스의 생각이 옳다면, 이러한 연구 결과는 지카 바이러스와 다른 아르보 바이러스의 위협을 약화시키려는 질병 매개체 관리 전략에 중요한 의미가 있다. 현재 훈증 소독으로 모기를 없애는 노력은 숲모기에 초점이 맞추어져 있다. 뎅기열의 경우 숲모기로 전파되므로 당연한 조치이지만, 에이레스는 이 조치 덕분에 레시페에서 다시 지카 바이러스 감염이 발생하지 않았다는 지역 보건 관리 책임자들의 견해에 크게 분노한다고 밝혔다. "지카 바이러스 감염이 또 유행하지 않은 이유는, 이곳 인구 대부분에 이제 항체가 생겼기 때문입니다. 바이러스를 옮기는 모기가 사라졌기 때문이 아닙니다. 집모기를 없애려는 노력이 아무것도 취해지지 않는다면, 면역 기능이 약화됐을 때 지카 감염이 다시 발생할 것입니다."

그러나 이런 메시지에는 누구도 귀를 기울이지 않는 실정이다. 내가 레시페를 방문했을 때 독일 생명공학 업체는 브라질 코레고두제니파포에서 이집트숲모기에 볼바키아*Wolbachia*균을 인위로 감염시켜 시 북동쪽에 빈민가가 사방으로 형성된 곳으로 방출하는 일에 박차를 가하고 있었다. 숲모기를 제외하고 전 세계 곤충 종의 60퍼센트에 기생하는 볼바키아균은 모기 자손 개체의 생식 능력을 없애는 특징이 있다. 따라서 이러한 노력으로 숲모기 개체군을 줄이고, 지카 바이러스와 다른 아르보 바이러스를 옮기는 숲모기의 역할도 약화시킬 수 있다. 리우데자네이루와 콜롬비아 메데진에서도 볼바키아로 변형된 모기를 방출하는 비슷한 시도가 진행되고 있으며 말라리아를 옮기는 얼룩날개모기*Anopheles* 속 모기에 유사한 유전자 변형 기법을 적용하는 실험도 실시되고 있다.[39] 이러한 시도는 워싱턴 시애틀 빌·멜린다 게이츠 재단과 런던 웰컴 재단 등 대형 자선 단체의 지원을 받는다. 그 배경에는 지리학적으로 확연히 다른 환경에서 실시되는 실험이고 결과를 과학적 기준에 따라 정량화하기가 비교적 쉽다는 특징이 있다. 건강과 관련된 세계적인 중재 사업이 "상의하달식"인 경우가 많다는 점과도 부합한다. 반면 모기장과 방충망을 제공하는 것처럼 기술 수준이 낮은 관리 조치는 경시된다. 폐수처리 방식을 개선하고 극빈층이 생활하는 곳, 즉 모기가 들끓는 지역에 상수도를 설치하는 도시 개선 사업도 마찬가지다.

하루는 에이레스의 요청으로 자보아탕두스구아라라페스 전역을 돌며 모기를 수집하는 사람들을 따라 나섰다. 출발할 때는 빈민가 열 곳을 찾아가서 주민들의 침실과 거실에서 모기를 흡입한다는 목표를 세웠지만 이동식 흡입기 한 대가 고장 나는 바람에 다섯 곳으로 끝내야 했다. 주민 대다수가 노인이었고, 콘크리트 블록으로 된 방 두 칸, 혹은 세 칸짜리 좁은 집이 층층이 자리한 건물에서 부대끼며 살고 있었다. 실내에 화장실이 있는 집은 두 곳뿐이었다. 요리와 목욕이 모두 한 공간에서 이루어지는 구조였다. 뒷마당이 있

을 주기 때문이기도 하지만, 모기가 고인 물에서 번식할 수 있기 때문이죠." 몬테이로의 설명이다.

인터뷰가 마무리될 쯤 몬테이로는 내게 레시페의 지도를 하나 보여 주었다. 소두증 환자가 가장 많이 발생한 곳이 주황색과 빨간색으로 표시된 지도였다. 주황색 점은 중산층 거주 지역인 보아비스타를 포함해 시 전역에 흩어져 있는 반면 빨간색이 가장 진하게 표시된 곳은 시 북쪽과 남쪽의 빈민가였다.

다음 날 나는 소두증 아기를 낳은 엄마들을 만나 보기 위해 이푸칭가에 있는 시각장애 아동을 위한 특수 재활센터를 찾아갔다. 선천성 지카 증후군이 있는 아이들 중 약 절반은 망막과 시신경이 영향을 받아 시력에 심각한 문제가 발생한다. 일부 경우 신경이 손상되거나 코르티솔과 관련한 문제가 발생하기도 한다. 안과 질환 치료를 전문적으로 돕는 의료 자선단체 알티노 벤튜라Altino Ventura는 이러한 아이들의 시력 문제가 해결될 수 있도록 이미 몇몇 어린이 환자들에게 시력보정용 확대경 고글과 강도 높은 재활 기회를 제공했다. 또 아이가 사물에 눈의 초점을 맞추고 엄마와 더 원활히 소통할 수 있도록 돕는 다중감각 키트를 개발해 엄마가 직접 아이를 훈련시킬 수 있도록 지원했다. 몇몇 엄마는 메디나두스올호스 재활 센터에서 실시한 이 새로운 장비 시험에 직접 참여했다.

내가 재활센터에 도착했을 때 아이들은 바닥 여기저기에 깔린 매트와 쿠션 위에 벌써 자리를 잡고 자원봉사자들이 그 다중감각 키트를 꺼내고 있었다. 판에 밝은색이 칠해진 탁구채와 번쩍이는 긴 술이 달린 쉐이커가 보였다. 치료 세션은 알티노 벤튜라 회장인 리아나 벤튜라^{Liana Ventura}의 기도로 시작됐다. "오늘은 안식일입니다. 모두 함께 우리가 살면서 맞닥뜨리는 힘든 일들과 어려움을 잠시 생각해 보도록 합시다. 주여, 우리에게 빛을 보여 주시고, 우리를 영감을 줄 수 있는 존재, 무엇보다 희망을 줄 수 있는 존재로 만드소서." 안과학 교수인 리아나 벤튜라는 남편 마르셀로 벤튜라와 함께 지금까지 해 온 봉사로 많은 상을 받았다. 알티노 벤튜라 재단은 일주일 내내 하루도 쉬는 날이 없다. 레시페 시내에 위치한 이곳 재단의 응급 안과 클리닉에서는 하루 최대 500여 명의 환자를 치료한다. 눈을 무료로 치료해 주고 백내장을 비롯한 흔한 시력 문제를 고쳐 주는 곳인 만큼 페르남부쿠 전역에서 환자들이 찾아온다. 이와 함께 벤튜라 재단에서는 톡소플라스마증과 매독, 풍진, 거대세포 바이러스 감염 등 안과 질환과 관련 있고 브라질에서 흔히 발생하는 질병에 관한 연구를 진행하는 한편, 레시페 소재 산부인과 지원 사업도 이어 가고 있다. 2015년 가을에 소두증을 앓는 아기들이 태어나기 시작했고 이례적인 안과 문제가 발견됐을 때 리아나 벤튜라가 곧 이 문제에 관심을 기울인 것도 당연한 일이었다. 당시에 태어난 아기들 중에는 눈이 사시이거나 한쪽 옆에서 다른 쪽 옆으로 목적 없이 돌아가는 환자가 많았다. 일부의 경우 시력이 크게 손상된 상태였다. "우리는 아기들의 시야가 정상치의 30퍼센트에 불과하다는 것을 알게 됐습니다. 아예 아무것도 못 보는 경우도 있었어요." 벤튜라가 내게 설명했다. "정말 가슴 아픈 일이었어요. 엄마 얼굴도 못 보고, 주변에 전혀 흥미를 느끼지 못했죠. 그저 내내 울기만 했습니다."[40]

시력의 90퍼센트는 태어난 첫 해에 발달한다. 볼 수 없으면 아이가 자신을 돌보는 가장 중요한 양육자와 상호작용을 할 수 없고, 이는 정상적인 발달 과정에 큰 악영향을 준다. 시력 교정용 고글은 놀라운 변화를 만들었다. "아이의 얼굴이 금방 환해졌답니다. 태어나 처음으로 웃었죠." 벤튜라가 전했다.

내가 찾아간 날, 기도를 마친 벤튜라는 가방 중 하나에 담긴 탁구채를 꺼내서 올린다에서 온 젊은 부부 조안과 마르실로 다 실바 Joane and Marcilio da Silva 부부에게 건넸다. 두 사람의 아들 헥터는 극심한 난시를 갖고 태어났지만 이제는 고글 덕분에 시야의 60퍼센트를 볼 수 있다. 생후 20개월이 되도록 헥터는 누가 도와주지 않으면 혼자 앉지도 못했고 훈련을 시작하려면 베개를 쌓아서 아이를 받쳐 줘야 했다. 이들 가족 곁에 있던 젊은 여성은 헥터가 점점 나아지는 과정을 지켜봤다. 다른 스물세 살의 엄마 밀렌 헬레나 두스 산투스 Mylene Helena dos Santos 로, 세 아들 중 막내 데이비드 헨리케 David Henrique 와 함께였다. 2015년 8월생인 데이비드는 지카 바이러스 감염이 처음 발생한 환자군 중 한 명으로 심각한 장애를 갖고 태어났다. 아기용 의자에 앉아 있는 데이비드의 몸은 띠로 고정돼 있고 발목도 버팀대로 고정돼 있었다. 아이는 음식을 제대로 삼키지 못했고 난시도 심했다. 음식이 기관에 막혀서 폐렴으로 이어지는 바람에 응급실로 다급히 실려 온 적도 있다. 의료진이 항생제를 공급하기 위해 위에 관을 삽입했지만, 아이 엄마는 데이비드가 그것 때문에 굉장히 힘들어했다고 전했다. "관이 너무 커서 아이가 내내 몸을 가만 두질 못했어요. 의료진은 제게 관을 깨끗하게 유지해야 한다고, 안 그러면 감염될 수 있다고 경고했는데 말이에요. 저도 데이비드가 고글을 써 보도록 하고 싶은데, 위 문제가 해결되지 않으면 그럴 수가 없어요. 좀 나아지면 그런 날이 오겠죠."

두스 산투스는 임신 5개월에 초음파 검사에서 데이비드에게 선천성 기형이 있을 수 있다는 사실을 알게 됐다. 하지만 소두증을 언급한 사람은 아무도 없었고, 지카 바이러스에 관해서도 전혀 들어 본 적이 없었다. "뎅기열은 알았지만요." 두스 산투스가 말했다. 발진이 나타난 기억은 없었다. 임신 개월 수가 늘어날수록 합병증이 연달아 발생했다. 양수가 새고, 상황이 유산 직전까지 갈 만큼 악화됐을 때 데이비드가 예정일보다 7주 일찍 태어났다. 그리고 1년 뒤 모자는 지카 바이러스 양성 판정을 받았다.

현재 두스 산투스는 자보아탕두스구아라라페스에 있는 부모님 집에서 살고 있다. 아이 아빠와는 출산 직후 헤어졌다. 데이비드를 데리고 병원을 오가는 동안 다른 아이들은 가족들이 돌봐 준다. "발병 사태가 일어난 초반에는 다들 뭔가 도움을 주려고 했어요. 하지만 1년이 지나자 상황이 진정됐고, 저는 정부 사업 대상에서도 제외됐죠. 그때부터 알티노 벤튜라의 도움을 받았습니다."

충분히 예상할 법한 일이 벌어졌다. 지카 바이러스가 유행하자 브라질 정부는 빈곤층을 위한 현금 지원 사업을 승인했고 특수 재활센터에 연간 3,500만 달러를 투자하겠다고 약속했다. 동시에 페르남부쿠 주 정부도 선천성 지카 증후군을 갖고 태어난 영유아를 위한 지역 센터 건립을 위해 500만 달러를 제공할 것이라고 밝혔다. 그러나 2016년 말, 브라질 의회는 20년간 공적 지출을 동결한다는 내용의 헌법 개정안을 통과시켰다. 지금 이 글을 쓰고 있는 시점까지 설립이 계획된 센터는 대부분 아직 설립 예정 상태로 남아 있다. 이 긴축 재정으로 두스 산투스 같은 여성들은 반드시 필요한 약과 치료에 드는 돈을 구하느라 애를 먹고 있다. 정부가 상수도나 위생 문제를 바로잡는 사업에 투자할 기미도 전혀 보이지 않는다. 오히려 정부는 주부들을 대상으로 한 인식 개선 캠페인을 실시하며 모기 방제의 책임을 각 가정에 떠넘기고 있다.

지카 바이러스 감염 사태가 일어난 바탕이 된 사회적, 환경적 문제가 이처럼 무시되는 상황은 다른 영역에서도 나타난다. '국제 인권 감시단'이 감염 사태가 벌어지고 1년 뒤에 브라질을 방문해서 페르남부쿠와 파라이바 지역의 피해 여성들과 만나 인터뷰를 해 본 결과, 소두증을 앓는 아이를 낳은 여성의 약 4분의 1은 20세 미만이었다. 피임에 관한 정보나 성과 생식에 관한 정보 접근성이 가장 낮은 연령군이다. 빈민가의 상태를 직접 본 감시단은 오물이 여과 없이 쏟아져 나오는 물길과 주택 바로 뒤에 자리한 오물로 꽉 막힌 운하와 습지에서 모기가 번식하고 있었다는 사실을 담담히 전했다.

"브라질 국민들은 보건부가 지카 바이러스 비상 상태 종료를 선포한 것을 승리로 여길지도 모른다." 감시단 소속 여성인권 선임 연구자 아만다 클라싱Amanda Klasing은 의견을 밝혔다. "그러나 정부가 들끓는 모기를 장기적으로 줄이고, 생식의 권리를 보장하고, 지카 바이러스 감염 피해를 입은 아이들이 있는 가정을 지원하지 않는다면 브라질 국민의 기본권은 위태로워질 것이다."[41]

클라싱의 의견은 리아나 벤튜라의 견해와도 일치한다. 벤튜라의

9. Z로 시작하는 병, 지카

시설에서 치료를 받은 325명의 어린이 중 민간 의료시설을 통해 재단으로 온 환자는 2명에 불과하다. 나머지는 모두 공중보건 시스템의 연계로 재단을 찾아왔다. 지카 바이러스가 유행한 지도 2년 가까이 지났지만 감염 의심자의 절반가량은 아직도 감염 여부를 확인할 수 있는 혈청 검사 결과를 기다리고 있다. "지카 바이러스의 병리학적 특징과 소두증의 관계에 관해 우리가 아직 모르는 부분이 너무나 많습니다. 하지만 현 시점에서, 솔직히 말하면 상황이 아주 어렵습니다." 벤튜라의 이야기다. "또 한 번 바이러스가 유행해야 세상이 정신을 차리고 주목하는, 그런 일은 생기지 않기를 바랍니다."

* * *

나는 체크아웃 후 호텔을 나섰다. 그리고 보아 비아젬 산책로를 따라 좀 걷기로 마음먹었다. 오전에 이푸칭가의 재활 센터를 나설 때만 해도 도로와 바다의 경계가 되는 바위까지 파도가 밀려와 해변은 보이지 않았지만 오후 4시가 되자 바닷물은 밀려 나가고 마침내 레시페의 유명한 모래사장이 모습을 드러냈다. 해변에는 파라솔이 세워지고 아이들은 썰물이 남긴 물길과 웅덩이에서 물장구를 치며 신나게 놀고 있었다. 잔잔한 바람이 불어 서핑하기에 정말 좋은 날씨였지만 쏜살같이 달려오는 큰 파도 어디에도 서핑보드에 올라선 사람은 한 명도 없고, 수영을 하러 바다에 들어가는 사람도 전혀 없다는 것이 놀라웠다. 잠시 뒤 해변과 몇 미터 떨어진 곳에서 그 이유를 찾을 수 있었다. "Perigo(위험)"라고 적힌 위협적인 붉은색과 흰색의 안내판이 세워져 있었다. 그 아래에는 영어로 "위험—상어 출몰 지역"이라고 적혀 있었다. 이어 노란색으로 그려진 상어 그림과 함께 언제 해수욕을 피해야 하는지에 관한 정보가 나와 있었다. 상식적인 권고도 포함되어 있었다. "몸에 피가 날 때, 밝은색 옷을 입거나 물체를 지닌 채로" 바다에 들어가면 안 되고 "술에 취했을 때", "혼자" 입수해서도 안 된다는 내용이 그랬다. 하지만 "해변과 멀리 떨어진 곳", "파도가 높을 때", "새벽 시간과 황혼 무렵"도 해수욕을 하지 말아야 할 때와 장소로 나와 있었다. 모두 종합해 보면 파도가 잔잔한 낮 시간을 제외하면 거의 안 된다는 의미다.

조금 떨어진 해변 저쪽에 감시 초소가 보이기에, 그곳에 있던 안전요원에게 다가가 이런 경고가 무슨 의미인지 물어 보기로 했다. 그는 1990년대 초까지 보아 비아젬은 서핑 장소로 인기가 좋았다고 이야기했다. 그러다 1992년을 시작으로 상어가 사람을 공격하는 일이 여러 차례 벌어졌다. 2013년까지 보아 비아젬에서는 총 58건의 공격이 일어나 21명이 목숨을 잃었다. 이에 당국은 서핑을 금지하고 상어를 조심하라는 경고판을 세운 것이다. 왜 갑자기 상어의 행동 양식에 변화가 생겼는지 누구도 확신하지 못했지만, 대부분의 전문가들은 1980년대에 레시페에서 남쪽으로 약 32킬로미터 떨어진 수아페에 새로 지은 컨테이너항을 원인으로 지목한다. 항구를 짓는 과정에서 강 하구를 준설하고 먼 바다까지 불쑥 튀어 나온 부두가 만들어졌다. 하구 준설 작업이 민물에서도 지낼 수 있어서 보통 뭍 가까이에서 지내던 황소 상어의 번식과 먹이를 구하는 패턴에 큰 악영향을 준 것으로 추정된다. 컨테이너항이 완성된 1990년대에 바다를 오가는 화물선이 폭발적으로 늘어나면서 상어에게 미치는 영향도 극심해졌다. 게다가 대형 원양선은 폐기물과 쓰레기를 바다에 투기하는 경우가 많고, 다른 곳으로 이동하던 뱀상어가 그런 폐기물에 이끌려 배와 함께 유입됐다. 먹이를 찾아내는 기술이 탁월한 뱀상어는 수아페 항에 자리를 잡고 연안 해역에서 찾을 수 있는 먹이에 입맛을 길들이는 한편, 아무런 처리 없이 방출되어 매일 레시페 곳곳의 운하와 강에 흘러 들어와 바다로 쏟아져 들어오는 오수도 먹이로 삼았다. 이로 인해 현재 보아 비아젬에서는 안전요원도 바다 수영은 꺼리고 염소 소독제가 들어간 수영장에서 몸을 단련하는 쪽을 더 선호할 정도다. 바다에서 인명 피해가 발생할 수 있는 사고가 나서 어쩔 수 없이 물에 들어가야 할 때는 대부분 제트스키를 활용한다.[42]

숲모기가 브라질의 이곳 해안으로 처음 유입된 경로도 대서양을 오간 선박과 전 세계를 대상으로 돈이 될 만한 일을 찾다가 시작된 변화에서 비롯됐다. 브라질에 맨 처음 숲모기가 유입된 정확한 시점을 아는 사람은 없다. 1530년대, 레시페 바로 북쪽의 마을 올린다에 이곳을 식민지로 삼아 가장 먼저 정착한 포르투갈 사람들이 도착했던 때로도 추정한다. 당시의 식민지 개척자들은 카피바리베 강과 베베리베 강이 하나로 합쳐지는 곳에 자연스럽게 형성된 항과 강 하구를 지키는 기다란 자연 제방을 발견했을 것이다. 그러나 모기가 유입됐을 가능성이 가장 높은 시점은 페르남부쿠에서 사탕수수를 재배할 노예가 실린 포르투갈 배가 아프리카 서부 해안을 떠나 이곳에 도착하기 시작한 16세기로 보인다.[43] 1637년에 네덜란드가 사탕

대유행병의 시대

수수 경작지의 소유권을 갖고 식민지 수도를 레시페로 옮긴 후 사탕수수 산업은 큰 호황을 누렸다. 영국과 네덜란드가 카리브 해를 중간 경로에 포함시켜 자국 식민지로 노예를 실어 나르면서 바베이도스에 황열병 바이러스가 옮겨졌다. 레시페에 황열병이 최초로 발생한 때는 1685년으로 기록되어 있다. 이때부터 아르보 바이러스 감염이 주기적으로 유행했고, 1940년대와 1950년대에 단기간 잠잠했던 때를 제외하면 사라진 적이 없었다.

오늘날 모기는 다시 한 번 먼 곳으로 옮겨 가는 중이다.[44] 먼 옛날 노예들이 쇠사슬에 묶여 있던 갑판 아래, 빈 통에 담긴 민물에서 번식했듯이 이번에는 버려진 자동차 타이어에 고인 빗물이 새로운 서식지가 되었다.* 그러니 이 과정에서 딸려 들어온 아르보 바이러스가 지카 바이러스 하나였을 가능성은 매우 낮다. 항공기를 통한 해외여행이 발달하면서 지역민은 면역력이 거의 없거나 아예 없는 바이러스와 미생물 병원체가 비행기를 타고 브라질까지 무임승차로 함께 유입될 가능성도 생각해야 한다.

또 어떤 병원체가 들어올 것인지, 언제 자리를 잡고 모습을 드러낼지 추측하려고 해 봐야 헛고생일 뿐이다. 보아 비아젬의 안전요원들처럼, 우리가 할 수 있는 일은 어디선가 뾰족한 지느러미가 나타나지 않는지, 다른 위협 요소는 없는지 수평선을 샅샅이 살펴보는 것이 전부다. 해외여행과 세계 무역이 이루어지는 현실을 우리

---

* 실제로 장식용 소나무와 폐기된 자동차 타이어가 실린 배가 텍사스를 오가게 된 것이 치쿤쿠니야열의 주된 매개체이자 과거에는 동남아시아에서만 서식했던 아시아호랑이모기(Aedes albopictus)가 아메리카 대륙에 유입된 경로로 거의 확실시된다. 텍사스에 도착한 선박의 화물은 도로를 통해 주 경계를 넘어 멕시코와 남미 지역으로 이동한다.

가 바꿀 수는 없겠지만 레시페와 브라질의 다른 도시들처럼 숲모기와 병을 옮겨 오는 모기가 서식하기에 좋은 위생 상태와 환경 조건은 우리가 얼마든지 바꿀 수 있다. 지식의 수준이 아닌 정치적 의지의 문제다.

10

질병 X

Disease X

2019년 12월 30일 저녁, 마조리 폴락Marjorie Pollack 박사는 브루클린 코블힐에 있는 집에서 쉬다가 이메일을 한 통 받았다. 중국 후베이 성의 성도인 우한에서 특이한 폐렴 환자가 집단으로 발견됐다는 내용이었다. CDC 역학 전문요원 과정을 마치고 30년 넘게 의료 역학전문가로 일해 온 폴락은 인터넷에서 이례적인 질병과 관련된 이야기가 오가는지 검색하는 '신종 질병 모니터링 프로그램ProMED'의 부편집장도 맡고 있다. 그러니 동료 한 사람이 중국 사이트 웨이보에서 중국어로 오간 채팅 중 포착한 신문 기사가 곧바로 추가 조사가 필요한 사안인지, 아니면 새해까지 보류해도 괜찮을지 평가할 수 있는 적임자였다.

이메일을 열고 내용을 확인하자마자 폴락은 몸에 소름이 돋는 것을 느꼈다. "그 알림 메일에는 우한에서 일어난 일에 관한 트위터

메시지 몇 개가 담겨 있었어요. 환자가 4명, 이어 27명이 집단으로 발생한 사실이 담겨 있었죠. 그리고 사진이 한 장 있었는데, 우한 공중보건위원회가 발송한 문서로 보였습니다. 시장에서 파는 해산물, 야생동물과의 관련성이 추정되는 폐렴 사례에 관한 내용이었어요." 폴락은 전했다. "사스 사태를 겪고 처리한 기억이 있어서 그런지, 익숙한 기분이 들었습니다. 데자뷔 같았죠."[1]

폴락은 ProMED 네트워크에 즉시 자신의 의견을 전했고, 수 시간 내에 중국 언론이 보도한 후안 보건위원회의 문서는 사실로 확인됐다. 4시간 뒤 보스턴 아동병원에 설치된 인공지능 시스템도 중국 우한에서 미확인 폐렴 사례가 발생했다는 경고를 발령했고 심각도를 총 5단계 중 3단계라고 밝혔다. 모두 폴락이 주저 없이 다음 조치를 취할 만한 흐름이었다. 그날 자정 직전에 폴락은 의사, 역학 전문가, 공중보건 기관 공무원 8만여 명으로 구성된 탄탄한 국제 공동체인 ProMED에 보다 상세한 내용이 담긴 경고문을 올렸다.

당시에는 알지 못했지만, 폴락이 포착한 것은 신종 코로나 바이러스의 대규모 감염 사태가 시작된 첫 징후였다. 그로부터 몇 개월 만에 코로나19^{Covid-19} 바이러스는 1918년과 1919년에 발생한 스페인독감 사태와 묘하게 닮은 전 세계적인 대유행병을 일으켰다. 차이가 있다면 1918년에는 세계가 전쟁 중이었고, 감염으로 사망자가 줄줄이 발생해도 공장과 학교는 대부분 정상적으로 운영됐으며 열차와 시내를 달리던 전차도 정상 운행됐다. 그러나 전 세계가 전례 없이 상호 연결된 시대에 찾아온 코로나19는 연쇄 감염을 일으키며 세계 곳곳의 주식시장을 무너뜨리고, 해외 항공편의 발을 묶고, 지구에서 가장 발전한 곳들로 꼽히는 도시들을 침묵하게 만들었다.

* * *

코로나19 바이러스의 대유행은 인구 1,100만 명 도시 우한 중에서도 화난 수산물 도매시장에서, 또는 그 주변에서 시작된 것으로 밝혀졌다. 명칭은 수산물 시장이지만 이곳에서는 새끼 늑대와 악어, 뱀 등 엄청나게 다양한 야생동물이 판매된다. '최초 감염자'는 12월 1일에 병을 앓기 시작한 70세 남성이었다. 공식 명칭이 사스 코로나 바이러스-2$^{SARS-CoV-2}$인 코로나19 바이러스의 평균 잠복기는 14일이므로, 남성은 11월 중순이나 그보다 일찍 감염되었다고 볼 수 있다. 발병 일주일 후 환자 7명이 추가로 발생했다. 이 중 2명은 화난 수산물 시장과 직접적 연관성이 있었다. 12월 12일에 이 시장에서 일하던 49세 상인이, 그로부터 7일 뒤에는 그의 장인이 차례로 병을 앓았다. 장인은 시장에 간 적이 없었으므로 사위에게서 곧바로 감염된 것이 분명했다.

일주일이 다 지나기 전에 우한 소재 병원 최소 3곳에서 비슷한 사례가 보고됐다. 그러나 환자들은 독감이나 기관지염이라는 진단을 받고 집으로 돌아갔다. 처음에 수산물 시장과의 연관성을 의심했던 의사들조차 상황을 지켜본 뒤에 지역사회 확산이 일어날 수 있다는 근거는 없다고 합리화하며 크게 염려하지 않았다. 나중에 우한의 한 병원 응급실 총괄책임자는 <월스트리트 저널>과의 인터뷰에서 이렇게 밝혔다. "초기 단계는 우리가 경계를 풀 만한 상황이었습니다."[2]

그러나 내부고발자가 된 젊은 중국인 의사 리원량Li Wenliang이 한 채팅방에 게시물을 올리면서 이런 분위기가 뒤집혔다. 뉴욕에 있던 폴락이 이상 징후를 포착한 것도 이 사건 때문이었다. 안과를 전공한 리원량은 2011년에 우한 의과대학을 졸업하고 우한시중심병원에서 일했다. 대학 2학년 때 중국 공산당에 입당했지만 정부 비판을 서슴지 않던 그는 2011년 저장성 원저우에서 일어난 열차 사고로 사망자 40명, 부상자 170명이 발생한 일에 의문을 제기하던 기자가 일자리를 잃자 그를 복직시켜야 한다고 주장하기도 했다.[3] 2년 뒤에는 중국 의사들이 정당한 이유 없이 공격당하는 일이 이어지자 웨이보에 영국 의학저널 <란셋>에 게재된 관련 논문 한 편을 캡처해 게시했고 중국 정부에 의료진 보호에 더 힘써 줄 것을 요구했다.[4] 그래서 우한시중심병원의 응급실 동료가 비정형적인 폐렴 환자가 7명 있고 검사 결과 "사스 코로나 바이러스" 양성이 나왔다고 이야기했을 때, 리원량은 당연히 공유해야 할 뉴스라고 생각했다. "화난 수산물 시장에서 사스 환자 7명 발생 확인." 리원량은 12월 30일에 자신의 웨이보 계정에 이런 제목의 글을 게시했다. "우리 병원 응급실에 격리 중."[5] 리원량은 이 글과 함께 환자 중 한 명의 폐 CT 사진도 공유했다. 건강한 사람의 폐는 어두운 배경에 기관과 혈관이 그림자처럼 보여야 하지만, 이 환자의 폐의 기관지계는 뿌연 흰색에 가려 잘 보이지 않았고 이상한 짙은 색 점이 구멍처럼 흩어져 있었다. 공기주머니가 고름이나 다른 액체로 가득 차 있고 균일하지 않은 폐 경화가 발생한 것으로 보이는 특징과 함께 폐엽과 폐의 다른 일부분이 다른 환자들보다 심하게 손상된 것도 볼 수 있었다.

중국에서는 공식적인 경로를 벗어난 소통이 심각한 위반으로 간주된다. 리원량도 게시물을 올린 뒤 우한 공안국으로부터 엄중한 질책을 받았다. 공안국은 그가 "불법적으로 소문을 퍼뜨렸고" 공공질서를 어지럽혔다며 비난했다.[6] 며칠 뒤에 리원량은 중난 경찰에 소환됐다. 경찰은 그가 올린 웨이보의 글은 사실이 아니라고 명시된 진술서에 서명하고 다시는 그와 같은 위반 행위를 저지르지 않겠다는 약속을 하도록 했다.

사실 중국 질병통제센터[CCDC] 우한 지부는 이미 화난 수산물 시장에 팀을 배치하고 조사를 벌이고 있었다. 이 조사에서 "불가해한 폐렴" 사례 27건이 확인됐고, 우한 시 보건위원회는 12월 30일 자체 웨이보 계정을 통해 환자 7명이 위중한 상태라고 밝혔다. 다음 날 12월 31일에 중국 질병통제센터는 문제의 시장에 소독 작업을 실시할 팀을 추가 배치하고 WHO 중국 사무소에도 폐렴 사례를 통지했다. 이런 조치는 소셜미디어에 더 이상 소문이 퍼지지 않도록 방지하기 위한 것인지, 아니면 폴락이 ProMED에 게시한 글에 대응한 것인지는 알 수 없다. 이틀 뒤, 우한 기술연구소는 환자 한 명에게서 원인 바이러스를 찾아 분리했고 RT-PCR 분석을 실시했다.* 그 결과 사스와 2012년부터 중동 지역에서 산발적으로 발생해 온 중동호흡기증후군[MERS]의 원인 바이러스와 같이 코로나 바이러스 계통에 속

---

* 역전사 중합효소 연쇄반응(RT-PCR)은 바이러스의 아주 작은 절편을 증폭시켜 바이러스의 유형을 찾고 보다 세밀하게 연구할 수 있는 감도와 특이성이 높은 검사법이다. 쉽게 말해 돋보기에 비유할 수 있다.

한 것으로 확인됐다. 하지만 사스는 아니었다. 완전히 다른, 새로운 바이러스였다.

중국에는 체르노빌 사태가 일어난 것과 같은 일이 벌어졌다. 나중에 코로나19로 명칭이 정해진 이 신종 코로나 바이러스는 2020년 1월까지 우한 전역에 제멋대로 퍼졌다. 새로 나타난 바이러스인 만큼 지구상에 면역력을 가진 사람은 없으니, 시 경계를 넘기 전에 서둘러 조치를 취해야 했다. 그러나 사이렌을 울리고 시민들에게 낙진이 올지 모르니 주의하라고 경고를 발령했어야 할 우한 당국은 망설였다. 중국 혁명의 기점이 된 음력설이 다가오고, 대대적인 행사가 열릴 예정이었다. 중국에서 가장 중요한 명절을 앞두고서 우한 시장은 부정적인 여론을 듣고 싶지 않았다.

또 한 가지 두려워했을 법한 이유가 있다. 시진핑이 중국공산당 중앙위원회 총서기로 선출된 후 권력은 베이징 중앙정부에 더 강력히 집중됐다. 당이 정한 노선에서 벗어나면 공직 생명도 끝날 수 있었다. 따라서 당에서 서열이 낮은 관료는 중앙정치국과 정치국 "1인 지도자"의 허락 없이는 의사결정을 내리지 않으려고 한다. 세계화된 동적 경제를 동력으로 삼아 국가에 다시 활력을 불어넣는 동시에 중국의 독특한 정치적, 문화적 전통을 보존하고자 시진핑이 마련한 "중국의 꿈" 사업에 해가 될 수 있는 소식을 먼저 나서서 전하고픈 사람은 없었다. 결국 우한 시 당국은 징후가 될 만한 뉴스를 은폐했고 잠잠해지기를 기대했다. 나중에 밝혀진 내용에 따르면 시진핑은 1월 셋째 주가 되어서야 1월 7일 우한에서 벌어진 상황을 제대로 파악했고 우한을 격리한다는 결정을 내렸다.[7] 며칠 내로 격리 조치는 중국 10개 도시로 확대되어 5,000만 명의 발이 묶였다. 그러나 이 시점에 이미 500만 명이 우한을 벗어났고 그중 상당수가 해외로 빠져나간 것으로 추정된다. 늦어도 너무 늦은 조치였다.*

안타깝게도 리원량은 이 새로운 전염병에 희생된 첫 환자들 중 한 명이 되었다. 내부고발을 감행한 이 의사는 경찰의 질책을 받은 후 진료를 이어 나갔고, 1월 7일에 코로나19 감염 증상을 보이는 노인을 치료했다. 5일 후, 리원량도 비슷한 증상이 나타났고 우한시중심병원 호흡기내과 병동에 입원했다. 호흡을 돕기 위해 기관 삽관이 실시됐지만 상태는 악화됐다. 산소호흡기로 폐의 압력을 완화시키려는 시도도 소용없었다. 리원량은 2월 7일, 34세의 나이로 세상을 떠났다.[8]

리원량의 사망 소식이 전해지자 중국 소셜미디어에는 시민들의 격렬한 분노가 터져 나왔다. 리원량을 순교자로 봐야 한다는 목소리가 나오고, 이 죽음에 대한 우한 당국의 사과와 발언의 자유를 보장하라는 요구가 빗발쳤다.[9] 그날 저녁, 우한 시민들은 쓰러진 영웅을 기리기 위해 집집마다 창문을 열거나 발코니로 나와서 뮤지컬 〈레미제라블〉 중 '민중의 노래가 들리는가?'의 한 대목을 크게 불렀다. "분노한 민중의 노래. 다시는 노예처럼 살 수 없다."

중국 군의관이자 칭화대학교 교수인 쉬 장룬Xu Zhangrun은 누구보다 맹렬한 비난을 쏟아 냈다. 시진핑의 검열 정책과 2002년 중국의 사스 은폐 시도를 비난하며, 그는 다음과 같이 밝혔다. "이 모든 거

---

* 중국 항공로 네트워크의 중심에 위치한 우한은 전 세계 22개국을 오가는 직항 노선이 운행되는 중국 국내와 국외 교통의 중심지다.

대유행병의 시대

우도 있다. 바이러스는 계속 증식하고 다른 세포를 감염시킬 수 있는 수백만 개의 바이러스 입자가 기관지계 깊숙한 곳까지 이동한다. 면역계는 이에 대한 반응으로 사이토카인이라는 신호전달 분자를 보내 염증반응을 일으킨다. 코로나19 바이러스 감염의 또 다른 특징적인 증상인 발열과 지속적인 마른기침, 인후통, 두통, 몸의 통증과 그 밖의 다른 통증은 이 염증 유발 사이토카인이 작용한 결과다. 이 같은 증상은 바이러스에 노출된 후 평균 5일 후에 나타나지만, 더 일찍 시작되거나 최대 14일이 지나서 나타날 수도 있다.

　감염자의 대다수는 여기까지가 끝이다. 며칠이 지나면 증상은 사라지고 몸 상태가 좋아지기 시작한다. 그러나 노인(70세 이상)과 기저질환이 있는 사람을 포함한 일부 감염자는 바이러스가 기도에 더 깊숙이 침투해 폐 안쪽 깊은 곳에 있는 세포까지 공격한다. 이러한 환자에게서 바이러스가 종말세기관지에 5면체 형태로 달려 있는 자루까지 도달하면 상황은 위태로워진다. 지름이 약 2.5센티미터인 이 자루는 폐포로 알려진 작은 공기 주머니로 가득 채워져 있다. 폐포는 산소와 이산화탄소를 혈류와 교환하며 호흡을 조절한다. 이 공기 주머니에 염증이 발생하면 점점 더 많은 사이토카인이 감염된 곳으로 몰려들고, 항체와 다른 단백질, 효소도 그 뒤를 잇는다. 이 과정은 흡사 눈보라가 치듯 진행된다. 이 작은 주머니가 액체와 손상된 세포로 꽉 차면 흐름이 막혀 더 이상 산소 교환이 불가능해진다. 이 상태에 이르면 환자는 숨이 가빠지고 가슴이 마구 짓눌리는 기분이 든다고 이야기한다. CT 결과에서는 폐포가 부분적으로 채워진 이 상태가 흰색으로 점점이 흩어져 나타나 "잘게 간 유리 음영"

으로도 묘사된다.[13] 이 드문드문한 형태는 폐포마다 다른 다각형 모양으로 나타나며, 맞닿은 폐포 벽이 두꺼워지면 보도에 깔린 모양이 일정치 않은 포석이나 샤워하다 뿌옇게 된 유리 너머로 본 휘날리는 눈과 같은 형태로 나타난다. 폐포가 계속 채워지고 폐경화가 진행되면 CT 스캔에서도 하얗게 나타나는 부분이 많아진다. 이렇게 되면 환자는 급성 호흡곤란 증후군ARDS에 이르고, 산소 호흡기의 도움 없이는 몇 시간 내로 숨을 거둘 수 있다.

* * *

어쩌다 이렇게 됐을까? 한 세기 동안 질병이 발생하고 대유행하는 일이 몇 번이나 반복됐는데, 왜 우리는 달라지지 않고 코로나19 바이러스의 위험 징후를 놓쳤을까? 무엇보다 중요한 사실은 드러나지 않았던 동물 숙주에서 나타난 코로나 바이러스가 전 세계에 퍼진 일이 처음이 아니라는 점이다. 2002년 11월에 중국 남부의 광둥성에서 사스 바이러스가 등장했을 때의 양상과도 상당히 비슷하다. 당시 사스 바이러스는 그곳에서 버스를 통해 홍콩으로 옮겨진 뒤 다시 상업 여객기를 통해 베트남, 싱가포르, 태국, 캐나다로 퍼졌다. WHO가 사스 대유행의 종결을 공식 선언한 2003년 7월까지 전 세계적으로 8,000명이 넘는 환자가 발생했고 774명이 사망했다. 코로나19 바이러스는 대유행이 시작되고 3개월 만에 이미 감염자 수가 그 두 배를 넘었다. 전문가들은 2020년 가을에 2차 확산이 일어나고 그 여파가 2021년 겨울까지 이어질 수 있다고 예상한다. 이 지긋지

대유행병의 시대

가 손꼽힐 만큼 많은 도시들을 위협했고 카리브 해와 미국 남부까지 확산될 수 있다고 생각한 과학자는 거의 없었다.

미국 의학연구소가 1992년 "신종감염병"에 관한 보고서를 발표한 후 생물학을 비롯한 여러 분야 전문가들이 세계화와 기후 변화, 동물성 단백질의 수요 증가로 전 세계가 밝혀진 질환과 아직 밝혀지지 않은 질환을 모두 포함해 과거보다 감염질환에 "내재적으로 더 취약한" 상태가 될 것이라고 경고해 왔다. 그러나 전 세계가 서로 얼마나 밀접하게 연결되어 있는지, 대유행병을 일으킬 수 있는 바이러스가 박쥐에 얼마나 많이 존재하는지 제대로 깨닫게 한 병은 사스였다. 2005년 중국에 서식하던 관박쥐에서 사스 바이러스와 아주 유사한 바이러스가 발견되면서 첫 번째 돌파구가 생겼지만 이 바이러스에는 인체 세포를 감염시키려면 꼭 필요한 스파이크 단백질이 없었다. 그러다 2013년 뉴욕에서 활동 중인 국제 비영리단체 에코헬스 연맹EcoHealth Alliance과 협력한 연구진이 그와 비슷한 관박쥐가 서식하던 중국 남부 쿤밍의 한 석회동굴에 과감히 발을 들이면서 상황은 바뀌었다. 연구진은 위험물질을 차단하는 보호복을 갖춰 입고 동굴로 들어가 박쥐에서 혈액을 채취했고 동굴 바닥에서 분변 검체를 수거했다. 검사 결과 검체가 채취된 관박쥐 117마리 중 거의 4분의 1이 코로나 바이러스에 감염된 것으로 확인됐다. 박쥐에 감염된 바이러스 중 2종은 사스 바이러스와 거의 동일하다고 볼 수 있을 만큼 비슷했다. 특히 유전체 중에서도 스파이크 단백질에 해당하는 유전암호가 거의 같았다. 연구 보고서의 공동 저자 중 한 명인 에코헬스 연맹의 대표 피터 다스작Peter Daszak은 〈사이언스〉에 다음과 같이 밝했다. "이 결과는 현재 중국에 인체에 직접 감염될 수 있는 바이러스를 가진 박쥐가 존재하며, 또 다른 사스 대유행 사태가 일어날 수 있음을 보여 준다."[18]

지구상에 존재하는 모든 포유류의 약 5분의 1을 차지하는 박쥐는 코로나 바이러스에만 자연 숙주인 것도 아니다.* 마버그열 바이러스, 니파 바이러스, 헨드라 바이러스 등 인체에 병을 일으킨 적이 있고 아프리카, 말레이시아, 방글라데시, 호주에서 발병 사태가 일어난 적이 있는 다른 바이러스도 갖고 있다. 광견병도 옮기며, 에볼라 바이러스의 자연 숙주로도 여겨진다. 어째서 박쥐가 이토록 다양한 바이러스에 감염되고도 견딜 수 있는지는 지금도 연구가 진행되고 있다. 그중 한 가지 이론은 날아다니는 생활에 적응하기 위해 (박쥐는 포유류 중에서 유일하게 날개가 있다) 면역기능이 약화되는 진화가 이루어졌다는 것이다. 즉 비행에 따르는 스트레스로 박쥐 몸속의 세포가 파괴되고 DNA가 일부 방출될 수 있는데, 이런 상황에 적응하도록 면역기능이 약화됐을 가능성이 있다는 의미다. 원래는 이렇게 생겨난 세포의 파편이 염증반응을 일으키지만 면역기능이 약화돼 그러한 반응이 나타나지 않는다는 것이다. 이 가설에서는 세포 잔해로 인한 염증반응으로부터 박쥐를 보호하는 바로 이 반응 덕분에, 외부에서 유입된 바이러스에 감염되더라도 병들지 않는다고 본다.[19]

런던대학교에서 동물학과 기생충학을 공부하고 학위를 취득한

---

* 박쥐는 남극을 제외한 모든 대륙에서 발견된다.

다스작은 야생동물을 보호하는 일에 매진해 왔다. 그는 처음에 박쥐가 사람의 건강에 위협이 될 수 있다는 견해에 회의적이었다. 그러다 2017년에 생태학자인 케빈 J. 올리발Kevin J. Olival을 비롯한 에코헬스 연맹의 다른 구성원들과 함께 포유동물 754종과 바이러스 586종에 관한 데이터베이스를 구축한 후 각 포유동물이 어떤 바이러스를 가졌는지, 그것이 숙주인 동물에 어떤 영향으로 나타나는지 분석했다. 학술지 <네이처>에 서신의 형태로 게재된 이 연구 결과를 보면, 박쥐가 보유한 동물원성 감염질환의 원인 바이러스 비율은 나머지 포유동물을 모두 합한 것보다 훨씬 큰 것을 알 수 있다. 올리발과 다스작은 박쥐의 모든 종이 현재까지 발견된 동물원성 감염질환의 원인 바이러스를 약 17종 보유하고 있으며, 설치류와 영장류의 경우 이 숫자가 약 10종이라고 추정했다.[20] 연구에서 밝혀진 사실은 여기서 그치지 않았다. <네이처>에 서신이 게재된 후 다스작과 두려움을 모르는 이 바이러스 사냥꾼들은 박쥐가 서식하는 중국과 동남아시아 여러 지역의 동굴, 그 밖의 오지를 계속 찾아다녔다. 이들이 현재까지 확인한 결과에 따르면, 중국에 서식하는 박쥐에서만 대략 500종의 코로나 바이러스가 발견됐다. 2018년에는 광둥성 소재 돼지 농장 4곳에서 돼지 설사병의 한 형태로 밝혀진 병이 발생했고, 원인이 2007년 광둥성과 홍콩의 관박쥐에서 검출된 박쥐 코로나 바이러스와 거의 동일한 새로운 코로나 바이러스라는 조사 결과를 발표했다. 흥미로운 사실은 이 돼지 감염 사태가 일어난 곳과 사스 발생 당시 지표 환자가 살던 곳의 거리가 100킬로미터밖에 되지 않는다는 점이다.[21]

다스작과 동료들은 15년에 걸쳐 동굴을 찾아가 조사했고 박쥐에게서 검체를 채취해 조사한 결과 총 500여 종의 신종 코로나 바이러스를 밝혀냈다. 다스작은 현재까지 밝혀진 비율을 토대로 볼 때 아직 발견되지 않은 코로나 바이러스가 최대 1만 3,000종은 더 있을 것으로 추정했다. 정말 놀라운 일이다. 이와 함께 다스작 연구진은 1940년부터 2004년까지 발생한 335종의 신종 감염질환을 밝혀내고, 에이즈가 대유행한 시기인 1980년대에 그와 같은 질환이 가장 많이 나타났다는 사실도 알아냈다.[22] 또한 20세기 중반에 접어들면서 신종 감염질환의 발생 사례도 계속 증가해 왔다는 점이 분명하게 밝혀졌다.

* * *

코로나 바이러스와 박쥐 또는 다른 야생동물에서 난데없이 나타나 또 다른 대유행병을 촉발시킬 수 있는 미지의 병원체에 관해 경고한 사람은 다스작 한 명만이 아니다. 빌 게이츠는 입소문을 타고 "바이러스처럼 급속도로 퍼진" 2015년 테드[TED] 강연에서 경고했다. "서아프리카에서 발생한 에볼라 사태는 자연에 도사리고 있는 위협이 어느 정도인지 전 세계에 알려 준 미리보기와 같습니다. 에볼라 바이러스의 연쇄적인 전파 경로를 추적한 의료보건 종사자들의 영웅적 노력, 그리고 감염자의 증상이 빠른 속도로 악화되는 바람에 돌아다니기보다 침대에 누워 지내야 했다는 상황 덕분에 에볼라는 도시 중심부에서 더 큰 감염을 일으키지 않았습니다. 하지만 다음에 나타나는 신종 병원체가 1918년 스페인독감의 원인처럼 공기로 매개되는 바이러스라면? 감염된 후 증상이 곧바로 나타나지 않아서 감염자가 자신이 감염된 사실을 모른 채 비행기에 탑승한다면 어떻게 될까요?" 게이츠는 이렇게 결론지었다. "다음번에는 그런 운이 따르지 않을지도 모릅니다."23

새로 나타나고 재등장하는 바이러스가 몰고 온 위험을 결코 잊을 수 없는 기관이 한 곳 있다. WHO는 2003년에 사스가 유행한 후 공중보건 비상사태를 총 4차례 선포했다. 2009년 돼지독감 대유행, 2014년 소아마비와 에볼라, 2016년 유행한 지카가 그 대상이었다. 2018년에는 예기치 않은 신종 질환에 붙들리는 일이 반복되지 않도록 WHO '연구개발 청사진'을 업데이트하기로 결정했다. 이 청사진은 아직 전 세계적으로 적절한 백신이나 치료법이 없고 WHO가 추가 연구 지원이 필요하다고 판단한 병원체의 우선순위 목록이다. 2015년 이 목록에는 크림-콩고 출혈열, 에볼라, 마버그열, 중동호흡기증후군, 사스, 라사열, 니파 감염증, 리프트계곡열이 포함됐다. 이때 WHO는 7번째 항목에 "신종 질환에 대한 연구개발 대비"라는 문구를 포함시켰지만, 당시에는 그저 순위를 남겨 두는 것 외에 다른 의미가 없다고 여겨졌고 크게 관심을 기울이는 사람도 거의 없었다.24 그러나 2018년, WHO는 이 우선순위 목록에 지카 바이러스 감염증을 포함시키는 한편, 전혀 알려지지 않은 병원체로 발생할 수 있는 또 다른 위협을 전 세계에 알릴 필요가 있다고 판단했다. WHO는 이에 해당하는 분류 항목의 명칭으로 "질병 X"를 제시했다.25

다스작은 이 일이 진행된 과정을 생생히 기억한다. "회의가 막바지에 이르러 목록을 최종 버전으로 완성할 준비를 할 때였습니다. [수학적 위험성 분야의] 분석 담당자 한 사람이 일어나더니 '미지의 병원체를 목록에 포함시켜야 한다는 생각을 여러분도 지지할 것이라 생각합니다. 이걸 질병 X라고 부릅시다'라고 했어요. 저는 그 말을 듣고 와, WHO에서 나온 표현치고 정말 멋진걸, 하고 생각했죠."26

몇 주 뒤 뉴욕으로 돌아와 한 신문에서 질병 X라는 표현이 나온 것을 본 다스작은 "정말 좋군. 드디어 우리가 뭘 하려고 하는지 사람들에게 간단히 이야기할 수 있는 방법이 생겼어"라는 생각이 들었다고 전했다.

다스작과 에코헬스 연맹의 동료들은 질병 X에 쏠린 큰 관심이 중동호흡기증후군이나 사스와 같은 이미 알려진 코로나 바이러스는 물론, 아직 밝혀지지 않은 종류, 그리고 지금은 동물계에 숨어 있지만 대유행을 일으킬 수 있는 코로나 바이러스의 연구에 필요한 지원금을 추가로 확보하는 기회가 될 수 있다고 보았다. 2년 전 이탈리아 코모 호수 인근에 자리한 록펠러 재단의 벨라지오 컨퍼런스 센터에 질병 생태학자들이 모여 회의를 열었다. 이 자리에서 다스작과 다른 감염질환 전문가들은 새로운 바이러스로 인한 위협에 전 세계가 갈수록 취약해지고 있다는 점을 강조했다. 160만 종으로 추정되는 바이러스 중 "유행병/대유행병을 일으킬 가능성"이 있는 바이러스는 0.1퍼센트에 불과하다는 사실도 공유됐다. 이 회의에 참석한 전문가들은 '글로벌 바이러스 유전체 프로젝트GVP'가 마련되어야 한다고 촉구했다.[27] 개개인의 유전체를 분석할 수 있는 시대를 연 인간 유전체 프로젝트를 모형으로 한 이 바이러스 유전체 프로젝트가 실시되면, 향후 발생할 수 있는 감염 사태를 "미리" 막을 수 있는 백신이나 약, 그 밖에 다른 의학적 조치에 필요한 자금 확보에 동력이 될 수 있다. 회의 문서에 따르면, 미국 국제개발처가 '프레딕트PREDICT'라는 프로그램을 통해 2010년부터 30개국에서 900종 이상의 신종 바이러스를 성공적으로 찾아낸 성과를 바탕으로 제시한 GVP의 목표는 "자연적으로 발생하는 모든 바이러스"에 관한 포괄적인 데이터베이스를 구축함으로써 "정보 격차를 줄이는 것"이다. 해당 문서에는 다음과 같은 설명도 나온다. "바이러스로 인한 위협이 영향력을 발휘할 수 있음에도 불구하고 세계는 여전히 언제, 어디에서, 어떤 종류의 바이러스가 새로 나타나 병을 일으킬지 예측하지 못한다. 완전하게 대비하려면 적이 나타나기 전에 그 적을 알아야 한다."[28]

다스작이 GVP에 필요한 지원금을 촉구하는 동안 '유행병 대비 혁신 연합CEPI'에서는 새로운 백신 개발 플랫폼 마련에 필요한 돈을 확보하고자 노력했다. 오슬로에 기반을 둔 비영리단체 CEPI는 2017년에 스위스 다보스의 스키 리조트에서 개최된 세계경제포럼에서 노르웨이와 인도 정부의 공동 추진 사업으로 마련됐다. CEPI가 밝힌 목표는 질병이 발생하기 전에 새로운 백신 플랫폼에 투자해 "유행병에 한 발 앞서 대응하고" 이를 통해 지난 30년간 신종 감염질환 연구 분야에서 특징적으로 나타난 패턴, 즉 일시적인 과도한 지원 후 지원이 뚝 끊기는 악순환을 없애는 것이다.[29] 빌·멜린다 게이츠 재단과 웰컴 재단, 그리고 유럽연합과 몇몇 정부기관의 추가 지원으로 CEPI는 2018년까지 7억 6,000만 달러의 기금을 모았다. 5년간 모으고자 한 목표 금액은 10억 달러였다. 이렇게 모은 돈은 대부분 우선 지원 대상으로 정해진 세 가지 병원체인 라사열, 니파 감염증, 메르스 바이러스 백신 개발 지원에 쓰였다.* 2019년 말 CEPI는 알려진 병원체나 아직 밝혀지지 않은 병원체로 갑작스럽게 발생할 수 있는 신종 감염질환에 대비할 수 있는 혁신적 백신 개발 플랫폼이 필요하다는 점을 새롭게 인지했다. 같은 해 초에는 세계은행과 WHO가 대유행병 발생 시 전 세계의 대응 능력이 어느 정도인지 조사한 연례 점검 결과를 발표했다. 현실이 있는 그대로 담겨 있는 이 보고서에 따르면, 2011년부터 2018년까지 WHO는 172개국에서 발생한 1,483건의 발병 사례를 추적했고, 현재의 발생률을 토대로 할 때 점점 더 우려할 만한 상황이 벌어지고 있었다. "5,000만 명에서 8,000만 명의 목숨을 빼앗고 세계 경제의 약 5퍼센트를 휩쓸 만한 영향력을 가진, 확산 속도가 빠르고 치사율이 매우 높은 대유행병을 일으키는 호흡기 병원체가 나타날 위험성이 굉장히 실질적으로 존재한다." 조사 위원회는 이렇게 경고했다. "우리는 대유행병이 나타나면 크게 당황했다가 다시 경시하는 악순환이 일어나도록 너무 오랫동안 내버려 두었다. (……) 이만큼 시간이 지났으면 이제 행동해야 한다."[30]

---

* 중동호흡기증후군 바이러스는 사스와 마찬가지로 박쥐에서 유래했지만 중간 숙주는 사향고양이가 아닌 단봉낙타다. 이 바이러스의 확산 효율은 사스나 사스 코로나 바이러스-2보다 떨어지지만 감염자의 약 30퍼센트가 사망에 이를 만큼 사망률이 훨씬 높다(사스의 평균 사망률은 10퍼센트, 사스 코로나 바이러스-2의 사망률은 감염자의 2~4퍼센트다).

대유행병의 시대

2019년 10월 19일 뉴욕에서 열린 한 선행 훈련에서도 이미 시간이 충분히 지났다는 사실이 강조됐다. 존스 홉킨스 보건안보센터가 빌·멜린다 게이츠 재단, 세계경제포럼과 협력하여 마련한 이 훈련의 목표는 '코로나 바이러스 관련 폐 증후군CAPS'을 일으키는 가상의 바이러스로 대유행병이 발생할 경우에 대한 모형 분석이었다. CAPS의 대유행은 박쥐에 감염된 신종 코로나 바이러스가 브라질의 한 농장에서 사육되던 돼지에게 옮으면서 시작되는 것으로 가정했다. 돼지에 감염된 바이러스는 브라질 농민들에게 옮고, 이때부터 연쇄적인 인체 감염이 촉발돼 상파울루와 남미 지역의 다른 대도시 저소득층 거주 지역으로 급속히 확산된다고 설정했다. 이 모형에서 문제의 바이러스에 면역력을 가진 사람은 아무도 없으므로 전 세계 인구의 80퍼센트가 감염된 후에야 대유행이 끝날 것이라는 예측 결과가 나왔다. 그러려면 총 18개월이 소요되고, 전 세계 인구 중 6,500만 명이 사망할 것으로 예상됐다.[31]

백신은 이러한 예상이나 코로나19 바이러스로 실제 현실에서 발생할 수 있는 피해 규모를 바꿀 수 있는 한 가지 방법이다. 그러나 2003년에 사스가 유행하고 2012년에 메르스 사태가 터진 이후에도 코로나 바이러스 연구는 대규모 지원금이 반짝 쏠렸다가 다시 뚝 끊기는 악순환의 희생양이었다. 사스 전에는 아예 지원은 꿈도 못 꿀 주제였다. 코로나 바이러스는 1937년에 돼지와 닭, 그 밖의 다른 동물에서 처음 발견됐다. 이후 인체에 감염되는 종류는 4가지로 밝혀졌고, 일반 감기 환자의 3분의 1이 코로나 바이러스 감염이 원인이지만 생명을 위협하는 수준에 이르는 경우는 드물다. 가장 고약한 결과를 초래하는 코로나 바이러스는 닭 전염성 기관지염 바이러스가 유일하지만, 닭에 감염되면 목숨을 빼앗을 수 있는 이 바이러스는 인체에는 감염되지 않는다. 이로 인해 코로나 바이러스는 "신데렐라"나 다름없는, 크게 관심을 둘 필요가 없는 바이러스로 여겨졌고 커리어를 확실히 쌓고자 하는 야망 넘치는 젊은 미생물학자라면 연구 주제로 그 쪽은 피해야 한다는 조언을 들었다.

이런 분위기는 사스 이후 바뀌었지만 그리 오래 가지 않았다. 미국의 경우 코로나 바이러스 연구에 연간 300만 달러에서 500만 달러의 연구비를 책정하던 국립 알레르기·전염병 연구소가 지원금을 5,100만 달러로 늘렸지만, 몇 년 안에 연간 평균 연구비 지출액은 2,000만 달러로 뚝 떨어졌다. 2012년 메르스 사태로 또 한 차례 폭발적 지원이 이루어졌으나 2019년에 2,700만 달러 규모로 다시 내려왔다.[32] 유럽의 상황도 크게 다르지 않았다. CEPI가 부족한 연구 지원금을 어느 정도 확보한 것은 사실이나, 모인 금액은 목표에 미치지 못했고 우선 대비가 필요한 여러 질병에 나눠 제공해야 했다. 런던 프랜시스 크릭 연구소의 한 바이러스학자는 이런 의견을 밝혔다. "바이러스학자는 기발한 생각 외에 다른 것도 필요하다. 돈이 있어야 한다."[33] 코로나19 바이러스 감염이 대유행한 요소에는 분명 코로나 바이러스 연구에 필요한 돈이 부족했다는 사실도 포함된다.

* * *

나는 지금 이 글을 런던에서 병을 앓으며 쓰고 있다. 오늘은 3월 26

일이고, 열이 나고 간헐적으로 기침이 나온다. 국가보건서비스에서 제공하는 검사 키트가 부족한 상황이라 내가 코로나19 바이러스에 감염됐는지, 그냥 감기인지 알 수가 없다. 감기라면 여든여덟이신 우리 어머니를 걱정 없이 다시 안아 드릴 수 있을 텐데 말이다(내 친구들 중 몇은 후각이 사라지는 불안한 증상과 입맛을 잃는 등 더 안 좋은 증상을 겪었다고 이야기했다).

1월 초에 나타난 경고 징후에 중국 정부가 너무 늦게 대응한 것과 마찬가지로 영국 정부도 그에 못지않게 느릿느릿 대응해 왔다. 동시에 감염의 확산 고리를 끊기 위해 매우 엄격한 조치를 취하고 있다. 미국과 마찬가지로 영국 국민들도 "감염자 발생 곡선을 평평하게" 만들기 위해 "사회적 거리두기"를 실천해 달라는 요구를 듣고 있다. 불과 지난주까지만 해도 그게 무슨 의미인지 아는 사람은 고사하고 그런 표현 자체를 한 번이라도 들어 본 적이 있는 사람은 거의 없었다.

코로나19 바이러스는 우한에서 등장한 후 이례적인 속도로 확산됐다. 중국은 1월 9일에 WHO에 감염 사태를 알렸고 1월 12일에는 바이러스 유전체 전체의 염기서열 분석을 완료했다. 그러나 1월 13일, 중국 외에 다른 나라로는 처음으로 태국에서 감염자가 발생했고 1월 20일에 일본과 한국에서도 감염 사례가 보고됐다. 같은 날 미국에서도 우한에서 돌아온 여행자 한 명이 워싱턴 주에서 첫 번째 감염자로 확인됐다. 이후 한 달이 채 지나기 전에 시애틀의 요양시설에서 감염자 13명이 발생했고, 워싱턴 주에서 16명이 사망했다. 그리고 지금은 뉴욕이 미국에서 가장 큰 타격을 입은 것으로 보인다.

전 세계 보건 시스템은 엄청난 숫자로 몰려든 코로나19 바이러스 감염 환자로 휘청대기 시작했다. 이탈리아만큼 이 상황이 여실히 드러난 곳도 없다. 사망자 수가 후베이 성보다 3배 가까이 많은 8,215명으로 기록된 이탈리아에서는 노인과 기저질환이 있는 사람뿐만 아니라 의사와 간호사도 희생자에 포함됐고 심지어 30대 환자도 있어 큰 충격을 주었다. "폭풍처럼 강타했습니다." 이탈리아에서도 최근 가장 큰 피해가 발생한 롬바르디아 주 북부 브레시아의 한 감염질환 의사가 전한 말이다.[34]

이런 소식을 접하고 2003년에 사스로 목숨을 잃은 이탈리아인 의사 카를로 우르바니$^{Carlo Urbani}$ 등 다른 발병 사태에서 희생한 의료진을 떠올리는 사람도 있을 것이다. 한편 일본 요코하마 항에서는 크루즈선 '다이아몬드 프린세스' 호가 격리됐다는 불안한 소식이 전해졌다. 대다수가 은퇴자인 이 크루즈선의 승객들은 격리가 해제되면 다시 여행을 재개할 수 있으리라 생각했다. 하지만 일본 정부가 첫 감염 사례를 통지 받고 72시간이 지나 너무 늦게 제재 조치를 시작한 바람에 배 전체가 물에 떠 있는 바이러스 배양접시가 되고 말았다.[35] 지난 역사의 다른 시대에 해상 격리 조치가 이루어졌을 때와 달리, 이제는 영국인 부부 데이비드 아벨과 샐리 아벨$^{David and Sally Abel}$처럼 최신 기술에 능통한 승객들이 수시로 자신의 소셜미디어에 업데이트하는 정보가 TV에 바로 방송되는 시대라 시청자들은 실시간으로 배의 상황을 확인할 수 있었다. 코로나19 바이러스가 갑판 아래에서 알 수 없는 경로로 확산되는 동안 선실에 꼼짝없이 갇힌 아벨 부부의 고초는 사스 사태 때 홍콩 아모이 가든 아파트 주민들

대유행병의 시대

3,000명을 넘어섰다. 중국 후베이 성에서 나온 환자보다 많은 숫자로, 뉴욕은 미국의 감염 진원지가 되었다. 심상치 않은 위협에 공공건물과 브로드웨이 극장가는 문을 닫았고 쿠오모 주지사는 노년층과 지역 공동체에서 가장 감염에 취약한 구성원들을 지킬 수 있도록자택 대기 명령을 내렸다(그는 이 조치를 88세인 자신의 어머니 이름을 따서 "마틸다 법"이라고 명명했다). "눈에 보이지 않는 괴물, 조용히 퍼져 나가는 괴물입니다." 쿠오모 주지사는 자비츠 센터에서 이 같은 내용의 통찰력 있는 연설을 펼쳤다. 이후 민주당 대선 후보로 나서 달라는 요청도 받았다.[44] 한편 트럼프 대통령은 코로나19 바이러스를 굳이 "중국 바이러스"라고 고집스레 칭하면서 미국 국민을 보호하기 위해 꼭 해야 할 일은 중국인과 그 밖에 해외 국적인 사람들을 미국에 들어오지 못하도록 하는 것이라고 판단했다. 뉴욕에서 감염자가 최대 14만 명까지 발생할 수 있고, 4만 명은 산소호흡기 치료가 필요할 수 있다는 쿠오모 주지사의 예측에도 동의하지 않았다. "실제로 일어날 결과보다 숫자가 너무 부풀려진 것 같습니다." 트럼프 대통령은 폭스 뉴스와의 인터뷰에서 이야기했다.[45] 코로나19 바이러스는 환자가 죽음에 이르는 순간에도 감염 위험 때문에 가족들과 떨어져 홀로 숨을 거두게 만든다는 점에서 참 잔혹한 괴물이다.

트럼프 대통령의 입에서 위와 같은 말이 떨어지기가 무섭게 맨해튼의 병원에서 의료진의 첫 번째 사망 소식이 전해졌다. 마운트시나이 웨스트 병원에서 책임 간호사로 근무하던 48세 카이우스 켈리Kious Kelly였다. 코로나19 바이러스에 감염된 환자를 돌보던 동료 간호사를 도왔는데, 이 동료는 병원 관리부가 개인보호장구 대신 제공한 얇은 비닐 가운을 벗고 감염 환자와 접촉한 적이 있는 것으로 드러났다. 켈리는 이 동료와 함께 일한 후 7일 뒤인 3월 17일에 코로나19 양성 판정을 받았다. 마운트 시나이 병원의 다른 간호사들은 소셜미디어에 검은색 쓰레기봉투를 입고 찍은 사진을 올리며 "병원 전체에 가운이 없다"고 알렸다.[46] 리원량이 채팅방에 우한에서 발생한 사태를 전 세계에 알리고 폴락과 ProMED 동료들이 이를 포착한 지 3개월 만에 일어난 일이었다. 불운하게도 정치인들은 그 시간을 거의 다 허비했고, 바이러스는 그때 나타난 징후가 모두 사실이었음을 보여 주었다.

* * *

100년 전에 이처럼 파괴적인 전염병이 온 지구를 휩쓸었을 때 세계는 전쟁 중이었다. 스페인독감이 사회의 공동체의식에 신기할 정도로 거의 영향을 주지 않은 이유도 거기에서 찾을 수 있다. "미국인들은 대유행병이라는 사실조차 거의 인지하지 못했다." 환경 역사가 알프레드 크로스비Alfred Crosby는 설명했다. "그때는 뭔가 눈에 띄더라도 다 금세 잊었다."[47]

런던의 <타임>도 스페인독감이 정서적인 잔해 외에 크게 영향을 남기지 않은 점에 의아하다는 입장을 드러냈다. "너무나 방대한 재앙이었고, 일어나지 않은 곳이 없을 만큼 곳곳에서 일어났지만 우리의 마음은 전쟁의 공포에 과도하게 사로잡혀 그러한 상황을 인지하지 않으려 했다." 1921년 2월에 게재된 리더 칼럼에 실린 글이다.

"그것은 삶이라는 평원을 허리케인처럼 가로질러 왔다가 갔다. 그 길에 수십 만 명의 젊은이들이 휩쓸려, 원래 그 나이 대에는 발생할 수 없는 규모의 환자가 생겼다."[48]

코로나19 바이러스의 대유행이 시작된 지 3개월이 지난 현 시점에서 볼 때 이번 사태가 그렇게 될 위험은 별로 없는 것 같다. 신문 칼럼에는 코로나19 대유행을 "역사가 새롭게 나뉘는 기점"이라고 칭하며 "코로나 이후After Corona"를 뜻하는 AC를 연도 앞에 붙일 날이 올 것이라 전망했다.[49] 그것이 언제가 될 것인지는 아무도 알 수 없다.

임페리얼 칼리지 런던이 최근에 제시한 질병 모형에 따르면, 감염 확산 억제 조치가 효과적으로 이루어지더라도 이번 대유행은 1년간 더 지속될 수 있고, 최대 18개월까지 이어질 가능성이 있다. 이 모형에서 현재까지 확보된 중국 안후이 사망자 데이터를 모두 종합하면 감염자의 평균 사망률은 1.4퍼센트라고 밝혔다.[50] 전 세계 인구의 80퍼센트가 감염된다고 가정할 때 세계 곳곳에서 사망자 1,300만 명이 발생할 수 있다는 의미다. 인구성장률을 감안하여 조정하더라도 스페인독감 사망자에 크게 못 미치지만, 엄청난 파괴력인 것은 분명하다.[51] 인구가 14억에 달하는 인도는 앞으로 어떤 일이 벌어질지 알 수 없는 중대한 요소다. 케랄라에는 정부가 운영하는 병원이 3만 8,000곳으로 증가했지만 인도 다른 지역의 상황은 그렇지 않다. 공중보건 시스템에 할당되는 자금이 부족해서 가능한 검사도 일부에 불과한 실정이다. 소설가 아룬다티 로이Arundhati Roy는 이런 견해를 밝혔다. 인도에 "어떤 위기가 닥칠지, 형체조차 제대로 알 수 없을지도 모른다."[52]

상황을 바꿀 수 있는 요소 중 하나가 백신이다. 현재 43종의 후보가 개발 중이지만, 임상시험과 허가 취득까지 복잡한 과정을 거쳐야 하므로 2021년 전에 현장에서 이용될 가능성은 낮다.[53] 코로나19 대유행 사태의 지속 기간을 단축시키고 전 세계 사망률을 줄일 수 있는 또 한 가지 요소는 사스 코로나 바이러스-2에 감염된 후 재감염되지 않는 면역력이 형성되는 것이다. 그러나 현 시점에서는 면역력의 지속력은 말할 것도 없고 일단 감염돼 병을 앓은 뒤 회복한 사람이 면역력을 '조금이라도' 갖게 되는지 여부도 알 수 없다.

하지만 분명한 사실이 있다. 이미 수천 명이 목숨을 잃었고, 이 상실은 이미 충분한 경고가 있었던 만큼 지식이 부족해서가 아니라 그러한 경고를 충분히 진지하게 받아들이지 않고 바이러스학자와 다른 전문가들이 예고한 대유행병에 대비하지 못한 우리의 총체적 실패이며 이런 상황을 가속화시킨 무사 안일한 정치인들이 빚어낸 결과라는 사실이다. 코로나19 사태가 끝나면 두 번 다시 같은 실수를 저지르는 어리석은 일이 없기를 바란다.

대유행병의
시대

The Pandemic Century

상어가 북대서양 해수욕장에 나타나 사람을 공격한 적은 없다. 독감은 세균성 질환이며 영·유아와 노인들에게는 위험한 질병이나 한창 활동할 나이의 젊은 성인에게는 위험하지 않다. 에볼라는 아프리카 적도 지역의 삼림 지대에서 풍토병으로 발생하는 바이러스 감염질환이므로 북미나 유럽은 말할 것도 없고 서아프리카 대도시까지 확산될 수 없다. 코로나 바이러스는 바이러스 세계에서 "신데렐라" 같은, 별로 흥미로울 것도 없는 바이러스이며 병원과 크루즈선 같은 폐쇄된 환경에서는 위협이 될 수 있지만 전 세계에 대유행병을 일으킬 가능성은 거의 없다.

이 책이 막바지에 이른 지금, 우리는 전문가들의 이런 발언을 신뢰하기에는 너무나 많은 사실을 알게 되었다. 감염 질환의 치명적인 발병 사태를 제대로 예측하지 못하는 일이 주구장창 이어지자 이제는 전문가들도 의학적인 예측에 한계가 있음을 스스로 인정한다. 파스퇴르가 살던 시대부터 알려진 것처럼 미생물이 워낙 크게 변하기 때문이기도 하지만, 우리 인간이 끊임없이 미생물을 돕고 있기 때문이다. 미생물이 차지하고 지낼 수 있는 새로운 생태학적 환경, 다른 장소로 퍼져 나갈 수 있는 방법을 우리가 계속해서 제공하고 있지만 그런 사실은 보통 발병 사태가 벌어진 후에야 명확히 드러난다. 최근에 발생한 대유행병과 유행병 상황을 보면 가속도가 붙고 있음을 알 수 있다. HIV와 사스가 비상 알람이었다면 에볼라와 지카, 코로나19는 위기가 사실임을 확실히 보여 주었다. "의학은 엄청나게 발전했지만 감염질환의 위협에 있어서는 현실에 안주할 수 없다." 미국 국립과학원이 2016년에 발표한 영향력 있는 보고서에도 이렇게 인정하는 내용이 실렸다. "감염질환이 발생할 확률이 점점 증가하는 것으로 보인다."[1]

이것이 사실이라면, 왜 이런 일이 벌어질 수밖에 없는지는 지속적인 연구와 추측으로 파악할 수 있다. 도시화와 세계화가 핵심적인 영향을 준 것은 분명해 보인다. 아시아와 아프리카, 남미 지역에 들어선 대도시는 투키디데스가 활동하던 시대에 아테네가 등장했을 때와 같이 새로운 병원체가 증폭되고 확산되기에 알맞은 환경이 되었다. 수많은 인구가 좁은 공간에 밀집하고, 그 장소가 비위생적인 경우가 많기 때문이다. 그러나 기술과 인위적인 환경의 변화가 이처럼 혼잡한 환경에서 병원체가 사람에게로 옮을 위험을 약화시키는 경우도 있다. 1924년에 로스앤젤레스 멕시코 이주민 거주 지역에서 실시된 페스트 감소 조치는 잔혹하고 도덕적으로도 문제가

에필로그. 대유행병의 시대

있는 방식으로 여겨질 수 있으나(오늘날 캘리포니아에서 활동 중인 지역사회 시민운동가라면 소수민족이 사는 동네를 대대적으로 철거하고 다람쥐를 대량 살처분하는 조치를 그대로 두고 본다는 것 자체가 상상할 수 없는 일이리라), 당시에는 로스앤젤레스 시내와 항구 주변에 페스트가 확산될 위험을 없애는 효과를 발휘했다. 마찬가지로 냉방설비와 현대식 냉방 시스템은 도심과 도시 주변의 고층 건물과 빈민가에서 번식하는 모기를 피하는 아주 효과적인 방법이 되었지만, 재향군인병으로 검증되고 사스 사태로 재차 확인된 것처럼 냉각탑과 팬을 통해 유입되는 공기가 병을 일으킬 수 있는 새로운 위험 요소가 되었다. 특히 호텔과 병원처럼 폐쇄된 환경에서 그러한 영향이 크게 나타난다.

해외여행과 국제무역으로 더욱 넓어진 세계의 상호 연결성도 또 하나의 핵심 요인으로 주저 없이 꼽을 수 있다. 16세기에는 천연두와 홍역, 그 밖에 구세계의 병원체가 신세계에 도달하려면 몇 주가 걸렸다. 황열병처럼 매개체가 있어야 하는 질병은 더 오랜 시간을 거쳐 아메리카 대륙에 도착했다. 오늘날에는 국제선 항공편이 운항되므로 새로 나타난 바이러스도 72시간 안에 지구상 어느 국가, 어느 대륙이든 도달할 수 있다. 미생물의 능력이 아니라 우리 인간의 기술이 만들어 낸 결과다. 우한의 경우도 전 세계 70개국 이상을 오가는 직항 노선이 100편 이상 운행되는 중국 국내외 교통의 요지다. 폐쇄되기 전까지 출장, 여행, 또는 외국어를 가르치러 우한을 찾은 사람 중 누구라도 비행기에 타는 아주 간단한 행위로 바이러스를 중국 국경 너머로 옮길 수 있었다. 실제로 한 해 동안 수천만 명이 출장차 또는 기분전환을 위해 비행기를 타고 그렇게 여행을 한다. 비

대유행병의 시대

행기표 값이 점점 저렴해지고 비행기로 여행하는 사람이 많아질수록 미생물이 옮겨질 위험성도 높아진다. 탑승 전에 대기 공간에서 다른 승객들과 모여 있다가 비좁은 이코노미석에 촘촘하게 앉아서 이동하는 우리는 1929년에 아마존에서 포획되어 볼티모어와 미국 다른 도시로 운송되어 앵무병을 옮긴 앵무새들과 별반 다르지 않다. 차이가 있다면 그 앵무새들은 어디에서 지낼 것인지 선택할 수 없었지만 우리는 가능하다는 것이리라. 환경 역사가 알프레드 크로스비는 국제선 항공기로 여행하는 것은 "전 세계의 환자들과 팔꿈치를 맞대고 있어야 하는 거대한 병원 대기실에 앉아 있는 것과 같다"고 이야기했다.[2] 그럼에도 저가 항공의 인기는 계속 증가하는 추세다.

중요성이 점점 커지고 있는 또 한 가지 요소는, 중국처럼 산업화가 빠르게 진행되는 국가에서 늘어나는 우유와 동물성 단백질의 수요가 이전까지 동물의 외딴 서식지였고 코로나 바이러스가 주로 머무르던 환경에 압력으로 작용한다는 점이다. 예를 들어 2002년 사스의 진원지였던 광둥성에서는 자급자족을 위한 농업이 3세기 이상 이어졌고 쌀농사를 짓는 농민이 논과 가까운 땅에 돼지와 닭, 오리를 길렀다. 이렇게 남는 땅을 활용하는 농업은 경제적으로 지속성이 있고 농부와 가족들이 필요로 하는 식량을 모두 얻을 수 있는 방식이었다. 그렇게 먹고 남은 생산물은 시장에 가지고 나가서 팔면 농부의 빈약한 수입에 보탬이 됐다. 그러나 1980년대에 축산 혁명이 도래했고 식품을 산업적으로 생산하는 대형 업체들이 생기면서 변화가 시작됐다. 고도로 산업화된 방식으로 육용계를 사육하는 업

에필로그. 대유행병의 시대

체들은 전통적인 방식으로 생계농업에 몸담았던 농민들이 내놓는 가격보다 싼값에 닭을 판매했고, 이로 인해 농민들은 단백질원과 수입원을 모두 다른 곳에서 찾아야 했다. 이들 중 상당수가 사향고양이나 천산갑 같은 "야생" 동물을 사육하는 일에 뛰어들었다. 중국의 전통 희귀 식재료가 거래되는 시장이 성장하고 사치품으로 여겨지면서 재래시장에서 야생동물의 가격은 급등하기 시작했다. 인류학자 크리스토스 린테리스^{Christos Lynteris}와 라일 피언리^{Lyle Fearnley}는 소규모 농민의 입장에서는 대형 식품가공업체나 슈퍼마켓을 거치지 않고 동물을 시장에 바로 가져가 팔 수 있다는 이점이 있다고 설명한다.[3] 국가가 든든하게 받쳐 주는 기업체와 산업형 농장은 점점 더 많은 경작지를 집어삼켰고, 소규모 영세 농민은 "경작되지 않은 땅을 찾아" 열대우림 끄트머리로 점점 밀려났다. 그러한 장소에 박쥐가 서식하는 경우가 많고, 이는 신종 바이러스가 축산 동물과 사람으로 옮을 가능성을 크게 높였다.

인류학자이자 사회학자인 마이크 데이비스^{Mike Davis}는 축산 혁명이 경제에 의도치 않은 결과를 가져올 수 있다고 수년 전부터 경고했다.[4] 질병 생태학자인 피터 다스작도 같은 견해를 밝혔다. 2017년에 다스작은 에코헬스 연맹의 동료들과 함께 신종 감염질환이 많이 발생하는 "핫스폿"을 기후 변화와 인구밀도의 변화, 토지이용 패턴과 같은 인구통계, 환경 데이터와 비교 분석했다. 그 결과 질병이 발생할 위험성은 "열대 산림 지역과 포유동물의 생물학적 다양성이 큰 곳, 농업과 관련된 토지 이용 방식에 인위적인 변화가 일어난 곳에서 높아지는" 것으로 나타났다.[5] 다시 말해 원래 여러 포유동물의

대유행병의 시대

× 주

··· **서문. 상어와 포식자들**

1 Richard Fernicola, *Twelve Days of Terror: A Definitive Investigation of the 1916 New Jersey Shark Attacks* (Guilford, CT: Globe Pequot Press, 2001), xxiv-xxx.

2 뉴저지에서 발생한 상어 공격 사건은 마이클 카푸조(Michael Capuzzo)의 저서 《해변에서 생긴 일(*Close to Shore*)》(London: Headline Publishing, 2001)에 가장 생생하게 담겨 있다. 1974년에 피터 벤츨리(Peter Benchley)가 쓴 베스트셀러 소설 《죠스》도 당시 사건에서 영감을 받아 탄생했다. 이 소설은 스티븐 스필버그 감독이 만든 동명의 영화가 탄생한 바탕이 되었다. 소설과 영화에서 상어의 공격은 롱아일랜드에 있는 가상의 리조트 아미티(Amity)에서 일어나는 것으로 그려진다.

3 David Oshinsky, *Polio: An American Story* (Oxford: Oxford University Press, 2005), 19-23.

4 John Paul, *A History of Poliomyelitis* (New Haven, CT: Yale University Press, 1971), 148-60; Naomi Rogers, *Dirt and Disease: Polio before FDR*, Health and Medicine in American Society (New Brunswick, NJ: Rutgers University Press, 1992), 2-6.

5 René Dubos, *Mirage of Health: Utopias, Progress and Biological Change* (New Brunswick, NJ: Rutgers University Press, 1996), 266-67.

6 9/11 공격이 발생하고 5개월이 지난 때이자 미국이 이라크 공격을 시작하기 1년 전이던 2002년 2월 12일, 당시 미국 국방장관이던 도널드 럼스펠드는 국방부에서 열린 기자회견장에 참석했다. 그는 이 자리에서 이라크의 독재자 사담 후세인이 비밀리에 준비 중인 무기 프로그램으로 인한 위험과 관련된 기자들

의 질문에 답했다. 한 기자가 대량 파괴를 일으킬 수 있는 무기를 이라크가 테러리스트들에게 공급했거나 공급할 계획임을 어떤 근거로 알 수 있느냐고 묻자, 럼스펠드는 다음과 같이 답변했다. "일어나지 않은 일에 관한 보도는 늘 흥미롭게 느껴집니다. 왜냐하면 세상에는 알려진 지식이 있기 때문입니다. 즉 우리가 알고 있다는 사실을 우리 스스로 알고 있는 지식이죠. 또한 우리는 알려지지 않은 지식이 있다는 것도 알고 있습니다. 우리가 모르는 무언가가 있다는 사실을 우리가 알고 있다는 것입니다. 그런데 모른다는 사실도 모르는 지식도 있습니다. 우리가 알지 못한다는 것조차 모르는 것이죠."

당시에 럼스펠드의 발언은 '이상한 나라의 앨리스'에나 나올 법한 이야기처럼 여겨지며 뜨거운 풍자의 대상이 되었지만, 그를 비판하던 사람들 다수가 나중에 인정했듯이 럼스펠드의 말은 지식 철학과 과학적 사실의 사회적 구축에 관한 탄탄한 학문적 기반에서 나온 내용이었다. 실제로 과학 연구의 바탕은 알려지지 않은 지식을 찾는 것이다. 과학자들은 이를 위해 가설을 세우고, 귀무가설 또는 일반적으로 받아들여지는 관점을 확인할 수 있는 실험을 설계한다. 처음에는 연구 결과가 귀무가설을 뒷받침할 것인지 여부를 연구자가 알지 못한다. 연구자들은 이미 알려진 가능성의 범위 내에서 결과가 나올 것이라고 믿는 경우가 많다. 때때로 전혀 예상치 못한 결과가 나오기도 하며, 이것이 모른다는 사실조차 몰랐던 지식이 된다.

과학의 역사를 연구해 온 학자들은 지진과 같은 자연 현상부터 기후 변화, 유행병까지, 현대사회에 엄청난 위험이 되지만 관련 지식은 부분적이고 불완전한 사태에 이 아이디어를 적용하여 불확실성의 실체를 파악하려고 한다. 이러한 역사가들은 럼스펠드가 제시한 지식의 3가지 유형에 추가할 수 있는 4번째 유형을 제시한다. 바로 '알고 있다는 사실을 모르는 지식'이다. 연구자가 과학적 탐구 대상에 관하여 알아야 할 것은 전부 다 알아냈다고 생각하지만 그 대상의 중요한 측면을 자신이 경시하고 있다는 사실을 인지하지 못하는 상황이 이에 해당한다('불편한 지식'으로 불리기도 한다). 폐페스트, 앵무병, 에볼라, 지카 바이러스 감염은 모두 이 네 번째 유형에 속하고 재향군인병, 사스, HIV 감염은 모른다는 사실도 몰랐던 지식에 해당한다. 스페인독감의 경우 1918

년 이전에 인플루엔자 바이러스를 연구할 수 있는 방법을 아는 사람이 없었다는 점에서 모른다는 사실도 몰랐던 지식으로 볼 수 있지만, 그전에 많은 학자들이 필터를 통과하는 물질이 존재할 수 있다고 의심했고 질병과 세균의 관계에 관한 지식에 만족하지 못했다는 점을 염두에 두어야 한다. 럼스펠드 전 장관의 발언이 나온 배경과 상황은 에롤 모리스(Errol Morris)의 글 '도널드 럼스펠드의 확신'을 참고하기 바란다(*New York Times*, 25 March 2014, accessed 1 September 2017, https://opinionator.blogs.nytimes.com/2014/03/25/the-certainty-of-donald-rumsfeld-part-1/?mcubz=1). 럼스펠드 전 장관이 해석한 지식 철학과 안다는 사실을 모르는 지식에 관한 자세한 설명은 스티브 레이너(Steve Rayner)의 글 '불편한 지식: 과학과 환경정책의 담화에서 발생하는 무지의 사회적 구축'에 나와 있다(*Economy and Society* 41, no. 1 (1 February 2012): 107-25).

7   Thucydides, *History of the Peloponnesian War* (Harmondsworth, UK: Penguin, 1972); David Morens et al., "Epidemiology of the Plague of Athens," *Transactions of the American Philological Association* 122 (1992): 271-304.

⋯ 1. 푸른 죽음

1   Roger Batchelder, Camp Devens (Boston: Small Maynard, 1918), 11.

2   Ibid., 94.

3   Carol R. Byerly, "The U.S. Military and the Influenza Pandemic of 1918-1919," *Public Health Reports* 125, suppl. 3 (2010): 82-91.

4   William Osler, Henry A. Christian, and James G. Carr, *The Principles and Practice of Medicine: Designed for the Use of Practitioners and Students of Medicine*, 16th edition (New York and London: D. Appleton-Century, 1947), 41.

5   Victor Vaughan, A Doctor's Memories (Indianapolis: Bobbs-Merrill, 1926),

424-25.

6 J. A. B. Hammond et al., "Purulent Bronchitis: a study of cases occurring amongst the British troops at a base in France," The Lancet 190, no. 4898 (14 July 1917): 41-46.

7 A. Abrahams et al., "Purulent Bronchitis: its influenzal and pneumococcal bacteriology," *The Lancet* 190, no. 4906 (8 September 1917): 377-82.

8 A. Abrahams et al., "A Further Investigation into Influenzo-pneumococcal and Influenzo-streptococcal Septicæmia: Epidemic influenzal 'pneumonia' of highly fatal type and its relation to 'purulent bronchitis,'" *The Lancet* 193, no. 4975 (5 July 1919): 1-11.

9 E. L. Opie et al., "Pneumonia at Camp Funston," *Journal of the American Medical Association* (11 January 1919): 108-16.

10 Byerly, "The U.S. Military and the Influenza Pandemic of 1918-1919," 125.

11 "Letter to Susan Owen, 24 June 1918," in *Wilfred Owen: Collected Letters*, ed. H. Owen and J. Bell (London: Oxford University Press, 1967), 599.

12 코흐는 특정 미생물을 어떤 질병의 원인으로 간주하려면 해당 질병의 임상 사례에 그 미생물이 변함없이 존재해야 하며, 순수 배양으로 증식시켜 분리한 후 건강한 실험동물에게 접종하면 반드시 동일한 질병이 나타나야 한다고 밝혔다.

13 E. L. Opie et al., "Pneumonia at Camp Funston," *Journal of the American Medical Association* 72, no. 2 (11 January 1919): 108-16.

14 Dorothy A. Petit and Janice Bailie, *A Cruel Wind: Pandemic Flu in America, 1918-1920*(Murfreesboro, TN: Timberlane Books, 2008), 83.

15 Batchelder, *Camp Devens*, 16.

16 Letters and postcards from Pvt. Clifton H. Skillings, *Bangor Daily News*, accessed 6 July 2017: https://bangordailynews.com/2009/05/15/news/letters-postcardsfrom-pvt-clifton-h-skillings/

17 F. M. Burnet and E. Clark, *Influenza: A Survey of the Last Fifty Years*.

Monographs from the Walter and Eliza Hall Institute of Research in Pathology and Medicine, no. 4 (Melbourne: Macmillan, 1942); Anton Erkoreka, "Origins of the Spanish Influenza Pandemic (1918-1920) and Its Relation to the First World War," *Journal of Molecular and Genetic Medicine: An International Journal of Biomedical Research* 3, no. 2 (30 November 2009): 190-94.

18   V. Andreasen et al., "Epidemiologic Characterization of the 1918 Influenza Pandemic Summer Wave in Copenhagen: Implications for Pandemic Control Strategies," *The Journal of Infectious Diseases* 197, no. 2 (2008): 270-78.

19   Petit and Bailie, *A Cruel Wind*, 85.

20   Paul G. Woolley, "The Epidemic of Influenza at Camp Devens, MASS," *Journal of Laboratory and Clinical Medicine* 4, no. 6 (March 1919): 330-43.

21   R. N. Grist, "Pandemic Influenza 1918," *British Medical Journal* 2, no. 6205 (22 December 1979): 1632-33.

22   John M. Barry, *The Great Influenza: The Epic Story of the Deadliest Plague in History* (New York: Viking Penguin, 2004), 187-88.

23   A. Abrahams et al., "A further investigation into influenzo-pneumococcal and influenzo-streptococcal septicaemia," *The Lancet* 193, no. 4975 (5 July 1919): 1-11.

24   Barry D. Silverman, "William Henry Welch (1850-1934): The Road to Johns Hopkins," *Proceedings Baylor University Medical Center* 24, no. 3 (2011): 236-42.

25   "The Four Founding Physicians," Johns Hopkins Medicine, accessed 6 July 2017: http://www.hopkinsmedicine.org/about/history/history5.html

26   Woolley, "The Epidemic of Influenza at Camp Devens, MASS."

27   Vaughan, *A Doctor's Memories*, 383-84.

28   Jim Duffy, "The Blue Death—Flu Epidemic of 1918," *Johns Hopkins School*

of Public Health, Fall 2004, accessed 6 July 2017: http://magazine.jhsph.edu/2004/fall/prologues/index.html

29 Woolley, "The Epidemic at Camp Devens, MASS."

30 Jeffery K. Taubenberger et al., "The Pathology of Influenza Virus Infections," *Annual Review of Pathology* 3 (2008): 499-522.

31 Barry, *The Great Influenza*, 190-91, 288.

32 파이퍼는 질-닐센이 제안한 카르볼-푹크신 염색법을 권장했다. Pickett-Thomson Research Laboratory, ed., *Annals of the Pickett-Thomson Research Laboratory* 9 (London: Bailliere, Tindall & Cox, 1924): 275.

33 Barry, *The Great Influenza*, 289-90.

34 b형 인플루엔자(Hib)로도 알려진 헤모필루스 인플루엔자는 경미한 중이염부터 중증 혈류 감염, 폐렴까지 매우 다양한 감염을 일으킬 수 있다. 특히 Hib 뇌수막염은 아직 백신을 접종받지 않은 아이들에게는 위험한 질병이며 치료를 받아도 20명 중 한 명 정도가 목숨을 잃는다.

35 A. Sally Davis et al., "The Use of Nonhuman Primates in Research on Seasonal, Pandemic and Avian Influenza, 1893-2014," *Antiviral Research* 117 (May 2015): 75-98.

36 John M. Eyler, "The State of Science, Microbiology, and Vaccines Circa 1918," *Public Health Reports* 3, no. 125 (2010): 27-36.

37 "Bacteriology of The 'Spanish Influenza' 1," *The Lancet* 192, no. 4954 (10 August 1918), 177.

38 Royal College of Physicians, London, "Prevention and Treatment of Influenza," *British Medical Journal* 2, no. 3020 (16 November 1918): 546.

39 S. W. B. Newson, *Infections and Their Control: A Historical Perspective* (Los Angeles and London: Sage, 2009), 36.

40 Erling Norrby, "Yellow Fever and Max Theiler: The Only Nobel Prize for a Virus Vaccine," *The Journal of Experimental Medicine* 204, no. 12 (26 November 2007): 2779-84.

41　Myron G. Schultz et al., "Charles-Jules-Henri Nicolle," *Emerging Infectious Diseases* 15, no. 9 (September 2009): 1519-22; Ludwik Gross, "How Charles Nicolle of the Pasteur Institute Discovered That Epidemic Typhus Is Transmitted by Lice: Reminiscences from My Years at the Pasteur Institute in Paris," *Proceedings of the National Academy of Sciences* 93, no. 20 (1 October 1996): 10539-40.

42　C. Nicolle et al., "Quelques notions expérimentales sur le virus de la grippe," *Comptes Rendus de l'Académie Sciences* 167 (1918 II): 607-10; C. Nicolle et al., "Recherches expérimentales sur la grippe," Annales d'Institut Pasteur 33 (1919): 395.

43　Davis, Taubenberger, and Bray, "The use of nonhuman primates in research on seasonal, pandemic and avian influenza, 1893-2014."

44　미국 밴더빌트대학교의 어니스트 굿패스처(Ernest Goodpasture)가 발견한 기술이나, 이를 활용해서 인플루엔자를 처음 배양한 사람은 호주 연구자인 프랭크 맥팔레인 버넷(Frank Macfarlane Burnet)이다. 버넷은 나중에 노벨상을 수상했다. F. M. Burnet, Changing Patterns: An Atypical Biography (Melbourne: Heinemann, 1968), 41, 90-91.

45　C. R. Byerly, *Fever of War: The Influenza Epidemic in the U.S. Army During World War I* (New York: New York University Press, 2005), 102-3.

46　Nancy K. Bristow, *American Pandemic: The Lost Worlds of the 1918 Influenza Epidemic* (New York and Oxford: Oxford University Press, 2012), 101.

47　"New York prepared for influenza siege," *New York Times*, 19 September 1918, 11.

48　"Vaccine for Influenza," *New York Evening Post* (12 October 1918), 8.

49　Barry, *The Great Influenza*, 279.

50　John M. Eyler, "The State of Science, Microbiology, and Vaccines Circa 1918," *Public Health Reports* 3, no. 125 (2010): 27-36.

51 "Battle Influenza Microbes, Noted Physician Warns," *Chicago Herald Examiner* (6 October 1918), 1.

52 "Spanish Influenza and the Fear of It," *Philadelphia Inquirer* (5 October 1918), 12; "Stop the Senseless Influenza Panic," *Philadelphia Inquirer* (8 October 1918), 12.

53 Herbert French, "The clinical features of the influenza epidemic of 1918-19," UK Ministry of Health, *Report on the Pandemic of Influenza 1918-19* (London: HMSO, 1920), 66-109.

54 Letter from Harry Whellock, Cape Province, South Africa, 10 November 1918. Mullocks sale item.

55 A. E. Baumgardt to Richard Collier, 28 May 1972, Richard Collier Collection, Imperial War Museum. IWM 63/5/1.

56 Albert Camus, *The Plague*, trans. Robin Buss (New York: Penguin Classics, 2002), 31.

57 John F. Bundage et al., "Deaths from Bacterial Pneumonia During 1918-19 Influenza Pandemic," *Emerging Infectious Diseases* 14, no. 8 (August 2008): 1193-99.

58 Jeffery K. Taubenberger et al., "1918 Influenza: The Mother of All Pandemics," *Emerging Infectious Diseases* 12, no. 1 (January 2006): 15-22.

59 T. Tumpey et al., "Characterization of the Reconstructed 1918 Spanish Influenza Pandemic Virus," Science 310, no. 5745 (10 July 2005): 77-80; J. K. Taubenberger et al., "Characterization of the 1918 Influenza Virus Polymerase Genes," *Nature* 437, no. 7060 (6 October 2005): 889-93.

60 Ann H. Reid et al., "Evidence of an Absence: The Genetic Origins of the 1918 Pandemic Influenza Virus," *Nature Reviews, Microbiology* 2, no. 11 (November 2004): 909-14.

61 Michael Worobey et al., "Genesis and Pathogenesis of the 1918 Pandemic H1N1 Influenza A Virus," *Proceedings National Academy of Sciences* 111,

no. 22 (3 June 2014): 8107-12.

62 영국의 바이러스학자 존 옥스퍼드(John Oxford)는 1916년에서 1917년으
로 이어진 겨울에 에타플 부대에서 병사 수백 명이 '화농성 기관지염'을 앓았
을 때 이와 같은 재편성이 일어났을 가능성이 있다고 주장했다. 에타플은 전
방으로 향하던 병사들이 모여드는 중간 기착지였다. 따라서 매우 혼잡했을
뿐 아니라 자체적으로 양돈장을 보유했다는 점이 자랑거리로 여겨졌다. 오
리와 거위를 애완동물로 키우는 병사도 많았다. 즉 조류 인플루엔자 바이러
스가 사람에게 직접 옮겨지거나 포유류의 인플루엔자 바이러스가 서로 섞
여 재편성이 일어날 수 있는 생태학적 조건이 모두 갖추어졌다고 볼 수 있다.
존 배리(John Barry)도 이와 비슷하게 캠프 펀스턴에서 서쪽으로 480킬로
미터 정도 떨어진 곳에 자리한 인구수가 적은 농촌 마을 해스켈 카운티가 조
류 인플루엔자 바이러스와의 재조합이 일어날 수 있는 생태학적 조건이 갖
추어진 곳이라고 주장했다. 해스켈 카운티에서도 주민들이 가금류와 돼지
를 키웠다. 그러나 1918년 3월에 캠프 펀스턴에서 유행한 독감이 스페인독감
의 전초라고 밝힌 배리의 주장은 신빙성이 없다. 이후 가을에 찾아온 독감이
나 1917년 에타플에서 발생한 독감과 달리 환자에게서 헬리오트로프 청색증
이 나타났다는 보고가 없기 때문이다. 1918년 여름에 코펜하겐과 유럽 북부
의 다른 도시들에서도 독감 환자가 대거 발생했고, 이때 나중에 발생한 유행
성 독감의 대표적 특징처럼 젊은 인구군에서 이례적으로 사망률이 높았다는
점을 감안하면 배리의 이론은 더욱 신빙성이 낮아진다. 게다가 1918년 2월부
터 4월까지 뉴욕에서도 유행성 독감의 전조로 볼 수 있는 비슷한 감염이 발
생했다. 이 시기에 뉴욕의 상황을 조사한 여러 학자들은 다음과 같이 밝혔다.
"1918년 봄에 캔자스에서 처음 제기되어 널리 알려진 가설과 일치하지 않으
며 (……) 제1차 세계대전 기간에 이동한 군부대와 함께 유럽에서 뉴욕 시로
확산된 바이러스일 가능성이 다시 한 번 재기된다." John S. Oxford, "The So-
Called Great Spanish Influenza Pandemic of 1918 May Have Originated in
France in 1916," *Philosophical Transactions of the Royal Society of London,
Series B* 356, 1416 (2001): 1857-59; John M. Barry, "The Site of Origin of

the 1918 Influenza Pandemic and its Public Health Implications," *Journal of Translational Medicine* 2 (20 January 2004): 3; Viggo Andreasen et al., "Epidemiologic Characterization of the 1918 Influenza Pandemic Summer Wave in Copenhagen: Implications for Pandemic Control Strategies," *The Journal of Infectious Diseases* 197, no. 2 (January 2008): 270-78; Donald R. Olson et al., "Epidemiological Evidence of an Early Wave of the 1918 Influenza Pandemic in New York City," *Proceedings of the National Academy of Sciences of the United States of America* 102, no. 31 (August 2005): 11059-63.

63 Worobey et al., "Genesis and Pathogenesis."

64 Kevin D. Patterson, *Pandemic Influenza, 1700-1900: A Study in Historical Epidemiology* (Totowa, NJ: Rowman and Littlefield, 1986), 49-82.

65 Taubenberger et al., "The Pathology of Influenza Virus Infections."

66 E. W. Goodpasture, "The Significance of Certain Pulmonary Lesions in Relation to the Etiology of Influenza," *American Journal of Medical Science* 158 (1919): 863-70.

67 "Remarks of Dr. William H. Welch, 1926," Chesney Medical Archives, Johns Hopkins University, Baltimore, MD.

68 Terence M. Tumpey et al., "Characterization of the Reconstructed 1918 Spanish Influenza Pandemic Virus," *Science* 310, no. 5745 (2005): 77-80.

69 Worobey et al., "Genesis and Pathogenesis of the 1918 Pandemic H1N1 Influenza A Virus."

70 Susanne L. Linderman et al., "Antibodies with 'Original Antigenic Sin' Properties Are Valuable Components of Secondary Immune Responses to Influenza Viruses," *PLOS Pathogens* 12, no. 8 (2016): e1005806.

71 David M. Morens et al., "The 1918 Influenza Pandemic: Lessons for 2009 and the Future," Critical Care Medicine 38, no. 4 suppl. (April 2010): e10-20.

72 Jefferey K. Taubenberger et al., "Influenza: The Once and Future Pandemic," *Public Health Reports* 125, no. 3 (2010): 16-26.

73 F. M. Burnet, *Natural History of Infectious Disease* (Cambridge: Cambridge University Press, 1953).

74 Burnet, *Changing Patterns*.

75 F. M. Burnet, "Influenza Virus 'A' Infections of Cynomolgus Monkeys," *Australian Journal of Experimental Biology and Medicine* 19 (1941): 281-90.

76 F. M. Burnet and E. Clark, *Influenza: A Survey of the Last Fifty Years*. Monographs from the Walter and Eliza Hall Institute of Research in Pathology and Medicine, no. 4 (Melbourne: Macmillan, 1942).

··· **2. 천사의 도시에 찾아온 전염병**

1 Walter M. Dickie and California State Board of Health, "Reports on Plague in Los Angeles, 1924-25," 11-30, HM 72874, The Huntington Library, San Marino, CA.

2 Arthur J. Viseltear, "The Pneumonic Plague Epidemic of 1924 in Los Angeles," *Yale Journal of Biology and Experimental Medicine* 1 (1974): 40-54.

3 William Deverell, *Whitewashed Adobe: The Rise of Los Angeles and the Remaking of Its Mexican Past* (Berkeley: University of California Press, 2004), 3.

4 Mark Reisler, *By the Sweat of Their Brow: Mexican Immigrant Labor in the United States, 1900-1940* (Westport, CT: Greenwood, 1976), 180.

5 Dickie, "Reports on Plague in Los Angeles, 1924-25."

6 Emil Bogen, "The Pneumonic Plague in Los Angeles," *California and Western Medicine* (February 1925): 175-76.

7 "The Pneumonic Plague in Los Angeles," 175-76.

8   California State Board of Health, Special Bulletin, no. 46, "Pneumonic Plague, Report of an Outbreak at Los Angeles, California, October-November, 1924," Sacramento: California State Printing Office, 1926.

9   Dickie, "Reports on Plague in Los Angeles, 1924-25."

10 Bogen, "Pneumonic Plague in Los Angeles"; Deverell, *Whitewashed Adobe*, 176-82.

11 Dickie, "Reports on Plague in Los Angeles, 1924-25."

12 Frank Feldinger, *A Slight Epidemic: The Government Cover-Up of Black Plague in Los Angeles* (Silver Lake Publishing Kindle edition, 2008), location 473.

13 "USGS Circular 1372, Plague," accessed 11 May 2016: http://pubs.usgs.gov/circ/1372/

14 Ole Jørgen Benedictow, The Black Death, 1346-1353: *The Complete History* (Suffolk: Boydell Press, 2004), 382.

15 John Kelly, *The Great Mortality* (New York and London: Harper Perennial, 2006), 22.

16 Deverell, *Whitewashed Adobe*, 182.

17 샌프란시스코에서 활동한 세균학자 칼 F. 메이어(Karl F. Meyer)에 따르면 이는 콜비 W. E. 카터(Colby. W. E. Carter)와 버논 링크(Vernon Link)가 한 말이다. "칼 F. 메이어의 미공개 전기와 윌리엄 W. E. 카터, 버논 B. 링크가 작성하고 취합한 관련 문서, 1956-1963", Sixth interview, 199, UCSF Library, Archives, and Special Collections, MSS 63-1. 이하 "Carter MSS"로 표기.

18 Marilyn Chase, The Barbary Plague: *The Black Death in Victorian San Francisco* (New York: Random House, 2003), 160.

19 파키스탄 카라치에서 활동하던 프랑스인 연구자 폴 루이 시몽(Paul-Louis Simond)은 1898년, 페스트균에 감염된 쥐를 잡아먹은 고양이의 몸에서 채취한 벼룩을 다른 쥐에게 옮기는 방식으로 감염된 쥐에서 감염되지 않은 쥐로 페스트를 옮기는 데 성공했다. 그러나 다른 전문가들은 시몽이 택한 방식에

의문을 제기하며 결과에 회의적 견해를 밝혔다. 1914년에 리스터 연구소의 두 영국인 학자가 더욱 엄격한 조건에서 시몽이 했던 실험을 다시 실시하고 같은 결과를 얻은 후에야 페스트가 벼룩과 쥐를 통해 전파된다는 사실이 명확히 수용됐다. Edward A. Crawford, "Paul-Louis Simond and His Work on Plague," *Perspectives in Biology and Medicine* 39, no. 3 (1996): 446-58.

20 마멋과 페스트의 연관성을 처음 가정한 사람은 러시아의 의학자 미하일 에두아르도비치 벨랴프스키(Mikhail Edouardovich Beliavsky)다. 그는 1894년에 러시아와 중국 국경 지역인 아크샤에서 발생한 가래톳 페스트를 조사하고 타르바간(tarbagan)으로도 불리는 만주 마멋이 페스트의 매개체일 가능성이 있다고 주장했다. 만주 마멋은 몽골 원주민과 부랴트 사람들이 사냥감으로 삼던 커다란 설치류로, 벨랴프스키는 이들이 마멋의 피부를 벗겨 내는 과정에서 페스트가 확산된다고 보았다. 4년 뒤 또 다른 러시아 학자 다닐로 자볼로트니(Danilo Zabolotny)도 몽골 동부지역에서 발생한 폐페스트를 조사하고 같은 결론을 내렸다. Christos Lynteris, *Ethnographic Plague: Configuring Disease on the ChineseRussian Frontier* (London: Palgrave Macmillan, 2016).

21 William B. Wherry, "Plague among the Ground Squirrels of California," *The Journal of Infectious Diseases* 5, no. 5 (1908): 485-506.

22 Chase, Barbary Plague, 189. 캘리포니아 땅다람쥐의 학명은 *Citellus beecheyi*에서 *Otospermophilus beecheyi*로 변경됐다.

23 In 1914 researchers at the Lister Institute in London demonstrated that plague bacilli multiply and form a block in the proventriculus of *X. cheopis*. This block prevents the ingested blood from reaching the flea's midgut, causing the flea to starve. The resulting increase in the number of feeding attempts by blocked fleas, combined with regurgitation of ingested blood and infectious material from the blockage, makes them dangerous vectors for humans. However, as these blockages can take twelve to sixteen days to form, *X. cheopis* is not thought to be infectious for long enough to be a factor in epizootics. Rebecca J. Eisen et al., "Early-Phase Transmission

of Yersinia Pestis by Unblocked Fleas as a Mechanism Explaining Rapidly Spreading Plague Epizootics," *Proceedings of the National Academy of Sciences* 103, no. 42 (2006): 15380-85.

24 McCoy, "Plague Among the Ground Squirrels in America," *Journal of Hygiene* 10, no. 4 (1910-1912): 589-601.

25 Wherry, "Plague Among the Ground Squirrels of California."

26 Meyer, "The Ecology of Plague," *Medicine* 21, no. 2 (May 1941): 143-74 (147).

27 P. C. C. Garnham, "Distribution of Wild-Rodent Plague," *Bulletin of the World Health Organization* 2 (1949): 271-78.

28 W. H. Kellogg, "An Epidemic of Pneumonic Plague," *American Journal of Public Health* 10, no. 7 (July 1920): 599-605.

29 J. N. Hays, *The Burdens of Disease: Epidemics and Human Response in Western History* (New Brunswick, NJ, and London: Rutgers University Press, 2009), 184-85.

30 W. H. Kellogg, "Present Status of Plague, With Historical Review," *American Journal of Public Health* 10, no. 11 (1 November 1920): 835-44; Guenter B. Risse, *Plague, Fear and Politics in San Francisco's Chinatown* (Baltimore: Johns Hopkins University Press, 2012), 156-58, 167-69. 뉴욕 록펠러 의학연구소 소장 사이먼 플렉스너(Simon Flexner)가 맡은 이 위원회는 해군 병원에 잘못이 없음을 입증하려고 노력했다.

31 Eli Chernin, "Richard Pearson Strong and the Manchurian Epidemic of Pneumonic Plague, 1910-1911," *Journal of the History of Medicine and the Allied Sciences* 44 (1989): 296-391.

32 Wu Lien-Teh, *A Treatise on Pneumonic Plague* (Geneva: League of Nations Health Organization, 1926).

33 Oscar Teague and M. A. Barber, "Studies on Pneumonic Plague and Plague Immunization, III. Influence of Atmospheric Temperature upon

the Spread of Pneumonic Plague," *Philippine Journal of Science* 7B, no. 3 (1912): 157-72.

34 Wu, *Treatise on Pneumonic Plague.*

35 Kellogg, "Epidemic of Pneumonic Plague," 605.

36 Viseltear, "Pneumonic plague epidemic."

37 "Nine Mourners At Wake Dead," *Los Angeles Times* (1 November 1924).

38 Viseltear, "Pneumonic plague epidemic," 41.

39 "Malady outbreak traced," *Los Angeles Times* (5 November 1924), A10.

40 Deverell, *Whitewashed Adobe*, 197.

41 Ibid.

42 Ibid, 185-86.

43 Albert Camus, *The Plague* (New York: Random House, 1948), 35.

44 Emil Bogen, "Pneumonic Plague in Los Angeles: A Review," 1925, MSS Bogen Papers, The Huntington Library, San Marino, CA.

45 Dickie, "Reports on Plague in Los Angeles, 1924-25," 32-34.

46 Deverell, *Whitewashed Adobe*, 197.

47 "Disease Spread Checked," *Los Angeles Times* (6 November 1924), A1.

48 Viseltear, "Pneumonic plague epidemic," 42.

49 Ibid., 43.

50 Feldinger, *A Slight Epidemic*, location 1838.

51 Viseltear, "Pneumonic plague epidemic," 46.

52 Meyer, Carter MSS, Sixth interview, 209.

53 Deverell, *Whitewashed Adobe*, 197-98.

54 Bess Furman, *A Profile of the U.S. Public Health Service 1798-1948* (Bethesda, MD: National Library of Medicine, 1973), 350-51.

55 "Rat War Death Toll Is Heavy," *Los Angeles Times* (30 November 1924), B1.

56 "Malady Outbreak Traced," *Los Angeles Times* (5 November 1924), A10.

57 "Rat War Death Toll Is Heavy."

58 Meyer, Carter MSS, Sixth interview, 211.

59 "Report Hugh Cumming to Secretary of Treasury, 23 June 1925," RG 90 Records of the Public Health Service, General Subject File, 1924-1935, State Boards of Health, California, 0425-70.

60 Meyer, "Ecology of Plague," 148.

61 "Signs of Bubonic Plague in Three American Cities," New York Times (8 February 1925); Letter from Cumming to medical officers in charge of U.S. quarantine stations, 22 December 1924, RG 90 General Subject File, 1924-1935, 0452-183 General (Plague).

62 "Quarantine Ordered Against Bubonic Rats," New York Times (1 January 1925).

63 Letter from A. G. Arnoll to Robert B. Armstrong, 8 January 1925, RG 90, Records of the Public Health Service, General Subject File, 1924-1935, State Boards of Health, California, 0425-70.

64 "Report Hugh Cumming to Secretary of Treasury, 23 June 1925," RG 90 Records of the Public Health Service, General Subject File, 1924-1935, State Boards of Health, California, 0425-70.

65 Dickie, "Reports on Plague in Los Angeles, 1924-25," 23-24.

66 유럽에 흑사병이 처음 발생한 1348년에 이탈리아의 연대기 기록자들이 남긴 자료에는 병의 특징적 증상에 폐페스트와 가래톳 페스트의 특징이 모두 포함되어 있다. 아이슬란드와 노르웨이에서 7세기에 발생한 페스트는 대부분 폐페스트였을 것으로 추정된다. 북쪽에 위치한 이러한 국가에서는 겨울철의 추운 날씨가 이어지는 동안 쥐와 벼룩 간의 균 전파가 유지되기 힘들고, 날씨가 추운 조건에서는 폐페스트가 더 쉽게 확산되기 때문이다.

67 K. F. Meyer, "Selvatic Plague—Its Present Status in California," California and Western Medicine 40, no. 6 (June 1934): 407-10; Mark Honigsbaum, "'Tipping the Balance': Karl Friedrich Meyer, latent infections and the birth of modern ideas of disease ecology," Journal of the History of Biology 49,

no. 2 (April 2016): 261-309.

68   C. R. Eskey et al., *Plague in the Western Part of the United States* (Washington, DC: US Public Health Service, 1940).

69   Meyer, "Selvatic Plague—Its Present Status in California."

70   "Plague Homepage | CDC," accessed 11 May 2016: http://www.cdc.gov/plague/

71   Eisen et al., "Early-Phase Transmission of Yersinia Pestis by Unblocked Fleas as a Mechanism Explaining Rapidly Spreading Plague Epizootics."

72   "Human Plague—United States, 2015," accessed 11 May 2017: http://www.cdc.gov/mmwr/preview/mmwrhtml/mm6433a6.htm?s_cid=mm6433a6_w

73   Wendy Leonard, "Utah Man Dies of Bubonic Plague," DeseretNews.com, 27 August 2015, accessed 11 May 2017: http://www.deseretnews.com/article/865635488/Utah-man-dies-of-bubonic-plague.html?pg=all

74   Kenneth L. Gage and Michael Y. Kosoy, "Natural History of Plague: Perspectives from More than a Century of Research," *Annual Review of Entomology* 50 (2005): 505-28; "USGS Circular 1372 Plague, Enzootic and Epizootic Cycles, 38-41," accessed 11 May 2016: http://pubs.usgs.gov/circ/1372/

··· **3. 앵무병의 대유행**

1   V. L. Ellicott and Charles H. Halliday, "The Psittacosis Outbreak in Maryland, December 1929, and January 1930," *Public Health Reports* 46, no. 15 (1931): 843-65; Jill Lepore, "It's Spreading: Outbreaks, Media Scares, and the Parrot Panic of 1930," New Yorker, 1 June 2009.

2   "Killed by a Pet Parrot," *American Weekly*, 5 January 1930.

3   Paul de Kruif, *Men Against Death* (London: Jonathan Cape, 1933), 181.

4   Ibid., 182.

5   Ibid., 203.

6   당시 그가 본 저널은 〈La Revista de La Asociación Médica Argentina〉일 가
    능성이 가장 높다. Enrique Barros, "La Psittacosis En La República Argentina,"
    La Revista de La Asociación Médica Argentina, Buenos Aires, 1930.

7   "Killed by a Pet Parrot," *American Weekly* (5 January 1930).

8   E. L. Sturdee and W. M. Scott, *A Disease of Parrots Communicable to Man
    (Psittacosis)*. Reports on Public Health and Medical Subjects, no. 61 (London:
    H.M.S.O., 1930), 4-10.

9   "30,000 Parrots Here; Amazon Best Talker," *New York Times* (29 January
    1930).

10 Katherine C. Grier, *Pets in America: A History* (Chapel Hill: University of
    North Carolina Press, 2006), 244.

11 Sturdee and Scott, *A Disease of Parrots Communicable to Man*, 10-17.

12 De Kruif, *Men Against Death*, 182.

13 Albin Krebs, "Dr. Paul de Kruif, Popularizer of Medical Exploits, Is Dead,"
    New York Times (2 March 1971).

14 Paul de Kruif, "Before You Drink a Glass of Milk," *Ladies Home Journal*
    (September 1929).

15 Nancy Tomes, "The Making of a Germ Panic, Then and Now," *American
    Journal of Public Health* 90, no. 2 (February 2000): 191-98.

16 "Topics of the Times: Warning Against Parrots," *New York Times* (11
    January 1930).

17 "Vienna Specialist Blames 'Mass Suggestion' for Parrot Fever Scare, Which
    He Holds Baseless," *New York Times* (16 January 1930).

18 "Stimson's Parrot Is Banished for Cursing," *New York Times* (18 January
    1930).

19 Edward. A. Beeman, *Charles Armstrong, M.D.: A Biography* (Bethesda,
    MD: Office of History, National Institutes of Health, 2007), 45.

20 Jeanette Barry, *Notable Contributions to Medical Research by Public Health Scientists, U. S. Department of Health: A Bibliography to 1940* (Washington, DC: US Department of Health, Education and Welfare, 1960), 5-8.

21 De Kruif, *Men Against Death*, 182, 185.

22 Ibid., 181.

23 Bess Furman, *A Profile of the U.S. Public Health Service 1798-1948* (Bethesda, MD: National Library of Medicine, 1973), 370-73.

24 Beeman, *Charles Armstrong*, 145.

25 "Parrot Fever Kills 2 In This Country," *New York Times* (11 January 1930).

26 "Hunts For Source of 'Parrot Fever,'" *New York Times* (12 January 1930).

27 "Parrot Fever Cases Halted in the City," *New York Times* (19 January 1930).

28 De Kruif, *Men Against Death*, 184.

29 Ibid., 125.

30 Beeman, *Charles Armstrong*, 139.

31 De Kruif, *Men Against Death*, 183-84.

32 "Hoover Bars Out Parrots to Check Disease: Gets Reports of Fatal Psittacosis Cases," *New York Times* (25 January 1930).

33 George W. McCoy, "Accidental Psittacosis Infection Among the Personnel of the Hygienic Laboratory," *Public Health Reports* 45, no. 16 (1930): 843-49.

34 De Kruif, *Men Against Death*, 203.

35 "Parrot Fever Attack Fatal to Dr Stokes," *The Sun* (11 February 1930).

36 Charles Armstrong, "Psittacosis: Epidemiological Considerations with Reference to the 1929-30 Outbreak in the United States," *Public Health Reports* 45, no. 35 (1930): 2013-23.

37 Edward C. Ramsay, "The Psittacosis Outbreak of 1929-1930," *Journal of Avian Medicine and Surgery* 17, no. 4 (2003): 235-37.

38 S. P. Bedson, G. T. Western, and S. Levy Simpson, "Observations on the Ætiology of Psittacosis," The Lancet 215, no. 5553 (1 February 1930):

235-36; S. P. Bedson, G. T. Western, and S. Levy Simpson, "Further Observations on the Ætiology of Psittacosis," *The Lancet* 215, no. 5555 (15 February 1930): 345-46.

39 Sturdee and Scott, *A Disease of Parrots Communicable to Man*, 68-74. In Bedson's honour, the organism was named Bedsoniae, a nomenclature that stuck until the 1960s.

40 Karl F. Meyer, "The Ecology of Psittacosis and Ornithosis," *Medicine* 21, no. 2 (May 1941): 175-205.

41 Sturdee and Scott, *A Disease of Parrots Communicable to Man*, 88-89.

42 "Deny Parrot Fever Affects Humans," *New York Times* (18 January 1930).

43 Albert B. Sabin, *Karl Friedrich Meyer 1884-1974, A Biographical Memoir* (Washington, DC: National Academy of Sciences, 1980); Mark Honigsbaum, "'Tipping the Balance': Karl Friedrich Meyer, Latent Infections and the Birth of Modern Ideas of Disease Ecology," *Journal of the History of Biology* 49, no. 2 (April 2016): 261-309.

44 Karl F. Meyer, *Medical Research and Public Health*. An interview conducted by Edna Tartaul Daniel in 1961 and 1962 (Berkeley: The Regents of the University of California, 1976), 74.

45 Paul de Kruif, "Champion among Microbe Hunters," *Reader's Digest*, June 1950: 35-40.

46 Meyer, *Medical Research and Public Health*, 358.

47 이렇게 함께 여행을 다니는 동안 두 사람은 의학계 종사자들의 삶이 '환상적인 이야기'라는 점에 의견이 일치했고, 메이어는 드 크루이프에게 "과학은 잊고 글을 써 보라"고 이야기했다. 메이어의 충고를 받아들인 드 크루이프는 1926년에 과학 저술가라는 새로운 커리어를 시작했다. 전해지는 이야기로는 싱클레어 루이스가 소설 《애로우스미스》를 집필하면서 질병을 탐정처럼 조사한 실제 인물을 수소문했고 드 크루이프가 이 소설에 등장하는 스웨덴 출신의 허풍쟁이 전염병 사냥꾼 구스타프 손델리우스(Gustaf Sondelius)

의 모델로 메이어를 제안했다고 한다. 그러나 드 크루이프는 메이어에게 영감을 받아 《애로우스미스》를 썼다고 인정하면서도 손델리우스의 '원형' 은 없다고 주장했다. Meyer, *Medical Research and Public Health*, 340; de Kruif to Dr Malloch, 16 April 1931. Paul H. de Kruif papers, Rockefeller Institute for Medical Research Scientific Staff, Rockefeller Archive Center, Correspondence, 1919-1940, Box 1, Folder 9.

48 당시 발병 사태로 총 6,000여 마리의 말이 병들고 약 3,000마리가 폐사했다.

49 더 상세히 설명하면, 말 뇌염은 조류에 감염된 아르보 바이러스가 각다귀 등 모기 종에 의해 말에게로 옮겨지면서 발생한다. 말과 다른 동물로 전해진 아르보 바이러스는 시신경과 뇌막을 공격하는 경우가 많아서 뇌에 부종이 생기고 신경이 손상된다. 1941년에 워싱턴 야키마 밸리에서 메이어의 동료인 빌 해먼(Bill Hammon)과 윌리엄 리브스(William Reeves)가 진행한 중요한 실험을 통해 이러한 사실이 밝혀졌다. 해당 연구진은 야생 환경과 모기가 혈분을 얻는 대상으로 삼았던 닭, 오리에게서 집모기 속(Culex) 모기를 잡아 문제의 바이러스를 분리하는 데 성공했다. 이 실험 결과가 모기가 병을 옮긴다는 확정적 증거는 아니었지만 강력한 증거가 되었다. 뒤이어 실시한 여러 연구에서 닭이 겨울철에 자연적으로 이 바이러스에 감염되며, 여름이 가까워질 무렵이 되어 모기 개체군이 늘고 닭을 물기 시작하면서 바이러스가 말에게 옮는다는 사실이 밝혀졌다.

50 Meyer, *Medical Research and Public Health*, 150.

51 Ibid.

52 Karl F. Meyer, "Psittacosis Meeting," Los Angeles, California, 2 March 1932, folio leaves 1-31, 5, Karl Meyer Papers, 1900-1975, Bancroft Library, Berkeley, BANC 76/42 cz, Box 89.

53 W. E. Carter and V. Link, "Unpublished biography of Karl F. Meyer and related papers, written and compiled by William E. Carter and Vernon B. Link, 1956-1963," "Fifth Interview," 157. UCSF Library, Archives and Special Collections. MSS 63-1.

54 Karl F. Meyer, "Psittacosis Meeting," Los Angeles, California, 2 March 1932, folio leaves 1-31, BANC 76/42 cz, Box 89—"Psittacosis study." 메이어는 실험실에서는 의도치 않게 바이러스에 노출될 위험을 인지하고 후퍼 재단에 실험동물을 보관할 수 있는 독립된 특수 공간이 필요하다고 주장했다. 한편 실험실에서 일하는 사람은 항상 고무장갑과 마스크를 착용하도록 했다. 그러나 규칙이 항상 지켜지지는 않았고, 1935년에 후퍼 연구소에서 신원을 알 수 없는 근무자 한 명이 생쥐의 비장을 분리하는 일상적인 실험을 하다가 사고로 앵무병에 걸렸다는 사실이 알려졌다. 수년이 지난 후에야 당시 감염자가 메이어였고, 전화를 받느라 고무장갑을 벗는 규칙 위반을 저지르는 바람에 감염됐다는 사실이 드러났다.

55 Beeman, *Charles Armstrong*, 142-43.

56 K. F. Meyer and B. Eddie, "Latent Psittacosis Infections in Shell Parakeets," *Proceedings of the Society for Experimental Biology and Medicine* 30 (1933): 484-88.

57 K. F. Meyer, "Psittacosis," *Proceedings of the Twelfth International Veterinary Congress* 4 (1935): 182-205.

58 F. M. Burnet, "Psittacosis amongst Wild Australian Parrots," The Journal of Hygiene 35, no. 3 (August 1935): 412-20.

59 Meyer, "The Ecology of Psittacosis and Ornithosis."

60 Julius Schachter and Chandler R. Dawson, *Human Chlamydial Infections* (Littleton, MA: PSG Publishing, 1978), 25-26, 39-41.

61 Frank Macfarlane Burnet, *Natural History of Infectious Disease* (Cambridge: Cambridge University Press, 1953), 23.

··· **4. 필라델피아 살인마**

1 "Hyatt at the Bellevue," accessed 6 September 2017: https://philadelphiabellevue.hyatt.com/en/hotel/home.html

2   Gordon Thomas and Max Morgan-Witts, *Trauma, the Search for the Cause of Legionnaires' Disease* (London: Hamish Hamilton, 1981), 68-69, 120.

3   "Statement of Edward T. Hoak," in "Legionnaires' Disease," Hearings before House of Representatives, Subcommittee on Consumer Protection and Finance, 23 and 24 November 1976 (Washington, DC: US Government Printing Office, 1977), 156-57 (hereafter: "House hearings on Legionnaires' Disease"); Thomas and Morgan-Witts, *Trauma*, 101, 120.

4   Thomas and Morgan-Witts, *Trauma*, 103; Robert Sharrar, "Talk—Legionnaires' disease," Legionnaires' disease files and manuscripts, Smithsonian, Box 5.

5   American Thoracic Society, "Top 20 Pneumonia Facts—2015," accessed 1 May 2017: https://www.thoracic.org/patients/patient-resources/fact-sheets-az.php

6   Charles-Edward Amory Winslow, *The Conquest of Epidemic Disease: A Chapter in the History of Ideas* (Madison: University of Wisconsin Press, 1971).

7   David W. Fraser, "The Challenges Were Legion," *The Lancet, Infectious Diseases* 5, no. 4 (April 2005): 237-41.

8   Statement of David J. Sencer, "House hearings on Legionnaires' Disease," 95.

9   Elizabeth W. Etheridge, *Sentinel for Health: A History of the Centers for Disease Control* (Berkeley: University of California Press, 1992), 47-48.

10   가우디오시는 이 주장에 관한 근거로 주 경계 바로 건너에 미국 세균전 프로그램 시행 장소인 메릴랜드 주 포트 데트릭이 있으며, 필라델피아에서 차로 한 시간 거리에 있는 토크나몬에서 CIA가 환각성 버섯을 이용한 실험을 실시 중이라는 보고가 있었다고 주장했다. 1년 전에는 CIA가 LSD를 비롯한 향정신성 약물을 이용해 '세뇌된 꼭두각시'를 만들어서 소비에트 연방에 맞서려다 중단한 기밀실험 'MKULTRA'에 관한 사실이 국민들에게 드러났다는 점

도 언급됐다. 더 자세한 내용은 다음 자료를 참고하기 바란다. Thomas and Morgan-Witts, *Trauma*, 179-80; John Marks, The Search for the Manchurian Candidate (New York: Norton, 1991), 81.

11 Thomas M. Daniel, *Wade Hampton Frost, Pioneer Epidemiologist, 1880-1938: Up to the Mountain* (Rochester, NY: University of Rochester Press, 2004), xii.

12 Sharrar, "Talk—Legionnaires' disease."

13 "Progress Report Legionnaires Disease Investigation, August 12, 1976," Legionnaires' disease files and manuscripts, Smithsonian, Box 2.

14 Ibid.

15 데이비드 프레이저, '재향군인들'에게 발생한 재향군인병 관련 EPI-2 보고서, 1976년 3월 21일: 상원 보건·과학연구 분과위원회 청문회, 1977년 11월 9일, 85-129.

16 Sharrar, "Talk—Legionnaires' disease," 20.

17 Julius Schachter and Chandler R. Dawson, *Human Chlamydial Infections* (Littleton: PSG Publishing, 1978), 29-32; Karl F. Meyer, "The Ecology of Psittacosis and Ornithosis," *Medicine* 21, no. 2 (May 1941): 175-206.

18 Thomas and Morgan-Witts, *Trauma*, 224-25.

19 샤터는 당시 캘리포니아 대학교 샌프란시스코에서 앵무병 환자가 발생하자 대학 사무실 창틀에 앉아 있던 비둘기가 원인이라는 사실을 알아냈다. 대학 측은 이 결과에 따라 창틀에 새들이 앉지 못하도록 뾰족한 못을 설치했다.

20 Gary Lattimer to Theodore Tsai, 20 December 1976, Legionnaires' disease files and manuscripts, Smithsonian, Box 5.

21 Fraser, EPI-2 report, 125.

22 Ibid., 35.

23 Q열균의 영어명 콕시엘라 버네티(*Coxiella burnetii*)는 호주에서 Q열이 연이어 발생한 1930년대에 원인을 밝히는 데 큰 공헌을 한 맥팔레인 버넷 (Macfarlane Burnet)의 이름을 따서 붙여졌다.

24   Joseph McDade, interview with author, 26 May 2016.

25   Ibid.

26   Statements of F. William Sunderman and F. William Sunderman Jr., "House hearings on Legionnaires' disease," 54.

27   Ibid., 51-61.

28   Ibid., 60.

29   "House hearings on Legionnaires' disease," 4-6.

30   Jack Anderson and Les Whitten, "Paranoid Suspect in Legion Deaths," *Washington Post* (28 October 1976), 1.

31   Richard Hofstadter, "The Paranoid Style in American Politics," *Harper's Magazine*, (November 1964).

32   Laurie Garrett, *The Coming Plague: Newly Emerging Diseases in a World out of Balance* (New York: Farrar, Straus and Giroux, 1994), 176.

33   Michael Capuzzo, "Legionnaires Disease," *Philadelphia Inquirer*, 21 July 1986.

34   딜런은 이 곡을 한 번도 녹음하지 않았고, 1978년 10월 13일에 디트로이트에서 음향 점검을 하다가 딱 한 번 연주한 것으로 보인다. 그때는 재향군인병을 일으킨 진짜 병원균이 밝혀졌으니 딜런도 흥미를 잃었을 것이다. 하지만 기타리스트 빌리 크로스가 이 곡을 좋아했고 3년 뒤 자신이 속한 '델타 크로스 밴드'와 녹음했다. 작곡가들 중에는 딜런이 한 해 전 발표한 '허리케인'이라는 곡과 멜로디가 비슷하다고 말하는 사람도 있다. '허리케인'은 딜런이 1966년 뉴저지의 술집에서 3명이 살해된 사건에서 영감을 받아 쓴 곡으로, 그는 캐나다 출신 미들급 권투선수 루빈 '허리케인' 카터가 저지른 일이라고 확신했지만 1985년에야 진범이 따로 있다는 사실이 드러났다. "Delta Cross Band Back on the Road Again," accessed 1 May 2017: https://www.discogs.com/Delta-Cross-Band-Back-On-The-Road-Again-Legionaires-Disease/release/2235787

35   "The Philadelphia Killer," *Time* (16 August 1976).

36 지역 개발업자에게 넘어간 벨뷰 호텔은 대대적인 개조를 거쳐 샌프란시스코 '페어몬트' 호텔 체인에 인수됐고, 1979년에 페어몬트 필라델피아 호텔로 다시 문을 열었다. 이후 소유주와 명칭이 여러 번 바뀌었다.

37 David Fraser, interview with author, 4 February 2015.

38 EPI-2, Second Draft, 15 December 1976, Legionnaires' disease files and manuscripts, Smithsonian, Box 2.

39 Gwyneth Cravens and John S. Karr, "Tracking Down The Epidemic," *New York Times* (12 December 1976), accessed 4 April 2018: https://www. nytimes.com/1976/12/12/archives/tracking-down-the-epidemic-epidemic. html

··· **5. 재향군인병의 귀환**

1 Laurie Garrett, *The Coming Plague: Newly Emerging Diseases in a World out of Balance* (New York: Farrar, Straus and Giroux, 1994), 167.

2 Arthur M. Silverstein, *Pure Politics and Impure Science: The Swine Flu Affair* (Baltimore: Johns Hopkins University Press, 1981), 100-1.

3 Garrett, *Coming Plague*, 175.

4 George Dehner, *Influenza: A Century of Science and Public Health Response* (Pittsburgh: University of Pittsburgh, 2012), 183-84.

5 Ibid., 148.

6 For further discussion, see ibid., 185-88, and Garrett, *Coming Plague*, 180-83.

7 Dehner, *Influenza*, 144.

8 Garrett, *Coming Plague*, 185.

9 동료가 균을 주사한 닭이 살아남자 파스퇴르는 오래된 배양물질과 새로 배양한 균으로 실험을 반복했고, 이를 통해 약독화 백신의 원리를 발견했다.

10 Joe McDade, interview with author, 26 May 2015.

11 위와 동일. 나중에 CDC 연구자들은 재향군인병으로 숨진 환자의 폐 조직에도

이 유기체가 존재했다는 사실을 입증했다. 이전까지는 이 병인체를 찾으려는 노력이 모두 실패로 돌아갔지만 당시 잘 알려지지 않았던 디터를레 염색법을 적용하자 균의 모습이 선명히 드러났다. 뒤이어 연구자들은 특수한 한천 배지에서 이 병인체를 증식시키고 진단을 돕는 시약 개발에도 성공했다. '재향군인병 후속 조사'에 관한 '윌리엄 H. 포이지의 진술', 미 상원 건강·과학연구 분과위원회, 1977년 11월 9일, 42-43.

12 Joseph McDade, interview with author, 26 May 2015.

13 W. C. Winn, "Legionnaires Disease: Historical Perspective," *Clinical Microbiology Reviews* 1, no. 1 (January 1988): 60-81.

14 C. V. Broome et al., "The Vermont Epidemic of Legionnaires' Disease," *Annals of Internal Medicine* 90, no. 4 (April 1979): 573-77.

15 John T. MacFarlane and Michael Worboys, "Showers, Sweating and Suing: Legionnaires' Disease and 'New' infections in Britain, 1977-90," *Medical History* 56, no. 1 (January 2012): 72-93.

16 J. F. Boyd et al., "Pathology of Five Scottish Deaths from Pneumonic Illnesses Acquired in Spain due to Legionnaires' Disease Agent," *Journal of Clinical Pathology* 31, no. 9 (September 1978): 809-16.

17 MacFarlane and Worboys, "Showers, Sweating and Suing: Legionnaires' Disease and 'New' Infections in Britain, 1977-90."

18 Ronald Sullivan, "A Macy's Tower Held Bacteria That Cause Legionnaires' Disease," *New York Times* (12 January 1979), accessed 1 May 2017: http://www.nytimes.com/1979/01/12/archives/a-macys-tower-held-bacteria-that-cause-legionnairesdisease.html

19 G. K. Morris et al., "Isolation of the Legionnaires' Disease Bacterium from Environmental Samples," *Annals of Internal Medicine* 90, no. 4 (April 1979): 664-66.

20 J.P. Euzéby, *"Genus Legionella," List of Prokaryotic names with Standing in Nomenclature* (LPSN), accessed 1 May 2017: http://www.bacterio.net/

legionella.html

21 R. F. Breiman, "Impact of Technology on the Emergence of Infectious Diseases," *Epidemiologic Reviews* 18, no. 1 (1996): 4-9.

22 Ibid., 6.

23 Alfred S. Evans and Philip S. Brachman, eds., *Bacterial Infections of Humans: Epidemiology and Control* (New York: Springer, 2013), 365.

24 Ibid., 361-63.

25 "Statement of William H. Foege," 43.

26 David Fraser, interview with author, 4 February 2015.

27 H. M. Foy et al., "Pneumococcal Isolations from Patients with Pneumonia and Control Subjects in a Prepaid Medical Care Group," *The American Review of Respiratory Disease* 111, no. 5 (May 1975): 595-603.

28 Willis Haviland Carrier, "The Invention That Changed the World," accessed 1 May 2017: http://www.williscarrier.com/1876-1902.php; Steven Johnson, *How We Got to Now: Six Innovations That Made the Modern World*, reprint edition (New York: Riverhead Books, 2015), 76-83.

29 A. D. Cliff and Matthew Smallman-Raynor, *Infectious Diseases: Emergence and Re-Emergence: A Geographical Analysis* (Oxford and New York: Oxford University Press, 2009), 296.

30 Laurel E. Garrison et al., "Vital Signs: Deficiencies in Environmental Control Identified in Outbreaks of Legionnaires' Disease—North America, 2000-2014," *MMWR. Morbidity and Mortality Weekly Report* 65, no. 22 (10 June 2016): 576-84.

··· **6. 미국의 에이즈, 아프리카의 에이즈**

1 Ronald Bayer and Gerald M. Oppenheimer, *AIDS Doctors: Voices from the Epidemic* (Oxford and New York: Oxford University Press, 2000), 18.

2   T세포라는 명칭은 흉선(thymus)에서 만들어지는 세포라는 의미로 붙여졌다. 림프구, 즉 백혈구의 한 종류이며 표면의 T세포 수용체 유무를 기준으로 다른 림프구와 구분된다.

3   Michael S. Gottlieb, "Discovering AIDS," Epidemiology 9, no. 4 (July 1998): 365-67. 주폐포자충 폐렴은 처음에 원생동물 감염으로 여겨지다가 1988년 진균 감염으로 재분류되면서 병인체의 영어 명칭도 *Pneumocystis jirovecii*으로 변경됐다. 혼동을 피하기 위해 'PCP'라는 축약어는 계속 사용한다는 결정이 내려졌다. "Pneumocystis pneumonia" CDC, accessed 21 September 2017: https://www.cdc.gov/fungal/diseases/pneumocystis-pneumonia/index. html#5

4   Nelson Vergel, "There When AIDS Began: An Interview With Michael Gottlieb, M.D.," *The Body* (2 June 2011), accessed 10 October 2016: http://www.thebody.com/content/62330/there-when-aids-began-an-interview-with-michael-go.html

5   거대세포 바이러스는 침과 정액, 질 분비물, 소변, 혈액, 심지어 모유를 통해서도 전염될 수 있다. 신생아는 태반을 통해 감염되거나 모체의 생식관에 해당 바이러스가 감염된 상태인 경우 출산 과정에서 감염될 수 있다. 대부분의 사람이 아동기에 이 바이러스에 감염되지만 그 사실을 인지하지 못한다. 그러다 면역기능이 약화되면 감염이 재활성화될 수 있다. 에이즈가 밝혀지기 전에는 공여된 장기에 대한 인체 거부 반응을 줄이기 위해 면역억제제를 투여받은 장기이식 환자에게서 거대세포 바이러스 감염이 가장 흔히 발생한다고 알려졌다.

6   Elizabeth Fee and Theodore M. Brown, "Michael S. Gottlieb and the Identification of AIDS," *American Journal of Public Health* 96, no. 6 (June 2006): 982-83.

7   Bayer and Oppenheimer, *AIDS Doctors*, 12-14.

8   Fee and Brown, "Michael S. Gottlieb and the Identification of AIDS."

9   아밀 나이트리트는 혈압을 떨어뜨리고 심장 박동은 증가시켜 어지러운 느낌과 '격렬한 흥분감'을 유발한다. 이러한 '파퍼스'는 파티에서 썰렁한 분위기를

바꾸거나 성관계 시 더 큰 즐거움을 느끼기 위한 목적으로 흔히 활용됐다.

10 Garrett, *Coming Plague*, 285.

11 CDC, "Pneumocystis Pneumonia—Los Angeles, 1981," *Morbidity and Mortality Weekly Report* 45, no. 34 (August 1996): 729-33.

12 "The Age of AIDS," *Frontline*, accessed 13 October 2016: http://www.pbs. org/wgbh/frontline/film/aids/

13 "A Timeline of HIV/AIDS," accessed 13 October 2016: https://www.aids. gov/hivaids-basics/hiv-aids-101/aids-timeline/; "WHO | HIV/AIDS," WHO, accessed 13 October 2016: http://www.who.int/gho/hiv/en/

14 Office of NIH History, "In Their Own Words: NIH Researchers Recall the Early Years of AIDS," interview with Dr Robert Gallo, 25 August 1994, 33, accessed 21 October 2016: https://history.nih.gov/nihinownwords/docs/ gallo1_01.html

15 Robert C. Gallo, "HIV—the Cause of AIDS: An Overview on Its Biology, Mechanisms of Disease Induction, and Our Attempts to Control It," *Journal of Acquired Immune Deficiency Syndromes* 1, no. 6 (1988): 521-35.

16 Garrett, *Coming Plague*, 330.

17 Douglas Selvage, "Memetic Engineering: Conspiracies, Viruses and Historical Agency," *OpenDemocracy*, 21 October 2015, accessed 8 November 2016: https://www.opendemocracy.net/conspiracy/suspect-science/douglas- selvage/memetic-engineering-conspiracies-viruses-and-historical-agency

18 감염이 이 단계에 이르면 바이러스 농도가 떨어지고 성관계로 HIV가 전염될 확률도 준다.

19 감염되지 않은 건강한 사람은 일반적으로 CD4세포 수가 500-1600개/mm3 다. 이 숫자가 크게 떨어지면(200개/mm3 미만) 면역기능이 약화되었음을 알 수 있다.

20 단일클론항체가 면역학에 끼친 엄청난 영향은 아무리 강조해도 지나치지 않 다. 의학 역사가인 라라 마크스(Lara Marks)의 표현을 빌리자면 "단일클론항

체가 나타나기 전까지 과학자들이 면역세포의 표면에 관해 아는 지식은 달 표면에 관한 지식과 비슷한 수준이었다." Lara V. Marks, *The Lock and Key of Medicine: Monoclonal Antibodies and the Transformation of Healthcare* (New Haven and London: Yale University Press, 2015), 68.

21 종양 바이러스라고 해서 반드시 종양을 일으키지는 않는다. 예를 들어, 엡스타인바 감염은 유아기에 흔히 발생하고 청소년기에 감염되면 '키스병'으로도 불리는 감염성 단핵구증이 나타나는 경우가 많다. 마찬가지로 B형 간염 바이러스 감염도 간 경변과 간 기능부전으로 이어질 수 있지만 간세포성 암종이 나타나는 환자는 매우 드물다.

22 Surindar Paracer and Vernon Ahmadjian, *Symbiosis: An Introduction to Biological Associations*, 2nd edition (Oxford and New York: Oxford University Press, 2000), 21. 사람 유전체의 염기서열 분석 결과, 레트로 바이러스와 유사한 요소가 9만 6,000여 개 발견됐다. 전체 유전체의 약 8퍼센트를 차지하는 규모로, 먼 옛날부터 사람에게 감염된 바이러스의 흔적일 가능성이 있다.

23 Mirko D. Grmek, *History of AIDS: Emergence and Origin of a Modern Pandemic* (Princeton, NJ: Princeton University Press, 1990), 56.

24 Bernard J. Poiesz et al., "Detection and Isolation of Type C Retrovirus Particles from Fresh and Cultured Lymphocytes of a Patient with Cutaneous T-Cell Lymphoma," *Proceedings of the National Academy of Sciences* 77, no. 12 (December 1980): 7415-19. Following isolation of the same virus by a Japanese research group, the L in HTLV was changed to "lymphotropic."

25 John M. Coffin, "The Discovery of HTLV-1, the First Pathogenic Human Retrovirus," *Proceedings of the National Academy of Sciences of the United States of America* 112, no. 51 (22 December 2015): 15525-29.

26 Robert C. Gallo, *Virus Hunting: AIDS, Cancer, and the Human Retrovirus: A story of Scientific Discovery* (New York: Basic Books, 1991), 135-36.

27 유고슬라비아 출신 과학 역사가로 에이즈의 역사와 HIV가 발견되기까지 어

면 지적, 기술적 발전이 이루어졌는지 상세히 조사한 미르코 그르멕(Mirko Grmek)에 따르면, 갤로는 1983년 초 에이즈의 원인이 세포를 사멸시키는 바이러스라고 이야기한 CDC의 한 연구자에게 "암을 유발하는 병인체가 분명하다"고 주장하며 그러한 견해를 바꾸라고 설득했다고 한다. Grmek, *History of AIDS*, 58.

28 R. C. Gallo et al., "Isolation of Human T-Cell Leukemia Virus in Acquired Immune Deficiency Syndrome (AIDS)," Science 220, no. 4599 (20 May 1983): 865-67; M. Essex et al., "Antibodies to Cell Membrane Antigens Associated with Human T-Cell Leukemia Virus in Patients with AIDS," *Science* 220, no. 4599 (20 May 1983): 859-62.

29 F. Barré-Sinoussi et al., "Isolation of a T-lymphotropic Retrovirus from a Patient at Risk for Acquired Immune Deficiency Syndrome (AIDS)," Science 220, no. 4559 (20 May 1983): 868-71.

30 Grmek, *History of AIDS*, 65.

31 Ibid., 60-70; Nikolas Kontaratos, *Dissecting a Discovery: The Real Story of How the Race to Uncover the Cause of AIDS Turned Scientists against Disease, Politics against Science, Nation against Nation* (Xlibris Corp, 2006); Gallo, *Virus Hunting*; Luc Montagnier, *Virus: The Co-Discoverer of HIV Tracks Its Rampage and Charts the Future* (New York and London: Norton, 2000).

32 Jon Cohen, *Shots in the Dark: The Wayward Search for an AIDS Vaccine* (New York: Norton, 2001), 7-10.

33 Kontaratos, *Dissecting a Discovery*, 274-75.

34 Grmek, *History of AIDS*, 63.

35 F. Barré-Sinoussi, "HIV: A Discovery Opening the Road to Novel Scientific Knowledge and Global Health Improvement," *Virology* 397, no. 2 (20 February 2010): 255-59; Patrick Strudwick, "In Conversation With … Françoise Barré-Sinoussi," Mosaic, accessed 19 October 2016: https://

mosaicscience.com/story/*francoise-barresinoussi*

36 Gallo, *Virus Hunting*, 143.

37 NIH, "In Their Own Words," 4, 31.

38 Grmek, *History of AIDS*, 71.

39 Susan Sontag, *Illness as Metaphor* (New York: Farrar, Straus and Giroux, 1978), 58.

40 Susan Sontag, *AIDS and Its Metaphors* (London: Allen Lane, 1989), 25-26.

41 David France, *How To Survive a Plague: The Story of How Activists and Scientists Tamed AIDS* (London: Picador, 2016), 189.

42 Randy Shilts, *And The Band Played On: Politics, People and the AIDS Epidemic* (New York and London: Penguin Viking, 1988), 302.

43 Anthony S. Fauci, "The Acquired Immune Deficiency Syndrome: The Ever-Broadening Clinical Spectrum," *Journal of the American Medical Association* 249, no. 17 (6 May 1983): 2375-76.

44 Shilts, *And The Band Played On*, 299-302.

45 L. K. Altman, "The Press and AIDS," *Bulletin of the New York Academy of Medicine* 64, no. 6 (1988): 520-28.

46 Evan Thomas, "The New Untouchables," *Time* (23 September 1985).

47 Colin Clews, "1984-85. Media: AIDS and the British Press," *Gay in the 80s* (28 January 2013), accessed 24 October 2016: http://www.gayinthe80s.com/2013/01/1984-85-media-aids-and-the-british-press/

48 John Tierney, "The Big City; In 80's, Fear Spread Faster Than AIDS," *New York Times* (15 June 2001).

49 CDC, "Kaposi's Sarcoma and Pneumocystis Pneumonia among Homosexual Men—New York City and California," *Morbidity and Mortality Weekly Report* 30, no. 25 (3 July 1981): 305-8.

50 Lawrence K. Altman, "Rare Cancer Seen In 41 Homosexuals," *New York Times* (3 July 1981); *"Gay plague' Baffling Medical Detectives," Philadelphia*

Daily News (9 August 1982).

51   CDC, "A Cluster of Kaposi's Sarcoma and Pneumocystis Carinii Pneumonia among Homosexual Male Residents of Los Angeles and Orange Counties, California," *Morbidity and Mortality Weekly Report* 31, no. 23 (18 June 1982): 305-7.

52   Richard A. McKay, "'Patient Zero': The Absence of a Patient's View of the Early North American AIDS Epidemic," *Bulletin of the History of Medicine* 88 (2014): 161-94, 178.

53   Gerald M. Oppenheimer, "Causes, Cases, and Cohorts: The Role of Epidemiology in the Historical Construction of AIDS," in Elizabeth Fee and Daniel Fox, *AIDS: The Making of a Chronic Disease* (Berkeley: University of California Press, 1992), 50-83.

54   Garrett, *Coming Plague*, 270-71.

55   Report of the Centers for Disease Control Task Force on Kaposi's Sarcoma and Opportunistic Infections, "Epidemiologic Aspects of the Current Outbreak of Kaposi's Sarcoma and Opportunistic Infections," *New England Journal of Medicine* 306, no. 4 (28 January 1982): 248-52.

56   Michael Marmor et al., "Risk Factors for Kaposi's Sarcoma in Homosexual Men," *The Lancet* 319, no. 8281 (15 May 1982): 1083-87; Henry Masur et al., "An Outbreak of Community-Acquired Pneumocystis Carinii Pneumonia," *New England Journal of Medicine* 305, no. 24 (10 December 1981): 1431-38.

57   D. M. Auerbach et al., "Cluster of Cases of the Acquired Immune Deficiency Syndrome. Patients Linked by Sexual Contact," *American Journal of Medicine* 76, no. 3 (March 1984): 487-92.

58   McKay, "Patient Zero," 172-73.

59   Ibid., 182; France, *How to Survive a Plague*, 87.

60   "Patient Zero," *People*, 28 December 1987.

61 뉴욕에서 수거된 검체들이 아이티에서 검출된 바이러스 아형과 밀접하게 관련된 것으로 볼 때, 아이티에서 온 사람을 통해 미국에 처음 에이즈가 유입된 것으로 보인다. Jon Cohen, "'Patient Zero' No More," *Science* 351, no. 6277 (4 March 2016): 1013; Michael Worobey et al., "1970s and 'Patient 0' HIV-1 Genomes Illuminate Early HIV/AIDS History in North America," *Nature* 539, no. 7627 (3 November 2016): 98-101.

62 CDC, "AIDS: The Early Years and CDC's Response," Morbidity and Mortality Weekly Report 60, no. 4 (7 October 2011): 64-69.

63 Garrett, *Coming Plague*, 350.

64 위와 동일, 352. 그러나 이 분석 결과는 나중에 거짓 양성으로 확인됐고 아프리카인들은 크게 분노했다.

65 피터 피옷은 1995년에 국제연합(UN) 산하 에이즈 관리 기관인 'UN 에이즈 계획(UNAIDS)'의 총괄 책임자가 되었다.

66 Peter Piot et al., "Acquired Immunodeficiency Syndrome in a Heterosexual Population in Zaire," *The Lancet* 324, no. 8394 (July 1984): 65-69.

67 P. Van de Perre et al., "Acquired Immunodeficiency Syndrome in Rwanda," *The Lancet* 2, no. 8394 (14 July 1984): 62-65; T. C. Quinn et al., "AIDS in Africa: An Epidemiologic Paradigm, 1986," *Bulletin of the World Health Organization* 79, no. 12 (2001): 1159-67.

68 Edward Hooper, *The River: A Journey Back to the Source of HIV and AIDS* (London: Penguin, 1999), 95-96.

69 Jacques Pepin, *The Origins of AIDS* (Cambridge: Cambridge University Press, 2011), 6-11.

70 A. J. Nahmias et al., "Evidence for Human Infection with an HTLV III/LAV-like Virus in Central Africa, 1959," *The Lancet* 1, no. 8492 (31 May 1986): 1279-80.

71 Michael Worobey et al., "Direct Evidence of Extensive Diversity of HIV-1 in Kinshasa by 1960," *Nature* 455, no. 7213 (2 October 2008): 661-64.

72 Pepin, *The Origins of AIDS*, 41.

73 "AIDS Origins, Edward Hooper's site on the origins of AIDS," accessed 2 November 2016: http://www.aidsorigins.com/

74 듀스버그는 이 연구 결과가 나오자, 에이즈는 특정 개별 질환이 아니며 기존에 알려진 여러 개별 질환이 합쳐진 것이고 HIV는 '무해한 일과성 바이러스'라는 주장을 재차 펼쳤다. 따라서 AZT 공급을 금지한 음베키 대통령의 결정은 에이즈 사망자와 무관하다는 주장이었다. 크로포드는 듀스버그가 자신의 주장을 증명하기 위해 자기 몸에 에이즈 바이러스를 직접 주사한 적도 있다고 밝혔다. Dorothy H. Crawford, *Virus Hunt: The Search for the Origin of HIV* (Oxford: Oxford University Press, 2015), 10-12.

75 Celia W. Dugger and Donald G. McNeil Jr., "Rumor, Fear and Fatigue Hinder Final Push to End Polio," *New York Times* (20 March 2006); Stephen Taylor, "In Pursuit of Zero: Polio, Global Health Security and the Politics of Eradication in Peshawar, Pakistan," *Geoforum* 69 (February 2016): 106-16.

76 혈청학적 증거를 기준으로 볼 때, 현재까지 SIV 감염은 총 40종의 영장류에서 발생한 것으로 파악됐다. 이러한 바이러스는 자연 숙주에 감염될 경우 대체로 병원성이 없는 것으로 보이며, 사람과 원숭이에 감염되는 에이즈 바이러스는 계통발생학적으로 단일 계통에 해당한다. Paul M. Sharp and Beatrice H. Hahn, "Origins of HIV and the AIDS Pandemic," *Cold Spring Harbor Perspectives in Medicine* 1, no. 1 (September 2011): 1-22.

77 스필오버(종간 전이)라는 용어는 과학 저술가인 데이비드 쾌먼(David Quammen)이 사용하면서 널리 알려졌다. 보통 혈액이나 기타 체액의 오염이 원인이 되어 병원체가 한 종에서 다른 종으로 옮는 단일 사건을 일컫는다. 인류학, 사회학 분야 전문가들은 이 용어를 사용하는 것이 지나친 단순화라고 비난해 왔다. 특히 이들은 스필오버가 야생동물의 고기를 얻기 위한 사냥과 사냥한 동물을 섭취하는 행위에 초점을 맞추고, 이로 인해 전통적인 시골 지역에서 동물과 사람 사이에 발생할 수 있는 다른 종류의 '접촉'이 간과될 수 있다고 주장한다. Tamara Gilles-Vernick, "A multi-disciplinary study of human beings, great apes, and viral emergence in equatorial Africa (SHAPES)," accessed 21 September 2017: https://research.pasteur.fr/en/project/a-multi-disciplinary-study-of-human-beings-great-apes-and-viral-emergence-in-equatorial-africa-shapes/

78 HIV-1의 전구체로 여겨지는 원숭이 바이러스는 침팬지가 다른 원숭이를 잡아먹는 과정에서 획득한 것으로 추정되는 두 가지 원숭이 바이러스가 섞인 잡종 바이러스로 여겨진다.

79 Pepin, *The Origin of AIDS*, 50.

80 Ibid., 1-5.

81 Ibid., 110-11.

82 Sharp and Hahn, "Origins of HIV and the AIDS Pandemic."

83 Pepin, *The Origin of AIDS*, 224.

84 Nathan Wolfe, *The Viral Storm: The Dawn of a New Pandemic Age* (London: Allen Lane, 2011), 161-63.

85 바이러스, 세균, 원생동물 모두 미세기생체에 속한다. 질병 생태학의 관점에서 기생이란 기생체가 보통 숙주라 불리는 다른 생물의 희생으로 도움을 얻는 비공생적 관계를 의미한다.

86 Stephen S. Morse, "Emerging Viruses: Defining the Rules for Viral Traffic," *Perspectives in Biology and Medicine* 34, no. 3 (1991): 387-409.

87 Joshua Lederberg, Robert E. Shope, and S. C. Oaks, eds., *Emerging Infections: Microbial Threats to Health in the United States* (Washington, DC: National Academy Press, 1992), 34-35, 83.

88 Joshua Lederberg, "Infectious Disease as an Evolutionary Paradigm," *Emerging Infectious Diseases* 3, no. 4 (December 1997): 417-23.

89 Garrett, *Coming Plague*, xi.

··· 7. 사스: 슈퍼 전파자

1   Arthur Starling and Hong Kong Museum of Medical Sciences, eds., *Plague, SARS and the Story of Medicine in Hong Kong* (Hong Kong: Hong Kong University Press, 2006), 2.

2   Stephen Boyden et al., *The Ecology of a City and Its People: The Case of Hong Kong* (Canberra: Australian National University Press, 1988), 1.

3   Tamara Giles-Vernick and Susan Craddock, eds., *Influenza and Public Health: Learning from Past Pandemics* (London and Washington, DC: Earthscan, 2010), 125.

4   Mike Davis, *The Monster at Our Door: The Global Threat of Avian Flu* (New York: The New Press, 2005), 58-60.

5   초기 검사는 홍콩 보건부에서 실시됐다. 이어 애틀랜타의 CDC 연구소와 런던, 로테르담의 여러 연구소로도 검체가 전달됐고, 분석 결과 H5N1으로 밝혀졌다. Alan Sipress, *The Fatal Strain: On the Trail of Avian Flu and the Coming Pandemic* (New York and London: Penguin 2010), 53-54; Pete Davis, *The Devil's Flu: The World's Deadliest Influenza Epidemic and the Scientific Hunt for the Virus That Caused It* (New York: Henry Holt, 2000), 8-12.

6   나중에 과학자들은 감염된 조류 인플루엔자 바이러스에서 유전학적으로 이례적인 특징이 나타났고 인체 염증 반응과 관련된 백혈구에 영향이 발생한 것이 소년을 죽음으로 몰고 간 원인이라고 밝혔다. H5N1은 염증성 사이토카인의 분비를 유도하여 '사이토카인 폭풍'으로 알려진 극단적 자가 면역 반응을 유발한 것으로 보인다. Robert G. Webster, "H5 Influenza Viruses," in Y. Kawaoka, ed., *Influenza Virology: Current Topics* (Caister Academic Press, 2006), 281-98; C. Y. Cheung et al., "Induction of Proinflammatory Cytokines in Human Macrophages by Influenza A (H5N1) Viruses: A Mechanism for the Unusual Severity of Human Disease?" *The Lancet* 360, no. 9348 (2002): 1831-37.

7   Davis, *The Devil's Flu*, 46-47.

8   Sipress, *The Fatal Strain*, 57.

9   Mark Honigsbaum, "Robert Webster: 'We Ignore Bird Flu at Our Peril,'" *The Observer* (17 September 2011), accessed 13 April 2017: https://www.theguardian.com/world/2011/sep/17/bird-flu-swine-flu-warning

10 이는 2005년 분자생물학자인 제프리 토벤버거(Jeffery Taubenberger)가 메릴랜드 주 베데스다의 미 육군 병리학연구소에서 동료들과 함께 1918년 스페인독감을 일으킨 바이러스 유전자 8개의 염기서열을 모두 분석한 후 밝힌 의견이다. 현재 토벤버거는 국립 알레르기·감염질환 연구소에서 바이러스성 질환의 발병 기전과 진화를 연구하는 부서의 책임자를 맡고 있다. "The 1918 flu virus is resurrected," *Nature* 437 (6 October 2005): 794-95.

11 K. F. Shortridge et al., "The Next Influenza Pandemic: Lessons from Hong Kong," *Journal of Applied Microbiology* 94 (2003): 70S-79S.

12 Y. Guan et al., "H9N2 Influenza Viruses Possessing H5N1-Like Internal Genomes Continue to Circulate in Poultry in Southeastern China," *Journal of Virology* 74, no. 20 (October 2000): 9372-80.

13 K. S. Li et al., "Characterization of H9 Subtype Influenza Viruses from the Ducks of Southern China: A Candidate for the Next Influenza Pandemic in Humans?," *Journal of Virology* 77, no. 12 (June 2003): 6988-94.

14 Donald G. McNeil and Lawrence K. Altman, "As SARS Outbreak Took Shape Health Agency Took Fast Action," *New York Times* (4 May 2003), accessed 2 October 2017: https://www.nytimes.com/2003/05/04/world/as-sars-outbreak-took-shapehealth-agency-took-fast-action.html

15 Thomas Abraham, *Twenty-First Century Plague: The Story of SARS* (Baltimore, MD: Johns Hopkins University Press, 2005), 19.

16 Kung-wai Loh and Civic Exchange, eds., *At the Epicentre: Hong Kong and the SARS Outbreak* (Hong Kong: Hong Kong University Press, 2004), xvi.

17 "Solving the Metropole Mystery," in World Health Organization, *SARS: How*

A *Global Epidemic Was Stopped* (Geneva: World Health Organization, 2006), 141-48; CDC, "Update: Outbreak of Severe Acute Respiratory Syndrome—Worldwide, 2003," *MMWR* 52, no. 12 (28 March 2003): 241-48.

18 Alison P. Galvani and Robert M. May, "Epidemiology: Dimensions of Superspreading," *Nature* 438, no. 7066 (17 November 2005): 293-95.

19 Abraham, *Twenty-First Century Plague*, 64-67; Raymond S. M. Wong and David S. Hui, "Index Patient and SARS Outbreak in Hong Kong," *Emerging Infectious Diseases* 10, no. 2 (February 2004): 339-41.

20 Alexandra A. Seno and Alejandro Reyes, "Unmasking SARS: Voices from the Epicentre," in Loh and Civic Exchange, eds., *At the Epicentre*, 1-15 (10).

21 Abraham, *Twenty-First Century Plague*, 70-75.

22 "Lockdown at Amoy Gardens," in WHO, *SARS*, 155-62.

23 9/11 테러가 발생하고 일주일 뒤부터 등장한 탄저균 오염 편지는 미국 역사상 최악의 생물학적 공격으로 여겨진다. 탄저균 포자가 포함된 편지는 국회의원 2명의 사무실과 몇몇 언론사에 도착했다. 이 사건으로 미국인 5명이 목숨을 잃었고 17명이 병들었다. FBI는 장기간 조사를 벌인 끝에 메릴랜드 주 포트 데트릭의 미 육군 감염질환 의학연구소 소속 미생물학자가 불만을 품고 저지른 일이라는 결론을 내렸다. 용의자는 체포 직전에 자살했다. 그러나 국립과학원은 FBI가 밝힌 결과에 의혹을 제기했다. 2017년 2월 19일 접속: https://en.wikipedia.org/wiki/2001_anthrax_attacks

24 Abraham, *Twenty-First Century Plague*, 73.

25 David L. Heymann and Guenael Rodier, "SARS: Lessons from a New Disease," in S. Kobler et al., eds., *Learning from SARS: Preparing for the Next Disease Outbreak: Workshop Summary* (Washington, DC: National Academies Press [US], 2004).

26 "How a Deadly Disease Came to Canada," *The Globe and Mail*, accessed 4 February 2017: http://www.theglobeandmail.com/news/national/how-a-deadly-diseasecame-to-canada/article1159487/

27 Abraham, *Twenty-First Century Plague*, 111.

28 발열, 기침, 호흡 곤란 증상이 나타나는 사람 중 감염이 의심되는 사람이나 감염 가능성이 있는 사람과 밀접 접촉한 사람, 또는 전염 사례가 발생한 곳을 최근에 방문한 적 있는 사람을 모두 사스 감염 의심자로 보았다. 감염 가능성이 있는 사람은 이 같은 감염 의심자의 정의에 더해 X선 촬영, 분석 검사, 부검 결과로 사스가 확인된 경우로 정의했다.

29 Malik Peiris, interview with author, Hong Kong, 27 March 2017.

30 Ibid.

31 J. S. M. Peiris and Y. Guan, "Confronting SARS: A View from Hong Kong," *Philosophical Transactions of the Royal Society of London Series B, Biological Sciences* 359, no. 1447 (29 July 2004): 1075-79.

32 페이리스, 저자와의 인터뷰에서.

33 J. S. M. Peiris et al., "Coronavirus as a Possible Cause of Severe Acute Respiratory Syndrome," *The Lancet* 361, no. 9366 (19 April 2003): 1319-25.

34 Abraham, *Twenty-First Century Plague*, 118-20.

35 페이리스, 저자와의 인터뷰에서.

36 "Learning from SARS: Renewal of Public Health in Canada," Report of the National Advisory Committee on SARS and Public Health, October 2003, accessed 8 February 2017: http://www.phac-aspc.gc.ca/publicat/sars-sras/naylor/index-eng.php

37 James Young, "My Experience with SARS," in Jacalyn Duffin and Arthur Sweetman, eds., *SARS In Context: Memory, History, Policy* (Montreal: McGill-Queen's University Press, 2006), 19-25.

38 Dick Zoutman, "Remembering SARS and the Ontario SARS Scientific Advisory Committee," in Duffin and Sweetman, eds., *SARS In Context*, 27-40.

39 "How 'Total Recall' Saved Toronto's Film Industry," *Toronto Star* (22 September 2011), accessed 8 February 2017: https://www.thestar.com/

news/2011/09/22/how_total_recall_saved_torontos_film_industry.html

40 Christine Loh and Jennifer Welker, "SARS and the Hong Kong Community," in Loh and Civic Exchange, eds., *At the Epicentre*, 218.

41 Keith Bradsher, "A Respiratory Illness: Economic Impact; From Tourism to High Finance, Mysterious Illness Spreads Havoc," *New York Times* (3 April 2003), accessed 2 October 2017: http://www.nytimes.com/2003/04/03/world/respiratory-illnesseconomic-impact-tourism-high-finance-mysterious-illness.html

42 Sui A Wong, "Economic Impact of SARS: The Case of Hong Kong," *Asian Economic Papers* 3, no. 1 (2004): 62-83.

43 Duncan Jepson, "When the Fear of SARS Went Viral," *New York Times* (14 March 2013), accessed 2 October 2017: http://www.nytimes.com/2013/03/15/opinion/global/when-the-fear-of-SARS-went-viral.html

44 Abraham, *Twenty-First Century Plague*, 70-75.

45 Yi Guan et al., "Isolation and Characterization of Viruses Related to the SARS Coronavirus from Animals in Southern China," *Science* 302, no. 5643 (10 October 2003): 276-78.

46 Wendong Li et al., "Bats Are Natural Reservoirs of SARS-Like Coronaviruses," *Science* 310, no. 5748 (28 October 2005): 676-79.

47 Kai Kupferschmidt, "Bats May Be Carrying the Next SARS Pandemic," *Science* (30 October 2013). 2012년에 사우디아라비아에서 사스 바이러스와 어느 정도 연관성 있는 또 다른 코로나 바이러스가 발견되면서 혼란은 가중됐다. 혈청학적 증거로 볼 때 당시 '중동호흡기증후군(MERS)'으로 명명된 이 바이러스는 최대 20년간 아프리카와 아라비아 반도의 낙타들에게 감염됐고 사하라 사막 이남 아프리카 지역에 서식하는 박쥐에서 처음 나온 것으로 추정된다. Victor Max Corman et al., "Rooting the Phylogenetic Tree of Middle East Respiratory Syndrome Coronavirus by Characterization of a Conspecific Virus from an African Bat," *Journal of Virology* 88, no. 19 (1 October 2014):

11297-303.

48   Robert G. Webster, "Wet Markets—a Continuing Source of Severe Acute Respiratory Syndrome and Influenza?," *The Lancet* 363, no. 9404 (17 January 2004): 234-36.

49   Gaby Hinsliff et al., "The day the world caught a cold," *The Observer* (27 April 2003), accessed 2 October 2017: https://www.theguardian.com/world/2003/apr/27/sars.johnaglionby

50   Peiris and Guan, "Confronting SARS," 1078.

51   Abraham, *Twenty-First Century Plague*, 42-49.

52   "Panicking Only Makes It Worse: Epidemics damage economies as well as health," *The Economist* (16 August 2014), accessed 2 October 2017: https://www.economist.com/news/international/21612158-epidemics-damage-economies-wellhealth-panicking-only-makes-it-worse

53   Heymann and Rodier, "SARS: Lessons from a New Disease."

54   Roy M. Anderson et al., "Epidemiology, Transmission Dynamics and Control of SARS: The 2002-2003 Epidemic," *Philosophical Transactions of the Royal Society B: Biological Sciences* 359, no. 1447 (29 July 2004): 1091-1105.

··· **8. 국경지대에서 발생한 에볼라**

1   Almudena Marí Saéz et al., "Investigating the Zoonotic Origin of the West African Ebola Epidemic," *EMBO Molecular Medicine* (29 December 2014), e201404792

2   Sylvain Baize et al., "Emergence of Zaire Ebola Virus Disease in Guinea," *New England Journal of Medicine* 371, no. 15 (9 October 2014): 1418-25.

3   Paul Richards, *Ebola: How a Peoples' Science Helped End an Epidemic* (London: Zed Books, 2016), 29-31.

4   Baize et al., "Emergence of Zaire Ebola Virus Disease in Guinea."

5   Médecins Sans Frontières (MSF), "Ebola: Pushed to the limit and beyond," 23 March 2015: accessed 29 April 2015: http://www.msf.org/article/ebola-pushed-limit-andbeyond

6   Daniel S. Chertow et al., "Ebola Virus Disease in West Africa—Clinical Manifestations and Management," *New England Journal of Medicine* 371, no. 22 (27 November 2014): 2054-57; Mark G. Kortepeter et al., "Basic Clinical and Laboratory Features of Filoviral Hemorrhagic Fever," *Journal of Infectious Diseases* 204, suppl. 3 (11 January 2011): S810-16.

7   Richard Preston, *The Hot Zone* (London and New York: Doubleday, 1994), 81-83.

8   MSF, "Ebola," 1-21, 5.

9   J. Knobloch et al., "A Serological Survey on Viral Haemorrhagic Fevers in Liberia," *Annales de l'Institut Pasteur / Virologie* 133, no. 2 (1 January 1982): 125-28.

10   "Army Scientist Uses Diagnostic Tools to Track Viruses," 미 국방부, 2015년 12월 7일 접속: http://www.defense.gov/News-Article-View/Article/603830/army-scientist-uses-diagnostic-tools-to-track-viruses. 나중에 WHO가 자이르 에볼라 바이러스 감염 사태라고 발표한 후 이 학술지는 결정을 번복하고 스코이프의 논문을 게재했다. Randal J. Schoepp et al., "Undiagnosed Acute Viral Febrile Illnesses, Sierra Leone," *Emerging Infectious Diseases* 20, no. 7 (July 2014): 1176-82.

11   Baize et al., "Emergence of Zaire Ebola Virus Disease in Guinea."

12   WHO, "Ebola Outbreak 2014-15," accessed 6 May 2015: http://www.who.int/csr/disease/ebola/en/

13   Pam Belluck et al., "How Ebola Roared Back," *New York Times*, 29 December 2014, accessed 6 May 2015: http://www.nytimes.com/2014/12/30/health/how-ebolaroared-back.html

14 MSF, "Ebola," 6.

15 얼마 지나지 않아, 실제로는 에볼라가 이미 여러 전파 경로를 통해 동시다발
    적으로 국경을 넘어 라이베리아와 시에라리온까지 번졌다는 사실이 명확히
    드러났다. 국경 지역의 허술한 관리를 틈타 바이러스에 감염된 사람들이 가족
    을 만나러 오간 것도 영향을 주었다.

16 Jean-Jacques Muyembe-Tamfum et al., "Ebola Virus Outbreaks in Africa:
    Past and Present," *The Onderstepoort Journal of Veterinary Research* 79,
    no. 2 (2012): 451; David M. Pigott et al., "Mapping the Zoonotic Niche of
    Ebola Virus Disease in Africa," eLife, 8 September 2014, e04395.

17 Neil Carey, "Ebola and Poro: Plague, Ancient Art, and the New Ritual of
    Death," Poro Studies Association, accessed 16 January 2017: http://www.
    porostudiesassociation.org/ebola-and-secret-societies/

18 Paul Richards, "Burial/other cultural practices and risk of EVD transmission
    in the Mano River Region," Briefing note for DFID, 14 October 2014, Ebola
    Response Anthropology Platform, accessed 16 January 2017: http://www.
    ebola-anthropology.net/evidence/1269/

19 Mark G. Kortepeter et al., "Basic Clinical and Laboratory Features of
    Filoviral Hemorrhagic Fever," *Journal of Infectious Diseases* 204, suppl. 3 (1
    November 2011): S810-16. doi:10.1093/infdis/jir299.

20 장 자크 무엠베 탐팜, 저자와의 인터뷰에서, 2015년 5월 29일.

21 David L. Heymann et al., "Ebola Hemorrhagic Fever: Lessons from Kikwit,
    Democratic Republic of the Congo," *Journal of Infectious Diseases* 179,
    suppl. 1 (1 February 1999): S283-86. doi:10.1086/514287.

22 데이비드 헤이먼, 저자와의 인터뷰에서, 2015년 3월 19일.

23 James Fairhead, "Understanding social resistance to Ebola response in
    Guinea," Ebola Response Anthropology Platform, April 2015, accessed 16
    January 2017: http://www.ebola-anthropology.net/evidence/1269/; Pam
    Belluck, "Red Cross Faces Attacks at Ebola Victims' Funerals," New York

Times (12 February 2015), accessed 16 January 2017: https://www.nytimes.com/2015/02/13/world/africa/red-cross-faces-attacks-atebola-victims-funerals.html

24 "Ebola and Emerging Infectious Diseases: Measuring the Risk," Chatham House (6 May 2014), accessed 11 November 2015: https://www.chathamhouse.org/events/view/198881

25 Armand Sprecher, "The MSF Response to the West African Ebola Outbreak," The Ebola Epidemic in West Africa, Institute of Medicine, Washington, DC, 25 March 2015.

26 "Outbreak—Transcript," *Frontline*, accessed 5 October 2017: http://www.pbs.org/wgbh/frontline/film/outbreak/transcript/

27 Joshua Hammer, "My Nurses are Dead and I Don't Know If I'm Already Infected—Matter," *Medium* (12 January 2015), accessed 4 February 2015: https://medium.com/matter/did-sierra-leones-hero-doctor-have-to-die-1c1de004941e

28 올리버 존슨(Oliver Johnson), 저자와의 인터뷰에서, 2015년 3월 10일.

29 "Briefing note to the director-general, June 2014," Associated Press, "Bungling Ebola-Documents," accessed 17 June 2015: http://data.ap.org/projects/2015/who-ebola/

30 "Ebola Outbreak in W. Africa 'totally out of control'—MSF," RT English, accessed 30 September 2015: http://www.rt.com/news/167404-ebola-africa-out-ofcontrol/

31 윌 풀리, 저자와의 인터뷰에서, 2015년 3월 24일.

32 Umaru Fofana and Daniel Flynn, "Sierra Leone Hero Doctor's Death Exposes Slow Ebola Response," accessed 12 February 2015: http://in.reuters.com/article/2014/08/24/health-ebola-khan-idINKBN0GO07C20140824

33 Daniel G. Bausch et al., "A Tribute to Sheik Humarr Khan and All the Healthcare Workers in West Africa Who Have Sacrificed in the Fight against

Ebola Virus Disease: Mae We Hush," *Antiviral Research* 111 (November 2014): 33-35.

34 Etienne Simon-Loriere et al., "Distinct Lineages of Ebola Virus in Guinea during the 2014 West African Epidemic," *Nature* 524, no. 7563 (6 August 2015): 102-4.

35 Ed Mazza, "Donald Trump Says Ebola Doctors 'Must Suffer the Consequences,'" *Huffington Post* (4 August 2014), sec. Media, accessed 6 May 2015: https://www.huffingtonpost.com/2014/08/03/donald-trump-ebola-doctors_n_5646424.html

36 Belgium Airways in-flight magazine, March 2015.

37 MSF, "Ebola," 11.

38 Joanne Liu, Global Health Risks Framework, Wellcome Trust workshop, 1-2 September 2015.

39 Preston, *The Hot Zone*, 81-83.

40 Ibid., 289-90.

41 Garrett, *The Coming Plague*, 593-95.

42 Tom Frieden, interview with author, 26 October 2015.

43 "Statement of Joanne Liu at United Nations Special Briefing on Ebola," United Nations, New York (2 September 2014), accessed 27 November 2015: http://association.msf.org/node/162513

44 Martin Meltzer et al., and Centers for Disease Control and Prevention (CDC), "Estimating the Future Number of Cases in the Ebola Epidemic—Liberia and Sierra Leone, 2014-2015," *Morbidity and Mortality Weekly Report. Surveillance Summaries (Washington, DC: 2002)* 63 suppl. 3 (26 September 2014): 1-14.

45 Norimitsu Onishi, "As Ebola Grips Liberia's Capital, a Quarantine Sows Social Chaos," *New York Times* (28 August 2014): http://www.nytimes.com/2014/08/29/world/africa/in-liberias-capital-an-ebola-outbreak-like-no-

other.html

46   Breslow, "Was Ebola Outbreak an Exception Or Was It a Precedent?" "Outbreak," *Frontline*, accessed 6 May 2015: http://www.pbs.org/wgbh/pages/frontline/healthscience-technology/outbreak/was-ebola-outbreak-an-exception-or-was-it-aprecedent/

47   Mark Honigsbaum, "Ebola: The Road to Zero," *Mosaic*, accessed 5 October 2017: https://mosaicscience.com/story/ebola-road-zero

48   Manny Fernandez and Kevin Sack, "Ebola Patient Sent Home Despite Fever, Records Show," *New York Times* (10 October 2014), accessed 1 October 2016: https://www.nytimes.com/2014/10/11/us/thomas-duncan-had-a-fever-of-103-er-records-show.html

49   던컨은 9월 15일에 몬로비아에서 에볼라에 감염된 집주인의 딸을 집에서 병원까지 데려다주었고 그 과정에서 감염됐을 가능성이 높다. 그러나 9월 19일에 몬로비아를 떠나 브뤼셀로 가는 비행기에 오르기 전까지 열도 나지 않고 다른 에볼라 증상도 나타나지 않았다. 브뤼셀에서 비행기를 갈아타고 워싱턴 덜레스 공항에 온 던컨은 그곳에서 다시 댈러스 포트워스로 가는 비행기에 올랐다. "Retracing the Steps of the Dallas Ebola Patient," *New York Times* (1 October 2014): http://www.nytimes.com/interactive/2014/10/01/us/retracing-the-steps-of-the-dallas-ebola-patient.html

50   MSF, "Ebola," 9.

51   WHO, "Report of the Ebola Interim Assessment Panel—July 2015," *WHO*, Geneva, accessed 6 August 2015: http://www.who.int/csr/resources/publications/ebola/ebola-panel-report/en/

52   피에르 롤린, 저자와의 인터뷰에서, 2015년 10월 26일.

53   Kevin Belluck et al., "How Ebola Roared Back," *New York Times* (29 December 2014), accessed 1 October 2016: http://www.nytimes.com/2014/12/30/health/howebola-roared-back.html

54   Wellcome. "Discussing Global Health at Davos," *Wellcome Trust Blog*,

accessed 11 June 2015: http://blog.wellcome.ac.uk/2015/01/21/discussing-global-health-at-davos/. '블랙스완'은 2010년 레바논계 미국 작가 나심 니콜라스 탈레브(Nassim Nicholas Taleb)가 발표한 베스트셀러 제목으로 과거의 경험으로는 실제로 발생할 때까지 어떠한 대비도 할 수 없는 일을 가리키는 의미로 널리 사용된다. 호주 대륙에서 검은색 고니가 발견되기 전까지 구대륙 사람들이 검은 고니는 한 번도 본 적 없다는 이유로 고니는 전부 흰색이라고 확신했던 것에서 나온 표현이다. 탈레브는 블랙스완에 세 가지 핵심적 특징이 있다고 설명했다. "희소성, 극히 강력한 영향력, (미리 내다볼 수는 없고) 되돌아봤을 때만 나타나는 예측 가능성"이다.

55 Muyembe-Tamfum, "Ebola Virus Outbreaks in Africa."

56 WHO, "Ebola virus disease, fact sheet 103, updated August 2015. Table: Chronology of previous Ebola virus disease outbreaks," accessed 4 December 2015: http://www.who.int/mediacentre/factsheets/fs103/en/

57 이런 일이 벌어진 이유는 이 책에서 다루고자 하는 주제의 범위를 벗어나지만, 제약업계가 에볼라처럼 경시되는 열대 질환 백신과 치료제에 투자해 얻을 수 있는 상업적 이득이 별로 없는 것은 거의 분명하다. 기니에서 에볼라 사태가 벌어진 시기에 WHO의 지원으로 개최한 국제 컨소시엄에서 캐나다 공중보건청과 미 국방부 산하 국방위협감소국이 개발한 실험용 에볼라 백신에 관한 내용이 발표됐다. 실험실 조건에서 원숭이를 대상으로 한 실험만 실시된 적 있는 이 백신을 기니 현지에서 무작위로 선정된 대상자에 투여한 실험 결과, 에볼라를 100퍼센트 예방할 수 있는 것으로 확인됐다는 내용이다. 수포성 구내염바이러스를 유전학적으로 재조합해 만든 이 백신(rVSV 백신)의 안전성과 백신의 보호 효과가 얼마나 지속될 수 있는가에 관한 의문은 남아 있지만, 에볼라 감염 사태가 다시 발생할 경우 현장 의료 인력에게 투여하면 감염 확률을 줄여 피해자를 최소 수준으로 유지할 수 있을 것으로 전망한다. Thomas W. Geisbert, "First Ebola Virus Vaccine to Protect Human Beings?," *The Lancet* 389, no. 10068 (4 February 2017): 479-80.

58 Edward C. Holmes et al., "The Evolution of Ebola Virus: Insights from the

2013-2016 Epidemic," *Nature* 538, no. 7624 (13 October 2016): 193-200.

··· 9. Z로 시작되는 병, 지카

1   Juliana Barbassa, "Inside the fight against the Zika virus," *Vogue* (5 May 2016), accessed 1 August 2017: https://www.vogue.com/article/zika-virus-doctor-vanessa-vander-linden

2   Laura Clark Rohrer, "Enigma," *Pitt (University of Pittsburgh)*, Summer 2017, 19-23.

3   Liz Braga, "How a Small Team of Doctors Convinced the World to Stop Ignoring Zika," *Newsweek* (29 February 2016), accessed 1 August 2017: http://www.newsweek.com/2016/03/11/zika-microcephaly-connection-brazil-doctors-431427.html

4   "Chikungunya Fever Guide," accessed 3 August 2017: http://www.chikungunya.in/dengue-chikungunya-differences.shtml

5   Dick Brathwaite et al., "The History of Dengue Outbreaks in the Americas," *TheAmerican Journal of Tropical Medicine and Hygiene* 87, no. 4 (3 October 2012): 584-93, doi:10.4269/ajtmh.2012.11-0770.

6   WHO, "Dengue and severe dengue," accessed 3 August 2017: http://www.who.int/mediacentre/factsheets/fs117/en/

7   카를로스 브리토, 저자와의 인터뷰에서, 2017년 1월 5일, 2017년 7월 24일.

8   Ibid.

9   Donald McNeil, *Zika: The Emerging Epidemic* (New York: Norton, 2016), 30.

10 "Alexander Haddow and Zika Virus," *Flickr*, accessed 7 August 2017: https://www.flickr.com/photos/uofglibrary/albums/72157668781044525; McNeil, Zika, 19-22; G. W. A. Dick, "Zika Virus (II). Pathogenicity and Physical Properties," *Transactions of The Royal Society of Tropical Medicine*

and Hygiene 46, no. 5 (1952): 521-34.

11   Mary Kay Kindhauser et al., "Zika: the origin and spread of a mosquito-borne virus," *Bulletin of the World Health Organization* 94 (2016): 675-686C, accessed 7 August 2016: http://www.who.int/bulletin/online_first/16-171082/en/

12   McNeil, Zika, 41.

13   Ibid., 43-45.

14   Rachel Becker, "Missing Link: Animal Models to Study Whether Zika Causes Birth Defects," *Nature Medicine* 22, no. 3 (March 2016): 225-27.

15   Rohrer, "Enigma," 19-23.

16   에르네스투 마르케스, 저자와의 인터뷰에서, 2017년 7월 24일.

17   Braga, "How a Small Team of Doctors Convinced the World to Stop Ignoring Zika."

18   브리토, 저자와의 인터뷰에서, 2017년 7월 24일.

19   G. Calvet et al., "Detection and Sequencing of Zika Virus from Amniotic Fluid of Fetuses with Microcephaly in Brazil: A Case Study," *The Lancet Infectious Diseases* 16, no. 6 (1 June 2016): 653-60.

20   Braga, "How a Small Team of Doctors Convinced the World."

21   "Neurological syndrome, congenital malformations, and Zika virus infection. Implication for public health in the Americas," *PAHO*, Epidemiological Alert, 1 December 2015, accessed 10 August 2017: http://www.paho.org/hq/index.php?option=com_content&view=article&id=11599&Itemid=41691&lang=en

22   David Heymann et al., "Zika Virus and Microcephaly: Why Is This Situation a PHEIC?," The Lancet 387, no. 10020 (20 February 2016): 719-21.

23   Margaret Chan, "Zika: we must be ready for the long haul," 1 February 2017, accessed 10 August 2017: http://www.who.int/mediacentre/.commentaries/2017/zika-longhaul/en/

24 WHO, "Zika: Then, now and tomorrow," accessed 10 August 2017: http://www.who.int/features/2017/zika-then-now/en/

25 Jonathan Watts, "Rio Olympics Committee Warns Athletes to Take Precautions against Zika Virus," *The Guardian* (2 February 2016), accessed 11 August 2017: https://www.theguardian.com/world/2016/feb/02/zika-virus-rio-2016-olympicsathletes

26 Jonathan Ball, "No One is Safe from Zika: Confirmation that Mosquito-borne Virus Does Shrink Heads of Unborn Babies ⋯ and a Chilling Warning," *Daily Mail* (31 January 2016), accessed 11 August 2017: http://www.dailymail.co.uk/news/article-3424776/No-one-safe-Zika-Confirmation-mosquito-borne-virus-does-shrink-heads-unbornbabies-chilling-warning.html

27 Julian Robinson, "Living with 'Zika': Brazilian Parents Pose with Their Children Suffering from Head-shrinking Bug to Highlight Their Plight," *Daily Mail* (25 February 2016), accessed 11 August 2017: http://www.dailymail.co.uk/news/article-3464023/Living-Zika-Brazilian-parents-pose-children-suffering-head-shrinking-bug-highlightplight.html#ixzz4pR4i82UG

28 Nadia Khomani, "Greg Rutherford Freezes Sperm over Olympics Zika Fears," *The Guardian* (7 June 2016), accessed 11 August 2017: https://www.theguardian.com/sport/2016/jun/07/greg-rutherford-freezes-sperm-over-olympics-zika-fears

29 Andrew Jacobs, "Conspiracy Theories About Zika Spread Through Brazil with the Virus," *New York Times* (16 February 2016), accessed 11 August 2017: https://www.nytimes.com/2016/02/17/world/americas/conspiracy-theories-about-zika-spreadalong-with-the-virus.html

30 Sarah Boseley, "Florida Issues Warning after Cluster of New Zika Cases in Miami Neighborhood," *The Guardian* (1 August 2016), accessed 11 August 2017: https://www.theguardian.com/world/2016/aug/01/florida-zika-cases-

transmission-neighborhood-miami-dade-county; Jessica Glenza, "Zika Virus Scare is Turning Miami's Hipster Haven into a Ghost Town, *The Guardian* (10 August 2016), accessed 11 August 2017: https://www.theguardian.com/world/2016/aug/10/zika-virus-miami-florida-cases-mosquito-wynwood; Richard Luscombe, "Miami Beach Protests against use of Naled to fight Zika-carrying Mosquitos," *The Guardian* (8 September 2017), accessed 11 August 2017: https://www.theguardian.com/world/2016/sep/08/miami-beach-zika-protests-naled-mosquitos

31 N. R. Faria et al., "Establishment and Cryptic Transmission of Zika Virus in Brazil and the Americas," *Nature* 546, no. 7658 (15 June 2017): 406-10.

32 셀리나 투르치, 저자와의 인터뷰에서, 2017년 7월 24일.

33 Ilana Löwy, "Zika and Microcephaly: Can we Learn from History?," *Revista de Saúde Coletiva* 26, no. 1 (2016): 11-21.

34 C. G. Victora et al., "Microcephaly in Brazil: How to Interpret Reported Numbers?," The Lancet 387, no. 10019 (13 February 2016): 621-24.

35 W. K. Oliveira et al., "Infection-related Microcephaly after the 2015 and 2016 Zika Virus Outbreaks in Brazil: A Surveillance-based Analysis," *The Lancet* 6736, no. 17 (21 June 2017): 31368-5.

36 W. Kleber de Oliveira et al., "Infection-Related Microcephaly after the 2015 and 2016 Zika Virus Outbreaks in Brazil: A Surveillance-Based Analysis," *The Lancet* (21 June 2017), accessed 19 March 2018: https://doi.org/10.1016/S0140-6736(17)31368-5

37 Stephanie Nolen, "Two Years after Brazil's Zika Virus Crisis, Experts Remain Baffled," *The Globe and Mail* (1 September 2017), accessed 2 September 2017: https://beta.theglobeandmail.com/news/world/zika-crisis-brazil/article36142168/

38 Priscila M. S. Castanha et al., "Dengue Virus-Specific Antibodies Enhance Brazilian Zika Virus Infection," *The Journal of Infectious Diseases* 215, no.

5 (3 January 2017): 781-85.

39 Ewen Callaway, "Rio fights Zika with Biggest Release Yet of Bacteria-infected Mosquitoes," *Nature News* 539, no. 7627 (3 November 2016): 17.

40 리아나 벤튜라, 저자와의 인터뷰에서, 2017년 7월 28일.

41 "Neglected and Unprotected: The Impact of the Zika Outbreak on Women and Girls in Northeastern Brazil," *Human Rights Watch* (12 July 2017), accessed 24 August 2017: https://www.hrw.org/news/2017/07/12/brazil-zika-epidemic-exposes-rightsproblems

42 Rob Sawers, "The beautiful Brazilian beaches plagued by shark attacks," *BBC World News* (27 September 2012), accessed 22 August 2017: http://www.bbc.co.uk/news/world-radio-and-tv-19720455

43 Andrew Spielman and Michael D'Antonio, *Mosquito: The Story of Man's Deadliest Foe* (New York: Hyperion, 2001).

44 "Aedes Albopictus—Factsheet for Experts," *European Centre for Disease Prevention and Control*, accessed 6 October 2017: http://ecdc.europa.eu/en/disease-vectors/facts/mosquito-factsheets/aedes-albopictus

··· **10. 질병 X**

1 Partha Bose and Jilian Mincer, "The Doctor Whose Gut Instinct Beat AI in Spotting the Coronavirus," *Oliver Wyman Forum*, accessed 10 March 2020: https://www.oliverwymanforum.com/city-readiness/2020/mar/the-doctor-whose-gut-instinct-beatai-in-spotting-the-coronavirus.html

2 Jeremy Page, Wenxin Fan and Natasha Khan, "How it All Started: China's Early Coronavirus Missteps," *Wall Street Journal*, 6 March 2020, accessed 13 March 2020: https://www.wsj.com/articles/how-it-all-started-chinas-early-coronavirus-missteps-11583508932

3 Wang Lianzhang, "Gone But Not Soon Forgotten: Li Wenliang's Online

Legacy," *Sixthtone*, 7 February 2020: https://www.sixthtone.com/ news/1005172/gone-but-not-soonforgotten-li-wenliangs-online-legacy

4   Tian Yang, et al., "Appeal From Chinese Doctors to End Violence," *The Lancet* 382, no.9906 (23 November 2013): 1703- 1704, accessed 13 March2020: https://www.thelancet.com/journals/lancet/article/ PIIS0140- 6736(13) 62401- 0/fulltext

5   Page, "How It All Started: China's Early Coronavirus Missteps."

6   Alexander Boyd, "CCP Report on Death of Dr. Li Wenliang Scapegoats Wuhan Police, Claims Him as Their Own", Supchina, 20 March 2020, accessed 24 March 2020: https://supchina.com/2020/03/20/ccp-report-on- death-of-dr-li-wenliang-scapegoats-wuhanpolice-claims-him-as-their- own/

7   Page, "How It All Started: China's Early Coronavirus Missteps."

8   Boyd, "CCP Report on Death of Dr. Li Wenliang Scapegoats Wuhan Police, Claims Him as Their Own."

9   Verna Yu, " 'Hero Who Told the Truth': Chinese Rage Over Coronavirus Death of Whistleblower Doctor", *Guardian*, 7 February 2020, accessed 29 March 2020: https:// www.theguardian.com/ global- development/2020/ feb/07/ coronavirus- chinese- rage- deathwhistleblower-doctor- li- wenliang

10   Xu Zhangrun, trans. Geremie R. Barmé, "Viral Alarm: When Fury Overcomes Fear," *China File*, 5 February 5 2020, accessed 29 March 2020: https://www.chinafile.com/reporting- opinion/viewpoint/ viral- alarm- when- fury- overcomes- fear

11   Daniel Wrapp, et al., "Cryo- EM Structure of the 2019- nCoV Spike in the Prefusion Conformation", *Science* 367, no. 6483 (13 March 2020): 1260- 1263.

12   최근 학술지 〈네이처〉에 실린 연구 결과에서 사스 코로나 바이러스-2는 일반 사스 바이러스보다 ACE-2 수용체와의 결합력이 약 4배 큰 것으로 확인됐

다. 이 두 바이러스는 전체 유전자 중 80퍼센트 정도 동일하며 나머지 차이점

이 사스 코로나 바이러스-2를 신종 바이러스로 만들었다. 사스 코로나 바이러

스-2는 박쥐와 천산갑에서 발견되는 바이러스와 가장 큰 유사성을 띤다. 이

는 박쥐에서 사람으로 사스 코로나 바이러스-2의 직접적인 종간전이가 발생

했거나, 박쥐와의 접촉을 통해 천산갑으로 옮은 바이러스가 다시 인체로 전

해졌음을 의미한다. 인체에 감염되기 전, 중요한 돌연변이가 발생했고 이 특

징 때문에 사람 사이에서 더 쉽게 확산될 수 있다. Jian Shan et al., "Structural

basis of receptor recognition by SARS-CoV-2", Nature, 2020년 3월 30일 게재,

2020년 3월 31일 접속, https://www.nature.com/articles/s41586-020-2179-

y#Abs1

13 "Mount Sinai Physicians the First in U.S. Analyzing Lung Disease in
Coronavirus Patients from China", *Imaging Technology News*, 26 February
2020; Scott Simpson, et al., "Radiological Society of North America Expert
Consensus Statement on Reporting Chest CT Findings Related to COVID-
19", *Radiology: Cardiothoracic Imaging* 2, no. 2 (25 March 2020): e200152.

14 See for instance, Bill Gates, "Responding to Covid- 19— A Once- in- a-
Century Pandemic?" *New England Journal of Medicine*, 28 February 2020,
accessed 29 March 2020: https://doi.org/10.1056/NEJMp2003762; David
Morens, Peter Daszak, and Jeffery Taubenberger, "Escaping Pandora's
Box— Another Novel Coronavirus", *New England Journal of Medicine*,
26 February 2020, accessed 29 March 2020: https://doi.org/10.1056/
NEJMp2002106

15 Christos Lynteris and Lyle Fearnley, "Why Shutting Down Chinese 'Wet
Markets' Could Be a Terrible Mistake", The Conversation, 2 March 2020,
accessed 22 March 2020: https://theconversation.com/ why- shutting-
down- chinese- wet- markets- couldbe- a- terrible- mistake- 130625

16 H. V. Fineberg, "Pandemic Preparedness and Response— Lessons from the
H1N1 Influenza of 2009", *New England Journal of Medicine* 370, no. 14 (3

April 2014): 1335- 1342.

17 World Bank, "2014- 2015 West Africa Ebola Crisis: Impact Update", 10 May 2016, accessed 25 March 2020: https://www.worldbank.org/en/ topic/macroeconomics/publication/ 2014- 2015- west- africa- ebola- crisis- impact- update

18 Kai Kupferschmidt, "Bats May Be Carrying the Next SARS Pandemic", Science, 30 October 2013, accessed 6 April 2020: https://www.sciencemag. org/news/2013/10/bats- may- be- carrying- next- sars- pandemic#

19 James Gorman, "How Do Bats Live With So Many Viruses?" *New York Times*, 28 January 2020, accessed 25 March 2020, https://www.nytimes. com/2020/01/28/science/bats- coronavirus- Wuhan.html;Jiazheng Xi, et al., "Dampened STING- Dependent Interferon Activation in Bats", *Cell Host & Microbe* 23, no.3 (14 March 2018): 2018- 03- 14.

20 Kevin J. Olival, et al., "Host and Viral Traits Predict Zoonotic Spillover From Mammals", *Nature*, 21 June 2017.

21 Lisa Schnirring, "New SARS- like Virus From Bats Implicated in China Pig Die Off ", *CIDRAP*, 5 April 2018: http://www.cidrap.umn.edu/ news- perspective/2018/04/new- sars- virus- bats- implicated- china- pig- die

22 Kate E. Jones, et al., "Global Trends in Emerging Infectious diseases", *Nature*, 451, no.7181 (21 February 2008): 990- 993.

23 Bill Gates, "The Next outbreak? We're Not Ready", *TED* 2015, accessed 26 March 2020: https://www.ted.com/talks/bill_gates_the_next_outbreak_we_ re_not_ready/transcript?language=en# t- 39511

24 WHO, "Blueprint for R&D Preparedness and Response to Public Health Emergencies Due to Highly Infectious Pathogens", 8- 9 December 2015, accessed 26 March 2020, https://www.who.int/blueprint/about/en/

25 WHO, "2018 Annual Review of Diseases Prioritized Under the Research and Development Blueprint", 6- 7 February 2018, accessed 26 March 2020:

http://www.who.int/blueprint/ priority- diseases/en/

26 저자와의 인터뷰에서, 2020년 3월 6일, 다스작이 이야기한 사람은 WHO에서 '응용수학, 발병 사태 대비와 대응, 우선순위 설정, 의사결정 지원, 위험분석' 을 담당한 기술관 마시니사 시 메헨드(Massinissa Si Mehand)다. Massinissa Si Mehand et. al., "World Health Organization Methodology to Prioritize Emerging Infectious Diseases in Need of Research and Development", *Emerging Infectious Diseases* 24, no. 9 (September 2018), accessed 26 March 2020: https://wwwnc.cdc.gov/eid/article/24/9/ 17- 1427_article

27 Peter Daszak, "We Knew Disease X Was Coming. It's Here Now", *New York Times*, 23 March 2020: https://www.nytimes.com/2020/02/27/opinion/ coronaviruspandemics.html; https://www.globalviromeproject.org/ our-history

28 "What is GVP - Fact Sheet", *Global Virome Project*, accessed 26 March 2020: http:// www.globalviromeproject.org/ fact- sheets

29 CEPI, "Mission", accessed 6 April 2020; Elsevier, "Infographic: Global Research Trends in Infectious Disease," 25 March 2020: https://www. elsevier.com/connect/infographic- global- research- trends- in- infectious-disease

30 World Bank and WHO, "A World at Risk: Annual Report on Global Preparedness for Health Emergencies", *Global Preparedness Monitoring Board*, September 2019.

31 "The Event 201 Scenario", accessed 27 March 2020: http://www. centerforhealthsecurity.org/event201/scenario.html

32 Helen Branswell and Megan Thielking, "Fluctuating Funding and Flagging Interest Hurt Coronavirus Research", STAT, 10 February 2020, accessed 27 March 2020; https://www.statnews.com/2020/02/10/ fluctuating- funding-and- flagging- interest- hurt- coronavirusresearch/

33 Rupert Beale, "Wash Your Hands", London Review of Books 42, no. 5 (5

March 2020), accessed 27 March 2020: https://www.lrb.co.uk/ the- paper/ v42/n06/ rupert- beale/short- cuts

34   Angela Giuffrida and Lorenzo Tondo, " 'As If a Storm Hit': More Than 40 Italian Health Workers Have Died Since the Crisis Began", Guardian, 26 March 2020.

35   Motoko Rich, " 'We're in a Petri Dish': How a Coronavirus Ravaged a Cruise Ship", *New York Times*, 22 February 2020, accessed 30 March 2020: https:// www.nytimes.com/2020/02/22/world/asia/ coronavirus- japan- cruise- ship.html

36   Motoko Rich and Eimi Yamamitsu, "Hundreds Released From Diamond Princess Cruise Ship in Japan", *New York Times*, 19 February 2020.

37   " 'Clap for Carers': UK in 'emotional' tribute to NHS and care workers", *BBC News*, 27 March 2020.

38   Robert P. Baird, "What Went Wrong With Coronavirus Testing in the U.S.", *New Yorker*, 16 March 2020.

39   Demetri Sevastopulo and Hannah Kuchler, "Trump's Bluster Fails Crisis Test", *Financial Times*, 27 March 2020.

40   Brad Brooks, "Like the Flu? Trump's Coronavirus Messaging Confuses Public, Pandemic Researchers Say", *Reuters*, 13 March 2020.

41   "Wayne Gretzy: Biography", *Hockey Hall of Fame*, accessed 29 March 2020: https://www.hhof.com/LegendsOfHockey/jsp/LegendsMember.jsp?mem= p199901&type=Player&page=bio&list=ByName

42   Donald G. McNeil Jr., "Inside China's All- Out War on the Coronavirus", *New York Times*, 4 March 2020, accessed 11 March 2020: https://www. nytimes.com/2020/03/04/health/ coronavirus- china- aylward.html

43   Stephen Grey and Andrew MacAskill, "Special Report: Johnson listened to his scientists about coronavirus - but they were slow to sound the alarm", Reuters, 7 April 2020, accessed 9 April 2020, https://www.reuters.com/

article/us-health-coronavirusbritain-path-speci-idUSKBN21P1VF

44 Emily Shapiro, "Read Gov. Cuomo's Moving Speech About Defeating the Novel Coronavirus", *ABC News*, 27 March 2020, accessed 29 March 2020: https://abcnews.go.com/US/ read-gov-cuomos-moving-speech-defeating-coronavirus/story?id=69839370

45 Kenya Evelyn, "Trump On Urgent Requests For Ventilators: 'I Don't Believe You Need 30,000' ", *Guardian*, 27 March 2020, accessed on 29 March 2020: https://www.theguardian.com/us- news/2020/mar/27/trump-ventilators-coronavirus-cuomo-newyork

46 Ebony Bowden, Carl Campanie and Bruce Golding, "Worker at NYC Hospital Where Nurses Wear Trash Bags as Protection Dies from Coronavirus", *New York Post*, 25 March 2020.

47 Alfred W. Crosby, *America's Forgotten Pandemic: The Influenza of 1918* (Cambridge: Cambridge University Press, 2003), 322.

48 Mark Honigsbaum, *Living With Enza: The Forgotten Story of Britain and the Great Flu Pandemic of 1918* (London: Macmillan, 2009), 83- 84.

49 Thomas Friedman, "Our New Historical Divide: B.C. and A.C.— the World Before Corona and the World After", *New York Times*, 17 March 2020.

50 Robert Verity, et al., "Estimates of the Severity of Coronavirus Disease 2019: A Model-Based Analysis", *The Lancet Infectious Diseases*, 30 March 2020, accessed 1 April 2020:https://www.thelancet.com/journals/laninf/article/PIIS1473- 3099(20) 30243- 7/abstract

51 스페인독감으로 전 세계에서 발생한 사망자는 5,000만 명에서 1억 명으로 추정된다. 세계 인구 성장률을 고려하면, 현재 기준으로 1억 4,000명에서 4억 2,500만 명에 해당하는 규모다. John Barry, "The 1918 Influenza Pandemic in its Time - Will We Learn For the Future?' *Nature Research Microbiology Community*, 2018년 10월 10일 접속: https://naturemicrobiologycommunity.nature.com/users/79120-john-barry/posts/29254-the-1918-influenza-

pandemic-in-its-time-will-we-learn-for-the-future

52   Arundhati Roy, "The Pandemic is a Portal", *Financial Times*, 3 April 2020.

53   Samanth Subramanian, "It's a Razor's Edge We're Walking: Inside the Race to Develop a Coronavirus Vaccine", *Guardian*, 27 March 2020.

··· **에필로그. 대유행병의 시대**

1   Commission on a Global Health Risk Framework for the Future, and National Academy of Medicine, Secretariat, *The Neglected Dimension of Global Security: A Framework to Counter Infectious Disease Crises* (Washington, D.C.: National Academies Press, 2016), accessed 26 September 2017: http://www.nap.edu/catalog/21891

2   Crosby, *America's Forgotten Pandemic*, xiii.

3   Christos Lynteris and Lyle Fearnley, "Why Shutting Down Chinese 'Wet Markets' Could be a Terrible Mistake", *The Conversation*, 2 March 2020, accessed 22 March 2020: https://theconversation.com/why-shutting-down-chinese-wet-markets-could-be-a-terriblemistake-130625

4   Mike Davis, *The Monster at Our Door: The Global Threat of Avian Flu* (New York and London: The New Press, 2005), especially Chapter 7: "The Triangle of Doom", pp. 97- 115.

5   Toph Allen, et al., "Global Hotspots and Correlates of Emerging Zoonotic Diseases", *Nature Communications* 8, no. 1 (October 24, 2017): 1- 10, accessed 22 March 2020: https://www.nature.com/articles/ s41467- 017- 00923- 8

6   René Dubos, "Infection into Disease", *Perspectives in Biology and Medicine* 1, no. 4 (Summer 1958): 425- 35.

7   René Dubos, *Mirage of Health* (New Jersey: Rutgers University Press, 1988), 271.

8   Charles E. Rosenberg, *Explaining Epidemics and Other Studies in the History of Medicine* (Cambridge: Cambridge University Press, 1992), 295.

9   René Jules Dubos, "Symbiosis of Earth and Humankind", lecture at American University, Washington D.C., 6 May 1978, RU450 D851, Box 119, Folder 5, René Jules Dubos papers, Rockefeller Archive Center.

10 Samuel Myers and Howard Frumkin (eds), *Planetary Health: Protecting Nature to Protect Ourselves* (Washington; London: Island Press, 2020).

11 David M. Morens and Jeffery K. Taubenberger, "Pandemic Infl uenza: Certain Uncertainties", *Reviews in Medical Virology* 21, no. 5 (September 2011): 262- 84.

찾아보기